Giuseppe Grisi - Salvatore Mazzamuto

Diritto del turismo

Quarta edizione

IUSTITIAM COLIMUS

G. Giappichelli Editore – Torino

VIA PO, 21 - TEL. 011-81.53.111
http://www.giappichelli.it

ISBN/EAN 979-12-211-0468-4

Stampa: Rotolito S.p.A., Pioltello (MI)

INDICE

Capitolo Terzo
LE ATTIVITÀ TURISTICHE

Capitolo Quarto
I CONTRATTI DEL TURISTA

APPENDICE

Capitolo Primo

IL TURISMO. LA DIMENSIONE NORMATIVA

Sommario

1. *La centralità del turismo, nella vita e nell'economia. Il* leitmotiv *del turismo sostenibile*

La malattia denominata COVID-19 – chiunque lo ha potuto constatare – ha messo in ginocchio il turismo e l'Italia ne ha sofferto più di altri Paesi. Sono trascorsi più di tre anni da quando – l'11-3-2020 – l'OMS dichiarava lo stato di pandemia ed ora che l'emergenza sanitaria sembra superata assistiamo al rimbalzo, a quanto pare non più di tanto ostacolato dall'aumento dei prezzi, generalizzato e particolarmente accentuato nel trasporto aereo: evidentemente, il desiderio irrefrenabile di riprendere a familiarizzare con il turismo segnala il bisogno di liberarsi dalle scorie del periodo buio trascorso e di riappropriarsi della vita. Dunque, fonti attendibili ci dicono che il turismo degli italiani è in forte crescita, soprattutto quello indirizzato verso mete lontane e situate all'estero ed è da record il numero degli stranieri che nel 2023 hanno individuato il nostro Paese quale destinazione per la loro vacanza; l'Italia, con oltre 440 milioni di presenze previste nel suo territorio – più del

12% rispetto all'anno precedente – raggiunge livelli mai toccati in precedenza. Sono dati che incoraggiano l'ottimismo. È importante che si torni a viaggiare con più voglia di prima, che si riprenda confidenza con il turismo, ma dovremo cercare di farlo con spirito diverso rispetto al passato, meno egoistico, più maturo e responsabile, più misurato e meno avvezzo agli eccessi, perché anche dalla drammatica vicenda che abbiamo vissuto c'è da trarre un insegnamento. La pandemia non è frutto del caso e non è un castigo divino. Essa ha testimoniato quanto patogeno sia il genere umano, aduso a soddisfare i suoi (sovente voluttuari) bisogni nel disinteresse per le implicazioni dannose dei suoi comportamenti: e se l'esperienza è maestra, c'è da credere che le persone, compresa la lezione, possano convincersi che una maggiore sobrietà e un più accentuato senso di responsabilità – componenti essenziali, anche nel turismo, di un nuovo equilibrio da salvaguardare – aiutino a vivere meglio, più a lungo e in buona salute.

Era inevitabile avviare il discorso ricordando il recente passato ed è parso doveroso segnalare, in premessa, la necessità, nel dopo COVID-19, di non ricadere negli errori del passato, di lavorare tutti alla costruzione di un nuovo modello di sviluppo, anche nel settore turistico, a misura d'uomo e sostenibile.

Ma deve guardare molto più indietro nel tempo chi intenda, per sommi capi, tessere le fila del discorso sul turismo. Nella dimensione storica, esso è fenomeno assai risalente: non è un azzardo dire che narrare la storia del turismo è uno dei tanti modi per ripercorrere la storia del genere umano su questo nostro pianeta.

Nelle più antiche civiltà il turismo non era certo sconosciuto, stimolato com'era dall'istintivo bisogno di esplorare proprio di ogni individuo sano o da altre esigenze di varia natura, per lo più religiose e/o culturali. Fu l'invenzione di mezzi di trasporto capaci di semplificare ed agevolare gli spostamenti a determinarne la crescente diffusione e, inevitabilmente, a mutarne in larga parte i caratteri. Somiglianze tra il turista contemporaneo e quello del lontano passato esistono, ma sono di gran lunga più numerose le differenze e dal confronto ciò che certamente emerge è che l'evoluzione della civiltà si misura anche guardando al modo di intendere il turismo.

Un tempo, nemmeno troppo lontano, il turismo era considerato cosa da ricchi, legato com'era a bisogni voluttuari, che pochi eletti potevano permettersi di soddisfare. Se chiedessimo oggi cos'è il turismo ad una persona qualunque incontrata per strada, nessuna probabilmente risponderebbe associandolo al lusso, alla sovrabbondanza, alla superfluità; si paleserebbe, invece, unanimemente accolta, l'idea che il turismo è voce indispensabile, necessaria, di primaria e vitale importanza per l'individuo e per la società. Tutto men che voluttuario, quindi. E, per fortuna, alla portata di molti giacché si può praticare al giorno d'oggi del turismo anche senza dover investire un ingente patrimonio. Certo, ci sono costi da affrontare più o meno elevati a seconda delle soluzioni turistiche prescelte, sicché, per fare un esempio estremo, non è – e, forse, non sarà mai – per tutti viaggiare per diletto nello spazio, per volteggiare in aria in assenza di gravità, per vedere la terra rimpicciolire e chissà, tra non molto, per raggiungere la luna o qualche altro pianeta; ma, senza scomodare il turismo spaziale che è già tuttavia una realtà, è certo incoraggiante notare che è sempre più folta la schiera di chi, magari una volta nella vita, può permettersi di recarsi nell'altra parte del globo per visitare luoghi che, anche perché lontani, si mostrano particolarmente attraenti.

Il turismo è naturalmente associato al viaggio. C'è chi ama viaggiare in "beata" solitudine, chi in "dolce" compagnia e chi in gruppo, chi elegge a valore dominante la libertà assoluta e chi mai rinuncerebbe alla gioia di condividere con altri emozioni, entusiasmi e delusioni; comunque – è un valoroso scrittore, Pino Cacucci, a rilevarlo – il «viaggio sa essere sublime e al contempo spietato», rivelandosi «uno straordinario metodo per saldare legami sani o sfaldare quelli insani, o quantomeno instabili». Il viaggio è scoperta dell'altro, ma anche di noi stessi. Dice il vero, in definitiva, chi afferma che il turismo realizza un interesse fondamentale e irrinunciabile, strettamente legato alla qualità dell'esistenza, alla formazione e al completo sviluppo della personalità dell'individuo: è quanto il Nobel per la letteratura John Steinbeck intendeva rappresentare affermando che «Le persone non fanno i viaggi, sono i viaggi che fanno le persone».

Quando pensiamo al turismo – e a ciò che ci spinge a viaggiare – l'abbinamento più consono è con la vacanza, la villeggiatura, che per alcuni significano noia, fatica e stress, ma che per la maggioranza delle persone vuol dire ricreazione, riposo, svago, arricchimento culturale; ma resta fermo che anche altre motivazioni più o meno serie – i legami affettivi, un capriccio, un desiderio bizzarro ed improvviso – possono giustificare l'esigenza di spezzare transitoriamente i normali ritmi di vita, di mettere in pausa il lavoro per spostarsi in luoghi ameni e salubri, comunque diversi da quelli quotidianamente frequentati. Pure chi viaggia per lavoro o per studio usa ritagliarsi spazi per soddisfare esigenze prettamente turistiche.

Capita anche, però, di veder impiegato il termine turismo in modo inappropriato, associato cioè a fenomeni che col esso nulla hanno a che spartire. Si pensi, ad esempio, all'espressione "turismo dei diritti", sovente adoperata per rappresentare i casi – tutt'altro che rari – in cui ci si reca all'estero per realizzare pratiche (si pensi alla maternità surrogata e all'eutanasia) volte a soddisfare aspettative frustrate nel proprio Paese da normative e divieti, a ragione o a torto, ritenuti iniqui o anacronistici. Si parla di "turismo medico" per segnalare i viaggi alla ricerca di interventi chirurgici o trattamenti sanitari più convenienti o più sicuri in un Paese diverso da quello in cui si risiede. È per certi versi un viaggio anche quello, assai pericoloso e mosso dalla disperazione, che moltitudini di individui sono indotti ad affrontare per sfuggire alla guerra, alla miseria, alla fame, a condizioni di arretratezza intollerabili: ma nessuno ragionevolmente può accostare al turista il migrante, che è spinto all'abbandono della terra ove ha avuto la ventura di nascere per dar corpo alla speranza di una vita per sé e per i propri cari migliore, per veder realizzati e protetti diritti che, ad onta del carattere universale loro riconosciuto nel mondo globalizzato, risultano, nel Paese di origine, sistematicamente calpestati.

Il turismo nel tempo è cambiato. Oggi ci si muove molto più celermente, ma si dedicano alle ferie periodi più ristretti e più di prima si utilizzano i weekend e i cc.dd. ponti per muoversi da casa e praticare turismo "mordi e fuggi". Evidentemente, di pari passo con le trasformazioni che il mondo ha subito, anche il turista non è quello di una volta: è più dinamico e smaliziato, ha un livello culturale non paragonabile a quello dei suoi predecessori, risponde ad un profilo con caratteristiche ed esigenze assai distanti da quelle dei viaggiatori di un tempo. Nel '900, nel secondo dopoguerra, si è affermato il turismo di massa, quello – per intendersi – caratterizzato da un'offerta fortemente standardizzata ed anche per questo alla portata di molte tasche. Oggi, invece, è in grande espansione il c.d. turismo esperienziale, connotato invece da microsegmentazione e personalizzazione molto avanzate. Le nuove tecnologie e l'informatica hanno prodotto grandi cambiamenti anche in ambito turistico, sia sul versante della domanda che in quello dell'offerta di prodotti e servizi: la rete e le piattaforme dominano il mercato e ne conformano i tratti influenzando i gusti e le preferenze dell'utenza. Il termine "turismatica" – di nuovo conio – è lì a testimoniare il ruolo centrale che gioca l'innovazione, ormai imprescindibile fattore di sviluppo del settore. Dalla constatazione di questi elementari, ma essenziali, dati di realtà occorre prendere le mosse per scoprire ciò che il turismo ha rappresentato e rappresenta e per identificare le direttrici che ne dovrebbero guidare, auspicabilmente, lo sviluppo.

Il turismo è un fenomeno globale e si è imposto all'attenzione dell'ONU nel secolo scorso, quando si è cominciato ad apprezzarne appieno l'importanza e le enormi potenzialità. Risale al settembre 1979 l'Assemblea generale delle Nazioni Unite che ha designato il 27 settembre – data in cui, nel 1970, è stato adottato lo statuto dell'Organizzazione Mondiale del Turismo (OMT) – *World Tourism Day* (Giornata mondiale del turismo): a partire dal 1980, dunque, ogni anno detta giornata viene celebrata con svariate iniziative volte a suscitare attenzione su temi, legati al turismo, di centrale importanza. L'Assemblea generale dell'OMT nell'agosto 2023 ha designato la Georgia e la Malesia quali Paesi ospitanti le celebrazioni ufficiali del *World Tourism Day* rispettivamente nel 2024 e nel 2025, il primo dedicato a "Turismo e pace" e il secondo a "Turismo e trasformazione sostenibile".

Al binomio tra sviluppo e turismo si aggiunge, immancabile, il richiamo alla sostenibilità; e all'espressione "Turismo sostenibile", fanno riferimento numerosi importanti documenti.

Dire in poche parole cosa sia da intendere con detta espressione non è facile. I testi che andremo a menzionare aiutano a comprenderlo, rivelando in modo chiaro che la sostenibilità non è da porre in relazione esclusiva con la modalità ed i mezzi impiegati dai turisti per muoversi nello spazio e raggiungere le località di destinazione, ma è da collegare all'atteggiamento complessivo che ad essi è richiesto di avere; atteggiamento, rispettoso della sostenibilità, se ispirato dalla consapevolezza che esistono limiti che non vanno varcati, che l'aspirazione a soddisfare l'esigenza insopprimibile di svago, di vacanza, di divertimento, di bellezza e di cultura che è il motore, inesauribile, del turismo, va sì coltivata, ma senza pregiudizio per valori altrettanto (se non più) importanti, con intelligenza, senso di responsabilità, prudenza e moderazione.

Quali documenti possiamo, al riguardo, segnalare? Citarli tutti sarebbe impossibile, ma possiamo prendere le mosse da una dichiarazione resa, nel 1988, dall'Organizzazione Mondiale del Turismo, che è istituzione legata all'ONU (v. *infra*, Cap. III, § 3.1), ove bene troviamo riassunto ciò che va inteso per "Turismo Sostenibile": «Lo sviluppo sostenibile del turismo va incontro ai bisogni dei turisti e delle aree ospitanti attuali e allo stesso tempo protegge e migliora le opportunità per il futuro. Esso deve essere il principio guida per una gestione delle risorse tale che i bisogni economici, sociali ed estetici possano essere soddisfatti e contemporaneamente possano essere preservati l'integrità culturale, gli equilibri fondamentali della natura, la biodiversità e il sostegno al miglioramento della qualità della vita».

Qualche anno più tardi, la Conferenza delle Nazioni Unite sull'Ambiente e lo Sviluppo, riunitasi a Rio de Janeiro dal 3 al 14-6-1992, poneva al centro le problematiche legate allo sviluppo sostenibile, proclamando che gli esseri umani «hanno diritto a una vita sana e produttiva in armonia con la natura», che il «diritto allo sviluppo deve essere attuato in modo da soddisfare equamente i bisogni di sviluppo e ambientali delle generazioni presenti e future» e che, nel «quadro della realizzazione dello sviluppo sostenibile, la tutela ambientale costituirà parte integrante del processo di sviluppo e non potrà essere considerata separatamente da questo».

Dalla Conferenza di Rio è scaturito un ampio e articolato programma di azione – denominato «Agenda 21» – che è una sorta di vademecum per lo sviluppo sostenibile del pianeta Terra. C'è attenzione, in detta agenda, anche per l'industria del turismo, essendo al riguardo sancito che i «viaggi e il turismo devono basarsi su modalità di consumo e di produzione sostenibili; la protezione dell'ambiente deve diventare un elemento costitutivo dei processi di sviluppo turistico; i problemi dello sviluppo turistico devono essere affrontati con la partecipazione dei cittadini interessati; lo sviluppo del turismo deve riconoscere e sostenere l'identità, la cultura e gli interessi della popolazione locale».

La sostenibilità del turismo comincia ora ad avere contorni più chiari. Anche gli eventi drammatici legati all'emergenza epidemiologica da COVID-19 ci segnalano che è impossibile vivere sani e felici in un pianeta malato e questa indicazione, riportata sul terreno nostro, dà concretezza all'idea che un turismo disinteressato alla preservazione degli equilibri naturali non può essere sostenibile. Ma il coronavirus ci ha anche detto che il benessere conquistato non è perpetuo, che la crescita e lo sviluppo non sono fattori ineluttabili, che l'uomo non è padrone della natura; se ne terremo conto nel nostro quotidiano, miglioreremo noi stessi e la società di cui siamo parte e diventeremo turisti più maturi e responsabili, artefici del turismo sostenibile.

Come appare chiaro, dunque, la sostenibilità – nel nostro come in altri ambiti – rimanda alla ricerca, non agevole, di un equilibrio armonico tra interessi ed esigenze diverse.

Rendere sostenibile il turismo significa non solo marciare in direzione del superamento dei tradizionali modelli di sviluppo dell'industria turistica, i quali, connotati dalla concentrazione delle località più attrattive in determinate zone soggette ad alta frequentazione stagionale, hanno un impatto fortemente negativo sull'ambiente, sull'economia e sul tessuto sociale delle comunità ospitanti; occorre, soprattutto, che il turista, nel dar soddisfazione al suo bisogno di svago e divertimento, avverta la necessità di non compromettere, con comportamenti sguaiati e sconvenienti, la possibilità di far turismo delle generazioni future. Più che un appello, è ormai un imperativo: la tutela dell'ambiente, della biodiversità e degli ecosistemi, anche nell'interesse delle future generazioni, ha ora risalto nella massima delle nostre fonti del diritto, giusta la recente modifica dell'art. 9 Cost. ad opera della l. cost. 11-2-2022, n. 1.

Questa complessità di riferimenti trova posto – con grande evidenza – in alcuni tra i più significativi atti internazionali recanti definizioni e principi generali riguardanti la materia turistica, a partire dalla «Carta di Lanzarote per un turismo sostenibile», approvata dalla Conferenza Mondiale sul Turismo Sostenibile lì riunita il 27 e 28-4-1995 (in **Appendice**). Premesso che «il turismo è un fenomeno ambivalente poiché può potenzialmente contribuire al raggiungimento di obiettivi socio-economici e culturali ma può anche, allo stesso tempo, essere causa del degrado ambientale e della perdita di identità locali», la Carta promuove «un approccio globale» e pone l'accento sul contributo attivo che il turismo, se «ecologicamente sostenibile nel lungo periodo, economicamente conveniente, eticamente e socialmente equo nei riguardi delle comunità locali», è certamente in grado di offrire allo sviluppo sostenibile del nostro pianeta. Si esalta l'ecoturismo, si mira – in pratica – ad un turismo che non sfrutti, ma «integri l'ambiente naturale, culturale e umano». Correda la Carta di Lanzarote un'appendice, ove sono tracciate le linee del «Piano d'Azione sul Turismo Responsabile», individuanti misure concrete da proporre all'attenzione di tutti i soggetti impegnati nell'industria turistica. Di questo Piano giova riportare il passo di apertura, sintetico ma denso ed eloquente: «Agli albori del terzo millennio il turismo si è considerevolmente evoluto dalle sue origini storiche nel XIX secolo ed è oggi considerato uno dei fenomeni mondiali sociali ed economici più dirompenti. Molti mutamenti quantitativi e qualitativi hanno caratterizzato l'evoluzione storica del turismo, in parallelo con le profonde trasformazioni conosciute dalle nostre società, che si stanno progressivamente avvicinando a nuove categorie di valori, quali l'ambiente naturale e la cultura, considerate ormai patrimonio comune dell'umanità e permeate dai concetti condivisi di diritti umani e qualità della vita. L'espansione dell'industria turistica è ovviamente contrassegnata da molteplici contraddizioni. L'ambiente, i paesaggi, così come le identità e le tradizioni culturali, hanno spesso pagato un tributo molto alto alle sirene tentatrici dello sviluppo turistico, che ha offerto vantaggi esclusivamente economici. È il sapore amaro lasciato da decenni di sviluppo turistico di massa, con scarsa attenzione alla qualità dello sviluppo, che è alla base di questa conferenza mondiale e che ci incoraggia a unire le nostre forze e la nostra immaginazione per costruire per il terzo millennio un turismo a misura d'uomo e sostenibile».

C'è, dunque, una potenzialità rovinosa nel turismo, che è insita nel suo incontrollato incremento: esso inevitabilmente determina consumo di risorse ambientali e rappresenta, nel lungo periodo, una fonte di degrado dell'ecosistema del quale siamo parte. Esempi non mancano: le Cinque Terre sono un sito meraviglioso, Parco nazionale e Area marina protetta inseriti dall'UNESCO nella lista del Patrimonio mondiale dell'umanità, ma quando un reportage del geologo Mario Tozzi pubblicato da "La Stampa" il 21-6-2017 denuncia che "stanno rischiando di perdersi, fra alluvioni di pioggia e visitatori, trasformandosi in uno dei tanti luoghi in cui si vive solo al servizio del turismo, in definitiva compromettendone la qualità e la bellezza", l'allarme è bene che scatti. Il Salento è un altro tesoro del nostro Paese che il turismo di massa, in rapida e vorticosa crescita, rischia di devastare. Qui evocato è il sovraffollamento insostenibile in mete turistiche particolarmente apprezzate, ovvero il c.d. *overtourism* che, giustamente, sono in molti a denunciare: definito dalla Commissione per i trasporti e il turismo della Commissione Europea «la situazione nella quale l'impatto del turismo, in un certo momento e in una certa località, eccede la soglia della capacità fisica, sociale, economica, psicologica e/o politica», rappresenta, nel nostro Paese, un problema serio, da affrontare urgentemente con decisione e coraggio.

Lo sviluppo turistico va, dunque, saggiamente governato, tramite regole che ne assicurino la sostenibilità: facile a dirsi e non a farsi in un'epoca – come l'attuale – caratterizzata da un turismo alla portata di molti che sempre più si affida alla pratica del *do it yourself*, ma quella indicata è la sola via che ha senso percorrere e un'alternativa non c'è.

Hanno posto l'accento sul «turismo responsabile e sostenibile» anche i Membri dell'OMT, riuniti in Assemblea Generale a Santiago del Cile dal 27-9 all'1-10-1999, insieme ai rappresentanti dell'industria turistica mondiale, ai delegati degli Stati, dei territori, delle imprese, delle istituzioni e degli organismi. Sono stati solennemente adottati, in quella sede, mediante risoluzione A/RES/406(XII), i principi del «Codice Mondiale di Etica del Turismo» (in **Appendice**), ispirati dalla profonda convinzione «che il turismo, attraverso i contatti diretti, spontanei e non mediati tra uomini e donne di culture e stili di vita differenti, rappresenti una forza vitale al servizio della pace ed un fattore di amicizia e comprensione fra i popoli del mondo» e, nel contempo, dalla consapevolezza della necessità «di promuovere un turismo responsabile, sostenibile e accessibile a tutti, nell'ambito del diritto di tutte le persone di utilizzare il proprio tempo libero per fini di piacere o di viaggio, e nel rispetto delle scelte delle società di tutti i popoli». Evidente è il richiamo a non sfruttare indiscriminatamente, in nome dello sviluppo e della produzione senza limiti e senza regole, le risorse non rinnovabili del nostro pianeta. Il rilievo del testo – denominato "codice" per segnalarne in modo immediato l'alta dignità – emerge a tutto tondo dalla lettura delle rubriche dei dieci articoli che lo compongono, ove si fa riferimento al «contributo del turismo alla comprensione e al rispetto reciproco tra i popoli e le società», al «turismo quale mezzo di soddisfazione individuale e collettiva», al «turismo quale fattore di sviluppo sostenibile», al «turismo quale mezzo per utilizzare il patrimonio culturale dell'umanità e per contribuire al suo arricchimento», al «turismo quale attività vantaggiosa per i paesi e le comunità di accoglienza», agli obblighi che gli operatori dello sviluppo turistico devono osservare nei confronti dei turisti, al diritto di tutti al turismo, alla libertà di spostamenti turistici, ai diritti dei lavoratori e degli imprenditori dell'industria turistica, all'applicazione dei principi di cui trattasi. È anche prevista, nell'allegato, la creazione di un Comitato mondiale di etica del turismo, con una propria organizzazione ed un proprio regolamento interno, cui sono affidati «una funzione globale di "osservatorio" dei problemi riscontrati nell'applicazione del codice» e un ruolo di rilievo nella risoluzione, per via conciliativa, delle dispute sull'interpretazione o applicazione del codice medesimo.

Parliamo, pertanto, di un testo di grande importanza, che – come si evince dall'art. 10 – reca chiari l'invito e la raccomandazione a tutti gli operatori in ambito turistico, ad ogni livello, alle comunità d'accoglienza e agli stessi turisti, «a regolare la loro condotta sui principi enunciati nel Codice etico mondiale per il turismo e ad applicarli». Detti principi, al pari degli atti dell'OMT (in genere, dichiarazioni), non sono giuridicamente vincolanti e sarebbe inappropriato accostarli alle fonti del diritto internazionale; ciò nondimeno esercitano una decisiva influenza sulle scelte politiche da assumere – anche a livello nazionale – in campo turistico, sicché solo in astratto è ipotizzabile che possano essere bellamente disattesi o trascurati.

Ancor prima, nel 1998, l'Assemblea generale delle Nazioni unite aveva dichiarato l'anno 2002 "Anno internazionale del turismo sostenibile", per sensibilizzare soprattutto sulla necessità di evitare e contrastare gli effetti gravemente negativi determinati dal turismo di massa. A distanza di 15 anni, in forza di decisione assunta dalla stessa assemblea, il 2017 è stato individuato quale "Anno internazionale del turismo sostenibile", per ribadire con forza come questo settore del mercato – fonte di un cospicuo fatturato e, dunque, economicamente assai significativo – può e deve, però, contribuire al benessere dell'ambiente e delle persone e al miglior apprezzamento dei valori intrinseci delle diverse culture, rafforzando così la pace nel mondo. Senza dimenticare che il turismo sostenibile è voce importante nell'ambito della Risoluzione adottata il 25-9-2015 dall'Assemblea Generale dell'ONU "Trasformare il nostro mondo: l'Agenda 2030 per lo Sviluppo Sostenibile": trattasi di un programma d'azione assai ambizioso, che ingloba ben 17 obiettivi e 169 traguardi – la scadenza che i firmatari si sono dati per il loro conseguimento è, per l'appunto, il 2030 – tutti legati alla creazione di condizioni di sviluppo e di prosperità nel rispetto delle persone e del pianeta e reca formalizzato l'impegno a «raggiungere lo sviluppo sostenibile nelle sue tre dimensioni – economica, sociale e ambientale – in maniera equilibrata ed interconnessa».

Inutile dire che anche l'Unione Europea ha di mira l'obiettivo del turismo sostenibile.

Tra i molti atti a questo riguardo interessanti, si segnala la risoluzione del Parlamento europeo del 29-10-2015 [2014/2241(INI)] su nuove sfide e strategie per promuovere il turismo in Europa (in **Appendice**), motivata dalla necessità di rispondere presto e in modo adeguato alle nuove sfide «che l'industria del turismo in Europa si trova ad affrontare (...), tra cui la digitalizzazione dei canali di distribuzione, lo sviluppo della nuova economia del consumo collaborativo, la crescente concorrenza delle mete emergenti e meno costose di paesi terzi, il cambiamento del comportamento dei consumatori, il passaggio a un'economia dell'esperienza, la richiesta di servizi di qualità per la clientela, la necessità di attrarre e trattenere personale qualificato, i cambiamenti demografici e la stagionalità». In precedenza, il 27-9-2011, un'altra risoluzione era stata adottata dal Parlamento europeo [P7_TA(2011)0407 – 2010/2206(INI)], il cui titolo emblematicamente richiama l'«Europa, prima destinazione turistica mondiale» e l'obiettivo di «un nuovo quadro politico per il turismo europeo»: anche in essa è affermato che «la politica del turismo deve tener conto in modo coerente dello sviluppo sostenibile, dunque soddisfare le esigenze delle generazioni attuali a livello sociale, economico e ambientale senza perdere di vista gli interessi delle generazioni future».

Difficile parlare di turismo sostenibile quando, a causa della larga diffusione del Coronavirus-2 (SARS-CoV-2), la salvezza del turismo era divenuto il primo e fondamentale obiettivo. Nella risoluzione del Parlamento europeo del 17-4-2020 sull'azione coordinata dell'UE per lottare contro la pandemia e le sue conseguenze, dato atto che il settore dei trasporti e del turismo sono stati duramente colpiti, v'è la richiesta di «interventi volti a garantire la salute, la sicurezza e adeguate condizioni di lavoro degli operatori del settore dei trasporti e ad assicurare che le imprese di trasporto siano in grado di sopravvivere alla crisi» e manifestato è l'intento «di sviluppare un meccanismo di prevenzione e gestione a livello di Unione per il settore del turismo al fine di proteggere i nostri lavoratori, sostenere le nostre imprese e garantire la sicurezza dei passeggeri». Eppure, non passa in second'ordine la sostenibilità, che anzi conserva un posto di assoluto e centrale rilievo nella risoluzione del Parlamento europeo del 25-3-2021 sulla definizione di una strategia dell'UE per il turismo in risposta all'impatto devastante della pandemia; risoluzione importante, trattandosi all'epoca di sollecitare gli Stati membri ad attuare pienamente e senza indugio criteri comuni e coordinati per assicurare lo svolgimento in condizioni di sicurezza sanitaria dei viaggi. Ricordiamo che le risoluzioni, ancorché prive di valore vincolante, sono documenti di grande rilevanza, giacché indirizzano l'azione dell'Unione europea ed influenzano fortemente le politiche degli Stati membri. Ma ancor più importanti sono i regolamenti e le direttive dell'UE e, *in primis*, quelli preesistenti al COVID-19 riguardanti i diritti dei passeggeri, recanti disposizioni che, nel contesto dell'evolversi della pandemia, hanno richiesto, in via interpretativa, un aggiornamento in ordine alle modalità di applicazione: si è puntato, così, soprattutto, a disciplinare, nell'emergenza venutasi a determinare, l'esercizio del diritto alla libera circolazione per i residenti nell'Unione, onde scongiurarne la totale sospensione.

Ma il Coronavirus-2 (SARS-CoV-2) ha segnato l'ingresso nel linguaggio comune e nella politica di un altro termine, divenuto di moda. Alludiamo alla "resilienza", che sta a significare capacità di resistere e reagire di fronte a difficoltà, avversità ed eventi negativi. Si confà l'abbinamento di detto termine al settore del turismo, tanto che la strategia delineata nel piano intitolato «Percorso di transizione per il turismo» adottato dalla Commissione europea nel febbraio 2022, proprio sulla resilienza fa leva per accelerare le transizioni digitale e verde in direzione di un turismo, da un lato, più moderno e con servizi all'avanguardia e, dall'altro, più circolare e maggiormente rispettoso dell'ambiente. Fa il paio con detto piano l'«Agenda europea per il turismo» approvata dal Consiglio europeo nel dicembre 2022, che traccia le linee di un programma di lavoro pluriennale dell'UE destinato a supportare l'impegno degli Stati membri, delle autorità pubbliche, della Commissione e dei portatori di interessi per rendere il settore del turismo più verde e più sostenibile, resiliente e digitalizzato. Chiaro è l'intento di consentire all'industria turistica di tornare rapidamente ai livelli prepandemia, ma con regole che ne disciplinino l'azione volte a dar concretezza all'idea di un turismo maturo e responsabile.

Ovviamente, non sono solo atti e documenti internazionali a porre l'accento sulla sua sostenibilità. Questa ha rilievo centrale anche in ambito normativo nazionale e non fa certo eccezione il nostro Paese, dove – come vedremo – si sviluppa soprattutto a livello regionale l'attività legislativa nel settore. Alle Regioni si deve, altresì, l'elaborazione di numerosi atti e documenti, che illustrando dati, numeri e statistiche che fotografano la realtà, contribuiscono all'inquadramento in una dimensione più concreta della sostenibilità: a quest'ultimo riguardo, può segnalarsi, particolarmente ricco e interessante, il "Piano regionale di sviluppo turistico sostenibile" della Regione Calabria, recante la data del marzo 2019, costituente strumento utile approntato – come si legge nell'introduzione – per rispondere alle «nuove sfide imposte in ambito turistico dalla competizione internazionale, dalla rivoluzione tecnologica e digitale, dalla crescente domanda di personalizzazione».

C'è la fotografia della realtà e il progetto da realizzare in futuro nelle parole sin qui spese, che restituiscono chiara l'importanza vitale del turismo, non solo per l'economia. Alla fin fine, bene sintetizza la realtà del turismo l'art. 1 della l. reg. Lazio 6-8-2007, n. 13, che ne parla in termini di «fenomeno integrato di sviluppo economico sostenibile, di promozione e valorizzazione del territorio, di crescita sociale e culturale della persona e della collettività».

1.1. *Il turismo in primo piano nell'agenda politica italiana. I Piani strategici di sviluppo*

La vicenda COVID-19 – com'è noto – ha costretto a rimodulare piani e strategie in precedenza elaborati per il settore turistico e determinato l'introduzione di una normativa emergenziale della quale, usciti dalla pandemia, residua ancora più di una traccia. Com'è noto, l'UE ha stanziato, con il Programma *Next Generation EU* (NGEU), ingenti investimenti per promuovere un graduale, robusto recupero dell'economia europea nella fase successiva a quella connotata dall'emergenza sanitaria; recupero, da realizzare in concreto all'insegna della transizione ecologica, della digitalizzazione, della competitività, della formazione e dell'inclusione sociale, territoriale e di genere. A questi fini, l'Italia ha presentato il Piano Nazionale di Ripresa e Resilienza (PNRR), recante l'impegno del Governo a condurre in porto alcune fondamentali riforme e, tra gli obiettivi che il piano si propone di centrare, figurano il supporto alla transizione digitale e verde nei settori del turismo e della cultura, significativamente abbinati, e il sostegno alla ripresa dell'industria turistica culturale e creativa. Si collocano in questo contesto numerose misure, alcune delle quali – quelle adottate dalla l. 30-12-2021, n. 234, recante il bilancio di previsione dello Stato per l'anno finanziario 2022 e il bilancio pluriennale per il triennio 2022-2024 – consistenti nell'istituzione di fondi nello stato di previsione del Ministero del turismo, e più precisamente: a) del «Fondo unico nazionale per il turismo di parte corrente» – con una dotazione pari a 120 milioni di euro per ciascuno degli anni 2022 e 2023 e a 40 milioni di euro per l'anno 2024 – cui ricorrere al fine di razionalizzare gli interventi volti ad accrescere l'attrattività e alla promozione turistica nel territorio nazionale, sostenendo gli operatori del settore nel percorso di attenuazione degli effetti della crisi e per il rilancio produttivo ed occupazionale in sinergia con le misure previste dal PNRR (art. 1, co. 366); b) del «Fondo unico nazionale per il turismo di conto capitale» – con una dotazione pari a 50 milioni di euro per l'anno 2022, 100 milioni di euro per l'anno 2023 e 50 milioni di euro per ciascuno degli anni 2024 e 2025 – dal quale attingere per realizzare investimenti finalizzati ad incrementare l'attrattività turistica del Paese, anche in relazione all'organizzazione di manifestazioni ed eventi, compresi quelli sportivi, connotati da spiccato rilievo turistico, garantendo positive ricadute sociali, economiche ed occupazionali sui territori e per le categorie interessate (art. 1, co. 368). Questi ed altri interventi hanno fatto sì che una buona parte delle attività legate al turismo potessero resistere e sopravvivere alla grave e pesante crisi; ed ora che la pandemia è superata, che il turismo sembra aver riguadagnato spazio nella vita di ciascuno di noi e centralità nell'economia del Paese, tornano attuali – con gli aggiustamenti del caso – i piani e le strategie sviluppati in epoca pre-COVID 19, sicché ad essi è opportuno far cenno per delineare il contesto entro cui inquadrare l'esame, cui ci accingiamo, della dimensione normativa del turismo. Risulteranno, così, abbozzati i tratti dell'oggetto del nostro studio, lasciando intravedere luci e ombre, problemi e limiti da colmare, grandi idee-guida da concretizzare, misure opportune e provvedimenti di immediato impatto da assumere, per tramutare il turismo, da opportunità per l'Italia, a voce certa di arricchimento della persona e di sviluppo economico, sociale e culturale.

Per il nostro Paese – inutile dirlo – il turismo rappresenta un settore più rilevante di altri, per il peso che ha nell'economia nazionale e per le opportunità di lavoro che offre. Eloquenti i dati emergenti dal «Piano strategico per lo sviluppo del turismo in Italia» – che reca la data del 18-1-2013 – elaborato da un Gruppo di Lavoro dell'allora Ministro per gli Affari Regionali, il Turismo e lo Sport, presieduto da Piero Gnudi: «Il contributo del turismo al prodotto interno lordo dell'Italia ammonta a oltre 130 miliardi di euro (circa il 9% della produzione nazionale) e le persone impegnate in questo settore sono circa 2,2 milioni (un lavoratore su dieci)». Era stato l'art. 34 *quinquies*, co. 1, del d.l. 18-10-2012, n.

179 (convertito, con modificazioni, dalla l. 17-12-2012, n. 221) ad impegnare il Governo ad adottare, entro il 31-12-2012, su proposta del Ministro con delega al turismo, sentita la Conferenza permanente per i rapporti tra lo Stato, le regioni e le province autonome di Trento e di Bolzano, un piano strategico di sviluppo del turismo in Italia, di durata almeno quinquennale. Il Piano strategico, dunque, è promosso a strumento di programmazione e di indirizzo delle politiche nel settore.

Nel periodo prepandemia i dati hanno registrato rialzi considerevoli: nel 2017 il contributo totale del turismo all'economia italiana è stato di oltre 223 miliardi di euro, pari al 13% del PIL, con un'occupazione nel settore pari al 14,7% di quella totale del Paese.

Nessun dubbio, perciò, che il turismo sia una grande ricchezza e altrettanto palese è che l'Italia può contare su un vantaggio competitivo se è vero che il patrimonio ambientale, storico ed artistico di cui dispone è incommensurabile e di gran lunga superiore a quello che altri Paesi possono vantare. Sta di fatto, però, che questa fortuna non è adeguatamente sfruttata, non solo per limiti generali della nostra economia legati all'incapacità di attirare investimenti, alla condizione inadeguata dei servizi, alla scarsa trasparenza e alla purtroppo endemica inefficienza dell'amministrazione pubblica; hanno un peso anche altri fattori, che già il summenzionato Piano strategico denunciava, mettendo impietosamente a nudo alcune tra le criticità dell'industria turistica italiana: «problemi di *governance* del settore, promozione all'estero estremamente frammentata e graduale marginalizzazione dell'ENIT, nanismo delle imprese, limiti nella capacità di costruire prodotti turistici competitivi, infrastrutture insufficienti, formazione del personale inadeguata al mercato globale, difficoltà ad attrarre investimenti internazionali». A contribuire alla lamentata marginalizzazione dell'ENIT è il protagonismo e l'iperattività delle Regioni sul fronte della promozione del turismo nei propri territori, in aperta concorrenza tra di loro: questa attività di incentivazione, sviluppata in forme varie e non solo attraverso la realizzazione di siti Internet assai attraenti e ricchi di utili informazioni (v., ad es., *www.visitlazio.com*), è da numerose Regioni svolta anche all'estero e sovente – cosa che ha fatto e fa molto discutere – tramite l'apertura di sedi "diplomatiche" assai sfarzose, *ad hoc* acquistate a prezzi ragguardevoli e assai dispendiose da mantenere. Questa pratica, oltre a mal conciliarsi con le esigenze di bilanci regionali che dovrebbero prestare più attenzione al contenimento dei costi e alla riduzione delle spese, determina la sovrapposizione con l'attività che, istituzionalmente, l'ENIT è chiamato a svolgere e, conseguentemente, la sua emarginazione.

Il 16-12-2016 è stato presentato il Piano strategico di sviluppo del turismo 2017-2022, approvato dalla Conferenza permanente per i rapporti tra lo Stato, le Regioni e le Province autonome di Trento e di Bolzano. «Un documento di svolta che rafforza l'idea di Italia come museo diffuso e, proponendo anche nuove destinazioni, individua nel turismo, sostenibile e di qualità, uno strumento di policy per il benessere economico e sociale di tutti»: così si è espresso l'on. Dario Franceschini, allora Ministro dei beni e delle attività culturali e del turismo. E, in effetti, il Piano è assai ambizioso, avendo di mira il rilancio della *leadership* italiana sul mercato turistico mondiale tramite, in particolare, il rafforzamento del legame fra turismo e cultura. Sono quattro gli obiettivi fondamentali individuati: a) diversificare l'offerta turistica e promuovere modalità di fruizione turistica del patrimonio del nostro Paese basate su rinnovamento e ampliamento dell'offerta delle destinazioni strategiche e sulla valorizzazione di nuove mete e nuovi prodotti; b) innovare il marketing, facendo leva sull'ampliamento e sulla diversificazione della domanda e dei mercati e sulle straordinarie possibilità offerte dalla rivoluzione tecnologica e digitale in vista del potenziamento dei servizi di promozione e commercializzazione; c) accrescere la competitività, per via soprattutto della digitalizzazione del sistema turistico italiano e dello sviluppo e qualificazione delle imprese del turismo; d) migliorare la *governance* del settore, per accrescerne l'efficienza e far sì che sia più partecipato il processo di elaborazione e definizione delle politiche turistiche. In questo quadro, sono indicate misure specifiche da adottare e linee di intervento da seguire.

L'attualità rimanda allo schema di Piano strategico per lo sviluppo del turismo per il periodo 2023-2027, trasmesso alle Camere il 5 aprile 2023. In esso è reso esplicito l'intento di «giocare un ruolo strategico, "di sponda con le misure economiche messe in campo dal Governo e dall'Europa con il Piano Nazionale di Ripresa e Resilienza (PNRR)"», recante – come detto – progetti di investimento anche in materia di turismo; progetti, volti al miglioramento delle strutture turistico-ricettive e dei servizi turistici, con il duplice obiettivo di innalzare la capacità competitiva delle imprese e di promuovere un'offerta turistica basata su sostenibilità ambientale, innovazione e digitalizzazione dei servizi.

Il nuovo piano strategico poggia su cinque pilastri determinanti ai fini della sua realizzazione: governance, innovazione, qualità e inclusione, formazione e carriere professionali turistiche, sostenibilità. Si punta anche alla promozione del *wellness*, incentivando le politiche riguardanti le strutture termali e il turismo del benessere, il turismo sportivo e il cicloturismo. Attenzione particolare è riservata all'esigenza di posizionare più chiaramente l'Italia come destinazione del turismo di alta gamma a livello internazionale e rendere più diffusa e accessibile la sua offerta.

I Piani strategici nazionali sono affiancati da Piani turistici regionali, rispondenti anch'essi ad una logica di programmazione. Sono tutti atti importanti, è significativa la loro adozione ed è imprescindibile il loro costante, periodico aggiornamento per farne irrinunciabili strumenti sia per le istituzioni statali e regionali sia per i singoli operatori. D'altronde, ogni due anni, l'art. 56 del «Codice della normativa statale in tema di ordinamento e mercato del turismo» – per brevità denominato codice del turismo, costituente l'Allegato 1 al d.lgs. 23-5-2011, n. 79 (v. *infra* § 4.1) – prevede sia indetta dal Presidente del Consiglio dei Ministri o dal Ministro delegato la Conferenza nazionale del turismo, organizzata d'intesa con la Conferenza permanente per i rapporti tra lo Stato, le Regioni e le Province autonome di Trento e di Bolzano, per esprimere orientamenti per la definizione e gli aggiornamenti del documento contenente le linee guida del Piano strategico nazionale e per verificare l'attuazione di dette linee nel confronto tra le istituzioni e le rappresentanze del settore.

Momenti collegiali di discussione ed elaborazione sono importanti, come pure i buoni propositi che solitamente in ogni strumento di programmazione abbondano; il problema è far sì che ad essi seguano scelte innovative e azioni concrete, senza le quali nessun effettivo rilancio del settore è immaginabile. Con l'art. 11, co. 3 *ter* del d.l. 31-5-2014, n. 83 (convertito, con modificazioni, nella l. 29-7-2014, n. 106), ad esempio, si è individuata con priorità una linea da seguire, nell'ambito del Piano strategico nazionale, per potenziare l'offerta turistico-culturale e valorizzare con azioni congiunte il paesaggio e il patrimonio storico-artistico della nazione: ideare e realizzare itinerari turistico-culturali dedicati – inseriti nei circuiti nazionali di eccellenza e nei percorsi pedonali, ciclabili, equestri, mototuristici, fluviali e ferroviari – onde mettere in rete i siti di interesse culturale e paesaggistico presenti in diversi territori, migliorandone la fruizione pubblica, nel contesto di progetti predisposti da Regioni ed enti locali, singoli o associati, d'intesa con il MiBACT e con il Ministero dello sviluppo economico. Come si vedrà nel prosieguo, molto è stato fatto in questa direzione, ma – notazione che, in Italia, capita purtroppo spesso di dover utilizzare – il più resta da fare.

2. *Il diritto sovranazionale del turismo*

Ça va sans dire che il viaggio è connaturato nel concetto di turismo. Un tempo le grandi distanze rendevano lunghi e dispendiosi i viaggi e ciò non incentivava certo il turismo, soprattutto quello verso mete lontane. Oggi – inutile segnalarlo – la realtà è cambiata e gli spostamenti nello spazio, anche intercontinentali, non costituiscono più un problema e comportano costi per l'utenza non proibitivi. Dobbiamo, dunque, fare i conti con la dimensione planetaria del turismo che, giocoforza, riverbera effetti anche sul piano normativo, tant'è che sempre più spesso non sono i diritti nazionali i referenti principali, essendo le regole da applicare rinvenibili in fonti che potremmo definire "sovranazionali"; fonti che, nell'attuale assetto, delineano un quadro assai complesso e articolato.

C'è, allora, innanzitutto, il diritto internazionale di fonte pattizia da considerare, quello dei Trattati e delle Convenzioni stipulate tra Stati che, con la ratifica, diventano parte integrante dell'ordinamento giuridico interno. Alla disciplina derivante da questa fonte, d'altronde, la nostra Costituzione riconosce un peso e una dignità superiori rispetto alle norme ordinarie, se è vero che l'art. 117, co. 1, Cost., nell'attuale formulazione, impone a Stato e Regioni di esercitare la potestà legislativa nel rispetto anche «dei vincoli derivanti (...) dagli obblighi internazionali». La Corte costituzionale – v. le note sentenze del 24-10-2007, n. 348 e n. 349 – ha chiarito, per via del richiamo al meccanismo delle "norme interposte", i rapporti tra detta disposizione e le norme della Convenzione per la salvaguardia dei diritti dell'uomo e delle libertà fondamentali (CEDU) – firmata a Roma il 4-11-1950 e resa esecutiva in Italia con l. 4-8-1955, n. 848 – come interpretate dalla Corte di Strasburgo: queste ultime – precisano i giudici della Consulta – sono attratte «nella sfera di competenza di questa Corte» e il «giudice comune non ha (...) il potere di disapplicare la norma legislativa ordinaria ritenuta in contrasto con una norma CEDU, poiché l'asserita incompatibilità tra le due si presenta come una questione di legittimità costituzionale, per eventuale violazione dell'art. 117, co. 1, Cost., di esclusiva competenza del giudice delle leggi». Quest'ultima disposizione non allude unicamente ai vincoli derivanti dalla CEDU, tant'è che prevale l'idea che i principi ora illustrati valgano per tutte le norme internazionali di origine pattizia, senza discriminazione alcuna, sempreché relative a trattati ratificati con espressa deliberazione parlamentare; ma si segnala anche l'opinione di chi, con riguardo a trattati diversi dalla CEDU, mantenendo fermo l'impedimento alla disapplicazione della norma interna contrastante con la norma internazionale, ipotizza che i giudici possano giungere a dar prevalenza della disciplina convenzionale (garantendo, quindi, il pieno rispetto degli obblighi internazionali) attraverso il ricorso all'interpretazione conforme o mediante l'impiego del criterio di specialità o per via dell'abrogazione, senza quindi necessariamente sollevare la questione di costituzionalità per violazione della norma interposta.

Si è citata la CEDU. Essa non rivolge specifica attenzione al turismo, ma sancisce il diritto di ogni persona alla libertà (art. 5) e, nell'art. 2 del Protocollo addizionale n. 4 firmato a Strasburgo il 16-9-1963, garantisce e tutela la libertà di circolazione. Altri trattati internazionali, resi esecutivi in Italia con leggi dello Stato, riguardano, invece, direttamente la materia del turismo o mostrano implicazioni ben più chiare con essa. Elencarli tutti sarebbe impensabile, per cui meglio far rinvio alle segnalazioni che nel corso della trattazione capiterà di fare. Alcuni di essi, peraltro, saranno anche oggetto di esame: è il caso, ad esempio, della Convenzione internazionale relativa ai contratti di viaggio (CCV), firmata a Bruxelles il 23-4-1970 e resa esecutiva in Italia dalla l. 27-12-1977, n. 1084 (v. *infra*, Cap. IV, § 8), come pure della Convenzione europea sulla responsabilità degli albergatori per le cose portate dai clienti in albergo, firmata a Parigi il 17-12-1962 e ratificata con l. 10-6-1978, n. 316 (v. *infra*, Cap. IV, § 5.1).

Una miniera di dati è il noto Codice Mondiale di Etica del Turismo adottato nel 1999 dall'Assemblea Generale dell'OMT (v. *supra*, § 1), che, seppur datato, incorpora un folto elenco di atti, dichiarazioni, convenzioni e risoluzioni, direttamente interessanti la materia turistica o per qualche aspetto ad essa attinenti, di grande utilità per operare una ricognizione, ad ampio spettro e storicamente documentata, sul diritto sovranazionale del turismo.

2.1. *Il turismo nel diritto dell'Unione Europea*

Per ragioni che è facile intuire, nello scenario sovranazionale deve riservarsi un posto di primissimo piano a quello che sino a qualche anno addietro poteva denominarsi ordinamento comunitario e che, oggi – per quanto appresso diremo – è più propriamente qualificabile come ordinamento dell'Unione Europea.

Sono stati dei trattati di diritto internazionale a dar vita alle Comunità Europee e, da ultimo, all'Unione Europea. Un breve *excursus* storico è opportuno. L'ordinamento comunitario è il frutto di un processo, in costante evoluzione, che ha preso avvio il 18-4-1951 con il Trattato di Parigi (reso esecutivo in Italia con l. 25-6-1952, n. 766) che ha dato vita alla Comunità Europea del Carbone e dell'Acciaio (CECA); questo trattato, concluso per la durata di cinquant'anni, essendo entrato in vigore il 23-7-1952 è giunto a scadenza il 23-7-2002. Risale al 25-3-1957 la firma dei Trattati di Roma istitutivi della Comunità Economica Europea (CEE) e della Comunità Europea dell'Energia Atomica (CEEA o EURATOM); detti trattati sono stati resi esecutivi nel nostro Paese con l. 14-10-1957, n. 1203. Nel percorso che porta dalla Comunità Economica Europea (CEE) all'Unione Europea (UE), momento determinante è il Trattato di Maastricht del 7-2-1992 (dall'Italia ratificato con l. 3-11-1992, n. 454), entrato in vigore il 1-11-1993: con esso, la Comunità Economica Europea (CEE) acquista la denominazione di Comunità Europea (CE) e già questa variazione segnala un cambiamento sostanziale del ruolo e delle prerogative affidati alla Comunità. Il Trattato in parola, infatti, innova in molti punti il Trattato istitutivo della Comunità Europea (già in precedenza modificato dall'Atto Unico Europeo, firmato a Lussemburgo il 17-2-1986 da alcuni Stati membri e il 28-2-1986 da altri, tra cui l'Italia) e a questo affianca il Trattato sull'Unione Europea (UE), col quale – come recita l'art. 1 – «le Alte Parti Contraenti istituiscono tra loro un'Unione Europea (...) fondata sulle Comunità europee, integrate dalle politiche e forme di cooperazione instaurate dal presente trattato». Gli eventi più recenti ci dicono che il posto dei trattati istitutivi della CE e della UE, per effetto del riordino operato dal Trattato di Lisbona del 13-12-2007 (ratificato dall'Italia con l. 2-8-2008, n. 130), è stato preso dal Trattato sull'Unione Europea (TUE) e dal Trattato sul funzionamento dell'Unione Europea (TFUE); ci dicono anche – così recita il co. 1 dell'art. 6 TUE – che l'UE «riconosce i diritti, le libertà e i principi sanciti nella Carta dei diritti fondamentali dell'Unione europea del 7 dicembre 2000, adattata il 12 dicembre 2007 a Strasburgo, che ha lo stesso valore giuridico dei trattati». Il resto è storia attuale, dagli sviluppi incerti viste le difficoltà che il disegno di unificazione europea sta incontrando, molte delle quali legate alle incognite del dopo COVID-19 e ai problemi di rapporto con gli Stati membri, impegnati nell'attuazione dello strumento europeo elaborato per aiutarli, attraverso investimenti, a ripianare le perdite subite per effetto della crisi sanitaria, denominato *Next Generation EU*.

Doverosa è una premessa di ordine generale, per ricordare: a) il rispetto dei vincoli derivanti dall'ordinamento comunitario, imposto dall'art. 117, co. 1, Cost. all'esercizio della potestà legislativa dello Stato e delle Regioni; b) che i Trattati dell'UE e il diritto c.d. comunitario godono di un primato sul diritto di ciascuno Stato membro; c) che vige il principio dell'efficacia diretta della normativa comunitaria, in forza del quale, là dove essa in modo chiaro ed inequivoco enunci doveri e attribuisca prerogative, i singoli cittadini diventano direttamente titolari di diritti soggettivi esercitabili ed azionabili di fronte ai giudici nazionali, tenuti a tutelarli, se del caso anche tramite la disapplicazione delle norme di diritto domestico ritenute contrastanti.

Ciò posto, dobbiamo, poi, nello specifico, innanzitutto chiederci se il turismo sia assunto in considerazione in detti trattati. La risposta è sì, con riguardo al TFUE, il quale: a) nell'art. 6, affida all'UE «competenza per svolgere azioni intese a sostenere, coordinare o completare l'azione degli Stati membri» nel settore; b) dedica, in via esclusiva, al turismo, il Titolo XXII, ove un unico articolo – distinto con il n. 195 – pone l'accento sul ruolo complementare che l'UE è chiamata a svolgere per completare l'azione degli Stati membri «in particolare promuovendo la competitività delle imprese dell'Unione» operanti nel settore.

Si può parlare di novità apportate dal Trattato di Lisbona. In precedenza, nessun richiamo esplicito al turismo era operato dal Trattato istitutivo della CEE (ove si eccettui quello presente nell'Allegato III, che elenca le "transazioni invisibili" alle quali l'art. 106 del Trattato fa riferimento dando rilievo all'impegno degli Stati membri a non introdurre nei loro rapporti nuove restrizioni per i trasferimenti ad esse relativi), mentre la nuova formulazione data all'art. 3 del Trattato istitutivo della CEE dal Trattato di Maastricht si limitava a porre in relazione l'azione della CE con l'adozione di generiche «misure in materia di energia, protezione civile e turismo».

Non può, però, affermarsi che prima del Trattato di Lisbona il turismo fosse fuori del raggio di interesse e di azione della Comunità Europea. Un nesso col turismo poteva prospettarsi guardando, nel Trattato di Maastricht, al Titolo XII concernente la cultura, essendo, in esso, incentivata la cooperazione tra gli Stati membri perché appoggiassero e favorissero gli scambi culturali non commerciali e la diffusione «della cultura e della storia dei popoli europei». Detto Titolo XII è ora riversato, con poche modifiche, nel Titolo XIII del TFUE. Se poi è vero che il turismo è tra i fattori determinanti ai fini della costruzione dell'Europa unita, riguardano certamente il turista e sono innegabilmente legati al turismo e al suo sviluppo i principi della libera circolazione delle persone, della libertà di stabilimento, della libertà di prestazione di servizi all'interno dell'Unione Europea, presenti nel Trattato istitutivo della CE *post* Maastricht, rispettivamente, negli artt. 18 [*ex* art. 8 A], 43 [*ex* art. 52] e 49 [*ex* art. 59] ed, ora, contemplati negli artt. 21, 49 e 56 TFUE. Anche la Carta dei diritti fondamentali dell'UE assicura, nel preambolo, «la libera circolazione delle persone, dei servizi, delle merci e dei capitali, nonché la liberà di stabilimento», sancendo altresì il diritto di ogni persona alla libertà (art. 6) e all'istruzione (art. 14). C'era, poi, l'art. 308 [*ex* art. 235] del Trattato istitutivo della CE, come modificato dal Trattato di Maastricht, sul quale si poteva far leva per legittimare la CE ad intervenire nel settore, ove ciò risultasse necessario al raggiungimento degli scopi della Comunità. Al citato art. 308 ora corrisponde l'art. 352 TFUE.

Ma quel che più interessa evidenziare è la mole consistente della produzione normativa in materia turistica da parte della CEE, prima, e, successivamente, della CE. Devono, allora, richiamarsi i regolamenti e, soprattutto, le direttive – la differenza è nota e chiaramente desumibile dall'art. 288 TFUE – volti a regolare partizioni generali o aspetti assai specifici legati al turismo; le direttive necessitano di attuazione e non va dimenticato il potere conferito dall'art. 40, l. 24-12-2012, n. 234 a Regioni e Province autonome, nelle materie di propria competenza, di provvedere direttamente al loro recepimento.

Tra le numerose direttive, possiamo ricordare: la dir. 75/368/CEE (concernente misure destinate a favorire l'esercizio effettivo della libertà di stabilimento e della libera prestazione dei servizi per quanto riguarda varie attività, tra cui quelle di guida accompagnatrice e di interprete turistici), attuata con d.lgs. 23-11-1991, n. 391 e abrogata dall'art. 11 della dir. 99/42/CE (istitutiva di un meccanismo di riconoscimento delle qualifiche per varie attività professionali, tra cui quelle consistenti nell'organizzare, presentare e vendere, a forfait o a provvigione, gli elementi isolati o coordinati di un viaggio o di un soggiorno, nonché quelle di guide accompagnatrici ed interpreti turistici), attuata con d.lgs. 20-9-2002, n.

229 e, a sua volta, successivamente, abrogata ad opera dell'art. 62 della dir. 2005/36/CE; la dir. 90/314/CEE (relativa ai viaggi, le vacanze e i circuiti «tutto compreso»), attuata con d.lgs. 17-3-1995, n. 111 e oggetto di abrogazione, a decorrere dall'1-7-2018, per effetto dell'art. 29 della dir. 2015/2302/UE; la dir. 94/47/CE (concernente la tutela dell'acquirente per taluni aspetti dei contratti relativi all'acquisizione di un diritto di godimento a tempo parziale di beni immobili), recepita con d.lgs. 9-11-1998, n. 427 e poi abrogata dalla dir. 2008/122/CE (sulla tutela dei consumatori per quanto riguarda taluni aspetti dei contratti di multiproprietà, dei contratti relativi ai prodotti per le vacanze di lungo termine e dei contratti di rivendita e di scambio), cui ha dato attuazione il d.lgs. 79/2011, modificando il Capo nel d.lgs. 6-9-2005, n. 206, recante il Codice del consumo, dedicato ai «Contratti relativi all'acquisizione di un diritto di godimento ripartito di beni immobili».

Tra i regolamenti si segnalano: a) quello che istituisce regole comuni in materia di compensazione ed assistenza ai passeggeri in caso di negato imbarco, di cancellazione del volo o di ritardo prolungato (reg. 261/04/CE, che ha abrogato il reg. 295/91/CEE sull'*overbooking*); b) quello che istituisce il Codice doganale dell'Unione (CDU), introducendo semplificazioni nelle procedure grazie ad una più intensa digitalizzazione del dialogo tra imprese e dogana e maggior sicurezza per via della tracciabilità dell'intero ciclo di import/export e dello svolgimento dei controlli connessi (reg. 952/13/UE, che ha abrogato il reg. 450/08/CE e, dall'1-5-2016, il reg. 3925/91/CEE relativo all'eliminazione dei controlli sui bagagli dei viaggiatori intracomunitari, il reg. 2913/92/CEE istitutivo del codice doganale comunitario e il reg. 1207/01/CEE relativo al rilascio dei certificati di origine EUR e alla qualifica di esportatore autorizzato); c) quello che istituisce un quadro comune ai fini dello sviluppo, della produzione e della divulgazione sistematici di statistiche europee sul turismo (reg. 692/11/CE).

Molti altri atti provenienti dalla Comunità Europea e, ora, dall'UE interessano l'attività di impresa e le professioni e, quindi, anche la materia turistica.

Le regole di concorrenza tra imprese dettate dagli artt. 101 ss. TFUE vanno certamente rispettate. Lo stesso dicasi per quelle facenti capo alla dir. 2006/123/CE (più nota come direttiva Bolkestein, dal nome del Commissario europeo per il mercato interno e i servizi nei primi anni duemila) relativa ai servizi nel mercato interno, nel cui ambito di applicazione –

come chiaramente risulta dal *considerando* 33 – rientrano i servizi ai consumatori, ivi compresi i servizi nel settore del turismo, i servizi delle guide turistiche, i servizi ricreativi, i centri sportivi, i parchi di divertimento: vale, dunque, il principio – pure sancito nel d.lgs. 26-3-2010, n. 59 che alla direttiva *de qua* ha dato attuazione – secondo cui l'accesso e l'esercizio delle attività di servizi costituiscono espressione della libertà di iniziativa economica e non possono essere sottoposti a limitazioni ingiustificate o discriminatorie.

Capiterà, ovviamente, nel corso della trattazione, di segnalare altri dati ed altri ancora possono evincersi esaminando le risoluzioni del Parlamento europeo menzionate *supra* nel § 1, le quali pure rientrano nel novero degli atti ufficiali dell'Unione europea che testimoniano attenzione alla materia turistica.

3. *Il turismo nella Costituzione italiana*

Sono numerosi i dati da indicare per intendere quale considerazione la Carta costituzionale abbia del turismo: si staglia un quadro composito, che si è andato delineando nel corso degli anni ed è, quindi, il risultato di un'evoluzione che è opportuno – nei suoi tratti essenziali – descrivere.

Nel secondo dopoguerra, dopo la tragica parentesi del fascismo, segna l'avvio di una nuova stagione la Costituzione repubblicana, approvata dall'Assemblea costituente il 22-12-1947 ed entrata in vigore l'1-1-1948. Nel testo originario, un richiamo esplicito a «turismo ed industria alberghiera» era presente – nel Titolo V – tra le materie, elencate dall'art. 117 Cost., in ordine alle quali alla Regione era dato emanare norme legislative nei limiti dei principi fondamentali stabiliti dalle leggi dello Stato e sempreché le norme stesse non fossero in contrasto con l'interesse nazionale e con quello di altre Regioni. Diversamente, alle Regioni a statuto speciale l'art. 116 Cost. riconosceva «forme e condizioni particolari di autonomia, secondo i rispettivi statuti speciali» e in questi il turismo era identificato quale materia di competenza legislativa primaria delle Regioni (e, nel Trentino-Alto Adige, delle Province autonome di Trento e di Bolzano) e, quindi, nemmeno soggetta al limite dei principi fondamentali stabiliti dalle leggi dello Stato. Al di là di quello contenuto nell'art. 117, nessun altro riferimento al turismo era contenuto nella Carta costituzionale e, pur tuttavia, era già all'epoca diffusa la consapevolezza che esso fosse implicato in valori costituzionali di primaria importanza, sul versante dei rapporti economici (l'art. 41 e la libertà di iniziativa economica privata) e non solo (si pensi all'art. 9, alla promozione dello sviluppo culturale e alla tutela del paesaggio e del patrimonio storico e artistico della Nazione; all'art. 13, che sancisce l'inviolabilità della libertà personale; all'art. 16 e alla libertà di circolazione e di soggiorno; all'art. 32 stante il beneficio per la salute che il turismo apporta; all'art. 34 e al diritto all'istruzione). Questa consapevolezza si è via via rinsaldata. Dottrina e giurisprudenza hanno in più occasioni confermato il legame con tali valori, pure sottolineando come il turismo sia fattore di arricchimento della qualità della vita delle persone e di armonico e completo sviluppo della loro personalità, sicché evidente è anche la relazione con gli artt. 2 e 3 Cost.; e deve considerarsi, altresì, certa la rilevanza sociale del turismo, che giustifica e impone interventi di vario tipo da parte delle istituzioni pubbliche, anche volti a far sì che esso non sia solo appannaggio delle classi più abbienti.

Duro a morire il pregiudizio antiregionalistico, la piena attuazione del dettato del Titolo V fu, di fatto, ostacolata, sicché, se gli statuti delle Regioni ad autonomia speciale di cui all'art. 116, co. 1, Cost. furono adottati con leggi costituzionali del 26-2-1948 (quello della Regione Friuli-Venezia Giulia fu approvato successivamente con l. cost. 31-1-1963, n. 1), per l'attuazione delle Regioni a statuto ordinario toccò attendere la l. 16-5-1970, n. 281. Da quel momento prese avvio il lungo e tormentato *iter* per il trasferimento delle funzioni, degli uffici e del personale alle Regioni nelle materie di loro competenza, che portò a risultati tangibili solo qualche anno più tardi con il d.p.r. 24-7-1977, n. 616. Quest'ultimo – tra l'altro – nell'art. 56 contribuiva a meglio definire il senso da dare all'espressione «turismo e industria alberghiera», quando nelle funzioni amministrative relative alla materia *de qua* comprendeva «tutti i servizi, le strutture e le attività pubbliche e private riguardanti l'organizzazione e lo sviluppo del turismo regionale, anche nei connessi aspetti ricreativi, e dell'industria alberghiera, nonché gli enti e le aziende pubbliche operanti nel settore sul piano locale». Nel d.lgs. 31-3-1998, n. 112 – altra tappa fondamentale della travagliata vicenda del conferimento di funzioni e compiti amministrativi alle Regioni, alle Province, ai Comuni, alle comunità montane o ad altri enti locali – la definizione data dal d.p.r. 616/1977 veniva ulteriormente precisata, le funzioni amministrative relative alla materia «turismo ed industria alberghiera» concernendo «ogni attività pubblica o privata attinente al turismo, ivi incluse le agevolazioni, le sovvenzioni, i contributi, gli incentivi, comunque denominati, anche se per specifiche finalità, a favore delle imprese turistiche» (art. 43). Bisogna valutare questa realtà per comprendere, in concreto, quale portata abbia avuto l'attribuzione alle Regioni della potestà legislativa in materia di turismo ed industria alberghiera; ed è doveroso, ancora, ricordare che trattavasi di potestà legislativa concorrente – da esercitarsi «nei limiti dei principi fondamentali stabiliti dalle leggi dello Stato» – e che nessuna materia era all'epoca riservata in esclusiva alla potestà legislativa della Regione.

Il passaggio successivo – che non si può trascurare di evidenziare – è rappresentato dalla riforma del Titolo V della Costituzione, realizzata ad opera della l. cost. 18-10-2001, n. 3, cui la l. 5-6-2003, n. 131 ha dato attuazione. Si sono così modellati in termini nuovi i rapporti tra Stato ed enti territoriali, muovendo in direzione – almeno negli intenti – della creazione di uno Stato federale. Anche l'art. 117 è stato sostituito e le novità sono di grande rilievo. Il nuovo testo: a) enumera, nel co. 2, le materie assegnate alla potestà legislativa esclusiva dello Stato; b) identifica, nel co. 3, quelle rispetto alle quali le Regioni ordinarie sono dotate di potestà legislativa concorrente con quella statale (potestà, da esercitare «salvo che per la determinazione dei principi fondamentali, riservata alla legislazione dello Stato»); c) sancisce, nel co. 4, che in ordine ad ogni altra materia, le Regioni ordinarie risultano titolari di potestà legislativa esclusiva. Ciò posto, interessa a noi rilevare come il "turismo" e la "industria alberghiera" non trovino più posto nella nuova formulazione dell'art. 117 Cost., sicché, fermi restando i legami – sempre più saldi – con i valori "alti" di rilevanza costituzionale poc'anzi richiamati, devesi dire che, attualmente, non avendo il turismo alcuna evidenza nella Carta costituzionale, per effetto della distribuzione delle materie operata dalla riforma, quella turistica, in passato oggetto di competenza legislativa concorrente, è ora entrata nella piena ed esclusiva competenza regionale. Le Regioni a statuto speciale – come detto – già erano tributarie di competenza primaria (e, dunque, piena ed esclusiva) in ordine alla materia turistica, per cui si può dire che ora il quadro si presenta sostanzialmente omogeneo.

Ogni Regione e Provincia autonoma ha legiferato sul turismo. Nella varietà, sono molti i profili disciplinati in modo uguale o simile, ma numerose sono anche le differenze, spesso incidenti su aspetti assai rilevanti, sicché non può definirsi totalmente armonico il quadro risultante dalle normative costituenti espressione della potestà legislativa regionale. Il senso comune porta a dire che non è un bene l'eccessiva diversificazione in un settore – quello turistico – che, per svilupparsi e crescere, dovrebbe invece avere a referente un insieme quanto più omogeneo di regole. Lo Stato si è dato carico di questa esigenza, con diversi interventi succedutisi negli anni, che hanno però – come vedremo – suscitato malumori e reazioni forti da parte delle Regioni, non disposte a tollerare intrusioni nella sfera della potestà loro riservata: l'ultimo e più significativo di tali interventi rimanda al codice del turismo – che, come detto, trovasi allegato al d.lgs. 79/2011 – sul quale si è pesantemente abbattuta la scure della Corte costituzionale (v. *infra* § 4.1).

Potremmo evitare ogni cenno al voto che il 4-12-2016 siamo stati chiamati ad esprimere, in occasione del referendum costituzionale indetto per approvare o respingere modifiche significative della nostra Costituzione, anche frutto della revisione del Titolo V della Parte II in ordine alla distribuzione della potestà legislativa tra Stato e Regioni. Era, allora, Presidente del Consiglio Matteo Renzi e – come tutti ricorderanno – disse no alla riforma la larga maggioranza dei votanti, sicché inalterato è rimasto il quadro costituzionale che interessa la nostra materia. Ciò nondimeno, non è fuor di luogo un richiamo – ancorché sintetico – agli effetti che si sarebbero determinati in caso di esito diverso del voto. Se avessero prevalso i sì, con ogni probabilità la disciplina del turismo sarebbe andata incontro a cambiamenti significativi, in direzione della (anche oggi) tanto agognata maggiore omogeneità. La normativa attuale – come detto – si presenta varia e diversificata, essendo emanazione della potestà legislativa di ciascuna Regione; la riforma, invece, prevedendo l'assegnazione alla competenza esclusiva dello Stato delle «disposizioni generali e comuni sulle attività culturali e sul turismo» e conservando alle Regioni le prerogative relative alla «valorizzazione e organizzazione regionale del turismo», avrebbe certamente posto un freno alla frammentazione e sollecitato la ricomposizione in un contesto organico ed uniforme delle regole vigenti. Sarebbero, forse, insorti dispute e problemi nell'applicazione in concreto della prefigurata distribuzione dei compiti, ma certo è che la riforma avrebbe ufficialmente ridato allo Stato voce in capitolo in materia turistica: un obiettivo, questo, che resta negli auspici di molti e che, forse, è da considerarsi solo rimandato.

4. *La legislazione ordinaria statale in tema di turismo e in materie con esso interferenti*

Diverse disposizioni contenute in leggi dello Stato interessanti il turismo in modo diretto si sono succedute nel tempo e alle più significative tra esse è opportuno far cenno. L'esposizione – ancorché limitata ai passaggi essenziali – sarà attenta alla cronologia, sicché l'evoluzione così tracciata segna parte del lungo itinerario che ha condotto alla definizione dell'attuale quadro normativo.

Presenta, ormai, solo interesse storico la l. 11-12-1910, n. 863 (la prima ad imporre la tassa di soggiorno a carico di chi, per almeno 5 giorni, avesse soggiornato a fini di cura in località termali), mentre merita menzione la l. 31-7-1959, n. 617 che ha istituito il Ministero del turismo e dello spettacolo. Essa fornisce lo spunto per aprire una parentesi e gettare uno sguardo sulla evoluzione, scandita da diversi passaggi, cui è andato soggetto l'apparato governativo chiamato ad occuparsi di turismo in Italia.

Il Ministero del turismo e dello spettacolo non ebbe lunga vita. Fu, infatti, eliminato il 15-4-1993, a seguito di un referendum. La gestione del settore fu, allora, trasferita presso la Presidenza del Consiglio dei Ministri con la creazione di un Dipartimento, successivamente trasformato in Direzione Generale presso il Ministero dell'Industria, assetto che rimase tale anche nel 1999 quando quest'ultimo cambiò nome in «Ministero delle Attività Produttive». In sede di conversione del d.l. 3-10-2006, n. 262, l'art. 2, co. 98 della l. 24-11-2006, n. 286, innovando il dettato dell'art. 1 del d.l. 18-5-2006, n. 181 (convertito, con modificazioni, dalla l. 17-7-2006, n. 233), ha sancito l'istituzione del Dipartimento per lo sviluppo e competitività del turismo presso la Presidenza del Consiglio, che sarà poi individuato dall'art. 55 cod. tur. quale struttura di supporto delle politiche del Governo nell'area funzionale relativa al turismo. Con d.p.c.m. 2-7-2008 al Sottosegretario di Stato alla Presidenza del Consiglio dei Ministri on. Michela Vittoria Brambilla venivano delegate le funzioni assegnate al Presidente del Consiglio dei Ministri in materia di turismo dal d.l. 181/2006, «nonché quelle di impulso, indirizzo e coordinamento dei programmi e delle attività delle amministrazioni statali, anche in raccordo con le autonomie regionali e locali e con il coinvolgimento di ogni altro soggetto pubblico e privato interessato, al fine di accrescere, qualificare e valorizzare l'azione del Governo» nel settore, inclusa «la partecipazione ad organi collegiali aventi competenze nelle materie oggetto della presente delega e predisposizione di testi normativi di riforma delle materie medesime, di concerto con i Ministri di settore». Con d.p.r. 8-5-2009 la stessa on. Brambilla cessava dalla carica di Sottosegretario di Stato alla Presidenza del Consiglio dei Ministri ed era nominata Ministro senza portafoglio; a lei, quale Ministro per il turismo, il d.p.c.m. 15-5-2009 delegava le funzioni assegnate al Presidente del Consiglio dei Ministri in materia di turismo, con l'obiettivo anche di promuovere la «cooperazione istituzionale per la determinazione di un indirizzo politico unitario mediante la fissazione, ai sensi dell'art. 117 Cost., di norme e principi generali per la disciplina del turismo». Il d.lgs. 79/2011, recante il codice del turismo, è frutto dell'attività svolta in questa direzione. La nomina del Ministro del turismo destò perplessità e vi fu, all'epoca, chi polemicamente in essa registrò la surrettizia riesumazione del Ministero del turismo, diversi anni prima abolito da un referendum. Gli eventi successivi vedono il ricongiungimento alla Presidenza del Consiglio dei Ministri delle funzioni in materia di turismo, delegate a Ministri senza portafoglio e – con d.p.c.m. 4-6-2013 – al Ministro per i beni e le attività culturali. Giungiamo, così, all'art. 1 della l. 24-6-2013, n. 71, che, in sede di conversione del d.l. 26-4-2013, n. 43, ha disposto il trasferimento delle funzioni esercitate dalla Presidenza del Consiglio dei Ministri in materia di turismo al Ministero per i beni e le attività culturali e mutato, altresì, la denominazione di quest'ultimo in «Ministero dei beni e delle attività culturali e del turismo» (per semplicità identificato con l'acronimo MiBACT). La riorganizzazione del MiBACT è stata oggetto di numerosi successivi provvedimenti e, tra questi, il d.p.c.m. 29-8-2014, n. 171 – si veda, in particolare, l'art. 19 che specifica funzioni e compiti della Direzione generale Turismo – e il d.m. 23-1-2016, n. 44, che ha istituito le Soprintendenze Archeologia, belle arti e paesaggio, risultanti dalla fusione e accorpamento, su tutto il territorio nazionale, delle Soprintendenze Archeologia e delle Soprintendenze Belle arti e paesaggio. Con d.m. 8-10-2016 il Ministro dei beni e delle attività culturali e del turismo ha delegato funzioni per taluni atti di sua competenza, molti dei quali attinenti la materia del turismo, al Sottosegretario di Stato per i beni e le attività culturali e il turismo. L'indissolubile legame tra cultura e turismo ha subito un allentamento con lo scorporo del turismo dal MiBACT, previsto dall'art. 1 del d.l. 12-7-2018, n. 86 (convertito, con modificazioni dalla l. 9-8-2018, n. 97) che ha trasferito le funzioni relative al turismo al Ministero delle politiche agricole alimentari e forestali (MiPAAF), prevedendo altresì la correlata modifica delle denominazioni dei due ministeri. Ma il turismo è tornato al MiBAC – ridenominato, perciò, MiBACT – nel settembre 2019 per decisione del nuovo governo, succeduto al precedente durato dopo poco più di un anno. Nel febbraio 2021, insediato un nuovo governo presieduto da Mario Draghi, si è tornati ad istituire il Ministero del turismo, vista la necessità di rivolgere al settore – particolarmente penalizzato dagli effetti della pandemia da COVID-19 – un'attenzione particolare; il MiBACT è, perciò, stato denominato Ministero della Cultura (MiC). I due Ministeri del Turismo e della Cultura compaiono anche nell'attuale assetto governativo, scaturito dalle elezioni politiche del 25 settembre 2022 che hanno visto prevalere la coalizione capeggiata da Fratelli d'Italia.

Chiusa la parentesi, nella definizione del quadro legislativo nazionale relativo alla materia di nostro interesse, c'è uno spartiacque da considerare, rappresentato dalla nota riforma del Titolo V della Costituzione risalente al 2001.

Guardiamo, innanzitutto, al periodo antecedente. Vi troviamo la l. 17-5-1983, n. 217 (trattasi della prima legge quadro in materia di turismo, recante i principi fondamentali e interventi per il potenziamento e la qualificazione dell'offerta turistica), la l. 25-8-1991, n. 284 (di liberalizzazione dei prezzi dei servizi alberghieri e delle altre strutture ricettive del settore turistico) e la l. 29-3-2001, n. 135 (recante «Riforma della legislazione nazionale del turismo»). Queste discipline non trovarono un'accoglienza benevola da parte delle Regioni, come testimoniano le questioni di legittimità costituzionale sollevate ancor prima che entrasse in vigore la modifica del Titolo V: si vedano quelle promosse da Regioni a statuto speciale già all'epoca della l. 217/1983 (v. Corte cost. 15-7-1986, n. 195) e, successivamente, da Regioni ordinarie nei riguardi della l. 135/2001 (v. Corte cost. 5-6-2003, n. 197).

Quest'ultima legge è di particolare importanza. Essa traduce in dati normativi gli obiettivi di politica del turismo, tra i quali particolare rilievo riveste la promozione dei diritti del turista, da realizzarsi mediante varie misure ed anche per via della Carta dei diritti del turista, che il Ministero dell'industria, del commercio e dell'artigianato era incaricato di redigere in almeno quattro lingue, sentite le organizzazioni imprenditoriali e sindacali del settore turistico, nonché le associazioni nazionali di tutela dei consumatori, contenente informazioni di vario genere (art. 4). L'art. 11, co. 6, altresì, espressamente abrogava la precedente l. 217/1983, ma a decorrere dalla data di entrata in vigore di un emanando Decreto del Presidente del Consiglio dei Ministri, chiamato dall'art. 2, co. 4 a definire i principi e gli obiettivi per la valorizzazione e lo sviluppo del sistema turistico e ad assicurare l'unitarietà del comparto e la tutela dei consumatori, delle imprese e delle professioni turistiche tramite l'identificazione delle tipologie di imprese, la loro classificazione, l'individuazione degli standard minimi di qualità dei servizi e di altri parametri. La devoluzione alla fonte regolamentare dell'individuazione dei principi fondamentali oltre che delle regole operative in materia non mancò di ingenerare perplessità, cui si aggiunse l'incertezza determinata dal mancato rispetto dei termini previsti per l'emanazione del decreto. Intanto era stata varata la riforma del Titolo V della Costituzione che riserva alle Regioni la potestà legislativa nel settore ed è in questo clima che ha visto la luce, in ritardo, il d.p.c.m. 13-9-2002 (in **Appendice**).

Tradendo l'originaria vocazione, per assecondare la distribuzione delle competenze consacrata nel nuovo testo dell'art. 117 Cost., il d.p.c.m. dà atto della centralità della potestà legislativa regionale in materia turistica e recepisce – in definitiva – i contenuti dell'Accordo Stato-Regioni-Province autonome di Trento e Bolzano del 14-2-2002, allegato al decreto per costituirne parte integrante. L'art. 1, co. 1 dell'allegato, quanto ai principi per l'armonizzazione, la valorizzazione e lo sviluppo del sistema turistico, ne affida la definizione ad una futura intesa «fra le regioni e le province autonome di Trento e Bolzano, al fine di assicurare l'unitarietà del comparto turistico e la tutela dei consumatori, delle imprese e delle professioni turistiche, nonché degli operatori e dei lavoratori del settore»; rinvia ad intese tra le regioni e le province autonome anche l'art. 1, co. 2, d.p.c.m. per quel che concerne l'individuazione delle caratteristiche qualitative dell'offerta turistica, ovvero la definizione di criteri e standard minimi comuni per i differenti prodotti e servizi.

Intanto, però, le Regioni, tributarie della potestà legislativa esclusiva in materia, si mostrarono non pronte ad esercitarla e preferirono continuare a prestare ossequio alle previsioni contenute nella normativa statale, limitandosi – in rari casi – ad emanare leggi di mera risistemazione delle regole vigenti in materia; sicché, nella situazione di vuoto normativo palesatasi, il persistente riferimento alle leggi dello Stato portò finanche a revocare in dubbio il verificarsi dell'effetto abrogativo cui *supra* si è accennato. Si rilevò, tra l'altro, che il citato d.p.c.m. non presentava i contenuti che secondo la l. 135/2001 avrebbe dovuto avere e che a favore della permanente vigenza di quest'ultima militava l'art. 1, co. 3, dello stesso d.p.c.m.

Sta di fatto che la l. 284/1991 e la l. 135/2001 sono state, solo qualche anno addietro, oggetto di esplicita abrogazione ad opera dell'art. 3 del d.lgs. 79/2011 e che, ancor oggi, ci si chiede se debba ritenersi ancora in vigore il d.p.c.m. 13-9-2002: la risposta affermativa può trarre conforto da quanto disposto nell'ultimo comma dell'art. 117 Cost., ma in senso contrario milita l'avvenuta abrogazione della l. 135/2001 (in attuazione della quale il d.p.c.m. è stato adottato) e, comunque, il fatto di essere stato emanato in forza di delega contenuta in una legge dello Stato venuta alla luce quando la potestà legislativa regionale in materia di turismo aveva natura concorrente.

Fa la sua apparizione diversi anni dopo la riforma del Titolo V della Costituzione il codice del turismo, che risale – come sappiamo – al 2011 e del quale ci occuperemo più avanti. Meglio, ora, cercare di rispondere ad un quesito: assodata la potestà legislativa spettante in materia turistica alle Regioni, può dirsi perciò azzerata, in coincidenza con l'entrata in vigore della nota riforma costituzionale e da quel momento in poi, la possibilità da parte dello Stato di legiferare in materia di turismo? Il predetto codice del turismo testimonia che così non è, ma non è l'unico dato a segnalare che lo Stato conserva voce in capitolo.

L'esproprio di ogni prerogativa, d'altronde, non sarebbe augurabile. La spettanza alle singole Regioni del ruolo di primo piano nella determinazione delle regole che disciplinano il turismo in Italia avrebbe dovuto consentire di valorizzare e curare in modo più adeguato le esigenze, non uniformi, dei territori di riferimento; ma l'esperienza dice che così non è stato. In ogni nostra Regione le attrattive turistiche abbondano, ma pesa anche nel settore in questione la storica condizione di arretratezza in cui alcune di esse si trovano: in parole povere, essendo il livello di ricchezza delle Regioni fortemente sperequato, solo alcune tra esse si rivelano virtuose nel gestire le loro potenzialità turistiche. Particolare è, poi, la condizione delle isole che, solo nel periodo estivo turisticamente attrattive per essere circondate dal mare, sono però da considerarsi aree penalizzate in quanto, per effetto della ridotta dimensione territoriale, della tendenza allo spopolamento e della disagevole raggiungibilità, non idonee a sviluppare un tessuto economico prospero e foriero di benessere per i residenti. Consapevole di ciò, la l. cost. 7-11-2022, n. 2 ha introdotto nell'art. 119 Cost. un comma che così recita: «La Repubblica riconosce le peculiarità delle Isole e promuove le misure necessarie a rimuovere gli svantaggi derivanti dall'insularità».

La panacea forse non c'è ed assicurare pieno ed equilibrato sviluppo al turismo nel nostro Paese è opera sicuramente complicata che richiede interventi su molteplici versanti; ma riaffidare allo Stato un ruolo da protagonista nella creazione delle regole nel settore potrebbe essere d'aiuto e contribuire al miglioramento della situazione per via dell'attenuazione dei forti divari esistenti.

Quel ruolo è ora esercitato dalle Regioni e, tuttavia, lo Stato non è afono e può far sentire la sua presenza potendo contare sulla contiguità e sull'intreccio del turismo con altri ambiti, non ricadenti tra quelli devoluti alla potestà legislativa esclusiva delle Regioni o appartenenti all'area della sua legislazione esclusiva. Guardando a questi ultimi, viene spontaneo pensare alla giurisdizione, alle norme processuali, all'ordinamento civile e penale, alla tutela dell'ambiente e dei beni culturali. Il turismo è in contatto, più o meno diretto, con queste materie e ciò fa sì che l'intervento dello Stato inevitabilmente si riverberi nel nostro settore, generando un effetto positivo nella misura in cui contribuisce alla definizione di un quadro di regole uniformi.

Va sottolineata la vicinanza della materia turistica con quella dei beni culturali e paesaggistici, costituenti un patrimonio che in Italia non ha pari nel mondo: nel codice del turismo, peraltro, è presente un capo dedicato al «Turismo culturale». Non può, perciò, considerarsi avulso dalla legislazione turistica il Codice dei beni culturali e del paesaggio di cui al d.lgs. 22-1-2004, n. 42 e successive modificazioni e integrazioni (v., tra le altre, quelle apportate dall'art. 12 del d.l. 83/2014, in direzione della semplificazione, trasparenza, imparzialità e buon andamento dei procedimenti in materia di beni culturali e paesaggistici); né lo è, sia pure in diversa misura, il codice dei contratti pubblici (il d.lgs. 31-3-2023, n. 36, che ha abrogato il d.lgs. 18-4-2016, n. 50), che disciplina in modo specifico, con disposizioni *ad hoc*, la materia degli appalti nel settore dei beni culturali tutelati ai sensi del d.lgs. 42/2004, nonché relativi all'esecuzione di scavi archeologici. D'altronde, quando il d.lgs. da ultimo citato, nell'art. 1, co. 3, chiama lo Stato, le Regioni, le città metropolitane, le Province e i Comuni ad assicurare e sostenere la conservazione del patrimonio culturale e a favorirne la pubblica fruizione e la valorizzazione, ha certamente ben chiaro il fatto che il raggiungimento di tali obiettivi non può non concorrere lo sviluppo dell'attività turistica. Per incentivare l'attività di valorizzazione di beni culturali immobili di appartenenza pubblica, l'art. 115 del d. lgs. 42/2004 ne prevede la gestione anche in forma indiretta, tramite concessione a terzi o affidamento a fondazioni, associazioni o enti di altra natura: in attuazione di detta disposizione, l'art. 89, co. 17 del d.lgs. 3-7-2017, n. 117 – recante il Codice del Terzo settore – ha previsto che il Ministero dei beni e delle attività culturali e del turismo, le regioni, gli enti locali e gli altri enti pubblici possano attivare forme speciali di partenariato con enti del Terzo settore svolgenti attività di interesse generale. Ricordiamo che i ministri dei beni culturali delle sette nazioni più sviluppate (Stati Uniti, Giappone, Germania, Francia, Regno Unito, Italia e Canada), riuniti per il primo G7 della cultura a Firenze il 30 e 31-3-2017, presenti anche il commissario europeo per la cultura e il segretario generale dell'Unesco, hanno solennemente dichiarato che il patrimonio culturale contribuisce a preservare l'identità e la memoria dei popoli e favorisce il dialogo e lo scambio interculturale tra tutte le Nazioni, alimentando la tolleranza, la mutua comprensione, il riconoscimento e il rispetto delle diversità: il turismo, che tanto strettamente è legato alla fruizione di detto patrimonio, è fattore che giocoforza coopera al conseguimento di questi obiettivi. Nel designare il 2018 "Anno europeo del patrimonio culturale", la decisione UE 2017/864 ha individuato nella promozione dello sviluppo e del turismo sostenibili una delle voci capaci di contribuire alla salvaguardia ed alla valorizzazione del patrimonio culturale dell'Europa; incoraggiare strategie di sviluppo locale e regionale che sfruttino il potenziale di detto patrimonio, anche promuovendo il turismo sostenibile, è tra gli obiettivi specifici dell'Anno europeo.

Si è già citato il Codice del Terzo settore, da qualche anno adottato. Il turismo trova, in esso, spazi di rilevanza, essendo – tra l'altro – stabilito, nell'art. 5, co. 1, lett. k), che tra le attività di interesse generale esercitate dagli enti del Terzo settore, diversi dalle imprese sociali incluse le cooperative sociali, per il perseguimento, senza scopo di lucro, di finalità civiche, solidaristiche e di utilità sociale, rientrano quelle relative alla «organizzazione e gestione di attività turistiche di interesse sociale, culturale o religioso». Sono enti del Terzo settore anche le imprese sociali, le quali pure – stando al d.lgs. 3.7.2017, n. 112, che ne ha revisionato la disciplina – presentano implicazioni con il turismo: l'art. 2, co. 1, lett. k) contempla, infatti, nell'elenco delle «attività d'impresa di interesse generale» esercitate dalle imprese sociali, anche l'organizzazione e la gestione di attività turistiche di interesse sociale culturale o religioso.

Che dire, poi, della normativa a protezione dell'ambiente e, in particolare, del d.lgs. 3-4-2006, n. 152? Va da sé che esiste uno stretto legame con quella concernente il turismo, giacché quest'ultimo tende naturalmente ad essere praticato in contesti ambientali salubri e gestiti con cura. Significativo è l'art. 5 del d.lgs. ora citato, che nel definire il concetto di impatto ambientale si rifà all'ambiente «come sistema di relazioni fra i fattori antropici, naturalistici, chimico-fisici, climatici, paesaggistici, architettonici, culturali, agricoli ed economici», accreditando quindi un concetto ove è difficile non vedere in qualche misura anche implicato il fenomeno turistico. L'inquinamento, i rifiuti, la desertificazione, il dissesto idrogeologico minano l'ambiente e allontanano il turista, ma è, più in generale, l'avanzare troppo lento e farraginoso del processo di modernizzazione del Paese a precludere lo sfruttamento pieno della risorsa turistica: improbabile che progetti ambiziosi di crescita possano avere successo in carenza di infrastrutture e trasporti a livello dell'Europa più avanzata.

Anche le implicazioni con il diritto dei consumatori – o, per meglio dire, del consumo – sono tutt'altro che trascurabili, dovendosi però fare i conti col fatto che il diritto dei consumatori è materia di competenza statale, mentre nella normativa del consumo la legislazione regionale ha voce in capitolo. Nel d.lgs. 206/2005 recante il codice del consumo era, in origine, collocata la materia dei pacchetti turistici, poi confluita nel codice del turismo; in quest'ultimo, tuttavia, l'art. 32, nell'attuale formulazione, nel co. 3 precisa che per quanto non previsto nel capo concernente i contratti del turismo organizzato «si applicano le disposizioni del codice del consumo di cui al decreto legislativo 6 settembre 2005, n. 206». Resta ricompreso nel codice del consumo il Capo I del Titolo IV, che col turismo ha a che fare, essendo ivi disciplinati i contratti di multiproprietà, i contratti relativi ai prodotti per le vacanze di lungo termine e i contratti di rivendita e di scambio (v. *infra*, Cap. IV, § 7.4).

Chi pensava che nell'opulento mondo occidentale le vicende legate ad eventi epidemici appartenessero al passato si è dovuto ricredere. Si è già fatto cenno all'emergenza epidemiologica causata dal diffondersi pandemico del Coronavirus-2 (SARS-CoV-2), che ha imposto l'adozione di misure urgenti di prevenzione e contenimento per limitare il contagio; misure, aventi un impatto fortemente negativo, oltre che sulla vita delle persone, sull'economia in generale e, in particolare, sul turismo. Questa drammatica vicenda si lega ad evento certamente eccezionale, ma offre lo spunto per una riflessione che possiamo estendere alle situazioni di normalità. Evidentemente, c'è uno stretto nesso tra salute, buon funzionamento del sistema sanitario e turismo, in Italia come altrove. Il turista sceglie i Paesi da visitare o, invece, da evitare e nella decisione ha certamente influenza il grado di tutela della salute e la realtà del sistema sanitario nazionale nei luoghi ove soggiornare. E siccome, in Italia, di salute non si occupano solo le Regioni, ecco un altro terreno in cui lo Stato, intervenendo nell'esercizio delle sue prerogative, può incidere nella materia turistica. Va ricordato, oltre al disposto dell'art. 32 Cost., l'art. 117 Cost., il quale, pone sì la tutela della salute nel novero delle materie di legislazione concorrente, ma affida allo Stato in via esclusiva la profilassi internazionale e la determinazione, in maniera omogenea sull'intero suo territorio, dei livelli essenziali delle prestazioni concernenti i diritti civili e sociali, comprese quelle rese dal sistema sanitario; né va trascurato l'art. 120, co. 2, Cost. e il potere conferito allo Stato di sostituirsi ad organi delle Regioni, nei casi ivi indicati.

La potestà legislativa dello Stato non è in discussione nell'ambito penale e sul dato è bene porre l'accento anche ai nostri fini, dal momento che, purtroppo, al turismo si associano anche fatti e comportamenti turpi e penalmente sanzionati. Alludiamo al turismo sessuale, purtroppo praticato anche da un buon numero di nostri connazionali, che rappresenta una tra le facce più abiette e raccapriccianti della violenza sui minori. Il danno, a breve e lungo termine, arrecato alla salute psichica del bambino vittima di abuso sessuale è grave e irreparabile e ampiamente giustifica l'esigenza di protezione contro questi atti disgustosi, fortemente avvertita nella Convenzione internazionale sui diritti dell'infanzia, approvata dall'Assemblea Generale delle Nazioni Unite il 20-11-1989 e ratificata dall'Italia con l. 27-5-1991, n. 176 (v., in particolare, gli artt. 19 e 34), come pure nel Codice Mondiale di Etica del Turismo. In coerenza con questo obiettivo, il Consiglio d'Europa ha adottato nel 2007 la Convenzione di Lanzarote per la salvaguardia dei bambini contro lo sfruttamento e gli abusi sessuali (firmata il 25-10-2007), entrata in vigore l'1-7-2010 e ratificata dall'Italia con l. 1-10-2012, n. 172. Si deve alla legge ora citata e ad altre intervenute – si segnala il d.lgs. 4-3-2014, n. 3, che ha attuato la dir. 2011/92/UE relativa alla lotta contro abuso e sfruttamento sessuale di minori e pornografia minorile – la modifica di alcuni articoli del codice penale, il quale, è bene ricordarlo, nell'art. 600 *quinquies* punisce chiunque organizzi o propagandi viaggi finalizzati alla fruizione di attività di prostituzione a danno di minori o comunque comprendenti tale attività e nell'art. 604 sancisce la c.d. extraterritorialità, stabilendo che le pene inflitte per questo ed altri reati (prostituzione minorile, pornografia minorile, violenza sessuale, atti sessuali con minorenne, corruzione di minore, ecc.) «si applicano altresì quando il fatto è commesso all'estero da cittadino italiano, ovvero in danno di cittadino italiano, ovvero dallo straniero in concorso con cittadino italiano». Le norme ora illustrate sono state introdotte nel c.p. ad opera della l. 3-8-1998, n. 269, la quale – in adesione ai principi della Convenzione internazionale sui diritti dell'infanzia poc'anzi citata – mira a contrastare lo sfruttamento della prostituzione, della pornografia, del turismo sessuale in danno di minori, quali nuove forme di riduzione in schiavitù. Si colloca in questo quadro anche l'art. 16 della legge medesima, che fa obbligo agli operatori turistici che organizzano viaggi collettivi o individuali in Paesi esteri di inserire con evidenza nei materiali propagandistici e/o pubblicitari, nei programmi o nei documenti di viaggio, per un periodo non inferiore a tre anni decorrenti dal centottantesimo giorno successivo all'entrata in vigore della legge stessa, una comunicazione relativa alla sanzione penale che la legge italiana applica per i reati inerenti la prostituzione e la pornografia minorile, anche se commessi all'estero; la violazione di tale obbligo di comunicazione comporta l'assoggettamento ad una sanzione amministrativa pecuniaria. Ma il turismo incrocia il diritto penale anche in altri casi. Si pensi al reato di tolleranza abituale della prostituzione, introdotto dall'art. 3, n. 3 della l. 20-2-1958, n. 75 (nota come legge Merlin) in sostituzione delle disposizioni contenute negli artt. 531-536 c.p., che punisce «chiunque, essendo proprietario, gerente o preposto ad un albergo, casa mobiliata, pensione, spaccio di bevande, circolo, locale da ballo, o luogo di spettacolo, o loro annessi e dipendenze, o qualunque locale aperto al pubblico o utilizzato dal pubblico, vi tollera abitualmente la presenza di una o più persone che, all'interno del locale stesso, si danno alla prostituzione». Al riguardo, la Corte di Cassazione ha riconosciuto esistente il reato in capo all'albergatore, non solo là dove questi fosse consapevole della qualità delle persone esercenti il meretricio nella sua struttura ricettiva, ma anche in caso di abituale utilizzazione, da lui acconsentita, dei locali dell'albergo per la sola attività di contatto o accordo tra cliente e persona dedita alla prostituzione, propedeutica al meretricio da consumarsi in altro luogo.

La potestà legislativa dello Stato si irradia anche nella materia dell'ordine pubblico e la sicurezza, che al turismo non è certo estranea. Lo Stato è chiamato, sia pure non da solo, ad assolvere compiti impegnativi su questo fronte, soprattutto in una fase delicata come l'attuale; la capacità di dare risposte efficaci è fattore che gioca un ruolo di primaria importanza nell'incentivare la domanda turistica. Il turista valuta diversi elementi prima di decidersi a visitare un Paese invece che un altro: e se è vero è che non c'è Stato che possa dirsi immune da problemi di ordine pubblico e sicurezza, è del pari innegabile che la scelta del turista ben difficilmente si indirizzerà verso un Paese "insicuro", ovvero non pronto ad affrontare, con leggi adeguate e in modo efficiente, tali problemi.

Altro ambito di interferenza – e di potenziale conflitto – con la materia turistica è quello fiscale. Si pensi alle disposizioni sul federalismo fiscale municipale contenute nel d.lgs. 14-3-2011, n. 23 e, tra esse, si veda, ad esempio, l'art. 4, co. 1, che ha concesso ai Comuni capoluogo di Provincia, alle unioni di Comuni nonché ai Comuni inclusi negli elenchi regionali delle località turistiche o città d'arte di istituire, con deliberazione del consiglio, un'imposta di soggiorno a carico di coloro che alloggiano nelle strutture ricettive situate sul proprio territorio, da applicare, secondo criteri di gradualità in proporzione al prezzo, sino a 5 euro per notte di soggiorno; limite che, per alcuni Comuni capoluogo di provincia con presenze turistiche consistenti, è stato elevato a 10 euro in applicazione del co. 1 *bis* di detto articolo. Siamo al cospetto della reintroduzione di un'imposta che, istituita con r.d.l. 24-11-1938, n. 1926 (convertito nella l. 2-6-1939, n. 739), era stata soppressa su tutto il territorio nazionale – eccezion fatta per il Trentino Alto Adige – dall'art. 10 del d.l. 2-3-1989, n. 66 (convertito, con modificazioni, nella l. 24-4-1989, n. 144). Il relativo gettito – si precisa nel citato art. 4, co. 1 – è destinato a finanziare interventi in materia di turismo, ivi compresi quelli a sostegno delle strutture ricettive, nonché interventi di manutenzione, fruizione e recupero dei beni culturali ed ambientali locali, nonché dei relativi servizi pubblici locali. Avendo l'epidemia da COVID-19 ridotto fortemente le entrate a tale titolo per i Comuni, l'art. 180 del d.l. 19-5-2020, n. 34 (convertito, con modificazioni, nella l. 17-7-2020, n. 77) ha istituito per l'anno 2020 un fondo con il quale provvedere al parziale ristoro della mancata riscossione. L'albergatore è estraneo al rapporto tributario, che intercorre tra il Comune che ha istituito l'imposta e colui che alloggia nella struttura ricettiva, ed essendovi tra l'albergatore ed il Comune un rapporto di servizio pubblico con compiti eminentemente contabili, Cass., Sez. Un., 24-7-2018, n. 19654 ha affermato che il gestore della struttura ricettiva che ometta di provvedere al versamento al Comune delle somme riscosse a titolo di imposta di soggiorno è soggetto alla giurisdizione della Corte dei

Conti. L'imposta di soggiorno può sostituire, in tutto o in parte, gli eventuali oneri imposti agli autobus turistici per la circolazione e la sosta nell'ambito del territorio comunale. È devoluta a regolamenti governativi, adottati d'intesa con la Conferenza Stato-città ed autonomie locali, la definizione della disciplina generale di attuazione dell'imposta di soggiorno, conformemente alla quale è data ai Comuni la facoltà di disporre, con proprio regolamento, ulteriori modalità applicative del tributo, nonché di prevedere esenzioni e riduzioni per particolari fattispecie o per determinati periodi di tempo. Sono stati prospettati dubbi di legittimità costituzionale, per contrasto con l'art. 119, co. 2, Cost., in ordine all'istituzione di detto tributo da parte di una legge statale.

L'art. 117 Cost. identifica materie di legislazione concorrente, alcune delle quali hanno chiare relazioni con il turismo. Si palesa, in corrispondenza, la coesistenza di legislazione statale e regionale relativamente, ad esempio, alle professioni (talune sono legate al turismo: v. Corte cost. 29-10-2009, n. 271), all'ordinamento sportivo (che qualche nesso con il turismo esibisce: v. Corte cost. 17-12-1987, n. 517) e ai porti e aeroporti civili e alle grandi reti di trasporto e di navigazione (con le precisazioni rese da Corte cost. 10-3-2006, n. 90 con riguardo ai porti turistici).

Ci fermiamo qui per ragioni di sintesi, ma consapevoli che la materia turistica è connessa – in modo più o meno serrato – con tante altre voci non citate nell'elencazione sin qui svolta. Non è tutto, però. Circa i rapporti Stato/Regioni, in relazione alla potestà legislativa sul turismo, la Corte Costituzionale ha dato chiarimenti importanti. L'interferenza con materie di competenza esclusiva della legislazione statale può, a volte, essere così chiara da suscitare il fondato sospetto che lo Stato stia, in realtà, invadendo il campo delle prerogative regionali: ciò genera problemi di non facile soluzione e una condizione di latente potenziale conflitto, sovente esploso rendendo necessario l'intervento della Consulta. Alcune sue decisioni rivestono, ai nostri fini, particolare significato.

È indicativa, a questo riguardo, Corte cost. 14-1-2016, n. 1 (in **Appendice**), chiamata a sindacare la legittimità costituzionale dell'art. 31 del d.l. 12-9-2014, n. 133 (convertito, con modificazioni, dall'art. 1, co. 1, l. 11-11-2014, n. 164) disciplinante i condhotel, una nuova tipologia di esercizio alberghiero contraddistinta dall'offerta di servizi, oltre che in camere tradizionali, in unità abitative a destinazione residenziale che può darsi appartengano a soggetti diversi dall'impresa alberghiera (v. *infra*, Cap. III, § 2): è vero – rileva la Corte – che detta disciplina attiene alla materia del turismo e industria alberghiera ed è quindi di competenza delle Regioni e delle Province autonome, ma non può dirsi che essa riguardi in via esclusiva la suddetta materia, in quanto presenta profili interferenti con la materia dell'urbanistica e del governo del territorio, nonché con l'ordinamento civile. Tra tutte queste materie, intrecciate tra loro, identificarne una prevalente sulle altre dal punto di vista qualitativo o quantitativo è impossibile, sicché – conclude la Corte – in ambiti così caratterizzati, «non è costituzionalmente illegittimo l'intervento del legislatore statale, purché agisca nel rispetto del principio di leale collaborazione che deve in ogni caso permeare di sé i rapporti tra lo Stato e il sistema delle autonomie»; principio che, nella fattispecie, si è ritenuto essere stato congruamente attuato dalla normativa statale, avendo essa previsto che il decreto del Presidente del Consiglio dei Ministri chiamato a definire le condizioni di esercizio del condhotel ed altri profili della disciplina sia adottato previa intesa tra Governo, Regioni e Province autonome di Trento e di Bolzano, in sede di Conferenza Unificata. Il d.p.c.m. 22-1-2018, n. 13, conseguentemente adottato, ha anche indicato i criteri e le modalità per la rimozione del vincolo di destinazione alberghiera, limitatamente alla realizzazione della quota delle unità abitative a destinazione residenziale.

Il principio di leale collaborazione non è il solo in grado di legittimare l'intervento della legislazione statale in territori che, a prima vista, sembrerebbero ad essa interdetti. C'è anche da considerare l'art. 118, co. 1, Cost., con i principi di sussidiarietà e adeguatezza ivi contemplati. È emblematica, a tal riguardo, Corte cost. 20-3-2009, n. 76 (in **Appendice**), avendo essa sottoposto a sindacato disposizioni della l. 24-12-2007, n. 244 che autorizzavano il potere esecutivo centrale a svolgere una generale attività di riordino e semplificazione di tutto il settore turistico e affidavano ad un Dipartimento della Presidenza del Consiglio dei Ministri il compito di sostenere e promuovere progetti di investimento capaci di riqualificare il prodotto turistico nazionale.

Stando al principio affermato nella sentenza da ultimo citata e in altre (v. Corte cost. 11-4-2008, n. 94), nella materia del turismo – che pure rientra nella competenza residuale delle Regioni ordinarie e in quella primaria delle Province autonome – lo Stato può attrarre a sé funzioni amministrative, nonché regolarne con proprie leggi l'esercizio, qualora ciò sia necessario per rimediare alla frammentazione dell'offerta turistica e realizzare un'attività promozionale unitaria, a condizione che tale chiamata in sussidiarietà sia proporzionata allo scopo e che, inoltre, sia previsto il coinvolgimento delle Regioni, nei confronti delle quali lo Stato deve serbare un atteggiamento di leale collaborazione. Indicativo, al riguardo, quanto precisato da Corte cost. 13-1-2004, n. 6, che la leale collaborazione con le Regioni ha registrato in due livelli di concertazione e partecipazione costituiti, il primo, dalla Conferenza permanente per i rapporti tra lo Stato, le Regioni e le Province autonome di Trento e di Bolzano e, il secondo, da un'intesa tra le competenti amministrazioni statali e la singola Regione interessata. Riscontri significativi possono anche trarsi dalla citata sentenza concernente i condhotel.

Proviamo, dal discorso svolto, a trarre una conclusione. Nella determinazione delle regole nella materia nostra, è corretto dire che alle Regioni compete un ruolo di primo piano, non certo il monopolio. Ma se è vero che l'attrattiva turistica dell'Italia non ha pari, è altrettanto certo che si può attingere appieno a questa ricchezza solo assecondando e accelerando l'insieme dei processi di cambiamento e di trasformazione delle strutture e dei modelli di vita e di organizzazione della nostra società: e, se così è, ben pochi sono gli ambiti privi di contatto col turismo, per cui non resta che prendere atto che il futuro di quest'ultimo non è solo nelle mani del legislatore, statale o regionale che sia, ma in quelle di ciascuno di noi, essendo impegno quotidiano di tutti renderlo roseo.

4.1. *Il d.lgs. 79/2011 e l'allegato codice del turismo*

Nell'ambito delle leggi statali riguardanti il turismo, accanto a quelle già considerate e alle altre che saranno via via nel corso della trattazione segnalate, merita uno specifico e più attento esame il già più volte citato d.lgs. 79/2011 (Codice della normativa statale in tema di ordinamento e mercato del turismo, a norma dell'art. 14 della l. 28-11-2005, n. 246, nonché attuazione della dir. 2008/122/CE, relativa ai contratti di multiproprietà, ai contratti relativi ai prodotti per le vacanze di lungo termine, ai contratti di rivendita e di scambio), pubblicato in G.U. il 6-6-2011 ed entrato in vigore il 21-6-2011. Il testo comprende quattro soli articoli. L'art. 1, mosso dall'intento di diradare dubbi ed incertezze e di ricondurre ad uniformità un quadro normativo eccessivamente frammentato, sancisce l'approvazione del «codice della normativa statale in tema di ordinamento e mercato del turismo», costituente l'Allegato 1 al d.lgs. in parola. Nell'art. 2 compaiono gli articoli destinati a sostituire quelli, di cui al Capo I del Titolo IV del codice del consumo, concernenti la multiproprietà o

– per meglio dire – i contratti relativi all'acquisizione di un diritto di godimento ripartito di beni immobili. L'art. 3 elenca gli atti normativi abrogati, tra i quali compare la l. 1084/1977 che ha reso esecutiva la già citata CCV del 23-4-1970, ma non con effetto immediato (v. *infra*, Cap. IV, § 5). L'art. 4 reca alcune disposizioni finanziarie.

Bisogna, dunque, concentrare l'attenzione sull'Allegato 1 al citato d.lgs. per avere contezza delle disposizioni in cui si articola quello che, per brevità, è comunemente denominato «codice del turismo». Come afferma l'art. 1, esso «reca, nei limiti consentiti dalla competenza statale, norme necessarie all'esercizio unitario delle funzioni amministrative in materia di turismo ed altre nome in materia riportabili alle competenze dello Stato, provvedendo al riordino, al coordinamento e all'integrazione delle disposizioni legislative statali vigenti, nel rispetto dell'ordinamento dell'Unione europea e delle attribuzioni delle regioni e degli enti locali». E l'art. 2 aggiunge che l'intervento legislativo dello Stato nella materia del turismo, non è solo «consentito quando il suo oggetto principale costituisce esercizio di una autonoma competenza legislativa statale esclusiva o concorrente», ma anche quando sussistono «esigenze di carattere unitario» inerenti la «valorizzazione, sviluppo e competitività, a livello interno ed internazionale, del settore turistico quale fondamentale risorsa del Paese» e il «riordino e unitarietà dell'offerta turistica italiana».

Rimandiamo al prosieguo l'analisi dettagliata di molte delle disposizioni contenute in questo testo, mentre è subito doveroso precisare che il disegno riformatore che ha ispirato il codice del turismo non ha trovato compiuta realizzazione perché giudicato poco rispettoso della svolta in senso federalista legata alla riforma del Titolo V della Costituzione. Sicché nei confronti dell'art. 1, co 1 del d.lgs. e di numerosi articoli del codice allegato sono stati promossi giudizi di legittimità costituzionale.

Si è censurata, in particolare, l'emanazione da parte del Governo di un nuovo testo normativo, diretto a disciplinare in maniera organica la materia "turismo", senza coinvolgere adeguatamente le Regioni e senza tener conto che «a seguito della riforma del Titolo V della Parte II della Costituzione, la materia in esame, già attribuita alla competenza legislativa concorrente, è rientrata tra quelle di competenza residuale delle Regioni, (...) sicché lo Stato non è legittimato a dettare una "legge-quadro" sul turismo, né, a fortiori, un "codice", inteso come corpo normativo tendenzialmente completo e organico in una data materia», che è andato «ben oltre la regolamentazione di quei profili per i quali l'attrazione in sussidiarietà legittimerebbe (o potrebbe legittimare) l'intervento del legislatore statale». Il d.lgs. di cui trattasi risulta emanato a norma dell'art. 14 della l. 28-11-2005, n. 246, recante delega al riordino e al riassetto di settori omogenei di legislazione statale, a fini di semplificazione normativa; ma seri dubbi si sono appuntati sulla presenza di una specifica delega legislativa all'adozione della normativa impugnata e sulla corrispondenza alla delega di molte delle disposizioni ivi contenute.

La conclusione della vicenda è nota. Con sentenza n. 80 depositata il 5-4-2012 (in **Appendice**), la Corte costituzionale, pur riconoscendo legittima la realizzazione del codice, ha dichiarato l'illegittimità costituzionale dell'art. 1, co. 1, del d.lgs. in parola, nella parte in cui dispone l'approvazione dell'art. 1, limitatamente alle parole «necessarie all'esercizio unitario delle funzioni amministrative» e «ed altre norme in materia», nonché dell'art. 2 del codice allegato; e la stessa sorte è toccata agli artt. 3, 8, 9, 10, 11, co. 1, 12, 13, 14, 15, 16, 18, 20, co. 2, 21, 23, co. 1 e 2, 30, co. 1, 68 e 69 cod. tur. Si è rilevato che «le innovazioni autorizzate dal legislatore delegante erano (...) strettamente funzionali al migliore adempimento di tale compito di sistematizzazione normativa e non erano suscettibili di allargamento all'introduzione di norme nuove, destinate, per di più, a disciplinare in modo organico, in forma codicistica, una materia compresa nella competenza legislativa residuale delle Regioni»: si è, pertanto, in particolare, registrata violazione degli artt. 76 e 77, co. 1, Cost., in relazione agli artt. 117, co. 4 e 118, co. 1, Cost. e si è pure notato esistente un contrasto con quanto previsto nell'Accordo Stato-Regioni-Province autonome recepito dal noto d.p.c.m. 13-9-2002. Sta di fatto che la posizione dominante della legislazione regionale nel settore ne è uscita rafforzata. Non si va lontano dal vero se si afferma che la sola parte organica sopravvissuta alla decimazione è quella di cui al Capo I del Titolo VI recante la disciplina – di competenza statale, avendo a che fare con l'ordinamento civile – dei contratti del turismo organizzato; parte, peraltro, interamente innovata per effetto della sostituzione poi operata dal d.lgs. 21-5-2018, n. 62, in attuazione della dir. 2015/2302/UE. Per effetto dell'art. 3 di detto d.lgs. al codice del turismo sono stati aggiunti, per farne parte integrante, alcuni allegati.

4.2. *Turismo e cultura. Il d.l. 83/2014*

«Un quart d'heure avant sa mort il était encore en vie»: questi i versi – divenuti proverbiali – che si tramanda i soldati cantarono dopo la battaglia di Pavia (1525) alludendo alla morte del maresciallo francese Jacques de Chabannes signore de La Palice. Del pari lapalissiano è il nesso tra turismo e cultura, che trova riscontri significativi a livello normativo, a partire dal codice del turismo che, nell'art. 24, si preoccupa di incentivare iniziative di promozione turistica finalizzate alla valorizzazione del patrimonio storico-artistico, archeologico, architettonico e paesaggistico italiano.

Ma altri atti normativi, qualche anno fa emanati, in maniera ancor più chiara e fattiva testimoniano l'importanza del connubio tra turismo e cultura. Trattasi di testi assai complessi, recanti disposizioni urgenti per la tutela, la valorizzazione e il rilancio di beni ed attività culturali di vario genere.

Va ricordato, innanzitutto, il d.l. 8-8-2013, n. 91 (convertito, con modificazioni, dalla l. 7-10-2013, n. 112) che dispone misure volte ad assicurare il buon esito di programmi finalizzati alla prosecuzione e allo sviluppo delle attività di inventariazione, catalogazione e digitalizzazione del patrimonio culturale, a garantire la regolare apertura al pubblico e il corretto funzionamento degli istituti e dei luoghi di cultura, a riqualificare e valorizzare i siti italiani inseriti nella lista del "patrimonio mondiale" sotto la tutela dell'UNESCO, ad incentivare lo sviluppo delle biblioteche e degli archivi e a promuovere la recitazione e la lettura, a favorire il confronto culturale e la realizzazione di spazi di creazione e produzione di arte in ogni sua manifestazione, a promuovere la musica, il teatro e gli eventi di spettacolo dal vivo, a sostenere, con interventi urgenti, il settore cinematografico e audiovisivo. L'art. 1 di detto d.l. si occupa del grande progetto Pompei e della riqualificazione e valorizzazione delle aree pompeiana e stabiese, della Reggia di Caserta, del Polo museale di Napoli, giungendo a costituire l'Unità "Grande Pompei" allo scopo precipuo di consentire il rilancio economico-sociale e la riqualificazione ambientale e urbanistica dei comuni interessati dal piano di gestione del sito Unesco "Aree archeologiche di Pompei, Ercolano e Torre Annunziata" e di potenziare l'attrattività turistica dell'intera area. Qui il nesso tra cultura e turismo è particolarmente stretto essendo indubitabile l'importanza, dal punto di vista turistico, dei siti culturali ora nominati. A questi ultimi volge attenzione un altro provvedimento di grande interesse, che appresso illustreremo nei suoi più significativi risvolti: trattasi del d.l. 31-5-2014, n. 83 (convertito, con modificazioni, nella l. 29-7-2014, n. 106). E va subito osservato come, in modifica di entrambi i decreti legge considerati, il d.l. 22-4-2023, n. 44 (convertito, con modificazioni, dalla l. 21-6-2023, n. 74) abbia, di recente, introdotto – con l'art. 1 *quater* – ulteriori disposizioni urgenti riguardanti il grande progetto Pompei e dirette a dar seguito all'azione di rilancio economico-sociale e di riqualificazione ambientale e urbanistica dei comuni interessati dal piano di gestione del sito UNESCO "Aree archeologiche di Pompei, Ercolano e Torre Annunziata".

Troviamo raccolte, nel d.l. 83/2014, misure di natura diversa e incidenti su vari piani, da quello generale relativo al sostegno e rilancio della cultura, a quello più circoscritto della riorganizzazione del MiBACT e del suo personale. Talune previsioni ivi contenute sono state già segnalate ed altre saranno, nel prosieguo della trattazione, prese in considerazione; ma il *focus* del testo è certamente costituito da disposizioni aventi di mira la tutela del patrimonio culturale, lo sviluppo della cultura e il rilancio del turismo.

L'art. 1 introduce un credito d'imposta per le erogazioni liberali in denaro a sostegno della cultura e dello spettacolo: il c.d. Art bonus, chiaramente orientato ad incrementare il mecenatismo, funzionale al reperimento di risorse da destinare alla tutela del patrimonio culturale. Eloquente il testo dell'articolo, che, nella formulazione attualmente vigente, riserva il beneficio alle «erogazioni liberali in denaro effettuate nei periodi d'imposta successivi a quello in corso al 31 dicembre 2013, per interventi di manutenzione, protezione e restauro di beni culturali pubblici, per il sostegno degli istituti e dei luoghi della cultura di appartenenza pubblica, delle fondazioni lirico-sinfoniche e dei teatri di tradizione, delle istituzioni concertistico-orchestrali, dei teatri nazionali, dei teatri di rilevante interesse culturale, dei festival, delle imprese e dei centri di produzione teatrale e di danza, nonché dei circuiti di distribuzione, dei complessi strumentali, delle società concertistiche e corali, dei circhi e degli spettacoli viaggianti e per la realizzazione di nuove strutture, il restauro e il potenziamento di quelle esistenti di enti o istituzioni pubbliche che, senza scopo di lucro, svolgono esclusivamente attività nello spettacolo». La l. 28-12-2015, n. 208 ha stabilizzato e reso permanente l'Art bonus e il d.l. 17-10-2016, n. 189 – recante interventi urgenti a beneficio delle popolazioni del Centro Italia colpite dal sisma del 24-8-2016 e convertito, con modificazioni, nella l. 15-12-2016, n. 229 – ha riconosciuto il credito d'imposta anche per le donazioni a favore degli edifici di culto di interesse culturale siti nei comuni colpiti dal terremoto (art. 17).

A proposito di credito d'imposta, va anche ricordato quello istituito dall'art. 81 del Codice del Terzo settore a beneficio delle persone fisiche e degli enti che abbiano effettuato erogazioni liberali in denaro a favore di enti del Terzo settore che abbiano presentato progetti di recupero di immobili pubblici inutilizzati e di beni confiscati alla criminalità organizzata, assegnati ai suddetti enti del Terzo settore: è stabilito, infatti, che le modalità di attuazione delle agevolazioni e le procedure per l'approvazione dei progetti finanziabili siano individuate con decreto del Ministro del lavoro e delle politiche sociali, di concerto anche con il Ministro dei beni e delle attività culturali e del turismo.

Tornando al d.l. 83/2014, la testimonianza più chiara dello stretto nesso che lega cultura e turismo la si rinviene – come già accennato – nelle misure volte a porre con urgenza rimedio allo stato di degrado in cui versano numerosi siti culturali italiani aventi grande forza attrattiva dal punto di vista turistico (in special modo, l'area archeologica di Pompei, il complesso della Reggia di Caserta e le aree dell'Abruzzo colpite da calamità naturali); misure emergenziali, tanto più efficaci in quanto, nel contempo, dirette a rilanciare il turismo, onde promuovere l'imprenditorialità nel settore e favorire la crescita di un comparto produttivo strategico per la ripresa economica del Paese, accrescere la competitività dell'offerta turistico-culturale italiana, anche mediante processi di digitalizzazione e informatizzazione.

C'è l'emergenza da affrontare, ma in ottica di riqualificazione su più larga scala e secondo logiche attente alla programmazione degli interventi da adottare. Ai sensi dell'art. 7 del d.l. in esame, un decreto del Ministro dei beni e delle attività culturali e del turismo, entro il 31 dicembre di ogni anno, adotta il Piano strategico «Grandi Progetti Beni culturali»: esso, funzionale alla crescita della capacità attrattiva del Paese, «individua beni o siti di eccezionale interesse culturale e paesaggistico e di rilevanza nazionale per i quali sia necessario e urgente realizzare, anche mediante acquisizione, interventi organici di tutela, riqualificazione, valorizzazione e promozione culturale, anche a fini turistici». Lo stesso articolo, onde favorire progetti, iniziative e attività di valorizzazione e fruizione del patrimonio culturale italiano capaci anche di promuovere la crescita del turismo e dei relativi investimenti, ha disciplinato altresì l'adozione – con decreto del Presidente del Consiglio dei Ministri, su proposta del Ministro dei beni e delle attività culturali e del turismo, previa intesa in sede di Conferenza unificata di cui agli artt. 8 e 9 del d.lgs. 28-8-1997, n. 281 e successive modificazioni – del «Programma Italia 2019», volto a valorizzare, attraverso forme di collaborazione tra lo

Stato, le Regioni e gli enti locali, il patrimonio progettuale dei dossier di candidatura delle città a «Capitale europea della cultura 2019».

Per rendere più fruibile il patrimonio culturale con particolare attenzione alle destinazioni minori, al Sud Italia e alle aree interne del Paese, l'art. 11 chiama il Ministero delle infrastrutture e dei trasporti, d'intesa con il MiBACT e con la Conferenza permanente per i rapporti tra lo Stato, le Regioni e le Province autonome di Trento e di Bolzano, a redigere ed adottare, entro 180 giorni dalla data di entrata in vigore del presente decreto, il piano straordinario della mobilità turistica.

Per la migliore gestione del patrimonio culturale l'art. 14 prevede misure di riorganizzazione del MiBACT e la possibilità che un decreto ministeriale trasformi i poli museali, gli istituti e luoghi della cultura statali e gli uffici competenti su complessi di beni di eccezionale valore archeologico, storico, artistico o architettonico, in soprintendenze dotate di autonomia scientifica, finanziaria, contabile e organizzativa, con un amministratore unico, in luogo del consiglio di amministrazione, da affiancare al soprintendente, con specifiche competenze gestionali e amministrative in materia di valorizzazione del patrimonio culturale. In attuazione, il d.m. 12-1-2017, n. 15, nell'adeguare le soprintendenze speciali agli standard internazionali: a) ha istituito il Parco archeologico del Colosseo e, conseguentemente, ridenominato la Soprintendenza per il Colosseo e l'area archeologica centrale in "Soprintendenza speciale Archeologia, belle arti e paesaggio di Roma", dotata di autonomia scientifica, finanziaria, contabile e organizzativa e avente competenza sull'intero territorio del Comune di Roma; b) ha ridenominato la Soprintendenza speciale Pompei in "Parco archeologico di Pompei", definito "istituto della cultura di rilevante interesse nazionale" e "dotato di autonomia speciale".

Altre disposizioni del d.l. 83/2014 saranno illustrate nel prosieguo e, tra queste, l'art. 10 *bis* in tema di *start-up* turismo (v. *infra*, Cap. II, § 6) ed altri articoli recanti misure di sostegno alla competitività di imprese turistiche e strutture ricettive (v. *infra*, Cap. III, § 2).

5. *Turismo, circuiti, itinerari ed eccellenze italiane*

Un Paese ricco di cose belle e interessanti come il nostro sarebbe, di per sé, turisticamente attrattivo con la sola oculata e costante manutenzione del patrimonio esistente; nella realtà globalizzata, però, ciò non basta per vincere la concorrenza esercitata da Paesi, magari meno fortunati dell'Italia, ma più solidi e assai meglio organizzati. Il turista va, perciò, incentivato a scegliere l'Italia come meta e, a questo fine, una delle strade è la valorizzazione delle peculiarità – ce ne sono in gran numero – caratterizzanti il nostro Paese (a ciò si lega il c.d. *made in Italy*). Si colloca in questo quadro l'art. 22 cod. tur. – non sottoposto al giudizio di Corte cost. 80/2012, ma non per questo del tutto immune da dubbi di illegittimità costituzionale – riguardante la creazione di «circuiti nazionali di eccellenza a sostegno dell'offerta turistica e del sistema Italia», corrispondenti ai «contesti turistici omogenei o rappresentanti realtà analoghe e costituenti eccellenze italiane, nonché veri e propri itinerari tematici lungo tutto il territorio nazionale».

La definizione dei predetti circuiti nazionali di eccellenza è affidata dall'art. 22 al metodo della concertazione, che, se non fuga del tutto, di certo attenua i dubbi cui si è accennato. A provvedervi, infatti, è un «decreto del Presidente del Consiglio dei Ministri o del Ministro delegato», adottato di concerto con molti ministri e «d'intesa con la Conferenza permanente per i rapporti tra lo Stato, le regioni e le province autonome di Trento e di Bolzano», tenendo conto delle indicazioni fornite dall'articolo in esame e riassunte in una sorta di catalogo dei circuiti, articolato per voci che accostano il turismo, rispettivamente, alla montagna, al mare, ai laghi e ai fiumi, alla cultura, alla religione, alla natura e alla fauna, all'enogastronomia, alle terme e al benessere, allo sport e al golf, ai congressi, ai giovani, al *made in Italy* e alla relativa attività industriale e artigianale, alle arti e allo spettacolo. Pure compete al Presidente del Consiglio dei Ministri o al Ministro delegato di promuovere «i circuiti nazionali di eccellenza nel contesto nazionale ed internazionale, anche con la partecipazione degli enti locali, delle regioni, delle associazioni di categoria e dei soggetti pubblici e privati interessati che concorrono alla formazione dell'offerta».

Ai fini del perseguimento degli obiettivi di cui al citato art. 22, l'art. 25 cod. tur. chiama le amministrazioni interessate, statali, regionali e locali, ad utilizzare gli strumenti di programmazione negoziale di cui all'art. 2, co. 203, l. 23-12-1996, n. 662 che prevedono misure dirette a promuovere, in chiave turistica, iniziative di valorizzazione del patrimonio storico-artistico, archeologico, architettonico e paesaggistico presente sul territorio italiano, a garantire l'accessibilità al pubblico di detto patrimonio e un'adeguata informazione per i visitatori anche mediante la predisposizione di materiale redatto obbligatoriamente nelle lingue inglese, francese e tedesco, e, preferibilmente, in lingua cinese. Al Comitato permanente di promozione del turismo in Italia l'art. 26 affida le funzioni di monitoraggio delle attività svolte nell'ambito della programmazione.

Giusta il co. 2 dell'art. 11 del d.l. 83/2014, per promuovere la realizzazione di circuiti nazionali di eccellenza a sostegno dell'offerta turistica e del sistema Italia e accelerare il rilascio da parte delle amministrazioni competenti dei relativi permessi, nulla osta, autorizzazioni, licenze e atti di assenso comunque denominati, il MiBACT, in qualità di amministrazione procedente, convoca apposite conferenze di servizi; per le medesime finalità, oltre che per favorire la realizzazione di percorsi pedonali, ciclabili, equestri, mototuristici, fluviali e ferroviari, il co. 3 *bis* autorizza la concessione in uso gratuito per massimo nove anni (rinnovabili di altri nove), mediante procedura ad evidenza pubblica, a imprese, cooperative e associazioni, di case cantoniere, caselli e stazioni ferroviarie o marittime, fortificazioni e fari, ulteriori immobili di appartenenza pubblica non utilizzati o non utilizzabili a scopi istituzionali, con acquisizione delle eventuali migliorie alla restituzione senza corrispettivo e con oneri di manutenzione straordinaria a carico del concessionario. Ricordo, piuttosto recente, la pubblicazione di un bando dell'Anas per l'assegnazione di cento case cantoniere dislocate su tutto il territorio nazionale, per realizzare attività ricettive di qualità e servizi complementari, quali ristorazione, punti ristoro, centri informativi, stazioni per la ricarica di veicoli elettrici, ecc. Nei circuiti e nei percorsi in parola – lo si è già segnalato – sono destinati a confluire gli itinerari turistico-culturali dedicati, da creare *ex* art. 11, co. 3 *ter* del d.l. 83/2014 (v. *supra*, § 1.1).

Circuiti ed itinerari volti a rendere più agevole la fruizione, da parte della platea più ampia di turisti, delle ricchezze presenti nei nostri territori sono – com'è ovvio – anche contemplati e definiti in normative regionali. Molti di essi hanno lo scopo di evidenziare l'ottima qualità e le peculiari proprietà di alcune produzioni locali, enogastronomiche (vino, olio di oliva, prodotti alimentari tipici, ecc.) e non solo (manufatti, artigianato, oggetti d'arte, ecc.); altri, sono più marcatamente indirizzati a mantenere vivo il patrimonio di cultura e tradizioni così vario e interessante in Italia.

Il turismo enogastronomico è in grande crescita e la vacanza associata alla degustazione di vini e di piatti locali, con visite ad aziende vinicole ed agroalimentari è apprezzata e ricercata da un pubblico sempre più vasto. Le ricadute sul piano economico, oltre che culturale, sono notevoli e bene lo ha avvertito il Piano strategico nazionale per il Turismo 2023-2027, che punta alla realizzazione di campagne di promozione dell'intera filiera turistica italiana capaci di valorizzare il *brand* Italia. Già il codice del turismo aveva posto l'accento sulla eccellenza turistica e sulla sua promozione, come dimostrano le attestazioni al merito previste dagli artt. 59 ss. Quelle di «Maestro di cucina italiana» e «Maestro dell'ospitalità italiana» sono attribuite, ogni anno, ad eccellenze nel campo, rispettivamente, della ristorazione e della ricettività alberghiera: è l'art. 59 a stabilirlo, demandando al Presidente del Consiglio dei Ministri o al Ministro delegato, con proprio decreto sul quale è acquisito il parere della Conferenza unificata di cui agli artt. 8 e 9 del d.lgs. 281/1997, di disciplinare le modalità organizzative e procedurali del conferimento e il numero massimo delle imprese da premiare (non superiore a venti per ciascuna onorificenza). Analogo decreto regola l'attribuzione della «Medaglia al merito del turismo per la valorizzazione dell'immagine dell'Italia» (ne sono previsti tre livelli crescenti: stella di bronzo, d'argento e d'oro), giusto riconoscimento – afferma l'art. 60 cod. tur. – alle «persone che, per il loro impegno e valore professionale, nonché per la qualità e durata dei servizi resi, hanno efficacemente contribuito allo sviluppo del settore turistico ed alla valorizzazione e diffusione dell'immagine dell'Italia nel mondo».

Dette attestazioni – precisa l'art. 62 cod. tur. – sono conferite il 27 settembre con decreto del Presidente del Consiglio dei Ministri, su proposta del Ministro delegato, acquisito il parere della Conferenza unificata di cui agli artt. 8 e 9 del d.lgs. 281/1997; e, ad accertare i titoli per il conferimento, è una Commissione nominata con decreto del Presidente del Consiglio dei Ministri o del Ministro dallo stesso delegato. La scelta del 27 settembre non è casuale: ricordiamo, infatti, che in questa data ricorre la giornata mondiale del turismo (*World Tourism Day*).

La «Medaglia al merito del turismo per gli italiani all'estero» – anch'essa in tre livelli crescenti e con un contingente di 10 d'oro, 25 d'argento e 50 di bronzo – è, invece, destinata quale riconoscimento alle «persone operanti all'estero che per il loro impegno e valore professionale, nonché per la qualità e durata dei servizi resi hanno illustrato il Made in Italy in modo tanto esemplare da divenire promotori turistici per il nostro Paese» (art. 63 cod. tur.); il decreto del Presidente del Consiglio dei Ministri che la conferisce è emesso, previo accertamento dei titoli da parte di una commissione dallo stesso nominata, su proposta del Ministro delegato, di concerto con il Ministro degli affari esteri (art. 65 cod. tur.).

Altre certificazioni di qualità o marchi turistici attestanti il particolare pregio – variamente denominati – sono previsti da leggi regionali, nelle Marche e nel Lazio ad esempio.

6. *I Distretti turistici*

La definizione dei circuiti nazionali di eccellenza di cui all'art. 22 cod. tur. non è il solo esempio di provvedimento in materia turistica che, in forza di legge statale, può essere assunto con decreto ministeriale, d'intesa con le Regioni. Il d.l. 13-5-2011, n. 70 (convertito, con modificazioni, nella l. 12-7-2011, n. 106) prevede, infatti, che possono «essere istituiti, con decreto del Ministro del turismo, su richiesta delle imprese del settore che operano nei territori interessati, previa intesa con le Regioni interessate, i Distretti turistici con gli obiettivi di riqualificare e rilanciare l'offerta turistica a livello nazionale e internazionale, di accrescere lo sviluppo delle aree e dei settori del distretto, di migliorare l'efficienza nell'organizzazione e nella produzione dei servizi, di assicurare garanzie e certezze giuridiche alle imprese che vi operano con particolare riferimento alle opportunità di investimento, di accesso al credito, di semplificazione e celerità nei rapporti con le pubbliche amministrazioni» (art. 3, co. 4); si precisa, però, che la delimitazione territoriale dei distretti è effettuata dalle Regioni d'intesa con il Ministero del turismo e con i Comuni interessati, previa conferenza di servizi, che è obbligatoriamente indetta se richiesta da imprese del settore turistico che operano nei medesimi territori (art. 3, co. 5).

L'importanza dei distretti – come detto – non è solo legata al rilancio dell'offerta turistica, ma all'obiettivo più alto ed ambizioso della promozione dello sviluppo economico e della competitività del Paese: come stabilito nell'art. 3, co. 5 *bis* e 6, in essi «possono essere realizzati progetti pilota, concordati con i Ministeri competenti in materia di semplificazione amministrativa e fiscalità, anche al fine di aumentare l'attrattività, favorire gli investimenti e creare aree favorevoli agli investimenti (AFAI) mediante azioni per la riqualificazione delle aree del distretto, per la realizzazione di opere infrastrutturali, per l'aggiornamento professionale del personale, per la promozione delle nuove tecnologie» e trovano applicazione varie misure agevolative per le imprese in materia amministrativa, finanziaria e fiscale, di semplificazione (attivazione nei distretti di sportelli unici di coordinamento delle attività delle Agenzie fiscali e dell'INPS, con i quali le imprese del distretto intrattengono rapporti per la risoluzione di qualunque questione di competenza propria di tali enti e ai quali possono essere presentate richieste e istanze rivolte a qualsiasi amministrazione statale) e di alleggerimento burocratico (i distretti costituiscono "zone a burocrazia zero" ai sensi dell'art. 37 *bis* del d.l. 179/2012).

7. *Le Carte del turista*

Precisiamo subito – a scanso di equivoci – che le carte del turista sono prive di valenza normativa e realizzano una funzione essenzialmente informativa: rappresentano, in sostanza, dei vademecum del turista attento e consapevole. Anche a livello europeo se ne promuove la creazione: registra l'opportunità di una «Carta europea del turista» la già citata risoluzione del Parlamento europeo del 27-9-2011, allo scopo di incoraggiare i turisti provenienti da uno Stato membro o da paesi terzi e che viaggiano in Europa a farlo regolarmente, attraverso l'offerta di informazioni, incluso l'elenco dei diritti, delle agevolazioni e dei servizi dedicati.

C'è più d'una carta del turista: questa, peraltro, è la denominazione più in voga, ma non è la sola adottata.

È il caso di ricordare – perché ne abbiamo già parlato (v. *supra*, § 4) – l'art. 4 della l. 135/2001, in attuazione del quale è stata redatta la Carta dei diritti del turista, nell'aggiornamento 2011 disponibile on line in sette lingue diverse, elaborata in collaborazione con le Amministrazioni dello Stato interessate, le Regioni e le Province autonome, gli Enti, le organizzazioni imprenditoriali e sindacali del settore turistico nonché le associazioni nazionali di tutela dei consumatori. È una guida di agile consultazione, che contiene informazioni utili al turista in occasione dell'organizzazione di un viaggio o di una vacanza e sintetizza alcuni elementi essenziali della normativa vigente. La Carta si propone, altresì, di mettere al corrente il turista su quelli che, in Italia, sono i suoi diritti, su come egli debba comportarsi all'insorgenza di un problema. Nella prima sezione «Orientamento e Informazione» vengono fornite le indicazioni di carattere preliminare più importanti per il viaggiatore nel momento dell'organizzazione del viaggio con particolare riferimento a sicurezza, assistenza sanitaria ed alle norme valutarie e doganali. La sezione successiva è dedicata alla «Ospitalità» e contiene informazioni utili sulle strutture turistico-ricettive, i prezzi, la classificazione, la prenotazione nonché sui principali contratti in uso. Apposite sezioni riguardano la «Nautica da diporto», «Il viaggio organizzato: i pacchetti turistici», la «Multiproprietà di immobili a destinazione turistico-ricettiva», il «Turismo e beni culturali». Seguono informazioni sulla «Mobilità», relative al trasporto aereo, ferroviario, marittimo ed al trasporto su gomma. Compare, poi, la sezione «Come far valere i propri diritti», l'indicazione dei «Numeri di emergenza e di pubblica utilità» e, in conclusione, il richiamo ai «Doveri del turista», con l'illustrazione dei principi per una corretta fruizione del sistema turistico sanciti dal Codice Mondiale di Etica del Turismo promosso dall'OMT. Si può accedere alle principali informazioni contenute nella Carta dei diritti del turista anche collegandosi on line al sito *www.italia.it.*

Carte del turista sono state anche elaborate da diverse Regioni, talora ben più dettagliate di quella di fonte ministeriale. Si segnalano quelle delle Regioni Calabria (nella versione aggiornata al luglio 2011), Sicilia (realizzata nell'ambito del Programma Generale della Regione Siciliana 2009/2010), Toscana (datata 2004). Particolarmente ricca è quella della Regione Lazio, approvata con Deliberazione della Giunta Regionale n. 69 del 24-2-2012, che si articola in quattro parti. La prima fornisce alcuni elementi sui diritti essenziali attribuiti al turista ed indica i doveri del turista nei confronti della comunità che lo ospita, nella più ampia visione del turismo responsabile. La seconda fornisce informazioni utili per conoscere e accedere all'offerta turistica del Lazio, ivi comprese quelle riferentesi ai diritti del turista quale consumatore/utente degli specifici servizi turistici (trasporti, viaggi e servizi culturali/ricreativi). La terza parte è dedicata al turismo "accessibile" nella sua più ampia accezione, mentre l'ultima offre indicazioni utili per affrontare situazioni di difficoltà o emergenza, insieme ad alcuni suggerimenti pratici per la tutela dei propri diritti. La carta chiude con un'Appendice contenente indirizzi, numeri utili e modulistica per effettuare reclami, relativamente alla casistica più frequente.

Anche le associazioni dei consumatori hanno elaborato Carte del turista, aventi l'obiettivo di fornire, con chiarezza e semplicità, alcune informazioni sui diritti, sui doveri e sulle tutele attivabili ove si verifichino inconvenienti e inadempimenti. Si ricorda, al riguardo, la Carta dei diritti del turista del Movimento Consumatori, prodotta a partire dal 1986 (v. la versione aggiornata al luglio 2011). Frutto di un accordo tra Associazione Tour Operator Italiani (ASTOI), Confindustria Assotravel, Federconsumatori e Movimento Consumatori è «Il Decalogo del turista garantito», un elenco di dieci semplici regole da seguire volte alla promozione di un turismo responsabile ed informato e finalizzate a sensibilizzare ed orientare gli utenti verso comportamenti più attenti, atti ad evitare disagi o controversie prima, durante e dopo l'acquisto dei viaggi.

Le nuove tecnologie agevolano l'accesso alle informazioni e pongono a disposizione del turista servizi di grande utilità, sicché il beneficio che da esse le Carte possono trarre è notevole. L'art. 16, co. 2, d.l. 83/2014 ha chiamato l'ENIT, nel perseguimento della missione di promozione del turismo, a farsi parte attiva per agevolare il percorso di «potenziamento del portale "Italia.it", anche al fine di realizzare e distribuire una Carta del turista, anche solo virtuale, che consenta, mediante strumenti e canali digitali e apposite convenzioni con soggetti pubblici e privati, di effettuare pagamenti a prezzo ridotto per la fruizione integrata di servizi pubblici di trasporto e degli istituti e dei luoghi della cultura».

Non è da confondere con le Carte sin qui considerate la Carta dei servizi turistici di cui all'art. 66 cod. tur. Tutte le amministrazioni pubbliche erogatrici di detti servizi sono tenute ad adottarne una, al «fine di aumentare la qualità e la competitività dei servizi turistici pubblici sul territorio nazionale». Le Carte in questione, ai sensi del co. 2 del citato articolo, svolgono un ruolo assai importante: esse, infatti, «definiscono quali servizi turistici si intendono erogare, con quali modalità e quali standard di qualità si intendono garantire». È prevista la loro trasmissione al Dipartimento per lo sviluppo e la competitività del turismo presso la Presidenza del Consiglio dei Ministri; trasmissione, che è volta anche a consentire al Presidente del Consiglio dei Ministri o al Ministro delegato, previa intesa con la Conferenza permanente per i rapporti tra lo Stato, le Regioni e le Province autonome di Trento e di Bolzano, di determinare con proprio decreto i livelli essenziali delle prestazioni dei servizi turistici concernenti i diritti civili e sociali, sulla base di parametri stabiliti con legge dello Stato (art. 66, ult. co., cod. tur.).

CAPITOLO SECONDO

LE IMPRESE TURISTICHE

SOMMARIO

1. *L'impresa: considerazioni generali*

La qualifica "turistiche" si addice ad imprese operanti nel settore del turismo. Nell'art. 1 dell'allegato al d.p.c.m. 13-9-2002 si afferma che il "carattere turistico viene conferito all'impresa unicamente dalla tipologia di attività svolta", ma resta chiaro che lo svolgimento di attività legate al turismo non basta a fare del soggetto agente un'impresa. Ci sono attività riconducibili in ambito turistico che non sono svolte da imprese, sicché è bene tener distinta la trattazione riguardante le imprese da quella relativa alle attività; tra l'una parte e l'altra, tuttavia, va mantenuto ben saldo un contatto, poiché molte delle attività turisticamente rilevanti sono esercitate in forma di impresa.

Le imprese turistiche sono prima di tutto imprese, ragion per cui giova preliminarmente – e sinteticamente – fare il punto su ciò che, nel nostro ordinamento, può definirsi "impresa". Il predetto art. 1 non deve trarre in inganno: la qualifica "turistica" segnala una specificità, ma non la dissociazione dalla nozione di impresa delineata nel codice civile.

Fatta questa doverosa premessa, va precisato che l'impresa si colloca nella cornice dell'art. 41 Cost., che – nel testo risultante dalla modifica apportata dalla l. cost. 11-2-2022, n. 1 – riconosce e tutela l'iniziativa economica privata sempreché non si svolga «in contrasto con l'utilità sociale o in modo da recare danno alla salute, all'ambiente, alla sicurezza, alla libertà, alla dignità umana». Quanto ai caratteri propri dell'impresa, essi vanno desunti dall'art. 2082 c.c., che guarda, non all'impresa, ma alla figura dell'imprenditore. La prospettiva "dinamica" è privilegiata, sicché riveste assoluta centralità il profilo dell'attività. Quest'ultima si relaziona con il compimento di singoli atti, che nella dimensione dell'impresa sono assunti in considerazione quali elementi di un agire complesso: dunque, l'attività riflette una pluralità di atti tra loro coordinati in vista del conseguimento di un obiettivo.

L'attività è qualificata – alla stregua di quanto disposto nell'art. 2082 c.c. – da alcuni attributi: se anche uno solo di essi fa difetto, non si ha impresa.

Deve trattarsi, innanzitutto, di attività economica e perciò – come la stessa disposizione in esame evidenzia – connessa alla produzione o allo scambio di beni o servizi. Nel suo svolgimento, poi, tale attività è assoggettata alle leggi dell'economia di tipo capitalistico che improntano il nostro sistema e, dunque, *in primis*, alla regola della concorrenza. Non bisogna, tuttavia, credere che la natura economica sia appannaggio esclusivo dell'attività lucrativa. L'attività è "economica" se diretta alla produzione di nuova ricchezza, che non necessariamente va identificata nel profitto individuale dell'imprenditore (o lucro soggettivo), essendo sufficiente il rispetto del criterio di economicità che si sostanzia nella copertura dei costi di esercizio mediante i ricavi; dunque, attività d'impresa può anche essere quella svolta da enti che non perseguono uno scopo di lucro.

Altro carattere dell'attività d'impresa è l'organizzazione e, d'altro canto, essendo rivolta al mercato e dovendo basarsi sulla combinazione di diversi fattori (beni, capitali, lavoro), l'attività di produzione o scambio di beni o servizi non può che essere organizzata. Rileva, al fine, in primo luogo, l'azienda che l'art. 2555 c.c. definisce come «complesso dei beni organizzati dall'imprenditore per l'esercizio dell'impresa» e che negli articoli successivi trova compiuta disciplina. E, ancora, risulta conferente il richiamo ai segni distintivi dell'impresa, essenziali per il corretto svolgimento del gioco concorrenziale in quanto volti ad assicurare riconoscibilità sul mercato ad un imprenditore, consentendo di distinguerlo dagli altri operatori economici: può rinviarsi, al riguardo, alla ditta (della quale si occupano gli artt. 2563-2567 c.c. e che è data dal nome impiegato dall'imprenditore per l'esercizio dell'attività), all'insegna (che, regolata in un'unica disposizione – l'art. 2568 c.c. – ha valenza distintiva dell'azienda o di un suo ramo) ed al marchio (che, disciplinato negli artt. 2569-2574 c.c., ha la funzione di rendere identificabili il prodotto, le merci o i servizi offerti da una certa impresa).

L'ultimo degli attributi è legato alla natura professionale dell'attività svolta dall'imprenditore. Il senso da attribuire alla professionalità varia a seconda dei caratteri che, in concreto, l'attività presenta, ma – in linea generale – quest'ultima si definisce professionale ove esercitata non in modo saltuario od occasionale, bensì stabilmente e abitualmente, con regolarità e continuità nel tempo. La durata può essere, tuttavia, limitata, come nel caso delle attività stagionali (si pensi, nel campo nostro, agli alberghi che offrano ospitalità solo in certi periodi dell'anno), senza che ciò determini il venir meno della professionalità.

2. *Gli statuti dell'impresa. L'imprenditore commerciale e il piccolo imprenditore. L'imprenditore agricolo*

C'era un tempo il codice di commercio – risalente al 1882 – che è venuto meno con la promulgazione del codice civile vigente. Quest'ultimo, dunque, regola anche la materia del commercio e ciò nondimeno destina all'imprenditore, in quanto tale, alcune regole particolari: si vedano, ad esempio, quelle enunciate negli artt. 1330 e 1722 c.c., ispirate dalla medesima *ratio*. Si applica, invece, all'imprenditore, come ad ogni debitore, l'art. 2740 c.c., sicché anch'egli è illimitatamente responsabile con il suo patrimonio per l'adempimento delle obbligazioni assunte nell'esercizio dell'impresa; sono, tuttavia, fatti salvi i casi di limitazione della responsabilità stabiliti dalla legge, molti dei quali legati – com'è noto – all'esercizio in comune di attività di impresa nella forma delle società di capitali.

La definizione di impresa risulta dall'aggregazione dei requisiti elencati nel paragrafo che precede, ma si specifica – in forza del dato normativo – in alcuni statuti. Le imprese – o, per meglio dire, gli imprenditori – vengono, così, a differenziarsi a seconda dell'oggetto dell'attività svolta e sulla base delle dimensioni; le ricadute di tali distinzioni – come vedremo – sono notevoli sul piano della disciplina applicabile.

La distinzione più significativa emerge dagli artt. 2083 e 2195 c.c., il primo riguardante i piccoli imprenditori, il secondo gli imprenditori che comunemente vengono definiti commerciali.

Sono imprenditori commerciali quelli ai quali è imposta – dall'art. 2195 c.c., per l'appunto – l'iscrizione nel registro delle imprese; registro, che – ai sensi dell'art. 8, l. 29-12-1993, n. 580 (come sostituito dall'art. 1, co. 10, d.lgs. 15-2-2010, n. 23) – è tenuto da un ufficio istituito presso la camera di commercio, sotto la vigilanza di un giudice delegato dal presidente del tribunale del capoluogo di provincia. Parliamo, dunque, degli esercenti: a) attività industriale diretta alla produzione di beni o servizi; b) attività di intermediazione nella circolazione dei beni; c) attività di trasporto terrestre, marittimo (lacustre e fluviale) ed aereo; d) attività bancaria o assicurativa; e) altre attività ausiliarie delle precedenti. Facile notare le implicazioni che molte di dette attività prospettano con il turismo.

Sono piccoli imprenditori, stando all'art. 2083 c.c., i coltivatori diretti del fondo, gli artigiani, i piccoli commercianti e coloro che esercitano un'attività professionale organizzata prevalentemente con il lavoro proprio e dei componenti della famiglia. L'esercizio delle attività richiamate dall'articolo appena illustrato rende configurabile, sussistendo i noti requisiti, la piccola impresa.

Il criterio dimensionale non rinvia ad un dato puramente fisico e materiale, anche se l'esperienza porta a dire che il piccolo imprenditore, di norma, presta personalmente il proprio lavoro nell'ambito dell'impresa e, sovente, si avvale dell'ausilio dei propri familiari nella conduzione della stessa. Frequentemente, poi, nelle piccole imprese il lavoro dell'imprenditore e quello eventualmente prestato dai suoi familiari risultano prevalenti rispetto all'apporto dato da estranei (dipendenti) allo svolgimento dell'attività; ma anche questo non costituisce elemento imprescindibile ai fini dell'identificazione della piccola impresa. Si tende, invece, ad affermare che il giudizio di prevalenza rilevi con riguardo al rapporto tra il lavoro dell'imprenditore (e dei componenti la famiglia) e le risorse economiche investite nell'impresa, sicché non può definirsi piccola l'impresa nel cui processo produttivo capitali e macchinari abbiano un peso di gran lunga superiore rispetto a dette prestazioni lavorative. Resta, comunque, vero che è la natura dell'attività svolta ad avere un peso decisivo e, ciò posto, non può non riconoscersi, nell'ambito della piccola impresa, valore paradigmatico alla figura dell'imprenditore agricolo.

Definisce l'imprenditore agricolo l'art. 2135 c.c. Stando al co. 1 della disposizione appena citata, è tale colui che – soggetto individuale o collettivo – svolge una delle seguenti attività: coltivazione del fondo, selvicoltura, allevamento di animali, attività connesse alle precedenti. Diverse disposizioni si occupano di identificare specifiche figure di imprenditore agricolo. La qualità di imprenditore agricolo professionale – rilevante a diversi fini – è attribuita dal d.lgs. 29-3-2004, n. 99 a chi dedichi a dette attività, direttamente o in qualità di socio di società, almeno il cinquanta per cento del proprio tempo di lavoro complessivo e che ricavi da esse almeno il cinquanta per cento del proprio reddito globale da lavoro. Lo stesso d.lgs. precisa che i riferimenti presenti nella legislazione all'imprenditore agricolo a titolo principale rimandano all'imprenditore agricolo professionale e impone alle società che abbiano quale oggetto sociale l'esercizio esclusivo delle attività di cui all'art. 2135 c.c. di inserire l'indicazione di società agricola nella ragione sociale o denominazione sociale; è disposta, altresì, l'introduzione di una nuova disposizione sull'imprenditoria agricola giovanile nel d.lgs. 18-5-2001, n. 228.

Cosa debba intendersi per coltivazione del fondo, selvicoltura ed allevamento del bestiame è precisato nell'art. 2135, co. 2, c.c.

Per quel che concerne le attività connesse, l'art. 2135, ult. co., c.c. richiama, innanzitutto, quelle esercitate dal medesimo imprenditore (e, quindi, svolte unitamente ad una delle tre attività principali), dirette alla manipolazione, conservazione, trasformazione, commercializzazione e valorizzazione dei prodotti ottenuti dalla coltivazione del fondo o del bosco o dall'allevamento del bestiame; sono pure considerate connesse le attività volte alla fornitura di beni o servizi mediante l'utilizzazione prevalente di beni e risorse aziendali normalmente impiegate nell'attività agricola esercitata, ivi comprese le attività di valorizzazione del territorio e del patrimonio rurale e forestale, ovvero di ricezione ed ospitalità come definite dalla legge. La l. 18-8-2015, n. 141, recante disposizioni in materia di agricoltura sociale, riconosce alle attività che ad essa si riferiscono la natura di attività connesse ai sensi dell'art. 2135 c.c. Valga, altresì, menzionare – di particolare interesse ai nostri fini – l'agriturismo, già disciplinato dalla l. 5-12-1985, n. 730 ed, ora, dalla normativa compendiata nella l. 20-2-2006, n. 96, del quale avremo modo di occuparci nel prosieguo (v. *infra* §§ 4 e 4.1).

Imprenditore commerciale e piccolo imprenditore – e, dunque, imprenditore agricolo – sono destinatari di discipline differenziate.

Lo evidenzia, innanzitutto, il profilo relativo all'obbligo di iscrizione nel registro delle imprese, che riguarda l'imprenditore commerciale e che produce gli effetti di cui all'art. 2193 c.c. L'imprenditore agricolo non è tra i soggetti cui è imposta l'iscrizione *ex* art. 2195 c.c. e, tuttavia, l'art. 2, d.p.r. 14-12-1999, n. 558 per lui prevede l'iscrizione in una sezione speciale dello stesso registro. Il rilievo della segnalata distinzione, però, non è così accentuato da quando l'art. 2 del d.lgs. 228/2001 ha stabilito che l'iscrizione degli imprenditori agricoli, dei coltivatori diretti e delle società semplici esercenti attività agricola nella sezione speciale del registro delle imprese di cui agli artt. 2188 ss. c.c., oltre alle funzioni di certificazione anagrafica ed a quelle previste dalle leggi speciali, ha l'efficacia di cui all'art. 2193 c.c. Se si guarda alla sostanza, dunque, dire che, sul punto, ad imprenditore commerciale ed agricolo fanno capo discipline disomogenee è azzardato: entrambi – in verità – sono tenuti alla registrazione, la quale realizza, oltre che una funzione di pubblicità-notizia di dati relativi all'impresa (titolarità, oggetto, sede, rappresentanza, ecc.), un effetto di opponibilità ai terzi dei fatti cui si riferisce. Anche per il piccolo imprenditore, come per l'imprenditore agricolo, l'art. 2, d.p.r. 558/1999 prevede l'iscrizione in una sezione speciale del registro delle imprese, ma il predetto effetto di opponibilità ai terzi sancito dall'art. 2193 c.c. non si determina a seguito dell'iscrizione del piccolo imprenditore (che, quindi, ha mera efficacia di pubblicità-notizia). Ovviamente, non è, qui, in discussione l'effetto consistente nell'acquisto della personalità giuridica, dalla legge legato all'iscrizione nel registro delle imprese delle società di capitali e delle società cooperative (v. art. 2331, co. 1, c.c., richiamato in applicazione dagli artt. 2463, co. 3 e 2523, co. 2, c.c.).

Un dato che realmente segnala una diversità nella disciplina applicabile alle due categorie di imprenditori è quello attinente alla tenuta dei libri obbligatori e delle altre scritture contabili. L'art. 2214 c.c., infatti, fa obbligo solo all'imprenditore commerciale di «tenere il libro giornale e il libro degli inventari», nonché le altre scritture contabili richieste. Esplicito è l'esonero dei piccoli imprenditori dall'obbligo di tenuta dei libri obbligatori e delle altre scritture contabili (v. art. 2214, ult. co., c.c.). Detti documenti – a norma degli artt. 2709 e 2710 c.c. – fanno prova contro l'imprenditore nei rapporti con i terzi creditori e possono costituire prova tra imprenditori per i rapporti inerenti l'esercizio dell'impresa.

Dopo continui rinvii è entrato in vigore, il 15 luglio 2022, il Codice della crisi d'impresa e dell'insolvenza (varato con d.lgs. 12-1-2019, n. 14), sicché la preesistente disciplina – quella del r.d. 16-3-1942, n. 267 (comunemente denominato legge fallimentare) e della l. 27-1-2012, n. 3

(riguardante la composizione delle crisi da sovraindebitamento) – trova ora applicazione soltanto per le procedure già aperte fino al 14 luglio 2022 o pendenti al giorno successivo. Le nuove regole si presentano disancorate dalle logiche sanzionatorie ed escludenti che ispirarono, da noi, nel 1942, la legge fallimentare, essendo indirizzate alla salvaguardia della continuità aziendale, da preferirsi – là dove possibile – alla liquidazione dell'attività. Ma non è questa la sola novità. La l. fall., nell'art. 1, identificando chi è soggetto alle «disposizioni sul fallimento e sul concordato preventivo», non fa richiamo alcuno ai piccoli imprenditori e nomina esplicitamente «gli imprenditori che esercitano un'attività commerciale, esclusi gli enti pubblici», tutti tranne alcuni in possesso di determinati requisiti. Anche l'art. 2221 c.c. era chiaro nell'escludere che ad enti pubblici e piccoli imprenditori potessero applicarsi, in caso di insolvenza (l'ipotesi più grave di crisi economica, connotata dall'impossibilità di onorare i propri impegni), le procedure concorsuali. Queste ultime, dunque, erano ad esclusivo appannaggio degli imprenditori commerciali e così è fino all'entrata in vigore della l. 3/2012, introdotta per disciplinare l'insolvenza del debitore civile e il sovraindebitamento. L'art. 7, co. 2 *bis* di detta legge dedica specifica attenzione all'imprenditore agricolo, il quale, là dove versi in stato di sovraindebitamento, può proporre ai creditori un accordo di composizione della crisi, attivando così una procedura che assicura una gestione concorsuale della situazione di dissesto. E l'assoggettamento dell'imprenditore agricolo alle procedure previste in caso di sovraindebitamento trova conferma nel Codice della crisi d'impresa e dell'insolvenza, che, tra l'altro, anche dispone, nell'art. 384, l'abrogazione dell'art. 2221 c.c. Di distinto trattamento dell'imprenditore commerciale e del piccolo imprenditore non è più il caso di parlare: ora l'art. 1, co. 1 del Codice della crisi d'impresa e dell'insolvenza evidenzia che vanno soggette alle nuove regole tutte «le situazioni di crisi o insolvenza del debitore, sia esso consumatore o professionista, ovvero imprenditore che eserciti, anche non a fini di lucro, un'attività commerciale, artigiana o agricola, operando quale persona fisica, persona giuridica o altro ente collettivo, gruppo di imprese o società pubblica, con esclusione dello Stato e degli enti pubblici».

A completamento del quadro sin qui delineato è opportuno un breve cenno all'impresa familiare e alle imprese sociali.

La prima è regolata dall'art. 230 *bis* c.c., avendo di mira la tutela dei familiari dell'imprenditore che prestino di fatto e in modo continuativo nella famiglia o nell'impresa del congiunto; l'art. 1, co. 46, l. 20-5-2016, n. 76 ha, di recente, aggiunto l'art. 230 *ter*, per disciplinare i diritti del convivente di fatto che presti stabilmente la propria opera nell'impresa dell'altro convivente.

Quanto alle imprese sociali, esse erano disciplinate dal d.lgs. 24-3-2006, n. 155 che ora risulta espressamente abrogato ad opera dell'art. 19 del d.lgs. 112/2017, recante revisione della disciplina delle imprese sociali in attuazione della delega per la riforma del Terzo settore conferita al Governo con l. 6-6-2016, n. 106.

Stando all'art. 1, co. 1 del d.lgs. 112/2017, possono «acquisire la qualifica di impresa sociale tutti gli enti privati, inclusi quelli costituiti nelle forme di cui al libro V del codice civile, che, in conformità alle disposizioni del presente decreto, esercitano in via stabile e principale un'attività d'impresa di interesse generale, senza scopo di lucro e per finalità civiche, solidaristiche e di utilità sociale, adottando modalità di gestione responsabili e trasparenti e favorendo il più ampio coinvolgimento dei lavoratori, degli utenti e di altri soggetti interessati alle loro attività»; e, ai sensi dell'art. 2, che enumera le attività di impresa di interesse generale, anche l'organizzazione e la gestione di attività turistiche di interesse sociale culturale o religioso rientrano tra dette attività. Sennonché, l'art. 1, co. 2 del d.lgs. 112/2017 precisa che non possono acquisire la qualifica di impresa sociale gli enti i cui atti costitutivi limitino, anche indirettamente, l'erogazione dei beni e dei servizi in favore dei soli soci o associati; ciò fa sì che risultino non annoverabili tra le imprese sociali gli enti senza scopo di lucro di cui all'art. 5 cod. tur. (v. *infra* § 5). L'art. 3 del d.lgs. 112/2017 chiarisce il senso da attribuire all'assenza dello scopo di lucro e gli articoli successivi disciplinano la costituzione e l'organizzazione.

L'impresa sociale rientra fra gli enti del Terzo settore, quelli cioè «costituiti per il perseguimento, senza scopo di lucro, di finalità civiche, solidaristiche e di utilità sociale e che, in attuazione del principio di sussidiarietà e in coerenza con i rispettivi statuti o atti costitutivi, promuovono e realizzano attività di interesse generale mediante forme di azione volontaria e gratuita o di mutualità o di produzione e scambio di beni e servizi» (questo deve intendersi per «Terzo settore» ai sensi dell'art. 1, co. 1 della l. 106/2016): lo conferma l'art. 4 del Codice del Terzo settore, raccolto – lo ricordiamo – nel d.lgs. 117/2017. Detto Codice, nell'art. 40, rimanda per la disciplina delle imprese sociali al d.lgs. 112/2017, il cui art. 1, co. 5 dispone che si applichino alle imprese sociali, in quanto compatibili con le disposizioni del presente decreto, le norme del codice del Terzo settore e, in mancanza e per gli aspetti non disciplinati, le norme del codice civile e le relative disposizioni di attuazione concernenti la forma giuridica in cui l'impresa sociale è costituita. Ciò posto, il Codice del Terzo settore sottopone le imprese sociali ad una disciplina, per alcuni versi, particolare. Così, stabilisce, nell'art. 11, che il requisito dell'iscrizione degli enti del Terzo settore nel registro unico nazionale del Terzo settore è, per le imprese sociali, soddisfatto con l'iscrizione nell'apposita sezione del registro delle imprese. Le imprese sociali, poi, non beneficiano della disposizione dell'art. 71, co. 2 del Codice del Terzo settore che autorizza lo Stato, le Regioni e Province autonome e gli enti locali a concedere in comodato beni mobili e immobili di loro proprietà, non utilizzati per fini istituzionali, agli enti del Terzo settore per lo svolgimento delle loro attività istituzionali. Anche il regime fiscale dettato dal Codice del Terzo settore per gli enti del Terzo settore non è applicabile alle imprese sociali.

3. *Le PMI*

Negli anni recenti è accresciuta l'attenzione rivolta, in ambito giuridico, verso alcune figure imprenditoriali. Definendo lo statuto dell'impresa e dell'imprenditore, la l. 11-11-2011, n. 180 fa riferimento anche alle microimprese, alle piccole imprese e alle medie imprese, il cui rilievo è tutt'altro che marginale nelle politiche applicate all'interno dell'UE e nello spazio economico europeo, soprattutto in relazione all'erogazione di fondi e misure di assistenza: non a caso, l'art. 5 della legge appena citata le definisce mediante il richiamo alle «imprese che rientrano nelle definizioni recate dalla raccomandazione 2003/361/CE del 6-5-2003». Quest'ultima, nell'allegato, premesso che è da considerarsi «impresa ogni entità, a prescindere dalla forma giuridica rivestita, che eserciti un'attività economica» e, in particolare, le entità esercenti «un'attività artigianale o altre attività a titolo individuale o familiare, le società di persone o le associazioni che esercitino un'attività economica», nella categoria delle PMI distingue la microimpresa, la piccola impresa e la media impresa sulla base del numero dei dipendenti e del fatturato e bilancio annuale. Sono microimprese quelle con meno di 10 dipendenti e con un fatturato o un bilancio annuo uguale o inferiore ai 2 milioni di euro (ad esse fa esplicito richiamo il codice del consumo nell'art. 18, nell'ambito della disciplina relativa a pratiche commerciali, pubblicità ed altre comunicazioni commerciali). Si definisce piccola impresa quella che occupa meno di 50 persone e realizza un fatturato annuo o un totale di bilancio annuo non superiori a 10 milioni di euro. Nella tipologia delle medie imprese sono ricondotte quelle che occupano meno di 250 persone, il cui fatturato annuo non supera i 50 milioni di euro oppure il cui totale di bilancio annuo non supera i 43 milioni di euro. Nella raccomandazione è anche presente la distinzione tra imprese autonome, imprese associate e imprese collegate: le prime si caratterizzano per partecipazioni che non implicano posizioni di controllo (imprese associate) o collegate ad altre imprese. La l. 180/2011 ha istituito presso il Ministero dello sviluppo economico il Garante per le micro, piccole e medie imprese e, per garantire ad esse competitività e produttività, ha affidato allo Stato il compito di emanare appositi provvedimenti normativi volti a favorire la ricerca, l'innovazione, l'internazionalizzazione e la capitalizzazione, nonché la promozione del Made in Italy.

Non c'è, tuttavia, un'unica definizione di PMI. Ne delinea una, diversa da quella poc'anzi descritta, l'art. 4, § 1, n. 13 della dir. 2014/65/UE relativa ai mercati degli strumenti finanziari, ai cui fini è PMI quella avente una capitalizzazione di borsa media inferiore a 200.000.000 di euro sulla base delle quotazioni di fine ano dei tre precedenti anni civili. Questa è considerata PMI anche dal reg. 1129/17/UE relativo al prospetto da pubblicare per l'offerta pubblica o l'ammissione alla negoziazione di titoli in un mercato regolamentato, che all'art. 2, § 1, lett. f) pure definisce PMI la società che, in base al più recente bilancio annuale o consolidato soddisfi almeno due tra i criteri seguenti: numero medio di dipendenti nel corso dell'esercizio inferiore a 250, totale dello stato patrimoniale non superiore a 43.000.000 di euro e fatturato netto annuale non superiore a 50.000.000 di euro. Come si nota, quello finanziario è uno dei terreni dove maggiore è l'attenzione rivolta alle piccole e medie imprese: dato, questo, confermato dalle molte disposizioni del d.lgs. 24-2-1998, n. 58 – recante il testo unico in materia di intermediazione finanziaria – che fanno ad esse riferimento, sovente insieme alle imprese sociali.

Nel testo unico appena menzionato è dato risalto anche alle "piccole e medie imprese innovative" (o, più semplicemente, PMI innovative), definite dal d.l. 24-1-2015, n. 3 (convertito, con modificazioni, nella l.

24-3-2015, n. 33 e meglio conosciuto come "*Investment Compact*"), nell'art. 4, co. 1, attraverso il richiamo a quelle descritte dalla raccomandazione 2003/361/CE, costituite in forma di società di capitali, anche cooperative e in possesso dei seguenti requisiti: a) la residenza in Italia o in uno degli Stati membri dell'UE o in Stati aderenti all'accordo sullo spazio economico europeo, purché aventi una sede produttiva o una filiale in Italia; b) la certificazione dell'ultimo bilancio e dell'eventuale bilancio consolidato redatto da un revisore contabile o da una società di revisione iscritti nel registro dei revisori contabili; c) le azioni non quotate in un mercato regolamentato; d) l'assenza di iscrizione al registro speciale previsto all'art. 25, co. 8, d.l. 18-10-2012, n. 179, convertito, con modificazioni, dalla l. 17-12-2012, n. 221; e) e di almeno due dei seguenti altri requisiti: 1) volume di spesa in ricerca, sviluppo e innovazione in misura uguale o superiore al 3 per cento della maggiore entità fra costo e valore totale della produzione della PMI innovativa; 2) impiego come dipendenti o collaboratori a qualsiasi titolo, in percentuale uguale o superiore al quinto della forza lavoro complessiva, di personale in possesso di titolo di dottorato di ricerca o che sta svolgendo un dottorato di ricerca presso una università italiana o straniera, oppure in possesso di laurea e che abbia svolto, da almeno tre anni, attività di ricerca certificata presso istituti di ricerca pubblici o privati, in Italia o all'estero, ovvero, in percentuale uguale o superiore a un terzo della forza lavoro complessiva, di personale in possesso di laurea magistrale; 3) titolarità, anche quali depositarie o licenziatarie di almeno una privativa industriale, relativa a una invenzione industriale, biotecnologica, a una topografia di prodotto a semiconduttori o a una nuova varietà vegetale ovvero titolarità dei diritti relativi ad un programma per elaboratore originario registrato presso il Registro pubblico speciale per i programmi per elaboratore, purché tale privativa sia direttamente afferente all'oggetto sociale e all'attività di impresa.

Anche per le PMI innovative è prevista l'iscrizione nel registro delle imprese di cui all'art. 2188 c.c., in una apposita sezione speciale istituita presso le Camere di commercio, industria, artigianato e agricoltura. L'art. 4, co. 9 del d.l. 3/2015 contempla il beneficio della detrazione dall'imposta lorda sul reddito delle persone fisiche di un importo pari al cinquanta per cento della somma che il contribuente investa nel capitale sociale di una o più PMI innovative – sempreché iscritta/e in detta sezione speciale al momento dell'investimento – direttamente ovvero per il tramite di organismi di investimento collettivo del risparmio che investano prevalentemente in PMI innovative.

4. *L'impresa agrituristica*

Nei dati di contesto sopra illustrati si inquadra l'impresa turistica, ma meglio faremmo a dire le imprese turistiche, l'uso del plurale palesandosi conferente vista la molteplicità delle attività di impresa facenti capo al settore in esame. Ora, però, vogliamo prendere in esame un'impresa che turistica in senso proprio non è – essendo correttamente da qualificare come impresa agricola – ma che presenta col turismo un legame così stretto ed evidente da far apparire improvvida la scelta di parlarne in altra sede. Come si sarà compreso, è all'impresa agrituristica che ci stiamo riferendo. La denominazione è, già di per sé, eloquente e segnala una formula turistica di successo dai connotati a tutti ben noti. Trattasi, infatti, di imprese largamente diffuse in tutto il territorio nazionale, alle quali è adusa rivolgersi una clientela sempre più ampia, attirata dal buon rapporto qualità/prezzo e dalla varietà dei servizi offerti. Nel dopo COVID-19, poi, gli agriturismi, per le loro caratteristiche peculiari, hanno avuto una ripresa più rapida rispetto alle tradizionali strutture alberghiere e contribuito in modo significativo a ridare ossigeno all'intero settore della ricettività.

Il legame tra agricoltura e turismo è forte: basti pensare all'apporto che il turismo può dare alla promozione del *made in Italy* e delle eccellenze del nostro Paese nel mondo. Peraltro, da tempo la combinazione tra attività agricole e attività connesse con il turismo e l'artigianato è considerata virtuosa. L'attenzione verso questa prospettiva maturò, in tempi non recenti, anche a livello europeo, come rivela la dir. 75/268/CEE sull'agricoltura di montagna e di talune zone svantaggiate (cui la l. 10-5-1976, n. 352 diede attuazione). Essa, nel prevedere disposizioni particolari rispondenti alla situazione di dette zone, aveva ben presente la necessità, nelle zone agricole svantaggiate aventi vocazione turistica o artigianale, di far sì che gli investimenti per lo sviluppo ivi stanziati comprendessero investimenti limitati di carattere turistico o artigianale.

In Italia, i primi significativi interventi in materia di agriturismo sono stati adottati dalle Province autonome di Trento e di Bolzano. La prima, con l. prov. 20-3-1973, n. 11 istituì un elenco degli operatori agrituristici della Provincia, al quale potevano «essere iscritti i conduttori di aziende agricole a titolo principale che pratichino o intendano praticare l'agriturismo singolarmente o in associazione», nonché le loro mogli e i figli purché con l'assenso dei conduttori medesimi. All'iscrizione erano collegati il godimento di contributi e il beneficio arrecato da attività promozionali e di propaganda svolte da enti o da associazioni e comitati. La seconda, con l. prov. 10-9-1973, n. 42 ha previsto provvidenze per il turismo rurale.

Le leggi citate non sono più in vigore, ma la valorizzazione turistica del territorio è rimasta tra gli obiettivi prioritari della Regione Trentino-Alto Adige/Südtirol e, in questo contesto, hanno visto la luce normative che testimoniano il consolidamento dell'attenzione verso l'agriturismo, fatto oggetto di discipline dettagliate e di ancor più ampia portata. Indicativa è la l. prov. Trento 19-12-2001, n. 10, la quale – come precisa l'art. 1 – disciplina, oltre all'agriturismo, le fattorie didattiche, le fattorie sociali, le strade del vino, le strade dei sapori e le strade del vino e dei sapori anche al fine di favorire lo sviluppo delle zone rurali, la continuazione delle attività agricole attraverso la multifunzionalità delle aziende, l'integrazione dei redditi e il miglioramento delle condizioni di vita degli agricoltori, la conservazione e la tutela delle tradizioni culturali e dell'ambiente nonché l'utilizzo del patrimonio edilizio rurale, al fine di sviluppare e diffondere l'ospitalità e il ristoro attraverso la valorizzazione dei prodotti tipici dell'agricoltura trentina; disciplina, inoltre, il pescaturismo e l'ittiturismo, per tutelare, in particolare, le tradizioni pescherecce dei laghi del Trentino e promuovere le relative attività. Degna di nota è anche la l. prov. Bolzano 10-9-2008, n. 7, la quale – giusta le finalità indicate nell'art. 1 – «sostiene le attività agrituristiche al fine di favorire lo sviluppo e il riequilibrio del territorio agricolo, la multifunzionalità in agricoltura e la differenziazione dei redditi agricoli, di agevolare la permanenza degli agricoltori nelle zone rurali, di valorizzare i prodotti tipici e le tradizioni locali nonché di promuovere la cultura rurale e una corretta educazione alimentare».

Sembra chiara, alla luce dell'art. 117, co. 4, Cost. riformato nel 2001, l'assegnazione alle Regioni della potestà legislativa esclusiva in materia di turismo e agricoltura, ma ciò nonostante una legge dello Stato, la l. 20-2-2006, n. 96, è intervenuta a disciplinare l'agriturismo, abrogando la previgente normativa – contenuta nella l. 5-12-1985, n. 730 – che per la prima volta aveva regolato in modo organico la materia. Come si precisa nell'art. 1, l. 96/2006 è espressione della volontà della «Repubblica, in armonia con i programmi di sviluppo rurale dell'Unione europea, dello Stato e delle regioni», di sostenere «l'agricoltura anche mediante la promozione di forme idonee di turismo nelle campagne»; sostegno e promozione che – afferma l'art. 4 – non fa certo a meno dell'apporto delle Regioni, chiamate, anzi, «tenuto conto delle caratteristiche del territorio regionale o di parti di esso», a dettare «criteri, limiti e obblighi amministrativi per lo svolgimento dell'attività agrituristica», restando però tenute – come precisa l'art. 14, co. 2 – ad uniformare «ai principi fondamentali contenuti nella presente legge le proprie normative in materia di agriturismo entro sei mesi dalla data di entrata in vigore della legge stessa».

Cominciò ben presto ad aleggiare il sospetto che la legge fosse frutto di un'indebita appropriazione, da parte dello Stato, di prerogative ad esso non spettanti e non tardò ad essere interessata della questione la Corte costituzionale. A provocarne l'intervento sono stati due ricorsi delle Regioni Lazio e Toscana, entrambi depositati il 16-5-2006 – non erano, quindi, trascorsi due mesi dall'entrata in vigore della l. 96/2006 – che hanno impugnato varie disposizioni contenute in detta legge per violazione degli artt. 117, 118 e 120 Cost. A fondamento delle censure è addotto il fatto che la legge statale inciderebbe nelle materie dell'agricoltura (cui appartiene la disciplina dell'agriturismo) e del turismo (cui sono riconducibili taluni aspetti dell'attività agrituristica), attribuite alla competenza legislativa residuale delle Regioni, non giustificandosi la disciplina impugnata neanche in ragione del principio di sussidiarietà; l'intervento statale, inoltre, difetterebbe dei requisiti della proporzionalità e della ragionevolezza, sarebbe stato assunto in carenza di ogni tipo di coinvolgimento delle Regioni ed in contrasto con i parametri costituzionali evocati in quanto detta una disciplina di dettaglio della materia. Nella decisione, Corte cost. 12-10-2007, n. 339 (in **Appendice**) ha rilevato che la legge impugnata prescrive una disciplina generale per un'attività – quella agrituristica – che, seppure rientrante in via immediata nelle materie agricoltura e turismo di competenza residuale delle Regioni, interferisce tuttavia con altre materie attribuite alla competenza, o esclusiva o concorrente, dello Stato. Ciò nondimeno, numerose disposizioni della legge sono state dichiarate costituzionalmente illegittime, ivi compreso l'art. 14, co. 2 cui dianzi si è accennato: essendo la materia dell'agriturismo sottratta alla competenza legislativa dello Stato e attribuita a quella residuale delle Regioni, queste – precisa la Corte – «devono uniformarsi unicamente ai principi, contenuti nella l. n. 96/2006, i quali siano espressione della potestà legislativa esclusiva o concorrente dello Stato». Altre disposizioni della l. 96/2006, anch'esse ritenute dalle Regioni ricorrenti costituzionalmente illegittime, non sono state giudicate tali dalla Consulta e, dunque, sono tuttora operanti.

Il quadro normativo di riferimento è, dunque, composito. Precedenti, coeve e successive alla l. 96/2006, un gran numero di leggi regionali – praticamente, non c'è Regione che manchi all'appello – hanno disciplinato il settore, in armonia con la legislazione comunitaria e statale e in linea con gli indirizzi di politica agricola a livello nazionale, regionale ed europeo: accomuna dette normative la consapevolezza dell'importanza primaria dell'agriturismo, emblematicamente dall'art. 1 della l. reg. Lazio 2-11-2006, n. 14 individuato quale «strumento prioritario per la valorizzazione della cultura e delle tradizioni rurali, la promozione dei prodotti agroalimentari del territorio e la fruizione delle risorse locali». Peraltro, a dispetto della frammentazione, sugli aspetti fondamentali (definizione e caratteri dell'agriturismo, promozione dei prodotti tipici e delle altre tipicità dei territori, disciplina amministrativa dell'attività, ecc.) l'agriturismo si presenta pressoché uniformemente disciplinato su tutto il territorio nazionale.

4.1. *La l. 96/2006*

Depurata dalle disposizioni costituzionalmente illegittime, la l. 96/2006 permane punto di riferimento obbligato ai fini della definizione delle regole vigenti in materia. Anche il co. 1 dell'art. 29 cod. tur. richiama espressamente tale legge quale fonte della disciplina dell'agriturismo, unitamente all'art. 3, d.lgs. 228/2001.

L'art. 1 della l. 96/2006, intitolato "Finalità", pone in luce gli scopi e le potenzialità del turismo nelle campagne, giudicato funzionale alla riqualificazione e allo sviluppo non solo dell'agricoltura ma del territorio nel suo complesso. Si chiarisce, infatti, che la promozione dell'agriturismo è una delle risposte all'esigenza: a) di tutelare, qualificare e valorizzare le risorse specifiche di ciascun territorio; b) di favorire il mantenimento delle attività umane nelle aree rurali; c) di favorire la multifunzionalità in agricoltura e la differenziazione dei redditi agricoli; d) di favorire le iniziative a difesa del suolo, del territorio e dell'ambiente da parte degli imprenditori agricoli attraverso l'incremento dei redditi aziendali e il miglioramento della qualità di vita; e) di recuperare il patrimonio edilizio rurale tutelando le peculiarità paesaggistiche; f) di sostenere e incentivare le produzioni tipiche, le produzioni di qualità e le connesse tradizioni enogastronomiche; g) di promuovere la cultura rurale e l'educazione alimentare; h) di favorire lo sviluppo agricolo e forestale. L'art. 3 sottolinea l'importanza dell'agriturismo ai fini del recupero del patrimonio edilizio esistente, ferma la competenza regionale in ordine alla disciplina degli interventi a ciò funzionali. Finalizzato alla promozione dell'agriturismo italiano sui mercati nazionali e internazionali è il programma di durata triennale, aggiornabile annualmente, che – ai sensi dell'art. 11 – il Ministro delle politiche agricole e forestali, di intesa con le Regioni e le Province autonome e sentite le associazioni nazionali agrituristiche maggiormente rappresentative a livello nazionale, è incaricato di predisporre.

Stando all'art. 4, co. 1, sono le Regioni, tenuto conto delle caratteristiche del loro territorio o di parti di esso, a dettare criteri, limiti e obblighi amministrativi per lo svolgimento dell'attività agrituristica. Spetta ad esse, a norma dell'art. 7, disciplinare le modalità per il rilascio del certificato di abilitazione all'esercizio dell'attività in questione, che possono anche prevedere l'organizzazione di corsi di preparazione, realizzati avvalendosi degli enti di formazione del settore agricolo e/o della collaborazione con le associazioni agrituristiche più rappresentative. Sono assai frequentemente richieste, nelle varie leggi regionali, agli imprenditori intenzionati a svolgere l'attività agrituristica, l'iscrizione in un elenco regionale degli operatori agrituristici – che è preclusa ai soggetti ai quali l'art. 6, co. 1 impedisce l'esercizio dell'attività, in quanto delinquenti abituali o destinatari di condanne penali per reati particolarmente gravi – e la presentazione al Comune ove sono ubicati gli immobili da utilizzare della segnalazione certificata di inizio attività (SCIA) di cui all'art. 19 della l. 7-8-1990, n. 241 (v. *infra*, Cap. III, § 2.2). Sul rispetto degli obblighi amministrativi vigilano gli enti territoriali preposti, irrogando sanzioni più o meno gravi – da quella pecuniaria alla chiusura dell'esercizio – a seconda della gravità della violazione riscontrata. Corte cost. 339/2007 ha dichiarato costituzionalmente illegittimi i co. 2 e 3 dell'art. 6, in quanto volti a disciplinare profili sottratti alla competenza legislativa dello Stato: in essi era previsto, assecondando una logica di semplificazione, che bastasse la comunicazione di inizio attività per avviare immediatamente l'attività agrituristica, fermi restando da parte del Comune i successivi accertamenti del caso e la formulazione di eventuali rilievi che, se legati alla presenza di gravi carenze e irregolarità, potevano giustificare la sospensione dell'attività sino a rimozione della causa che l'ha determinata.

La SCIA è, ad esempio, richiesta dalla l. reg. Emilia Romagna 31-3-2009, n. 4, la quale, nell'art. 8, pure prevede che chi intenda svolgere attività agrituristica debba essere in possesso di abilitazione all'esercizio dell'attività medesima, rilasciata dalla Provincia agli imprenditori agricoli provvisti di attestato di frequenza ai corsi di formazione per operatore agrituristico con verifica dell'apprendimento, nonché di apposita certificazione – anch'essa rilasciata dalla Provincia – relativa al rapporto di connessione con l'attività agricola.

La normativa di pubblica sicurezza riguardante gli esercizi ricettivi (v. *infra*, Cap. III, § 2.2) si applica anche all'attività agrituristica, come pure – in coerenza con quanto previsto nell'art. 1786 c.c. e *mutatis mutandis* – la disciplina del deposito di cose in albergo (v. *infra*, Cap. IV, § 5.1). L'attività in parola va svolta nel rispetto dei requisiti igienico-sanitari degli immobili e delle attrezzature da utilizzare stabiliti dalle Regioni (v. art. 5, l. 96/2006) ed è soggetta ai controlli esercitati dalle autorità sanitarie (per la verifica, in particolare, del rispetto delle disposizioni a tutela della salute e dell'incolumità degli utenti) e di polizia.

L'uso della denominazione "agriturismo" è riservato dall'art. 9 alle sole aziende agricole esercenti l'attività agrituristica nel rispetto delle norme previste nella legge. Lo stesso articolo rimette ad un decreto del Ministro delle politiche agricole e forestali, sentito il Ministro delle attività produttive, previa intesa in sede di Conferenza permanente per i rapporti tra lo Stato, le Regioni e le Province autonome di Trento e di Bolzano, la determinazione di criteri di classificazione omogenei per l'intero territorio nazionale e la definizione delle modalità per l'utilizzo, da parte delle Regioni, di parametri di valutazione riconducibili a peculiarità territoriali. Il decreto è stato emanato il 13-2-2013 e, in esso, risulta anche individuato il simbolo grafico da impiegare per indicare le categorie di classificazione.

Cosa debba intendersi per attività agrituristiche lo spiega l'art. 2. Trattasi delle attività di ricezione e ospitalità esercitate dagli imprenditori agricoli di cui all'art. 2135 c.c., anche nella forma di società di capitali o di persone, oppure associati fra loro, attraverso l'utilizzazione della propria azienda – e degli edifici già esistenti nel fondo o di parte di essi (v. art. 3, co. 1) – in rapporto di connessione con le attività di coltivazione del fondo, di selvicoltura e di allevamento di animali. La l. 730/1985 faceva, in precedenza, riferimento al «rapporto di connessione e complementarietà rispetto alle attività di coltivazione del fondo, silvi-coltura, allevamento del bestiame, che devono comunque rimanere principali»; sembra dal nuovo testo potersi desumere che la prevalenza di dette attività sia venuta meno, ma si ha ragione di ritenere che non sia così e che nel rapporto di connessione il carattere principale dell'attività agricola resti comunque implicato. Milita in tal senso anche il co. 2 dell'art. 4, che affida alle Regioni e alle Province autonome il compito di definire «criteri per la valutazione del rapporto di connessione delle attività agrituristiche rispetto alle attività agricole che devono rimanere prevalenti, con particolare riferimento al tempo di lavoro necessario all'esercizio delle stesse attività». Le numerose leggi regionali in materia ribadiscono in modo esplicito il carattere principale delle attività agricole, pur assumendo a referenti ai fini del giudizio parametri non omogenei. Si valuta, in definitiva, l'agriturismo quale fattore di sviluppo dell'agricoltura tradizionale.

Anche in considerazione di quanto ora precisato, l'impresa agrituristica resta un'impresa agricola e non è impresa turistica in senso proprio, né costituisce una sorta di *tertium genus*. Il co. 5 dell'art. 2 della l. 96/2006 pone in evidenza che, ai «fini del riconoscimento delle diverse qualifiche di imprenditore agricolo, nonché della priorità nell'erogazione dei contributi e, comunque, ad ogni altro fine che non sia di carattere fiscale, il reddito proveniente dall'attività agrituristica è considerato reddito agricolo»; un dato, questo, che troviamo – ad ogni buon conto – ribadito in molte leggi regionali (v. l'art. 3, co. 3 della l. reg. Marche 14-11-2011, n. 21). Indicativo è anche l'art. 3, ult. co., l. 96/2006, là dove precisa che i «locali utilizzati ad uso agrituristico sono assimilabili ad ogni effetto alle abitazioni rurali».

Non può, quindi, considerarsi agrituristica un'attività di ricezione e ospitalità: a) che sia svolta da un imprenditore non qualificabile come "agricolo"; b) che non soddisfi il rapporto di connessione e complementarietà con l'attività agricola o, comunque, releghi quest'ultima in posizione del tutto secondaria. A questa conclusione giunge anche Cass. 2-10-2008, n. 24430, con riguardo ad un caso interessante traente origine da un accertamento tributario contestato, ove si palesava controversa – tra l'altro – la presenza dei requisiti stabiliti da leggi dell'Emilia Romagna per l'esercizio dell'attività agrituristica in capo ad un soggetto che svolgeva attività alberghiera e di ristorazione traendone ricavi cospicui depositati su conto corrente bancario oggetto di intensa movimentazione.

Aggiunge l'art. 2 che sono ricomprese tra le attività agrituristiche quelle consistenti nel: a) dare ospitalità in alloggi o in spazi aperti destinati alla sosta di campeggiatori (la stagionalità, contemplata dalla precedente l. 730/1985, non ha più rilevanza); b) somministrare pasti e bevande costituiti prevalentemente da prodotti propri (e di propria produzione sono considerati i cibi e le bevande prodotti, lavorati e trasformati nell'azienda agricola, nonché quelli ricavati da materie prime dell'azienda agricola e ottenuti attraverso lavorazioni esterne) e da prodotti di aziende agricole della zona, ivi compresi i prodotti a carattere alcolico e superalcoolico, con preferenza per i prodotti tipici e caratterizzati dai marchi DOP, IGP, IGT, DOC e DOCG o compresi nell'elenco nazionale dei prodotti agroalimentari tradizionali; c) organizzare degustazioni di prodotti aziendali, ivi inclusa la mescita di vini cui si applica la l. 27-7-1999, n. 268 (la quale, recante disciplina delle «Strade del vino», già inseriva tra le attività agrituristiche quelle «di ricezione e di ospitalità, compresa la degustazione dei prodotti aziendali e l'organizzazione di attività ricreative, culturali e didattiche, svolte da aziende agricole» nell'ambito di dette strade); d) organizzare, anche all'esterno dei beni fondiari nella disponibilità dell'impresa, attività ricreative, culturali, didattiche, di pratica sportiva, nonché escursionistiche e di ippoturismo, anche per mezzo di convenzioni con gli enti locali, finalizzate alla valorizzazione del territorio e del patrimonio rurale. All'organizzazione delle attività ora menzionate *sub* c) e d) fa anche riferimento l'art. 3 del d.lgs. 228/2001, considerandole agrituristiche a pieno titolo, «ancorché svolte all'esterno dei beni fondiari nella disponibilità dell'impresa». Si noti il rilievo dato alle attività equestri che, negli agriturismi, esercitano effettivamente grande attrattiva: si comprende, perciò, l'interesse a promuovere il "turismo equestre" testimoniato dall'art. 11, co. 2 della l. 96/2006, che affida alle Regioni il compito di incentivare l'acquisto e l'allevamento, nell'ambito delle aziende agrituristiche, di cavalli da sella e l'allestimento delle relative attrezzature di ricovero e di esercizio. Capita, così, di osservare che l'allevamento del bestiame sia posto a totale servizio del turismo equestre e, quindi, emancipato dall'idea – che sembra trovare riscontro nell'art. 2135 c.c. – che lo raffigura come funzionale all'esercizio dell'agricoltura e alla catena alimentare. Quanto alle attività ricreative o culturali, si precisa nell'art. 4, co. 5, l. 96/2006 che esse possono svolgersi autonomamente rispetto all'ospitalità e alla somministrazione di pasti e bevande, solo in quanto realizzino obiettivamente la connessione con l'attività e con le risorse agricole aziendali, nonché con le altre attività volte alla conoscenza del patrimonio storico-ambientale e culturale e che, in caso contrario, possono svolgersi esclusivamente come servizi integrativi e accessori riservati agli ospiti che soggiornano nell'azienda agricola, senza poter dar luogo ad autonomo corrispettivo.

Nel tratteggiare con maggior precisione il profilo soggettivo dell'attività, il co. 2 dell'art. 2 della l. 96/2006 ammette allo «svolgimento dell'attività agrituristica l'imprenditore agricolo e i suoi familiari ai sensi dell'art. 230 *bis* c.c., nonché i lavoratori dipendenti a tempo determinato, indeterminato e parziale», restando fermo che il ricorso a soggetti esterni è consentito esclusivamente per lo svolgimento di attività e servizi complementari. Detti lavoratori – precisa il co. 2 dell'art. 3 del d.lgs. 228/2001 – «sono considerati lavoratori agricoli ai fini della vigente disciplina previdenziale, assicurativa e fiscale».

L'esercente attività agrituristica è autorizzato alla «vendita dei prodotti propri, tal quali o comunque trasformati, nonché dei prodotti tipici locali», ma l'art. 10 della l. 96/2006 precisa che è tenuto al rispetto delle disposizioni di cui alla l. 9-2-1963, n. 59 e all'art. 4 del d.lgs. 228/2001.

L'art. 12 della l. 96/2006 assimila alle attività agrituristiche e assoggetta alle norme ad esse applicabili le attività svolte dai pescatori relativamente all'ospitalità, alla somministrazione dei pasti costituiti prevalentemente dai prodotti derivanti dalla pesca, nonché le attività connesse ai sensi del d.lgs. 18-5-2001, n. 226 (riguardante l'orientamento e la modernizzazione del settore della pesca e dell'acquacoltura), ivi compresa la pesca-turismo.

Il ruolo delle Regioni è riconosciuto decisivo, in senso lato, per lo sviluppo dell'agriturismo, anche se del caso in collaborazione con le associazioni più rappresentative di operatori agrituristici, attraverso attività di studio, ricerca, sperimentazione, formazione professionale e promozione. Non rispettoso di questo ruolo è l'art. 13, co. 2 della l. 96/2006, che ha istituito, presso il Ministero delle politiche agricole, l'Osservatorio nazionale dell'agriturismo, prevedendo che ad esso partecipino le associazioni di operatori agrituristici più rappresentative a livello nazionale, ma non le Regioni: sicché, nella parte in cui non ne contempla il coinvolgimento, detto comma è stato dichiarato costituzionalmente illegittimo da Corte cost. 339/2007. All'Osservatorio compete un compito importante: curare «la raccolta e la elaborazione delle informazioni provenienti dalle Regioni e da dette associazioni, pubblicando annualmente un rapporto nazionale sullo stato dell'agriturismo e formulando, anche con il contributo di esperienze estere, proposte per lo sviluppo del settore». Lo stesso art. 13, al «fine di fornire informazioni utili per lo svolgimento delle attività di indirizzo e di coordinamento di competenza del Ministero delle politiche agricole e forestali, nonché allo scopo di favorire la comunicazione e lo scambio di esperienze sul territorio nazionale», chiama le Regioni ad inviare annualmente allo stesso Ministero una relazione sintetica sullo stato dell'agriturismo nel territorio di propria competenza, integrata dai dati sulla consistenza del settore e da eventuali disposizioni emanate in materia.

Alcune leggi regionali valorizzano in modo particolare la polifunzionalità dell'impresa agrituristica. La già citata l. reg. Marche 21/2011 si segnala per aver disciplinato in modo accurato l'agriturismo – cui è dedicato un intero capo, il primo, composto di ben 22 articoli – nell'ambito di disposizioni sulla multifunzionalità dell'azienda agricola e diversificazione in agricoltura che pure riguardano l'agricoltura sociale e, quindi, la costituzione e l'organizzazione di servizi educativi, didattici, socio-assistenziali e sanitari legati al mondo rurale (agri-asili, agri-nidi, centri per l'infanzia con attività ludiche e di aggregazione incentrate sul contatto con l'agricoltura e miranti alla scoperta dei cicli biologici e produttivi agricoli; attività di riabilitazione, ospitalità e integrazione sociale rivolte ad anziani, soggetti con disabilità o dipendenze da alcool o stupefacenti, traumatizzati psichici, ex detenuti; centri di terapia assistita con gli animali, con prodotti agricoli in produzione nell'azienda, con medicine naturali o non convenzionali; attività per il reinserimento lavorativo di soggetti svantaggiati e in condizione di disagio). La multifunzionalità è centrale anche nella l. 4/2009 della Regione Emilia Romagna, che in un contesto unitario disciplina l'agriturismo e le "fattorie didattiche", dovendosi queste ultime riferire alle «imprese agricole singole o associate, che svolgono oltre alle tradizionali attività agricole, anche attività educative rivolte ai diversi cicli di istruzione scolastica e alle altre tipologie di utenze finalizzate: a) alla conoscenza del territorio rurale, dell'agricoltura e dei suoi prodotti ed in generale del legame esistente fra alimentazione e patrimonio storico-culturale; b) all'educazione al consumo consapevole attraverso la comprensione delle relazioni esistenti fra produzione, consumi alimentari ed ambiente, nella prospettiva di uno sviluppo sostenibile; c) alla conoscenza dei cicli biologici animali e vegetali e dei processi di produzione, trasformazione e conservazione dei prodotti agricoli locali in relazione alle attività agricole praticate in azienda» (art. 22). La stessa l. reg. Emilia Romagna prevede un elenco unico – suddiviso rispettivamente nella sezione degli operatori agrituristici e nella sezione degli operatori di fattoria didattica – istituito da ciascuna Provincia, al quale devono iscriversi gli imprenditori agricoli in possesso dei requisiti (art. 30). Anche la citata l. reg. Lazio 14/2006 (come modificata dalla l. reg. 14-8-2017, n. 9) pone l'accento sulle attività multifunzionali, considerate connesse con quelle agricole tradizionali che, comunque, devono essere prevalenti.

Alcune leggi regionali contemplano forme particolari di agriturismo. Rientra nelle attività agrituristiche, ove esercitata in modo professionale e continuativo da imprenditori agricoli, l'ospitalità rurale familiare, che si esercita prestando servizio di alloggio e di prima colazione nella propria abitazione: essa, *ex* art. 23 della l. 27-3-2001, n. 122, è disciplinata dalle Regioni, nell'ambito delle iniziative finalizzate allo sviluppo rurale e alla valorizzazione della multifunzionalità delle aziende. La già menzionata l. reg. Emilia Romagna la istituisce, quale «forma specifica di agriturismo», dichiarandola attività incompatibile con qualsiasi altra forma ricettiva o di ospitalità agrituristica e consentendone lo svolgimento esclusivamente nei territori delle Comunità montane o delle Unioni di Comuni montani, nelle aree svantaggiate, naturali e protette, nelle zone siti di interesse comunitario e zone di protezione speciale, soltanto da imprenditore agricolo professionale e dai suoi familiari e unicamente nella parte abitativa del fabbricato rurale (art. 16). L'ospitalità rurale familiare è disciplinata quale forma specifica di agriturismo anche dalla l. reg. Piemonte 23-2-2015, n. 2.

Non mancano, nella legislazione regionale, norme di promozione dell'eccellenza in campo agrituristico. L'esempio è, anche in questo caso, rappresentato dalla nota l. reg. Emilia Romagna che, all'art. 17, «riconosce e sostiene Club di aziende d'eccellenza che valorizzano specializzazioni agrituristiche sia in termini di servizi erogati che di prodotti offerti», prevedendo, ai fini del conseguimento del riconoscimento regionale, l'organizzazione e il coordinamento delle imprese agrituristiche in un apposito organismo di gestione, avente compiti di progettazione, realizzazione, valorizzazione e promozione del Club, nonché, se previste, attività di commercializzazione dei servizi offerti dai soci.

5. *L'impresa turistica*

Ferme le precisazioni operate e rammentato il richiamo alla pluralità di figure in concreto associabili al concetto di impresa turistica, possiamo ora concentrare l'attenzione su quest'ultima. La trattazione sarà, giocoforza, coordinata con quella – svolta in un secondo momento – relativa alle attività legate al turismo, multiformi anch'esse e in molti casi esercitate da imprenditori.

Il primo dato normativo utile da considerare è l'art. 5 della l. 217/1983, che alle "imprese turistiche" faceva riferimento, definendole in relazione all'attività svolta, indirizzata alla «gestione di strutture ricettive ed annessi servizi turistici»; ai titolari era imposta l'iscrizione in una sezione speciale del registro degli esercenti il commercio istituito ai sensi della l. 11-6-1971, n. 426.

La legge da ultimo citata è stata abrogata ad opera dell'art. 26, co. 6, d.lgs. 31-3-1998, n. 114 e, successivamente, la l. 135/2001 ha ampliato notevolmente la nozione di "imprese turistiche": sono tali, a norma dell'art. 7, «quelle che esercitano attività economiche, organizzate per la produzione, la commercializzazione, l'intermediazione e la gestione di prodotti, di servizi, tra cui gli stabilimenti balneari, di infrastrutture e di esercizi, compresi quelli di somministrazione facenti parte dei sistemi turistici locali, concorrenti alla formazione dell'offerta turistica». L'individuazione delle tipologie è stata demandata al noto d.p.c.m., il quale – emanato il 13-9-2002 – ancorché reticente in ordine alla definizione dei principi per l'armonizzazione, la valorizzazione e lo sviluppo del sistema turistico, offre indicazioni ancora valide circa «le principali tipologie di valenza generale relativamente alle attività turistiche», dalle regioni e dalle province autonome di Trento e Bolzano individuate sul presupposto che il «carattere turistico viene conferito all'impresa unicamente dalla tipologia di attività svolta». L'esigenza di coordinamento poc'anzi registrata trova, dunque, conferma.

Assumeremo, dunque, a riferimento quelle indicazioni, a nostro avviso più affidabili di quelle fornite dal codice del turismo. Occorrerebbe, in alternativa, scrutinare i dati emergenti dalle leggi regionali, ma sarebbe un lavoro lungo e impegnativo, dagli esiti peraltro non poi così distanti da quelli cui è consentito pervenire avendo quale guida l'allegato al d.p.c.m.

Il legislatore del codice del turismo si è limitato – nell'art. 4, co. 1, attualmente vigente – a riprendere di pari passo il concetto lato di imprese turistiche delineato nella l. 135/2001, per cui risulta confermato che anche il settore extraricettivo, delle agenzie di viaggio e dei tour operator, rientra nell'accezione di "impresa turistica". Il riconoscimento della qualifica di "imprese turistiche" a tutte le realtà esercenti le attività economiche, organizzate, ivi indicate, non autorizza ad affermare che lo svolgimento di dette attività valga di per sé a rendere configurabile l'impresa. Devesi porre l'accento sulla valenza economica e sull'organizzazione che connotano le attività *de quibus*, mentre il silenzio in ordine alla professionalità non è granché significativo, potendo – come detto – spiegarsi alla luce del carattere stagionale di talune attività turistiche. L'allargamento dello spettro e l'accento posto sull'offerta turistica segnalano l'attenzione rivolta alla soddisfazione delle esigenze del consumatore finale, che è poi colui che dall'attività turistica dovrebbe trarre vantaggi, in termini di miglioramento della propria condizione esistenziale.

C'è chi ha raccordato alla nozione di impresa turistica dettata dal codice del turismo una rilevanza ai soli fini pubblicistici, riconoscendola essenzialmente funzionale alla regolamentazione, ai controlli amministrativi all'accesso e allo svolgimento delle attività. Sembra confortare questa lettura l'art. 4, co. 2, cod. tur., che condiziona, non già l'esercizio dell'attività turistica (così, invece, statuiva l'art. 7, co. 3, l. 135/2001), ma il riconoscimento di contributi, sovvenzioni, agevolazioni, incentivi e benefici di qualsiasi genere, alla iscrizione delle imprese turistiche al registro delle imprese di cui all'art. 2188 c.c., «ovvero al repertorio delle notizie economiche e amministrative laddove previsto».

Nel co. 3 è sancita l'estensione alle imprese turistiche dei contributi, sovvenzioni, agevolazioni, incentivi e benefici di qualsiasi genere «previsti dalle norme vigenti per l'industria», ma «nei limiti delle risorse finanziarie a tal fine disponibili ed in conformità ai criteri definiti dalla normativa vigente». Il quarto ed ultimo comma dell'art. 4 precisa le condizioni alle quali è consentito ad imprese turistiche non costituite secondo la legislazione di uno Stato membro dell'UE o di uno Stato AELS (EFTA) di stabilirsi e svolgere attività in Italia.

Il fine di lucro e la distribuzione degli utili tra i soci caratterizzano le tradizionali forme di svolgimento dell'attività di impresa, anche in campo turistico, ma non necessariamente connotano l'impresa turistica, tant'è che nell'art. 5 si disciplinano le imprese turistiche senza fini di lucro, identificate nelle «associazioni che operano nel settore del turismo giovanile e per finalità ricreative, culturali, religiose, assistenziali o sociali, (...) autorizzate ad esercitare le attività di cui all'art. 4, nel rispetto delle medesime regole e condizioni, esclusivamente per gli associati, anche se appartenenti ad associazioni straniere aventi finalità analoghe e legate fra di loro da accordi di collaborazione»; si precisa, nel co. 2, che dette «associazioni (...) assicurano il rispetto dei diritti del turista tutelati dall'ordinamento internazionale e dell'Unione europea». Si riteneva, in precedenza, che l'art. 10 della l. 217/1983 non consentisse di abbinare all'impresa le associazioni senza scopo di lucro, mentre una certa continuità col dato attuale si evidenzia dal momento che quelle operanti a livello nazionale per finalità ricreative, culturali, religiose o sociali, erano semplicemente autorizzate, esclusivamente per i propri associati, ad esercitare attività turistiche e ricettive. Le imprese turistiche senza fini di lucro di cui al citato art. 5 cod. tur. non possono acquisire la qualifica di impresa sociale (v. *supra* § 2), ma possono essere enti del Terzo settore, ove di essi abbiano i requisiti: l'art. 5, co. 1, lett. k) del Codice del Terzo settore comprende l'organizzazione e la gestione di attività turistiche di interesse sociale culturale o religioso nell'elenco delle attività di interesse generale, sicché nulla impedisce che queste ultime siano esercitate anche da enti del Terzo settore diversi dalle imprese sociali.

Dobbiamo, poi, considerare la presenza, accanto al modello non profit e a quello connotato dallo scopo di lucro, di una nuova forma di esercizio imprenditoriale rappresentata dalle società benefit, così denominate nella l. 208/2015 che, nei co. 376-384, ne ha promosso la costituzione e favorito la diffusione. Queste società non pongono la massimizzazione del profitto quale obiettivo primario: continuano a perseguire lo scopo di lucro, ma a questo aggiungono «una o più finalità di beneficio comune», operando «in modo responsabile, sostenibile e trasparente nei confronti di persone, comunità, territori e ambiente, beni ed attività culturali e sociali, enti e associazioni ed altri portatori di interesse».

Un cenno va altresì dedicato alle imprese culturali e creative, che, ai fini di un riconoscimento di un credito di imposta, sono contemplate nell'art. 1, co. 57-60, l. 27-12-2017, n. 205. La loro attività può, più o meno direttamente, interessare il settore turistico, avendo esse quale oggetto sociale «l'ideazione, la creazione, la produzione, lo sviluppo, la diffusione, la conservazione, la ricerca e la valorizzazione o la gestione di prodotti culturali intesi quali beni, servizi e opere dell'ingegno inerenti alla letteratura, alla musica, alle arti figurative, alle arti applicate, allo spettacolo dal vivo, alla cinematografia e all'audiovisivo, agli archivi, alle biblioteche e ai musei nonché al patrimonio culturale e ai processi di innovazione ad esso collegati».

6. *Le reti d'impresa. Le* start-up *turismo*

Illustrati i dati di ordine generale utili alla definizione del concetto di impresa turistica, giova soffermarsi su alcuni aspetti più specifici. Uno di questi rimanda al noto d.l. 83/2014 là dove prevede misure per favorire il rafforzamento delle imprese turistiche e la loro aggregazione in distretti turistici e reti d'impresa. Dei primi si è già detto (v. *supra*, Cap. I, § 6), mentre è l'art. 10 a sancire l'utilizzabilità del contratto di rete di cui all'art. 3, co. 4 *ter*, d.l. 10-2-2009, n. 5 (convertito, con modificazioni, nella l. 9-4-2009, n. 33) e successive modificazioni, «con riferimento al settore turistico anche per il perseguimento dei seguenti obiettivi: supportare i processi di riorganizzazione della filiera turistica; migliorare la specializzazione e la qualificazione del comparto; incoraggiare gli investimenti per accrescere la capacità competitiva e innovativa dell'imprenditoria turistica nazionale, in particolare sui mercati esteri». Il contratto può anche prevedere l'istituzione di un fondo patrimoniale comune e la nomina di un organo comune incaricato di gestire, in nome e per conto dei partecipanti, l'esecuzione del contratto o di singole parti o fasi dello stesso. Il fatto che siano contemplati l'istituzione del fondo e la nomina dell'organo comune non determina, però, l'acquisto di soggettività giuridica da parte del contratto di rete; acquisto, che è legato alla sua iscrizione nella sezione del registro delle imprese presso cui è iscritto ciascun partecipante, restando ferma la decorrenza dell'efficacia del contratto da quando è stata eseguita l'ultima delle iscrizioni prescritte a carico di tutti coloro che ne sono stati sottoscrittori originari.

Merita, altresì, attenzione una particolare tipologia di impresa turistica, di recente disciplinata in risposta ad una pluralità di esigenze, certamente legate anche allo sviluppo del turismo, ma principalmente connesse alla soluzione di problemi assai seri di portata più generale – in prima fila quello occupazionale – inveterati nel nostro Paese e ancor più preoccupanti ove la congiuntura economica si presenti, come spesso accade, sfavorevole. Alludiamo alle *start-up* turismo, che l'art. 11 *bis* del d.l. 83/2014 disciplina, riconoscendo tale qualifica anche alle «società che abbiano come oggetto sociale la promozione dell'offerta turistica nazionale attraverso l'uso di tecnologie e lo sviluppo di software originali, in particolare, agendo attraverso la predisposizione di servizi rivolti alle imprese turistiche». La portata di tali servizi è assai ampia: essi – si precisa – «devono riguardare la formazione del titolare e del personale dipendente, la costituzione e l'associazione di imprese turistiche e culturali, strutture museali, agenzie di viaggio al dettaglio, uffici turistici di informazione e accoglienza per il turista e tour operator di autotrasporto, in modo tale da aumentare qualitativamente e quantitativamente le occasioni di permanenza nel territorio; l'offerta di servizi centralizzati di prenotazione in qualsiasi forma, compresi sistemi telematici e banche di dati in convenzione con agenzie di viaggio o tour operator, la raccolta, l'organizzazione, la razionalizzazione nonché l'elaborazione statistica dei dati relativi al movimento turistico; l'elaborazione e lo sviluppo di applicazioni web che consentano di mettere in relazione aspetti turistici culturali e di intrattenimento nel territorio nonché lo svolgimento di attività conoscitive, promozionali e di commercializzazione dell'offerta turistica nazionale, in forma di servizi di *incoming* ovvero di accoglienza di turisti nel territorio di intervento, studiando e attivando anche nuovi canali di distribuzione». Le *start-up* turismo possono essere costituite come società di capitali, anche in forma cooperativa o nella forma della società a responsabilità limitata semplificata ai sensi dell'art. 2463 *bis* c.c. Alle *start-up* turismo costituite da persone fisiche sotto i quarant'anni all'atto della costituzione, il co. 3 dell'art. 11 *bis* del d.l. 83/2014 riserva il beneficio dell'esenzione da imposta di registro, diritti erariali e tasse di concessione governativa.

La *start-up* turismo è *species* del *genus start-up* innovativa e quest'ultima è figura di recente elaborata ed operativa a tutto campo. Introdotta per la prima volta nel nostro ordinamento dal d.l. 179/2012 – più noto come "Decreto Crescita 2.0" – la *start-up* innovativa traduce in fatti il tentativo di innescare, in un mercato del lavoro asfittico, un'inversione di tendenza in fatto di crescita economica e di occupazione, in particolare giovanile. L'art. 25, co. 2 del d.l. appena citato lega la definizione di *start-up* innovativa alle società di capitali, costituite anche in forma cooperativa, le cui azioni o quote rappresentative del capitale sociale non siano quotate su un mercato regolamentato o su un sistema multilaterale di negoziazione, che siano in possesso di alcuni requisiti (*ex plurimis*, devono essere nuove o comunque costituite da meno di 5 anni, avere sede principale in Italia o in altro Paese membro dell'Unione europea, presentare un fatturato annuo inferiore a 5 milioni di euro, non distribuire o non aver distribuito utili, impegnare forza lavoro costituita in parte da dottorandi, dottori di ricerca o ricercatori, soci o collaboratori a qualsiasi titolo in possesso di laurea magistrale, ecc.). Il quadro di riferimento – articolato e organico e improntato a semplificazione – predisposto a livello nazionale per questo tipo di impresa non include qualsiasi impresa di nuova costituzione, ma si rivolge in via esclusiva alle nuove imprese innovative ad alto valore tecnologico, evidenziando così un *target* di riferimento operante nel campo dell'innovazione tecnologica. Ciò posto, tutto il mondo produttivo – e non solo il turismo – è interessato al fenomeno: conosciamo *start-up* digitali, industriali, artigianali, sociali, legate al commercio o all'agricoltura o ad altri settori dell'economia.

Il d.l. 179/2012 pone al servizio di questa tipologia di impresa – senza operare distinzioni settoriali o porre particolari limitazioni – un insieme organico di norme (artt. 25-32) incentrate sulla previsione di strumenti e misure di agevolazione incidenti sull'intero ciclo di vita dell'impresa, dall'avvio alle fasi di crescita, sviluppo e maturazione (costituzione e successive modificazioni mediante modello standard tipizzato con firma digitale, esonero da diritti dovuti alle Camere di Commercio e da imposte di bollo, deroghe all'ordinaria disciplina delle società, regime particolare dei rapporti di lavoro, facoltà di remunerare il personale in modo flessibile, incentivi fiscali e crediti di imposta, ecc.).

Di particolare interesse è l'art. 31, a mente del quale alla *start-up* innovativa non possono applicarsi procedure concorsuali diverse da quelle previste per la composizione delle crisi da sovraindebitamento dal Capo II della l. 3/2012; il Codice della crisi d'impresa e dell'insolvenza lo conferma, come si evince dalla definizione di "sovraindebitamento" riportata dall'art. 2, lett. c), specificamente riferita allo «stato di crisi o di insolvenza del consumatore, del professionista, dell'imprenditore minore, dell'imprenditore agricolo, delle *start up* innovative di cui al d.l. 179/2012 … e di ogni altro debitore non assoggettabile alla liquidazione giudiziale ovvero a liquidazione coatta amministrativa o ad altre procedure liquidatorie previste dal codice civile o da leggi speciali per il caso di crisi o insolvenza».

Sono ammessi a godere di alcune delle agevolazioni previste per le *start-up* innovative anche gli incubatori certificati, cioè – ai sensi del co. 5 dell'art. 25 – le società di capitali che offrano reali ed efficaci servizi di incubazione a nuove imprese innovative ad alto valore tecnologico e rispondano a taluni requisiti.

Presso le Camere di commercio, industria, artigianato e agricoltura è istituita un'apposita sezione speciale del registro delle imprese di cui all'art. 2188 c.c., a cui sia la *start-up* innovativa che l'incubatore certificato devono essere iscritti al fine di poter beneficiare della disciplina loro riservata. In caso di perdita dei requisiti, è disposta entro sessanta giorni – con provvedimento del conservatore impugnabile ai sensi dell'art. 2189, co. 3, c.c. – la cancellazione della *start-up* innovativa o dell'incubatore certificato da detta sezione speciale, che non è d'ostacolo alla permanenza dell'iscrizione alla sezione ordinaria del registro delle imprese.

È, altresì, prevista la realizzazione di un sistema strutturato di monitoraggio e di valutazione dell'impatto economico di dette misure, ponendo altresì l'obbligo, in capo al Ministro dello Sviluppo economico, di relazionare annualmente in Parlamento.

Start-up innovativa e PMI innovativa sono figure che prospettano implicazioni forti con il turismo, capaci di dare sfogo allo spirito imprenditoriale nel settore attraverso attività che mostrano notevoli potenzialità di creazione di posti di lavoro e che sono anche alla base della stabilità e della prosperità delle comunità locali, salvaguardando l'ospitalità e l'identità locale che costituiscono la peculiarità del turismo nelle regioni europee. Rendere più agevole la formazione e la vita di queste imprese significa dare impulso ad un settore dell'economia che è parte integrante della politica industriale europea e della politica di innovazione e il cui sviluppo rappresenta un obiettivo strategico ed essenziale per l'occupazione nei diversi Stati membri.

Capitolo Terzo

LE ATTIVITÀ TURISTICHE

Sommario

1. *Introduzione*

Del nesso che lega attività ed impresa si è già parlato e pure si è precisato che le attività turistiche possono o non svolgersi in forma imprenditoriale. Ci accingiamo, ora, a fare il punto sulle principali attività turistiche e, a questo riguardo, giova ricordare l'intento – già manifestato – di assumere a riferimento l'allegato al d.p.c.m. emanato il 13-9-2002 (in **Appendice**): articoleremo, dunque, l'analisi prendendo, una alla volta, in considerazione le sei grandi partizioni nelle quali l'allegato fa confluire le diverse attività. Ognuna di queste partizioni – come vedremo – aggrega, al proprio interno, più attività, anche tra loro eterogenee, ma riconducibili ad un insieme grazie ad anelli di congiunzione più o meno robusti. Si è pensato, per meglio ordinare la materia e per agevolare la lettura, di porre in evidenza, in corsivo, all'inizio di ciascuno dei paragrafi dedicati alle sei partizioni, il testo integrale del passo riferito alla partizione di volta in volta esaminata. La prima partizione è la più rilevante avendo riguardo alle attività ricettive e sarà, perciò, corredata da una trattazione più corposa; notazioni non allo stesso modo dettagliate accompagneranno, invece, le altre cinque partizioni.

2. *Le attività e le strutture ricettive*

«1. *Attività ricettive ed attività di gestione di strutture e di complessi con destinazione a vario titolo turistico-ricettiva, con annessi servizi turistici ed attività complementari, fra le quali alberghi e residenze turistico-alberghiere/*residences*, case ed appartamenti per vacanze, anche quando gestiti sotto la formula della multiproprietà, campeggi e villaggi turistici, altre strutture ricettive definite dalle leggi regionali. In relazione a specifici indirizzi regionali, le citate tipologie possono assumere denominazioni aggiuntive. Fra di esse possono essere individuate anche attività ricettive speciali, finalizzate alla fruizione di segmenti particolari della domanda e/o alla valorizzazione di specifiche caratteristiche o risorse economiche e/o naturali dell'area*».

Si dice l'ovvio affermando che una trattazione delle imprese turistiche opportunamente imperniata sull'attività svolta non può non dedicare prioritaria considerazione alle strutture ricettive, deputate in quanto tali a fornire ospitalità al turista.

Non c'è disposizione normativa che enunci, in termini generali, la definizione di "attività ricettiva". L'art. 8, co. 2, cod. tur., che ne forniva una, è stato dichiarato costituzionalmente illegittimo e, pur tuttavia, da esso è consentito utilmente attingere un concetto che associa l'attività ricettiva all'operare delle strutture aventi siffatta destinazione: si intende, infatti, per "attività ricettiva" quella «diretta alla produzione di servizi per l'ospitalità esercitata nelle strutture ricettive», precisandosi che in questa attività «rientra altresì, unitamente alla prestazione del servizio ricettivo, la somministrazione di alimenti e bevande alle persone alloggiate, ai loro ospiti ed a coloro che sono ospitati nella struttura ricettiva in occasione di manifestazioni e convegni organizzati, nonché la fornitura di giornali, riviste, pellicole per uso fotografico e di registrazione audiovisiva o strumenti informatici, cartoline e francobolli alle persone alloggiate, nonché la gestione, ad uso esclusivo di dette persone, attrezzature e strutture a carattere ricreativo, per le quali è fatta salva la vigente disciplina in materia di sicurezza». La stessa sorte dell'art. 8 è toccata a quasi tutte le previsioni contenute nel Titolo III del codice del turismo, tese a riordinare ed adeguare la disciplina in tema di strutture ricettive attraverso le definizioni generali delle stesse, in un'ottica di modernizzazione, di semplificazione, di trasparenza e garanzia per il turista degli standard qualitativi e delle condizioni praticate. Stando così le cose, da dette previsioni non è pensabile trarre altro che qualche episodica indicazione, utile ad identificare le strutture ricettive da assumere in considerazione e a descriverne le caratteristiche. L'unica disposizione scampata alla falcidia della Corte costituzionale è l'art. 17, che estende alle imprese turistico-ricettive la disciplina dello Sportello Unico per le attività produttive (SUAP), fatte salve le forme di semplificazione più avanzata previste dalle specifiche discipline regionali. Detto sportello risponde a logiche di semplificazione del procedimento amministrativo in materia di autorizzazione all'insediamento di attività produttive, giusta le previsioni contenute in diversi testi normativi succedutisi nel tempo [il d.lgs. 31-3-1998, n. 112, il d.p.r. 20-10-1998, n. 447, la l. 135/2001, il d.l. 25-6-2008, n. 112 (convertito, con modificazioni, nella l. 6-8-2008, n. 133), il d.p.r. 7-9-2010, n. 160 recante il regolamento per la semplificazione ed il riordino della disciplina dello sportello, che ha abrogato il d.p.r. 447/1998].

La Corte costituzionale – com'è noto – ha denunciato in molte delle disposizioni del codice del turismo l'eccesso di delega e registrato, in definitiva, l'invasione da parte dello Stato del campo riservato a Regioni e Province autonome. È, allora, alla produzione legislativa di detti enti territoriali che bisogna guardare, per definire il quadro della normativa vigente in materia. Occorrerebbe, in pratica, esaminare le varie leggi regionali con minuzia ed attenzione, per evidenziare le indicazioni condivise e le specificità che ciascuna prospetta. Ma dovremmo sciorinare un numero assai considerevole di dati e, forse, non è questo il modo di procedere più consono. Per di più, raffrontando quel che emerge dalle diverse leggi regionali con le disposizioni della normativa statale del 1983 e del 2001, a risaltare non sono tanto le differenze – che pur sussistono – quanto l'assenza di contrasti stridenti e particolarmente rilevanti, ragion per cui – alla resa dei conti – richiamare dati relativi a leggi dello Stato può ancora tornare utile per abbozzare un quadro generale dell'oggetto indagato.

Ciò considerato, l'aggancio alle strutture ricettive, che il codice del turismo valorizza, è un elemento da considerare e da tener fermo. Le disposizioni del codice del turismo dichiarate costituzionalmente illegittime operano una suddivisione di dette strutture in quattro categorie – alberghiere e paralberghiere, extralberghiere, all'aperto, di mero supporto – ognuna delle quali articolata e specificata al proprio interno. Esse, tuttavia, non sono i soli referenti normativi cui affidarsi per l'individuazione delle strutture ricettive. Ai sensi dell'art. 6 della l. 217/1983, sono «strutture ricettive gli alberghi, i motels, i villaggi-albergo, le residenze turistico-alberghiere, i campeggi, i villaggi turistici, gli alloggi agro-turistici, gli esercizi di affittacamere, le case e gli appartamenti per vacanze, le case per ferie, gli ostelli per la gioventù, i rifugi alpini», ferma restando la possibilità per le Regioni di individuare e disciplinare altre strutture destinate alla ricettività turistica, in rapporto alle specifiche caratteristiche ed esigenze locali. L'allegato al d.p.c.m. emanato il 13-9-2002 – come si è visto – identifica i caratteri della prima tra «le principali tipologie di valenza generale relativamente alle attività turistiche», collocando le attività ricettive in una prospettiva ampia, testimoniata dalla formulazione letterale certamente più aperta rispetto a quella di cui al predetto art. 6. Conviene innestare i dati emergenti dalle tre fonti qui considerate per risolvere il problema: si giunge, così, alla redazione dell'elenco appresso riportato – da considerarsi non tassativo – delle principali e più note strutture ricettive.

Alberghi – Trattasi di esercizi ricettivi aperti al pubblico, a gestione unitaria, che – a prescindere dalla dimensione – forniscono alloggio ed, eventualmente, vitto ed altri servizi accessori, in camere ubicate in uno o più stabili o in parti di stabile. Sono anche comunemente chiamati hotel.

Esercizi paralberghieri – Così denominati in quanto presentano i caratteri strutturali dell'albergo, ai quali tuttavia si aggiungono alcuni connotati particolari che ne giustificano la peculiare considerazione. Si pensi ai **motel** (che sono alberghi attrezzati per la sosta e l'assistenza di autovetture o natanti e rivolti prevalentemente a soddisfare l'esigenza di ospitalità di breve durata avvertita da un certo *target* di clientela), alle **residenze turistico-alberghiere** (la cui peculiarità consiste nell'offerta di camere dotate di servizio autonomo di cucina), ai **villaggi-albergo** (caratterizzati dalla presenza di servizi centralizzati relativi a più stabili, parte di uno stesso complesso, inseriti in area attrezzata per il soggiorno e lo svago della clientela), ai cc.dd. **alberghi diffusi** (così l'abrogato art. 9 cod. tur. denomina le strutture ricettive caratterizzate dalla fornitura di alloggi in stabili separati, vicini tra loro, ubicati per lo più in centri storici e, comunque, non distanti da un edificio centrale nel quale sono offerti servizi di ricevimento, portineria e altri eventuali servizi accessori), alle **residenze d'epoca alberghiere** (distinguibili dagli alberghi per essere ubicate in complessi immobiliari di particolare pregio storico-architettonico, per la dotazione di mobili e arredi d'epoca o di particolare livello artistico, per l'attitudine ad un'accoglienza altamente qualificata), alle **residenze della salute** o ***beauty farm*** (trattasi di alberghi, spesso assai lussuosi, dotati di particolari strutture di tipo specialistico – spa, centri benessere, saune, ecc. – per soddisfare una domanda turistica finalizzata al soggiorno associato a cicli di trattamenti terapeutici, dietetici ed estetici).

Una specifica menzione meritano gli **alberghi etici**, che si differenziano dai comuni hotel, non tanto per le caratteristiche strutturali, quanto per il progetto innovativo e di grande rilevanza sociale di cui costituiscono concreta realizzazione: sono così definite, infatti, quelle strutture di ospitalità che impiegano, nello svolgimento dell'attività ricettiva, persone con sindrome di Down o, più in generale, affette da disabilità intellettive, per favorirne l'accesso nel mercato del lavoro e per consentire loro di intraprendere un percorso personalizzato che ne sviluppi le capacità di operare, nel quotidiano, in autonomia ed indipendenza. Nel 2019, quattro anni dopo l'apertura ad Asti del primo albergo etico in Italia, ne è stato inaugurato a Roma un secondo con 18 camere in pieno centro.

Peculiari, ma per altre ragioni, sono i **condhotel**, dall'incerta collocazione, ma, forse, più appropriatamente catalogabili tra gli esercizi paralberghieri. L'art. 31 del d.l. 133/2014 li definisce «esercizi alberghieri aperti al pubblico, a gestione unitaria, composti da una o più unità immobiliari ubicate nello stesso comune o da parti di esse, che forniscono alloggio, servizi accessori ed eventualmente vitto, in camere destinate alla ricettività e, in forma integrata e complementare, in unità abitative a destinazione residenziale, dotate di servizio autonomo di cucina, la cui superficie non può superare il quaranta per cento della superficie complessiva dei compendi immobiliari interessati». Il d.p.c.m. 22-1-2018, n. 13, nel definire le condizioni di esercizio dei condhotel, riproduce tale definizione, precisando che il limite del quaranta per cento è riferito al totale della superficie netta destinata alle camere. Si è già segnalata la pronuncia della Corte costituzionale, chiamata da due ricorsi promossi delle Province autonome di Bolzano e di Trento a valutare la legittimità costituzionale del succitato articolo (v. *supra*, Cap. I, § 4), per cui sul punto non torneremo. Interessa, però, sottolineare la particolarità di questa tipologia innovativa di esercizi, che risiede nel fatto di connettere e gestire in modo unitario servizi, sia nelle tradizionali camere destinate alla ricettività, sia in unità abitative a destinazione residenziale. Ciò fa sì che nella disciplina dei condhotel siano coinvolti rapporti di natura privatistica, potendo le unità abitative a destinazione residenziale essere oggetto di diritti, anche reali, di soggetti diversi dall'impresa alberghiera. Il citato d.p.c.m., infatti, detta anche regole riguardanti i contratti di trasferimento della proprietà di dette unità abitative ubicate in un condhotel e gli impegni che il proprietario è tenuto a rispettare. Non si può, dunque, dar torto alla Consulta quando, nella sentenza poc'anzi menzionata, rileva «la natura ibrida e complessa della nuova figura giuridica» e la presenza di «importanti aspetti contrattuali e condominiali» che chiedono di essere regolamentati da normativa statale, stante l'attinenza con la materia dell'ordinamento civile.

Esercizi ricettivi non alberghieri (o "extralberghieri") – Troviamo in quest'ambito diverse soluzioni di ospitalità turistica, dai caratteri disomogenei e con gestione non sempre imprenditoriale, accomunate dal fatto di non essere catalogabili né tra le strutture alberghiere, né tra quelle paralberghiere. L'abrogato art. 12 cod. tur. ne fornisce un elenco, che può tornare utile richiamare: sono ivi raggruppati gli esercizi di **affittacamere** [strutture ricettive composte da camere (non più di sei, stando all'art. 6 della l. 217/1983) ubicate in uno o più appartamenti ammobiliati (non più di due, secondo il predetto art. 6) nello stesso stabile, per l'alloggio ed eventualmente la fruizione di servizi complementari], le **unità abitative ammobiliate ad uso turistico** (cioè case o appartamenti privi di servizi alberghieri, arredati e dotati di servizi igienici e di cucina autonomi, locati ai turisti, nel corso di una o più stagioni, con contratti di breve durata – il predetto art. 12 parla di «validità non inferiore a sette giorni e non superiore a sei mesi consecutivi – e gestiti sovente in forma imprenditoriale, talora non direttamente dai titolari ma da parte di agenzie immobiliari e società di gestione immobiliare), i ***bed & breakfast*** (i quali, caratterizzati dalla conduzione ed organizzazione familiare e di norma gestiti da privati in forma non imprenditoriale, danno alloggio e prima colazione nel contesto di una stessa unità immobiliare e con spazi familiari condivisi), i ***boat & breakfast*** (formula non da molto praticata che si basa sull'impiego di un natante con finalità di alloggio in assenza di navigazione e che, proprio per tale sua configurazione, non è ben chiaro se si presti ad essere accostata più alla crociera che alla ricettività *bed*

& breakfast), le **case per ferie** e gli **ostelli per la gioventù** (strutture accostabili in quanto funzionali al c.d. turismo sociale, le prime sono attrezzate per il soggiorno di persone o gruppi e gestite fuori dai normali canali commerciali e senza proporsi fini di lucro da enti pubblici o privati operanti per il conseguimento di finalità sociali, culturali, assistenziali o sportive, nonché da enti o aziende per il soggiorno di dipendenti e loro familiari; i secondi – come la denominazione evidenzia – attrezzati per offrire una risposta *low cost* all'esigenza di pernottamento e soggiorno, per periodi limitati, di una clientela eminentemente giovanile e gestiti, direttamente o indirettamente, da enti o associazioni), taluni **esercizi di ristorazione** (ove – come capita sovente, soprattutto in quelli al top dell'offerta culinaria – forniscano, in via complementare, alloggio in camere, ciascuna con accesso indipendente dagli altri locali, gestite dallo stesso titolare e nello stesso complesso immobiliare), le **strutture agrituristiche** (disciplinate, com'è noto, da leggi regionali e dalla l. 96/2006), l'ospitalità in **residenze rurali** o ***country house*** (mediante offerta di camere sovente dotate di angolo cottura, ubicate in ville padronali o fabbricati rurali che nella gran parte dei casi dispongono di servizio di ristorazione aperto al pubblico, il tutto tendenzialmente funzionale ad un turismo legato all'animazione sportivo-ricreativa), le **foresterie per turisti** (strutture non votate all'offerta turistica, normalmente adibite a collegi, convitti, istituti religiosi, pensionati ed operanti senza finalità di lucro, che tuttavia offrono ospitalità – alloggio, vitto e basilari servizi – a persone singole e a gruppi organizzati da enti e associazioni che si propongono il conseguimento di finalità sociali, culturali, assistenziali, religiose e sportive, al di fuori dei normali canali commerciali), i **centri soggiorno studi** (strutture ricettive, gestite da enti pubblici o privati operanti nel settore della formazione, attrezzate per offrire un'ospitalità "dedicata" e congeniale all'educazione e alla formazione e, perciò, atte a soddisfare le esigenze legate allo svolgimento di attività didattica e convegnistica specializzata, con camere per il soggiorno degli ospiti), **i rifugi in zone montane** (che si qualificano "escursionistici" – quando offrono ospitalità e ristoro al pubblico degli escursionisti, essendo ubicati, non lontano da centri abitati, in luoghi favorevoli ad ascensioni e serviti da strade o raggiungibili mediante mezzi di trasporto ordinari – e sono, invece, più propriamente denominati "rifugi alpini" se trovansi ad alta quota, fuori dai centri urbani e sono predisposti per il ricovero, il ristoro e per il soccorso alpino, con apertura al pubblico per periodi limitati nelle stagioni turisti-

che e, quando chiusi, con accessibilità dall'esterno ad un locale per il ricovero di fortuna, convenientemente dotato e sempre aperto per l'intero arco della giornata, anche nel periodo di apertura stagionale), i **campeggi** o ***camping*** e i **villaggi turistici** (i quali, distinti dall'abrogato art. 13 cod. tur. in forza di un criterio non convincente e scarsamente affidabile, possono in realtà considerarsi accomunati dal fatto di essere strutture ricettive aperte al pubblico, a gestione unitaria, allestite ed attrezzate con adeguati servizi essenziali su aree recintate e sorvegliate destinate alla sosta e al soggiorno di turisti che sono, per lo più, provvisti di propri mezzi mobili di pernottamento e che, in mancanza, possono sovente trovare ospitalità, all'interno di dette strutture, in unità abitative mobili – quali tende, roulotte o caravan, mobilhome o maxicaravan, autocaravan o camper – o fisse), le aree per la pratica del ***glamping*** [parola che deriva dalla fusione di "Glamour" e "Camping" e che segnala una tipologia di vacanza all'aria aperta esclusiva e particolare, realizzata in tende ampie e fornite di ogni confort (bagno e, nelle soluzioni più lussuose, piscina, spa) ubicate in luoghi isolati e non urbanizzati, sovente scelti e indicati dal turista, a stretto e diretto contatto con la natura], le **aree di sosta** (correlate al c.d. turismo itinerante, ne fa cenno l'abrogato art. 14 cod. tur. descrivendole come «strutture ricettive, a gestione unitaria, aperte al pubblico destinate alla sosta temporanea di turisti provvisti di mezzi di pernottamento autonomo»), i **parchi di vacanza** (che sono campeggi particolari, essendo in essi praticato l'affitto della piazzola ad un unico equipaggio per l'intera durata del periodo di apertura della struttura).

Tra le strutture ricettive extralberghiere contemplate in leggi regionali vanno annoverate le **case del camminatore** – previste dalla l. reg. Lazio 10-3-2017, n. 2, che ha aggiunto un comma all'art. 23 della l. reg. Lazio 13/2007 – le quali, ubicate sui tracciati della rete dei cammini della Regione Lazio (v. *infra* § 3.5) o in un raggio non superiore a 500 metri, forniscono alloggi e servizi, anche di ristorazione tramite somministrazione di cibi e bevande, ai camminatori.

2.1. *La classificazione delle strutture ricettive*

La classificazione delle strutture ricettive si collega all'esigenza di rinvenire in esse standard minimi qualitativi uniformi, validi nell'intero territorio nazionale. La regionalizzazione delle competenze non dovrebbe giustificare il sacrificio di questa istanza, la quale peraltro ha implicazioni chiare con materie affidate dall'art. 117 Cost. alla legislazione esclusiva dello Stato, prima fra tutte la tutela della concorrenza.

Il codice del turismo ha apprestato una disciplina nell'art. 10, demandando la fissazione degli standard ad un decreto del Presidente del Consiglio dei Ministri, o del Ministro delegato, da adottare «previa consultazione delle associazioni di categoria e dei rappresentanti delle regioni e delle province autonome di Trento e di Bolzano e acquisita l'intesa con la Conferenza permanente dei rapporti tra lo Stato, le regioni e le province autonome di Trento e di Bolzano»; e prevedendo, altresì, l'introduzione, su base nazionale, di un sistema di *rating*, associabile alle stelle e ad adesione volontaria da parte dei singoli alberghi, onde consentire «la misurazione e la valutazione della qualità del servizio reso ai clienti» e ciò al «fine di accrescere la competitività di promozione commerciale internazionale e di garantire il massimo livello di tutela del turista». Lo stesso codice, nell'art. 15, ha affidato al Presidente del Consiglio dei Ministri o al Ministro delegato il compito di fissare, acquisita l'intesa con la Conferenza permanente dei rapporti tra lo Stato, le regioni e le province autonome di Trento e di Bolzano, gli standard minimi nazionali dei servizi e delle dotazioni per la classificazione delle strutture ricettive. Molti hanno giudicato accettabile la risposta data dagli artt. 10 e 15 ai problemi di classificazione: essa non sembra irrispettosa delle prerogative regionali nella materia e, comunque, ove qualche dubbio possa insorgere, l'auspicio è che venga fugato in omaggio al superiore interesse a disporre, in tempi rapidi, di una disciplina certa. Di diverso avviso si è mostrata, però, la Corte costituzionale, essendo nella serie degli articoli del codice del turismo dichiarati illegittimi costituzionalmente pure presenti gli artt. 10 e 15.

Si registra, così, anche su questo fronte, grande incertezza, per diradare la quale il Piano strategico nazionale per il turismo 2023-2027 progetta la revisione «degli standard di qualità e inclusione delle strutture ricettive (sistema di classificazione "Italy Stars & Rating" con assegnazione delle convenzionali stelle) e istituzione di una certificazione rilasciata dal Ministero del turismo». Intanto, restano attendibili i dati emergenti dalla legislazione nazionale, anche perché non sono molte le Regioni che, nell'esercizio della potestà legislativa loro riservata, da essi si sono sensibilmente discostate. Si veda, *in primis*, l'art. 7 della l. 217/1983, che reca una disciplina sufficientemente precisa e circostanziata: si fa, ivi, riferimento alla previsione – da parte di leggi regionali – di un sistema ove le strutture ricettive (alberghi, residenze turistico-alberghiere, campeggi, villaggi turistici, miniare e di sosta) sono catalogate secondo l'appartenenza a classi contrassegnate da un certo numero di stelle (da 1 a 5 per gli alberghi, ecc.) e si elencano i requisiti minimi richiesti agli alberghi ai fini della classificazione. Il più volte citato d.p.c.m. del 2002, che nell'art. 1, co. 2 devolveva ad «intese tra le regioni e le province autonome di Trento e di Bolzano» la definizione di «criteri e standard minimi comuni per i differenti prodotti e servizi turistici», nell'allegato chiaramente evidenziava quanto importanti fossero l'elaborazione e l'applicazione di regole uniformi circa le caratteristiche qualitative dell'offerta turistica italiana. A distanza di qualche anno – in una riunione del 30-5-2007 – il Comitato delle politiche turistiche, istituito con d.p.c.m. 28-7-2006, ribadiva la necessità di attuare una definizione degli standard a livello nazionale con successivo recepimento da parte delle Regioni e delle Province autonome; e, di lì a poco, la l. 244/2007, nell'art. 2, co. 193, lett. a), affidava ad «appositi decreti, di natura non regolamentare, del Presidente del Consiglio dei ministri, d'intesa con la Conferenza permanente per i rapporti tra lo Stato, le regioni e le province autonome di Trento e di Bolzano» la definizione delle «tipologie dei servizi forniti dalle imprese turistiche rispetto a cui vi è necessità di individuare caratteristiche similari e omogenee su tutto il territorio nazionale tenuto conto delle specificità connesse alle capacità ricettiva e di fruizione dei contesti territoriali». Raggiunta detta intesa, ha visto la luce il d.p.c.m. 21-10-2008, che reca allegato un prospetto che ha definito in modo particolareggiato gli standard minimi nazionali dei servizi e delle dotazioni per la classificazione degli alberghi, basata su un codice rappresentato da un numero di stelle crescente (da 1 a 5, in linea con quanto già stabilito nell'art. 7 della l. 217/1983), facendo salva la possibilità per le Regioni e le Province autonome di Trento e Bolzano di introdurre, ove ritenuto opportuno, livelli di standard migliorativi o di differenziare la declinazione di dettaglio dei servizi previsti con indicazioni più aderenti alle specificità territoriali, climatiche o culturali dei loro territori. Il d.p.c.m. ora citato ha anche istituito e introdotto un sistema nazionale di rating, associabile alle stelle, aperto all'adesione su base volontaria dei singoli alberghi, diretto a consentire la misurazione e la valutazione della qualità del servizio reso ai clienti.

Nella legislazione regionale, il sistema basato sul codice a stelle è dovunque assorbito, pur non essendovi omogeneità piena sui criteri di attribuzione delle stelle medesime e, quindi, sui parametri di valutazione delle categorie. In alcune Regioni vigono, per gli alberghi, livelli intermedi (tre stelle superior, quattro stelle superior). Il sistema basato sul codice a stelle è largamente adottato dalle Regioni anche per classificare le strutture non alberghiere, ma nell'ambito di questo settore la diversificazione normativa è più accentuata e le lacune di disciplina sono più numerose ed evidenti.

Anche il sistema di classificazione, nella misura in cui è d'incentivo alla riqualificazione e al miglioramento delle strutture ricettive turistico-alberghiere, contribuisce a far crescere la competitività delle destinazioni turistiche e a rafforzare l'imprenditorialità nel settore turistico. Per queste finalità, nell'art. 10, co. 5, d.l. 83/2014 è stabilito che il Ministro dei beni e delle attività culturali e del turismo, con proprio decreto da emanare in tempi brevi previa intesa in sede di Conferenza unificata, provveda all'aggiornamento degli standard minimi, uniformi in tutto il territorio nazionale, dei servizi e delle dotazioni per la classificazione delle strutture ricettive e delle imprese turistiche, ivi compresi i condhotel e gli alberghi diffusi, tenendo conto delle specifiche esigenze connesse alle capacità ricettiva e di fruizione dei contesti territoriali e dei sistemi di classificazione alberghiera adottati a livello europeo e internazionale.

La dir. 2006/123/CE, per favorire valutazioni fondate su criteri comparabili per quanto riguarda la qualità dei servizi forniti, pone l'accento sulla necessità che le informazioni sul significato dei marchi di qualità e di altri segni distintivi relativi a tali servizi siano facilmente accessibili e sottolinea come questa esigenza di trasparenza rivesta particolare importanza in settori quali il turismo, in particolare nel settore alberghiero, per i quali il ricorso a sistemi di classificazione è generalizzato.

Sono da porre in relazione con la classificazione delle strutture anche i sistemi di certificazione tesi a rendere riconoscibili e valorizzare imprese operanti nell'osservanza piena di taluni criteri e, perciò, meritevoli di un particolare apprezzamento. Si sono menzionati in esordio il Piano di Azione sul turismo responsabile approvato a Lanzarote e il Codice Mondiale di Etica del turismo, cui va riconosciuta valenza paradigmatica di ciò che rappresenta il turismo sostenibile e responsabile, fondato sui pilastri dell'equità sociale, economica e ambientale. Ebbene, opera una Rete Europea del Turismo Responsabile (EARTH) di cui fa parte l'Associazione Italiana Turismo Responsabile (AITR) e quest'ultima ha svolto il 9-10-2005 la propria assemblea che ha adottato una definizione di turismo responsabile che ne lega l'attuazione a principi di giustizia sociale ed economica e al pieno rispetto dell'ambiente e delle culture. Muovendosi in questa direzione, l'Istituto per la Certificazione Etica ed Ambientale (ICEA) – un consorzio che controlla e certifica aziende svolgenti la propria attività nel rispetto dell'uomo e dell'ambiente, della dignità dei lavoratori e dei diritti dei consumatori – che è parte integrante di AITR e partecipa ad EARTH, ha valorizzato, nello sviluppo della certificazione nel turismo, l'altissima specializzazione in agricoltura biologica sia nel *food* (comparto agroalimentare biologico e acquacoltura biologica) che nel *no food* (cosmesi e detergenza bio, tessile ecologico, arredamento ecologico, turismo sostenibile, materiali per la bioedilizia, gestione sostenibile degli spazi verdi, ecc.), promuovendo – tra l'altro – l'applicazione di alcuni standard a strutture turistiche (Standard Eco Bio Turismo rivolto ad Agriturismi, B&B, Hotel e Campeggi, Standard Bio Welness rivolto a SPA o stabilimenti termali) e a tour operator e organizzatori di viaggi (Standard Tourcert). Nello specifico e in relazione a detti standards, le strutture certificate da ICEA sono impegnate ad abbattere i consumi energetici, a garantire la gestione razionale dell'acqua, a ridurre la produzione di rifiuti e a sviluppare la raccolta differenziata dei medesimi, a valorizzare il patrimonio storico, artistico e culturale, a promuovere la responsabilità come valore, a valorizzare l'alimentazione sana ed attenta alle tradizioni eno-gastronomiche.

2.2. *Regole dell'attività*

È doverosa una premessa. Quella ricettiva è, forse, tra le attività turistiche, la maggiormente colpita dalla pandemia da COVID-19, che ha praticamente azzerato l'utenza e comportato annullamento delle prenotazioni e rimborsi delle caparre. Stante la carenza di liquidità, a sostegno del settore turistico e alberghiero, il Governo, durante la crisi sanitaria, ha sospeso i versamenti fiscali e previdenziali e adottato altre misure volte ad evitare la chiusura e, per quanto possibile, a favorire la ripresa delle attività.

C'è, dunque, una normativa emergenziale che riguarda l'attività ricettiva, sulla quale, in dettaglio, evitiamo di intrattenerci. Di essa, destinata ad applicarsi in via temporanea e fino al superamento della crisi sanitaria, residuano alcune tracce. Ben più numerose sono le regole vigenti nel contesto di "normalità" precedente la comparsa del COVID-19; regole, tuttora, in larga parte, operanti, che – senza pretesa di completezza – ci apprestiamo a segnalare.

Un regio decreto del 1936 imponeva, per la soddisfazione di un interesse di natura pubblicistica, la conservazione della destinazione ad alberghi di determinati immobili, a vantaggio dell'industria alberghiera. L'immobile non poteva essere venduto o dato in locazione per un uso diverso senza l'autorizzazione degli organi competenti. Successivamente, a seguito di una sentenza della Corte costituzionale del 1981, l'apposizione di un vincolo di destinazione d'uso alberghiero fu ritenuta costituzionalmente compatibile a condizione che il vincolo non sia destinato a perpetuarsi indefinitamente nel tempo e sia modificabile o rimovibile laddove si accerti la sopravvenuta impossibilità o non convenienza economico-produttiva della destinazione. Ora, pertanto, non tutte le strutture ricettive presenti in Italia sono vincolate alla destinazione d'uso; spetta alle Regioni decidere se sottoporle, con apposita legge regionale, a vincolo di destinazione e agli interessati alla rimozione del vincolo è dato di ottenerla, previa richiesta che attiva un procedimento amministrativo. Dunque, il vincolo non è certamente oggi caducato per effetto dell'attività negoziale dispositiva, né il mancato rispetto del vincolo è in grado, di per sé, di inficiare la validità del negozio posto in essere. Sarebbe lungo e complicato illustrare in dettaglio le conseguenze, sul piano civilistico, derivanti da un assetto negoziale definito in violazione del vincolo; basti rilevare che il problema si pone non solo per gli alberghi propriamente detti, ma – assumendo contorni particolari – anche per strutture ricettive diverse, quali le residenze turistico-alberghiere, i villaggi-albergo e i condhotel.

C'è un controllo di natura amministrativa sull'inizio e sullo svolgimento dell'attività ricettiva, governato da regole numerose che, in modo alquanto disordinato, si sono succedute nel tempo, tanto da rendere non agevole la loro precisa ed immediata individuazione. Un'analisi completa ed esaustiva esula dai nostri propositi, meno ambiziosamente rivolti ad offrire qualche utile indicazione al riguardo.

Registriamo, alla base, il disposto dell'art. 118, co. 1, Cost. – nel testo risultante dalla riforma del Titolo V – a norma del quale le «funzioni amministrative sono attribuite ai Comuni, salvo che, per assicurarne l'esercizio unitario, siano conferite a Province, Città metropolitane, Regioni e Stato, sulla base dei principi di sussidiarietà, differenziazione ed adeguatezza». Si profila, perciò, una sorta di competenza generale dell'amministrazione comunale e solo eccezionalmente una diversa soluzione allocativa. Comunque, nell'esercizio delle funzioni loro attribuite, gli enti locali hanno in autonomia adottato schemi organizzativi diversi. Le Regioni hanno mantenuto prerogative importanti nel settore, di indirizzo e coordinamento e non solo, e non è raro che le esercitino tramite Agenzie per il turismo. Non sono poche le Regioni che hanno trasferito le funzioni relative alla promozione, all'informazione, all'accoglienza e all'assistenza in materia di turismo alle Province e in qualche caso ai Comuni.

Al Comune – ovvero al Sindaco del Comune nel cui territorio l'esercizio ricettivo è ubicato – doveva rivolgersi chi intendesse attivare un esercizio ricettivo o trasferirne la sede per ottenere un'autorizzazione: così era stabilito dall'art. 9 della l. 135/2001. L'autorizzazione, rilasciata nell'ambito di una procedura rispetto al passato semplificata, aveva efficacia abilitante anche in relazione alla somministrazione di alimenti e bevande alle persone alloggiate, alla fornitura di giornali, riviste, pellicole per uso fotografico e di registrazione audiovisiva, cartoline e francobolli alle persone alloggiate, all'installazione, ad uso esclusivo di dette persone, di attrezzature e strutture a carattere ricreativo, per le quali è fatta salva la vigente disciplina in materia di sicurezza e di igiene e sanità. L'autorizzazione era rilasciata anche ai fini di cui all'art. 86 del r.d. 18-6-1931, n. 773 (testo unico delle leggi di pubblica sicurezza) e lo stesso art. 9 prescriveva, nell'esercizio delle attività ricettive, il rispetto delle vigenti norme, prescrizioni e autorizzazioni in materia edilizia, urbanistica, igienico-sanitaria e di pubblica sicurezza, nonché di quelle sulla destinazione d'uso dei locali e degli edifici. Venivano anche disciplinate, nell'articolo in esame, la revoca dell'autorizzazione e – modificando quanto stabilito nel testo unico precitato – la cessazione e la sospensione dell'attività. In attuazione dei principi di speditezza, unicità e semplificazione, si faceva richiamo all'introduzione degli sportelli unici.

La riforma del Titolo V della Costituzione ha determinato qualche mutamento. Il modello dell'autorizzazione preventiva delineato nella legge dello Stato ora considerata non è stato abbandonato, ma un buon numero di leggi regionali lo ha in sostanza recepito; altre Regioni, invece, hanno disciplinato diversamente la materia. Dalla legislazione regionale, dunque, emerge un quadro non omogeneo. Va, poi, considerato il d.lgs. 59/2010, che, in attuazione della dir. 2006/123/CE, ha sancito che regimi autorizzatori, eccezion fatta per le disposizioni istitutive relative ad ordini, collegi e albi professionali, «possono essere istituiti o mantenuti solo se giustificati da motivi imperativi di interesse generale, nel rispetto dei principi di non discriminazione, di proporzionalità» (art. 14, co. 1).

Alcune Regioni hanno stabilito che l'avvio e l'esercizio di attività ricettiva – in special modo quella non alberghiera – siano soggetti al regime della SCIA (acronimo che sta ad indicare la «segnalazione certificata di inizio attività») di cui alla l. 241/1990; il richiamo all'applicazione dell'art. 19, co. 2, secondo periodo, di detta legge è, peraltro, presente nell'art. 10, co. 2, d.lgs. 59/2010 e riferito ai «casi in cui l'accesso o l'esercizio di un'attività di servizi sono subordinati alla presentazione all'amministrazione competente di una dichiarazione di inizio attività, ove non diversamente previsto». L'art. 19 appena menzionato – val bene ricordarlo – è stato numerose volte modificato e si deve alla novella apportata dall'art. 49, co. 4 *bis*, d.l. 31-5-2010, n. 78 (convertito, con modificazioni, dall'art. 1, co. 1, l. 30-7-2010, n. 122) l'introduzione della SCIA al posto della preesistente dichiarazione di inizio attività (DIA).

Volendo descrivere, in grandi linee e senza pretese di completezza, il quadro normativo entro cui la SCIA si colloca, occorre innanzitutto notare che essa – stando al disposto del co. 1 del citato art. 19 – è resa operante in sostituzione di ogni «atto di autorizzazione, licenza, concessione non costitutiva, permesso o nulla osta comunque denominato, comprese le domande per le iscrizioni in albi o ruoli richieste per l'esercizio di attività imprenditoriale, commerciale o artigianale il cui rilascio dipenda esclusivamente dall'accertamento di requisiti e presupposti richiesti dalla legge o da atti amministrativi a contenuto generale, e non sia previsto alcun limite o contingente complessivo o specifici strumenti di programmazione settoriale per il rilascio degli atti stessi»; sostituzione, preclusa solo nei «casi in cui sussistano vincoli ambientali, paesaggistici o culturali» e con riguardo agli «atti rilasciati dalle amministrazioni preposte alla difesa nazionale, alla pubblica sicurezza, all'immigrazione, all'asilo, alla cittadinanza, all'amministrazione della giustizia, all'amministrazione delle finanze, ivi compresi gli atti concernenti le reti di acquisizione del gettito, anche derivante dal gioco, nonché di quelli previsti dalla normativa per le costruzioni in zone sismiche e di quelli imposti dalla normativa comunitaria». La SCIA è un'autocertificazione e deve essere corredata delle prescritte documentazioni attestanti il possesso dei requisiti soggettivi (morali e professionali, quando richiesti per lo svolgimento di determinate attività) nonché oggettivi (attinenti la conformità urbanistica, edilizia, igienico-sanitaria, ambientale, ecc. dei locali e/o attrezzature aziendali) e all'occorrenza, quando previsto, devono anche essere allegati elaborati tecnici e planimetrici. Il d.lgs. 30-6-2016, n. 126, con l'art. 3, co. 1, lett. c), ha introdotto nella l. 241/1990 l'art. 19 *bis*, che nel co. 2 prevede la c.d. SCIA unica qualora per lo svolgimento di un'attività soggetta a SCIA siano necessarie altre SCIA o comunicazioni o notifiche: l'interessato è, allora, tenuto a presentare una sola SCIA allo Sportello unico del Comune, che provvederà a trasmetterla alle altre amministrazioni coinvolte per i controlli di competenza. L'attività oggetto della segnalazione – come precisa l'art. 19, co. 2, l. 241/1990 – può essere iniziata, anche nei casi di cui al precitato co. 2 dell'art. 19 *bis*, dalla data della presentazione della segnalazione all'amministrazione competente. Quest'ultima vieta la prosecuzione dell'attività, ove risultino carenti i requisiti e i presupposti, oppure invita il privato a porre in essere le misure necessarie a conformare l'attività intrapresa alla normativa vigente, qualora ciò sia possibile e se il privato non provvede, l'attività si intende vietata. In alcuni casi l'amministrazione può disporre la sospensione dell'attività.

Il codice del turismo aveva promosso l'estensione generalizzata del sistema della SCIA per l'avvio e l'esercizio delle strutture turistico-ricettive: l'imperfetto è usato a ragion veduta, giacché l'art. 16 – chiaramente indirizzato in tal senso – è stato dichiarato costituzionalmente illegittimo da Corte cost. 80/2012, avendo lo Stato con tale disposizione inciso «sulla disciplina dei procedimenti amministrativi relativi ad attività turistiche, riservata dalla Costituzione alla competenza legislativa residuale delle Regioni».

L'idea che potesse riprendere vigore la l. 135/2001 non era da coltivare attesa l'espressa abrogazione di detta legge ad opera dell'art. 3 del d.lgs. 79/2011. Non restava che riconoscere, in materia, la spettanza alle Regioni – e solo ad esse – della decisione in ordine alla disciplina da applicare. Guardando ai modelli regionali in concreto adottati, notiamo una certa varietà, potendosi però cogliere la preferenza accordata a regimi non fondati sul rilascio di titolo autorizzatorio e, soprattutto, rispondenti positivamente all'istanza di semplificazione dei procedimenti: c'è, d'altronde, il d.lgs. 59/2010 che impone di muoversi in questa direzione. Diffusamente richiesta è la SCIA, in linea peraltro con quanto normative statali successive a Corte cost. 80/2012 hanno previsto.

Sono stati, infatti, emanati, in attuazione della delega conferita con l. 7-8-2015, n. 124, alcuni decreti legislativi aventi riguardo alla SCIA. Il già citato d.lgs. 126/2016 reca la disciplina generale applicabile ai procedimenti relativi alle attività private non soggette ad autorizzazione espressa e soggette a SCIA, ivi incluse le modalità di presentazione delle segnalazioni o istanze alle pubbliche amministrazioni, precisando – nell'art. 1, co. 2 – che allo «scopo di garantire certezza sui regimi applicabili alle attività private e di salvaguardare la libertà di iniziativa economica, le attività private non espressamente individuate ai sensi dei medesimi decreti o specificamente oggetto di disciplina da parte della normativa europea, statale e regionale, sono libere». Ad individuare distintamente le attività oggetto di procedimento, anche telematico, di comunicazione o di SCIA o di silenzio assenso, nonché quelle per le quali è necessario il titolo espresso, è il d.lgs. 25-11-2016, n. 222, che pure introduce le conseguenti disposizioni normative di coordinamento. È la tabella A – allegata al d.lgs. appena menzionato – ad elencare le attività ed i rispettivi regimi amministrativi ed ivi compaiono le strutture ricettive e gli stabilimenti balneari: le prime risultano soggette alla SCIA unica, essendo la segnalazione contemplata sia per l'avvio dell'attività che per la notifica sanitaria, mentre per i secondi si prevede la SCIA oppure la SCIA unica se all'avvio dell'attività è associata la somministrazione di cibi o bevande o l'impiego di impianti di diffusione sonora, in ogni caso previa concessione demaniale. L'art. 6, co. 2 del d.lgs. 222/2016 ha chiamato le Regioni e gli enti locali ad adeguarsi «alle disposizioni del presente decreto entro il 30-6-2017», ferma restando la possibilità – data agli stessi enti dall'art. 5 – di adottare, nel disciplinare i regimi amministrativi di loro competenza, livelli ulteriori e più elevati di semplificazione rispetto a quelli assicurati dal d.lgs. in questione. Il d.lgs. 222/2016 è stato adottato, in conformità con quanto previsto nell'art. 5, co. 2 della l. 124/2015, previa intesa intervenuta in sede di Conferenza unificata di cui all'art. 8 del d.lgs. 281/1997, ciò che dovrebbe valere – anche alla luce di quanto emerso da Corte cost. 25-11-2016, n. 251 – a sottrarlo a dubbi di illegittimità costituzionale. Va, peraltro, osservato che, già prima dell'emanazione del d.lgs. 222/2016, una disposizione analoga a quella prevista nel codice del turismo e censurata dalla Corte costituzionale, aveva dichiarato la soggezione alla SCIA, nei limiti e alle condizioni di cui all'art. 19 della l. 241/1990 e ai sensi dell'art. 29, co. 2 *ter* della medesima legge, dell'avvio e dell'esercizio delle strutture turistico-ricettive: alludiamo all'art. 13 del d.l. 83/2014, ispirato dalla necessità di apprestare con urgenza misure atte a semplificare gli adempimenti burocratici al fine di favorire l'imprenditorialità turistica.

Sono numerose le regole da osservare nello svolgimento dell'attività ricettiva e richiamarle tutte sarebbe complicato. C'è un'esigenza di controllo – questa volta – dei fruitori dell'ospitalità, che, soprattutto nell'attuale fase storica, ha un'importanza tutt'altro che trascurabile. L'art. 109 del testo unico delle leggi di pubblica sicurezza, come sostituito dall'art. 8 della l. 135/2001, impone ai gestori di esercizi alberghieri e di altre strutture ricettive, comprese quelle che forniscono alloggio in tende, roulotte, nonché ai proprietari o gestori di case e di appartamenti per vacanze e gli affittacamere, ivi compresi i gestori di strutture di accoglienza non convenzionali, ad eccezione dei rifugi alpini inclusi in apposito elenco istituito dalla Regione o dalla Provincia autonoma, di «dare alloggio esclusivamente a persone munite della carta d'identità o di altro documento idoneo ad attestarne l'identità secondo le norme vigenti», ovvero – trattandosi di stranieri extracomunitari – di «passaporto o di altro documento che sia considerato ad esso equivalente in forza di accordi internazionali, purché munito della fotografia del titolare». Sicché, una scheda va compilata, sottoscritta dal cliente e comunicata in copia all'autorità locale di pubblica sicurezza entro le ventiquattro ore successive all'arrivo. La normativa di pubblica sicurezza riguardante gli esercizi ricettivi si applica anche all'attività agrituristica.

Di rilievo notevole sono anche le regole riguardanti la corretta informazione e la pubblicità dei prezzi stabiliti dai singoli operatori. Di ciò si occupa il co. 2 dell'art. 11 cod. tur., il quale, scampato alla decimazione della Corte costituzionale e ricompreso tra le disposizioni riguardanti le strutture di natura alberghiera, è chiaro nel demandare a leggi regionali, sia la definizione di dette regole, sia «la previsione di sanzioni in caso di inosservanza degli obblighi di comunicazione alle regioni, nonché i controlli sulla effettiva applicazione delle tariffe comunicate». Non è in discussione, ovviamente, il diritto degli operatori di determinare liberamente il prezzo costituente il corrispettivo delle prestazioni effettuate. La l. 284/1991 – come afferma Corte cost. 22-4-1992, n. 188 – «ha realizzato una riforma fondamentale del mercato dei predetti servizi, in base alla quale da un regime di prezzi controllati, "amministrati" o "concordati" che fossero, si è passati a un regime di prezzi liberi»; sicché il controllo pubblico sull'attività ricettiva, a tutela del corretto svolgimento del gioco concorrenziale e a protezione del cliente-consumatore, riguarda ora soltanto l'informazione e la pubblicità. Questi profili sono regolati da leggi regionali, di norma quelle stesse che disciplinano le strutture ricettive; e va anche segnalata la competenza esclusiva regionale in relazione all'imposizione agli operatori dell'obbligo di comunicazione dei prezzi alla Regione, tra l'altro espressamente riconosciuta da Corte cost. 80/2012. All'impresa turistico-ricettiva si rivolge l'art. 1, co. 166, l. 4-8-2017, n. 124

per dichiarare nullo qualsiasi patto che la obblighi a non praticare alla clientela finale condizioni, anche relative al prezzo, migliorative rispetto a quelle che la stessa impresa pratica per il tramite di soggetti terzi: evidente è l'intento di non ostacolare l'applicazione di condizioni più favorevoli di quelle presentate dalle note piattaforme on line.

Entrano, in qualche modo, nel novero delle regole incidenti sull'attività delle strutture ricettive quelle introdotte dal Regolamento (UE) 2022/1925 sui mercati digitali (DMA – Digital Markets Act) e dal Regolamento (UE) 2022/2065 sui servizi digitali (DSA – Digital Services Act), miranti a regolare le attività delle piattaforme *online* garantendo maggiore trasparenza e concorrenza nel mercato digitale. Ma non vanno tralasciate anche le misure adottate al precipuo fine di garantire lo sviluppo, in primo luogo mediante il loro ammodernamento. Alludiamo soprattutto alle agevolazioni e ai benefici concessi ad alberghi ed esercizi ricettivi in genere per aggiornare strutture e modelli organizzativi adottati, onde sfruttare appieno le potenzialità offerte dalle moderne tecnologie. L'art. 9 del d.l. 83/2014, ad esempio, per sostenere la competitività del sistema turismo, favorendo la digitalizzazione del settore, ha riconosciuto un credito d'imposta per il 2014, 2015 e 2016 agli esercizi ricettivi singoli o aggregati con servizi extra-ricettivi o ancillari, nonché ad agenzie di viaggi e a tour operator aventi certi requisiti, nella misura del 30% dei costi sostenuti per investimenti in dotazioni, programmi e sistemi informatici e attività di sviluppo della digitalizzazione, fino all'importo massimo complessivo di 12.500 euro nei periodi di imposta sopra indicati. Le disposizioni applicative di dette misure di agevolazione fiscale sono demandate ad un decreto attuativo del Ministro dei beni e delle attività culturali e del turismo, che è stato emanato il 12-2-2015. Un credito d'imposta nella misura del 30 per cento fino ad un massimo di 200.000 euro è anche concesso dall'art. 10 dello stesso d.l. alle imprese alberghiere esistenti alla data dell'1-1-2012 per le spese sostenute per interventi di ristrutturazione edilizia, di eliminazione delle barriere architettoniche, di incremento dell'efficienza energetica. Le disposizioni applicative per l'attribuzione di detto credito d'imposta sono contenute nel decreto del Ministro dei beni e delle attività culturali e del turismo del 7-5-2015. La l. 11-12-2016, n. 232 (legge di bilancio 2017) ha prorogato questo bonus fiscale estendendolo agli agriturismi ed aumentando la misura dell'aiuto e la l. 27-12-2017, n. 205 (legge di bilancio 2018) ha disposto un'ulteriore proroga fino al 2020 includendo nel novero dei beneficiari i campeggi. Una serie di agevolazioni fiscali è pure prevista per le strutture ricettive di carattere alberghiero la cui attività si caratterizza per la rispondenza a chiari ed apprezzabili obiettivi sociali. Ma una recente sentenza della Corte di cassazione ha negato l'applicazione di dette agevolazioni – trattavasi, nella fattispecie, dell'imposta sul reddito delle società (IRES) ridotta – agli alberghi e ai pensionati gestiti da enti religiosi o non profit che non offrano prezzi "significativamente ridotti" rispetto a quelli di mercato: una diversa conclusione – ha osservato la Corte – altererebbe il regime di libera concorrenza tra gli imprenditori privati del settore alberghiero, tramutandosi il beneficio in vero e proprio aiuto di Stato.

Un cenno finale va dedicato ad una novità qualche anno fa introdotta, riguardante la materia dei rapporti di lavoro che, nel settore turistico e nelle strutture ricettive in particolare, sono per lo più di natura occasionale quando strutturalmente e immancabilmente caratterizzati dalla stagionalità. Come si ricorderà, il d.lgs. 15-6-2015, n. 81, in attuazione della delega al Governo per riordino della disciplina dei rapporti di lavoro realizzato con il c.d. Jobs Act, aveva previsto e disciplinato negli artt. 48, 49 e 50 le prestazioni di lavoro accessorio, retribuite tramite l'utilizzazione di buoni, più noti come *vouchers*. L'abnorme diffusione di questi ultimi, tuttavia, ne consigliò ben presto l'abolizione, realizzata ad opera del d.l. 17-3-2017, n. 25 (convertito, con modificazioni, dalla l. 20-4-2017, n. 49) che, nell'art. 1, recava abrogazione dei predetti articoli. La novità poc'anzi rilevata si lega al d.l. 12-7-2018, n. 87 (convertito, con modificazioni, dalla l. 9-8-2018, n. 96), il quale – a dire il vero – non reca disposizioni volte a ripristinare l'uso dei *vouchers* nel settore del turismo, ma ha agevolato il ricorso al contratto di prestazione occasionale telematico (sovente denominato, con un acronimo, PrestO) per le aziende operanti nel turismo e in agricoltura. Quella qui richiamata è una tipologia di contratto prevista dall'art. 54 *bis* del d.l. 50/2017, utilizzabile per lo più da imprese di piccole dimensioni per acquisire, con modalità semplificate, prestazioni di lavoro occasionali o saltuarie di ridotta entità, entro determinati limiti di importo e nel rispetto di certe condizioni e modalità, tra le quali la previa registrazione in un'apposita piattaforma informatica gestita dall'INPS, chiamato poi materialmente ad erogare il compenso al lavoratore attraverso un sistema di pagamento elettronico. Possono far ricorso al contratto PrestO le aziende alberghiere e le strutture ricettive operanti nel settore del turismo aventi alle proprie dipendenze fino ad otto lavoratori, per pagare le prestazioni rese da pensionati, studenti under 25, disoccupati e percettori del reddito di inclusione o di altre forme di sostegno al reddito. L'utilizzatore è tenuto a trasmettere all'INPS almeno un'ora prima dell'inizio della prestazione una serie di informazioni, tra cui la data e l'ora di inizio della stessa, ovvero «se si tratta di imprenditore agricolo, di azienda alberghiera o struttura ricettiva che opera nel settore del turismo o di ente locale, la data di inizio e il monte orario complessivo presunto con riferimento ad un arco temporale non superiore a dieci giorni»; ulteriori e più dettagliate indicazioni di dettaglio su questo regime speciale possono rinvenirsi nella circolare INPS 7-10-2018, n. 103. Per effetto di una modifica apportata all'art. 54 *bis* dal d.l. 4-5-2023, n. 48 (convertito, con modificazioni, dalla l. 3-7-2023, n. 85) è stato consentito il ricorso al contratto di prestazione occasionale anche agli utilizzatori operanti nei settori dei congressi, delle fiere, degli eventi, degli stabilimenti termali e dei parchi divertimento aventi alle proprie dipendenze fino a venticinque lavoratori subordinati a tempo indeterminato.

3. *Le altre attività*

Indichiamo genericamente come "altre" una serie di attività che mal si prestano ad essere annoverate tra quelle "ricettive" e che, comunque, si presentano legate al concetto di impresa turistica o, in senso lato, accostabili al turismo. Saranno prese in esame, l'una dopo l'altra, rispettando l'ordine in cui si trovano richiamate nell'allegato al noto d.p.c.m. Il tutto, per restituire un quadro, certamente non esaustivo, ma sufficientemente articolato, dal quale trarre una visione d'assieme sul complesso delle attività che col turismo hanno a che fare.

3.1. *Turismo, tempo libero e benessere. L'attività di promozione turistica*

«2. *Attività, indirizzate prevalentemente ai non residenti, finalizzate all'uso del tempo libero, al benessere della persona, all'arricchimento culturale, all'informazione, la promozione e la comunicazione turistica, ove non siano di competenza di altri comparti, fra le quali i parchi a tema e le imprese di gestione di strutture convegnistiche e congressuali, nonché di organizzazione di iniziative e manifestazioni di medesimo oggetto*».

La seconda delle sei tipologie elencate nell'allegato al d.p.c.m. ricomprende un ventaglio di attività turistiche tra di loro diverse, molte delle quali in qualche modo accomunate dalla tensione al benessere psicofisico della persona. Altre si presentano legate alla promozione turistica, che – come vedremo – è attività rientrante tra i compiti istituzionalmente assegnati ad alcuni soggetti.

La vita sottopone a stress e il tempo libero va utilmente speso per rilassarsi, per dedicarsi ad hobbies, per provare il gusto del "dolce far nulla" o per svolgere attività, quali che siano, che procurano benessere. Le considerazioni sinora esposte dovrebbero aver dimostrato quale importante contributo sono in grado di offrire le attività turistiche al benessere psico-fisico della persona. Anche il codice del turismo dedica attenzione al "turismo del benessere", ma lo fa nell'art. 28 rimandando alla disciplina prevista nel Titolo III e, quindi, avendo a riferimento il benessere legato alla qualità dell'ospitalità offerta dalle strutture ricettive. Un'accezione più lata di benessere trova riscontro nella menzione – in via solo esemplificativa operata nel d.p.c.m. – dei parchi a tema (anche detti "tematici") e del turismo legato ad esigenze convegnistiche o congressuali.

Non c'è, dunque, solo il benessere fisico. Anche l'arricchimento culturale e l'affinamento delle competenze professionali contribuiscono al benessere. Sovente, per poter fruire di iniziative culturali – abbiano esse natura convegnistica e congressuale o siano di altro genere – bisogna viaggiare e capita di frequente che l'occasione sia sfruttata anche per visitare da turista luoghi e siti nella località di destinazione o in altre limitrofe. Com'è facile intuire, l'organizzazione di dette iniziative è un potente volano per il turismo e se il d.p.c.m. valorizza il binomio turismo-convegni lo fa a ragion veduta, anche in considerazione degli interessi economici che ruotano intorno alla convegnistica.

L'associazione tra benessere e parchi è più immediata. Il d.p.c.m. menziona i "parchi a tema", ma è ai parchi – in senso lato intesi – che viene spontaneo e naturale associare il benessere. I parchi – bellezze naturali e luoghi di vita all'aria aperta – consentono di ritemprare il fisico, lo spirito e la mente. Benessere e turismo trovano, dunque, in essi un momento di incontro: in tutti i parchi, senza eccezioni. Ad essi – e non solo – allude, in modo chiaro, l'art. 29 cod. tur., dedicato al turismo della natura e faunistico, cioè alle «attività di ospitalità, ricreative, didattiche, culturali e di servizi finalizzate alla corretta fruizione e alla valorizzazione delle risorse naturalistiche, del patrimonio faunistico e acquatico e degli itinerari di recupero delle ippovie e delle antiche trazzere del Paese».

L'Europa è ricchissima di parchi ed è ben consapevole della necessità di preservarli, per la generazione attuale e per quelle che verranno: può dirsi ormai accreditato nella coscienza generale il connubio tra parco e area protetta. C'è anche un'organizzazione paneuropea, politicamente indipendente e non governativa, che si occupa di sostenere e promuovere la grande varietà delle aree protette d'Europa: è la *Europarc Federation*, che rappresenta circa 450 membri tra aree protette (quali parchi nazionali, parchi regionali, aree di eccezionale bellezza naturalistica, e riserve della biosfera), agenzie governative, ONG ed imprese di 36 paesi. Prendendo spunto dalle raccomandazioni presenti in uno studio del 1993 dal titolo «*Loving Them to Death? Sustainable Tourism in Europe's Nature and National Parks*», la *Europarc Federation* ha elaborato la «Carta Europea per il Turismo Sostenibile nelle Aree Protette (CETS)», il cui testo ufficiale è stato pubblicato per la prima volta dalla *Fédération des Parcs naturels régionaux de France* nel 1999, ed è stato rivisto ed aggiornato dalla Federazione EUROPARC. Si tratta di uno strumento metodologico ed una certificazione volta a consentire una migliore gestione delle aree protette per lo sviluppo del turismo sostenibile. La Carta delinea una strategia e un piano d'azione comune per la tutela del patrimonio naturale e culturale e il continuo miglioramento della gestione del turismo nell'area protetta a favore dell'ambiente, della popolazione locale, delle imprese e dei visitatori. Anche in Italia i parchi naturali e le aree protette sono numerosissimi e particolarmente ameni. La sezione italiana di *Europarc Federation* – la Federparchi-Europarc Italia – in considerazione dell'alta valenza turistica dei parchi italiani, si è fortemente impegnata nella diffusione della Carta e ha avviato la costruzione di una rete tra tutti i soggetti che la applicano o intendono applicarla, stipulando anche a questo fine vari accordi tesi a promuovere occasioni di approfondimento e confronto tecnico scientifico sui temi dello sviluppo economico e della sostenibilità turistica. Numerosi parchi italiani hanno ottenuto la valutazione positiva da *Europarc Federation* sul piano d'azione e quindi il Diploma della Carta Europea per il Turismo Sostenibile nelle Aree Protette: sono state cinque, nel solo 2016, le aree protette italiane che hanno conseguito l'accreditamento (trattasi dei parchi nazionali Arcipelago Toscano e Cilento, dell'area marina protetta di Torre Guaceto, del Parco del Monviso e della riserva regionale Gole del Furlo).

Procurano benessere anche i parchi di divertimento, numerosi in Italia, strutturati per consentire ai fruitori (spesso intere famiglie) di trascorrere serene giornate di svago tra attrazioni varie: parchi acquatici, parchi faunistici, parchi didattici, ecc. È soprattutto nell'ambito dei parchi da ultimo segnalati che si registra la presenza dei "parchi a tema", così definiti per il nesso – chiaro e "portante" – con modelli, soggetti, arti e mestieri, personaggi e creazioni del mondo della fantasia, animali, luoghi geografici particolarmente apprezzati, fatti o eventi riconoscibili e di regola assai noti: ce ne sono svariati in Italia (per citarne a caso alcuni, Gardaland Park, Italia in miniatura, Cinecittà World, Mirabilandia, Leolandia, Zoomarine) e il legame col tema finisce, inevitabilmente, per segmentare il target dell'utenza.

Il d.p.c.m. pone anche l'accento su informazione, promozione e comunicazione turistica, le quali – a ben vedere – rilevano, non solo isolatamente considerate, ma anche nella loro concatenazione. Si può, anzi, affermare che rappresentino un tutt'uno e, d'altronde, non c'è promozione che possa fare a meno dell'informazione e della comunicazione. Se il turismo è fattore di crescita individuale, sociale ed economica, inutile sottolineare – tanto è evidente – che promuoverne ed incentivarne lo sviluppo è obiettivo che va posto al centro di ogni sana politica del settore. Si può, dunque, senza tema di smentita, affermare che promuovere e sviluppare il turismo è strategicamente essenziale, per mille ragioni e non solo per il contributo importante che reca all'espansione economica; lo è stato anche nella fase di grave difficoltà per il turismo causata dall'epidemia da COVID-19, come rivela – a tacer d'altro – l'art. 179 del d.l. 34/2020 che, allo scopo di favorire la ripresa dei flussi turistici in ambito nazionale, istituì il "Fondo per la promozione del turismo in Italia", con una dotazione di 20 milioni di euro nel 2020. E se riconosciamo – come sembra doveroso – la centralità alla promozione, diventa, allora, opportuno offrire qualche ragguaglio sugli enti che, a livello internazionale e nazionale, più di altri provvedono alla cura di questa fondamentale voce dell'attività turistica.

Ci è già capitato di parlare dell'Organizzazione mondiale del turismo (OMT), che è istituzione legata all'ONU e dall'ONU incaricata di promuovere nel mondo un turismo responsabile, sostenibile, accessibile a tutti e aperto a nuove destinazioni turistiche, onde assicurare una distribuzione equilibrata dei flussi e favorire la crescita economica e sociale dei Paesi in via di sviluppo. L'azione dell'OMT, svolta nel contesto globale, riverbera positivi effetti al di là del settore del turismo, contribuendo al miglioramento delle relazioni internazionali, alla salvaguardia della pace, alla lotta alla povertà, al rispetto universale e all'osservanza dei diritti umani e delle libertà fondamentali senza distinzione di razza, sesso, lingua, religione. L'Italia è membro effettivo dell'OMT dal 1978, avendone con l. 27-12-1977, n. 1018 approvato e dato esecuzione allo statuto adottato a Città del Messico il 27-9-1970. All'OMT si è già in precedenza fatto cenno; ma certo non guasta qualche ulteriore ragguaglio sulla storia e la realtà di un'organizzazione così importante.

La vicenda che ha portato alla nascita dell'OMT prende avvio in anni lontani. Bisogna, infatti, risalire all'immediato secondo dopoguerra, quando, nel 1946, si riunì a Londra il primo Congresso internazionale degli organismi nazionali del turismo, che decise di dar vita ad una nuova organizzazione internazionale non governativa, al posto dell'Unione internazionale degli organismi ufficiali di promozione turistica (UIOOPT) costituita nel 1934. Si tenne, così, a L'Aia nel 1947 la prima Assemblea dell'Unione internazionale degli Organismi ufficiali del turismo (UIOOT) e l'anno successivo fu istituita la Commissione europea del turismo (CET), in seno all'UIOOT. Su iniziativa di quest'ultima, si riunì a Roma nel 1963 la Conferenza delle Nazioni Unite sul turismo e i viaggi internazionali e, su sollecitazione dell'ONU, l'Assemblea generale straordinaria dell'UIOOT convocata a Città del Messico il 27-9-1970 adottò lo statuto dell'OMT: a partire dal 1980, sarà celebrata annualmente in questa data la Giornata mondiale del turismo. La creazione dell'OMT «come organizzazione internazionale di carattere intergovernativo, risultante dalla trasformazione dell'Unione internazionale degli Organismi ufficiali di turismo (UIOOT)» è sancita dall'art. 1 di detto Statuto. La prima Assemblea generale dell'OMT si è riunita nel maggio 1975 a Madrid, e, da quel momento in poi, l'attività si è sviluppata in modo intenso e in varie direzioni. Nell'ottobre 2003 l'OMT è entrata ufficialmente nel novero delle Agenzie specializzate delle Nazioni Unite e un mese dopo è intervenuta la ratifica di questo nuovo "*status*" da parte dell'Assemblea Generale ONU.

Consta, attualmente, che facciano parte dell'OMT 159 Paesi (l'ultimo, ammesso nel 2019, è la Repubblica di Palau), 6 membri associati e più di 480 membri affiliati in rappresentanza del settore privato, delle associazioni turistiche e delle autorità locali impegnate in ambito turistico. Questa larga composizione fa dell'OMT un referente privilegiato, in grado di fornire assistenza e supporto allo sviluppo di politiche avanzate del turismo nel mondo. Sono organi dell'OMT, che ha sede a Madrid, l'Assemblea Generale (che si riunisce in sessione ordinaria ogni due anni ed ogni quattro anni elegge il Segretario Generale), il Consiglio Esecutivo (che è composto da 30 membri eletti dall'Assemblea Generale, oltre alla Spagna che occupa un posto permanente, e si riunisce almeno due volte all'anno), le Commissioni regionali (in numero di sei – relative all'Africa, alle Americhe, all'Asia Meridionale, all'Asia Orientale e al Pacifico, all'Europa e al Medio Oriente – si riuniscono almeno una volta all'anno), i Comitati specializzati (operanti ciascuno in ambiti specifici, con compiti di consulenza in ordine alla gestione e all'esecuzione del programma di azione). Fanno parte della struttura anche organi sussidiari e, tra questi, il Comitato mondiale per l'etica nel turismo, che l'allegato al Codice etico mondiale per il turismo identifica quale organismo incaricato di interpretare, applicare e valutare le disposizioni del codice medesimo: in questa veste, l'art. 10 gli affida il compito, ove necessario, di elaborare direttive relativamente alle modalità di attuazione dei principi enunciati nel Codice *de quo* e di risolvere, quale "organismo terzo imparziale", le controversie sottoposte dai «responsabili dello sviluppo turistico concernenti l'applicazione o l'interpretazione» del codice.

L'Italia svolge azione di promozione turistica nell'OMT, ma a livello nazionale c'è chi cura istituzionalmente questa importantissima attività ed è l'Ente nazionale italiano per il turismo (ENIT).

L'ENIT ha una lunga storia, che affonda le sue radici nel passato e si proietta nel futuro. Nasce dalla trasformazione, ad opera del d.p.r. 27-8-1960, n. 1041, dell'Ente nazionale per l'incremento delle Industrie Turistiche, costituito dopo la prima guerra mondiale con r.d.l. 12-11-1919, n. 2099. La l. 11-10-1990, n. 292 ne definì l'ordinamento, riconoscendogli la personalità giuridica di diritto pubblico e l'autonomia statutaria e regolamentare e legandone le funzioni istituzionali alla promozione dell'immagine del prodotto turistico italiano all'estero e all'erogazione di servizi volti a favorire la penetrazione delle imprese turistiche italiane sui mercati stranieri. Il successivo passaggio è segnato dall'art. 12 del d.l. 14-3-2005, n. 35 (convertito, con modificazioni, in l. 14-5-2005, n. 80), che, per promuovere l'immagine unitaria dell'offerta turistica nazionale e favorirne la commercializzazione a livello nazionale ed internazionale, operò la trasformazione dell'ENIT nella «Agenzia nazionale del turismo» – sempre associata all'acronimo ENIT – dotata di personalità giuridica di diritto pubblico, con autonomia statutaria, regolamentare, organizzativa, patrimoniale, contabile e di gestione, sottoposta all'attività di indirizzo e vigilanza del Ministro delle attività produttive; lo stesso articolo istituiva, con compiti di orientamento e coordinamento delle politiche turistiche nazionali e di indirizzo per l'attività dell'Agenzia, il Comitato nazionale per il turismo. Il codice del turismo, nell'art. 57, ha confermato questi caratteri nell'ENIT, facendo espresso richiamo al regolamento che ne regola l'organizzazione e l'operare contenuto nel d.p.r. 6-4-2006, n. 207 e demandando, però, l'attività di indirizzo e vigilanza al Presidente del Consiglio dei Ministri o al Ministro delegato; inalterate anche le funzioni, seppure l'art. 57 cod. tur. ponga l'accento sulla «promozione all'estero dell'immagine unitaria dell'offerta turistica nazionale» e sul *favor* alla commercializzazione volto anche a rendere detta offerta competitiva sui mercati internazionali. È seguita un'ulteriore trasformazione. L'art. 16 del d.l. 83/2014, che ha abrogato l'art. 12 del d.l. 35/2005, ha trasformato l'ENIT-Agenzia nazionale del turismo in ente pubblico economico, avente autonomia statutaria, regolamentare, organizzativa, patrimoniale, contabile e di gestione, sottoposto alla vigilanza del Ministro dei beni e delle attività culturali e del turismo. La sua *mission* di promozione del turismo è stata meglio precisata: l'ente interviene «per individuare, organizzare, promuovere e commercializzare i servizi turistici e culturali e per favorire la commercializzazione dei prodotti enogastronomici, tipici e artigianali in Italia e all'estero, con particolare riferimento agli investimenti nei mezzi digitali, nella piattaforma tecnologica e nella rete internet». In questo quadro, l'ENIT elabora atti e strategie volti a dare risposte adeguate, sia alla domanda collettiva organizzata dagli operatori italiani e stranieri del settore (tour operator e agenzie di viaggio), sia alla domanda individuale di centinaia di milioni di cittadini esteri, utenti potenziali od attuali, dei servizi turistici italiani. Nell'ambito di queste finalità, è lo statuto a definire i compiti dell'ENIT, il quale, per assolvere ai medesimi, può stipulare convenzioni con le Regioni e le Province autonome di Trento e di Bolzano, gli enti locali ed altri enti pubblici. A detto statuto il co. 6 del citato art. 16 ha affidato il compito di disciplinare funzioni, competenze e durata dell'Osservatorio Nazionale del Turismo (ONT), istituito con d.p.r. 6-4-2006, n. 207 – e successivamente regolamentato con d.p.c.m. 16-2-2007 – per svolgere compiti di studio, analisi e monitoraggio delle dinamiche economico-sociali e tecnologiche, qualitative e quantitative d'interesse turistico; agli stessi fini sono istituiti, a livello regionale, Osservatori Regionali del Turismo.

Ma l'ENIT-Agenzia nazionale del turismo ha ormai vita breve, essendone prevista la soppressione. A prefigurarla imminente è il d.l. 44/2023 che, all'art. 25, autorizza il Ministero del turismo a costituire nell'anno 2023 una società per azioni denominata «ENIT S.p.A.» destinata a subentrare all'ENIT-Agenzia nazionale del turismo in tutti i rapporti giuridici, attivi e passivi, beni, partecipazioni e gestioni sociali e a conservare i diritti e gli obblighi anteriori alla trasformazione. Alla nuova società è demandato lo svolgimento dell'attività di supporto e promozione dell'offerta turistica nazionale, così da potenziarne l'attrattività, anche attraverso adeguate forme di destagionalizzazione, diversificazione dell'offerta, valorizzazione mirata di strutture e siti con spiccata vocazione turistica, nonché tramite la formazione specialistica degli addetti ai servizi e lo sviluppo di un ecosistema digitale per la più efficiente e razionale fruizione dei beni e servizi offerti in tali settori. La maggioranza delle azioni costituenti il capitale sociale di ENIT S.p.A., dichiarate inalienabili, è attribuita al Ministero dell'economia e delle finanze, alle regioni e alle province di Trento e di Bolzano. La decorrenza degli effetti della trasformazione è legata all'entrata in vigore di un decreto del Ministro del turismo, chiamato a determinare scopi, patrimonio e organizzazione della società, nonché lo schema di statuto.

Svolgere efficacemente l'attività di promozione significa coordinare l'azione dei diversi soggetti ad essa interessati operanti nel settore del turismo «con la politica e la programmazione nazionale». A questo fine, l'art. 58 cod. tur. ha previsto l'istituzione, con decreto del Presidente del Consiglio dei Ministri o del Ministro delegato, da adottarsi d'intesa con la Conferenza permanente per i rapporti tra lo Stato, le Regioni e le Province autonome di Trento e di Bolzano, del Comitato permanente di promozione del turismo in Italia, nel quale hanno rappresentanza tutti i soggetti pubblici e privati operanti nel settore. Registriamo, in pratica, la riproposizione del comitato già istituito in attuazione dell'art. 12 del d.l. 35/2005. Al nuovo comitato è affidata la promozione delle «azioni relative ai seguenti ambiti: a) identificazione omogenea delle strutture pubbliche dedicate a garantire i servizi del turista; b) accordi di programma con le Regioni e sviluppo della strutturazione turistica sul territorio progetti di formazione nazionale al fine di promuovere lo sviluppo turistico; c) sostegno ed assistenza alle imprese che concorrono a riqualificare l'offerta turistica nazionale; d) promozione dell'immagine dell'Italia, nel settore turistico, all'interno confini nazionali, con particolare riguardo ai sistemi ed una comunicazione unitaria; e) turistici di eccellenza, garantendo sul territorio pari opportunità di propaganda organizzazione dei momenti e degli eventi di carattere nazionale, ad impulso turistico che coinvolgano territori, soggetti pubblici e privati; f) raccordo e cooperazione tra regioni, province e comuni e le istituzioni di governo; g) promozione a fini turistici del marchio Italia». Con d.m. 23-6-2021, acquisita l'intesa con la Conferenza permanente Stato-Regioni, detto comitato è stato istituito, presso il Ministero del turismo; lo stesso d.m. ne precisa i compiti, la composizione e le regole relative all'organizzazione e al funzionamento.

Se parliamo di promozione turistica, infine, non va trascurato il ruolo, tutt'altro che marginale, assolto da associazioni e fondazioni di diritto privato, a livello locale (si pensi alle associazioni Pro-loco, la prima istituita nel 1881 a Pieve Tesino, in provincia di Trento) e nazionale (Touring Club Italiano, Centro Turistico Studentesco Giovanile, Fondo Ambiente Italiano, Club Alpino Italiano): molte di esse sono associazioni di promozione sociale, e, dunque, enti del Terzo settore soggetti alla disciplina del d.lgs. 117/2017.

3.2. *Balneazione e turismo nautico. La vicenda delle concessioni demaniali marittime con finalità turistico-ricreative*

«3. *Attività correlate con la balneazione, la fruizione turistica di arenili e di aree demaniali diverse e il turismo nautico quali le imprese di gestione di stabilimenti balneari, definiti come pubblici esercizi di norma posti su area in concessione demaniale, attrezzati per la balneazione, l'elioterapia e per altre forme di benessere della persona, con attrezzature idonee a svolgere e a qualificare tali attività, le imprese di gestione di strutture per il turismo nautico, attrezzate per l'ormeggio o la sosta delle imbarcazioni da diporto stazionanti per periodi fissi o in transito, e le imprese di cabotaggio turistico e di noleggio nautico*».

Le attività qui elencate si collegano al turismo su mari, laghi o fiumi – beni, quindi, appartenenti al pubblico demanio (v. art. 822 c.c.) – e spaziano dalla balneazione (ormai connessa alla fruizione degli arenili non solo per fare bagni, ma anche per lo svolgimento di pratiche sportive e trattamenti wellness e terapeutici) al vero e proprio turismo nautico, che rimanda all'impiego di mezzi di trasporto sull'acqua per finalità, giustappunto, turistiche, per lo più legate allo svago e al divertimento.

Guardando a quest'ultimo, il d.lgs. 18-7-2005, n. 171, recante il Codice della nautica da diporto ed attuazione della dir. 2003/44/CE, è il referente normativo più significativo. Esso contiene disposizioni riguardanti il regime della navigazione da diporto, il regime amministrativo delle unità da diporto, i contratti di utilizzazione di dette unità (locazione, noleggio), le sanzioni applicabili; il tutto corredato da una serie di allegati (ora in larga parte abrogati). In forza del co. 3 dell'art. 1, per quanto non previsto dal codice, si applicano in materia di navigazione da diporto le leggi, i regolamenti e gli usi di riferimento ovvero, in mancanza, le disposizioni del Codice della navigazione approvato con r.d. 30-3-1942, n. 327 e relative norme attuative. Il procedimento di concessione di beni del demanio marittimo per la realizzazione di strutture dedicate alla nautica da diporto, il procedimento di approvazione dei relativi progetti, nonché gli altri procedimenti connessi o strumentali sono disciplinati dal d.p.r. 2-12-1997, n. 509, sul quale poi ci soffermeremo. L'art. 27, co. 6, d.lgs. 171/2005 demanda ad ordinanza della competente autorità marittima o della navigazione interna, d'intesa con gli enti locali, di disciplinare l'utilizzazione dei natanti da diporto ai fini di locazione o di noleggio per finalità ricreative o per usi turistici di carattere locale, nonché di appoggio alle immersioni subacquee a scopo sportivo o ricreativo.

Il codice della nautica da diporto ha subito modifiche di rilievo, dapprima ad opera del d.l. 13-5-2011, n. 70 (convertito, con modificazioni, dalla l. 12-7-2011, n. 106) e, da ultimo, per effetto del d.lgs. 3-11-2017, n. 229 (che ha anche inserito nuove disposizioni, quali quelle relative alle figure professionali per le unità da diporto ed alle scuole nautiche e centri di istruzione per la nautica). I co. 1 e 2 dell'art. 1 risultano riformulati. Nell'originaria versione del co. 1 è «navigazione da diporto quella effettuata in acque marittime ed interne a scopi sportivi o ricreativi e senza fine di lucro»; il testo attuale precisa che le «disposizioni del presente codice si applicano alla navigazione da diporto esercitata, per fini esclusivamente lusori o anche commerciali, mediante le unità da diporto di cui all'art. 3 del presente codice, nonché alle navi di cui all'art. 3 della l. 8-7-2003, n. 172» (trattasi di quelle destinate esclusivamente al noleggio per finalità turistiche). Stando al vigente co. 2, si deve intendere «per navigazione da diporto», oltre a quella effettuata in acque marittime ed interne a scopi sportivi o ricreativi e senza fine di lucro, pure «quella esercitata a scopi commerciali, anche mediante le navi di cui all'art. 3» da ultimo citato e ferma restando la disciplina ivi prevista. Altra modifica è legata al d.lgs. 11-1-2016, n. 5 – recante attuazione della dir. 2013/53/UE relativa alle unità da diporto e alle moto d'acqua – che, oltre a stabilire i requisiti per la progettazione e la fabbricazione di detti prodotti e le norme sulla loro libera circolazione nell'UE, ha abrogato pressoché totalmente il Capo II del d.lgs. 171/2005 e gli allegati a quest'ultimo. Restano descritte nell'art. 3 del codice le varie unità da diporto: la distinzione tra nave, imbarcazione e natante si fonda sulla lunghezza dello scafo. È prevista dal co. 1 dell'art. 15 l'iscrizione delle navi e delle imbarcazioni da diporto nell'Archivio telematico centrale delle unità da diporto (ATCN), mentre gli artt. 22 ss. disciplinano l'abilitazione alla navigazione. A norma dell'art. 40, la responsabilità civile verso i terzi derivante dalla circolazione delle unità da diporto è regolata dall'art. 2054 c.c. e, quanto alla prescrizione, dall'art. 2947, co. 2, c.c. L'art. 41 del d.lgs. 171/2005 prescrive, per le unità da diporto definite dall'art. 3, escluse quelle a remi e a vela non dotate di motore ausiliario, l'assicurazione obbligatoria della responsabilità civile verso terzi; l'obbligo è, altresì, contemplato dall'art. 123 del d.lgs. 7-9-2005, n. 209 (codice delle assicurazioni private) il quale, con l'esclusione delle sole unità non dotate di motore, fa divieto di porre in navigazione in acque ad uso pubblico o su aree a queste equiparate unità da diporto non coperte da assicurazione. Delle procedure amministrative inerenti dette unità da diporto (dichiarazione di costruzione, iscrizione nei registri, pubblicità degli atti, ecc.), delle discipline relative alle patenti nautiche ed alla sicurezza della navigazione da diporto e delle imbarcazioni e natanti da diporto, delle sanzioni applicabili in ipotesi di violazioni, si occupano, oltre al codice della nautica da diporto, altri testi normativi, con previsioni di dettaglio che – per esigenze di sintesi – evitiamo in questa sede di illustrare.

La locazione di unità da diporto è definita e disciplinata negli artt. 42 ss. del codice, che dedica gli artt. 47 ss. al contratto di noleggio di unità da diporto. Quest'ultimo è fattispecie distinta dal contratto di noleggio di nave di cui agli artt. 384 ss. cod. nav. e basta far riferimento alle definizioni dei due contratti per averne riprova. Il noleggio di unità da diporto è il contratto con cui una delle parti, in corrispettivo del nolo pattuito, si obbliga a mettere a disposizione dell'altra l'unità da diporto per un determinato periodo da trascorrere a scopo ricreativo in zone marine o acque interne di sua scelta, da fermo o in navigazione, alle condizioni stabilite dal contratto, fermo restando che l'unità noleggiata rimane nella disponibilità del noleggiante, alle cui dipendenze resta anche l'equipaggio; nel noleggio di nave l'armatore (cioè il noleggiante, avente la disponibilità della nave), in corrispettivo del nolo pattuito, si obbliga invece a compiere con una nave determinata uno o più viaggi prestabiliti ovvero, entro il periodo di tempo convenuto, i viaggi ordinati dal noleggiatore alle condizioni stabilite dal contratto o dagli usi. Hanno a che fare con la nautica da diporto anche i contratti "atipici" di ormeggio e di rimessaggio: il primo consente al diportista, dietro corrispettivo, di vedersi assegnato uno spazio acqueo protetto per la sosta di breve o di lungo periodo del natante, cui si aggiunge sovente la disponibilità di servizi ulteriori (somministrazione di acqua corrente ed energia elettrica, allacciamento telefonico, ecc.); il secondo – che presenta analogie col contratto di parcheggio e non riguarda solo imbarcazioni (si pensi al rimessaggio di camper o roulotte) – fa perno sulla presa in custodia del bene, temporaneamente non utilizzato, riposto in uno spazio dotato di servizi atti a mantenerlo in efficienza. Il contratto di ormeggio è assimilabile al deposito quando contempla l'affidamento dell'unità da diporto alla custodia del gestore della struttura portuale, mentre è riconducibile alla locazione quando ha ad oggetto semplicemente la messa a disposizione di detta struttura. Questo diverso modo di atteggiarsi condiziona il regime della responsabilità dell'ormeggiatore per i danni subiti dall'unità da diporto (v., al riguardo, Cass. 1-6-2004, n. 10484, in **Appendice**).

È anche pertinente il richiamo alla legge che ha provveduto al riordino della legislazione in materia portuale: trattasi della l. 28-1-1994, n. 84, che ha subito varie modifiche (di particolare rilievo quelle apportate dal d.lgs. 4-8-2016, n. 169, dal d.lgs. 13-12-2017, n. 232 e dal d.l. 10-9-2021, n. 121, convertito, con modificazioni, dalla l. 9-11-2021, n. 156). Nella classificazione dei porti, ivi prevista nell'art. 4, rientrano quelli con funzione turistica e da diporto, ricompresi dal co. 3 tra i porti, o le specifiche aree portuali di cui alla categoria II, classi I, II e III.

È affidata alle Autorità di sistema portuale la redazione di un documento di programmazione strategica di sistema (DPSS), coerente con il Piano generale dei trasporti e della logistica e con gli orientamenti europei in materia di portualità, logistica e reti infrastrutturali nonché con il Piano strategico nazionale della portualità e della logistica; la pianificazione del sistema portuale – afferma l'art. 4 *bis* introdotto dal d.lgs.

169/2016 – deve essere rispettosa dei criteri di sostenibilità energetica ed ambientale, in coerenza con le politiche promosse dalle vigenti direttive europee in materia.

Il d.p.r. 2-12-1997, n. 509 reca il regolamento che disciplina il procedimento di concessione di beni del demanio marittimo per la realizzazione di strutture dedicate alla nautica da diporto; concessione che – a norma dell'art. 2, co. 2 e 3 – è rilasciata con atto approvato dal direttore marittimo (se la durata non è superiore a quindici anni) o dal dirigente generale preposto alla Direzione generale del demanio marittimo e dei porti del Ministero dei trasporti e della navigazione (se la durata è superiore a quindici anni) o dal Presidente dell'autorità di sistema portuale (qualora la concessione ricada nella circoscrizione territoriale di un'autorità portuale). Sono strutture dedicate alla nautica da diporto – a norma del co. 1 dello stesso articolo – il "porto turistico" (ovvero il complesso di strutture amovibili ed inamovibili realizzate con opere a terra e a mare allo scopo di servire unicamente o precipuamente la nautica da diporto ed il diportista nautico, anche mediante l'apprestamento di servizi complementari), l'"approdo turistico" (ovvero la porzione dei porti polifunzionali aventi le funzioni di cui all'art. 4, co. 3, l. 84/1994, destinata a servire la nautica da diporto ed il diportista nautico, anche mediante l'apprestamento di servizi complementari) e i "punti d'ormeggio" (ovvero le aree demaniali marittime e gli specchi acquei dotati di strutture che non importino impianti di difficile rimozione, destinati all'ormeggio, alaggio, varo e rimessaggio, anche a secco, di piccole imbarcazioni e natanti da diporto).

L'art. 14, co. 1, d.lgs. 169/2016 ha inserito nella l. 84/1994 l'art. 11 *bis*, che ha previsto l'istituzione presso ciascuna Autorità di sistema portuale (AdSP), dell'Organismo di partenariato della risorsa mare, avente funzioni consultive dell'AdSP, del quale è parte un rappresentante degli operatori del turismo o del commercio operanti nel porto; con d.m. 18-11-2016 il Ministro delle Infrastrutture e dei Trasporti ha disciplinato le modalità di designazione dei componenti di detto Organismo e di svolgimento della sua attività, con particolare riguardo alle forme e ai metodi della consultazione dei soggetti interessati.

Si innesta nel contesto poc'anzi delineato l'art. 31 cod. tur., giusta il quale, ferma restando l'osservanza della normativa statale in materia di tutela dell'ambiente e del patrimonio culturale e dei regolamenti di fruizione delle aree naturali protette, non necessita di alcun ulteriore titolo abilitativo edilizio e demaniale la realizzazione delle strutture di interesse turistico-ricreativo dedicate alla nautica da diporto di cui all'art. 2, co. 1, lett. c), d.p.r. 509/1997 (trattasi dei "punti d'ormeggio"); lo stesso dicasi per i pontili galleggianti a carattere stagionale, pur se ricorrente, mediante impianti di ancoraggio con corpi morti e catenarie, collegamento con la terraferma e apprestamento di servizi complementari, per la quale sia stata assentita, nel rispetto della disciplina paesaggistica e ambientale, concessione demaniale marittima o lacuale, anche provvisoria. Resta salva la quantificazione del canone in base alla superficie occupata.

Un'analisi, ancorché sintetica, va, infine, operata con riguardo al tema delle concessioni demaniali marittime (ma anche lacuali e fluviali) con finalità turistico-ricreative, che è da tempo oggetto di discussione e dibattito acceso. Dato, questo, non sorprendente, se solo si considera che, nella vicenda, sono implicati la vita e gli interessi economici dei gestori degli stabilimenti balneari.

La revisione del quadro normativo in materia, da molti auspicata, non si è realizzata e, in questa situazione di stallo, il termine di durata di dette concessioni è stato *ex lege* ripetutamente prorogato. Questo modo di procedere è stato apertamente censurato dalla Commissione europea che, ritenendo contrastante con il diritto comunitario la preferenza così accordata al concessionario uscente, ha aperto una procedura di infrazione nei confronti dell'Italia. Anche la Corte di giustizia ha giudicato la proroga automatica non compatibile con il diritto della UE e, in particolare, con l'art. 12 della dir. 2006/123/CE, relativa ai servizi nel mercato interno, che impone di svolgere una procedura di selezione concorrenziale tra i potenziali candidati al conseguimento di autorizzazioni per una determinata attività, ove esse siano disponibili in numero limitato per via della scarsità delle risorse naturali o delle capacità tecniche utilizzabili (v. Corte giust. UE, 14-7-2016, cause riunite C-458/14 e C-67/15). Il legislatore nazionale, tuttavia, scarsamente aperto al mercato e alla concorrenza e, dunque, restio ad allinearsi al diritto comunitario, ha continuato a disporre, per le concessioni demaniali marittime con finalità turistico ricreative, proroghe alla scadenza, l'ultima – introdotta dalla l. 30-12-2018, n. 145 – addirittura fino al 31-12-2033. La Commissione europea non poteva non reagire e si è vista costretta, in data 3 dicembre 2020, ad indirizzare al Governo italiano una lettera di costituzione in mora per ribadire che gli «Stati membri sono tenuti a garantire che le autorizzazioni, il cui numero è limitato per via della scarsità delle risorse naturali (ad esempio le spiagge), siano rilasciate per un periodo limitato e mediante una procedura di selezione aperta, pubblica e basata su criteri non discriminatori, trasparenti e oggettivi»; nella lettera è affermato che il quadro giuridico nazionale che prevede la reiterata proroga della durata delle concessioni balneari, oltre a compromettere gravemente la certezza del diritto a danno di tutti gli operatori in Italia, porta ad un aumento del contenzioso e scoraggia gli investimenti in un settore chiave per l'economia italiana. Si inseriscono in questo quadro le sentenze n. 17 e n. 18 del 9-11-2021, con le quali l'Adunanza plenaria del Consiglio di Stato ha stabilito che la disciplina nazionale che prevede le proroghe delle concessioni demaniali marittime per finalità turistico-ricreative, inclusa la moratoria concessa nella fase emergenziale legata alla pandemia, «sono in contrasto con il diritto eurounitario, segnatamente con l'articolo 49 TFUE e con l'articolo 12 della direttiva 2006/123/CE» e «non devono essere applicate né dai giudici né dalla pubblica amministrazione»; dichiarate, dunque, inefficaci le proroghe disposte *ex lege* sino al 31 dicembre 2033, il Consiglio di Stato – sostituendosi, come taluno ha notato, al legislatore – ha, quindi, disposto che le concessioni demaniali per finalità turistico-ricreative già in essere abbiano ancora validità solo fino al 31-12-2023, «fermo restando che, oltre tale data, anche in assenza di una disciplina legislativa, esse cesseranno di produrre effetti, nonostante qualsiasi eventuale ulteriore proroga legislativa che dovesse nel frattempo intervenire, la quale andrebbe considerata senza effetto perché in contrasto con le norme dell'ordinamento dell'U.E.».

Si è – con tutta evidenza – alla ricerca di un compromesso che, ammesso sia raggiungibile, non è facile da trovare. In questa chiave, va letto l'art. 2, l. 5-8-2022, n. 118 che ha attribuito al Governo la delega ad adottare, entro undici mesi dalla data di entrata in vigore della medesima legge, un decreto legislativo per la costituzione e il coordinamento di un sistema informativo di rilevazione delle concessioni di beni pubblici onde promuovere la massima pubblicità e trasparenza, anche in forma sintetica, dei principali dati e delle informazioni relativi a tutti i rapporti concessori, tenendo conto delle esigenze di difesa e sicurezza: l'obiettivo, chiaro, è pervenire ad una mappatura di tutti i rapporti concessori. In attuazione della delega, il d.lgs. 26-7-2023, n. 106 ha costituito presso il Ministero dell'economia e delle finanze il SICONBEP, ovvero il sistema informativo di rilevazione delle concessioni di beni appartenenti al demanio e al patrimonio indisponibile comportanti l'attribuzione a soggetti privati o pubblici dell'utilizzo in via esclusiva di tali beni. Altra delega al Governo è prevista dalla l. 118/2022 nell'art. 4, specificamente rivolta all'adozione, entro sei mesi dalla data di entrata in vigore della medesima legge, di uno o più decreti legislativi al fine di riordinare e semplificare la disciplina in materia di concessioni demaniali marittime, lacuali e fluviali per finalità turistico-ricreative e sportive, ivi incluse quelle affidate ad associazioni e società senza fini di lucro, con esclusione delle concessioni relative ad aree, strutture e infrastrutture dedicate alla cantieristica navale, all'acquacoltura e alla mitilicoltura; la delega – si precisa – risponde all'esigenza di «assicurare un più razionale e sostenibile utilizzo del demanio marittimo, lacuale e fluviale, favorirne la pubblica fruizione e promuovere, in coerenza con la normativa europea, un maggiore dinamismo concorrenziale nel settore dei servizi e delle attività economiche connessi all'utilizzo delle concessioni per finalità turistico-ricreative e sportive, nel rispetto delle politiche di protezione dell'ambiente e del patrimonio culturale». Con riferimento a questa seconda delega, sono individuati i criteri che il Governo dovrà impiegare per definire una disciplina uniforme delle procedure selettive di affidamento delle concessioni; criteri, attenti a non deludere le legittime aspettative dei concessionari uscenti. Vengono, altresì, precisati i caratteri che dette procedure – da avviare con adeguato anticipo rispetto alla scadenza – devono, di necessità, presentare e, a tal riguardo, fermo il rispetto dei principi di imparzialità, non discriminazione, parità di trattamento, massima partecipazione, trasparenza e adeguata pubblicità, è dato risalto all'esigenza di tenere in adeguata considerazione gli investimenti, il valore aziendale dell'impresa e dei beni materiali e immateriali, la professionalità acquisita anche da parte di imprese titolari di strutture turistico-ricettive che gestiscono concessioni demaniali, nonché la valorizzazione di obiettivi di politica sociale, della salute e della sicurezza dei lavoratori, della protezione dell'ambiente e della salvaguardia del patrimonio culturale.

Intanto, in sede di conversione del d.l. 29-12-2022, n. 198 (noto come "decreto milleproroghe"), la l. 24-2-2023, n. 14, inserendo nell'art. 4, l. 118/2022 il co. 4 *bis*, ha vietato, nelle more dell'adozione dei decreti legislativi suddetti, agli enti concedenti di procedere all'emanazione dei bandi di assegnazione delle concessioni demaniali marittime, lacuali e fluviali per l'esercizio delle attività turistico-ricreative e sportive, nonché dei rapporti aventi ad oggetto la gestione di strutture dedite a dette attività in aree ricadenti nel demanio marittimo per effetto di provvedimenti successivi all'inizio dell'utilizzazione. La l. 14/2023 ha anche modificato l'art. 3 della l. 118/2022 stabilendo che le concessioni e i rapporti poc'anzi accennati continuino ad avere efficacia fino al 31-12-2024; termine, questo, applicabile anche alle concessioni e ai rapporti che, con atto dell'ente concedente, sono individuati come affidati o rinnovati mediante procedura selettiva, qualora il termine previsto dal titolo sia anteriore a tale data. Un ulteriore differimento, ma non oltre il 31-12-2025, è dichiarato possibile se, per ragioni obiettive, entro il 31-12-2024 non si sia potuta concludere la procedura selettiva.

Incerti, dunque, gli sviluppi su questo fronte, dove – da ultimo – si segnala una sentenza resa dalla sesta sezione del Consiglio di Stato – la n. 2192 dell'1-3-2023 – che, ribadito che "in base a ormai più che pacifici e consolidati principi in materia di rapporto tra normativa interna e normativa unionale autoesecutiva, in caso di contrasto tra le due, deve darsi precedenza alla seconda, con conseguente necessità che tutte le autorità dello Stato membro, siano essi organi giurisdizionali o pubbliche amministrazioni, disapplichino la norma interna a favore di quella sovranazionale", in merito al rinvio delle gare all'anno 2024 previsto dal decreto "milleproroghe" ha affermato che "sulla base di quanto affermato dall'Adunanza Plenaria [...] la nuova norma che prevede la proroga automatica delle concessioni demaniali marittime in essere, si pone in frontale contrasto con la direttiva europea *Bolkestein* sulla concorrenza e va conseguentemente disapplicata da qualunque organo dello Stato".

3.3. *Le attività di tour operator e di agenzia di viaggio e turismo. Professioni turistiche e formazione*

«4. *Attività di tour operator e di agenzia di viaggio e turismo, che esercitano congiuntamente o disgiuntamente attività di produzione, organizzazione e intermediazione di viaggi e soggiorni e ogni altra forma di prestazione turistica a servizio dei clienti, siano esse di* incoming *che di* outgoing. *Sono altresì imprese turistiche quelle che esercitano attività locali e territoriali di noleggio, di assistenza e di accoglienza ai turisti. Sono escluse le mere attività di distribuzione di titoli di viaggio*».

La quarta delle partizioni elencate nell'allegato al noto d.p.c.m. esordisce col richiamo ai tour operator e alle agenzie di viaggio e turismo che – inutile dirlo – comunemente associamo a figure professionali storicamente centrali nell'ambito delle attività turistiche. Fino a qualche decennio orsono era, in pratica, costretto a ricorrere alla loro opera chi avesse intenzione di intraprendere un viaggio verso destinazioni lontane. Oggi, si può tradurre in fatti questa intenzione in altra maniera: l'interessato che disponga di tempo, di un computer collegato in rete e di una discreta abilità informatica, può decidere di far tutto da sé, assumere le informazioni necessarie e, senza muoversi da casa, prenotare e pagare on line mezzi di trasporto, alberghi e quant'altro serva. Anche nell'era di Internet, tuttavia, l'attività dei tour operator e delle agenzie di viaggio trova modo di esplicarsi utilmente, perché l'uso del computer non potrà mai soppiantare il dialogo proficuo tra soggetti presenti e perché spesso il turista ha bisogno del consiglio e del suggerimento di esperti per individuare la soluzione più consona alle proprie esigenze. C'è, poi, da considerare che lo sviluppo della contrattazione online nel settore ha accresciuto il peso e l'importanza delle OTA (*online travel agencies*), le cui funzioni agevolano in modo significativo gli scambi di informazioni e lo svolgimento rapido ed efficiente dei processi di mercato in vista della soddisfazione delle esigenze di compratori e venditori; sicché sarebbe azzardato affermare che nell'epoca attuale, il dominio delle moderne tecnologie ha eroso lo spazio per l'intermediazione.

È denominato operatore turistico (tour operator in lingua inglese) l'imprenditore che crea pacchetti turistici che sono poi promossi e proposti alla clientela da lui stesso o dalle agenzie di viaggio. Chi organizza viaggi e/o vacanze, coordinando le varie voci, infatti, sovente si serve di agenzie di viaggi per promuovere e commercializzare i prodotti creati. Le agenzie, quindi, sono intermediari tra l'organizzatore e il cliente.

Il tour operator è un organizzatore di viaggi – per così dire – preconfezionati, mentre si definisce tour organizer l'operatore che, destinatario di una richiesta di clienti individuali o di gruppi, crea un prodotto "personalizzato" assemblando in conformità con quanto richiesto le varie componenti che integrano la vacanza.

Il tour operator ha sovente dimensioni imprenditoriali notevoli per capacità organizzativa e finanziaria, è dunque in condizione di intercettare flussi di clientela cospicui e costanti, può contare su un'ampia rete di vendita e su una massiccia attività pubblicitaria e di promozione alle vendite che gli consente di influenzare l'andamento del mercato e gli orientamenti della domanda turistica e, quindi, di praticare prezzi più abbordabili. Egli opera previsioni relative alle tendenze dei consumatori e su queste si basa per confezionare pacchetti turistici, investendo in promozione e pubblicità per incentivarne l'acquisto: il rischio che gli affari non vadano come preventivato esiste e grava, ovviamente, su di lui. Il tour organizer, da questo punto di vista, ha invece poco da temere. Egli, infatti, si attiva a seguito di una specifica richiesta e, quindi, acquista i servizi necessari per soddisfarla quando è certo che il pacchetto sarà acquistato, se non addirittura dopo averlo venduto. Corre, invece, il rischio di avere un numero limitato di commesse, non sufficiente ad assicurargli un livello di profitto accettabile: potrebbe, allora, essere tentato di aumentare il prezzo preteso per la propria opera, ma senza garanzia di ottenere il risultato sperato, perché il gioco concorrenziale ha le sue regole e una scelta siffatta di regola pone chi l'adotta in una posizione non favorevole nel mercato.

Fa riferimento esplicito al tour operator il d.l. 83/2014 in alcune disposizioni, tra le quali l'art. 9, che, per sostenere la competitività del sistema turismo, ha riconosciuto anche ad agenzie di viaggi e a tour operator aventi certi requisiti un credito d'imposta per il 2014, 2015 e 2016, nella misura del 30% dei costi sostenuti per investimenti in dotazioni, programmi e sistemi informatici e attività di sviluppo della digitalizzazione, fino all'importo massimo complessivo di 12.500 euro nei periodi di imposta sopra indicati. La crisi del turismo provocata dall'epidemia da coronavirus ha sollecitato il legislatore ad istituire un fondo con una dotazione di 25 milioni di euro per il 2020 destinato al sostegno delle agenzie di viaggio e dei tour operator (v. art. 182, d.l. 34/2020). A seguito del codice del turismo contiene un solo, assai poco significativo, richiamo al "tour operator" nel co. 6 dell'art. 18, giudicato illegittimo costituzionalmente da Corte cost. 80/2012; mentre dedica il Capo I del Titolo IV ad «Agenzie e organizzatori di viaggi», definendo però nell'art. 18 – in esordio al capo medesimo – le agenzie di viaggio e turismo. Detto articolo – come rilevato – non è più in vigore e, pur tuttavia, è significativo in esso notare come nell'espressione «agenzie di viaggio e turismo» finiscano per confluire, come in un calderone, tutte «le imprese turistiche che esercitano congiuntamente o disgiuntamente attività di produzione, organizzazione ed intermediazione di viaggi e soggiorni e ogni altra forma di prestazione turistica a servizio dei clienti», nonché «le imprese esercenti in via principale l'organizzazione dell'attività di trasporto terrestre, marittimo, aereo, lacuale e fluviale quando assumono direttamente l'organizzazione di viaggi, crociere, gite ed escursioni comprendendo prestazioni e servizi aggiuntivi rispetto a quelli strettamente necessari al trasporto ed altresì quelle che esercitano attività locali e territoriali di noleggio, nonché ogni altra impresa che svolge attività ricollegabili alle precedenti, con l'esclusione delle «mere attività di distribuzione di titoli di viaggio». Sembra, dunque, evaporare la distinzione tra "agenzie di viaggi" e "organizzatori di viaggi" ad onta del titolo dato al Capo I, mentre la figura dell'organizzatore di viaggio riacquista una sua autonoma e riconoscibile fisionomia nella disciplina dei contratti del turismo organizzato, come rivela la definizione datane dall'art. 33 (nel testo poi sostituito dal d.lgs. 62/2018), utile però ai "fini del presente capo" (quello – come si è detto – relativo ai contratti del turismo organizzato) e non è chiaro se da ritenere perciò inconferente ad altri fini.

Dunque, del Titolo IV del codice del turismo, comprendente disposizioni riguardanti le agenzie di viaggio e turismo, è rimasto ben poco all'esito dell'arcinota pronuncia della Corte costituzionale. Le sole due disposizioni ancora vigenti in materia sono l'art. 19 e il co. 1 dell'art. 20: stando alla prima, occorre che le agenzie di viaggio e turismo stipulino congrue polizze assicurative a garanzia degli obblighi assunti verso i clienti con il contratto di viaggio in relazione al costo complessivo dei servizi offerti, mentre la seconda devolve ad un decreto del Presidente del Consiglio dei Ministri o del Ministro delegato la fissazione dei «requisiti professionali a livello nazionale dei direttori tecnici delle agenzie di viaggio e turismo, previa intesa con la Conferenza permanente per i rapporti tra lo Stato, le regioni e le province autonome di Trento e di Bolzano».

La conclusione da trarre è di mettere da canto le indicazioni provenienti dal codice del turismo relative alle agenzie di viaggio e turismo, tanto scarne quanto confuse. Non induce a cambiare idea il riferimento a dette agenzie operato dall'art. 13 del d.l. 83/2014: quest'articolo, infatti, là dove dichiara soggetti a SCIA «l'apertura, il trasferimento e le modifiche concernenti l'operatività delle agenzie di viaggio e turismo, nel rispetto dei requisiti professionali, di onorabilità e finanziari, previsti dalle competenti leggi regionali e delle Province autonome di Trento e di Bolzano», non fa altro che riprodurre la previsione – costituzionalmente illegittima – di cui all'art. 21 cod. tur. Più affidabili sono, invece, i dati che emergono dalla disciplina dei contratti del turismo organizzato, ove, nel testo dell'art. 33 cod. tur. *ante* riforma operata dal d.lgs. 62/2018, campeggiava la distinzione tra "organizzatore di viaggio" e "intermediario", che un po' ricalca quella delineata nella Convenzione di Bruxelles sui contratti di viaggio (CCV) del 1970. Da questa distinzione può trarsi spunto per accostare il tour operator all'organizzatore di viaggio e l'agenzia all'intermediario. Per effetto di detta riforma sono ora richiamate le figure dell'organizzatore e del venditore, ma meglio rinviare, per una verifica oltre che per ulteriori ragguagli sulle figure in questione, a quanto nel Capitolo IV si dirà a proposito del contratto di viaggio e dei pacchetti turistici.

Ha a che vedere con la partizione del d.p.c.m. in esame – ove sono menzionate le attività di assistenza e accoglienza ai turisti – il tema delle professioni, del lavoro e della formazione nel settore turistico. Ad esso dedica attenzione il recente schema di Piano strategico per lo sviluppo del turismo per il periodo 2023-2027, che annovera, tra i suoi obiettivi, la riqualificazione e formazione del capitale umano impegnato nel settore turistico e la realizzazione della riforma dell'ordinamento professionale delle guide turistiche, per regolamentare i principi fondamentali della professione, standardizzare i livelli di prestazione del servizio su tutto il territorio nazionale. La riforma è progettata per placare lo stato di permanente agitazione in cui da tempo si trovano le guide turistiche, per le ragioni, varie e complesse, che proveremo poi in estrema sintesi ad illustrare. Si prevede che, per poter fare la guida turistica, bisognerà superare un esame di abilitazione nazionale, indetto con cadenza annuale dal Ministero del Turismo e consistente in una prova scritta, una orale e una tecnico-pratica. L'iscrizione in un elenco nazionale avrà valenza abilitante l'esercizio della professione di guida turistica, rimanendo non tenuti ad iscriversi coloro i quali svolgono l'attività in modo occasionale o chi è impegnato a guidare visite turistiche e gratuite presso siti non qualificabili come istituti e luoghi della cultura aperti al pubblico. Sono previste misure tendenti a limitare la possibilità per i cittadini dell'UE e della Svizzera, abilitati in conformità alla normativa di un altro Stato, di svolgere stabilmente la professione di guida turistica in Italia. Sarà disciplinato anche l'obbligo di aggiornamento professionale e multe saranno contemplate per punire chi presta attività di guida turistica in modo abusivo o si avvale di figure non iscritte nell'elenco nazionale.

Tanto premesso, nelle more dell'auspicata riforma, qualche cenno alle professioni turistiche appare opportuno.

Le imprese turistiche prestano servizi di vario genere al turista, esercitando – come recita l'art. 4 cod. tur. – «attività economiche organizzate». Ma attività di prestazione di servizi può essere svolta, in modo abituale, anche individualmente ed autonomamente, senza una significativa organizzazione: confluiscono in quest'ambito le professioni turistiche, delle quali l'art. 6 cod. tur. – sfuggito alla scure della Corte costituzionale – offre una generale definizione, associandole allo svolgimento di «attività aventi ad oggetto la prestazione di servizi di promozione dell'attività turistica, nonché servizi di ospitalità, assistenza, accompagnamento e guida, diretti a consentire ai turisti la migliore fruizione del viaggio e della vacanza, anche sotto il profilo della conoscenza dei luoghi visitati». Questa definizione si distacca, ma non di molto, da quella data dall'art. 7, co. 5, l. 135/2001: erano qualificate «professioni turistiche quelle che organizzano e forniscono servizi di promozione dell'attività turistica, nonché servizi di assistenza, accoglienza, accompagnamento e guida dei turisti» e veniva demandata – dal comma successivo – alle Regioni l'autorizzazione all'esercizio di dette attività, avente, eccezion fatta per le guide, validità su tutto il territorio nazionale. La novità più appariscente – e, forse, anche più significativa – va rinvenuta nella distinzione netta, che il codice del turismo accredita, tra "imprese turistiche" e "professioni turistiche", testimoniata dalla dislocazione delle relative discipline (quella delle imprese nel Capo II del Titolo I, quella delle professioni nel Capo I del Titolo II); nella l. 135/2001, invece, sia le imprese turistiche che le "attività professionali" trovavano disciplina in un'unica disposizione, l'art. 7, sola nel Capo II dedicato ad "Imprese e professioni turistiche". Il Titolo II del codice del turismo tratta di «professioni e formazione nel settore turistico», sicché la coppia professioni-formazione ha spodestato quella imprese-professioni: anche in ciò si coglie il tentativo del codice del turismo di coordinare i principi di liberalizzazione e di apertura al mercato con la salvaguardia e la valorizzazione delle specifiche professionalità turistiche, in vista del conseguimento di elevati standard qualitativi dei servizi turistici.

Per quanto attiene, più strettamente, alla formazione l'art. 7 cod. tur., anche a fini di sviluppo del mercato del lavoro e di contrasto alla disoccupazione giovanile, incentiva la realizzazione di percorsi formativi finalizzati «all'inserimento lavorativo nel settore del mercato turistico dei giovani laureati o diplomati»: allo scopo, il Presidente del Consiglio dei Ministri o il Ministro delegato, di concerto con i Ministri dell'istruzione, dell'università e della ricerca, del lavoro e delle politiche sociali e d'intesa con la Conferenza permanente per i rapporti tra lo Stato, le Regioni e le Province autonome di Trento e di Bolzano, è autorizzato a stipulare accordi o convenzioni con istituti di istruzione, anche universitaria, con altri enti di formazione e con gli ordini professionali per lo svolgimento di corsi orientati alla preparazione dei giovani operatori.

Della grande varietà di servizi prestati dagli esercenti professioni turistiche il primo a beneficiare è il turista, com'è logico che sia essendo quei servizi tesi ad assicurare la «migliore fruizione del viaggio e della vacanza».

Il riferimento all'accompagnamento e alla guida dei turisti operato dall'art. 6 cod. tur. reca allusione chiara a due professioni turistiche che potremmo definire "tradizionali" in quanto già da tempo note e fatte oggetto di specifiche discipline in leggi regionali. Esse sono state, altresì, inserite nel programma di liberalizzazione di alcune attività economiche, realizzato dall'art. 10 del d.l. 31-1-2007, n. 7 (convertito, con modificazioni, dalla l. 2-4-2007, n. 40): il co. 4, infatti, riferendosi esplicitamente alle «attività di guida turistica e accompagnatore turistico», stabiliva che non potessero «essere subordinate all'obbligo di autorizzazioni preventive, al rispetto di parametri numerici e a requisiti di residenza, fermo restando il possesso dei requisiti di qualificazione professionale previsti dalle normative regionali». Si precisava, altresì: a) che ai «soggetti titolari di laurea in lettere con indirizzo in storia dell'arte o in archeologia o titolo equipollente, l'esercizio dell'attività di guida turistica non può essere negato, né subordinato allo svolgimento dell'esame abilitante o di altre prove selettive, salva la previa verifica delle conoscenze linguistiche e del territorio di riferimento» e ferma la possibilità per le Regioni di promuovere «sistemi di accreditamento, non vincolanti, per le guide turistiche specializzate in particolari siti, località e settori» onde «migliorare la qualità dell'offerta del servizio in relazione a specifici territori o contesti tematici»; b) che ai «soggetti titolari di laurea o diploma universitario in materia turistica o titolo equipollente non può essere negato l'esercizio dell'attività di accompagnatore turistico, fatta salva la previa verifica delle conoscenze specifiche quando non siano state oggetto del corso di studi»; c) che i «soggetti abilitati allo svolgimento dell'attività di guida turistica nell'ambito dell'ordinamento giuridico del Paese comunitario di appartenenza operano in regime di libera prestazione dei servizi senza necessità di alcuna autorizzazione, né abilitazione, sia essa generale o specifica».

Questo contesto normativo è ora modificato per via dell'esplicita abrogazione sia della l. 135/2001 sia del co. 4 dell'art. 10 del d.l. 7/2007 disposta dall'art. 3 del d.lgs. 79/2011; restano sul campo la definizione di cui all'art. 6 cod. tur. e, soprattutto, le numerose leggi regionali che hanno individuato e disciplinato varie professioni turistiche, ivi compresa quella – certamente più nota di altre – di guida turistica. Si fa riferimento, a quest'ultimo riguardo, a chi, per professione, accompagna persone singole o gruppi di persone nelle visite a siti paesaggistici e naturalistici ed a beni di interesse turistico quali monumenti, opere d'arte, musei, gallerie, scavi archeologici, illustrandone le caratteristiche culturali, storiche ed artistiche. È assai sovente richiesto, per l'esercizio di tale professione da parte di soggetti non laureati in lettere con indirizzo in storia dell'arte o in archeologia, il possesso di una licenza rilasciata dagli enti locali a seguito di un esame di abilitazione teso anche ad appurare la conoscenza di almeno una lingua straniera europea.

Si è prima fatto richiamo al malcontento delle guide turistiche, che ha origini piuttosto risalenti e, per lo più, riconducibili all'art. 10, § 4 della dir. 2006/123/CE, dove è stabilito, in relazione all'esercizio della professione, che l'autorizzazione «permette al prestatore di accedere all'attività di servizi o di esercitarla su tutto il territorio nazionale» e che una limitazione dell'autorizzazione a determinate parti del territorio è consentita solo per motivi imperativi. La nostra legislazione nazionale prevedeva, all'epoca, che l'abilitazione all'esercizio della professione di guida turistica avesse validità solo nella Regione o Provincia di rilascio e non a livello nazionale. Negavano il contrasto con il suddetto art. 10, § 4 le guide turistiche contestando la soggezione della loro professione alla direttiva in questione per ciò che attiene alle qualifiche professionali e alle modalità di esercizio della professione, ritenute di esclusiva competenza dello Stato; e, ad ogni buon conto, venivano rilevati comunque sussistenti, nella fattispecie, i "motivi imperativi" che la stessa direttiva riconosceva idonei a giustificare deroghe all'esercizio di un'attività su tutto il territorio nazionale. Argomentazioni, queste, non giudicate persuasive dalla Commissione europea, che avviava nel 2012 una procedura di pre-infrazione nei confronti dell'Italia (EU Pilot 4277/12/MARK), adducendo il contrasto della nostra legislazione nazionale con il suddetto art. 10, § 4. Al fine di conformarsi alle indicazioni date in detta procedura, l'art. 3 della l. 6-8-2013, n. 97 ha esteso la validità dell'abilitazione alla professione di guida turistica a tutto il territorio nazionale, riconoscendo l'efficacia della qualifica professionale conseguita da un cittadino dell'Unione Europea in un altro Stato membro su tutto il territorio nazionale italiano; si è, altresì, precisato che le guide turistiche abilitate in altro Stato membro possono esercitare la professione sul territorio italiano senza che sia necessaria alcuna autorizzazione o abilitazione aggiuntiva rilasciata dalle autorità italiane, eccezion fatta per alcuni siti di particolare interesse storico, artistico o archeologico – individuati con decreto del Ministro dei beni e delle attività culturali e del turismo, sentita la Conferenza unificata – per i quali è prescritto, a chiunque voglia esercitare la professione di guida turistica, il possesso di una specifica abilitazione; i requisiti necessari per ottenerla sono stati stabiliti con d.m. 11-12-2015, che ha anche disciplinato la procedura per il conseguimento, attivata con bando cui fa seguito l'organizzazione di sessioni d'esame.

Questa disciplina, a detta delle guide turistiche, non tutelerebbe in modo adeguato la loro professione: si rileva, in particolare, che in Italia, con non meno di 500.000 monumenti censiti, solo con riferimento ad ambiti territoriali limitati è concepibile che la competenza della guida turistica possa validamente esprimersi. Di qui, la rilevata insoddisfazione e l'invocazione, in tempi rapidi e in collaborazione con le associazioni di categoria più rappresentative, di una riforma organica che risponda alle attese degli operatori e porti al complessivo riordino del settore.

La professione di guida turistica va tenuta distinta da quella di accompagnatore turistico. La prima è stanziale, ha per oggetto l'interpretazione del patrimonio culturale e naturale di un territorio ed è esercitata da chi, con riferimento a quest'ultimo, normalmente possiede una qualificazione specifica e competenze linguistiche idonee a rendere fruibile detta interpretazione ai visitatori a beneficio dei quali è rivolta. La seconda stanziale non è, giacché accompagnatore è colui che, sovente per conto di un tour operator, accoglie e accompagna persone singole o gruppi di viaggiatori sul territorio nazionale o estero, prestando loro completa assistenza, fornendo anche informazioni e notizie di interesse turistico sui luoghi visitati. Anche l'accompagnatore ha buona conoscenza, di norma, di almeno una lingua straniera; ciò nondimeno, non è un interprete turistico, dal momento che tale è chi, per professione, assiste, esclusivamente mediante traduzione di lingue estere, turisti stranieri, presenti in occasione di viaggi turistici, incontri, manifestazioni di interesse turistico, e presso uffici di informazione, al di fuori delle attività riconosciute alle guide ed agli accompagnatori turistici.

Merita un discorso a parte la professione di guida alpina, che per la sua natura oltre che per il contesto entro cui si svolge, presenta profili peculiari. La l. 2-1-1989, n. 6 stabilisce i principi fondamentali per la legislazione regionale in materia di ordinamento della professione di guida alpina e rappresenta il referente normativo più rilevante, ferme restando le novità apportate prima dalla l. 24-5-1989, n. 194 e, successivamente, dopo che Corte cost. 6-7-1989, n. 372 ebbe a dichiarare l'illegittimità costituzionale di alcune disposizioni della l. 6/1989, dalla l. 8-3-1991, n. 81 (Legge-quadro per la professione di maestro di sci e ulteriori disposizioni in materia di ordinamento della professione di guida alpina). È guida alpina chi svolge professionalmente, anche in modo non esclusivo e non continuativo, attività: a) di accompagnamento di persone in ascensioni sia su roccia che su ghiaccio o in escursioni in montagna; b) di accompagnamento di persone in ascensioni sci-alpinistiche o in escursioni sciistiche; c) di insegnamento delle tecniche alpinistiche e sci-alpinistiche con esclusione delle tecniche sciistiche su piste di discesa e di fondo. Lo svolgimento di tali attività – che è compatibile con altri impieghi pubblici e privati e con altre attività di lavoro autonomo – è riservato ai soggetti abilitati all'esercizio della professione e iscritti nell'albo professionale regionale delle guide alpine istituito dall'art. 4, l. 6/1989. È prevista la frequenza di corsi teorico-pratici e il superamento dei relativi esami per conseguire l'abilitazione tecnica all'esercizio della professione. In ogni Regione è istituito, come organismo di autodisciplina e di autogoverno della professione, il collegio regionale delle guide alpine-maestri di alpinismo e degli aspiranti guida – sono questi i gradi in cui si articola la professione – mentre un collegio nazionale opera come organismo di coordinamento dei collegi regionali. Sono anche disciplinate le specializzazioni e, soprattutto a questo riguardo, è avvertita l'esigenza di un adeguamento della normativa alle novità intervenute in materia di escursionismo e di sport legati alla montagna, che ha portato all'elaborazione di progetti di legge tesi ad individuare alcune nuove figure professionali – quelle di maestro di arrampicata e di maestro di *canyoning* (torrentismo) – e a modificare le discipline della guida vulcanologica e dell'accompagnatore di media montagna.

La professione di guida alpina è nel giro di quelle interessate al rilascio della tessera professionale europea di cui agli artt. 5 *bis* ss. del d.lgs. 9-11-2007, n. 206, introdotti ad opera dell'art. 6, co. 1 del d.lgs. 28-1-2016, n. 15, con il quale è stata attuata la dir. 2013/55/UE. La relativa procedura riguarda sia le guide alpine italiane intenzionate ad esercitare la professione in altro Paese dell'UE, sia le guide alpine europee che vogliono esercitare la professione in Italia, ed è diretta a facilitare il trasferimento, anche solo temporaneo, dell'attività in altro Paese dell'UE. La tessera consiste in un certificato elettronico attestante o che il professionista ha soddisfatto tutte le condizioni necessarie per fornire servizi, su base temporanea e occasionale, nel territorio dello Stato o il riconoscimento delle qualifiche professionali ai fini dello stabilimento nel territorio dello Stato.

Ai sensi dell'art. 20 della l. 6/1989, il Club Alpino Italiano (CAI) ha facoltà di organizzare scuole e corsi di addestramento a carattere non professionale per le attività alpinistiche, sci-alpinistiche, escursionistiche, speleologiche, naturalistiche e per la formazione dei relativi istruttori. Non è questo, ovviamente, il principale compito assolto dal CAI, che esercita funzioni ben più estese. Associazione privata dalla fondazione, risalente al 1863 e promossa dallo statista e alpinista Quintino Sella, esso – per effetto della l. 26-1-1963, n. 91 – è diventato ente pubblico non economico dotato di personalità giuridica e, sottoposto alla vigilanza dell'allora Ministero del turismo e dello spettacolo, ha conservato la soggettività di diritto privato in capo alle sue sezioni regionali e strutture periferiche. Appartengono al CAI molti dei rifugi alpini cui dianzi si è accennato (v. *supra* § 2), la cui gestione, legata al mantenimento in efficienza e non solo, costituisce motivo di impegno precipuo e costante dell'ente, cui sono anche demandate la cura e la manutenzione delle attrezzature alpinistiche e dei sentieri da esso apprestati, nonché l'assunzione di iniziative tecniche per la prevenzione degli infortuni nell'esercizio dell'alpinismo, per il soccorso degli alpinisti ed escursionisti infortunati o in pericolo per qualsiasi causa, per il recupero delle salme dei caduti. A norma dell'art. 66 *bis* del d.l. 22-6-2012, n. 83 (introdotto, in sede di conversione, dalla l. 7-8-2012, n. 134), il CAI può prevedere progetti per la tutela e valorizzazione della rete sentieristica e dei rifugi, da realizzare anche avvalendosi di risorse attinte dal Fondo nazionale integrativo per la sicurezza del turismo in montagna, istituito dallo stesso articolo.

3.4. *Sistemi turistici locali e turismo termale*

«5. *Attività organizzate per la gestione di infrastrutture e di esercizi ed attività operanti, per fini esclusivamente o prevalentemente turistici, nei ser-*

vizi, nei trasporti e nella mobilità delle persone, nell'applicazione di tecnologie innovative, nonché nella valorizzazione e nella fruizione delle tradizioni locali, delle risorse economiche, di quelle naturali, ivi compreso il termalismo, e delle specialità artistiche ed artigianali del territorio. Fra tali attività sono ricomprese le imprese di trasporto passeggeri con mezzi e/o infrastrutture soprattutto se di tipo dedicato, di noleggio di mezzi atti a permettere la mobilità dei passeggeri, di indirizzo sportivo-ricreativo ad alta valenza turistica, quali ad esempio i campi da golf, e turistico-escursionistico, quali ad esempio aree, sentieri e percorsi naturalistici, nonché gli esercizi di somministrazione di cui alla legge 25 agosto 1991, n. 287, facenti parte dei sistemi turistici locali e concorrenti alla formazione dell'offerta turistica, con esclusione comunque delle mense e spacci aziendali. Sono altresì imprese turistiche di montagna anche le attività svolte per l'esercizio di impianti a fune, di innevamento programmato e di gestione delle piste da sci sia per la discesa che per il fondo come strumento a sostegno dell'imprenditorialità turistica della montagna intesa nel suo complesso».

Tra le molte attività turistiche ricomprese nella partizione del d.p.c.m. ora considerata – tutte degne di nota, ma non tutte nel dettaglio esaminabili in questa sede – teniamo, innanzitutto, a richiamare l'attenzione sui sistemi turistici locali. Essi, già previsti dall'art. 5 della l. 135/2001, sono stati ripresi dall'art. 23 cod. tur., colpito però dalla declaratoria di illegittimità costituzionale, eccezion fatta per l'ultimo comma relativo al riconoscimento di detti sistemi da parte delle Regioni. La Corte costituzionale ha sottolineato la stretta aderenza di questi ultimi «alla materia "turismo", di competenza residuale delle Regioni» e, quindi, ribadito che non è rispettosa del riparto di competenze tra Stato e Regioni una disposizione – come l'art. 23, co. 2, cod. tur. – che chiami enti locali o soggetti privati a promuovere i sistemi *de quibus* «attraverso forme di concertazione con gli enti funzionali, con le associazioni di categoria che concorrono alla formazione dell'offerta turistica, nonché con i soggetti pubblici e privati interessati». Come si vede, la Consulta è ben consapevole del contributo importante che i sistemi turistici locali possono dare allo sviluppo del settore: il ruolo ad essi affidato, d'altronde, può agevolmente desumersi dal dettato dell'art. 23 cod. tur. – che resta utile a questo scopo – che li associa all'individuazione di «contesti turistici omogenei o integrati, comprendenti ambiti territoriali appartenenti anche a Regioni diverse, caratterizzati dall'offerta integrata di beni culturali, ambientali e di attrazioni turistiche, compresi i prodotti tipici dell'agricoltura e dell'artigianato locale, o dalla presenza diffusa di imprese turistiche singole o associate». L'autonomia riconosciuta alle singole Regioni non va messa in discussione, ma i sistemi turistici locali sono lì a dimostrare che non può emarginarsi l'esigenza di un coordinamento stretto tra le Regioni, che invece reclama soddisfazione e impone di prestare ossequio a logiche di concertazione. Il d.p.c.m. dà una chiara risposta, evidenziando l'importanza del dialogo costante tra l'esercente la potestà legislativa e i soggetti, pubblici e privati, insediati sul territorio ed operanti nel settore.

Altro tema importante è il turismo termale, che merita qualche ragguaglio, anche perché oggetto di una specifica disposizione del codice del turismo – l'art. 28 – recante il rinvio alla disciplina di cui alla l. 24-10-2000, n. 323 e successive modificazioni. Trattasi della legge che ha provveduto al riordino del settore termale. Essa comprende norme relative alle cure termali negli stabilimenti organizzati per prestarle – cure, com'è noto, in larga parte garantite dal servizio sanitario nazionale – e disposizioni volte alla promozione e alla riqualificazione del patrimonio idrotermale, allo scopo di valorizzare le risorse naturali, ambientali e culturali dei territori termali, ma – lo si precisa espressamente nell'art. 1, co. 2 – «anche ai fini dello sviluppo turistico dei territori termali». Non era intervenuta la riforma del Titolo V della Costituzione, sicché l'art. 1, co. 3 impegna in quest'opera di promozione e riqualificazione lo Stato e le Regioni, «nell'ambito delle rispettive competenze (...), con idonei provvedimenti di incentivazione e sostegno»; l'art. 12 raccomanda all'ENIT di inserire «nei propri piani e programmi idonee iniziative per la promozione del termalismo nazionale all'estero quale parte integrante della complessiva offerta turistica italiana, utilizzando anche a tale fine l'apporto tecnico-organizzativo di organismi consortili eventualmente costituiti con la partecipazione delle aziende termali e di istituzioni, enti ed associazioni pubblici o privati interessati allo sviluppo dell'economia dei territori termali». L'ENIT è anche chiamato, dall'art. 13, ult. co., a promuovere la diffusione del marchio di qualità termale sul mercato turistico europeo ed extraeuropeo; il marchio in questione, istituito con decreto del Ministro dell'ambiente, su proposta della Regione, è riservato ai titolari di concessione mineraria per attività termali insediati in territori che abbiano adottato adeguati strumenti di tutela e di salvaguardia urbanistico-ambientale.

Sono allo studio modifiche da apportare alla l. 323/2000, da più parti ritenuta bisognosa di un aggiornamento. Tra l'altro, essa guarda, fondamentalmente, agli aspetti sanitari (in senso stretto) e a quelli relativi all'erogazione delle prestazioni termali connessi all'organizzazione dei servizi sanitari, mentre non si occupa nel dettaglio dei profili demaniali-minerari – pur'essi implicati e d'importanza non trascurabile – riguardanti il bene impiegato per l'effettuazione di dette prestazioni in sé e per sé considerato. Di questa duplice valenza bisogna invece tenere conto, così come ha fatto Corte cost. 14-1-2010, n. 1, la quale, facendo leva sull'art. 144, ult. co., d.lgs. 152/2006 – che stabilisce che «Le acque termali, minerali e per uso geotermico sono disciplinate da norme specifiche, nel rispetto del riparto delle competenze costituzionalmente determinato» – ha ribadito la distinzione tra uso delle acque minerali e termali, di competenza regionale residuale, e tutela ambientale delle stesse acque, che è di competenza esclusiva statale, ai sensi del vigente art. 117, co. 2, lett. s), Cost. Va, altresì, notato che, se i dati sin qui sciorinati pongono in luce il nesso tra termalismo e cura di patologie, quello che va oggi affermandosi è un concetto di benessere termale più ampio e completo, correlato alla promozione di una condizione globale ottimale, a livello psicofisico ed anche spirituale, dell'individuo. Il turismo termale incrocia, così, altre forme di turismo, associandosi a pratiche di varia natura, di educazione ambientale e valorizzazione culturale: il tutto, in direzione del miglioramento, non tanto e non solo dello stato di salute, ma, in senso lato, della qualità della vita, individuale e collettiva. Si può far richiamo al binomio termalismo-felicità per rappresentare efficacemente questa linea di tendenza, che segnala peraltro la ripresa di un modello già in voga nell'epoca romana, dove le terme erano luoghi di ritrovo frequentati, più che in risposta ad esigenze di cura ed igiene, a fini di socializzazione, di svago e di divertimento.

3.5. *Valorizzazione delle tradizioni e turismo per segmenti di utenza. Il turismo lento*

«6. *Altre attività individuate autonomamente dalle diverse Regioni e dalle Province autonome di Trento e Bolzano. Oltre a quanto previsto nei sei punti precedenti si definiscono attività turistiche anche quelle svolte non esclusivamente in forma di impresa, consistenti in prestazioni di servizi indirizzati specificamente alla valorizzazione delle tradizioni, delle emergenze culturali e naturalistiche, dei prodotti e delle potenzialità socio-economiche del territorio ed a particolari segmenti di utenza turistica, quali il turismo equestre, la pesca-turismo, l'ittiturismo, il turismo escursionistico, il turismo eno-gastronomico, il* diving, *il turismo giovanile, il turismo sociale, ecc.*».

Cenni sulle altre attività turistiche di cui trattasi sono stati in precedenza offerti, in ordine sparso, nell'ambito della trattazione di diversi argomenti. Ricordiamo, ad esempio, l'art. 22 cod. tur. e i «circuiti nazionali di eccellenza a sostegno dell'offerta turistica e del sistema Italia» (v. *supra*, Cap. I, § 5), che hanno attinenza coi servizi e i segmenti di utenza turistica cui fa richiamo la partizione del d.p.c.m. in esame.

Nell'ambito di detta partizione è esplicito il riferimento al turismo eno-gastronomico, a proposito del quale va ricordata la legge di bilancio 2018 che nei commi 502-505 reca disposizioni in materia di "enoturismo", tale termine ricomprendendo «tutte le attività di conoscenza del vino espletate nel luogo di produzione, le visite nei luoghi di coltura, di produzione o di esposizione degli strumenti utili alla coltivazione della vite, la degustazione e la commercializzazione delle produzioni vinicole aziendali, anche in abbinamento ad alimenti, le iniziative a carattere didattico e ricreativo nell'ambito delle cantine». Viene demandata ad un decreto del Ministro delle politiche agricole alimentari e forestali, di concerto con il Ministro dei beni e delle attività culturali e del turismo, adottato d'intesa con la Conferenza permanente per i rapporti tra lo Stato, le regioni e le province autonome di Trento e di Bolzano, la definizione delle linee guida e degli indirizzi in merito ai requisiti e agli standard minimi di qualità, con particolare riferimento alle produzioni vitivinicole del territorio, per l'esercizio dell'attività enoturistica; il d.m. ha visto la luce il 12-3-2019 e in esso trovasi – tra l'altro – precisato che l'attività di cui trattasi è considerata attività agricola connessa ai sensi del co. 3 dell'art. 2135 c.c., ove svolta dall'imprenditore agricolo, singolo o associato.

Inutile dire che il settore enoturistico nazionale rappresenta una risorsa economica fondamentale per lo sviluppo dei nostri territori e, per favorirne la crescita, circa mille tra le più prestigiose cantine d'Italia, selezionate sulla base di specifici requisiti, sono associate nel "Movimento turismo del vino", nato nel 1993, il quale organizza nel corso dell'anno varie iniziative, la più nota delle quali – in programma l'ultima domenica di maggio – prende il nome di "Cantine aperte" e consente a milioni di enoturisti e appassionati di scoprire il mondo e la cultura del vino direttamente nei luoghi ove è prodotto. Le strade del vino, cui abbiamo già fatto cenno, costituiscono risposta alla stessa esigenza.

Pure esplicito è il richiamo alla pesca-turismo e all'ittiturismo, attività che sono oggetto di considerazione nel d.lgs. 9-1-2012, n. 4, recante misure per il riassetto della normativa in materia di pesca e acquacoltura.

L'art. 6 definisce non professionale la pesca che sfrutta le risorse acquatiche marine vive per fini ricreativi, turistici, sportivi e scientifici e affida ad un decreto del Ministro delle politiche agricole alimentari e forestali la definizione delle modalità per l'esercizio della pesca per fini ricreativi, turistici o sportivi, al fine di assicurarne la compatibilità con gli obiettivi della politica comune della pesca; sono vietati la vendita e il commercio dei prodotti della pesca non professionale, anche di quella svolta a fini scientifici ove il Ministro delle politiche agricole alimentari e forestali ne disponga comunque il divieto.

Della pesca professionale si occupano gli artt. 2 ss. Va premessa la definizione che l'art. 4 dà dell'imprenditore ittico. Tale è il titolare di licenza di pesca che esercita professionalmente ed in forma singola, associata o societaria, l'attività di pesca professionale di cui all'art. 2 e le relative attività connesse; ma sono considerati imprenditori ittici anche le cooperative di imprenditori ittici ed i loro consorzi – sempreché utilizzino prevalentemente prodotti dei soci ovvero forniscano in prevalenza ai medesimi beni e servizi diretti allo svolgimento delle attività di pesca professionale e connesse – nonché l'acquacoltore, che è colui che svolge in forma singola o associata l'acquacoltura, ovverosia l'attività economica organizzata, esercitata professionalmente, diretta all'allevamento o alla coltura di organismi acquatici attraverso la cura e lo sviluppo di un ciclo biologico o di una fase necessaria del ciclo stesso, di carattere vegetale o animale, in acque dolci, salmastre o marine. Fatte salve le più favorevoli disposizioni di legge di settore, sono dichiarate applicabili all'imprenditore ittico le disposizioni previste per l'imprenditore agricolo. L'art. 2, co. 2, d.lgs. 4/2012 fa rientrare nelle attività di pesca professionale, se effettuate dall'imprenditore ittico: a) la "pesca-turismo", ovvero l'imbarco di persone non facenti parte dell'equipaggio su navi da pesca a scopo turistico-ricreativo; b) le attività – denominate "ittiturismo" – di ospitalità, ricreative, didattiche, culturali e di servizi, finalizzate alla corretta fruizione degli ecosistemi acquatici e delle risorse della pesca e alla valorizzazione degli aspetti socio-culturali delle imprese ittiche, esercitate da imprenditori, singoli o associati, attraverso l'utilizzo della propria abitazione o di struttura nella disponibilità dell'imprenditore stesso. Non sono attività di pesca professionale, ma sono considerate ad essa connesse, purché non prevalenti rispetto a questa ed effettuate dall'imprenditore ittico mediante l'utilizzo di prodotti provenienti per lo più dalla propria attività di pesca ovvero di attrezzature o risorse dell'azienda normalmente impiegate nell'impresa ittica: a) la trasformazione, la distribuzione e la commercializzazione dei prodotti della pesca, nonché le azioni di promozione e valorizzazione; b) l'attuazione di interventi di gestione attiva, finalizzati alla valorizzazione produttiva, all'uso sostenibile degli ecosistemi acquatici ed alla tutela dell'ambiente costiero.

È un particolare segmento di utenza turistica anche quello dei praticanti la c.d. mobilità dolce, di coloro cioè che, per finalità legate al turismo e non solo, amano spostarsi nel territorio, anche per lunghi tragitti, camminando, pedalando in bicicletta o utilizzando ferrovie turistiche per apprezzare in tutta la loro bellezza i paesaggi e i contesti naturalistici. Numerose associazioni ambientaliste e di settore hanno costituito una rete – denominata Alleanza mobilità dolce – per promuovere e incentivare questa forma di mobilità, abbinata comunemente al c.d. turismo lento.

Si è ormai compreso che il c.d. turismo lento non soddisfa soltanto un'esigenza di sostenibilità, ma è anche, al contempo, importante strumento di crescita, per l'individuo e per l'economia. Non è un caso che il 2019 sia stato battezzato "anno del turismo lento". Ne parliamo per identificare, con espressione sintetica ma efficace, il turismo praticato in percorsi, da svolgere rigorosamente a piedi, in bicicletta o anche, in molti casi, a cavallo o in barca, lungo itinerari naturalistici, religiosi, culturali e spirituali, più o meno noti, comunque da valorizzare: è questo il modo per scoprire territori poco conosciuti ma proprio per questo ricchi di fascino, borghi, piccoli paesi, bellezze nascoste di cui l'Italia è ricca. Sono stati – e saranno – elaborati molti progetti per promuovere questa forma di turismo; progetti, tesi anche a favorire, lungo detti percorsi, il recupero di immobili in disuso o in stato di abbandono (vecchie case cantoniere, masserie, ostelli, piccole stazioni, edifici scolastici non più utilizzati, antichi edifici, ecc.) e la loro riqualificazione quali strutture turistiche (punti ristoro, alberghi, luoghi per attività ricreative, ecc.).

È turismo dolce – o, che dir si voglia, lento – quello degli appassionati di cicloturismo, sempre più numerosi anche in Italia. Opera dalla fine degli anni '80 del secolo scorso la Federazione italiana amici della bicicletta – che ha, dal 2019, assunto la denominazione di Federazione italiana ambiente e bicicletta (FIAB) – per promuovere e diffondere l'uso della bicicletta quale mezzo di trasporto intelligente ed ecologico, anche ai fini della riqualificazione ambientale nelle città e in ambito extraurbano. La FIAB aderisce alla *European Cyclists' Federation* (ECF), con sede centrale a Bruxelles, costituita nel 1983.

La costante e forte crescita del settore è testimoniata dalla promulgazione della l. 11-1-2018, n. 2, recante disposizioni per lo sviluppo della mobilità in bicicletta sia per le esigenze quotidiane che per le attività turistiche e ricreative, al fine di migliorare l'efficienza, la sicurezza e la sostenibilità della mobilità urbana, tutelare il patrimonio naturale e ambientale, valorizzare il territorio e i beni culturali, accrescere e sviluppare l'attività turistica, in coerenza con il piano strategico di sviluppo del turismo in Italia di cui all'art. 34 *quinquies*, co. 1, del d.l. 179/2012 e con il piano straordinario della mobilità turistica di cui all'art. 11, co. 1, del d.l. 83/2014 e secondo quanto previsto dalla l. 9-8-2017, n. 128, la quale, in coerenza con quanto stabilito nel piano strategico di sviluppo del turismo in Italia per il periodo 2017-2022, ha introdotto disposizioni per l'istituzione di ferrovie turistiche mediante il reimpiego di linee in disuso o in corso di dismissione situate in aree di particolare pregio naturalistico o archeologico. La l. 2/2018 raggruppa nell'art. 2 le definizioni, tra le quali spiccano quelle di ciclovia e rete cicloviaria e, nell'art. 3, prevede l'approvazione con decreto del Ministro delle infrastrutture e dei trasporti del Piano generale della mobilità ciclistica, chiamato, tra l'altro, ad individuare le ciclovie di interesse nazionale che costituiscono la Rete ciclabile nazionale denominata "Bicitalia", a sua volta integrata nel sistema della rete ciclabile transeuropea "EuroVelo" (v. art. 4). Anche a regioni e comuni la legge in esame richiede la predisposizione e l'approvazione di piani della mobilità ciclistica.

Il Piano generale della mobilità ciclistica – si precisa nell'art. 2 poc'anzi citato – è adottato in coerenza con il sistema nazionale delle ciclovie turistiche di cui all'art. 1, co. 640, della l. 28-12-2015, n. 208 e la disposizione da ultimo richiamata è di grande importanza, avendo essa, per la prima volta nel nostro Paese, previsto lo stanziamento di ingenti importi per la progettazione e la realizzazione di un sistema nazionale di ciclovie turistiche, con priorità per i percorsi Verona-Firenze (Ciclovia del Sole), Venezia-Torino (Ciclovia VENTO), da Caposele (AV) a Santa Maria di Leuca (LE) attraverso la Campania, la Basilicata e la Puglia (Ciclovia dell'acquedotto pugliese), Grande raccordo anulare delle biciclette (GRAB) di Roma, ciclovia del Garda, ciclovia Trieste-Lignano Sabbiadoro-Venezia, ciclovia Sardegna, ciclovia Magna Grecia (Basilicata, Calabria, Sicilia), ciclovia Tirrenica e ciclovia Adriatica.

Ad intervento ultimato, si potrà disporre di una rete di oltre 1.500 chilometri ciclabili attraverso 8 regioni, che interessa anche il comune di Roma. Recentissima è l'attivazione della ciclovia del Piave: 220 chilometri lungo il fiume sacro alla Patria, dalle sorgenti sulle Dolomiti al mare Adriatico, percorribili anche a piedi, attraversando tre province venete particolarmente ricche di scenari straordinari, d'arte, di storia e di cultura. Il d.m. 29-11-2018 ha stabilito i criteri di ripartizione delle risorse destinate a finanziare i costi della progettazione e della realizzazione del sistema nazionale di ciclovie turistiche.

Il co. 640 poc'anzi citato autorizza investimenti, nel triennio 2015-2018, per la progettazione e la realizzazione di itinerari turistici a piedi, denominati «cammini». Inutile rilevare che il concetto di turismo lento si associa da essi per definizione.

Esiste ormai una rete dei cammini italiani – oltre 44 percorsi, allo stato, praticabili non solo a piedi, ma anche in bicicletta e/o a cavallo – ben illustrata nell'Atlante Digitale dei Cammini d'Italia, pubblicato nel sito Internet del Ministero del Turismo, di facile accesso (*camminiditalia.cultura.gov.it*): un patrimonio importante per estensione (circa 7.000 km.) e per l'alto valore naturalistico e culturale. Di particolare rilievo è la disciplina contenuta nella l. reg. Lazio 2/2017, recante – per l'appunto – disposizioni per la realizzazione, manutenzione, gestione, promozione e valorizzazione della rete dei cammini della regione medesima, costituita: a) dagli itinerari di valore storico, religioso, culturale, paesaggistico riconosciuti dal Consiglio d'Europa (tra cui la via Francigena), lungo i quali è stabilito che, nel rispetto di alcune regole, i privati, gli enti o le associazioni non lucrative possano offrire gratuitamente ospitalità ai pellegrini e ai camminatori; b) dai percorsi storici, religiosi, culturali e paesaggistici, in specie quelli riconosciuti meritevoli di tutela con legge statale o regionale, i quali vanno considerati in modo integrato con le vie ed i sentieri che li collegano ad aree altamente simboliche lungo il loro tracciato, come santuari o altri siti di pregio artistico-ambientale; c) dalle vie consolari, sia di primo livello (cioè le strade consolari romane che collegano Roma col resto del territorio, tra le quali le vie Appia, Ardeatina, Ostiense, Aurelia, Cassia, Salaria) che di secondo livello (tali sono le strade che si immettono nelle vie consolari di primo livello); d) dall'insieme dei percorsi escursionistici, comprendente strade carrarecce, mulattiere, tratturi, piste ciclabili e sentieri, altre piste, strade vicinali, interpoderali e comunali che consentono l'attività di escursionismo; d) dai percorsi delle aree naturali protette di cui alla l. reg. Lazio 6-10-1997, n. 29. Il concetto di cammino – delineato nell'art. 2, lett. f) della legge in esame – è assai ampio, risultando connesso alla "attività a carattere turistico, ricreativo, religioso, sportivo, escursionistico ed esplorativo che si svolge attraversando i centri urbani, le zone extraurbane, i tracciati irregolari, la rete viabile e le ciclovie senza l'ausilio di mezzi a motore" e, quindi, principalmente, a piedi, in bicicletta o a cavallo. Tutti i percorsi inclusi nella rete sono oggetto di particolare protezione, essendo considerati – come si precisa nell'art. 11 – "di interesse pubblico in relazione alle funzioni e ai valori naturalistici, paesistici, archeologici, culturali, sociali, ambientali, didattici, storici e di tutela del territorio".

Anche sul turismo sociale è bene spendere qualche parola. Lo sviluppo del turismo non può non tener conto della solidarietà e della necessità di far sì che gli ostacoli che impediscono ad alcuni individui di godere dei benefici effetti della vacanza siano rimossi: un *Welfare State* decente non può trascurare questa esigenza. Molti atti, convenzioni e risoluzioni – si veda, ad esempio, la risoluzione del Parlamento europeo del 27-9-2011 (in **Appendice**) – pongono in primo piano l'obiettivo di permettere anche alle persone svantaggiate, come gli anziani, i disabili, i giovani e le famiglie a basso reddito, di svolgere attività turistica e di beneficiare, da turisti, di periodi di riposo e di svago. Si preoccupa di ciò anche il codice del turismo, pur se in un unico articolo ricompreso nel Titolo V, Capo III, dedicato espressamente al turismo sociale: parliamo dell'art. 27, che disciplina il «Fondo buoni vacanze», operativo presso il Dipartimento per lo sviluppo e competitività del turismo, costituito con i risparmi di individui, imprese, istituzioni o associazioni private, con i finanziamenti e le donazioni di soggetti pubblici o privati e, a decorrere dall'anno di imposta 2011, con una parte della quota dell'otto per mille dell'imposta sul reddito delle persone fisiche destinata allo Stato a norma dell'art. 47, co.

2, l. 20-5-1985, n. 222. Al fondo è dato attingere, infatti, per erogare buoni vacanza in favore delle fasce sociali più deboli, ma anche per «la soddisfazione delle esigenze di destagionalizzazione dei flussi turistici», nonché «ai fini della valorizzazione delle aree che non abbiano ancora conosciuto una adeguata fruizione turistica».

C'è un'altra faccia del turismo sociale, che è quella che si rispecchia nell'operare di strutture turistiche nate per realizzare finalità imprenditoriali, ma anche – e soprattutto – per dare risposta a problemi sociali assai sentiti: ne sono un esempio gli alberghi etici – ai quali si è già fatto cenno (v. *supra* § 2) – che rappresentano un'esperienza assai interessante perché rivela come il settore turistico (e, in esso, quello delle strutture ricettive) rappresenti l'ambito più adatto per il proficuo inserimento nel mondo del lavoro di persone con disabilità intellettiva. L'albergo è una grande casa, con spazi variamente impiegati che richiamano ad esigenze di lavoro diversificate e, spesso, a contatto diretto con la clientela: un ambiente, dunque, ricco di stimoli, terapeutico per quelle persone perché capace di accrescere in loro l'autostima, il senso di responsabilità, l'autonomia, l'indipendenza e la capacità relazionale.

Aggiungiamo, infine, un sintetico richiamo alla *sharing economy*, che anche in campo turistico ha forte presa. Lo comprova – a tacer d'altro – la grande espansione di portali online (Airbnb è, forse, il più noto) che consentono a persone in cerca di un alloggio o di una camera per brevi periodi di entrare in contatto con persone che dispongono nella propria casa di abitazione o in altro stabile di spazio da destinare all'ospitalità. Pare che l'Italia sia il terzo paese al mondo quanto a diffusione della *home sharing*: c'è chi trae beneficio dallo sviluppo di questo tipo di offerta turistica, ma le larghe dimensioni del fenomeno fanno emergere anche criticità, denunciate dagli albergatori penalizzati dalla concorrenza e da molti sindaci di importanti città, interessati a scongiurare l'eccessivo affollamento di turisti, in particolare nei centri storici, anche indotto dal proliferare degli affitti brevi. Evidente è anche il pericolo dell'evasione fiscale, avvertito dal legislatore che – come avremo modo di osservare in seguito (v. *infra*, Cap. IV, § 6) – con l'art. 4 del d.l. 24-4-2017, n. 50 (convertito, con modificazioni, dalla l. 21-6-2017, n. 96), ha disciplinando il regime fiscale delle locazioni brevi, introducendo quella che taluno ha definito "tassa Airbnb".

CAPITOLO QUARTO

I CONTRATTI DEL TURISTA

SOMMARIO

1. *Introduzione*

Il fenomeno economico del turismo di massa ha dato vita ad un segmento del mercato che in parte si distingue e in parte si confonde con il mercato generale dei servizi. Tutto ciò ha determinato riflessi importanti, anche ai fini della disciplina giuridica, sulla fisionomia dei soggetti operanti nel settore della produzione e dello scambio di prestazioni *lato sensu* turistiche, che a volte si presentano con il sembiante del turista e del professionista specializzato e a volte si presentano con il sembiante del consumatore e del professionista generico. Lo stesso discorso vale per la contrattualistica, specie nel raffronto tra il turismo individuale e il turismo organizzato, giacché gli strumenti operanti in parte sono presi a prestito da altri settori più ampi – come quelli del mercato dei trasporti (il contratto di trasporto terrestre di persone e di cose, il contratto di trasporto ferroviario, marittimo ed aereo), del mercato degli alloggi (il contratto d'albergo e di deposito in albergo, la compravendita e la locazione di immobili, la multiproprietà), del mercato della ristorazione (il contratto di somministrazione e l'appalto di servizi) – ed in parte si raffigurano nella prassi e nella legislazione come schemi autonomi o addirittura tipici a condizione che la finalità turistica acquisti rilevanza causale (le locazioni turistiche, il contratto di viaggio e quello relativo ai pacchetti turistici).

Il viaggio è la quintessenza del turismo e si abbina comunemente all'impiego di mezzi e sistemi di trasporto, privati o pubblici, per terra, aria e mare. Della dimensione giuridica del trasporto, dunque, è bene subito occuparsi ed è opportuno precisare che lo faremo analizzando l'assetto normativo – per così dire – consolidato, quello cioè correlato al profilo del "classico" turista che utilizza il treno, la nave o l'aereo per raggiungere il luogo di villeggiatura. Decisione, questa, giustificata dal fatto che questa è la tipologia di turista che, per importanza e diffusione, è di gran lunga prevalente.

Si è adoperato il termine "prevalente" con cognizione di causa. Quel profilo, infatti, non è il solo e, per provarlo, basta operare un cenno al forte aumento della domanda di "turismo spaziale" che, inaugurata l'era dell'attività commerciale nel cosmo, un numero crescente di imprese sono già ora pronte a soddisfare. Non sembra corrispondere al profilo dianzi delineato chi è desideroso di praticare questa forma di turismo, eppure non è un azzardo qualificare turista l'individuo che, per spirito di avventura o perché attratto da un'esperienza elettrizzante, per diletto decida di imbarcarsi su una navicella per compiere un volo suborbitale o spaziale; volo, che, magari, ove integri un prodotto complesso in associazione con servizi che il turista è solito richiedere, può costituire parte integrante un vero e proprio "pacchetto turistico". Ci si chiede, riflettendo sull'evoluzione in atto, se le regole e i principi vigenti in materia di trasporto aeronautico e marittimo possano – e se sì, in che misura e con quali adattamenti – estendersi al volo umano nello spazio e c'è chi auspica l'elaborazione di una disciplina internazionale uniforme che vada al di là del quadro di norme esistenti. Gli studi svolti su questo terreno sono già approdati a risultati di rilievo non trascurabile, ma la realtà analizzata è in continuo mutamento e ciò complica la ricerca di risposte certe alle questioni emergenti. Ancora pochi i punti fermi su cui fare sicuro affidamento, sicché, in attesa che sviluppi dell'indagine ed approfondimenti ulteriori facciano luce sui molti risvolti ancora in ombra, meglio guardare al turista che soddisfa in modo – oseremmo dire – tradizionale l'esigenza di trasporto.

2. *Il trasporto terrestre*

Il contratto di trasporto trova disciplina nel codice civile ed ha per oggetto un *facere*. Ai sensi dell'art. 1678 c.c., infatti, «il vettore si obbliga, verso corrispettivo, a trasferire persone o cose da un luogo a un altro». È un contratto a prestazioni corrispettive, essenzialmente oneroso, a forma libera. L'art. 1680 c.c. avverte che norme speciali possono regolare particolari tipi di trasporto, quello aereo, marittimo, ferroviario ecc., mentre il codice civile disciplina prevalentemente quello terrestre.

Il contratto di trasporto si articola in due fattispecie principali, il trasporto di persone e di cose, che obbediscono a due funzioni causalmente differenti: quello di persone allo spostamento fisico da un luogo all'altro, quello di cose anche alla custodia delle cose trasportate. Quando il vettore opera in regime di monopolio, oligopolio, in virtù di una concessione amministrativa, è obbligato a contrarre con tutti e a parità di condizioni (per il combinato disposto degli artt. 1679 e 2597 c.c.) o meglio, possono esserci tariffe differenziate che vanno applicate a chiunque, avendone titolo, ne faccia richiesta (ad es., biglietti ferroviari per fasce di età, particolari convenzioni con enti pubblici e privati, ecc.).

Nel contratto terrestre di trasporto di persona, oltre all'obbligo di eseguire la prestazione principale di trasportare la persona da un luogo ad un altro, vige un obbligo di protezione previsto per legge: il vettore del trasporto di persona non è solo responsabile del mancato compimento del servizio di trasporto o del ritardo nell'effettuazione del trasporto o dell'eventuale inesattezza del servizio di trasporto (es. le persone vengono trasferite in un luogo diverso rispetto a quello concordato), ma, ai sensi dell'art. 1681 c.c., è anche obbligato contrattualmente a risarcire tutti i danni che colpiscano il viaggiatore durante il viaggio, compresi quelli legati alla perdita o all'avaria delle cose che il viaggiatore porta con sé, a meno che non provi di aver adottato tutte le misure idonee ad evitare il danno. Il trasportato deve provare di avere un regolare titolo di viaggio (biglietto, tessera di abbonamento), mentre è onere del vettore provare che egli si è avvalso di tutti i mezzi idonei per evitare il danno, oppure il concorso di colpa del trasportato (ad es., che non ha allacciato le cinture di sicurezza, nonostante l'invito a farlo) oppure l'esclusiva colpa del trasportato (che ha, ad es., forzato l'apertura della porta del treno che, fermo in stazione, si accingeva a partire). La responsabilità del vettore non muta nel caso di contratto di trasporto gratuito (come avverte il co. 3 dell'art. 1681 c.c.) quale è, ad es., quello relativo ad un viaggio premio regalato al trasportato. Nel trasporto amichevole o di cortesia (classico è l'esempio dell'autostoppista), invece, prevale l'idea che, in mancanza di un contratto, il vettore risponda in via extracontrattuale e, se così è, l'onere della prova dell'esistenza e quantità dei danni sofferti è in capo al trasportato, *ex* art. 2043 c.c.; minoritaria è la tesi che estende l'applicazione dell'art. 414 cod. nav., ai sensi del quale chi assume il trasporto di persone o di bagagli a titolo amichevole è responsabile solo quando il danneggiato provi che il danno dipende da dolo o colpa grave del vettore o dei suoi dipendenti e preposti.

Nel trasporto terrestre di cose il contratto si conclude tra il mittente ed il vettore ed ha la struttura del contratto a favore del terzo (art. 1411 c.c.), cioè del destinatario, il quale, in questa configurazione, assumerà la veste del beneficiario. Il mittente è tenuto, a norma dell'art. 1683 c.c., oltre alla consegna della cosa da trasportare, a compiere tutta una serie di atti di collaborazione funzionali all'esatta esecuzione della prestazione da parte del vettore. In merito alla natura giuridica della prestazione del mittente si controverte in dottrina se si tratti di un onere o di un vero e proprio obbligo. Tra i comportamenti cui egli è tenuto figura anzitutto quello di fornire con esattezza al vettore il nome del destinatario e il luogo di destinazione, la natura, il peso, la quantità e il numero delle cose da trasportare; segue poi una serie di adempimenti di ordine amministrativo, tra cui fornire i documenti necessari per l'esecuzione della prestazione. Nel caso di danni derivanti dall'omissione o inesattezza delle indicazioni, dalla mancata consegna o irregolarità dei documenti, l'ult. co. dell'art. 1683 c.c. pone in carico al mittente la relativa responsabilità.

Il contratto di trasporto non prevede di regola alcun onere particolare di forma. Tuttavia a richiesta del vettore può essere imposto un onere di forma con valenza probatoria: il mittente, può essere obbligato a rilasciare una lettera di vettura, debitamente sottoscritta, contenente gli estremi del contratto, mentre il vettore, su richiesta del mittente, dovrà rilasciare un duplicato della lettera di vettura, debitamente sottoscritto, ovvero, nel caso in cui il mittente non avesse rilasciato una lettera di vettura, dovrà consegnare una ricevuta di carico (art. 1684 c.c.). Tali documenti sono, peraltro, necessari, laddove rilasciati, ai fini dell'esercizio del c.d. diritto di contrordine, con il quale, finché le cose non sono passate nella disponibilità del destinatario, il mittente può intervenire nei confronti del vettore modificando le condizioni contrattuali, salvo l'obbligo di tenere comunque indenne il vettore delle spese affrontate e di risarcire i danni eventualmente sopportati (art. 1685 c.c.). È controverso in dottrina se si tratti dell'esercizio del diritto di recesso a favore del mittente o di un potere di modificazione unilaterale del contratto. Il duplicato della lettera di vettura e la ricevuta di carico, se emessi con clausola all'ordine (art. 1684, ult. co., c.c.), sono considerati titoli di credito rappresentativi di merci e legittimano il possessore ad ottenere la riconsegna delle merci, al possesso delle medesime, a disporne mediante girata. Secondo un'opinione diffusa in questo caso il contratto perderebbe la sua natura di contratto a favore di terzo dal momento che unico titolare del diritto di credito diverrebbe il possessore.

Il vettore, da parte sua, dovrà eseguire la prestazione di trasferimento del bene da un luogo all'altro e sarà tenuto a vigilare sul bene, assumendone la custodia. A sua volta il destinatario, ai sensi dell'art. 1689 c.c., assume i diritti derivanti dal contratto «dal momento in cui, arrivate le cose a destinazione o scaduto il termine in cui sarebbero dovute arrivare, il destinatario ne richiede la riconsegna al vettore». Con la richiesta della riconsegna il destinatario accetta la designazione (*ex* art. 1411, co. 2, c.c.) e quindi può far valere i propri diritti verso il vettore per inadempimento contrattuale.

La responsabilità per l'inadempimento o il ritardo resta assoggettata alla disciplina generale prevista dall'art. 1218 c.c.; la responsabilità del vettore per la perdita e l'avaria prevista dall'art. 1693 c.c. integra, invece, un'ipotesi di c.d. responsabilità *ex recepto*, con la quale si indica una particolare forma di responsabilità per inadempimento aggravata rispetto allo schema ordinario di cui all'art. 1218 c.c. Non è sufficiente, infatti, a liberare il debitore la dimostrazione che non è a lui imputabile la causa che ha determinato l'impossibilità della prestazione, ma è necessario che egli dimostri la causa specifica che ha causato la perdita o l'avaria delle cose(caso fortuito, natura o vizio delle cose o del loro imballaggio, fatto del mittente, o del destinatario), mentre resta a suo carico la c.d. causa ignota. L'art. 1694 c.c. prevede la validità di quelle clausole che inseriscono presunzioni di fortuità e con le quali si inverte la distribuzione dei temi di prova, sicché spetterà al danneggiato di provare che il fatto non sia dipeso da caso fortuito.

Il trasporto terrestre su strada è turisticamente assai praticato. In quest'ambito, possiamo far menzione del trasporto di passeggeri effettuato con autobus – strutturato ormai per coprire, a costi vantaggiosi, anche lunghe tratte – cui fa riferimento il reg. 181/2011/UE con previsioni anche attinenti ai diritti del passeggero in caso di cancellazione o ritardo. Le forme tradizionali di trasporto via terra sono a tutti note, ma accanto ad esse va sviluppandosi – anche grazie all'impiego di piattaforme informatiche – il trasporto in condivisione, per molte ragioni funzionale alla sostenibilità e, soprattutto, perché consente di alleggerire il traffico riducendo il numero dei veicoli circolanti: il *car sharing* – che si sostanzia nel noleggio generalmente di breve durata di un auto di proprietà di terzi messa a disposizione di più conducenti – è piuttosto diffuso nell'ambito dei grandi centri urbani, mentre più vicini alle esigenze turistiche sono il *ride sharing* e il *car pooling*, costituenti modalità di condivisione di viaggi in auto, il primo che generalmente reca un guadagno a chi offre il passaggio, il secondo (che va prendendo piede anche per gli autobus a lunga e media percorrenza) accostabile al trasporto di cortesia in quanto fondamentalmente volto alla distribuzione tra i partecipanti delle sole spese vive occorrenti per il viaggio. Concentreremo, tuttavia, l'attenzione sul trasporto ferroviario, oggetto di una disciplina articolata e complessa che contempla, a livello italiano, diverse fonti: non solo le norme del codice civile ma anche le condizioni generali di trasporto predisposte dalle Ferrovie dello Stato.

Oggi Ferrovie dello Stato è una holding, che dal giugno 2011 ha assunto la denominazione di Ferrovie dello Stato Italiane S.p.A., che controlla numerose società attive in specifici settori – tra cui Trenitalia (che gestisce le attività di trasporto passeggeri e merci, ivi compresa l'alta velocità), Rete Ferroviaria Italiana (che, quale gestore dell'infrastruttura nazionale, assicura alle diverse imprese ferroviarie l'accesso alla rete ferroviaria, la manutenzione e la circolazione in sicurezza sull'intera infrastruttura, il potenziamento e lo sviluppo delle linee e degli impianti ferroviari), Italferr (che è la società d'ingegneria del gruppo, operante sul mercato non solo nazionale), Grandi Stazioni (che si occupa della valorizzazione, riqualificazione e gestione, anche a fini di sfruttamento commerciale, delle principali stazioni ferroviarie italiane) – e che ha esteso i propri orizzonti commerciali, con acquisizioni e partnership, ad altri grandi mercati, come Germania, Francia, Olanda e Nord-Est Europa.

Risale al 1985 la trasformazione dell'Azienda autonoma delle Ferrovie dello Stato in ente pubblico e, nel 1992, a seguito della trasformazione di quest'ultimo in una società per azioni, si è provveduto, per quanto riguarda il trasporto di cose, alla sostituzione delle vecchie condizioni di contratto con le nuove «Condizioni generali di vendita del trasporto di merci a carro ed a treno completo», entrate in vigore l'1-4-1995; attualmente, a tutti i trasporti ferroviari di merci effettuati da Trenitalia a titolo oneroso in ambito nazionale e internazionale, si applicano – nella versione aggiornata – le relative Condizioni generali di contratto emanate da Trenitalia-Divisione Cargo.

Per quanto riguarda, invece, il trasporto di persone restano in vigore le disposizioni contenute nel r.d.l. 11-10-1934, n. 1948 (convertito in l. 4-4-1935, n. 911), concernente l'approvazione di nuove «Condizioni e tariffe per il trasporto delle persone sulle Ferrovie dello Stato», con le successive modifiche (particolarmente rilevanti quelle apportate dalla l. 7-10-1977, n. 754, volte all'ammodernamento del sistema giuridico in materia di danno alla persona del viaggiatore). La legge poc'anzi citata del 1935 compare tra le fonti normative nelle vigenti norme comuni delle Condizioni generali di trasporto dei passeggeri, elaborate da Trenitalia e fatte oggetto di periodico aggiornamento; condizioni, articolate in quattro distinte parti (aventi ad oggetto, nell'ordine, le norme comuni, il trasporto nazionale, il trasporto regionale, il trasporto internazionale), agevolmente consultabili sul sito internet *www.trenitalia.com*. Con ordinanza del 9-7-2014, n. 194 la Corte Costituzionale ha, tuttavia, rilevato come, a seguito della trasformazione nel 1985 dell'Azienda autonoma delle Ferrovie dello Stato in ente pubblico, la determinazione delle condizioni generali di trasporto sia stata devoluta alla competenza degli organi dell'ente, di guisa che, da quel momento, risulterebbe trasferita all'autonomia regolativa di quest'ultimo l'intera tematica delle condizioni generali e delle tariffe, pertanto affrancata dall'antica fonte legislativa del 1934, con la quale tariffe e condizioni generali di contratto erano state approvate.

In ambito sovranazionale si segnalano la Convenzione relativa al trasporto ferroviario internazionale (COTIF 1980) firmata a Berna il 9-5-1980, come modificata del Protocollo di Vilnius del 3-6-1999 (COTIF 1999), costitutiva dell'Organizzazione intergovernativa per i trasporti internazionali (OTIF) con lo scopo di favorire e migliorare il traffico internazionale ferroviario tramite l'istituzione di regimi di diritto uniforme in diversi settori giuridici; sicché, parte integrante della Convenzione sono alcune Appendici, tra cui quella distinta con la lettera "A" (la CIV, recante le «Regole uniformi relative al contratto di trasporto internazionale ferroviario dei viaggiatori») e quella contrassegnata con la lettera "B" (la CIM, contenente le «Regole uniformi relative al contratto di trasporto internazionale delle merci»).

In ambito europeo, va menzionato il reg. 1371/07/CE «relativo ai diritti e agli obblighi dei passeggeri nel trasporto ferroviario», che ha sostanzialmente reso efficace in tutti gli Stati membri la disciplina della COTIF CIV 1999, recependone integralmente le disposizioni (che trovansi, in buona parte, allegate), ed integrandola specie per quanto riguarda gli obblighi di informazione. Il reg. 1371/07/CE trova larga applicazione, avendo riguardo ai viaggi ed ai servizi ferroviari forniti da una o più imprese ferroviarie titolari di licenza in virtù della dir. 95/18/CE (art. 2, co. 1), escludendo solo quelle imprese ferroviarie che non abbiano ottenuto tale licenza e per le quali si applicano le regole previste dal codice civile e dalle Condizioni generali di trasporto. L'art. 30 affida ad ogni Stato membro la designazione di uno o più organismi responsabili dell'applicazione del regolamento medesimo e tenuti ad adottare le misure necessarie per garantire il rispetto dei diritti dei passeggeri; a detti organismi vanno indirizzati, da parte dei passeggeri, eventuali reclami. Il d.lgs. 17-4-2014, n. 70 – recante la disciplina sanzionatoria per le violazioni delle disposizioni del reg. 1371/07/CE – ha individuato tale organismo nell'Autorità di regolazione dei trasporti, istituita dall'art. 37 del d.l. 6-12-2011, n. 201 (convertito, con modificazioni, dalla l. 22-12-2011, n. 214). La disciplina di cui al regolamento in parola è stata recepita nel testo delle Condizioni Generali di trasporto dei passeggeri di Trenitalia S.p.A. Va pure ricordata la dir. 2012/34/UE (attuata con d.lgs. 15-7-2015, n. 112), che ha abrogato una serie di precedenti direttive – tra queste la dir. 95/18/CE poc'anzi citata – e istituito uno spazio ferroviario europeo unico, provvedendo nel Capo III a disciplinare il rilascio delle licenze alle imprese ferroviarie e nel Capo IV a definire le modalità per l'imposizione dei canoni per l'utilizzo dell'infrastruttura ferroviaria.

È alla CIV, dunque, che occorre far principalmente riferimento per ciò che concerne il contratto di trasporto ferroviario di persone. Trattasi di un contratto consensuale, a forma libera, avente ad oggetto il trasporto del viaggiatore e, se del caso, dei bagagli e veicoli nel luogo di destinazione; quanto alla conclusione del contratto, è opportuno distinguere a seconda che il biglietto riporti i dati del viaggio, oppure consenta al viaggiatore di utilizzare il treno nel giorno e nell'ora che preferisca, poiché, in questo secondo caso, parte della dottrina ritiene che il contratto si perfezioni sempre al momento dell'acquisto del biglietto mentre altra dottrina ritiene che il momento perfezionativo coincida con quello in cui il cliente decida di avvalersi della prestazione. Quanto agli obblighi gravanti sulle parti, il passeggero è tenuto anzitutto al pagamento del prezzo del biglietto ed è gravato dell'obbligo generale di collaborazione nell'esecuzione della prestazione che implica, ad esempio, il dovere di custodire il bagaglio, gli oggetti e gli animali che porta con sé al fine di non arrecare danno a terzi. La CIV, all'art. 53, disciplina la responsabilità del passeggero, nei confronti del vettore, per i danni derivanti dal mancato rispetto dei propri obblighi e dagli oggetti o dagli animali che porta con sé, salva la possibilità di esonerarsi dimostrando che il danno è derivato da circostanze inevitabili le cui conseguenze non potevano essere da lui ovviate con un comportamento coscienzioso e diligente.

Sul vettore grava, invece, l'obbligo di eseguire la prestazione principale di trasferimento da un luogo ad un altro e una serie di obblighi strumentali, quali quello di trasportare il bagaglio al seguito del passeggero, nonché l'obbligo di protezione del passeggero medesimo. Il reg. 1371/07/CE detta una specifica disciplina per quanto riguarda gli obblighi di informazione che gravano sul vettore in ordine a determinate circostanze del contratto di trasporto, sia durante il viaggio (ad es. i servizi di bordo, i ritardi, le fermate), sia prima del viaggio, su richiesta del viaggiatore (accessibilità, prezzi, orari). È poi fatto obbligo al vettore di fornire, anche in forma sintetica, tutte le informazioni relative ai propri obblighi contrattuali e al proprio regime di responsabilità.

Il vettore è responsabile, nei confronti del viaggiatore, per l'inadempimento della prestazione principale, ossia in caso di inesecuzione della prestazione di trasporto. In assenza di una disciplina europea e internazionale al riguardo si ritiene applicabile la regola generale dell'art. 1218 c.c. Il ritardo è preso in considerazione, invece, dall'art. 32 CIV, che prevede una responsabilità in capo al vettore per il danno dovuto alla soppressione, al ritardo o alla mancanza di corrispondenza, che impediscano la continuazione del viaggio nello stesso giorno o, comunque, rendano la sua continuazione non ragionevolmente esigibile nello stesso giorno per via di circostanze contingenti. È possibile per il vettore andare esente da responsabilità dimostrando che il ritardo o la mancata corrispondenza siano da imputare: a) a circostanze esterne all'esercizio ferroviario che il vettore, malgrado la diligenza richiesta dalla particolarità del caso concreto, non poteva ovviare; b) a colpa del viaggiatore; c) ad un comportamento di terzi che il vettore, nonostante l'uso da parte sua della diligenza richiesta dalle particolarità del caso di specie, non poteva evitare ed alle cui conseguenze non poteva ovviare (non si considera terzo un'altra impresa che utilizzi la medesima rete).

Il reg. 1371/07/CE ha introdotto una disciplina di maggior tutela per il viaggiatore, stabilendo, all'art. 17, l'obbligo per il vettore di corrispondere, entro un mese dalla presentazione della domanda, una «indennità per il prezzo del biglietto», nel caso di ritardo nell'esecuzione del trasporto. Tale indennità è corrisposta in misura percentuale rispetto al prezzo del biglietto, che varia a seconda della durata del ritardo all'arrivo del treno: la percentuale è almeno del 25% del prezzo del biglietto, in caso di riardo compreso tra i 60 e i 119 minuti, e si eleva al 50% se il ritardo è pari o superiore a 120 minuti. Il passeggero non avrà diritto all'indennizzo: a) qualora il vettore abbia informato il passeggero del ritardo prima dell'acquisto del biglietto; b) quando il ritardo è inferiore ai 60 minuti; c) quando abbia ottenuto il rimborso del prezzo del biglietto. Trenitalia attualmente riconosce, in caso di ritardo all'arrivo dei treni ad alta velocità compreso tra i 30 e i 59 minuti, un bonus pari al 25% del prezzo del biglietto, utilizzabile per successivi acquisti.

Nella medesima prospettiva di fornire una tutela quanto più possibile ampia al passeggero, l'art 16 del regolamento stabilisce, nel caso di ritardo significativo ovverossia qualora è prevedibile che il treno arriverà alla destinazione finale con un ritardo superiore a 60 minuti, ma ciò è da ritenersi che valga *a fortiori* in caso di cancellazione: a) il rimborso integrale del prezzo del biglietto, alle condizioni alle quali è stato acquistato, per la parte o le parti del viaggio effettuate e per quelle non effettuate, allorché il viaggio non risulti più utile ai fini del programma originario del viaggiatore, fatta salva la possibilità di ritornare al luogo di partenza; b) la prosecuzione del viaggio o l'intrapresa di un percorso alternativo, non appena possibile ovvero in una data successiva a scelta del passeggero.

L'art. 18 prevede, infine, il diritto all'assistenza del viaggiatore nel caso di ritardo superiore a 60 minuti, che si concreta in una serie di misure, quali: a) la somministrazione di pasti e bevande in quantità ragionevole, in considerazione della durata dell'attesa, se sono disponibili sul treno, in stazione o possono venire ragionevolmente forniti; b) la sistemazione alberghiera, se è necessario il pernottamento; c) il trasporto, in quest'ultimo caso, tra l'infrastruttura del trasporto e il luogo della sistemazione.

Con riferimento all'ipotesi di cancellazione del servizio di trasporto terrestre occorre fare menzione anche della normativa adottata in conseguenza dell'emergenza sanitaria causata dalla diffusione del COVID-19. L'art. 88 *bis*, co. 4, d.l. 17-3-2020, n. 18 (convertito, con modificazioni, in l. 24-4-2020, n. 27) consente ai vettori, nel caso in cui la cancellazione sia stata disposta in ottemperanza a misure autoritative di contenimento del contagio, in alternativa al rimborso del prezzo del biglietto, di emettere un *voucher* di pari importo da utilizzare entro trenta mesi dall'emissione. La norma, che facoltizza il vettore e non lascia scelta al viaggiatore, ha suscitato perplessità per la sua dubbia compatibilità con la normativa europea di settore, ma sul punto torneremo (v. *infra* § 10.2).

Per quanto riguarda la responsabilità del vettore per i sinistri occorsi al passeggero, l'art. 26 CIV stabilisce che «il trasportatore è responsabile del danno derivante dalla morte, dal ferimento o da qualsiasi altro pregiudizio all'integrità fisica o psichica del viaggiatore causato da un incidente che sia in relazione con l'esercizio ferroviario e sopravvenga durante la permanenza del viaggiatore nei veicoli ferroviari, o al momento in cui egli vi entra o ne esce, qualunque sia l'infrastruttura ferroviaria utilizzata». Il vettore può, tuttavia, andare esente da responsabilità, qualora dimostri che l'incidente sia dovuto a circostanze estranee all'esercizio ferroviario non evitabili da parte sua con la diligenza richiesta dalle particolarità del caso ed alle cui conseguenze non avrebbe potuto ovviare: per es. la colpa del passeggero o il comportamento di un terzo (non si considera tale un'impresa ferroviaria che utilizzi la stessa rete). Per i trasporti di persone ai quali non si applica la CIV taluni richiamano in applicazione la disciplina prevista dal r.d.l. 1948/1934, che consente al vettore di andare esente da responsabilità se l'incidente è avvenuto per causa a lui non imputabile.

Gli artt. 27 e 28 CIV definiscono con precisione le voci di danno risarcibili per entrambe le ipotesi: a) in caso di morte del passeggero agli eredi spetta il risarcimento delle spese necessarie conseguenti al decesso; b) qualora la morte non sia sopravvenuta immediatamente e in caso di ferimento, al passeggero spetta il risarcimento per le spese di cura e di trasporto, nonché per l'incapacità lavorativa totale o parziale e per l'accrescimento dei bisogni. L'art. 29 rinvia al diritto del giudice nazionale adito per l'eventuale determinazione di danni corporali diversi da quelli previsti dagli artt. 27 e 28.

L'art. 33 CIV prevede poi una responsabilità in capo al vettore anche per la perdita, totale o parziale, o l'avaria degli oggetti che il viaggiatore portava sulla sua persona o come colli a mano, oltre che per gli animali condotti appresso. Nel caso in cui il danno si sia verificato contestualmente alla morte e al ferimento dei passeggeri, si applica l'art. 26 appena menzionato (art. 33, co. 1); nel caso in cui invece il danno non sia contestuale al ferimento o alla morte, la responsabilità del vettore sussiste solo allorché il danno sia dovuto a sua colpa (art. 33, co. 2). Una disciplina diversa è invece prevista nell'ipotesi di bagagli registrati (art. 36); qui il vettore risponde dei danni occorsi salvo che riesca a dimostrare che tali danni derivino dalla colpa del passeggero, da un suo ordine, da un difetto intrinseco del bagaglio, da circostanze che il vettore non poteva evitare ed alle cui conseguenze dannose non poteva ovviare; dalla natura speciale dei bagagli o dal fatto che il passeggero abbia consegnato oggetti non ammessi al trasporto. Ai sensi dell'art. 35, inoltre, «il trasportatore non è responsabile, nei confronti del viaggiatore, del danno che può risultare dal fatto che il viaggiatore non si uniformi alle prescrizioni delle dogane o di altre autorità amministrative».

È prevista, infine, una limitazione del debito, tanto nel caso di danno alla persona, quanto nel caso di danno ai bagagli, salva l'ipotesi in cui il vettore abbia compiuto l'atto pregiudizievole dolosamente o temerariamente e con la consapevolezza che il danno si sarebbe probabilmente verificato (art. 48). Per quanto riguarda il danno alla persona, l'art. 30, co. 2, prevede che «l'ammontare del risarcimento da corrispondere in base a quanto disposto nel § 1 è determinato in base al diritto nazionale. Tuttavia, per l'applicazione delle presenti regole uniformi, è fissato un limite massimo di 175.000 unità di conto in capitale o in rendita annuale corrispondente a tale capitale per ciascun viaggiatore, nel caso in cui il diritto nazionale preveda un limite massimo di ammontare inferiore». Per quanto riguarda i danni ai bagagli, occorre distinguere a seconda che si tratti di bagagli registrati o meno: nel secondo caso, ai sensi dell'art. 34, il vettore «deve riparare il danno fino a concorrenza di 1.400 unità di conto per ogni viaggiatore»; la disciplina è più articolata, nel primo caso, ove il legislatore distingue tra perdita, totale o parziale, avaria e ritardo, di cui rispettivamente agli artt. 41, 42 e 43.

3. *Il trasporto aereo*

Il contratto di trasporto aereo di persone risulta regolato da una pluralità di fonti, la maggior parte delle quali di natura sovranazionale: la «Convenzione di Chicago relativa all'aviazione civile internazionale» che, siglata il 7-12-1944 e oggetto di aggiornamenti negli anni successivi, ha costituito l'Organizzazione internazionale per l'aviazione civile (ICAO), organismo dell'ONU che riunisce le autorità per l'aviazione civile degli Stati aderenti; la «Convenzione per l'unificazione di alcune regole relative al trasporto aereo internazionale», firmata a Montreal il 28-5-1999 e ratificata con l. 10-1-2004, n. 12, che ha stabilito nuove norme generali in materia di responsabilità in caso di incidenti, in quasi totale sostituzione di quelle figuranti nella Convenzione di Varsavia del 12-10-1929; il reg. 2027/97/CE in tema di «responsabilità del vettore aereo con riferimento al trasporto aereo dei passeggeri e dei loro bagagli», volto a migliorare il livello di protezione dei passeggeri coinvolti in incidenti aerei; il reg. 889/02/CE, che ha modificato il regolamento da ultimo citato per allinearlo alle disposizioni contenute nella summenzionata Convenzione di Montreal ed esteso l'applicazione di dette disposizioni ai trasporti aerei effettuati in un unico Stato membro della CE, onde creare un sistema uniforme di responsabilità per il trasporto aereo internazionale; il reg. 261/04/CE (con la rettifica, pubblicata nella G.U.U.E. del 21-12-2006, riguardante l'art. 8 e consistente nella sostituzione dell'espressione «imbarco su un volo alternativo» con la parola «riavviamento») che istituisce regole comuni in materia di compensazione ed assistenza dei passeggeri in caso di negato imbarco, di cancellazione del volo o di ritardo prolungato; il reg. 1107/06/CE relativo ai diritti delle persone con disabilità e delle persone a mobilità ridotta nel trasporto aereo; il reg. 1008/08/CE che disciplina il rilascio delle licenze ai vettori aerei comunitari, il diritto di questi ultimi di prestare servizi aerei intracomunitari e la determinazione del relativo prezzo. Nella normativa nazionale troviamo il codice della navigazione, la cui parte aeronautica è stata oggetto di revisione ad opera del d.lgs. 9-5-2005, n. 96: in esso, l'art. 941 cod. nav. sancisce che il trasporto aereo di persone e bagagli, compresa la responsabilità del vettore per lesioni personali del passeggero, è regolato dalle norme comunitarie ed internazionali in vigore nella Repubblica. Degno di menzione, avendo implicazioni con il traffico aereo, ivi compreso quello legato a motivazioni turistiche, è anche il Protocollo di Kyoto, sottoscritto l'11-12-1997 ed entrato in vigore solo il 16-2-2005, recante impegni volti al contrasto del riscaldamento climatico legato alle emissioni di anidride carbonica e gas ad effetto serra in atmosfera. Si può, infine, rimandare ad un pratico strumento di informazione sui diritti e sulle misure di tutela di cui dispone il passeggero aereo in caso di disservizi, qual è la Carta dei diritti del passeggero, elaborata dall'Ente Nazionale per l'Aviazione Civile (ENAC), per ulteriori indicazioni circa le normative di riferimento relative al settore in esame.

Per ciò che concerne gli obblighi contrattuali in capo al vettore vanno segnalati: a) l'obbligo di eseguire la prestazione principale di trasferimento del passeggero, incluse le operazioni di imbarco e di sbarco, alle condizioni pattuite e senza arrecare danno alla persona del passeggero; b) l'obbligo di provvedere al trasporto del bagaglio consegnato alla partenza o portato appresso dal passeggero; c) l'obbligo del rilascio dei documenti di viaggio (il biglietto e il talloncino di identificazione per il bagaglio) e, analogamente a quanto avviene per il trasporto ferroviario, della stipulazione di una copertura assicurativa della responsabilità civile per i danni per morte o lesione del passeggero; c) gli obblighi di informazione – pena la risoluzione del contratto, il rimborso del biglietto ed il risarcimento del danno subito – che riguardano: gli orari, il luogo di partenza e di destinazione, l'itinerario, le eventuali coincidenze, la classe, il prezzo, gli oggetti che possono essere trasportati (art. 3, § 1, Convenzione di Montreal); la cancellazione del volo (art. 5, § 2, reg. 261/04/CE); l'identità del vettore effettivo (art. 943, co. 1, cod. nav.; art. 11, reg. 2111/05/CE); i diritti del passeggero (art. 3, § 4, Convenzione di Montreal; art. 6, reg. 2027/97/CE; art. 14, reg. 261/04/CE); i diritti delle persone disabili e a mobilità ridotta (reg. 1107/06/CE).

In tema di responsabilità del vettore aereo per i danni alla persona del passeggero vige la disciplina unitaria della Convenzione di Montreal; per effetto dell'art. 3, reg. 2027/97/CE, nonché per il rinvio operato dall'art 941 cod. nav., la Convenzione suddetta opera anche per i voli svolti da vettori comunitari e nei casi in cui trovi applicazione la legge italiana.

L'art. 17 disciplina la responsabilità del vettore aereo per morte e lesione dei passeggeri e stabilisce che «il vettore è responsabile del danno derivante dalla morte o dalla lesione personale subita dal passeggero per il fatto stesso che l'evento che ha causato la morte o la lesione si è prodotto a bordo dell'aeromobile o nel corso di una qualsiasi delle operazioni di imbarco o di sbarco». Per quanto riguarda la causa di esonero assicurate al vettore, l'art. 21 mette capo ad un doppio regime di responsabilità, oggettiva e soggettiva, che fa conto sui diritti speciali di prelievo (DSP) cioè su una speciale valuta teorica del Fondo monetario internazionale, il cui valore è ricavato da un paniere di valute nazionali (stando ai tassi di cambio rilevati a settembre 2023, 1 DSP equivale a 1,24 euro). Per i danni di cui all'art. 17, § 1, che non eccedano i 100.000 DSP per passeggero, il vettore non può escludere né limitare la propria responsabilità, salvo che ricorra l'ipotesi prevista dall'art. 20, ossia il vettore riesca a dimostrare che «la persona che chiede il risarcimento o il suo avente causa ha provocato il danno o vi ha contributo per negligenza, atto illecito o omissione»; in tal caso egli «è esonerato in tutto o in parte dalle proprie responsabilità nei confronti dell'istante, nella misura in cui la negligenza o l'atto illecito o l'omissione ha provocato il danno o vi ha contribuito». Per i danni che eccedano, invece, i 100.000 DSP per passeggero il vettore può andare esente da responsabilità, dimostrando che il danno non è dovuto a negligenza, atto illecito od omissione propria e dei propri dipendenti o preposti, oppure che il danno è stato causato esclusivamente da negligenza, atto illecito od omissione di un terzo, oppure, anche in questo caso, quanto previsto dall'art. 20.

In tema di responsabilità per i danni ai bagagli occorre invece distinguere a seconda che i bagagli siano consegnati o meno (c.d. bagagli a mano). Per quanto riguarda i primi, l'art. 17, § 2, prevede che «il vettore è responsabile del danno derivante dalla distruzione, perdita o deterioramento dei bagagli consegnati, per il fatto stesso che l'evento che ha causato la distruzione, la perdita o il deterioramento si è prodotto a bordo dell'aeromobile oppure nel corso di qualsiasi periodo durante il quale il vettore aveva in custodia i bagagli consegnati. Tuttavia la responsabilità del vettore è esclusa se e nella misura in cui il danno derivi esclusivamente dalla natura dei bagagli o da difetto o vizio intrinseco»; per quanto riguarda, invece, i bagagli a mano, la norma suddetta prevede, secondo un modello di imputazione soggettivo, che «il vettore è responsabile qualora il danno derivi da sua colpa ovvero da colpa dei suoi dipendenti o incaricati». Nel caso dei bagagli consegnati, il vettore è responsabile anche se, per le operazioni di carico e scarico, si sia avvalso della società aeroportuale o di altro prestatore di servizi di *handling*, come del resto conferma l'art. 953 cod. nav., il quale ritiene il vettore aereo responsabile dei danni alle cose anche se «prima della riconsegna le cose siano affidate, o nell'interesse del vettore per esigenze della scaricazione o per ottemperare ad un regolamento aeroportuale, a un operatore di assistenza a terra o ad altro ausiliario». In tal senso si è espressa Cass., Sez. Un., 20-9-2017, n. 21850, precisando che l'*handler*, il quale contribuisce all'adempimento delle obbligazioni derivanti dal contratto di trasporto, va considerato un ausiliario della compagnia aerea e, pertanto, risponde a titolo extracontrattuale nei confronti del mittente e del destinatario delle merci e, per effetto dell'art. 30 della Convenzione di Montreal, ove dimostri di aver agito nell'esercizio delle sue funzioni, può far valere le condizioni e i limiti di responsabilità invocabili dal vettore in virtù della convenzione medesima.

Il ritardo come fattispecie dannosa è presa in considerazione all'art. 19. La norma stabilisce che «il vettore è responsabile del danno derivante da ritardo nel trasporto aereo di passeggeri, bagagli o merci. Tuttavia il vettore non è responsabile per i danni da ritardo se dimostri che egli stesso e i propri dipendenti e incaricati hanno adottato tutte le misure necessarie e possibili, secondo la normale diligenza, per evitare il danno oppure che era loro impossibile adottarle»; anche in questo caso, vale inoltre, la causa di esonero prevista dall'art. 20. L'art. 22 contempla delle limitazioni di responsabilità: le soglie, per passeggero, sono fissate a 4.150 DSP nel trasporto di persone, a 1.000 DSP nel trasporto di bagagli, a 17 DSP per chilogrammo nel trasporto di merci. In ordine a queste ultime due tipologie di trasporto, la limitazione della responsabilità del vettore in caso di distruzione, perdita, deterioramento o ritardo non opera se sussiste una dichiarazione speciale di interesse alla consegna a destinazione, effettuata dal passeggero al momento della consegna al vettore del bagaglio o del collo, dietro pagamento di un'eventuale tassa supplementare; in tal caso il vettore sarà tenuto al risarcimento sino a concorrenza della somma dichiarata, a meno che non dimostri che tale somma è superiore all'interesse reale del mittente alla consegna a destinazione. Il passeggero, ai sensi dell'art. 22, § 5, può inoltre dimostrare «che il danno deriva da un atto o omissione del vettore, dei suoi dipendenti o incaricati, compiuto con l'intenzione di provocare un danno o temerariamente e con la consapevolezza che probabilmente ne deriverà un danno, sempreché, nel caso di atto o omissione di dipendenti o incaricati, venga anche fornita la prova che costoro hanno agito nell'esercizio delle loro funzioni»: in tal caso le limitazioni di responsabilità previste per il trasporto di persone e di bagagli non trovano applicazione. Un interessante caso è quello deciso da Cass. 14-7-2015, n. 14667, che ha rigettato il ricorso promosso da una passeggera che, giunta con un volo aereo in Venezuela, meta scelta per il viaggio di nozze, si era vista consegnare con un ritardo di due settimane il bagaglio. La donna chiedeva fosse risarcito il danno non patrimoniale subito a causa dello stress procurato dall'impossibilità di indossare i suoi vestiti e di partecipare a feste e galà con abbigliamento adeguato. La S.C., richiamandosi alla Convenzione di Montreal (cui direttamente avevano fatto riferimento i giudici di merito, trattandosi di un vettore non comunitario) e rilevando come in essa non è presente distinzione alcuna tra danno materiale e morale, ha giudicato applicabile il tetto del risarcimento ivi fissato, ritenuto congruo al fine di realizzare un giusto contemperamento tra gli interessi in gioco.

Va segnalata altra decisione (Cass., Sez. Un., ord. 8-7-2019, n. 18257) per aver stabilito, in relazione ad azione risarcitoria proposta dai viaggiatori per inadempimento contrattuale produttivo di danni a cose ai sensi dell'art. 33, § 1, che là dove la contrattazione e l'acquisto del titolo di viaggio siano avvenuti interamente on line, la giurisdizione può essere radicata nel domicilio dell'acquirente.

La responsabilità del vettore per l'inadempimento della prestazione di trasporto – salva l'ipotesi del ritardo prevista dall'art. 19 – non è regolata dalla Convenzione di Montreal bensì dall'art. 949 *bis* cod. nav. e, per taluni casi particolari, dal reg. 261/04/CE. L'articolo appena citato prevede che il vettore sia responsabile dei danni derivanti dalla mancata esecuzione del trasporto del passeggero o del suo bagaglio, a meno che non provi che egli e i suoi dipendenti abbiano preso tutte le misure necessarie e possibili, secondo la normale diligenza, per evitare il danno oppure che era loro impossibile adottarle.

Il reg. 261/04/CE disciplina invece le ipotesi specifiche del negato imbarco e della cancellazione del volo ed attribuisce tutta una serie di diritti al passeggero: ottenimento di una somma a titolo di compensazione (art. 7), rimborso del prezzo pieno del biglietto o imbarco su un volo alternativo (art. 8), assistenza gratuita a terra (art. 9). L'informazione ai passeggeri circa i loro diritti – soprattutto quelli nascenti in ipotesi di cancellazione dei voli – deve essere chiara, completa e di immediata reperibilità, anche là dove il biglietto del volo sia acquistato on line: lo ha ribadito, in varie occasioni, l'Autorità garante della concorrenza e del mercato (AGCM), chiamata a valutare la sussistenza di pratiche commerciali scorrette ed eventualmente a sanzionarle *ex* art. 27 cod. cons. (v. il provvedimento n. 26806 del 25-10-2017).

Per negato imbarco si intende, ai sensi dell'art. 2, lett. j), «il rifiuto di trasportare passeggeri su un volo, sebbene i medesimi si siano presentati all'imbarco nel rispetto delle condizioni di cui all'art. 3, § 2, salvo vi siano ragionevoli motivi per negare il trasporto, quali ad esempio motivi di salute o di sicurezza o documenti di viaggio inadeguati». La Corte di giustizia dell'UE (C-22/11 e C-321/11 del 4-10-2012) ha precisato che la fattispecie del negato imbarco comprende non solo l'imbarco negato per situazioni di sovra-prenotazione (*overbooking*), ma anche per ragioni operative, come quelle legate ad uno sciopero. Il regolamento distingue i rimedi in funzione delle categorie di passeggeri: i c.d. volontari, sono coloro i quali, secondo la definizione dell'art. 2, lett. k), su domanda del vettore si dichiarano disposti a rinunciare alla propria prenotazione in cambio di alcuni benefici, perdendo così il diritto di chiedere il risarcimento del danno ulteriore rispetto a quello previsto dal regolamento (art. 12). I c.d. non volontari sono, invece, coloro che non hanno intenzione di rinunciare alla prenotazione, ai quali, tuttavia, a norma dell'art. 4, § 3, l'imbarco viene negato; essi hanno diritto alla compensazione pecuniaria prevista dall'art. 7, impregiudicato restando il diritto ad un risarcimento supplementare, sussistendone i presupposti (art. 12, co. 1). L'entità di tale compensazione dipende dalla lunghezza della tratta ed ammonta a 250 euro per le tratte inferiori o pari a 1.500 chilometri; a 400 euro per le tratte intracomunitarie superiori a 1.500 chilometri e per le altre tratte comprese tra 1.500 e 3.000 chilometri; a 600 euro per tutte le altre tratte. Se, tuttavia, ai passeggeri è offerto di raggiungere la loro destinazione finale imbarcandosi su un volo alternativo a norma dell'art. 8, il vettore aereo operativo può ridurre del 50% la compensazione pecuniaria. Al passeggero, ai sensi dell'art. 8, è inoltre offerto: a) il rimborso totale del prezzo del biglietto, nonché se del caso, b) un volo di ritorno verso il punto di partenza iniziale; c) l'imbarco su un volo alternativo verso la destinazione iniziale, non appena possibile c) l'imbarco su un volo alternativo verso la destinazione finale, in una data successiva. In ogni caso al passeggero spetta l'assistenza (vitto, alloggio, trasporto tra l'aeroporto e il luogo di sistemazione, due chiamate telefoniche) prevista dall'art. 9.

La cancellazione del volo, è definita, dall'art. 2, lett. l), come la mancata effettuazione di un volo originariamente previsto e sul quale sia stato prenotato almeno un posto; Corte giust. UE del 13-10-2011 (C-83/10) ha esteso la nozione al caso in cui, avvenuto il decollo, l'aereo sia costretto, quale che sia la ragione, a rientrare all'aeroporto. Ai sensi dell'art. 5 al passeggero è offerta la tutela di cui all'art. 8 ed all'art. 9, § 1, lett. a), e § 2, nonché la sistemazione in albergo quando il volo alternativo sia previsto per il giorno successivo rispetto al volo originariamente programmato [art. 9, § 1, lett. b) e c)]. È inoltre previsto il diritto alla compensazione pecuniaria di cui all'art. 7, salvo il caso in cui i passeggeri siano stati informati (l'onere probatorio è in capo al vettore) della cancellazione del volo: a) almeno due settimane prima dell'orario di partenza previsto; b) nel periodo compreso tra due settimane e sette giorni prima dell'orario di partenza previsto e sia stato loro offerto di partire con un volo alternativo non più di due ore prima dell'orario di partenza previsto e di raggiungere la destinazione finale meno di quattro ore dopo l'orario di arrivo previsto; c) meno di sette giorni prima dell'orario di partenza previsto e sia stato loro offerto di partire con un volo alternativo non più di un'ora prima dell'orario di partenza e di raggiungere la destinazione meno di due ore dopo l'orario d'arrivo previsto. Ai sensi del § 3 dell'art. 5, non è dovuta la compensazione se il vettore dimostra che la cancellazione del volo è dovuta a circostanze eccezionali che non si sarebbero comunque potute evitare anche se fossero state adottate tutte le misure del caso. La deroga così stabilita va interpretata restrittivamente e non ogni evento inaspettato può qualificarsi circostanza eccezionale. La sentenza della Corte di giustizia dell'UE del 22-12-2008 (C-549/07), ha precisato che: a) la sussistenza di un problema tecnico riguardante l'aereo non integra una circostanza eccezionale, a meno che tale problema derivi da eventi che, per la loro natura o la loro origine, fuoriescano dal normale esercizio; b) la circostanza che il vettore abbia rispettato i requisiti minimi di manutenzione, non è prova sufficiente a dimostrare di aver adottato «tutte le misure del caso» al fine dell'esonero dal pagamento della compensazione pecuniaria. In un caso di ritardo nella partenza del volo dovuto al danneggiamento di uno pneumatico a causa di una vite presente sulla pista di decollo, Corte giust. UE 4-4-2019, C-501/17 ha ravvisato una circostanza eccezionale idonea ad escludere la responsabilità del vettore, non tenuto pertanto alla compensazione. Pure si è negato rientri nella nozione di "circostanze eccezionali" lo sciopero selvaggio – in quanto non ufficialmente proclamato da un sindacato – di parte significativa del personale di volo, traente origine dall'annuncio a sorpresa, da parte di un vettore aereo, di misure di ristrutturazione dell'impresa, giudicate inaccettabili (Corte giust. UE 17-4-2018, C-195/17 e numerose altre, riunite). E finanche lo sciopero dei controllori di volo, ancorché configurabile quale circostanza "esterna" alla compagnia aerea, può non valere, di per sé, ad integrare gli estremi dell'eccezionalità e a neutralizzare, perciò, il dovere di corrispondere la compensazione pecuniaria ai viaggiatori (v. Cass. 10-2-2023, n. 4261, in **Appendice**). Mentre la chiusura dello spazio aereo europeo a seguito dell'eruzione di un vulcano in Islanda è stata riconosciuta circostanza eccezionale ai sensi del reg. 261/04/CE, che tuttavia non fa venir meno l'obbligo dei vettori aerei di prestare assistenza ai passeggeri (Corte giust. UE 31-1-2013, C-12/11).

Con riferimento all'ipotesi di cancellazione del volo occorre anche fare menzione della normativa adottata in conseguenza dell'emergenza sanitaria causata dalla diffusione del COVID-19. L'art. 88 *bis*, co. 4, d.l. 18/2020 consente ai vettori, nel caso in cui la cancellazione sia stata disposta in ottemperanza a misure autoritative di contenimento del contagio, in alternativa al rimborso del prezzo del biglietto, di emettere un *voucher* di pari importo da utilizzare entro trenta mesi dall'emissione. Su tale disposizione si registra un interessante posizione della giurisprudenza di merito (Trib. Palermo, 9-3-2023, n. 1151), su cui più tardi avremo modo di soffermarci analizzando meglio l'incidenza di detto art. 88 *bis* sulla disciplina del pacchetto turistico (v. *infra* § 10.2). Lo stesso articolo disciplina anche l'ipotesi in cui sia l'acquirente del titolo di viaggio ad esercitare il diritto di recesso a causa della emergenza sanitaria causata dalla diffusione del COVID-19. I soggetti che versino in una delle situazioni di cui al comma primo e per i quali ricorre la sopravvenuta impossibilità di usufruire della prestazione hanno diritto, a scelta del vettore, al rimborso del corrispettivo versato per l'acquisto del titolo di viaggio ovvero all'emissione di un *voucher* di pari importo da utilizzare entro trenta mesi dall'emissione.

Per quanto riguarda il ritardo nell'esecuzione del trasporto, l'art. 6 del regolamento prevede delle soglie, superate le quali, il ritardo dà diritto al passeggero di ottenere la tutela prevista dagli artt. 8 e 9: a) nel caso in cui il ritardo sia pari o superi le due ore per tutte le tratte aree intracomunitarie pari o inferiori a 1.500 km; b) nel caso in cui il ritardo sia pari o superi le tre ore per tutte le tratte aree intracomunitarie superiori a 1.500 km e per tutte le altre tratte comprese tra i 1.500 km e di 3.500 km; c) il ritardo sia pari o superiore alle quattro ore in tutti gli altri casi. Ai sensi dell'art. 6, § 2 la tutela prevista dall'art. 8, § 1, spetta, tuttavia, soltanto quando il ritardo sia pari alle cinque ore; negli altri casi spetta soltanto l'assistenza prevista dall'art. 9. Le sentenze della Corte di giustizia dell'UE del 19-11-2009 (C-402/07 e C-432/07) e del 23-10-2012 (C-581/10 e C-629/10) hanno, tuttavia, stabilito che i passeggeri di voli ritardati possono essere assimilati ai passeggeri di voli cancellati ai fini della compensazione pecuniaria di cui all'art. 7 quando subiscano una perdita di tempo pari o superiore a tre ore, ossia quando giungano a destinazione tre ore o più dopo l'orario di arrivo previsto originariamente; nessuna compensazione è, però, dovuta se il vettore aereo dimostra che il ritardo prolungato è dovuto a circostanze eccezionali inevitabili e sfuggenti al suo effettivo controllo. Sulla nozione di orario di arrivo impiegata per determinare l'entità del ritardo di un volo, la sentenza della Corte di giustizia del 4-9-2014 (C-452/13) ha precisato che va considerato il momento dell'apertura di almeno uno dei portelloni dell'aeromobile, posto che solo allora i passeggeri, non più soggetti a costrizioni, possono riprendere le loro abituali attività e lasciare il velivolo. L'art. 16 del reg. 261/04/CE impone ad ogni Stato membro di designare l'organismo responsabile dell'applicazione del regolamento medesimo per quanto riguarda i voli in partenza dagli aeroporti situati nel suo territorio o i voli provenienti da un paese terzo e diretti a tali aeroporti; organismo, chiamato poi ad adottare tutte le misure necessarie per garantire il rispetto dei diritti dei passeggeri. Con d.lgs. 27-1-2006, n. 69, si è designato, a tal fine, l'ENAC e si sono stabilite le sanzioni amministrative che detto ente è tenuto ad irrogare al vettore aereo che manchi di osservare le disposizioni del regolamento.

La già citata sentenza della Corte di giustizia dell'UE del 13-10-2011, C-83/10 ha affermato che l'art. 12 del regolamento consente al giudice nazionale di concedere il risarcimento del danno, anche di natura morale, ma non può costituire il fondamento giuridico per condannare il vettore aereo a rimborsare ai passeggeri le spese da costoro sostenute a causa dell'inadempimento degli obblighi di sostegno ed assistenza previsti dallo stesso regolamento. Trib. Roma 16-1-2020 (in **Appendice**) ha tenuto, tuttavia, a sottolineare che, ai fini del risarcimento, il danno non patrimoniale non può essere solo ipotizzato, né va considerato *in re ipsa*, ma va specificamente dedotto e documentato. Sull'onere della prova che il passeggero che agisce per il risarcimento del danno da negato imbarco, cancellazione o ritardato arrivo dell'aeromobile deve assolvere, ha fatto chiarezza Cass. ord. 23-1-2018, n. 1584, in **Appendice**.

Il reg. 261/04/CE si applica ai passeggeri in partenza da un aeroporto situato in un Paese membro dell'UE o anche in un Paese terzo, ma – in quest'ultimo caso – solo se il vettore del volo è comunitario e la destinazione è un aeroporto sito nel territorio di un Paese dell'UE soggetto alle disposizioni dei trattati. Sono stati, quindi, ritenuti risarcibili, ma in applicazione della Convenzione di Varsavia del 1929, i danni, patrimoniali e non, lamentati da un passeggero, andato incontro a pesanti disagi a causa del ritardo nella partenza del volo da un Paese non comunitario con destinazione in un Paese dell'UE operato da compagnie aeree non comunitarie (Cass. 13-9-2023, n. 26427).

4. *Il trasporto marittimo*

Il contratto di trasporto marittimo di persone è disciplinato, a livello nazionale, dagli artt. 396 ss. cod. nav., sia per quanto riguarda i suoi aspetti genetici e funzionali sia per quanto riguarda gli aspetti patologici. Dette disposizioni regolano anche il trasporto del bagaglio del passeggero, mentre del trasporto di cose in generale si occupano gli artt. 419 ss. cod. nav. Ricordiamo che il codice della navigazione trova applicazione in materia di navigazione marittima interna, pure implicata, tuttavia, nella disciplina contenuta nei regolamenti di cui poi parleremo.

Il contratto di trasporto marittimo si conclude allorché il vettore, con l'emissione del biglietto il cui contenuto è previsto dall'art. 397 cod. nav., accetta la proposta contrattuale avanzata dal passeggero. La prestazione principale del vettore è quella di trasportare una persona da un luogo ad un altro e ad essa si aggiunge la prestazione accessoria di trasportare contestualmente anche il bagaglio.

Il codice della navigazione disciplina gli impedimenti del passeggero e le loro conseguenze. L'art. 400 prevede che «se, prima della partenza, si verifica la morte del passeggero, ovvero un suo impedimento a viaggiare per causa a lui non imputabile, il contratto è risolto, ed è dovuto il quarto del prezzo di passaggio, computato al netto del vitto, se questo fu compreso nel prezzo» e pone un obbligo di informazione tempestiva a carico del passeggero. Tale disposizione, peraltro, trova una deroga nella normativa emergenziale adottata al fine di contenere la diffusione del COVID-19. Ai sensi del già citato art. 88 *bis*, co. 4, d.l. 18/2020, i soggetti che siano impossibilitati a viaggiare a causa delle misure di contenimento del virus o perché affetti dal virus stesso hanno diritto, a scelta del vettore, al rimborso totale del corrispettivo versato per l'acquisto del titolo di viaggio ovvero all'emissione di un *voucher* di pari importo da utilizzare entro trenta giorni dall'emissione. Ai sensi dell'art. 401, poi, «il passeggero, se non si presenta a bordo nel tempo stabilito, deve il prezzo di passaggio computato al netto del vitto. Tuttavia il prezzo non è dovuto se, con il consenso del vettore, il diritto al trasporto è ceduto ad altri in seguito a domanda del passeggero, ma in tal caso spetta al vettore una provvigione sul prezzo, in misura non superiore al dieci per cento». L'art. 406 affronta, infine, l'ipotesi dell'interruzione del viaggio: «se il passeggero è costretto a interrompere il viaggio per causa a lui non imputabile, il prezzo di passaggio è dovuto in proporzione del tratto utilmente percorso. Se il viaggio è interrotto per fatto del passeggero, questi deve altresì, per la residua durata del viaggio, il prezzo di passaggio netto». La disciplina concernente gli impedimenti del vettore e la relativa responsabilità è dettata dal codice della navigazione agli artt. 402 (impedimento della nave), 403 (soppressione della nave o mutamento dell'itinerario), 404 (ritardo della partenza), 405 (interruzione del viaggio della nave), 408 (responsabilità del vettore per inesecuzione del trasporto o per ritardo), 409 (responsabilità del vettore per danni alle persone) e trova un più ampio corredo normativo – come vedremo – nel reg. 392/09/CE. L'art. 409 appena menzionato rivela come, accanto alla prestazione principale di trasportare il passeggero da un luogo ad un altro, sorga a carico del vettore un obbligo di protezione finalizzato alla salvaguardia della persona del passeggero e dei suoi beni: è ivi stabilito, infatti, che «il vettore è responsabile per i sinistri che colpiscono la persona del passeggero, dipendenti da fatti verificatisi dall'inizio dell'imbarco sino al compimento dello sbarco, se non prova che l'evento è derivato da causa a lui non imputabile». La giurisprudenza, a differenza dell'opinione maggioritaria della dottrina, ha introdotto un distinguo tra i danni occorsi "a causa" del trasporto e quelli occorsi "in occasione" del trasporto ed ha imposto, in quest'ultimo caso, al danneggiato la prova dell'anormalità del trasporto come fatto causativo del danno, consentendo al vettore di esonerarsi tramite l'allegazione di aver adottato le cautele necessarie per assicurare, secondo la normale diligenza, la incolumità del passeggero.

In ordine alla responsabilità per danni al bagaglio, il codice della navigazione distingue a seconda che il bagaglio sia stato o meno consegnato. A mente dell'art. 412, «il vettore è responsabile, entro il limite massimo di euro 6,19 per chilogrammo o della maggiore cifra risultante dalla dichiarazione di valore, della perdita e delle avarie del bagaglio, che gli è stato consegnato chiuso, se non prova che la perdita o le avarie sono derivate da causa a lui non imputabile», mentre «per i bagagli e gli oggetti non consegnati al vettore, questi non è responsabile della perdita o delle avarie, se non quando il passeggero provi che le stesse sono state determinate da causa imputabile al vettore».

A livello sovranazionale, c'è da registrare il reg. 1177/10/UE – di cui poi ci occuperemo – e, soprattutto, il reg. 392/09/CE, che ha recepito la Convenzione di Atene del 13-12-1974 relativa al trasporto per mare di passeggeri e dei loro bagagli, così come emendata dal Protocollo di Londra dell'1-11-2002, nonché la riserva e gli orientamenti per l'attuazione del Protocollo adottati dal *Legal Committee* dell'Organizzazione marittima internazionale (IMO) il 19-10-2006.

Per effetto del regolamento in questione, dunque, la disciplina della Convenzione di Atene – che figura nell'Allegato I – si applica non solo ai trasporti internazionali giusta la definizione data nella stessa convenzione, ma anche ai trasporti via mare interni ad un singolo Stato membro, se effettuati a bordo di navi appartenenti alle classi A e B ai sensi dell'art. 4 della dir. 98/18/CE e sempreché siano presenti alcune condizioni (v. artt. 1 e 2).

La Convenzione di Atene – come il reg. 392/09/CE – disciplina la responsabilità del vettore e la copertura assicurativa e nell'art. 3adotta, ove si verifichi un incidente marittimo, cioè il naufragio, il capovolgimento, la collisione o l'incaglio della nave, un'esplosione o un incendio a bordo o un difetto della nave, un doppio criterio di imputazione, oggettivo e soggettivo. Si prevede, infatti, che «il vettore è responsabile dei danni derivanti dalla morte o dalle lesioni personali subite da un passeggero a causa di un incidente marittimo nella misura in cui, per il suddetto passeggero, tali danni non siano superiori a 250.000 unità di conto per ogni singolo evento, a meno che il vettore non dimostri che l'incidente: a) è dovuto a un atto di guerra, ad ostilità, a una guerra civile, a un'insurrezione o a un fenomeno naturale di carattere eccezionale, inevitabile e irresistibile; b) è stato interamente causato da un atto o un'omissione intenzionale di un terzo»; mentre, se «i danni superano il suddetto limite, il vettore è ulteriormente responsabile a meno che non provi che l'evento dannoso non è imputabile a sua colpa o negligenza».

L'art. 3, § 6, specifica «che la responsabilità del vettore ai sensi del presente articolo si riferisce unicamente ai danni derivanti da incidenti verificatisi durante il trasporto. Chi promuove l'azione risarcitoria ha l'onere di provare che l'evento dannoso è avvenuto durante il trasporto, nonché l'entità del danno».

Nel caso in cui il danno al passeggero non derivi da un sinistro marittimo (art. 3, § 2) «il vettore è responsabile dei danni derivanti dalla morte o dalle lesioni personali subite da un passeggero (...) se l'evento dannoso è imputabile a sua colpa o negligenza. L'onere di provare la colpa o la negligenza spetta a chi promuove l'azione risarcitoria».

A mente dell'art. 6 «il tribunale adito può, secondo le disposizioni di legge nazionale, esonerare in tutto o in parte dalle sue responsabilità il vettore che dimostri che la morte o le lesioni personali subite dal passeggero o la perdita o i danni ai suoi bagagli sono imputabili, direttamente o indirettamente, a colpa o a negligenza del passeggero stesso».

L'art. 7, §§ 1 e 2, fissa, a sua volta, una limitazione al risarcimento del danno: «la responsabilità del vettore in caso di morte o lesioni personali di un passeggero ai sensi dell'art. 3 è limitata in ogni caso a 400.000 unità di conto per passeggero per ogni singolo evento. Se, in base alla legge del tribunale adito, il risarcimento è corrisposto sotto forma di rendita periodica, il valore capitale della rendita non può superare tale limite»; ed ancora che «ciascuno Stato contraente può stabilire mediante specifiche norme di diritto nazionale il limite di responsabilità di cui al paragrafo 1, a condizione che l'eventuale limite nazionale di responsabilità non sia inferiore a quello stabilito al paragrafo 1. Gli Stati contraenti che si avvalgono della facoltà prevista nel presente paragrafo informano il Segretario generale dei limiti di responsabilità fissati o dell'assenza di limiti».

L'art. 6 del reg. 392/09/CE introduce, infine, il c.d. pagamento anticipato: «quando la morte o le lesioni personali di un passeggero sono causate da un incidente marittimo, il vettore che ha realmente effettuato per intero o in parte il trasporto durante il quale il sinistro marittimo è avvenuto procede a un anticipo di pagamento sufficiente a coprire le necessità economiche immediate, proporzionalmente al danno subito, entro quindici giorni dall'identificazione della persona che ha titolo al risarcimento. In caso di morte, il pagamento non può essere inferiore a 21.000 euro. La presente disposizione si applica anche allorché il vettore è stabilito all'interno della Comunità». Un anticipo di pagamento non costituisce riconoscimento di responsabilità e può essere detratto da qualsiasi ulteriore importo dovuto sulla base del regolamento. Esso non è rimborsabile, salvo che nei casi di limitazione di responsabilità del vettore di cui all'art. 3, § 1 della Convenzione di Atene nonché di concorso di colpa del passeggero oppure quando il beneficiario non è la persona che ha titolo al risarcimento.

La Convenzione di Atene si occupa anche della responsabilità per danni al bagaglio e – così come il codice della navigazione – distingue tra bagaglio a mano e bagaglio consegnato (art. 3, §§ 3 e 4): «il vettore è responsabile dei danni derivanti dalla perdita o dal danneggiamento del bagaglio a mano se l'evento dannoso è imputabile a sua colpa o negligenza. La colpa o la negligenza del vettore si presume quando i danni sono stati causati da un incidente marittimo»; ed ancora: «il vettore è responsabile dei danni derivanti dalla perdita o dal danneggiamento di bagagli diversi dal bagaglio a mano a meno che non provi che l'evento dannoso non è imputabile a sua colpa o negligenza». L'art. 8 fissa dei limiti anche per tale responsabilità.

Degno di nota è anche il reg. 1177/10/UE, che ha introdotto nuove disposizioni volte a garantire i «diritti dei passeggeri che viaggiano per mare e per vie navigabili interne» ed ha approntato una regolamentazione dei diritti c.d. minimi delle persone con disabilità e a mobilità ridotta e dei passeggeri in caso di cancellazione e ritardo alla partenza. Esso – come si evince dall'art. 2 – si applica ai passeggeri che viaggiano: a) con servizi passeggeri il cui porto d'imbarco è situato nel territorio di uno Stato membro; b) con servizi passeggeri il cui porto d'imbarco è situato fuori dal territorio di uno Stato membro e il porto di sbarco è situato nel territorio di uno Stato membro, a condizione che il servizio venga effettuato da un vettore dell'Unione come definito all'art. 3, lett. e); c) con una crociera il cui porto d'imbarco è situato nel territorio di uno Stato membro (in questo caso rimane esclusa l'applicazione degli artt. 16, § 2, 18, 19 e 20, §§ 1 e 4). Il regolamento non trova, invece, applicazione per i passeggeri che viaggiano: a) su navi autorizzate a trasportare fino a dodici passeggeri; b) su navi del cui funzionamento è responsabile un equipaggio composto da non più di tre persone o laddove la distanza complessiva del servizio passeggeri sia inferiore a 500 metri, sola andata; c) con escursioni e visite turistiche diverse dalle crociere; oppure d) su navi senza mezzi di propulsione meccanica nonché su originali e singole riproduzioni di navi da passeggeri storiche, progettate prima del 1965, costruite principalmente con materiali originali, autorizzate a trasportare fino a trentasei passeggeri.

Gli artt. 7 ss. regolano il diritto al trasporto delle persone con disabilità e delle persone a mobilità ridotta, subito precisando che, in linea di massima, tale condizione non può legittimare il vettore, l'agente di viaggio e l'operatore turistico a rifiutare l'accettazione di una prenotazione, l'emissione o la fornitura di un biglietto o l'imbarco, né a praticare condizioni diverse da quelle applicate agli altri passeggeri. L'art. 16 concerne l'informazione del passeggero in caso di cancellazione o ritardo alla partenza e, con riguardo alle stesse evenienze, ove il vettore preveda che il ritardo superi i novanta minuti, l'art. 17 dispone che quest'ultimo offra «gratuitamente ai passeggeri in partenza dai terminali portuali spuntini, pasti o bevande in congrua relazione alla durata dell'attesa, purché siano disponibili o possano essere ragionevolmente forniti». È stabilito inoltre che «in caso di cancellazione o ritardo alla partenza che renda necessario un soggiorno di una o più notti o un soggiorno supplementare rispetto a quello previsto dal passeggero, ove e allorché sia fisicamente possibile, il vettore offre gratuitamente ai passeggeri in partenza dai terminali portuali una sistemazione adeguata, a bordo o a terra, e il trasporto tra il terminale portuale e il luogo di sistemazione, oltre agli spuntini, ai pasti o alle bevande di cui al paragrafo 1. Per ciascun passeggero, il vettore può limitare il costo complessivo della sistemazione a terra, escluso il trasporto tra il terminale portuale e il luogo di sistemazione, a 80 euro a notte, per un massimo di tre notti». Tali regole non trovano applicazione, tuttavia, se il vettore prova che la cancellazione o il ritardo è provocato da condizioni meteorologiche che mettono a rischio il funzionamento sicuro della nave. L'art. 20 prevede che l'art. 17 non trovi applicazione: a) ai passeggeri con biglietti aperti finché l'orario di partenza non è specificato, salvo per i passeggeri in possesso di un titolo di viaggio o di un abbonamento; b) se il passeggero è informato della cancellazione o del ritardo prima dell'acquisto del biglietto ovvero se la cancellazione o il ritardo sono causati dal passeggero stesso.

L'art. 18, pone in capo al vettore, nel caso in cui preveda che un servizio passeggeri subisca una cancellazione o un ritardo alla partenza dal terminale portuale superiore a novanta minuti, l'obbligo di offrire al passeggero: a) il trasporto alternativo verso la destinazione finale a condizioni simili, come indicato nel contratto di trasporto, non appena possibile e senza alcun supplemento; b) il rimborso del prezzo del biglietto e, ove opportuno, il ritorno gratuito al primo punto di partenza, come indicato nel contratto di trasporto, non appena possibile.

L'art. 19 delinea, infine, una compensazione a beneficio dei passeggeri, in caso di ritardo all'arrivo a destinazione, che viene quantificata in misura forfetaria (25%) rispetto al prezzo del biglietto pagato dal passeggero. Per usufruire della compensazione il ritardo deve essere pari: a) a un'ora in un servizio regolare fino a quattro ore; b) a due ore in un servizio regolare di più di quattro ore ma non superiore a otto ore; c) a tre ore in un servizio regolare di più di otto ore ma non superiore a ventiquattro ore; d) oppure a sei ore in un servizio regolare superiore a ventiquattro ore. Se il ritardo supera il doppio del tempo indicato alle lett. da a) a d) la compensazione economica è pari al 50% del prezzo del biglietto. Il diritto alla compensazione, ai sensi dell'art. 20, non si applica: a) ai passeggeri con biglietti aperti finché l'orario di partenza non è specificato, salvo per i passeggeri in possesso di un titolo di viaggio o di un abbonamento; b) se il passeggero è informato della cancellazione o del ritardo prima dell'acquisto del biglietto ovvero se la cancellazione o il ritardo sono causati dal passeggero stesso; c) se il vettore prova che la cancellazione o il ritardo è provocato da condizioni meteorologiche che mettono a rischio il funzionamento sicuro della nave o da circostanze straordinarie che ostacolano l'esecuzione del servizio passeggeri, le quali non potevano essere evitate anche neanche per il tramite dell'adozione di tutte le misure ragionevoli.

Occorre ricordare, inoltre, che la normativa emergenziale di cui all'art. 88 *bis*, co. 4, d.l. 18/2020, consente al vettore, per tutta la durata del periodo dell'emergenza e comunque fino al 30 settembre 2020, di corrispondere in alternativa al rimborso del prezzo del biglietto un *voucher* sostitutivo di pari importo; e valga il rinvio a quanto più avanti diremo per giustificare le perplessità che la norma ha suscitato.

5. *Il contratto di albergo*

Può farsi rientrare il contratto di albergo nell'ampio *genus* dei contratti di ospitalità. D'altronde, il concetto di ospitalità si presta ad essere declinato in vari modi a seconda dell'ambito di riferimento: l'ospitalità può essere, infatti, privata o pubblica, dettata da ragioni di cortesia, oppure da ragioni di tipo economico. In quest'ultimo caso, ove implicato sia il turismo in attività ricettiva, l'ospitalità diventa la prestazione principale di un contratto le cui parti sono il gestore della struttura medesima ed il cliente. L'ospitalità può in concreto assumere una pluralità di forme, perché – come si è visto (v. *supra*, Cap. III, § 2) – varie sono le strutture (albergo, campeggio, *residence*, agriturismo, *bed & breakfast*, ecc.) e le modalità in cui è dispensata; ciò nonostante i diversi contratti di ospitalità si disegnano sulla struttura del contratto di albergo che ne rappresenta a giusta ragione il prototipo.

Nel contratto d'albergo, l'albergatore, che assume sicuramente la qualità di imprenditore commerciale in ragione anche della speciale responsabilità cui è sottoposto e, quindi, anche la qualifica di professionista, si obbliga, dietro corrispettivo, a fornire al cliente-consumatore una serie di prestazioni consistenti nella messa a disposizione di un alloggio e nella fornitura di altri servizi, accessori rispetto al primo.

La figura contrattuale in esame non trova una specifica disciplina nel codice civile ed è stata oggetto di elaborazione dottrinale. Le parti del contratto sono, dunque, l'albergatore che è sempre un imprenditore e può essere una persona fisica o una persona giuridica, e il cliente, che è sempre una persona fisica, il più delle volte anche consumatore.

Secondo l'orientamento maggioritario, si tratterebbe di un contratto atipico, con causa mista, un contratto cioè nella cui causa si fondono cause proprie di altri contratti tipici, ma con il carattere dell'unicità, nel senso che nessuna debba considerarsi prevalente al punto da assorbire le altre. Così, ad es., per quanto riguarda la messa a disposizione del locale, occorrerà fare riferimento al contratto di locazione, dal quale, tuttavia, il contratto d'albergo si distingue sia per la brevità della durata, sia per il contenuto del godimento, che è, per certi versi, più ampio (disponibilità dei luoghi comuni) e, per altri, meno ampio (la detenzione è limitata dal concorrente potere di fatto dell'albergatore); converrà ricorrere, per gli altri profili, al contratto di appalto, dal quale pure si differenzia perché, a differenza del committente, il cliente non ha alcuna forma di controllo o ingerenza sull'attività dell'imprenditore; per quanto riguarda, infine, la fornitura eventuale di servizi accessori(ad es., di cibo e bevande) ci si potrà, invece, riportare al contratto di somministrazione.

Il contratto d'albergo è, un contratto oneroso, a prestazioni corrispettive, consensuale ad effetti obbligatori. È un contratto a forma libera e può essere concluso, oltre che per iscritto, anche verbalmente, per fatti concludenti o, come spesso ormai accade, per via telematica. Per quanto riguarda la modalità di conclusione, si discute sul valore della prenotazione che, se pura e semplice, è ritenuta da taluno, in linea di massima, impegnativa solo per l'albergatore, tenuto a mettere a disposizione la camera sino allo scadere del *time limit* eventualmente precisato. Prevale, tuttavia, il richiamo allo schema dell'offerta al pubblico (Cass. 3-12-2002, n. 17150), sicché, così qualificata la proposta dell'albergatore, la semplice adesione del cliente, anche per il tramite della prenotazione, determina – ai sensi dell'art. 1336 c.c. – il perfezionamento del contratto con la condizione sospensiva dell'effettiva capacità ricettiva dell'albergo. La revoca della prenotazione, dunque, obbliga il cliente a tenere indenne la controparte della perdita subita. Sovente, la prenotazione è accompagnata dal versamento di una caparra o dalla garanzia di una carta di credito e dalla previsione di modalità applicabili in caso di cancellazione o di mancata presentazione tese a determinare in via preventiva e forfetaria l'importo che – a titolo di penale – il cliente dovrà pagare. Se si negozia a distanza o fuori dei locali commerciali una stanza in albergo, bisogna considerare l'art. 59 cod. cons. che, tra le ipotesi in cui è escluso il diritto di recesso del consumatore, richiama la fornitura di alloggi per fini non residenziali. Sovente la prenotazione alberghiera avviene con la formula del pagamento immediato "non rimborsabile" e una sentenza del Giudice di pace di Trapani ha stabilito che detta formula costituisce clausola vessatoria – soggetta pertanto alla disciplina prevista nell'art. 1341, co. 2, c.c. – e che la spunta della casella relativa alle condizioni generali di contratto effettuata nel corso della prenotazione effettuata on line non è idonea a soddisfare il requisito della specifica approvazione per iscritto. Va, altresì, rilevato che le prenotazioni alberghiere effettuate on line tramite siti che consentono la ricerca e il confronto di voli, hotel e altri servizi turistici, anche separatamente, hanno – in più di un'occasione – dato adito all'intervento dell'AGCM, istituita con l. 287/1990, chiamata a reprimere e sanzionare *ex* art. 27 cod. cons. le pratiche commerciali scorrette (v. i provvedimenti n. 26915 e 26916 del 20-12-2017).

Quanto alle obbligazioni a carico delle parti, l'albergatore sarà tenuto a fornire l'alloggio e le eventuali altre prestazioni accessorie (ristorante, bar), mentre il cliente è obbligato al pagamento del prezzo, a rispettare gli avvisi, i divieti e le raccomandazioni dell'albergatore, ad esibire il documento di identità, a rilasciare la stanza nell'orario stabilito.

Rispetto al modello tradizionale di albergo, ormai si sono diffuse anche in Italia tipologie di contratti che riducono al minimo le prestazioni dell'albergatore, con conseguente minor costo anche per il cliente: ad es., la formula c.d. *bed & breakfast*, in cui il proprietario dell'appartamento mette a disposizione la camera e fornisce la colazione, ma senza alcun altro servizio (quale la portineria). È evidente che qui prevale la causa locativa e la disciplina applicabile terrà conto delle peculiari caratteristiche del soggiorno e di eventuali specifiche ulteriori prestazioni di cui si fa carico l'albergatore; vi trovano, però, applicazione le norme sul deposito in albergo (v. *infra* § 5.1).

L'esercizio dell'attività di *bed & breakfast* all'interno di appartamento di proprietà esclusiva sito in un edificio in condominio pone alcuni problemi, soprattutto là dove tale esercizio risulti vietato dal regolamento condominiale. La giurisprudenza di legittimità si era espressa, in passato, in favore dell'esercizio delle attività ricettive in un condominio, anche in presenza di divieti contenuti nel regolamento condominiale, ritenendole compatibili con la destinazione d'uso abitativo dell'immobile (v. Cass. 20-11-2014, n. 24707); ma Cass. 7-1-2016, n. 109 ha, invece, statuito che non si può destinare un appartamento ad "affittacamere", attività alberghiera o di "bed & breakfast" se il regolamento di condominio vieta espressamente destinazioni d'uso diverse da quella abitativa.

5.1. *Il deposito in albergo*

Il contratto d'albergo è preso in considerazione dal codice civile solo per quanto riguarda la responsabilità contrattuale dell'albergatore per i danni alle cose che il cliente reca con sé durante il soggiorno: è prevista, infatti, una disciplina particolare per quanto riguarda il deposito in albergo di cui agli artt. 1783-1786 c.c.

Ai sensi dell'art. 1766 c.c., con il contratto di deposito, il depositario assume l'obbligo della custodia della cosa che gli viene consegnata e della sua restituzione. Il deposito è un contratto reale, che si presume gratuito, avente ad oggetto di regola beni infungibili. Laddove abbia ad oggetto beni fungibili, con facoltà per il depositario di servirsene, si parla di deposito irregolare e si applica, in quanto compatibile, la disciplina del mutuo (art. 1782 c.c.): in questo caso il depositario acquista la proprietà delle cose con l'obbligo di restituirne altrettante della stessa specie e qualità. Il depositario deve custodire e conservare il bene, e al limite anche amministrarlo, secondo quelle regole che nel caso di deposito gratuito sono dettate dal buon senso, ma che, nel deposito professionale, si sommano a regole tecniche proprie dello svolgimento professionale del servizio. Sul depositario grava l'obbligo di custodire la cosa secondo la diligenza del buon padre di famiglia (art. 1768 c.c.); egli si libera, pertanto, dimostrando che l'eventuale impossibilità della prestazione di restituzione (ad es. per il perimento o il deterioramento del bene o la sottrazione della detenzione della cosa, *ex* art. 1780 c.c.) è derivata da causa a lui non imputabile, ma se il deposito è gratuito, la responsabilità per colpa è valutata con minor rigore (art. 1768 c.c.).

Al deposito in albergo, come si è già detto, è dedicata dal codice civile una specifica disciplina, i cui attuali contenuti sono frutto delle modificazioni apportate dalla l. 316/1978, recante ratifica ed esecuzione della Convenzione di Parigi «sulla responsabilità degli albergatori per gli oggetti portati dai viaggiatori» del 17-12-1962. In origine, era prevista la responsabilità illimitata dell'albergatore per le cose "consegnate" dal cliente, mentre la sua responsabilità era limitata ad un massimo di cinquemila (poi elevato a duecentomila) lire per le cose "portate" in albergo e non consegnate, a meno che la perdita o il deterioramento traessero causa dalla colpa grave dell'albergatore; nessuna responsabilità, invece, in relazione ai danni derivanti da colpa grave del cliente o da fortuito. Il nuovo regime non integra più graduazioni di colpa: come vedremo, la responsabilità dell'albergatore trova fondamento nella violazione della normale diligenza – e, quindi, nella colpa – né necessita la colpa grave del cliente per escludere tale responsabilità.

A differenza di quanto previsto per il deposito ordinario, sull'albergatore grava una tipica ipotesi di responsabilità *ex recepto*, che prevede un aggravamento dell'ordinaria prova liberatoria, consistente nella dimostrazione di una delle cause tipiche estintive della responsabilità previste dalla legge. L'art. 1785 c.c. stabilisce, infatti, che l'albergatore non è responsabile quando il deterioramento, la distruzione o la sottrazione siano dovuti: 1) al cliente, alle persone che l'accompagnano, che sono al suo servizio; 2) a forza maggiore (non è tale ad es. il furto, che rappresenta un rischio tipico cui sono assoggettate le cose affidate in custodia); c) alla natura della cosa. A queste ipotesi va aggiunta quella prevista dall'art. 1785 *ter* c.c., che esclude la responsabilità dell'albergatore nei casi in cui il cliente, dopo aver constatato il deterioramento, la distruzione o la sottrazione delle cose, denunci il fatto all'albergatore con ritardo ingiustificato.

La tutela a favore del cliente è molto ampia e la responsabilità dell'albergatore è diversamente regolata a seconda che le cose siano soltanto portate in albergo (art. 1783 c.c.) o consegnate in custodia (art. 1784 c.c.). La distinzione non opera sul piano del criterio di imputazione o della prova liberatoria, ma riguarda la circostanza che nel primo caso la responsabilità è limitata, nel secondo è illimitata.

Le cose portate in albergo sono quelle di cui l'albergatore assume la custodia in ragione del contratto stesso di albergo, per un "effetto legale" del contratto – come dice la giurisprudenza – (ad es. i vestiti che si lasciano nella camera d'albergo o nella cabina balneare): in tal caso la responsabilità «è limitata al valore di quanto sia deteriorato, distrutto o sottratto, sino all'equivalente di cento volte il prezzo di locazione dell'alloggio per la giornata». Più specificamente, sono cose portate in albergo: le cose del cliente che si trovano in albergo in costanza di contratto alberghiero (art. 1783, co. 2, n. 1, c.c.); le cose di cui l'albergatore, un suo familiare o un suo ausiliario ha assunto la custodia fuori dall'albergo, in costanza di contratto (art. 1783, co. 2, n. 2, c.c.); le cose di cui l'albergatore, un suo familiare o un suo ausiliario ha assunto la custodia fuori dall'albergo per il periodo precedente o successivo a quello in cui il cliente dispone dell'alloggio. La limitazione di responsabilità viene meno se il deterioramento, la distruzione o la sottrazione delle cose portate dal cliente sono dovuti a colpa dell'albergatore, dei membri della sua famiglia o dei suoi ausiliari (art. 1785 *bis* c.c.). Spetterà ovviamente al cliente di quantificare il valore delle cose e di offrirne prova.

L'art. 1784 c.c. prevede, invece, una responsabilità illimitata in capo all'albergatore nel caso in cui: a) il cliente gli abbia consegnato le cose in custodia; b) l'albergatore si sia rifiutato di ricevere in custodia cose che aveva l'obbligo di accettare. Ai sensi del co. 2, infatti, l'albergatore ha l'obbligo di accettare i beni che gli vengono affidati, quando si tratti di carte valori, denaro e oggetti di valore, a meno che non si tratti di oggetti pericolosi o che, tenuto conto dell'importanza e delle condizioni di gestione dell'albergo, abbiano valore eccessivo o natura ingombrante.

La disciplina del deposito in albergo, per espressa previsione dell'art. 1786 c.c., si applica anche agli imprenditori di case di cura, stabilimenti di pubblici spettacoli, stabilimenti balneari, pensioni, trattorie, carrozze letto e simili; non si estende però (ai sensi dell'art. 1785 *quinquies* c.c.) ai veicoli (salvo che non vi sia un servizio di parcheggio-auto curato dall'imprenditore), alle cose lasciate negli stessi e agli animali. Sembra, insomma, anche in considerazione di ciò potersi concludere che con l'espressione "albergo" il legislatore abbia qui inteso alludere ad ogni struttura in grado di ospitare persone fisiche.

6. *Le locazioni turistiche*

Va premesso un dato, da Corte cost. 11-4-2019, n. 84 ribadito, e cioè che le locazioni turistiche ricadono nella competenza residuale delle Regioni per ciò che attiene agli aspetti turistici, mentre appartiene all'ordinamento civile – ed è quindi di esclusiva competenza dello Stato – la regolamentazione dell'attività negoziale e dei suoi effetti. Sicché – come la sentenza citata ha precisato – legittimamente il legislatore regionale lombardo ha previsto che anche i locatori turistici e i relativi intermediari debbano munirsi di un apposito codice identificativo di riferimento per ogni singola unità ricettiva, da utilizzare nella pubblicità, nella promozione e nella commercializzazione dell'offerta turistica; una disciplina, questa, che ha inteso creare una mappa del rilevante nuovo fenomeno della concessione in godimento a turisti di immobili di proprietà a prescindere dallo svolgimento di un'attività imprenditoriale, ciò che si rivela di grande utilità per meglio esercitare le funzioni di promozione, vigilanza e controllo sull'esercizio delle attività turistiche.

Detto questo, veniamo all'esame del dato normativo.

Il codice civile nulla prevede in ordine alle locazioni turistiche, nemmeno oggetto di disciplina in leggi speciali prima che la l. 27-7-1978, n. 392 desse rilievo alle locazioni di immobili urbani per lo svolgimento di attività alberghiera o di interesse turistico, destinatarie di una disciplina in parte diversa rispetto a quella applicabile alle comuni locazioni di immobili non adibiti ad uso di abitazione. Un riconoscimento esplicito della finalità turistica in relazione agli immobili ad uso abitativo si ha soltanto con la l. 9-12-1998, n. 431, a seguito della crescente attenzione rivolta, specie da parte della normativa di fonte internazionale ed europea, al fenomeno del turismo per la sua rilevanza a livello economico: l'art. 1, co. 2, lett. c), afferma, infatti, che gli artt. 2, 3, 4, 4 *bis*, 7, 8 e 13 non si applicano agli alloggi locati esclusivamente per finalità turistiche. Giungiamo, quindi, al cod. tur., che, nell'ambito del Titolo VI riguardante la materia dei contratti, dedica specificamente il Capo II alle "locazioni turistiche": l'art. 52 è dedicato alle locazioni di interesse turistico e alberghiere, ed ha parzialmente sostituito l'art. 27 della l. 392/1978; l'art. 53 è invece dedicato alle locazioni ad uso abitativo per finalità turistiche. C'è, infine, da considerare il d.l. 50/2017 che ha disciplinato le locazioni brevi, molte delle quali – come vedremo appresso – rispondenti a finalità turistiche.

Nella ricerca di una definizione dei caratteri della fattispecie contrattuale in esame la dottrina ha constatato l'impossibilità di assegnare alla durata, all'ubicazione, alle caratteristiche dell'immobile la natura di elementi caratterizzanti, sicché la finalità turistica rileverebbe unicamente sul piano causale; ed invero il cod. tur. con l'espressione «locazione di interesse turistico e alberghiere» fa riferimento al contratto che abbia per oggetto la concessione di immobili da destinare ad attività di albergo o ad altre tipologie ricettive, mentre con l'espressione «locazioni ad uso abitativo per finalità turistiche» indica quei contratti con cui il locatore concede al turista-conduttore il godimento di un immobile per il fine di vacanza: l'elemento caratterizzante di questa seconda fattispecie è l'esclusività della finalità turistica, mentre per espressa previsione di legge non costituisce un elemento caratterizzante né la tipologia contrattuale, né l'ubicazione dell'immobile.

La prima categoria sopra richiamata risulta al suo interno distinta in due fattispecie: la locazione di interesse turistico comprende la locazione di immobili per l'esercizio di un'attività di tipo turistico, non di carattere alberghiero, o che abbia per oggetto sedi di agenzie di viaggio e turismo, impianti sportivi e ricreativi, aziende di soggiorno ed altri organismi di promozione turistica e simili; la locazione alberghiera è, invece, un contratto che abbia per oggetto beni immobili da destinare ad attività di albergo, o all'esercizio di imprese ad essa assimilabili, o all'esercizio di attività teatrali.

Secondo l'art. 27 della l. 392/1978, per gli immobili adibiti ad attività alberghiera è prevista una durata minima di nove anni, mentre per gli immobili adibiti ad attività di interesse turistico il periodo di locazione non può essere inferiore a 6 anni; in entrambi i casi il contratto si rinnova per lo stesso periodo salvo la possibilità di disdetta di una delle parti da comunicare almeno un anno prima. Per quanto riguarda gli ulteriori profili di disciplina (recesso, rinnovazione, rilascio) si applicano gli artt. 27 ss. della l. 392/1978, inclusa la possibilità ivi prevista di stipulare locazioni transitorie.

Alle locazioni ad uso abitativo per finalità turistiche si applicano, invece, per espressa previsione dell'art. 53 cod. tur., le disposizioni del codice civile in materia di contratto di locazione mentre, sempre per espressa previsione di legge, non si applicano le norme di maggior favore dettata dalla disciplina per gli immobili ad uso abitativo.

È da segnalare la contiguità della locazione turistica con i contratti di godimento a tempo ripartito di derivazione europea (v. *infra* § 7), rispetto ai quali, tuttavia, permangono significativi elementi di distinzione; anzitutto, dal momento che la finalità dei contratti di multiproprietà e affini è quella di tutelare il contraente debole, il soggetto indicato come venditore deve rivestire necessariamente una qualifica professionale, circostanza che invece può mancare nelle locazioni con finalità turistiche; inoltre sia il contratto di multiproprietà che fa riferimento al pernottamento «per più di un periodo di occupazione», sia il contratto relativo a un prodotto per le vacanze di lungo termine che fa riferimento alla «durata superiore ad un anno» assegnano al requisito della temporalità la valenza di elemento caratterizzante che manca invece nelle locazioni turistiche.

Nemmeno può essere ricondotta alla locazione di alloggi l'attività di affittacamere, in quanto – come un'interessante sentenza di merito ha chiarito (v. Trib. Milano 22-2-2018, in **Appendice**) – quest'ultima è di necessità accompagnata dalla prestazione di servizi personali che il locatore non effettua.

Dalla locazione turistica e, in particolare, dalla locazione alberghiera si distingue, infine, l'affitto di azienda alberghiera che ha per oggetto non l'albergo nella sua individualità, ancorché ammobiliato, come nella locazione, ma un complesso di beni organizzati dall'imprenditore e finalizzati all'attività d'impresa alberghiera.

Il fenomeno della locazione turistica è stato ampiamente investito, negli ultimi anni, dalla c.d. *sharing economy* ossia dalla diffusione di modalità di scambio e di produzione di beni caratterizzati, per un verso, dall'accesso temporaneo e condiviso ad un bene e, per altro verso, dalla riduzione del numero e del ruolo degli intermediari tradizionali: tutto ciò consente l'incontro diretto di operatori privati su piattaforme online a costi molto ridotti. Una delle manifestazioni più importanti di questa nuova tendenza investe proprio il mercato del turismo grazie alla diffusione di imprese (Airbnb, Booking, Trivago) che operano da semplici intermediatori tra utenti privati e che ricavano il profitto da una commissione per ogni transazione stipulata tra le parti.

La diffusione di modelli commerciali inediti pone problemi di varia natura, tra cui, in particolare, il ruolo delle piattaforme online e la loro responsabilità in caso di l'inadempimento di una delle parti. La soluzione nella pratica è, infatti quella di definire la piattaforma online come mero intermediario tra più utenti che concludono contratti in piena autonomia, utilizzando clausole che esplicitamente escludono detta responsabilità. La tendenza che finora si registra, da parte delle imprese operanti nel mercato della *sharing economy*, è di offrire, piuttosto, strumenti alternativi di prevenzione e soluzione delle controversie, quale ad es. l'arbitrato vincolante, nonché di predisporre strumenti privati di prevenzione delle condotte dannose (depositi cauzionali). Secondo la dottrina che ha studiato il fenomeno, il problema della responsabilità dell'intermediario andrebbe risolto positivamente sulla base di due criteri: il ruolo effettivo nella gestione della transazione economica e la connessione funzionale tra i vari contratti; infatti, in molti casi, anziché fungere da mero intermediario, il gestore della piattaforma online mantiene il controllo della transazione giacché stabilisce regole precise per il pagamento ed impedisce che la comunicazione avvenga fuori dal sito.

Si lega, in qualche misura, al fenomeno delle locazioni concluse per finalità turistiche via Internet utilizzando piattaforme largamente note, la disciplina delle locazioni brevi introdotta dal d.l. 50/2017. Ai sensi dell'art. 4, co. 1, infatti, ai fini dell'applicazione del regime fiscale dallo stesso articolo delineato, "si intendono per locazioni brevi i contratti di locazione di immobili ad uso abitativo di durata non superiore a 30 giorni, ivi inclusi quelli che prevedono la prestazione dei servizi di fornitura di biancheria e di pulizia dei locali, stipulati da persone fisiche, al di fuori dell'esercizio di attività d'impresa, direttamente o tramite soggetti che esercitano attività di intermediazione immobiliare, ovvero soggetti che gestiscono portali telematici, mettendo in contatto persone in cerca di un immobile con persone che dispongono di unità immobiliari da locare". Scopo primario della normativa è scongiurare il rischio di evasione fiscale, particolarmente elevato per tale tipologia di contratti. Così, al fine di disincentivare pratiche elusive, il trattamento fiscale praticato prevede, per i redditi derivanti da contratti stipulati a partire dall'1-6-2017 e a decorrere da tale data, in alternativa facoltativa rispetto al regime ordinario vigente, l'applicazione delle disposizioni relative alla c.d. cedolare secca di cui all'art. 3, d.lgs. 14-3-2011, n. 23, in ragione di un'aliquota del 21 per cento; misura, questa, non da tutti accolta con favore, tacciata di penalizzare anziché favorire i consumatori ed anche dall'Autorità garante della concorrenza e del mercato sospettata di provocare effetti distorsivi della concorrenza. Una serie di adempimenti sono imposti agli intermediari immobiliari, tenuti a trasmettere informazioni all'Agenzia delle Entrate relative alla conclusione per il loro tramite dei contratti in questione, pena l'applicazione di sanzioni. Gli intermediari che incassano canoni o corrispettivi o intervengono nel pagamento di essi sono tenuti ad operare, quali sostituti d'imposta, una ritenuta del 21 per cento e a provvedere al relativo versamento e alla correlata certificazione.

A tutela dei consumatori, il co. 13 *quater* del d.l. 30 aprile 2019, n. 34 (convertito, con modificazioni, dalla l. 28-6-2019, n. 58) ha previsto l'istituzione, presso il Ministero per i beni e le attività culturali e per il turismo, di una banca dati delle strutture ricettive, nonché degli immobili destinati alle locazioni brevi identificati mediante un codice da utilizzare in ogni comunicazione inerente all'offerta e alla promozione dei servizi all'utenza, fermo restando quanto stabilito in materia dalle leggi regionali. Per rafforzare il contrasto all'evasione fiscale e contributiva, l'art. 1, co. 373, l. 30-12-2021, n. 234 ha stabilito che detta banca dati sia accessibile all'amministrazione finanziaria degli enti creditori per le finalità istituzionali.

Le locazioni brevi possono anche essere esercitate in forma imprenditoriale, nel qual caso il regime fiscale di cui al citato art. 4 non trova applicazione. Precisazioni al riguardo avrebbe dovuto fornire – giusta il dettato del co. 3 *bis* dell'art. 4 del d.l. 50/2017 – un regolamento ministeriale, che non è stato mai adottato. Sicché detto comma è stato abrogato ad opera della l. 30-12-2020, n. 178, che delle locazioni brevi si è occupata nell'art. 1, commi 595, 596 e 597 per stabilire, tra l'altro, che il regime fiscale cui vanno soggette è loro riconosciuto, con effetto dal periodo d'imposta relativo all'anno 2021, solo in caso di destinazione alla locazione breve di non più di quattro appartamenti per ciascun periodo d'imposta, presumendosi negli altri casi la presenza di un'attività svolta in forma imprenditoriale ai sensi dell'art. 2082 c.c.

L'Agenzia delle Entrate ha pubblicato il 12-10-2017 la circolare n. 24 – più nota come "Circolare Airbnb" – la quale, recando chiarimenti per intermediari e portali on line circa le nuove regole sulle locazioni brevi, specifica quali contratti siano soggetti a detta disciplina, a chi quest'ultima si rivolga, quali adempimenti siano da porre in essere da intermediari e locatori, ecc.

Le richiamate disposizioni, applicandosi anche per i contratti stipulati tramite soggetti che esercitano attività di intermediazione immobiliare, ovvero tramite soggetti che gestiscono portali telematici, mettendo in contatto persone in cerca di un immobile con persone che dispongono di appartamenti da condurre in locazione, vanno coordinate con quelle contenute nel d.lgs. 1-3-2023, n. 32, che, in attuazione della dir. 2021/514/UE (recante modifica della normativa europea in materia di scambio di informazioni nel settore fiscale), allo scopo di combattere l'evasione fiscale, obbligano i gestori delle piattaforme digitali online a collaborare con gli enti fiscali dei singoli Paesi e a comunicare una serie di informazioni economiche all'Agenzia delle Entrate.

Un'ultima notazione per riferire le linee essenziali di un disegno di legge elaborato allo scopo di incrementare l'efficacia della lotta all'abusivismo nel settore. Si prevede un inasprimento delle sanzioni per chi affitta per un solo giorno e l'introduzione di un minimo di due notti per i soggiorni nelle zone di particolare pregio storico, artistico o ambientale e negli immediati dintorni, l'attribuzione ad ogni alloggio di un codice identificativo nazionale che – pena una multa – va esposto e reso noto negli annunci, la riduzione a due del numero degli appartamenti in locazione breve di proprietà della stessa persona ammessi al beneficio della tassazione tramite cedolare secca.

7. *La multiproprietà*

La c.d. multiproprietà rappresenta una risposta giuridica alle esigenze del turismo di massa, caratterizzato dall'aumento del numero delle persone desiderose di trascorrere le proprie ferie, di durata limitata, in località di villeggiatura particolarmente apprezzate. L'acquisto in proprietà esclusiva non sarebbe conveniente ove riferito ad un immobile destinato all'uso per poche settimane l'anno.

La prassi negoziale, in una prima fase statunitense e francese, ha dato vita allora ad un nuovo segmento di mercato attraverso la creazione di una figura giuridica che nella sua essenza consiste nell'attribuzione del diritto di godimento turnario di uno o più beni immobili situati in località di villeggiatura per un determinato periodo dell'anno di regola non inferiore ad una settimana.

La figura in discorso rappresenta in realtà solo una formula di sintesi di una pluralità di fenomeni giuridico-economici a prima vista insuscettibili di riconduzione entro un paradigma giuridico unitario. Ne parleremo nel paragrafo che segue, ma sta di fatto che l'estrema varietà delle forme giuridiche della c.d. multiproprietà impedisce ancora di elevare il comune denominatore rappresentato dal diritto di godimento turnario a contenuto di una categoria autonoma, poiché tale *trait d'union* rappresenta un nucleo concettuale troppo circoscritto rispetto alla multiforme realtà economica che si pone ad oggetto di considerazione unitaria.

La ricerca di un versante dal quale procedere ad un'opera di edificazione concettuale della c.d. multiproprietà non può che muovere allora dal contratto costitutivo o traslativo del diritto di godimento turnario del bene immobile ed ora anche del bene mobile giacché la dir. 2008/122/CE – come vedremo – ha esteso l'ambito di applicazione della disciplina ai contratti di multiproprietà riguardanti chiatte, roulotte o navi da crociera.

Anche a voler concepire, infatti, la multiproprietà come un diritto di natura reale, si deve constatare che il contratto gioca qui un ruolo assai più ampio di quanto accade, di regola, nel settore dei diritti reali in senso stretto, dove il contenuto della situazione giuridica è in larga parte disciplinato dalla legge in ossequio al controverso principio di tipicità dei diritti reali ed al contratto compete la limitata funzione di titolo costitutivo del diritto al pari della legge, del testamento o dell'usucapione. Al riguardo, si potrebbe obiettare – almeno in Italia – che proprio in materia di comunione ordinaria l'autonomia privata gode di ampi margini, giacché le norme di cui agli artt. 1101 ss. c.c. hanno carattere dispositivo, e, non a caso, la multiproprietà immobiliare viene qualificata dai fautori della sua natura reale come una *species* del *genus* comunione. La risposta è agevole. Nella comunione ordinaria l'autonomia privata esplica la sua funzione regolamentare, anche in deroga alla legge, in un quadro di certezze sul contenuto e sulla natura del diritto dei comunisti. Non altrettanto si può dire del contratto di multiproprietà al quale, in un contesto privo di regole positive, è affidata la definizione dell'ampiezza del diritto di godimento e delle altre facoltà spettanti al titolare, oltre che la disciplina delle parti comuni e dei rapporti tra i multiproprietari o di costoro con la società che fornisce i servizi alle singole unità abitative.

La riflessione sulla multiproprietà si focalizza, quindi, sul suo principale strumento di regolamentazione, il contratto, che lungi dall'operare solo da titolo costitutivo di un diritto altrimenti regolato rappresenta la fonte di conformazione del diritto medesimo, il quale è destinato pertanto ad atteggiarsi variamente in relazione alle diverse tipologie elaborate dal mercato pur nel rispetto di un nucleo imprescindibile costituito dalla facoltà turnaria di godimento. La c.d. multiproprietà, in altre parole, non è un diritto soggettivo unitario e definito, ma specificazione di una causa contrattuale che rimanda allo scopo economico-individuale di costituire una facoltà di godimento circoscritta ad un determinato periodo di tempo dell'anno: in sintesi una causa di multiuso a tempo ripartito di immobili e non solo.

Le ragioni economiche e la meritevolezza giuridica degli interessi sottesi sono evidenti: esse hanno consentito, nella prima fase, di accreditare la formula superando l'ostacolo del numero chiuso dei diritti reali. Il titolare del diritto di multiproprietà soddisfa l'esigenza di godere, a cadenza annuale e tendenzialmente in perpetuo, di un immobile in una località di villeggiatura a lui gradita per un limitato arco temporale, acquista tale diritto ad un prezzo notevolmente inferiore rispetto a quello necessario per ottenere la proprietà piena e, al contempo, realizza una forma di investimento immobiliare, raggiungendo così un equilibrio soddisfacente tra il costo dell'operazione e l'effettivo utilizzo del bene; il costituente, di contro, si giova di una formula che incentiva gli investimenti immobiliari in un settore, quello turistico-alberghiero, afflitto in passato da profonda crisi e, attraverso la formula del frazionamento del diritto sul bene in ragione delle unità di tempo, attua una strategia imprenditoriale che adegua l'offerta alla domanda e, soprattutto, massimizza i ricavi connessi allo sfruttamento dell'immobile, che sono senza dubbio maggiori di quelli conseguibili con la vendita della proprietà.

La multiproprietà si è, poi, affermata a livello normativo ricevendo disciplina in ambito comunitario. Anche in questo contesto, la prospettiva negoziale ha prevalso, grazie al legislatore delle direttive, il quale si è mostrato propenso ad elaborare regole comuni per l'armonizzazione dei diritti nazionali – in un settore nel quale gli interessi dei consumatori appaiono particolarmente esposti a pregiudizio e il corretto gioco della concorrenza risulta ostacolato dalla multiformità dei diritti interni – ma si è risolto ad intervenire, in un primo tempo, sulla sola disciplina del contratto di costituzione o di trasferimento della multiproprietà e limitatamente a taluni aspetti ritenuti più critici sotto il profilo della tutela del consumatore/acquirente; ed in un secondo tempo su un più ampio ventaglio di tipologie contrattuali affermatesi nell'economia del settore e di misure protettive.

L'evoluzione normativa è segnata da due direttive: la dir. 94/47/CE, abrogata dalla dir. 2008/122/CE.

La funzione di strumento di armonizzazione minima della dir. 94/47/CE è stata abbandonata dalla dir. 2008/122/CE che si presenta come veicolo di armonizzazione massima, contrassegnata dall'inderogabilità, e comunque demanda agli Stati membri la scelta di introdurre nei loro ordinamenti soltanto la disciplina contemplata dal legislatore europeo oppure di completarne il contenuto regolando anche gli aspetti dell'istituto non affrontati dall'intervento comunitario.

Il giudizio complessivo sulla dir. 94/47/CE aveva evidenziato alcuni punti assai delicati e lasciati irrisolti in quella sede che investivano: a) la disciplina di dettaglio di tutti i fenomeni di godimento turnario di beni immobili, sia di quelli strutturati in forma di comunione sia di quelli a base societaria; b) l'articolazione delle facoltà spettanti al multiproprietario, mediante la configurazione del suo diritto come diritto reale *sui generis* o come diritto reale rientrante nei tipi tradizionali o come diritto personale di godimento associato alla titolarità di azioni o quote di una società o, ancora, come diritto collegato alla costituzione di un *trust*; c) la disciplina di dettaglio del contratto e delle garanzie; d) il coordinamento con le normative sui contratti del consumatore, sui contratti a distanza, sulle vendite fuori dai locali commerciali e sui contratti preliminari di immobili da costruire; e) il collegamento con la disciplina del credito al consumo.

Si può ben dire che la direttiva successivamente emanata, pur non sciogliendo tutti i nodi – basti pensare alla mancata presa di posizione sulla natura giuridica e sul contenuto dei diritti nascenti dai contratti da essa disciplinati [art. 1, co. 2, lett. d), dir. 2008/122/CE] – abbia offerto più di una risposta, specie sul fronte del diritto di recesso e del collegamento negoziale con il contratto di credito al consumo. Altri aspetti oltremodo significativi sono rappresentati dall'allargamento della disciplina a fenomeni contigui al nucleo tradizione della multiproprietà (i c.d. prodotti per le vacanze di lungo termine) – segno di una declinante diffusione del diritto di godimento turnario e, in ogni caso, della sua evoluzione verso forme nuove che tra l'altro non si appuntano più soltanto sui beni immobili ma investono anche altre tipologie di beni, quali navi da crociera, roulotte o chiatte – nonché dall'inclusione nell'ambito applicativo delle operazioni di scambio e di rivendita, che gli artt. 2 e 5 accostano ai contratti di multiproprietà e a quelli relativi a prodotti per le vacanze di lungo termine, anche se in realtà, a differenza di questi ultimi, tali operazioni non rappresentano nuovi fenomeni economici accomunabili al tradizionale diritto di godimento turnario ma più semplicemente riguardano vicende legate al potere dispositivo di tale diritto o attività correlate all'acquisto o ancora alla vendita di quest'ultimo o di un prodotto per vacanze di lungo termine [art. 2, co. 1, lett. c) e d), dir. 2008/122/CE].

7.1. *Le tipologie*

Alla multiproprietà corrisponde una multiforme realtà economica che mal si presta ad una considerazione unitaria sul piano giuridico.

La prassi negoziale ha elaborato un ventaglio di tipologie tra le quali sono risultate a lungo predominanti, sino alle più recenti modifiche del mercato, la c.d. multiproprietà immobiliare o reale e la c.d. multiproprietà azionaria o, più in generale, associativa.

La multiproprietà immobiliare rappresenta la versione reale del diritto di godimento turnario ed è la tipologia più diffusa in Italia e Spagna proprio per il carattere reale che ne consente garantisce la trascrizione, garantendone, dunque, l'opponibilità. Nella c.d. multiproprietà immobiliare l'interessato acquista dalla società promotrice, proprietaria dell'immobile, una quota parte della proprietà indivisa dell'unità abitativa, situata in un complesso residenziale, ottenendo la facoltà di godere dell'immobile in modo esclusivo ma per periodi di tempo limitati, secondo una turnazione che porta i c.d. multiproprietari ad alternarsi nel godimento della medesima frazione immobiliare.

La c.d. multiproprietà immobiliare ha, pertanto, la struttura del diritto reale, presentandone i caratteri della perpetuità, dell'inerenza alla cosa e dell'opponibilità: il titolare inoltre acquista contestualmente una quota di condominio delle parti comuni proporzionale ai millesimi della propria unità abitativa.

La qualificazione giuridica più appropriata della figura in esame nell'ordinamento italiano è, dunque, quella che la ascrive agli istituti della comunione ordinaria (artt. 1100 ss. c.c.) e del condominio (artt. 1117 ss. c.c.), sottoposti però a deroghe convenzionali che convergono soprattutto sulla disciplina codicistica dell'uso c.d. promiscuo dell'immobile, introducendo il principio del frazionamento cronologico del godimento del bene (c.d. uso turnario), e su quel *iuris praeceptum* rappresentato dal c.d. *ius adcrescendi*, ossia dal principio dell'accrescimento delle quote degli altri comunisti nelle ipotesi di rinuncia alla propria quota da parte di taluno di loro: un principio ignoto alla disciplina positiva della comunione, ma appartenente alla tradizione dell'istituto della comproprietà sin dal diritto romano come naturale corollario della coesistenza di più diritti che reciprocamente si limitano.

I profili della disciplina della comunione da derogare nell'ottica del diritto di godimento ripartito a tempo parziale sono almeno due: la modificabilità della destinazione economica del bene e la limitazione temporale del patto di indivisibilità. L'operazione economica «multiproprietà» esige, infatti, l'introduzione di due vincoli perpetui: il vincolo di destinazione d'uso, che deve conservarsi turistico-residenziale, e il vincolo di indivisibilità, in deroga al disposto dell'art. 1111, co. 2, c.c. che circoscrive alla durata di un decennio il patto del comproprietario di rimanere in comunione, con effetti reali nei confronti dei terzi aventi causa dei partecipanti. Tale seconda deroga ha una giustificazione positiva nell'art. 1112 c.c., che esclude la facoltà di domandare lo scioglimento della comunione ove questa verta su beni che, se divisi, cesserebbero di servire all'uso cui sono stati destinati. Si tratta con ogni evidenza di profonde limitazioni del contenuto del diritto spettante al comunista, ma essenziali per garantire il godimento ripartito secondo la logica della turnazione e, soprattutto, ritenute dalla dottrina prevalente pienamente attuabili dall'autonomia privata non essendovi in proposito alcun limite inderogabile di legge.

La prassi negoziale si è spinta oltre imponendo all'acquirente di riconoscere l'efficacia reale del regolamento della comunione che introduce i vincoli di immodificabilità della destinazione d'uso e di indivisibilità del bene così da renderli opponibili ai successivi aventi causa: ciò sulla scia di giurisprudenza e dottrina in materia di regolamento c.d. di origine esterna, che presuppone l'impegno di ciascun condomino, in base ad uno specifico negozio, ad osservare ed a fare osservare il regolamento medesimo. In tal modo si attribuisce all'autonomia privata la forza di modificare il contenuto positivo della comunione ordinaria mediante accordi muniti della medesima efficacia nei confronti dei terzi della disciplina derogata, con grave forzatura dell'art. 1372, co. 2, c.c., che, viceversa, circoscrive gli effetti del contratto nei riguardi dei terzi alle ipotesi previste dalla legge: un caso è certamente quello del regolamento della comunione ordinaria che, *ex* art. 1107 c.c., ha contenuto vincolante tanto per i comunisti dissenzienti quanto per i loro eredi e aventi causa, ma non va trascurato che il regolamento in discorso si limita a dettare le regole dell'ordinaria amministrazione del bene in comunione e del suo miglior godimento (art. 1106 c.c.); mentre il regolamento posto alla base della multiproprietà immobiliare è destinato a conformare il contenuto legale della comunione per consentire il godimento ripartito a tempo parziale, limitando notevolmente le facoltà ordinarie del titolare del bene in comproprietà. Non è chi non veda come il riconoscimento di efficacia reale al regolamento della comunione nella multiproprietà immobiliare testimoni l'attenuazione della forza del principio, assai controverso, del *numerus clausus* dei diritti reali.

La multiproprietà azionaria presuppone la costituzione di una società, il cui capitale è rappresentato da azioni ordinarie e da azioni privilegiate; queste ultime si distinguono dalle prime per alcuni trattamenti vantaggiosi che possono riservarsi ai titolari, a fronte, però, di limitazioni ad essi imposte, quale quella relativa all'esercizio del voto. Ciò posto, alle azioni ordinarie, di cui sono titolari coloro i quali hanno costituito la società, viene ricollegata la proprietà dell'immobile, da dividere in unità abitative destinate ad essere attribuite in multiproprietà; mentre le azioni privilegiate vengono distribuite agli acquirenti del diritto sulle singole unità abitative, essendo ad esse associato il diritto di godimento turnario. Tale tipologia di c.d. multiproprietà implica, dunque, la creazione di un nesso stabile tra le azioni privilegiate e la titolarità del diritto di godimento a tempo parziale, secondo le formule della c.d. multiproprietà azionaria diretta e della c.d. multiproprietà azionaria indiretta.

Lo schema della multiproprietà azionaria *diretta* prevede l'automatica attribuzione del diritto di godimento turnario ai soci per effetto della mera titolarità delle azioni privilegiate, mentre lo schema della multiproprietà azionaria *indiretta* riconosce ai soci possessori di azioni privilegiate la legittimazione a divenire titolari del diritto di godimento, ma concretamente tale diritto si costituisce sulla base di una specifica convenzione.

La formula della c.d. multiproprietà azionaria diretta consente di interrelare azioni privilegiate e diritti di godimento turnario anche mediante il ricorso al contratto di comodato o di locazione: l'immobile viene concesso per l'appunto in comodato o in locazione dalla società promotrice dell'operazione ad una associazione non riconosciuta di cui fanno parte esclusivamente i soci privilegiati, la quale, a sua volta, assegna loro in sub-comodato o in sub-locazione le singole unità abitative.

Lo schema della multiproprietà azionaria diretta ha sollevato nella dottrina italiana forti dubbi sulla compatibilità con lo statuto della società per azioni della complessa operazione di multiproprietà azionaria intesa come fonte diretta del diritto di godimento. Alcuni sono superati, quale quello riguardante la possibilità che il contenuto delle azioni privilegiate possa consistere nell'attribuzione di una prestazione in natura qual è il godimento ripartito a tempo parziale di un immobile societario. Altri si relazionano a problematiche ancora aperte, giacché si sogliono rinvenire impedimenti: a) nell'art. 2345 c.c. – non toccato dalla novella del diritto societario – che vieta l'imposizione ai soci di prestazioni a carattere pecuniario ulteriori rispetto ai conferimenti iniziali, ben potendo l'atto costitutivo prevedere prestazioni accessorie a carico dei soci solo di natura non pecuniaria: il che contrasterebbe con quella parte della disciplina della multiproprietà azionaria che contempla la partecipazione dei multiproprietari alle spese di gestione e di prestazione dei servizi essenziali in ragione della quota millesimale e della durata del diritto; b) nel divieto di uso delle cose sociali per fini estranei a quelli della società: l'immobile destinato a rimanere a disposizione dei soci titolari del diritto di multiproprietà è formalmente della società, sicché il godimento da parte di uno solo dei soci si presenterebbe come una forma di uso illegittimo, non essendo applicabile l'art. 2256 c.c. che lo ammette con il consenso degli altri soci nelle sole società di persone.

Ogni ostacolo viene meno allorquando la multiproprietà azionaria assume forma indiretta in quanto la partecipazione sociale cessa di rappresentare la fonte del diritto di godimento e si ha una netta distinzione tra il rapporto sociale, instaurato con la sottoscrizione delle azioni, ed il rapporto di c.d. multiproprietà, fondato sul contratto attributivo del diritto di godimento. La piena compatibilità tra la c.d. multiproprietà azionaria indiretta e la disciplina della società per azioni è stata riconosciuta da Cass. 10-5-1997, n. 4088, la quale ha precisato che «quando una società per azioni in base ad un rapporto nascente da convenzione con l'acquirente delle proprie azioni, autonomo dal (seppur collegato al) rapporto sociale cui dà vita tale acquisto, attribuisce al socio, verso un corrispettivo periodico e per un periodo di lunga durata coincidente con quello della società, il diritto personale di godimento dell'immobile e dei servizi comuni per una determinata frazione spazio-temporale (cosiddetta multiproprietà azionaria), tale attribuzione, traendo vita non dallo *status* sociale, ma dalla separata convenzione fra la società ed il socio, non incontra il divieto posto dall'art. 2256 c.c., che impedisce al socio di servirsi del patrimonio sociale per fini estranei a quelli della società, riferendosi il detto divieto all'ipotesi in cui l'utilizzazione di tali cose non trovi titolo diverso dallo *status* sociale».

Un'ulteriore distinzione si è affacciata nella prassi tra multiproprietà azionaria pura e multiproprietà azionaria impura. La prima forma si ha quando la società proprietaria dell'immobile non svolge alcuna attività produttiva di utili da distribuire tra i soci, in quanto l'oggetto sociale unico consiste nell'organizzazione del godimento turnario del complesso residenziale. La seconda forma prende corpo, invece, ove la società non si limiti a concedere in godimento ai soci il bene immobile, ma eserciti altre attività di impresa, quali la gestione dei servizi comuni e degli impianti ricreativi, al fine di ricavare utili da distribuire tra i soci titolari di azioni ordinarie.

La multiproprietà azionaria pura appare in contrasto con l'art. 2247 c.c., che individua nel fine di lucro uno degli elementi essenziali del contratto di società: lo schema ricadrebbe allora nell'ambito della disciplina della comunione ordinaria, *ex* art. 2248 c.c.

La disamina delle forme di multiproprietà azionaria elaborate dalla prassi negoziale e la verifica di conformità al sistema di diritto privato hanno indotto in Italia la dottrina a considerare la multiproprietà azionaria indiretta impura come l'unica fattispecie in linea con lo statuto delle società di capitali e, dunque, compatibile con l'ordinamento giuridico nazionale.

La c.d. multiproprietà azionaria diverge del tutto dalla multiproprietà immobiliare, in quanto non attribuisce al socio-titolare del diritto di godimento una situazione soggettiva a carattere reale: il diritto di godimento ripartito a tempo parziale riconosciuto al titolare di azioni privilegiate presenta, infatti, natura personale, cadenza annuale, contenuto temporalmente limitato e durata commisurata alla scadenza del contratto di multiproprietà.

I vantaggi della formula consistono nella speditezza dell'operazione, dovuta al collegamento tra l'attribuzione del diritto e la circolazione delle azioni sociali, e nell'abbattimento degli oneri fiscali connessi all'atto di acquisto e di registrazione in caso di vendita immobiliare; ma tali vantaggi si rivelano, in definitiva, inferiori agli svantaggi consistenti nell'assunzione della qualità di socio e, dunque, nell'esposizione alle vicende sociali – quali il fallimento, lo scioglimento della società, la concentrazione nelle mani dei soci ordinari di poteri di gestione e di controllo del complesso residenziale – e nell'assenza di forme di pubblicità tali da garantire l'opponibilità del diritto di godimento.

Una menzione a parte merita in Italia la c.d. multiproprietà alberghiera che ha sollevato in passato problemi di compatibilità con la legge-quadro per il turismo e il potenziamento e la qualificazione dell'offerta turistica (l. 217/1983), la quale fissa un vincolo di destinazione degli immobili deputati all'attività turistico-ricettiva.

Dal punto di vista strutturale, la multiproprietà alberghiera può assumere la forma tanto della multiproprietà immobiliare quanto della multiproprietà azionaria ed è caratterizzata dalla circostanza che l'immobile destinato al frazionamento e all'attribuzione in multiproprietà è rappresentato da un complesso alberghiero che, nel primo caso, è in comunione indivisa tra i c.d. multiproprietari e, nel secondo caso, viene attribuito ad una società di cui i multiproprietari divengono soci.

Il frazionamento del complesso alberghiero non segna la fine dell'impresa alberghiera, la quale, al contrario, prosegue, assicurandosi però una serie di rapporti stabili grazie alla cessione del diritto di godimento a tempo parziale delle singole unità abitative. I soggetti o la società esercenti l'impresa alberghiera conservano non solo l'amministrazione del complesso aziendale, ma anche la proprietà delle parti comuni e degli impianti, così da poter offrire ai multiproprietari dei servizi verso corrispettivo.

Il contratto di multiproprietà alberghiera presenta alcune specificità destinate ad appesantire il diritto di godimento dell'acquirente, che risulta limitato da svariati vincoli: a) il mancato riconoscimento del potere di rinunziare ai servizi offerti dall'albergo; b) l'obbligo di rispettare determinati termini di preavviso nell'ipotesi in cui non si voglia utilizzare l'alloggio nel periodo di spettanza, così da consentire al venditore di disporne liberamente concedendolo in locazione ad altri multiproprietari o a terzi, dietro divisione del corrispettivo ricavato tra l'azienda alberghiera e il multiproprietario titolare del diritto non esercitato.

7.2. *Le direttive 94/47/CE e 2008/122/CE*

La dir. 94/47/CE – come segnalato– è stata abrogata dalla dir. 2008/122/CE: sono stati lo sviluppo del settore della multiproprietà e la comparsa sul mercato di nuovi prodotti per le vacanze a sollecitare il varo di una nuova disciplina.

I *considerando* di entrambe le direttive elencano i presupposti e gli scopi dell'intervento comunitario: la scena è dominata – come s'è già detto più volte – dalla finalità della creazione di una base di norme comuni, tali da garantire il buon funzionamento del mercato interno e la tutela del consumatore/acquirente.

La normativa europea non invade oltremisura la competenza degli Stati membri e ciò è dimostrato da entrambe le direttive. La dir. 94/47/CE circoscriveva, infatti, l'oggetto della disciplina alla regolamentazione del contratto o dell'insieme di contratti direttamente o indirettamente riguardanti l'acquisizione di un diritto reale ovvero di un altro diritto di godimento a tempo parziale di uno o più immobili, conclusi per un periodo di almeno tre anni dietro corrispettivo di una certa somma globale per un periodo determinato o determinabile dell'anno non inferiore ad una settimana. La dir. 2008/122/CE non si discosta molto da questa tendenza, pur estendendo significativamente il raggio d'azione della disciplina comunitaria, la quale si applica ora a diverse tipologie di contratti: il "contratto di multiproprietà", ossia il contratto di durata superiore a un anno tramite il quale un consumatore acquista a titolo oneroso il diritto di godimento su uno o più alloggi per il pernottamento e per più di un periodo di occupazione; il "contratto relativo a un prodotto per le vacanze di lungo termine", ossia il contratto di durata superiore a un anno tramite il quale il consumatore acquista a titolo oneroso il diritto di ottenere sconti o altri vantaggi relativamente ad un alloggio, separatamente o unitamente al viaggio o ad altri servizi; il "contratto di rivendita", ossia il contratto tramite il quale l'operatore assiste a titolo oneroso il consumatore nella vendita o nell'acquisto di una multiproprietà o di un prodotto per le vacanze di lungo termine; il "contratto di scambio", ossia il contratto tramite il quale il consumatore partecipa a titolo oneroso a un sistema di scambio che gli consente l'accesso all'alloggio per il pernottamento o ad altri servizi in cambio della concessione a terzi dell'accesso temporaneo ai vantaggi che conseguono ai diritti derivanti dal proprio contratto di multiproprietà. In particolare, la non invasività del legislatore comunitario è espressa dal fatto che anche la nuova direttiva «lascia impregiudicate le disposizioni nazionali: a) che prevedono rimedi giuridici generali del diritto dei contratti; b) relative alla registrazione di beni immobili o mobili e al trasferimento di beni immobili; c) relative alle condizioni di stabilimento o ai regimi di autorizzazione o alle norme sulla concessione di autorizzazioni; e d) relative alla determinazione della natura giuridica dei diritti che sono oggetto dei contratti contemplati dalla presente direttiva» (art. 1).

L'ampliamento dell'area di protezione della dir. 2008/122/CE si conferma anche nell'individuazione delle parti del contratto: mentre la previsione dei soli "venditore" e "acquirente" riduceva l'ambito d'applicazione della dir. 94/47/CE al contratto di vendita della multiproprietà, la dir. 2008/122/CE parla in modo assai più neutro dell'"operatore" – ossia della persona fisica o giuridica che agisce per i fini connessi alla sua attività commerciale, industriale, artigianale o professionale, nonché di chiunque agisca in suo nome o per suo conto – e del "consumatore", ossia di qualsiasi persona fisica che agisca per fini che non rientrano nella propria attività commerciale, industriale, artigianale o professionale [art. 2, lett. e) e f)].

La disciplina degli obblighi di informazione precontrattuali accolta dalla nuova direttiva appare maggiormente dettagliata della precedente, giacché si prevede un'apposita disposizione sulla pubblicità (art. 3) e si modulano diversamente gli obblighi di informazione a seconda del prodotto commercializzato ricorrendo in allegato a formulari molto minuziosi (art. 4).

Sia nella dir. 94/47/CE che nella dir. 2008/122/CE (e nei relativi allegati) non si rinvengono, però, strumenti appositi di controllo e di tutela del possibile acquirente in fase precontrattuale. Tale circostanza induce a ritenere, innanzitutto, che le omesse o erronee informazioni generino una responsabilità dell'operatore, ove a causa del suo comportamento scorretto la controparte si determini a non concludere il contratto o a concluderlo a condizioni diverse. Non è necessario, tuttavia, il prodursi di un tale evento ulteriore per attribuire rilevanza all'inadempimento degli obblighi informativi. Difatti, almeno in Italia, il precetto della buona fede in fase di trattative e di conclusione del contratto (art. 1337 c.c.) consente di incardinare di per sé il giudizio di *culpa in contrahendo*.

L'ordito delle due direttive predispone piuttosto un'efficace forma di tutela del diritto dell'acquirente di conseguire le informazioni necessarie per compiere scelte consapevoli mediante alcune disposizioni relative alla fase della conclusione del contratto. Ma il punto è che tale forma di tutela presuppone un contratto valido ed efficace ed è, dunque, inoperante ove l'accordo non sia stato perfezionato.

Al riguardo una prima parziale forma di tutela si rinviene, tuttavia, nel riconoscimento all'acquirente del diritto di recedere entro un termine più lungo rispetto a quello ordinario qualora il contratto non contenga le prescritte informazioni (v. art. 5, dir 94/47/CE e art. 6, dir. 2008/122/CE), ma di ben maggiore efficacia appaiono sia l'art. 3, co. 2, dir. 94/47/CE sia l'art. 5, dir. 2008/122/CE, che impongono agli Stati membri di elevare tutte le informazioni precontrattuali a «parte integrante del contratto» e, la disposizione da ultimo citata, di non modificare tali informazioni «salvo qualora vi sia l'accordo esplicito delle parti oppure qualora le modifiche siano causate da circostanze eccezionali e imprevedibili, indipendenti dall'operatore, le cui conseguenze non avrebbero potuto essere evitate neanche con la dovuta diligenza».

L'art. 11, dir. 2008/122/CE, come l'art. 7, dir. 94/47/CE, prevede che, ove al contratto principale risultino in vario modo collegati o connessi altri contratti, «l'esercizio da parte del consumatore del diritto di recesso dal contratto di multiproprietà o dal contratto relativo a un prodotto per le vacanze di lungo termine comporti automaticamente e senza alcuna spesa per il consumatore la risoluzione di tutti i contratti di scambio ad esso accessori e di qualsiasi altro contratto accessorio». Ed ancora che: «Fatto salvo l'art. 15 della dir. 2008/48/CE del Parlamento europeo e del Consiglio, del 23-4-2008, relativa ai contratti di credito ai consumatori, se il prezzo è interamente o parzialmente coperto da un credito concesso al consumatore dall'operatore o da un terzo in base a un accordo fra il terzo e l'operatore, il contratto di credito è risolto senza costi per il consumatore qualora il consumatore eserciti il diritto di recesso dal contratto di multiproprietà, dal contratto relativo a prodotti per le vacanze di lungo termine, o dal contratto di rivendita o di scambio».

Una volta raggiunta l'intesa su tutti i punti in discussione, operatore e consumatore devono redigere l'accordo in forma scritta e nella lingua dello Stato in cui risiede o di cui è cittadino l'acquirente indicando il luogo e la data della firma di entrambi (art. 4, dir. 94/47/CE e art. 5, dir. 2008/122/CE).

I mezzi da utilizzare per sanzionare l'inosservanza delle disposizioni contenute nelle due direttive rimangono affidati alla discrezionalità dei singoli Stati membri (art. 10, dir. 94/47/CE e art. 15, dir. 2008/122/CE), ma devono risultare adeguati al conseguimento del risultato e garantire, quindi, il diritto dell'acquirente di far valere, a seconda dei casi, la mancanza di un requisito essenziale del contratto e/o l'integrazione o la sostituzione di clausole difformi dal contenuto imperativo.

La dir. 2008/122/CE, come si è già anticipato, amplia l'ambito di applicazione della disciplina comunitaria a nuovi prodotti emergenti nel mercato della multiproprietà, ed introduce, all'art. 10, una serie di regole specifiche con riferimento ai contratti relativi a prodotti per le vacanze di lungo termine: «1. Per i contratti relativi a prodotti per le vacanze di lungo termine, il pagamento è effettuato secondo scadenze scaglionate. È vietato qualsiasi pagamento del prezzo specificato nel contratto che non sia conforme al piano di pagamento scaglionato. I pagamenti, comprese le quote di affiliazione, sono ripartiti in rate annuali, ciascuna di pari valore. L'operatore invia una richiesta scritta di pagamento, su carta o altro supporto durevole, almeno quattordici giorni di calendario prima di ciascuna data di esigibilità. 2. A partire dal secondo pagamento rateale, il consumatore può porre fine al contratto senza incorrere in penali dando preavviso all'operatore entro quattordici giorni di calendario dalla ricezione della richiesta di pagamento per ciascuna rata. Tale diritto non incide sul diritto di risolvere il contratto ai sensi della normativa nazionale in vigore».

7.3. *L'attuazione delle direttive 94/47/CE e 2008/122/CE: l'attuale assetto normativo*

La dir. 94/47/CE è stata attuata con il d.lgs. 427/1998, la cui disciplina, con qualche modifica successiva, è poi confluita nel codice del consumo agli artt. 69-81. Anziché soffermarsi in dettaglio sul recepimento di tale direttiva, essendo stata la disciplina successivamente modificata in attuazione della dir. 2008/122/CE ad opera del d.lgs. 79/2011, è conveniente prendere in esame l'attuale assetto normativo per procedere – ove opportuno –ad un'analisi comparata delle novità introdotte.

Il d.lgs. 79/2011 ha recepito in modo pedissequo la dir. 2008/122/CE modificando pressoché integralmente il codice del consumo agli artt. 69-81 ed introducendovi gli artt. 72*bis* e 81*bis*. La normativa, dunque, non è rifluita nel codice del turismo, ma è rimasta nel codice del consumo, dove ora il contratto di multiproprietà trovasi disciplinato insieme alle nuove figure dei contratti relativi ai prodotti per le vacanze di lungo termine e dei contratti di rivendita e di scambio.

Il testo di diritto interno presenta, rispetto a quello della dir. 2008/122/CE, due differenze degne di rilievo.

La prima riguarda l'equiparazione *ex* art. 69, lett. e), cod. cons. dell'"operatore" al "professionista", la quale sembra, però, più che altro dettata dall'esigenza di uniformazione al linguaggio del codice del consumo che contrappone sempre il professionista al consumatore.

Più significativa è l'altra differenza legata alla previsione a forte vocazione consumeristica, non contemplata dalla dir. 2008/122/CE, dell'obbligo per l'operatore di prestare una fideiussione per i contratti di multiproprietà. In continuità con quanto previsto nell'art. 76, vecchio testo, l'art. 72 *bis* cod. cons. prevede infatti: «1. L'operatore non avente la forma giuridica di società di capitali ovvero con un capitale sociale versato inferiore a 5.500.000 euro e non avente sede legale e sedi secondarie nel territorio dello Stato è obbligato a prestare idonea fideiussione bancaria o assicurativa a garanzia della corretta esecuzione del contratto. 2. L'operatore è in ogni caso obbligato a prestare fideiussione bancaria o assicurativa allorquando l'alloggio oggetto del contratto di multiproprietà sia in corso di costruzione, a garanzia dell'ultimazione dei lavori. 3. Delle fideiussioni deve farsi espressa menzione nel contratto di multiproprietà a pena di nullità. 4. Le garanzie di cui ai co. 1 e 2 non possono imporre al consumatore la preventiva esclusione dell'operatore». Ricordiamo, tuttavia, che l'obbligo di fideiussione era già contemplato nell'art. 76 vecchio testo.

Tanto premesso, diamo uno sguardo d'insieme alla disciplina.

L'art. 69 che reca, come in precedenza, le definizioni per una più corretta interpretazione delle norme del Capo I del Titolo IV cod. cons., è stato completamente riscritto.

La norma definisce specificamente le nozioni di «contratto di multiproprietà», di «contratto relativo a un prodotto per le vacanze a lungo termine», di «contratto di rivendita», di «contratto di scambio» e di «contratto accessorio», ed abbandona, perciò, la precedente definizione omnicomprensiva di «contratto» [definito alla lett. a) del co. 1, vecchio testo, tramite il richiamo ad «uno o più contratti della durata di almeno tre anni con i quali, verso pagamento di un prezzo globale, si costituisce, si trasferisce o si promette di costituire o trasferire, direttamente o indirettamente, un diritto reale ovvero un altro diritto avente ad oggetto il godimento di uno o più beni immobili, per un periodo determinato o determinabile dell'anno non inferiore ad una settimana»].

Il nuovo testo dell'art. 69, co. 1, lett. a) descrive, dunque, il contratto di multiproprietà come «un contratto di durata superiore a un anno tramite il quale un consumatore acquisisce a titolo oneroso il diritto di godimento su uno o più alloggi per il pernottamento per più di un periodo di occupazione».

Ciò che nella trama regolatoria di tale contratto il legislatore della riforma ha completamente tralasciato, a differenza del legislatore tedesco che ha mantenuto anche il riferimento alla multiproprietà su base societaria o associativa, è l'esplicita enunciazione delle svariate tipologie di multiproprietà (multiproprietà immobiliare, multiproprietà azionaria e multiproprietà alberghiera); egli ha anzi soppresso il riferimento al diritto reale o ad altro diritto avente ad oggetto il godimento di uno o più beni immobili di cui alla lettera a) del vecchio testo, nonché la definizione dell'immobile inteso come quel bene «anche con destinazione alberghiera per uso abitazione o per uso alberghiero o per uso turistico ricettivo, su cui verte l'oggetto del contratto» di cui alla lettera d) sempre del vecchio testo. Tale sfoltimento, da parte del legislatore comunitario e di quello nazionale, non è sintomatico dell'abbinamento della multiproprietà ad un tipo contrattuale unitario: essa resta riferibile ad una serie di contratti accomunati dalla durata, dall'onerosità e dall'attribuzione di un diritto di godimento su uno o più alloggi, tra i quali è da intendersi ricompresa a pieno titolo l'intera gamma di operazioni contrattuali sin qui conosciute, dalla multiproprietà immobiliare alla multiproprietà azionaria alla multiproprietà alberghiera.

Il legislatore delegato ha dunque disciplinato espressamente: a) il contratto di multiproprietà confermando in buona sostanza la normativa previgente, ma riducendo la durata minima del rapporto ad un anno e per più di un pernottamento; b) il fenomeno, già invalso nella prassi, del contratto di scambio in virtù del quale il consumatore partecipa a titolo oneroso ad un sistema che gli consente l'accesso all'alloggio per il pernottamento o ad altri servizi in cambio della concessione a terzi dell'accesso temporaneo ai vantaggi derivanti dal suo contratto di multiproprietà; c) l'inedita figura contrattuale del prodotto per le vacanze a lungo termine; d) l'attività di assistenza nella compravendita di multiproprietà e di prodotti per le vacanze a lungo termine.

È proprio la disciplina del contratto relativo a un prodotto per le vacanze a lungo termine uno degli aspetti più rilevanti della riforma del settore: il "prodotto" è costituito da una serie di vantaggi che il consumatore acquista e utilizza in maniera dilazionata nel tempo. Il carattere oneroso della prestazione del consumatore segna la differenza con i normali sistemi di fidelizzazione in cui per gli aderenti ai relativi programmi sono previsti sconti su futuri soggiorni in strutture alberghiere appartenenti a una stessa catena, poiché in questi casi l'adesione ha carattere gratuito o, se è previsto un corrispettivo da parte del consumatore, esso non è volto ad ottenere sconti o altri benefici relativi ad alloggio (v. anche il *considerando* n. 7 della dir. 2008/122/CE).

Le lett. e) ed f) dell'art. 69 riguardano le denominazioni di *operatore* e di *consumatore* (in luogo delle precedenti di «venditore» e di «acquirente») fatte coincidere rispettivamente con il «professionista» di cui all'art. 3, co. 1, lett. c), cod. cons. e con «la persona fisica» di cui all'art. 3, co. 1, lett. a), cod. cons. Quest'ultima modifica terminologica non appare solo formale, e infatti, il legislatore delegato ha inteso, da un lato, confermare espressamente per l'ennesima volta che il consumatore può essere solo una persona fisica, dall'altro tutelare coloro che, pur non avendo acquistato in proprio il diritto, ne usufruiscono a qualsiasi titolo (si pensi al caso in cui una società compri un prodotto per le vacanze a lungo termine affinché ne possano godere i propri dirigenti nel periodo di riposo).

Le lett. h), i) e l), anch'esse innovative rispetto alla precedente disciplina, definiscono rispettivamente il «supporto durevole» (ossia lo strumento che permette al consumatore o all'operatore di memorizzare le informazioni ad essi destinate o utili, quali ad es. le *e-mail*, al fine di conservarle per un periodo adeguato e di consentirne la riproduzione immutata), il «codice di condotta» (ossia quell'accordo o insieme di regole che riguardano il comportamento degli operatori e le pratiche commerciali di uno o più settori specifici) e il «responsabile del codice» (ossia il soggetto, compreso l'operatore o un gruppo di operatori, responsabile dell'elaborazione, revisione ed osservanza del codice di condotta).

La lettera d) del vecchio testo dell'art. 69 definiva il bene immobile; tale definizione più non compare in ragione del fatto che l'oggetto dei contratti disciplinati nel Titolo VI del codice del consumo è stato allargato sino a ricomprendervi anche beni mobili come le navi da crociera, le roulotte, ecc.

L'art. 70, vecchio testo, regolava dettagliatamente il contenuto del documento informativo che il venditore era tenuto a consegnare all'acquirente della multiproprietà. Nell'odierna disciplina, l'art. 71 rubricato «Informazioni precontrattuali» non riporta direttamente i requisiti del documento informativo, ma si limita a indicare l'obbligo per l'operatore di dare gratuitamente, su carta o altro supporto durevole e in lingua italiana, ovvero in una delle lingue dell'Unione Europea, tutte le informazioni riportate negli allegati al decreto legislativo di recepimento (che riproducono fedelmente gli allegati alla direttiva). Tale rinvio, del tutto inedito nel panorama legislativo consumeristico, ha la funzione di standardizzare ed uniformare le informazioni da rendere ai consumatori di ogni paese membro e di evitare qualsivoglia problema interpretativo. Il formulario predisposto per i contratti di multiproprietà contiene lo stesso elenco di informazioni che già prevedeva il vecchio testo dell'art. 70.

L'attuale art. 70, in via del tutto innovativa, disciplina la promozione dei contratti di cui all'art. 69 con le seguenti modalità: a) nell'offerta pubblicitaria l'operatore deve indicare chiaramente lo scopo commerciale e la natura dell'evento e, durante lo svolgimento di tale evento, deve mettere a disposizione del consumatore tutte le informazioni indicate negli allegati di cui all'art. 71 (art. 70, co. 1); b) su ogni messaggio pubblicitario l'operatore deve specificare la possibilità di ottenere le informazioni precontrattuali di cui all'art. 71 e le modalità di ottenimento (art. 70, co. 2).

L'art. 72 sui requisiti del contratto non presenta particolari novità rispetto al vecchio testo dell'art. 71 con l'unica eccezione del co. 4, il quale eleva le informazioni precontrattuali riportate dagli allegati a parte integrante e sostanziale del contratto con la conseguenza della loro unilaterale intangibilità, salvo che le prestazioni e gli obblighi dedotti in tali informazioni non si debbano modificare a causa di circostanze eccezionali ed imprevedibili, indipendenti dalla volontà dell'operatore, le cui conseguenze non avrebbero potuto essere evitate neanche con la dovuta diligenza.

Dell'art. 72 *bis* sull'obbligo di fideiussione per i contratti di multiproprietà si è già detto poc'anzi.

L'art. 73 sul diritto di recesso è profondamente diverso dalla precedente formulazione. Il vecchio testo dell'art. 73, infatti, concedeva al consumatore fino a dieci giorni lavorativi per l'esercizio del *ius poenitendi* dal contratto di multiproprietà senza penalità alcuna e con l'obbligo del rimborso al venditore delle sole spese relative alla conclusione del contratto e purché attinenti al compimento di atti da espletare tassativamente entro il termine di esercizio del recesso; prevedeva poi una macchinosa segmentazione temporale in correlazione con la mancanza di uno degli elementi del documento informativo o dei requisiti del contratto. E precisamente: a) l'allungamento a tre mesi del termine di esercizio del recesso senza alcuna penalità od obbligo di rimborso; b) la possibilità per il venditore di un'informazione tardiva nei suddetti tre mesi e la conseguente nuova decorrenza del termine ordinario di dieci giorni per l'esercizio del recesso con il ripristino del regime dei rimborsi; c) la possibilità per l'acquirente di un recesso tardivo entro quaranta giorni nel caso di inerzia protratta del venditore, fermo restando l'obbligo di rimborso di cui sopra. Per tutto ciò che non fosse specificamente disciplinato dalle norme sul contratto di multiproprietà, l'art. 75, co. 1, vecchio testo, faceva rinvio agli artt. 64-67 cod. cons. sul diritto di recesso mentre il co. 2 consentiva l'applicazione delle disposizioni più favorevoli dettate per i contratti con il consumatore in generale, ove ne ricorressero i presupposti.

La nuova disciplina ha ampliato e regolato più puntualmente il diritto di recesso. In primo luogo, il termine per l'esercizio del diritto è stato fissato in quattordici giorni naturali e consecutivi – ossia due settimane – a decorrere dal giorno di conclusione del contratto definitivo o del contratto preliminare o dal giorno del loro ricevimento da parte del consumatore se posteriore alla stipulazione; ed in secondo luogo la segmentazione dei termini per l'esercizio del diritto in caso di omessa o carente informazione sul recesso è stata adattata al nuovo sistema dell'utilizzazione di formulari. Il periodo per l'esercizio del recesso, infatti, termina dopo un anno e quattordici giorni dalla conclusione del contratto o dal suo ricevimento da parte del consumatore se posteriore, qualora il formulario "separato" sul recesso non sia stato compilato dall'operatore e consegnato al consumatore su supporto cartaceo o comunque durevole, ovvero dopo tre mesi e quattordici giorni dalla conclusione del contratto o dal suo ricevimento da parte del consumatore se posteriore, qualora le informazioni precontrattuali previste dall'art. 71, co. 1 non siano state fornite al consumatore nel formato previsto (art. 73, co. 3). Se tali informazioni, nel formato previsto, sono rese al consumatore entro tre mesi dalla stipulazione, il termine per l'esercizio del diritto di recesso inizia a decorrere da quel momento.

L'ultimo comma dell'art. 73 sancisce che, qualora un contratto di scambio sia stato stipulato insieme a un contratto di multiproprietà, ad entrambi i negozi si applica un unico periodo di recesso di quattordici giorni naturali e consecutivi che inizia a decorrere secondo le modalità indicate dal precedente co. 3.

L'art. 74 sulle modalità di esercizio del diritto di recesso ricalca il vecchio art. 73, ult. co., ma con delle sostanziali modifiche. La disciplina, infatti, prevede che l'esercizio del *ius poenitendi* sia comunicato in forma scritta o su altro supporto durevole che assicuri la prova della spedizione entro la scadenza del periodo previsto, ma non fa più riferimento al mezzo di comunicazione (raccomandata, telegramma, telex e fax): il consumatore può utilizzare il formulario che l'operatore ha l'obbligo di fornirgli *ex* art. 74, co. 4 e che è allegato al codice (co. 2).

Gli ultimi due commi precisano, con linguaggio pedestre, che l'esercizio del diritto di recesso pone fine agli obblighi contrattuali delle parti e che il consumatore recedente non deve sostenere alcuna spesa, né pagare alcuna penale, né ancora – e questa è una rilevante novità – corrispondere alcunché per le prestazioni già eseguite prima del recesso.

L'esercizio del diritto di recesso dai contratti di multiproprietà e da quelli relativi a un prodotto per le vacanze a lungo termine comporta anche la risoluzione automatica (e senza alcuna spesa per il consumatore) di tutti i contratti di scambio ad essi sussidiari e così anche di qualsivoglia altro contratto accessorio (art. 77, co. 1). Allo stesso effetto caducatorio soggiacciono anche i contratti di credito al consumo collegati non solo ai contratti di multiproprietà ed a quelli relativi a un prodotto per le vacanze a lungo termine, ma anche ai contratti di rivendita o di scambio (art. 77, co. 2).

L'art. 75 riproduce il divieto di acconti già sancito dall'art. 74, vecchio testo, per i contratti di multiproprietà e lo estende anche agli altri tipi di contratto disciplinati dalla riforma. In particolare, il co. 1 applica il divieto di versare denaro a titolo di acconto anche ai contratti per i prodotti per le vacanze a lungo termine e di scambio, restando esclusi dal divieto i contratti di rivendita disciplinati dal co. 2. Tale divieto è comminato anche per la dazione di denaro anticipato sotto forma di prestazione di garanzie, com'è altresì vietato l'accantonamento di denaro sotto forma di deposito bancario, il riconoscimento esplicito di debito (ma sarebbe stato auspicabile non apporre l'aggettivo al fine di estendere la proibizione anche alle ricognizioni implicite) o ogni altro onere in capo al consumatore e a beneficio dell'operatore o di un terzo fino a quando non sia spirato il termine per recedere; mentre per ciò che concerne i contratti di rivendita, il medesimo divieto opera fino al momento in cui la rivendita abbia effettivamente luogo o sia posta fine in altro modo ad essa (art. 75, co. 2, ult. alinea).

L'art. 76 disciplina i contratti relativi a prodotti per le vacanze a lungo termine per i quali il pagamento deve essere effettuato secondo un piano rateale annuale in cui le rate sono di pari valore, salvo l'adeguamento riferito ai sistemi di indicizzazione previsti dalla legge. La seconda parte del co. 1 prevede, inoltre, che almeno quattordici giorni prima della data dalla quale il debito diviene esigibile, l'operatore mandi la richiesta del pagamento al consumatore in forma scritta o su altro supporto durevole. Dopo il secondo pagamento rateale – fatto salvo quanto previsto in materia di recesso – il consumatore, con una disposizione del tutto innovativa rispetto alla previgente disciplina della multiproprietà, potrà «porre fine al contratto senza incorrere in penali dando preavviso all'operatore entro quattordici giorni, naturali e consecutivi, dalla ricezione della richiesta di ciascuna rata». La formula «porre fine al contratto» appare come una forma di recesso da un contratto che, a ben vedere, è a esecuzione periodica o continuata. Il diritto del consumatore, infatti, non potendosi configurare come *ius poenitendi*, è del tutto simile al recesso previsto dal co. 2 dell'art. 1373 c.c., soprattutto se si considera che l'art. 76, co. 2, non fa alcun cenno alle prestazioni già eseguite e sembra farle salve proprio come dispone l'ultimo alinea dell'art. 1373 c.c.

L'art. 78, co. 1 (analogamente all'art. 78 vecchio testo), sancisce la nullità delle clausole contrattuali e dei patti aggiunti di rinuncia del consumatore ai diritti previsti dalla disciplina in esame o di limitazione della responsabilità dell'operatore. Il co. 2, riproducendo esattamente il vecchio testo dell'art. 79, sancisce per le controversie sull'applicazione dei contratti in esame la competenza territoriale del giudice del luogo dove il consumatore ha la residenza o il domicilio se nel territorio italiano. Le parti, se da un lato, non possono scegliere il giudice a cui rivolgersi in caso di controversia, dall'altro, possono scegliere di applicare una legislazione diversa da quella italiana, ma al consumatore devono comunque essere assicurate le condizioni di tutela previste dalla disciplina interna (art. 78, co. 3). Se la normativa da applicare è di fonte extracomunitaria, il consumatore non può essere privato della tutela garantita dal codice del consumo italiano qualora uno qualsiasi dei beni immobili oggetto dei contratti si trovi nel territorio dell'Unione Europea, ovvero qualora l'operatore svolga un'attività che interessi l'Italia o uno dei Paesi membri (art. 78, co. 4). Ancora, sempre per quanto riguarda la tutela giurisdizionale in caso di controversia, l'art. 79 consente alle associazioni di consumatori di agire anche collettivamente *ex* artt. 27, 139, 140 e

140 *bis* cod. cons., ferma restando la giurisdizione del giudice ordinario e la possibilità di ricorrere alla procedura di media conciliazione e alla negoziazione volontaria e paritetica previste dal d.lgs. 4-3-2010, n. 28.

L'art. 81 ha inasprito le sanzioni già disposte dalla vecchia disciplina per l'operatore che contravviene alle disposizioni in materia di pubblicità, informazione precontrattuale, requisiti del contratto, acconti e risoluzione dei contratti accessori, elevando le sanzioni pecuniarie minime da 500 a 1.000 euro e le massime da 3.000 a 5.000 euro e la soglia minima della sanzione accessoria della sospensione dall'esercizio dell'attività da quindici a trenta giorni e quella massima da tre a sei mesi. L'art. 81 *bis* sancisce, infine, che le disposizioni dettate in materia di contratti di multiproprietà, di prodotti per le vacanze a lungo termine, di rivendita e di scambio non escludono né limitano i diritti attribuiti al consumatore da altre norme dell'ordinamento e, al co. 2, rinvia alla disciplina generale sui contratti per tutto ciò che non è previsto dal codice del consumo.

8. *Il contratto di viaggio*

La necessità di coniare una disciplina per il contratto di viaggio si profila negli anni '50 del secolo scorso quando da fenomeno elitario il turismo diviene fenomeno di massa e si assiste alla nascita di un ventaglio eterogeneo di schemi contrattuali rispondenti ai diversi e crescenti bisogni emergenti dalla società in forte sviluppo. Il turista moderno ha un'esigenza prioritaria: godere di un periodo di soggiorno scevro da imprevisti, pur in un periodo limitato di tempo e con scarse risorse economiche. Vengono, dunque, sempre più diffusamente negoziati, sul mercato, i viaggi organizzati, da operatori del settore che non si limitano a svolgere il ruolo di semplici intermediari per il trasporto ed il soggiorno del cliente, ma creano prodotti da proporre alla clientela comprensivi di diverse voci e servizi complementari e venduti contestualmente in un unico "pacchetto". Era complicato, in assenza di una disciplina specifica, individuare la natura giuridica del rapporto contrattuale in questione e dar soluzione ai problemi emergenti, soprattutto, in relazione alla responsabilità per inadempimento di una o più tra le plurime prestazioni racchiuse nell'unico contratto stipulato con l'operatore turistico. Nasce, in questo contesto, il contratto di viaggio, che trova riscontro, sul piano normativo, nella CCV – acronimo impiegato per indicare la Convenzione internazionale di Bruxelles relativa, per l'appunto, al contratto di viaggio – firmata il 23-4-1970 e ratificata dall'Italia con la l. 1084/1977. Solo Belgio e Italia, per quanto consta, hanno firmato e ratificato la CCV e l'Italia, avvalendosi della riserva ivi contemplata nell'art. 40, lett. a), ne ha previsto l'applicazione ai soli contratti di viaggio internazionali da eseguire totalmente o parzialmente in uno Stato diverso da quello ove è avvenuta la stipula del contratto o da cui il viaggiatore è partito, sicché la CCV non è in grado di disciplinare i contratti di viaggio interamente da eseguire nel territorio nazionale. La CCV – come si dirà (v. *infra* § 9) – non è più in vigore e, tuttavia, merita ancor oggi considerazione giacché costituisce una tappa significativa dell'evoluzione normativa che ha condotto alla definizione di un quadro normativo uniforme a livello europeo relativamente al pacchetto turistico.

Nell'art. 1 sono collegate al contratto di viaggio due distinte tipologie: il contratto di organizzazione di viaggio e il contratto di intermediario di viaggio. È di organizzazione di viaggio «qualunque contratto tramite il quale una persona si impegna a suo nome a procurare ad un'altra per mezzo di un prezzo globale, un insieme di prestazioni comprendenti il trasporto, il soggiorno separato dal trasporto o qualunque altro servizio che, ad essi si riferisca». È di intermediario di viaggio «qualunque contratto tramite il quale una persona si impegna a procurare ad un'altra, per mezzo di un prezzo, sia un contratto di organizzazione di viaggio, sia uno dei servizi separati che permettono di effettuare un viaggio o un soggiorno qualsiasi». Nel primo schema, dunque, è l'organizzatore ad impegnarsi in nome proprio; non così nel secondo, dove il nome speso dall'intermediario nei rapporti con i terzi prestatori dei servizi, è quello del cliente. Quest'ultimo, sia nell'uno che nell'altro caso, è denominato viaggiatore, tale essendo – a norma del co. 7 – colui che fruisce delle prestazioni svolte, sia che il contratto sia stipulato e a prescindere da chi abbia pagato il prezzo. Nei co. 5 e 6 si precisa che le attività che l'organizzatore e l'intermediario rispettivamente svolgono devono avere natura abituale, ma non necessariamente devono connotarsi come "principali" o essere eseguite "a titolo professionale". Si può accostare la figura dell'organizzatore di viaggi – volendo impiegare una terminologia più moderna – al tour operator o al tour organizer (entrambi sono, infatti, organizzatori di viaggi in quanto entrano in rapporto con albergatori, vettori ecc. per creare – tramite il coordinamento dei diversi servizi – i prodotti da porre sul mercato). La dottrina e la giurisprudenza maggioritarie hanno sposato l'idea che il contratto di organizzazione di viaggio rappresenti un appalto di servizi (art. 1655 c.c.), almeno là dove emerga il profilo imprenditoriale dell'organizzatore: l'attività si espleta, infatti, attraverso l'erogazione di una serie di prestazioni complementari tra loro, che all'organizzatore compete "organizzare" a proprio rischio e fornire al cliente, interessato al viaggio nel suo complesso, piuttosto che alle singole prestazioni facenti parte del "pacchetto". Nel contratto di intermediario di viaggio in primo piano c'è, per l'appunto, l'intermediario di viaggi, la cui attività consiste, non nell'organizzare tour, ma nel procurare ai clienti che a lui si rivolgano un servizio o più servizi turistici separati o un prodotto complesso da altri creato e organizzato: può, dunque, accadere – come si evince, oltre che dalla definizione, dall'art. 18 CCV – che tale contratto abbia riferimento «ad un contratto di organizzazione di viaggio», sicché ciò che l'intermediario di viaggio si impegna a procurare al cliente può consistere in un contratto di organizzazione del viaggio o in uno dei servizi separati che permettono di effettuare un viaggio. Il contratto di intermediazione di viaggio va inquadrato nel mandato e l'art. 17 CCV, a norma del quale ogni «contratto stipulato dall'intermediario di viaggi con un organizzatore o con persone che gli forniscono dei servizi separati, è considerato come se fosse stato concluso dal viaggiatore», autorizza a concludere che trattasi di un mandato con rappresentanza; indicativo è anche l'art. 22, co. 3, a norma del quale l'intermediario di viaggi «non risponde dell'inadempimento totale o parziale di viaggi o soggiorni o altri servizi che siano oggetto del contratto», sicché le pretese risarcitorie del viaggiatore danneggiato andranno avanzate direttamente nei confronti dell'organizzatore o del prestatore del singolo servizio. Sia l'organizzatore che l'intermediario di viaggi sono tenuti a comportarsi con lealtà e correttezza nei riguardi del viaggiatore (a ciò sembra vadano ricondotti «i principi generali del diritto e i buoni usi in questo campo» cui fa richiamo l'art. 3 CCV), il quale è tenuto, da parte sua, a «fornire tutte le necessarie informazioni che gli sono richieste e rispettare i regolamenti relativi al viaggio, al soggiorno o a qualsiasi altro servizio» (art. 4 CCV).

Il Capitolo III della CCV si occupa, nel dettaglio, del contratto di organizzazione di viaggio, disciplinando il documento di viaggio, che deve essere rilasciato al cliente e che fa fede, fino a prova contraria delle condizioni del contratto (artt. 5, 6 e 7), la possibilità data al viaggiatore di «farsi sostituire da un'altra persona» (art. 8), l'annullamento del contratto da parte del viaggiatore, salvo indennizzo da corrispondere all'organizzatore (art. 9), le circostanze e le condizioni che possono giustificare l'annullamento per volontà dell'organizzatore (art. 10), i casi in cui è praticabile un aumento del prezzo (art. 11), i profili legati alla responsabilità (artt. 12 ss.).

Il Capitolo IV concerne, invece, il contratto di intermediario di viaggi e tratta dei documenti ad esso relativi (artt. 18 e 19), della responsabilità cui va incontro l'intermediario (artt. 19, 21 e 22), dell'annullamento del contratto da parte del viaggiatore, consentito in qualsiasi momento salvo indennizzo (art. 20), della responsabilità in cui il viaggiatore può incorrere, se in colpa (art. 23). Interessa richiamare l'attenzione sul fatto che il sistema della responsabilità delineato nella CCV non è unitario: regole e presupposti distinti sono contemplati per la responsabilità dell'organizzatore e per quella dell'intermediario, in ossequio alla riconosciuta autonomia del contratto di organizzazione dal contratto di intermediazione. L'organizzatore è assoggettato ad un regime piuttosto rigido di responsabilità, che prevede il risarcimento di qualunque pregiudizio connesso all'inadempimento totale o parziale degli obblighi di organizzazione, salva la prova della diligenza (art. 13, co. 1); a norma del co. 2, tuttavia, l'ammontare dell'indennizzo è limitato e riferito ad importi determinati in franchi-oro (v. art. 24), pur essendo consentito a ciascuno Stato contraente di fissare limiti superiori. La responsabilità sussiste – e senza limiti – anche se sia l'organizzatore stesso a provvedere personalmente all'effettuazione dei servizi relativi all'esecuzione del viaggio o del soggiorno (art. 14). Se detti servizi sono demandati a terzi è sempre l'organizzatore a rispondere (art. 15, co. 1) e l'importo dell'indennità è limitato; ma se il pregiudizio è insorto nel corso dell'esecuzione dei servizi la responsabilità dell'organizzatore è esclusa ove riesca a dimostrare la propria diligenza nella scelta dell'ausiliario o del fornitore del servizio (art. 15, co. 2). Sull'applicazione della regola da ultimo riferita fa chiarezza Cass. 27-6-2007, n. 14837, che ha precisato come, posto che l'art. 15, co. 1, CCV prevede una responsabilità non oggettiva ma per colpa anche lieve, è dato all'organizzatore fornire la prova liberatoria consistente nel dimostrare di essersi comportato con diligenza nella scelta del soggetto cui ha affidato l'esecuzione del servizio; si è, pertanto, esclusa la responsabilità dell'organizzatore per i danni subiti nel corso del viaggio dai propri clienti, qualora i fatti si siano svolti in modo tale da doversi ritenere che la scelta di un diverso esecutore del servizio non avrebbe evitato il danno (trattavasi, nella fattispecie, del danno riportato da un gruppo di turisti, trasportati su un autobus messo a disposizione dall'organizzazione e condotto da autista da questa prescelto, in conseguenza di un incidente stradale dovuto a colpa esclusiva del conducente di un'autovettura che li aveva violentemente investiti). L'art. 16, infine, sancisce la responsabilità del viaggiatore che «per sua colpa» causi danno all'organizzatore non osservando «gli obblighi che gli spettano». L'intermediario risponde, a norma dell'art. 22, co. 1, di qualsiasi inosservanza commessa nell'adempimento delle obbligazioni assunte personalmente nei confronti del viaggiatore, per lo più connesse all'indicazione delle informazioni necessarie sui Paesi meta del viaggio, sui servizi offerti, sui documenti da procurarsi e sulle formalità amministrative da espletare, sulle disposizioni sanitarie e su quanto altro sia rilevante ai fini del viaggio o del soggiorno; anche in tal caso, l'importo dell'indennità volta a ristorare il danno procurato è limitato. L'intermediario non risponde dell'inadempimento totale o parziale del contratto di pacchetto turistico, anche là dove si sia reso tramite del rapporto tra l'organizzatore ed il viaggiatore (art. 22, co. 3); la sua già rilevata estraneità al rapporto contrattuale di viaggio giustifica, in tale evenienza, l'azione diretta ed esclusiva del viaggiatore nei confronti dell'organizzatore o del fornitore di servizi di viaggio. Tanto l'organizzatore (art. 12) quanto l'intermediario (art. 21) rispondono del fatto degli ausiliari e tale responsabilità per fatto altrui non sembra derogabile a differenza della previsione dell'art. 1228 c.c. secondo cui il debitore che nell'adempimento dell'obbligazione si avvale dell'opera di terzi risponde dei loro fatti dolosi o colposi, salva la diversa volontà delle parti. Come si evince dall'art. 27, i summenzionati limiti degli indennizzi dovuti in ipotesi di responsabilità, sia dell'organizzatore che dell'intermediario, non operano qualora il viaggiatore provi che l'inosservanza commessa «è avvenuta con l'intenzione di provocare il danno o in modo implicante una mancanza deliberata di considerazione delle conseguenze pregiudizievoli che possono derivare da tale comportamento oppure una ignoranza inescusabile di tali conseguenze».

Chiudono la CCV i Capitoli dal V all'VIII, ove sono ricomprese disposizioni che riguardano le modalità di attivazione della tutela, la nullità delle stipulazioni in deroga alla CCV ove sfavorevoli al viaggiatore (che non comporta la nullità del contratto) ed altri profili che non è il caso, qui, di specificare. Compaiono, inoltre, alcune disposizioni finali di varia natura.

9. *Dal contratto di viaggio al pacchetto turistico*

La CCV – come detto – ha aperto la strada alla creazione di un quadro normativo uniforme a livello europeo in materia di pacchetto turistico. A distanza di diversi anni dalla sua ratifica, infatti, farà la sua apparizione la dir. 90/314/CEE concernente i viaggi, le vacanze ed i circuiti "tutto compreso", recepita in Italia ad opera del d.lgs. 111/1995.

C'è traccia della CCV in alcune disposizioni del d.lgs. 111/1995 (v. artt. 15 e 16) e, successivamente, nel codice del consumo (v. artt. 94 e 95), sicché si è avanzata l'idea della sua persistente vigenza anche dopo l'entrata in scena della nuova normativa. Quella traccia è, successivamente, scomparsa nel codice del turismo e, peraltro, l'art. 3, co. 2, d.lgs. 79/2011 ha espressamente abrogato la legge che ha reso esecutiva la CCV, ma con decorrenza dal momento in cui diviene efficace la denuncia dello Stato italiano della CCV medesima in conformità con quanto in essa stabilito dall'art. 37 e, quindi, solo un anno dopo la data del ricevimento della notifica della denuncia da parte del Governo belga, identificato dall'art. 34 CCV come depositario degli strumenti di ratifica. L'interpretazione dell'art. 3, co. 2 non è agevole e la denuncia cui fa cenno da parte dell'Italia non consta sia mai intervenuta. Ciò ha indotto taluno a ritenere ancora operativa la CCV nel nostro contesto normativo, con ineludibile insorgenza di problemi di coordinamento complicati da risolvere. È opinione, però, prevalente che la CCV sia abrogata e non più in vigore. Il Belgio l'ha da tempo denunciata e, a sostegno dell'abrogazione, militano buoni argomenti. Il predetto art. 3, co. 2 – si è detto – reca implicita l'autorizzazione alla denuncia della CCV da parte dello Stato italiano o, avanzandosi una diversa lettura, si è rinvenuta in detto articolo, non già l'autorizzazione alla denuncia, ma la denuncia stessa. D'altro canto, non è peregrina l'idea di ritenere verificato l'effetto abrogativo, anche a prescindere dalla denuncia, con l'entrata in vigore del codice del turismo: idea, che Corte cost. 30-3-2012, n. 75 sembra condividere, avendo rilevato che il d.lgs. 79/2011 «intervenendo in modo organico sulla tematica dei pacchetti turistici e del rapporto contrattuale con il consumatore turista, ha provveduto (...) all'abrogazione della legge n. 1084 del 1977». Si superano, così, d'emblée i problemi di coordinamento dianzi segnalati.

Il d.lgs. 111/1995 – come rilevato da Corte cost. 75/2012 – risponde ad un'esigenza che si era fatta pressante, giacché la CCV risultava «non pienamente conforme alle esigenze sociali e contrattuali che si stavano affermando a livello internazionale, orientate non tanto sulla mera intermediazione per il trasporto ed il soggiorno, quanto sulla fornitura dell'insieme di servizi funzionali al viaggio e anche non connessi strettamente ad esso»; esigenze – aggiunge la Corte – che sarebbero, poi, state colte e soddisfatte, per l'appunto, dalla dir. 90/314/CEE.

Tra la CCV e la normativa introdotta da detta direttiva, tuttavia, non mancano profili che segnalano continuità. Tra il servizio tutto compreso disciplinato dalla dir. 90/314/CEE – coincidente con il "pacchetto turistico" del d.lgs. di attuazione – ed il contratto di organizzazione di viaggio della CCV, le affinità sono evidenti: il confronto tra l'art. 1, co. 2, CCV e l'art. 2, co. 1, d.lgs. 111/1995 rivela che – alla fin fine – le sole differenze che da quest'ultimo emergono sono date dalle previsioni di durata e dalla non essenzialità della prestazione di trasporto.

Sono, tuttavia, più numerose e di maggior rilievo le discontinuità, ovvero le novità introdotte dalla normativa di derivazione comunitaria.

Nel contratto di organizzazione o di intermediazione di viaggio (CCV) – si nota in Cass. 18-1-2023, n. 1417, in **Appendice** – «le prestazioni ed i servizi si profilano come separati e vengono in rilievo diversi tipi di rapporto prevalendo gli aspetti dell'organizzazione e dell'intermediazione», mentre «il contratto di viaggio vacanza "tutto compreso" (o package) si caratterizza sia sotto il profilo soggettivo che per l'oggetto e la finalità». È quest'ultimo il dato più significativo che ostacola l'assimilazione del contratto avente ad oggetto il pacchetto turistico di cui al d.lgs. 111/1995 al contratto di viaggio: come bene sottolinea Cass. 11-12-2012, n. 22619 (in **Appendice**), il primo – e non il secondo – si presenta, infatti, «caratterizzato dalla "finalità turistica" che ne connota la causa concreta e assume rilievo come elemento di qualificazione (nonché relativamente alla sorte) del contratto». Discendono da ciò conseguenze assai rilevanti, come testimonia Cass. 24-7-2007, n. 16315 (in **Appendice**) allorché, in punto di tutela, giunge a configurare, diversa dalla sopravvenuta impossibilità della prestazione, l'impossibilità di utilizzazione della stessa quale autonoma causa di estinzione dell'obbligazione; indirizzo, questo, successivamente, in più occasioni ribadito (v. Cass. ord. 18-1-2023, n. 1417, in **Appendice**). La valorizzazione della rilevata specificità, sul piano causale, del contratto ha consentito alla giurisprudenza di ritenerlo risolto per impossibilità sopravvenuta della prestazione *ex* art. 1463 c.c. nel caso di rinuncia all'ultim'ora, da parte del turista, all'effettuazione del viaggio costituente oggetto di un pacchetto, dovuta all'insorgenza improvvisa di una patologia piuttosto grave (v. Cass. 10-7-2018, n. 18047).

Nella nuova disciplina, poi, è ancora Cass. 22619/2012 (in **Appendice**) a rilevare il superamento dei «distinguo previsti con riferimento al contratto di organizzazione o di intermediazione di viaggio» dalla CCV. Sicché – ad opera dell'art. 5 della dir. 90/314/CEE e degli artt. 14 ss. del d.lgs. – si è introdotta una disciplina che vede l'organizzatore e il venditore di pacchetti turistici tenuti al risarcimento del danno in caso di mancato o inesatto adempimento delle obbligazioni assunte, ma ciascuno «secondo le rispettive responsabilità» e, dunque – come Cass. 24-11-2020, n. 26694 ha, di recente, ribadito – non in via solidale nei confronti del cliente finale ma ognuno per quanto di sua competenza (e, quindi, l'agente per il corretto adempimento del mandato ad acquistare conferitogli dal cliente, e il tour operator per il puntuale adempimento del contratto che l'agente abbia direttamente concluso con il cliente finale). Se l'organizzatore e il venditore si sono avvalsi di terzi per l'adempimento della prestazione dovuta, giusta la lettura data in prevalenza del co. 2 dell'art. 14, sono entrambi solidalmente tenuti a risarcire il danno subito dal consumatore anche qualora la responsabilità sia ascrivibile esclusivamente ai terzi, salvo il diritto di rivalersi nei confronti di questi ultimi.

10. *I pacchetti turistici*

Il piano normativo è, dunque, attualmente presidiato dalla sola disciplina dei pacchetti turistici che, dopo la prima consacrazione avutasi grazie al d.lgs. 111/1995 in attuazione della dir. 90/314/CEE, è poi, confluita nel codice del consumo, dal quale è stata successivamente espulsa per essere assorbita nel codice del turismo. Da ultimo, si è avuta l'espressa abrogazione della dir. 90/314/CE ad opera della dir. 2015/2302/UE, relativa ai pacchetti turistici e ai servizi turistici collegati, recepita in Italia con il d.lgs. 62/2018, entrato in vigore l'1-7-2018 e, stando al co. 1 dell'art. 3, applicabile ai contratti conclusi a decorrere da tale data.

Come si desume chiaramente dai *considerando*, la dir. 90/314/CEE tendeva a conferire al settore turistico un minimo grado di omogeneità, in modo da eliminare gli ostacoli alla realizzazione di un mercato comune dei servizi, ove gli operatori di ciascuno Stato membro possano svolgere la propria attività ed offrire le relative prestazioni professionali nell'intero spazio giuridico comunitario, e da assicurare a ciascun cittadino dell'Unione Europea la possibilità di godere delle medesime condizioni nei diversi Stati membri. Un ulteriore obiettivo della direttiva era il rafforzamento della tutela e dell'informazione del consumatore.

Un grado di armonizzazione più elevato è stato perseguito dalla nuova dir. 2015/2302/UE, con l'obiettivo, esplicitato all'art. 1, di contribuire al corretto funzionamento del mercato interno e al conseguimento di un livello elevato e il più uniforme possibile di protezione dei consumatori, mediante il ravvicinamento delle disposizioni legislative, regolamentari e amministrative degli Stati membri; si mira al livello massimo di armonizzazione, sicché ai legislatori nazionali sono concessi margini assai ristretti di discrezionalità, dovendo ritenersi non ammessa nemmeno la deroga *in melius*, diretta cioè ad offrire al viaggiatore un tutela più forte ed intensa rispetto a quella apprestata dalla direttiva. Eloquente è l'art. 4 della direttiva: «Salvo che la presente direttiva disponga altrimenti, gli Stati membri non mantengono o introducono nel loro diritto nazionale disposizioni divergenti da quelle stabilite dalla presente direttiva, incluse le disposizioni più o meno severe per garantire al viaggiatore un livello di tutela diverso».

Una delle novità riguarda l'oggetto della disciplina sensibilmente più ampio rispetto alla previsione della dir. 90/314/CEE. L'ambito di applicazione della dir. 90/314/CEE era infatti limitato ai viaggi, vacanze e circuiti turistici «tutto compreso» venduti o offerti in vendita nel territorio della Comunità (art. 1). L'oggetto specifico del contratto era definito dall'art. 2 che intendeva per «servizio tutto compreso la prefissata combinazione di almeno due degli elementi in appresso, vendita o offerta in vendita ad un prezzo forfettario, laddove questa prestazione superi le 24 ore o comprenda una notte: a) trasporto, b) alloggio, c) altri servizi turistici non accessori al trasporto o all'alloggio che costituiscono una parte significativa del "tutto compreso"». L'ambito di applicazione della nuova direttiva è comprensivo anche degli acquisti online ed è precisato nell'art. 2, che fa riferimento non solo ai pacchetti turistici ma anche ai «servizi turistici collegati agevolati da professionisti a viaggiatori».

L'art. 3 distingue il servizio turistico dal pacchetto turistico ed offre, dell'uno e dell'altro, dettagliate definizioni. Sono considerati «servizi turistici»: a) il trasporto di passeggeri; b) l'alloggio non facente intrinsecamente parte del trasporto di passeggeri e non a fini residenziali; c) il noleggio di auto, di altri veicoli a motore ai sensi dell'art. 3, punto 11), della dir. 2007/46/CE oppure di motocicli che richiedono una patente di guida di categoria A *ex* art. 4, § 3, lett. c), della dir. 2006/126/CE; d) qualsivoglia altro servizio turistico non facente intrinsecamente parte di un servizio turistico ai sensi delle lett. a), b) o c). Il noleggio di cui sopra è assimilabile non al trasporto, bensì alla locazione di cosa mobile, e va tenuto distinto dal noleggio di nave e di aeromobile disciplinato dal codice della navigazione.

La nozione di «pacchetto turistico» risulta ridefinita dalla direttiva con l'obiettivo di garantire una maggiore protezione ai consumatori: per un verso, infatti, la disciplina si applica sia nelle ipotesi in cui l'acquisto del pacchetto turistico sia avvenuto attraverso i canali tradizionali, sia se sia realizzato, invece, online; per altro verso la disciplina si estende anche alle ipotesi in cui la combinazione dei diversi servizi sia compiuta dal consumatore. Si legge infatti nel *considerando* n. 8 che «poiché i servizi turistici possono essere combinati in molti modi diversi, è opportuno considerare pacchetti tutte le combinazioni di servizi turistici che presentano le caratteristiche solitamente associate dai viaggiatori ai pacchetti, in particolare quando servizi turistici distinti, della cui corretta esecuzione l'organizzatore si assume la piena responsabilità, sono combinati in un unico prodotto turistico». A tal fine «non dovrebbe fare alcuna differenza il fatto che i servizi turistici siano combinati prima di qualunque contatto con il viaggiatore o su sua richiesta oppure in base a una selezione da questi operata. Dovrebbero applicarsi gli stessi principi a prescindere dal fatto che la prenotazione avvenga attraverso un professionista tradizionale oppure online».

Ai sensi dell'art. 3 si considera «pacchetto turistico» la combinazione di almeno due tipi di servizi diversi, qualora a) tali servizi sono combinati da un unico professionista, anche su richiesta del viaggiatore o conformemente a una sua selezione, prima che sia concluso un unico contratto per tutti i servizi; oppure se b) indipendentemente dal fatto che siano conclusi contratti separati con singoli fornitori di servizi turistici, tali servizi sono: i) acquistati presso un unico punto vendita e tali servizi sono stati selezionati prima che il viaggiatore acconsenta al pagamento; ii) offerti, venduti o fatturati a un prezzo forfettario o globale; iii) pubblicizzati o venduti sotto la denominazione «pacchetto» o denominazione analoga; iv) combinati dopo la conclusione di un contratto con cui il professionista autorizza il viaggiatore a scegliere tra una selezione di tipi diversi di servizi turistici; o v) acquistati presso professionisti distinti attraverso processi collegati di prenotazione online ove il nome del viaggiatore, gli estremi del pagamento e l'indirizzo di posta elettronica sono trasmessi dal professionista con cui è concluso il primo contratto a uno o più altri professionisti e il contratto con quest'ultimo o questi ultimi professionisti è concluso al più tardi 24 ore dopo la conferma della prenotazione del primo servizio turistico.

L'art. 3 precisa, altresì, cosa sia da intendere per «servizio turistico collegato»: trattasi della combinazione di almeno due tipi diversi di servizi turistici acquistati ai fini dello stesso viaggio o della stessa vacanza, che non costituiscono un pacchetto, e che comportano la conclusione di contratti distinti con i singoli fornitori di servizi turistici, se un professionista agevola: a) al momento di un'unica visita o un unico contatto con il proprio punto vendita, la selezione distinta e il pagamento distinto di ogni servizio turistico da parte dei viaggiatori; b) l'acquisto mirato di almeno un servizio turistico aggiuntivo presso un altro professionista quando un contratto con quest'altro professionista è concluso al più tardi 24 ore dopo la conferma della prenotazione del primo servizio turistico. Il *considerando* n. 13 riconosce che, benché «questi servizi non costituiscano pacchetti ai sensi della presente direttiva, conformemente alla quale un organizzatore è responsabile della corretta esecuzione di tutti i servizi turistici, detti servizi turistici collegati costituiscono un modello commerciale alternativo che spesso fa concorrenza ai pacchetti». Siamo al cospetto di formule di negoziazione assai diffuse. Quante volte, ad esempio, nel confermare la prenotazione di un primo servizio turistico come un volo aereo o un viaggio in treno, un viaggiatore riceve un invito a prenotare un servizio turistico aggiuntivo disponibile nella destinazione scelta, ad esempio l'alloggio in albergo o il noleggio di un'auto, con un *link* verso il sito web di prenotazione di un altro fornitore di servizi o intermediario? Lo sviluppo descritto, peraltro, coerentemente si associa al profilo di un turista che oramai sempre più di frequente impiega, per l'acquisto di ciò che gli è utile, le ben note piattaforme informatiche, le quali, per conquistarsi la preferenza, mettono in vetrina offerte diversificate e potenzialmente in grado di rispondere ad ogni esigenza legata al viaggio: l'esempio dei siti delle compagnie aeree *low cost* è paradigmatico e, tra l'altro, i dati economici sembrano evidenziare che queste ultime traggono guadagni crescenti, non tanto dalla vendita dei biglietti aerei (il cui costo viene mantenuto basso per incentivare la negoziazione), quanto dall'acquisto – da parte della clientela – di servizi aggiuntivi, quali la scelta del posto, l'imbarco prioritario, l'autorizzazione a portare con sé in aereo un bagaglio di una certa dimensione, i pasti a bordo, il noleggio dell'auto, il soggiorno in alberghi convenzionati, ecc.

Dall'ambito di applicazione della direttiva restano esclusi: a) pacchetti e servizi turistici collegati che si estendono su un periodo inferiore alle 24 ore, salvo che sia incluso un pernottamento; b) pacchetti offerti e servizi turistici collegati agevolati occasionalmente e senza fini di lucro e soltanto a un gruppo limitato di viaggiatori; c) pacchetti e servizi turistici collegati acquistati in base a un accordo generale per l'organizzazione di viaggi di natura professionale tra un professionista e un'altra persona fisica o giuridica che agisce nell'ambito della propria attività commerciale, imprenditoriale, artigianale o professionale (art. 2, co. 2).

Come si è già rilevato, la nuova direttiva ha meritoriamente cercato di superare alcune disarmonie tra le leggi di recepimento nei diversi Paesi che l'ampia discrezionalità lasciata ai legislatori nazionali dalla vecchia direttiva aveva provocato. Una direttiva di armonizzazione, massima, dunque, finalizzata allo specifico scopo (cfr. *considerando* nn. 4 e 6) di implementare il mercato dei pacchetti turistici; mercato che la frammentazione osteggia aumentando i costi per le imprese, costituendo una barriera all'ingresso per le imprese che vogliono operare oltre frontiera e, limitando quindi, la scelta dei consumatori che, inoltre, da tale frammentazione, sono disincentivati ad acquistare pacchetti di operatori di un altro Stato membro.

Un esempio di disarmonia era rappresentato dell'art. 4, dir. 90/314/CEE il quale prevedeva che il consumatore dovesse informare l'organizzatore/-venditore della cessione del proprio pacchetto entro un «termine ragionevole»: l'Italia l'aveva individuato in quattro giorni (art. 10, d.lgs. 111/1995) e il Lussemburgo in tre settimane (*Règlement gran-ducal* 4-11-1997). La dir. 2015/2302/UE, e così anche il nuovo art. 38 cod. tur. proprio allo scopo di consentire un'armonizzazione massima della disciplina, ha stabilito che l'informazione all'organizzatore deve essere data non oltre i sette giorni precedenti alla partenza. Particolarmente significativa nella prospettiva di garantire il consumatore contro eventuali abusi dell'organizzatore è la previsione del co. 3 dell'art. 38 cod. tur., in base al quale l'organizzatore deve informare il cedente dei costi effettivi della cessione che non possono essere irragionevoli e non possono eccedere le spese realmente sostenute dall'organizzatore in conseguenza della cessione del contratto.

L'art. 5, dir. 90/314/CEE prevedeva la responsabilità del «venditore e/o organizzatore» ed era fonte di divergenze nell'individuazione del soggetto passivo. Nella maggior parte degli Stati membri si era coniato un regime di ripartizione dei rischi tra venditore e organizzatore in base alla sfera d'azione di ciascuno (così, ad esempio, in Austria e Belgio, come pure in Italia, dapprima con l'art. 14 del d.lgs. 111/1995, poi con l'art. 93 cod. cons. e, successivamente, con l'art. 43 cod. tur. abr.), mentre in altri – come la Danimarca – si era optato per una responsabilità solidale, sicché dei danni subiti dal consumatore rispondeva in via immediata ed integrale il venditore, salva poi l'eventuale azione di regresso verso l'organizzatore (così anche in Spagna, per via dell'interpretazione giurisprudenziale dell'art. 11 della *Ley* n. 21 del 6-7-1995 che ha regolato *los viajes combinados*). Si è pure denunciata l'imprecisione dell'art. 5 della direttiva in ordine alla spettanza dell'indennizzo a fronte di domande di risarcimento di danni morali, sicché è stata chiamata a pronunciarsi sul punto la Corte europea di giustizia (v. Corte giust. CE 12-3-2002, C-168/00, in **Appendice**).

Anche su questo profilo, nell'ottica di rafforzare la tutela per il viaggiatore, il legislatore europeo, all'art. 13 della nuova direttiva, ha con maggiore chiarezza rimesso agli Stati membri la scelta se prevedere una responsabilità concorrente del venditore, o individuare come unico responsabile l'organizzatore. In questa seconda direzione sembrerebbe essersi mosso il legislatore italiano con la nuova formulazione dell'art. 42, co. 1, cod. tur. dove è menzionato solo l'organizzatore come responsabile dell'esecuzione del pacchetto, ma sul tema torneremo (v. *infra* § 10.3).

Quanto agli obblighi del venditore è bene menzionare da subito anche l'art. 51 *bis* cod. tur. secondo il quale il venditore è considerato come organizzatore se omette di fornire al viaggiatore il modulo informativo di cui all'art. 34 cod. tur., se omette di comunicare i dati identificativi dell'organizzatore, se omette di informare il viaggiatore che egli agisce in qualità di venditore, ossia tutte ipotesi che potrebbero ingenerare nel viaggiatore l'affidamento che controparte sia effettivamente l'organizzatore. A mente dell'art. 51 *ter*, poi, se l'organizzatore è stabilito fuori dallo spazio economico europeo, il venditore stabilito in una Stato membro è soggetto agli obblighi previsti per l'organizzatore, a meno che non fornisca la prova – prosegue la norma in termini ambigui – che anche l'organizzatore extra-europeo si sia conformato a tali obblighi.

Altri problemi in sede di attuazione aveva sollevato la formulazione vaga dell'art. 6, dir. 90/314/CEE, il quale disponeva che dinanzi al reclamo da parte del consumatore «l'organizzatore e/o il venditore, o il suo rappresentante locale se esiste, devono adoperarsi sollecitamente per trovare soluzioni appropriate». Non v'era, da un lato, alcun obbligo di disporre di un rappresentante locale cui il consumatore potesse rivolgersi per gli eventuali reclami e, dall'altro, rimaneva imprecisato cosa dovesse intendersi per «soluzioni appropriate». Tale disposizione a volte non è stata neppure recepita in modo esplicito (come in Italia ed in Germania) ovvero (come in Austria) si sono previste misure che si allontanano dal dettato comunitario.

Meritoria, è dunque, da questo punto di vista la previsione, nell'art. 7, co. 2, lett. d) della nuova direttiva (recepito all'art. 36, co. 5, lett. d) cod. tur.) dedicato ai contenuti del contratto di pacchetto turistico, dell'obbligo per l'organizzatore di comunicare al viaggiatore, «il nome, l'indirizzo, il numero di telefono, l'indirizzo di posta elettronica, e se applicabile, il numero di fax del rappresentante locale dell'organizzatore, di un punto di contatto o di un altro servizio che consenta al viaggiatore di contattare rapidamente l'organizzazione e di comunicare efficacemente con lui per chiedere assistenza ove il viaggiatore si trovi in difficoltà o di rivolgere eventuali reclami relativi a difetti di conformità riscontrati durante l'esecuzione del pacchetto».

Un'amplissima discrezionalità ai legislatori nazionali era riservata dall'art. 7, dir. 90/314/CEE: «l'organizzatore e/o il venditore parte del contratto danno prove sufficienti di disporre di garanzie per assicurare, in caso di insolvenza o di fallimento, il rimborso dei fondi depositati ed il rimpatrio del consumatore». La Corte europea di giustizia ha successivamente specificato il contenuto di tale disposizione, precisando che essa richiede l'attribuzione al turista di una effettiva protezione contro i rischi di insolvenza o di fallimento del tour operator in termini di diritto alla garanzia degli importi versati e delle spese per il rimpatrio. Gli Stati membri hanno adottato varie soluzioni sul punto: alcuni Paesi hanno previsto per i tour operator l'obbligo di stipulare una polizza assicurativa comprendente, in caso di fallimento o di insolvenza, il rimborso ed il rimpatrio del viaggiatore, altri si sono limitati a riportare alla lettera il dettato della direttiva, altri ancora hanno disposto la costituzione di un fondo di garanzia(così in Italia – v. l'art. 21 del d.lgs. 111/1995 e l'art. 51 cod. tur., quest'ultimo poi abrogato a decorrere dall'1-1-2016 ad opera dell'art. 9, co. 1, lett. b) della l. 29-7-2015, n. 115 – come in Francia).

Una disposizione più puntuale è ora contenuta all'art. 17 della dir. 2015/2302/UE, ove, è previsto l'obbligo di fornire una garanzia idonea a coprire tutte le somme pagate da o per conto dei viaggiatori nella misura in cui i servizi pertinenti non sono eseguiti a causa dello stato di insolvenza dell'organizzatore. Deve trattarsi di una garanzia, come precisa il co. 2, effettiva, idonea a coprire i costi ragionevolmente prevedibili; in particolare essa deve coprire gli importi dei pagamenti effettuati da o per conto dei viaggiatori in relazione a pacchetti, tenendo conto della durata del periodo compreso tra gli acconti e il saldo finale e del completamento dei pacchetti, nonché del costo stimato per i rimpatri in caso di insolvenza dell'organizzatore. L'art. 47 cod. tur., in recepimento della direttiva, ha previsto l'obbligo in capo all'organizzatore di stipulare contratti di assicurazione per la responsabilità civile o di procurarsi il rilascio di un'idonea garanzia bancaria o, in alternativa, la possibilità per gli organizzatori e gli intermediari di costituirsi in consorzi o altre forme associative idonee a provvedere collettivamente, anche mediante la costituzione di un apposito fondo, per la copertura dei rischi. Tali obiettivi possono essere perseguiti anche mediante il coinvolgimento diretto nei consorzi e nelle altre forme associative di imprese e associazioni di categoria del settore assicurativo, anche prevedendo forme di riassicurazione. Entrambe queste ultime ipotesi hanno l'obiettivo di non pregiudicare l'accesso al mercato delle imprese più piccole che avrebbero evidenti difficoltà a sostenere i costi di un'assicurazione individuale (cfr. *considerando* n. 44, dir. 2015/2302/UE).

10.1. *La disciplina del codice del turismo alla luce del d.lgs. 62/2018 in attuazione della dir. 2015/2302/UE*

Per fare il punto sulla disciplina vigente dei pacchetti turistici dobbiamo far capo al codice del turismo, allegato al d.lgs. 79/2011, per come oramai modificato dall'ultimo intervento di attuazione della normativa europea; intervento, peraltro, che – come si evince dall'art. 2 del d.lgs. 62/2018 – ha prodotto qualche ripercussione anche sulla disciplina del codice del consumo.

Le definizioni enunciate nell'art. 33 cod. tur. sostanzialmente ricalcano quelle – già illustrate (v. *supra* § 10) – contemplate nell'art. 3 della direttiva. Due sole notazioni è opportuno aggiungere. La prima, per far luce sull'apprezzamento dei servizi finanziari che – come capita non di rado di osservare nella prassi – possono accedere ad un pacchetto organizzato o ad un collegamento agevolato e rappresentarne una sorta di complemento. Come precisava il *considerando* n. 17 della direttiva facendo esplicito richiamo alle assicurazioni di viaggio, essi non dovrebbero essere considerati servizi turistici e, coerentemente, nel d.lgs. di attuazione i servizi finanziari o assicurativi non compaiono tra i servizi accessori elencati nell'art. 33, co. 1, lett. b), né sono in grado di acquisire – come si evince dal co. 1, lett. a), n. 4 dello stesso articolo – autonoma rilevanza nell'assemblaggio dei pacchetti organizzati o nella composizione dei servizi collegati: l'eventualità della loro presenza, perciò, non ne comporta il rilievo in sede di conteggio dei servizi (almeno due) ai fini della configurazione del pacchetto. La seconda notazione sollecita a soffermare l'attenzione sulla mancata menzione delle crociere turistiche che, invece, comparivano richiamate nella definizione dei pacchetti turistici di cui all'art. 34, ora abrogato; il dato, tuttavia, non ha eccessivo peso e non deve indurre a revocare in dubbio che nel viaggio organizzato vada ricompresa anche la crociera turistica.

La corrispondenza con la direttiva è pressoché totale anche se si guarda all'art. 32 cod. tur., dal quale si ricava l'ambito di applicazione del codice del turismo: i pacchetti offerti in vendita o venduti da professionisti a viaggiatori e i servizi turistici collegati la cui offerta o vendita a viaggiatori è agevolata da professionisti.

Emerge, dunque, accanto all'organizzazione dei pacchetti turistici, la "agevolazione del collegamento tra servizi" che, introdotta dalla dir. 2302/2015/UE, non sembra riconducibile né all'organizzazione vera e propria, né all'intermediazione o vendita e pare meglio inquadrabile nell'alveo della mediazione. Merita subito di appuntare, nella trama degli artt. 32 e 33 cod. tur., quella che rappresenta una delle più significative novità della direttiva ossia l'ambito soggettivo di applicazione. Dal consumatore della prima direttiva, al turista della seconda, si arriva oggi alla figura ancora più estesa del viaggiatore; nel d.lgs. 62/2018 della parola "turista" non v'è traccia, ma questa figura, che la finalità turistica del viaggio consente comunque di configurare, può senza dubbio raccordarsi alla nuova definizione di viaggiatore.

Già il passaggio dalla figura di consumatore a quella di turista, era stato considerato, in dottrina, un sostegno insperato al battesimo del c.d. contratto asimmetrico. All'art. 33 nella sua vecchia formulazione il turista veniva infatti indicato come «l'acquirente, il cessionario di un pacchetto turistico o qualunque persona anche da nominare, purché soddisfi tutte le condizioni richieste per la fruizione del servizio, per conto della quale il contraente principale si impegna ad acquistare senza remunerazione un pacchetto turistico». L'abbandono del termine "consumatore" e l'introduzione, in sostituzione, di quello di "turista" metteva in risalto talune differenze, *in primis* l'irrilevanza della qualità di persona fisica e del requisito della finalità di acquisto per scopi estranei all'attività imprenditoriale, commerciale, artigianale o professionale eventualmente svolta. Ed invero, venuto meno il vestimento di consumatore, risulta più difficile negare che l'acquirente di un pacchetto turistico, il quale può anche essere un ente organizzato e acquistare per scopi professionali o imprenditoriali, sia riconducibile ad una diversa categoria, più ampia, di soggetto debole.

Al consumatore, dunque, sembrava sostituirsi la nuova figura del turista-cliente quale epifania del cliente *tout court* attorno a cui una parte della dottrina ricostruisce la macrocategoria del contratto asimmetrico. Il contratto del turismo organizzato sembrava in altri termini elevarsi – ma non mancano di certo significative controindicazioni di carattere generale – a paradigma di quel rapporto contrattuale che si sviluppa tra un fornitore e un destinatario di un bene o di un servizio (il cliente) nel quale il destinatario della prestazione viene tutelato quale parte debole in quanto sostanzialmente estraneo alla prestazione, indipendentemente dalla qualificazione soggettiva (persona fisica/persona giuridica) e dalle ragioni che giustificano la sua presenza sul mercato.

Quanto detto sembrerebbe trovare ulteriore conferma nel nuovo art. 33, lett. g), cod. tur., nel quale la figura del "turista" viene sostituita con quella di "viaggiatore" definito, come quel soggetto che intende concludere un contratto, stipula il contratto o è autorizzato a viaggiare in base a un contratto concluso, nell'ambito di applicazione della presente disciplina. Al viaggiatore – lo ricordiamo – faceva riferimento la CCV ed era logico e naturale nel quadro della disciplina del contratto di viaggio. Il perché della scelta di riportarlo sulla scena non emerge con immediatezza e, forse, può essere colto dal *considerando* n. 7, dal quale si ricava che rientrano nell'oggetto di protezione della direttiva anche coloro che viaggiano per scopi professionali, compresi i liberi professionisti, i lavoratori autonomi o altre persone fisiche purché abbiano prenotato viaggi legati alla loro attività commerciale o professionale tramite gli stessi canali usati dai consumatori; mentre l'applicazione della direttiva resta escluso nel caso, assai frequente, in cui un'impresa o una società definiscono le modalità di viaggio in base a un accordo generale, spesso concluso per numerosi servizi turistici o per un periodo determinato per esempio con un'agenzia di viaggio[art. 32, co. 2, lett. c)]. Non si può, dunque, assimilare il viaggiatore al consumatore e l'art. 2 del d.lgs. 62/2018 ne fornisce riprova là dove, nel co. 2, richiama alcune norme del cod. cons. al fine di estenderne l'applicazione al viaggiatore, benché non consumatore. Essendo difficile sganciare il profilo del consumatore dalla figura del turista, si è preferito adottare la denominazione "neutra" del viaggiatore.

Il contenuto, la forma e gli obblighi informativi del contratto sono regolati in modo analitico. L'art. 34, co. 1, cod. tur. – ulteriore epifania del c.d. neoformalismo di protezione – individua le informazioni che il turista ha diritto di ricevere nella fase delle trattative, tra cui quelle utili a delineare il contenuto del contratto (destinazione, prezzo, modalità di pagamento, mezzi, orario di partenza e di arrivo, pasti, eventuali visite contenute nel pacchetto ecc.) e anche quelle, come la denominazione commerciale dell'organizzatore che, pur non rientrando nel contenuto negoziale, hanno comunque rilievo per garantire al consumatore la facile identificazione della controparte contrattuale. Merita di essere segnalato l'obbligo di fornire indicazioni al viaggiatore in merito alla necessità di visti, passaporti e particolari formalità sanitarie, informazioni che, pur non entrando nel contenuto del contratto, sono in grado di comprometterne l'esecuzione [art. 34, co. 1, lett. f)]. L'art. 37 cod. tur. dispone che compete al professionista provare l'adempimento degli obblighi di informazione.

Per quel che riguarda la forma, l'art. 36 cod. tur. (in linea con quanto stabilito nell'art. 7, co. 1, della dir. 2015/2302/UE) prevede che il contratto venga redatto in termini chiari e precisi e che una copia di esso venga rilasciata al turista sottoscritta o timbrata dall'operatore. Dubbio è se vi sia ancora l'obbligo della forma scritta *ad substantiam* prima previsto dall'art. 35, anche se un'interpretazione testuale sembrerebbe escluderlo. Quanto al contenuto, il contratto comprende sia l'insieme delle informazioni obbligatorie viste sopra, salvo quelle che non attengono all'esecuzione del contratto, sia quelle che sono il risultato della specifica contrattazione tra cui, *ex* art. 36, co. 5, lett. a), le specifiche richieste fatte dal turista e accettate dall'organizzatore. Se pur non previsto espressamente dal nuovo codice del turismo, anche alla luce del *considerando* n. 26 della dir. 2015/2302/UE è possibile inquadrare le informazioni pubblicitarie tra le informazioni che si riversano nel contenuto negoziale. Ad integrare *ex lege* il contenuto del contratto vi è poi il nuovo art. 45 cod. tur. che obbliga l'organizzatore a prestare celermente adeguata assistenza al viaggiatore, in particolare fornendo le opportune informazioni circa i servizi sanitari, le autorità locali, l'assistenza consolare e ad assisterlo nella comunicazione a distanza e nella ricerca di servizi turistici alternativi. Chiaramente alcuni di questi servizi sono onerosi per l'organizzatore e non sono inclusi nel prezzo del pacchetto e assumono la veste tipica dell'obbligo di protezione. Ben si comprende dunque come al co. 2 del medesimo articolo sia prevista la loro gratuità salva l'ipotesi in cui il problema che fa sorgere l'obbligo di assistenza sia causato dal dolo o dalla colpa dal viaggiatore stesso.

Scompare dall'attuale formulazione dell'art. 36 cod. tur. l'esplicito riferimento alla caparra da versarsi all'atto della prenotazione contenuto nel precedente testo dello stesso articolo; è, però, presente nell'art. 34 cod. tur. il richiamo all'informazione da prestare relativa all'eventuale importo o percentuale del prezzo da versare a titolo di acconto.

10.2. *Sopravvenienze prima dell'esecuzione del pacchetto turistico e diritto di recesso*

Può capitare di non poter più effettuare la vacanza acquistata, nel qual caso l'art. 38 cod. tur. consente la cessione del contratto di pacchetto turistico, fermo il preavviso da dare entro il termine di 7 giorni, ritenuto in ogni caso ragionevole dall'art. 9, dir. 2015/2302/UE.

Minuziosa è la disciplina della modifica riguardante il prezzo. Stringenti sono le condizioni entro cui è permessa: ai sensi dell'art. 39 cod. tur. (che ha sostituito il precedente art. 40), deve essere espressamente prevista dal contratto, deve essere comunicata al turista almeno 20 giorni prima dell'inizio del viaggio, ma soprattutto può riguardare soltanto variazioni del valore del carburante, delle tasse e dei tassi di cambio. Un'interessante novità sul punto è rappresentata dal fatto che, laddove sia prevista la possibilità di questo aumento di prezzo, contestualmente sorge in capo al viaggiatore un contestuale diritto ad una sua riduzione, nell'ipotesi speculare in cui le predette variazioni di prezzo agiscano a ribasso e non a rialzo. La norma palesa una funzione volta a riequilibrare il potere contrattuale delle parti impedendo che le sopravvenienze riguardanti il prezzo operino a solo vantaggio dell'organizzatore. Qualora l'aumento di prezzo superi la soglia dell'8% si cade nella disciplina prevista dal successivo art. 40 cod. tur.

Questa norma – rubricata: modifica di altre condizioni del contratto di pacchetto turistico –prevede una disciplina variegata. Una prima ipotesi attribuisce all'organizzatore la possibilità di modificare le condizioni del pacchetto, prima dell'esecuzione del contratto, là dove tali modifiche siano di scarsa importanza e sempre che tale possibilità sia espressamente contemplata nel contratto. Là dove, invece, la modifica sia significativa e necessaria (ancorché la norma parli di una ambigua "costrizione" per l'organizzatore) – un rialzo del prezzo superiore l'8%, una sostanziale variazione della prestazione, anche nei suoi aspetti concordati col viaggiatore – è prevista, al secondo comma, la possibilità per il viaggiatore di recedere gratuitamente dal contratto, là dove non intenda accettare le modificazioni, con la facoltà – e non obbligo –per l'organizzatore di offrirgli un pacchetto sostitutivo, il quale, se accettato, rappresenta una forma di adempimento sanante.

La disciplina del diritto di recesso, si completa con la previsione dell'art. 41 cod. tur., il quale distingue il recesso del viaggiatore dal recesso dell'organizzatore; il primo a sua volta si divide in recesso *ad nutum* e recesso giustificato, il primo oneroso, il secondo gratuito.

Per quanto riguarda il recesso *ad nutum* è importante sottolineare come l'onerosità sia da ricollegare strettamente alle spese sostenute, adeguate e giustificabili, in cui è incorso l'organizzatore, che è tenuto a fornire di queste spese comunicazione al viaggiatore che ne faccia richiesta. In assenza di specificazioni delle spese standard di recesso, all'organizzatore spetta l'importo delle spese affrontate, al netto però dei risparmi di costo e degli introiti che derivano dalla riallocazione del pacchetto turistico.

Per quanto riguarda, invece, il recesso gratuito questo è previsto, oltre che nell'ipotesi, già incontrata, della modifica unilaterale del contenuto del contratto da parte dell'organizzatore nel caso di variazione significativa, anche nel caso emergano «circostanze inevitabili e straordinarie verificatesi nel luogo di destinazione o nelle sue immediate vicinanza e che abbiano un'incidenza sostanziale sull'esecuzione del pacchetto o sul trasporto dei passeggeri verso il luogo di destinazione». Il *considerando* n. 31 della direttiva propone al riguardo alcuni esempi: conflitti armati, altri gravi problemi di sicurezza quali il terrorismo, epidemie, calamità naturali o condizioni metereologiche che impediscano il viaggiare sicuro. Così formulata la norma sembra contraddire l'orientamento invalso nella giurisprudenza italiana che, per il tramite dell'uso costruttivo della c.d. causa in concreto, consentiva al viaggiatore di sciogliersi dal vincolo anche nel caso di circostanze attinenti alla sua sfera personale (malattia, decesso di un familiare ecc.). Tuttavia, al netto della stringente formulazione attuale non è da escludere, là dove l'impedimento del viaggiatore riguardi l'ambito della sua sfera personale costituzionalmente protetta, un'interpretazione costituzionalmente orientata che apra ad una soluzione differente. Il co. 7 prevede la riduzione del termine di recesso nel caso di contratti negoziati fuori dai locali commerciali a 5 giorni in luogo dell'abituale termine di 14 giorni, ciò che lascia perplessi specie alla luce dell'indicazione fornita dall'art. 12, co. 5, dir. 2015/2302/UE, che invece parlava espressamente dei più canonici 14 giorni; non può non destare perplessità anche l'esclusione del diritto di recesso nel caso in cui il viaggiatore abbia usufruito di un pacchetto scontato.

Disciplina il recesso del viaggiatore anche il co. 6 dell'art. 88 *bis*, d.l. 18/2020. Ai sensi di tale disposizione, i soggetti che siano impossibilitati a viaggiare a causa delle misure di contenimento del COVID-19 o perché affetti del virus hanno diritto, a scelta dell'organizzatore del pacchetto: i) al rimborso, ii) ad un pacchetto sostitutivo o iii) all'emissione di un *voucher* di importo pari al rimborso spettante da utilizzare entro trenta mesi dall'emissione. La disposizione, che non lascia scelta al viaggiatore, ha da subito suscitato perplessità, essendo difficile da armonizzare con la normativa europea di settore e, in particolare, con la dir. 2015/2302/UE. Val bene aprire una parentesi per spiegare il perché.

Come appena visto, l'impossibilità per il viaggiatore di fruire del pacchetto è un'ipotesi di recesso gratuito che, come conseguenza, deve comportare la restituzione della controprestazione in denaro del viaggiatore. La disciplina introdotta con l'art. 88 *bis*, d.l. 18/2020, invece, permette all'organizzatore di sottrarsi alla restituzione del denaro ricorrendo all'emissione di un *voucher*. Lo scopo di tale regola è aiutare le imprese operanti nel settore turistico – più di altri è colpito dalla pandemia – a sopravvivere economicamente nonostante l'interruzione del flusso di cassa prodotto dalla sospensione dell'attività. Tale scopo viene però raggiunto a spese del viaggiatore colpito da una disciplina a lui più sfavorevole rispetto alla direttiva dir. 2015/2302/UE. Da ciò il sospetto che l'art. 88 *bis*, d.l. 18/2020 possa rappresentare una violazione dell'art. 4, dir. 2015/2302/UE, che così recita: «gli Stati membri non mantengono o introducono nel loro diritto nazionale disposizioni divergenti da quelle stabilite dalla presente direttiva, incluse le disposizioni più o meno severe per garantire al viaggiatore un livello di tutela diverso gli stati membri».

Tale sospetto determinò l'apertura di una procedura d'infrazione contro l'Italia nel luglio del 2020 che si chiuse senza conseguenze nell'ottobre dello stesso anno, soprattutto perché il legislatore italiano aggiunse repentinamente (con la l. 17-7-2020, n. 77) al citato art. 88 *bis* il nuovo co. 12 *bis* stabilendo che è corrisposto «per i *voucher* non usufruiti ... entro quattordici giorni dalla scadenza il rimborso dell'importo versato». Insomma, il diritto al rimborso resta, ma viene posticipato alla scadenza del *voucher*. Questo sembra essere bastato alla Commissione europea per non dar seguito alla procedura d'infrazione, nonostante la normativa continui ad essere più sfavorevole rispetto a quella della dir. 2015/2302/UE che non ammette alcun ritardo nel rimborso.

Come detto sopra, il *voucher* deve essere utilizzato entro 30 mesi. Deve ora essere aggiunto che tale termine è stato introdotto dal d.l. 30-12-2021, n. 228 (convertito, con modificazioni, dalla l. 25-2-2022, n. 15) in sostituzione di quello, di 24 mesi, precedentemente previsto, costituente a sua volta estensione di quello ancor più breve prima stabilito. La continua dilatazione di tale termine produce il risultato operativo di ritardare il rimborso per il viaggiatore costretto a non partire dalla pandemia, rendendo così sempre più grave lo scostamento dalla disciplina della dir. 2015/2302/UE.

Intanto la giurisprudenza europea e quella nazionale fanno il loro corso.

Per la seconda deve essere segnalata Trib. Palermo 9-3-2023, n. 1151 che, alle prese con un caso di domanda di rimborso per l'acquisto d'un biglietto aereo – non, dunque, un pacchetto turistico – ha affermato che il *favor* per il consumatore che impronta tutta la normativa europea in materia di cancellazione dei voli, viaggi e pacchetti turistici è, invece, disatteso dalla disciplina italiana introdotta col citato art. 88 *bis* che autorizza il vettore, in via del tutto discrezionale, a negare unilateralmente il diritto di rimborso al passeggero, imponendo a quest'ultimo di accettare un *voucher* sostitutivo. Muovendo da tale premessa il giudice di merito palermitano ha ritenuto di disapplicare l'art. 88 *bis* in quanto contrastante con il reg. 261/04/CE relativo – come noto – al trasporto aereo. Tale soluzione non potrebbe essere adottata con riferimento ad un contratto di pacchetto turistico, dato che la sua disciplina non è contenuta in un regolamento, ma in una direttiva, o meglio nel recepimento di una direttiva.

La Corte europea di giustizia ha avuto modo di occuparsi direttamente della disciplina del pacchetto turistico. Bisogna premettere che altri Stati europei adottarono al tempo una disciplina orientata a complicare il rimborso per il viaggiatore, come quella italiana, ma con qualche sfumatura operativa. È il caso di Slovacchia e Francia che, similmente all'Italia, avevano autorizzato l'organizzatore del pacchetto turistico ad emettere delle note di credito (i nostri *voucher*) al posto del rimborso, vincolando l'organizzatore ad elargire quest'ultimo solo alla scadenza della nota di credito. Le normative slovacca e francese sono state oggetto di attenzione in due diverse sentenze "gemelle" della Corte europea di giustizia (Corte giust. UE 8-6-2023, C-540/21 e C-407/21). Gli Stati menzionati hanno difeso in giudizio le loro normative sostenendo: 1) che la definizione di rimborso potesse essere integrata anche da forme alternative alla corresponsione di una somma di denaro (affermando, in pratica, che anche un *voucher* potrebbe dirsi "rimborso"); 2) che nella nozione di "circostanze inevitabili e straordinarie" che si legge nell'art. 12, dir. 2015/2302/UE non poteva rientrare la pandemia mondiale (e dunque le ripercussioni di questa non potevano dirsi regolate dalla direttiva); ma soprattutto 3) che la pandemia fosse una circostanza eccezionale al punto da legittimare uno scostamento dal diritto europeo, poiché l'esigenza di salvare dal fallimento un intero comparto economico giustificava l'attenuazione delle tutele impostate dalla dir. dir. 2015/2302/UE.

La Corte europea di giustizia risponde negativamente su tutti e tre i punti stabilendo che:

1) «il termine "rimborsare" fa riferimento al fatto di restituire ad una persona una somma di denaro che essa ha corrisposto o anticipato ad un'altra persona e implica quindi per quest'ultima il fatto di restituire tale somma alla prima. Un siffatto significato risulta peraltro inequivocabilmente da una lettura complessiva della formulazione dell'articolo 12, paragrafi 2 e 3, della direttiva 2015/2302/UE, il quale precisa che il

rimborso integrale riguarda i "pagamenti effettuati" per un pacchetto, il che dissipa quindi ogni dubbio in merito all'oggetto del rimborso, dato che quest'ultimo verte su una somma di denaro»;

2) una crisi sanitaria mondiale come la pandemia di COVID-19 – si legge poi in entrambe le sentenze – rientra nella nozione di "circostanze inevitabili e straordinarie" ai sensi dell'art. 12, dir. 2015/2302/UE e, dunque, non vi è ragione per non applicare tale disciplina: è vero che al tempo della direttiva non si prese in considerazione la specifica ipotesi d'una pandemia mondiale, ma ciò non toglie che tale ipotesi possa rientrare in quella disciplina che di fatto la regolamenta;

3) il legittimo intento di salvare dal fallimento le imprese operative nel settore turistico sarebbe potuto ugualmente essere raggiunto con altre (ma va aggiunto: ben più onerose per le casse pubbliche) misure, come un diretto finanziamento statale. Inoltre la sospensione del diritto al rimborso è misura generalizzata che prescinde dall'effettiva difficoltà d'un singolo organizzatore e non è concepito in modo da limitare i propri effetti al periodo necessario per porre rimedio alle difficoltà causate dall'emergenza economica che ha seguito quella sanitaria.

La conclusione interessa da vicino anche il nostro art. 88 *bis* del d.l. 18/2020, essendo stato affermato che: «L'articolo 12, paragrafi da 2 a 4, della dir. 2015/2302/UE, in combinato disposto con l'articolo 4 di tale direttiva, deve essere interpretato nel senso che: esso osta a una normativa nazionale in forza della quale gli organizzatori di pacchetti turistici sono temporaneamente esentati, nel contesto dello scoppio di una crisi sanitaria mondiale che impedisce l'esecuzione dei contratti di pacchetto turistico, dal loro obbligo di rimborsare integralmente ai viaggiatori colpiti, entro 14 giorni dalla risoluzione di un contratto, i pagamenti effettuati per il contratto risolto, e ciò anche laddove una siffatta normativa miri ad evitare che la solvibilità di tali organizzatori di viaggi sia compromessa al punto da mettere a repentaglio la loro sussistenza a causa del numero considerevole di richieste di rimborso attese, e quindi miri a preservare la sopravvivenza del settore interessato».

Chiusa la lunga parentesi, torniamo alla disciplina del pacchetto turistico osservando che, nel caso in cui a recedere sia l'organizzatore, stando all'art. 41, co. 5 questi è tenuto al rimborso integrale dei pagamenti effettuati dal turista, più quello chela norma chiama stranamente "indennizzo supplementare" a meno che: a) il numero di persone registrate per il pacchetto sia inferiore al minimo previsto dal contratto e l'organizzatore comunichi la risoluzione del contratto al viaggiatore entro termini prefissati che variano a seconda della durata del pacchetto oppure b) l'organizzatore non sia in grado di eseguire il contratto a causa di circostanze inevitabili e straordinarie e comunichi la risoluzione del medesimo al viaggiatore senza indebito ritardo prima dell'inizio del pacchetto. In tal caso il viaggiatore avrà diritto al solo rimborso delle spese. La perplessità che desta la formula "indennizzo supplementare", in luogo di quello che potrebbe essere un vero e proprio risarcimento del danno, avvalora il sospetto di una disciplina, sul punto, sbilanciata in favore dell'organizzatore.

Anche qui bisogna osservare che costituisce una deroga alla disciplina del recesso dell'organizzatore del pacchetto turistico, delineata dall'art. 41, co. 5, cod. tur., la disposizione di carattere emergenziale di cui all'art. 88 *bis*, d.l. 18/2020. Ai sensi del settimo comma di tale disposizione, in tutti i casi in cui l'esecuzione del contratto sia impedita, in tutto o in parte, da provvedimenti autoritativi adottati al fine di contenere la diffusione del virus COVID-19, l'organizzatore del pacchetto turistico potrà, in alternativa al rimborso previsto dall'art. 41, co. 5 e 6 cod. tur.: i) offrire al viaggiatore un pacchetto sostitutivo di qualità equivalente, superiore o inferiore con restituzione della differenza di prezzo oppure ii) procedere al rimborso o iii) emettere un *voucher* di importo pari al rimborso spettante da utilizzare entro trenta mesi dalla sua emissione. Si può, qui, riproporre quanto detto sopra sulla dubbia legittimità del *voucher* sostitutivo del rimborso per il diverso caso del recesso del viaggiatore.

10.3. *I rimedi tra adempimento in natura e garanzia specifica*

La disciplina attuale si contraddistingue per un'attenzione ancora più marcata alla fase dell'esecuzione ed in particolare all'epilogo dell'inadempimento e della conseguente responsabilità e si discosta, quindi, dalle consuete soluzioni del diritto contrattuale europeo, che privilegiano la regolamentazione della fase precontrattuale e del perfezionamento dell'accordo a discapito della successiva fase dell'esecuzione, affidando la tutela del consumatore agli obblighi informativi, alla predisposizione del contenuto minimo ed inderogabile del contratto, al recesso di pentimento, nonché alla nullità di protezione per la sua attitudine alla salvaguardia dell'affare tramite il suo riequilibrio.

Sotto questo profilo, la normativa in esame va accomunata, in maniera ancora più decisa rispetto alla precedente, alla disciplina della vendita di beni di consumo, di cui ha mutuato integralmente il modello gerarchico di tutela. Come si è già visto, il contratto di pacchetto turistico conosce anche un'articolata fase dell'informazione, non solo in sede precontrattuale, ma anche nel corso di rapporto, in ossequio all'idea che il rafforzamento della tutela del consumatore passi attraverso l'imposizione di ampi obblighi di disvelamento delle notizie utili alla consapevole valutazione dell'affare e al pieno controllo dello svolgimento del rapporto; ma qui l'adempimento degli obblighi di informazione perde la dimensione statica che gli è propria in larga parte del diritto contrattuale europeo e assume una dimensione dinamica poiché l'informazione non è più soltanto un rimedio di per sé contro la conclusione non consapevole di contratti squilibrati da parte del consumatore, ma si salda anche all'esecuzione del rapporto contrattuale e diventa così uno dei presupposti di un rimedio ulteriore: la responsabilità contrattuale del venditore o dell'organizzatore del pacchetto turistico.

La normativa sul contratto di pacchetto turistico si sofferma, dunque, ampiamente sulle conseguenze dell'inadempimento (e più in generale sui rimedi d'un eventuale difetto di conformità), disciplinate agli artt. 42, 43 e 46 cod. tur.

L'art. 42, co. 1, ribadisce innanzitutto che l'organizzatore è responsabile anche dell'operato dei suoi ausiliari sul modello dell'art. 1228 c.c.; questa responsabilità deve essere letta unitamente a quanto previsto dall'art. 51 *quinquies*, co. 1, ossia il diritto dell'organizzatore (o del venditore) che ha concesso un indennizzo, una riduzione del prezzo, un risarcimento del danno oppure che sia stato costretto ad ottemperare ad altri onerosi obblighi normativamente previsti, di rifarsi nei confronti dei soggetti-ausiliari che tali conseguenze hanno contribuito a determinare. Nei limiti del risarcimento corrisposto, l'organizzatore (o, se dal caso, il venditore) è surrogato nei diritti e nelle azioni che il viaggiatore vanta verso i terzi responsabili. Un obbligo di cooperazione viene in tal caso a cadere sul viaggiatore che dovrà fornire all'organizzatore tutti i documenti, le informazioni e gli elementi in suo possesso utili per l'esercizio del diritto di surroga (art. 51 *quinquies*, co. 2).

Sempre l'art. 42 delinea poi due diverse ipotesi in riferimento al mancato pacifico godimento del pacchetto turistico. La prima è quella contenuta nel terzo comma dove si prevede, nel caso di inesecuzione di uno dei servizi turistici, l'obbligo, in capo all'organizzatore, di porre rimedio al difetto di conformità purché ciò non risulti né impossibile, né eccessivamente oneroso. Viene così approntato un sistema rimediale che prende spunto dalla disciplina dettata dall'art. 130 cod. cons. in materia di vendita di beni di consumo. Infatti al pari di quest'ultima i rimedi ruotano attorno a un sistema gerarchizzato di tutele che antepone i rimedi in natura a quelli risolutorio/risarcitori, con l'impossibilità e l'eccessiva onerosità dei primi a segnare il passaggio alla seconda classe di rimedi. A differenza della vendita di beni di consumo dove la posizione del venditore è certamente qualificabile come garanzia, più difficile è inquadrare la posizione giuridica dell'organizzatore che il terzo comma dell'art. 42 delinea. Potrebbe infatti questa ipotesi inquadrarsi in una responsabilità da inadempimento e non in una garanzia. A sostegno di quest'ultima opzione milita il riferimento testuale al "difetto di conformità" anche se la definizione data dall'art. 33 cod. tur. ne parla come di un inadempimento: è d'altronde risaputo che il legislatore non fa dogmatica. A favore invece dell'inadempimento è possibile far valere il riferimento al concetto di inesecuzione: se così fosse, il rimedio satisfattivo ivi previsto assumerebbe la fisionomia dell'azione di adempimento; un'azione che a differenza del suo omologo codicistico, e sul modello del risarcimento in forma specifica aquiliano (art. 2058 c.c.), è assoggettata al limite dell'eccessiva onerosità. Il che può ritenersi che comprometta il carattere satisfattivo del rimedio a tutto vantaggio della possibilità per il debitore di liberarsi trasformando la prestazione nel suo equivalente monetario secondo il vecchio modello liberale.

Dalla seconda ipotesi menzionata prevista allo stesso art. 42, co. 8, è possibile trarre un sostegno in favore della qualificazione in termini di inadempimento. Tale comma regola espressamente l'ipotesi in cui l'impossibilità dell'esecuzione sia dovuta a cause sopravvenute non imputabili all'organizzatore il quale dovrà offrire senza supplemento di prezzo una soluzione alternativa di qualità equivalente o superiore affinché l'esecuzione del pacchetto possa continuare. Nel caso in cui manchino soluzioni alternative di qualità equivalente o superiore, il viaggiatore, qualora non receda, avrà comunque diritto ad una riduzione del prezzo. L'assenza di una causa di esonero per l'organizzatore lascia inquadrare questa disciplina nella figura della garanzia in forma specifica, e da ciò, a contrario, appare plausibile sostenere la qualifica di azione di adempimento dell'ipotesi del comma 3, che sul punto della causa di esonero nulla dispone. Se così fosse quest'ultima ipotesi lascerebbe all'organizzatore la possibilità di esonerarsi adducendo una causa di impossibilità estranea alla sua sfera di organizzazione.

Completa la disciplina di questo co. 8, la possibilità per il viaggiatore di rifiutare la soluzione offertagli solo per giustificato motivo, ossia quando le alternative propostegli non siano comparabili a quanto convenuto nel contratto. Se non è possibile fornire questa prestazione equivalente, bensì solo una prestazione dal valore inferiore, il viaggiatore sarà comunque vincolato al contratto avendo però diritto ad una congrua riduzione di prezzo.

In tal modo, si realizza il recupero del risultato dell'operazione economica mediante una condotta successiva all'impossibilità della prestazione, condotta volta a realizzare proprio l'interesse per il cui soddisfacimento il contratto di pacchetto turistico è stato concluso.

Non deve certo stupire la commistione in un unico precetto di rimedi diversi, quali sono l'adempimento in natura e la garanzia in forma specifica, poiché un tale procedere si rivela perfettamente coerente con la tendenza del diritto di origine europea a privilegiare lo sbocco rimediale, tralasciando i problemi di ricostruzione della fattispecie e di distinzione tra gli istituti. L'approccio pragmatico del legislatore europeo ha consentito di accomunare rimedi differenti, quanto a presupposti e a significato dogmatico, sulla base della constatazione – di pura empiria – della equivalenza dei relativi effetti, consistenti in entrambi i casi nella realizzazione in natura dell'interesse del viaggiatore dedotto in contratto, senza avvedersi che la tutela in forma specifica attuata dall'adempimento sanante si colloca nel cerchio chiuso del rapporto contrattuale ed è il frutto naturale della forza vincolante dell'impegno contrattuale e, più in particolare, della precettività delle obbligazioni da esso scaturenti; mentre la tutela in natura offerta della garanzia in forma specifica è situata al di là del contratto, presupponendone lo scioglimento, ed è il frutto della protezione predisposta dalla legge e, pertanto, non costituisce una tecnica di attuazione delle promesse contrattuali.

L'art. 49, nella vecchia formulazione, prevedeva due ipotesi a dire il vero ben differenti, unificate dall'essere descritte entrambe come un "reclamo" per una mancanza nell'esecuzione. Il primo comma vedeva un tempestivo reclamo espressamente finalizzato a far sì che l'organizzatore potesse porre prontamente rimedio all'inadempimento; il secondo comma, invece, riconosceva al turista la possibilità di sporgere reclamo, mediante l'invio di una raccomandata, con avviso di ricevimento, all'organizzatore o all'intermediario del pacchetto turistico, entro e non oltre dieci giorni lavorativi dalla data del rientro nel luogo di partenza. Questa seconda ipotesi, che chiaramente non è finalizzata al ripristino dell'esatta esecuzione, giacché ormai il viaggio è terminato, ha fatto pensare ad un termine di decadenza per le rimanenti tutele risolutorie/risarcitorie. In realtà già la Cassazione aveva avuto modo di chiarire che nell'art. 49 del precedente cod. tur. non era contenuto un termine di decadenza né un onere sottolineando la dimensione facoltativa dell'invio della raccomandata orientata esclusivamente a favorire una risoluzione stragiudiziale della controversia. Ben più ragionevole è dunque quanto si trova scritto nei nuovi artt. 42, co. 2 e 44, co. 1. Nel primo è previsto l'obbligo in capo al viaggiatore di attivarsi per informare tempestivamente l'organizzatore di un eventuale difetto di conformità. La norma non lo dice espressamente ma un eventuale omissione di quest'informazione potrà influire negativamente sul risarcimento alla stregua dell'art. 1227 cc. Il secondo specifica che tutti i messaggi, compresi i reclami relativi all'esecuzione, possono essere fatti direttamente al venditore, tramite il quale il pacchetto è stato acquistato; il venditore, a sua volta, sarà tenuto ad inoltrare tempestivamente tali messaggi, richieste o reclami all'organizzatore.

La strategia rimediale a tutela del consumatore-acquirente di un pacchetto turistico si arricchisce delle norme sulla responsabilità contrattuale per danni di natura patrimoniale e non patrimoniale. Gli artt. 43 e 46 cod. tur. ricalcano lo schema generale di responsabilità di cui all'art. 1218 c.c. poiché il mancato o l'inesatto adempimento delle obbligazioni assunte con la vendita del pacchetto turistico fa sorgere in capo all'organizzatore l'obbligo del risarcimento del danno a meno che non si provi che il mancato o inesatto adempimento sia stato determinato da impossibilità della prestazione derivante da causa non imputabile al debitore, che però l'art. 43 individua espressamente nel fatto del turista, in quello del terzo estraneo alla prestazione di carattere imprevedibile o inevitabile e nel caso fortuito o nella forza maggiore, secondo una tecnica normativa di ispirazione analitica che è propria delle tradizionali ipotesi di responsabilità *ex recepto*.

Il fondamento ed il limite della responsabilità da inadempimento delle obbligazioni nascenti dal contratto di pacchetto turistico sono, dunque, per lo più quelli propri del modello di responsabilità adottato dal codice civile che si fonda sull'inadempimento e trova un limite nell'impossibilità non imputabile della prestazione, in quanto causa di estinzione o, se temporanea, di sospensione del vincolo (art. 1256 c.c.), ossia su un presupposto obiettivo, il cui accertamento prescinde dall'indagine sullo stato soggettivo del debitore (ossia sulla colpa o sul dolo) e si appunta sulla mera violazione del vincolo. La responsabilità contrattuale non esige, infatti, un mezzo di giustificazione della responsabilità, quali sono i criteri di imputazione della colpa o del dolo, giacché l'obbligazione è in sé fonte di responsabilità nel momento e dal momento in cui non è adempiuta. Ne consegue che non compete al creditore insoddisfatto provare la negligenza del debitore come se quest'ultimo fosse l'autore di un qualsivoglia illecito, ma, tutt'al contrario, spetta al debitore provare che l'inadempimento è dovuto a un impedimento che si configuri come impossibilità e che non gli sia imputabile.

Sulla falsariga dell'art. 1229 c.c., l'attuale quinto comma dell'art. 43 cod. tur. prevede la possibilità di limitare il risarcimento del danno, salvo per i danni alla persona e per quelli cagionati con dolo o colpa, sempre che tale limitazione non sia inferiore al triplo del prezzo totale del pacchetto. Il riferimento ai danni alla persona si rifà ad un orientamento giurisprudenziale consolidato che mette peraltro la sua radice in quel primo comma dell'art. 1229 c.c. che esclude la validità del patto limitativo della responsabilità là dove contrario all'ordine pubblico. Interessante è annotare come alla colpa grave del codice civile si sostituisca la colpa *tout court* aggravando non poco la posizione dell'organizzatore. Il riferimento al limite quantitativo è un'assoluta novità e lascia il dubbio su quale sia il rimedio nel caso di una sua violazione; ancorché sia plausibile ritenere che una limitazione di responsabilità inferiore al triplo del prezzo totale del pacchetto determini la nullità della clausola, sul modello delle nullità-sanzione, appare preferibile una riconduzione della clausola nei limiti previsti dalla norma.

La normativa attuale, come già detto, prevede, all'art. 42, che solo l'organizzatore sia responsabile per l'esecuzione del pacchetto turistico. Bisogna però ora aggiungere che l'art. 46 sembra parlare di una responsabilità concorrente di organizzatore e venditore del pacchetto, là dove prevede che «il viaggiatore può chiedere all'organizzatore o al venditore, secondo la responsabilità derivante dalla violazione dei rispettivi obblighi assunti con i rispettivi contratti [...] un risarcimento del danno correlato al tempo di vacanza inutilmente trascorso ed all'irripetibilità dell'occasione perduta». Anche il venditore può dunque essere chiamato a risarcire un danno da vacanza rovinata, ma è importante osservare che la disposizione parla di "rispettivi obblighi", sicché andrebbe esclusa la responsabilità solidale di organizzatore e venditore che presupporrebbe un obbligo comune ai due. Dunque, di qualcosa risponde il venditore e di qualcos'altro l'organizzatore: quest'ultimo risponde dell'esecuzione del pacchetto, mentre il primo dei suoi obblighi per lo più informativi. Tra questi si trova, ad esempio, l'obbligo di informare il viaggiatore sulle condizioni in materia di passaporti e visti (art. 34, lett. f); la mancanza o l'inesattezza di tale informazione può chiaramente riflettersi sull'ingresso del viaggiatore nel paese di destinazione, così impedendo il viaggio programmato. In tal caso si potrà avere un danno da vacanza rovinata collegato ad un inadempimento del venditore, ipotesi che spiega la possibilità prevista dall'art. 46 d'un venditore chiamato a rispondere di tale danno.

La gran parte della dottrina riteneva che questa fosse anche la soluzione suggerita dalla disciplina previgente. Dottrina minoritaria sosteneva, invece, che la responsabilità per la cattiva esecuzione del pacchetto fosse solidale tra organizzatore e venditore. Certamente quest'ultima soluzione sarebbe stata più favorevole al viaggiatore e coerente, in parallelo, con quella relativa alla vendita dei beni di consumo, dove effettivamente si trova un venditore chiamato a rispondere d'un difetto di conformità del bene (art. 133 cod. cons.). L'incertezza si è riflessa sulla giurisprudenza, dove si registra – sempre in riferimento alla disciplina previgente – un contrasto tra sentenze che configurano un regime di responsabilità solidale (v., recentemente, la già citata Cass. ord. 1417/2023, in **Appendice**) e altre che lo negano (v. Cass. ord. 2-2-2022, n. 3150, in **Appendice**).

La S.C. non ha ancora avuto modo di esprimersi sul problema alla luce della nuova disciplina, ma – come detto – l'art. 46, nell'ancorare la responsabilità alla violazione dei rispettivi obblighi, dovrebbe far propendere i giudici per la negazione d'un regime di responsabilità solidale tra organizzatore e venditore per la cattiva esecuzione del pacchetto turistico.

È bene ricordare poi che *ex* art. 51 *bis* il venditore, là dove ometta di precisare questa sua qualità o là dove non fornisca al viaggiatore il prescritto modulo informativo, sarà considerato come organizzatore, con la conseguenza di poter essere chiamato a rispondere direttamente di eventuali disservizi nell'esecuzione del pacchetto.

Menzione a parte merita l'art. 45 cod. tur. che come detto integra il contenuto del contratto di pacchetto turistico predisponendo *ex lege* l'obbligazione in capo all'organizzatore di prestare una minima assistenza al viaggiatore là dove questo, per qualsiasi motivo, si trovi in difficoltà durante lo svolgimento del suo viaggio. Siamo qui di fronte ad un peculiare obbligo di protezione che si attiva a modo di garanzia, non solo a prescindere dalla imputabilità o meno della difficoltà all'organizzatore, ma addirittura quando la difficoltà sia stata intenzionalmente o colposamente causata dal viaggiatore stesso. Il co. 2 si premura di specificare che in tal caso, però, l'organizzatore potrà rifarsi delle spese sostenute per l'assistenza chiedendone il pagamento al viaggiatore.

Vera e propria norma di chiusura del sistema di responsabilità è infine l'art. 51 *sexies* che nei suoi tre commi accumunanti dall'impedire abusi dell'organizzatore prevede che: 1) non basta la semplice dichiarazione di non rivestire il ruolo di organizzatore per andare esente dagli obblighi e dalla responsabilità che il codice del turismo tratteggia, così come, allo stesso fine, non basta dichiarare che il servizio corrisposto non sia un pacchetto turistico; 2) i viaggiatori non possono rinunciare ai diritti che la disciplina in discorso loro attribuisce; e dunque: 3) fatto salvo quanto stabilito in altre disposizioni (e tra questa una menzione merita l'appena visto co. 5 dell'art. 43) non sono vincolanti eventuali limitazioni o esclusioni dei diritti che l'ordinamento riconosce al viaggiatore.

10.4. *Il danno da vacanza rovinata*

Il contratto di pacchetto turistico copre il turista contro ogni forma di danno: sia di natura patrimoniale, sia di natura non patrimoniale. L'art. 46 cod. tur. prevede, infatti, espressamente la risarcibilità del danno da vacanza rovinata che è danno procurato alla persona dall'inadempimento o inesatto adempimento – purché non di scarsa importanza e indipendentemente dalla domanda di risoluzione – delle obbligazioni contrattuali, ma il co. 4 dell'art. 43 assoggetta l'organizzatore ai limiti di liquidazione stabiliti dalle convenzioni internazionali, genericamente evocate, di cui sono parte l'Italia o l'Unione Europea, che disciplinano le singole prestazioni formanti oggetto del pacchetto turistico, come recepite nell'ordinamento italiano; in precedenza, l'art. 94 cod. cons. menzionava espressamente la Convenzione di Varsavia del 12-10-1929 sul trasporto aereo internazionale, la Convenzione di Berna del 25-2-1961 sul trasporto ferroviario e la nota CCV sul contratto di viaggio.

La previsione di queste limitazioni pone il problema interpretativo se quello contemplato dall'art. 46 cod. tur. sia un sistema di responsabilità contrattuale contro i danni non patrimoniali oppure sia un sistema di sicurezza sociale. Non v'è, infatti, responsabilità di diritto privato in assenza di ristorazione della perdita subita, la quale si realizza quando l'obbligazione di risarcimento attua la traslazione, ancorché parziale ed imperfetta, del costo e degli effetti del danno dalla sfera giuridica del danneggiato a quella del danneggiante. Non può costituire un caso la scelta linguistica della CCV di definire indennità le somme dovute al viaggiatore per "qualunque pregiudizio" risentito, predeterminate in: a) 50.000 franchi per danno alle persone; b) 2.000 franchi per danno alle cose; c) 5.000 franchi per ogni altro danno (art. 13, co. 2).

Né varrebbe replicare che il danno alla persona è per definizione sottratto ad una quantificazione in termini oggettivi analoga a quella del danno patrimoniale, cui, tutt'al contrario, è possibile applicare la *Differenztheorie*, sicché la fissazione legale di limiti al risarcimento assolve alla medesima funzione della valutazione equitativa del giudice (art. 1226 c.c.), senza i rischi di elargizione propri del sindacato giudiziale.

È evidente, infatti, che l'apprezzamento equitativo del giudice del *quantum* del danno presenta i caratteri della valutazione in concreto, che sola è in grado di garantire l'effettiva riparazione della perdita subita – per quanto in una logica diversa dalla compensazione e, dunque, dalla riparazione del danno patrimoniale – e che non può certo essere sostituita da una forfettizzazione *a priori*, qual è un'indennità in misura fissa.

Si può anche convenire con quella corrente di pensiero che, in chiave più generale, sottolinea il diverso atteggiarsi della tecnica risarcitoria a seconda che si indirizzi al danno patrimoniale o al danno non patrimoniale, sebbene sia forse inappropriato affermarne una vera e propria diversità di struttura e addirittura di funzione: ma, in primo luogo, non è possibile esportare nel campo della responsabilità contrattuale ricostruzioni che, se valide, lo sono nel diverso ambito della responsabilità aquiliana e, in secondo luogo, un conto è sostenere che dal punto di vista strutturale un danno insuscettibile di precisa valutazione economica non può essere, per necessità logica, compensato, ma tutt'al più ristorato ed un altro conto è rimettere la determinazione della somma di danaro da attribuire al danneggiato nei suoi valori personali ad una distaccata valutazione aprioristica del legislatore.

Anche a voler discorrere di funzione indennitaria del risarcimento del danno non patrimoniale, deve risultare chiaro che tale funzione è pur sempre volta a ristorare una perdita, per quanto sia impossibile eliminarne gli effetti tramite il *medium* del denaro a causa della irriducibilità del valore personale leso ad un valore economico, e, pertanto, il referente ineliminabile della valutazione giudiziaria dell'ammontare della somma resta il danno e il suo apprezzamento non può che avvenire in concreto, anche se poi sfoci nel ricorso a standard sociali di valutazione, che sono comunque meno rigidi delle predeterminazioni legali, qual è l'art. 46 cod. tur.

L'inidoneità del danno non patrimoniale ad assoggettarsi a determinazioni oggettive del suo ammontare e, dunque, la non prospettabilità della funzione compensativa del risarcimento rispetto a tale tipologia di danno non costituiscono il punto in discussione, poiché l'immaterialità del danno non patrimoniale e la sua conseguente non riconducibilità, in linea di principio, a valori economici può rilevare tutt'al più sul diverso fronte della scelta di politica del diritto di ammetterlo o meno al risarcimento.

La dottrina si interroga sulla nozione di danno non patrimoniale: un'opinione lo ravvisa nelle perdite di utilità personali di vita insuscettibili di valutazione in danaro, mentre un'altra opinione ritiene che la non patrimonialità del danno non dipenda dalla non patrimonialità del bene leso dal fatto dannoso, sicché è patrimoniale il danno nel quale il fatto illecito produce conseguenze economiche negative per la vittima, che le regole della responsabilità civile procedono a traslare dalla sfera giuridica del soggetto danneggiato a quella del soggetto danneggiante (funzione riparatorio-compensativa) ed è non patrimoniale il danno nel quale il fatto illecito determina una lesione tipica di un interesse che è valutata a prescindere da eventuali conseguenze economiche, sicché il danno che si produce è sì astrattamente commisurabile in danaro, ma non secondo il criterio dell'equivalenza con la perdita economica subita (funzione satisfattivo-punitiva). Ne discende che conseguenze economiche negative possono prodursi anche nell'eventualità della lesione di un bene di per sé non patrimoniale.

È fin troppo nota la vicenda interpretativa sorta intorno all'art. 2059 c.c., la cui formulazione risente della diffidenza nei confronti dell'estensione dello strumento risarcitorio a pregiudizi di difficile accertamento e di ancor più difficile quantificazione. Il diritto pretorio formatosi per stratificazioni sull'art. 2059 c.c. ha preso le mosse dallo stringente tenore letterale della norma, che prevede la risarcibilità del danno non patrimoniale secondo le regole della responsabilità aquiliana soltanto nei casi determinati dalla legge, ed è infine approdato ad una sua rilettura costituzionalmente orientata che consente di ritenere integrata la riserva di legge in tutti i casi di perdita connessa alla lesione di un valore non economico riconosciuto a livello costituzionale.

L'apertura della disciplina del contratto di pacchetto turistico al risarcimento di danni alla persona e per di più secondo le regole delle responsabilità per inadempimento di cui all'art. 43 cod. tur. ha riportato alla ribalta il tema del danno contrattuale non patrimoniale ed ha fornito un ulteriore appiglio normativo alla linea di pensiero che, contro l'impostazione tradizionale, ammette la compatibilità tra responsabilità *ex contractu* e danno non patrimoniale poi consacrata dal legislatore delegato del 2011 il quale, con l'art. 47 cod. tur. (corrispondente all'attuale art. 46 cod. tur.), espressamente ha previsto il c.d. risarcimento del danno da vacanza rovinata ossia del pregiudizio correlato al tempo di vacanza inutilmente trascorso ed all'irripetibilità dell'occasione perduta.

Gli argomenti del pensiero negazionista della risarcibilità del danno contrattuale non patrimoniale (ormai superati dal dato positivo per ciò che concerne il contratto di pacchetto turistico) sono sostanzialmente riconducibili al preconcetto che il contratto, *ex* art. 1321 c.c., è volto a regolare rapporti giuridico-patrimoniali e, di conseguenza, l'obbligazione, che del contratto è l'effetto, e la connessa responsabilità da inadempimento non si prestano a veicolare e tutelare interessi di natura non patrimoniale, tanto più che l'ordinamento – come si è già detto – manifesta nei confronti dei danni collegati alla lesione di tali interessi una sostanziale chiusura, tradottasi nella riserva di legge dell'art. 2059 c.c., la cui rigida limitazione dei danni non patrimoniali si estende anche all'area dell'inadempimento, salva la lesione dei diritti fondamentali.

Il tentativo di ampliare l'area del risarcimento del danno non patrimoniale in ambito contrattuale rischierebbe, quindi, di tradursi in un'aporia di sistema ed una conferma ulteriore della vocazione della responsabilità contrattuale alla tutela dei soli interessi patrimoniali si ricaverebbe dall'art. 1223 c.c., il quale presuppone il danno patrimoniale poiché i concetti di perdita subita e di mancato guadagno evocano la dimensione economica.

Per quanto riguarda, invece, la presunta portata generale della riserva di legge dell'art. 2059 c.c., il pensiero revisionista muove dall'affermazione della sua inesistenza ed anzi vale la pena sottolineare come il rigore dell'art. 2059 c.c. trovi la propria giustificazione esattamente nella sua collocazione nell'ambito della responsabilità aquiliana, che per struttura si presta alla proliferazione delle domande di danno, mentre una tale proliferazione è scongiurata dal sistema della responsabilità contrattuale per la funzione di contenimento esercitata dal regolamento contrattuale e, più in generale, dal titolo dell'obbligazione.

La disciplina della responsabilità contrattuale contiene, in verità, svariati profili cui agganciare il risarcimento del danno contrattuale non patrimoniale. Una corrente di pensiero invoca l'art. 1174 c.c., che – com'è noto – ammette che l'interesse del creditore possa avere anche natura non patrimoniale e ne trae la conclusione che, una volta riconosciuta la possibilità di volgere l'obbligazione al soddisfacimento di bisogni non suscettibili di un'immediata ed oggettiva valutazione in danaro, sia giocoforza affermare quantomeno la risarcibilità in via equitativa dei danni conseguenti alla loro mancata realizzazione: sempre che non si voglia privare di tutela l'interesse del creditore alla prestazione, ma ciò mal si concilia con l'attuale orientamento della cultura giuridica propenso a privilegiare il profilo dei rimedi ancor prima di quello dei diritti che essi sono preordinati a tutelare.

La valorizzazione dell'art. 1174 c.c. – sulla quale si può in parte dubitare in chiave di fondazione della risarcibilità del danno non patrimoniale da inadempimento – si iscrive comunque in quell'imprescindibile opera di previa ricognizione degli indici normativi della rilevanza del danno non patrimoniale contrattuale, solo a seguito della quale risulta possibile procedere alla reinterpretazione della norma in discorso che la affranchi: a) dalla tradizionale lettura secondo cui la mera deduzione in obbligazione di un interesse non patrimoniale ne determina la "patrimonializzazione"; b) dalla connessione, altrettanto tradizionale, con l'istituto della clausola penale (artt. 1382 c.c. ss.) quale strumento di attribuzione pattizia di valenza patrimoniale ad un interesse non patrimoniale.

È ormai molto ampio il ventaglio delle norme del diritto dei contratti che attribuiscono rilievo ad interessi non patrimoniali: basti pensare a quegli schemi contrattuali tipici orientati in via esclusiva o in via concorrente alla tutela della persona del creditore, quali il contratto di trasporto di persone (art. 1681 c.c.), il contratto di prestazione sanitaria, il contratto di lavoro subordinato (art. 2087 c.c.).

L'altro pilastro normativo su cui ancorare la risarcibilità del danno non patrimoniale è costituito dall'art. 1175 c.c., che, come si è più volte ricordato, amplia l'area degli interessi tutelati dal rapporto obbligatorio includendovi l'interesse alla conservazione della propria sfera personale.

Assume, infine, un valore ricostruttivo del tutto particolare l'art. 33, co. 2, lett. a), cod. cons. per l'ampiezza dell'ambito di applicazione, giacché la disciplina delle clausole abusive rappresenta la «parte generale» del contratto del consumatore: la norma in esame colpisce di nullità relativa le clausole contrattuali, anche se oggetto di trattativa individuale, che escludono o limitano la responsabilità del professionista in caso di morte o di danno alla persona del consumatore, risultante da un fatto o da una omissione del professionista: la fonte del danno non patrimoniale è qui un fatto di inadempimento delle prestazioni gravanti sul professionista.

La conclusione da trarre è che il danno non patrimoniale prodotto dall'inadempimento è risarcibile alla stregua delle norme sulla responsabilità contrattuale ogni qualvolta gli interessi non patrimoniali assumano rilievo all'interno del piano delle obbligazioni contrattuali o perché la singola obbligazione è specificatamente preordinata al loro soddisfacimento o perché tali interessi rientrano, comunque, nell'area di protezione offerta dal contratto, magari ricorrendo alla presupposizione o alla causa, intesa come funzione economico-individuale. Del resto la Cassazione ha accolto la tesi della causa quale funzione economico-individuale del contratto (Cass. 8-5-2006, n. 10490), chiarendo che per individuare l'ambito di applicazione della disciplina consumeristica in materia di pacchetto turistico occorre verificare la sussistenza di alcuni elementi quali soprattutto la "finalità turistica" del contratto, ossia la sua causa in concreto intesa come sintesi degli interessi reali che il contratto è diretto a realizzare (Cass. 16315/2007, in **Appendice**; Cass. ord. 1417/2023, in **Appendice**). Proprio la causa in concreto impedisce di considerare "accessori" all'alloggio altri servizi, strettamente funzionali alla finalità turistica, che si aggiungano all'ospitalità e ai tradizionali accessori. È proprio la sintesi di tutti questi elementi ad integrare la funzione del contratto di pacchetto turistico con tutti gli obblighi connessi in capo al tour operator sicché solo il loro corretto adempimento può soddisfare in concreto l'interesse del turista al trascorrere un periodo di vacanza secondo un programma prefigurato. Occorre però specificare che la concreta soddisfazione spirituale o estetica che il turista si è prefigurato con la stipulazione del contratto si colloca fuori del perimetro obbligatorio delineato dal contratto stesso. Il tour operator deve infatti garantire i servizi previsti che almeno sul piano teorico siano idonei alla soddisfazione dell'interesse del turista per il quale quest'ultimo ha acquistato il pacchetto (Cass. 24-4-2008, n. 10651, in **Appendice**). E non basta all'acquirente di un pacchetto turistico deluso nelle sue aspettative che pretenda il ristoro di tutti i danni, anche non patrimoniali da vacanza rovinata, far appello al «dogma consumeristico che vuole il consumatore in una situazione di presunzione assoluta di debolezza» (Cass. 8-7-2020, n. 14257, in **Appendice**). Peraltro, in materia di pacchetto turistico, la causa assume una rilevanza tale per cui ormai per qualcuno la sua funzione si sta affiancando sempre di più all'oggetto del contratto. L'individuazione dell'ambito di risarcibilità dei danni non patrimoniali rimane, per un verso, un problema di corretta interpretazione del titolo circa la delimitazione degli obblighi gravanti sulle parti e, in particolare, sul debitore e, per altro verso, un problema di prevedibilità del danno al tempo in cui è sorta l'obbligazione *ex* art. 1225 c.c.

Ecco allora che appare del tutto insoddisfacente l'itinerario argomentativo con il quale le Sezioni Unite della Corte di cassazione nel 2008 (sentenze dell'11-11-2008, nn. 26972-26975) hanno affermato la risarcibilità del danno non patrimoniale nell'ambito della responsabilità per inadempimento. Il meno che si possa dire è che la Cassazione in questa circostanza non si è dimostrata conseguente giacché essa muove dalla premessa, fuori segno, secondo cui «l'interpretazione costituzionalmente orientata dell'art. 2059 c.c. consente ora di affermare che anche nella materia della responsabilità contrattuale è dato il risarcimento dei danni non patrimoniali» e svolge poi un ampio ragionamento – ben più corretto – che lega la risarcibilità dei valori della persona secondo le regole della responsabilità da inadempimento all'accertamento che tali valori siano ricompresi nel piano dell'obbligazione o per previsione di legge o per opzione delle parti, in quanto inclusi nella causa in concreto del contratto.

Il Supremo Collegio recepisce, dunque, le indicazioni offerte dal dibattito dottrinale degli ultimi decenni, ma le colloca in una cornice fuorviante per due ragioni: a) perché nessun conforto in ordine all'ampiezza del danno risarcibile *ex* art. 1218 c.c. si può trarre dal distinto campo della responsabilità aquiliana; b) perché così si trascura che il contratto dà vita ad un piano della rilevanza giuridica autonomo, anche se ovviamente coordinato con lo *ius positum*, che è in grado di conferire rilievo anche ad interessi non espressamente previsti né dalla Carta fondamentale né dalla legislazione ordinaria, ma al contempo può persino attenuarne la tutela, ma non certamente sino a compromettere la dignità o la libertà, sicché il moto tra contratto e legge in questo caso procede in senso esattamente inverso rispetto a quello prospettato dalle Sezioni Unite.

Sotto questo profilo, non è condivisibile l'opinione che nega la risarcibilità *ex* artt. 1218 ss. c.c. del danno morale se non nei limiti imposti dall'art. 2059 c.c., ossia nei casi di espressa previsione legislativa. E la ragione è duplice. Per un verso, v'è un rischio di incoerenza e, come si ritiene di non poter trarre dal sistema della responsabilità extracontrattuale indici della rilevanza del danno non patrimoniale nel diverso settore della responsabilità contrattuale, così non se ne possono ricavare limitazioni. Per altro verso, la rilevanza o meno del patimento va desunta anch'essa dal piano dell'obbligazione e, se si tratta di obbligazione nascente da contratto, dalla causa negoziale, entrambi conformati dalla legge e/o dalla privata autonomia, sicché, se da tali indici si desume l'inclusione nella prestazione o negli obblighi accessori della godibilità del bene dovuto o della serenità del creditore, l'eventuale regola di responsabilità non potrà che stendere la propria ala anche sul patimento o sul disagio d'animo: il caso emblematico è quello del pregiudizio per vacanza rovinata a proposito del contratto di pacchetto turistico, su cui si sono pure pronunziate la Corte di giustizia (Corte giust. CE 12-3-2002, in **Appendice**) e la Corte di cassazione (Cass. 10651/2008, in **Appendice**).

L'ipotesi presa in esame dalla Corte europea di giustizia è anche la figura di danno non patrimoniale da inadempimento del contratto di pacchetto turistico più frequente nella prassi: il c.d. danno da vacanza rovinata che Cass. 11-5-2012, n. 7256 ha qualificato come «disagio psicofisico conseguente alla mancata realizzazione in tutto o in parte della vacanza programmata», chiarendo che «la raggiunta prova dell'inadempimento esaurisce in sé la prova anche del verificarsi del danno, atteso che gli stati psichici interiori dell'attore, per un verso, non possono formare oggetto di prova diretta e, per altro verso, sono desumibili dalla mancata realizzazione della "finalità turistica" (che qualifica il contratto) e dalla concreta regolamentazione contrattuale delle diverse attività e dei diversi servizi, in ragione della loro essenzialità alla realizzazione dello scopo vacanziero». Esso consiste, dunque, nel disagio subito dal turista e/o nella vanificazione dell'interesse a godere di un periodo di rilassamento, di svago, di crescita culturale e di divertimento determinatasi a causa del mancato od inesatto adempimento delle prestazioni di servizio turistico.

11. *Risoluzione per via stragiudiziale delle controversie. Azione di classe e azione rappresentativa a tutela degli interessi collettivi dei consumatori*

La diffusione crescente del fenomeno turistico e la sua rilevanza a livello economico, spiegano – come si è già visto – le ragioni dell'intervento del legislatore europeo, volto ad assicurare al turista una tutela quanto più ampia possibile. In questa prospettiva si inseriscono anche i provvedimenti aventi ad oggetto le procedure extragiudiziali, rilevanti anche in materia di turismo, appositamente adottati con l'obiettivo di giungere ad una rapida soluzione delle controversie e di evitare i costi e le lungaggini della giustizia ordinaria. Quanto ciò sia importante lo testimonia – a tacer d'altro – l'art. 36, co. 5, lett. g), cod. tur., a mente del quale il contratto di pacchetto turistico o la sua conferma devono, di necessità, riportare «informazioni riguardo alle esistenti procedure di trattamento dei reclami e ai meccanismi di risoluzione alternativa delle controversie (ADR – Alternative Dispute Resolution), ai sensi del decreto legislativo 6 settembre 2005, n. 206 e, se presente, all'organismo ADR da cui il professionista è disciplinato e alla piattaforma di risoluzione delle controversie online ai sensi del regolamento (UE) n. 524/2013».

Il citato d.lgs. 206/2005, ovvero il codice del consumo, è il provvedimento che, in attuazione della dir. 2013/11/UE, reca la disciplina dell'ADR, ossia della risoluzione alternativa delle controversie dei consumatori. Il reg. 524/2013/UE concerne, invece, le ODR – acronimo che indica le Online Dispute Resolution – cioè le procedure destinate a risolvere in via stragiudiziale le controversie tra imprese e consumatori derivanti da contratti di vendita o fornitura di servizi stipulati online. Le due normative danno vita ad un insieme di regole coordinato ed omogeneo.

Ricordiamo che già l'art. 4, co. 3, l. 135/2001 imponeva alle Camere di Commercio l'obbligo di istituire delle commissioni arbitrali e conciliative per la risoluzione delle controversie tra imprese e tra imprese, consumatori ed utenti, inerenti la fornitura di servizi turistici. L'ultima parte del co. 3, in particolare, faceva salva la facoltà degli utenti, in caso di tentativo di conciliazione con le imprese turistiche, di avvalersi delle associazioni dei consumatori.

Ora, il codice del turismo fa richiamo, nell'art. 67, alla procedura di mediazione finalizzata alla conciliazione delle controversie in materia di turismo disciplinata dal d.lgs. 4-3-2010, n. 28, precisando che essa costituisce condizione di procedibilità della domanda giudiziale o arbitrale se ciò è previsto da una clausola del contratto di fornitura di servizi e che tale clausola deve essere specificamente approvata per iscritto dal turista. Stando all'art. 1 di detto d.lgs., costituisce mediazione «l'attività, comunque denominata, svolta da un terzo imparziale e finalizzata ad assistere due o più soggetti nella ricerca di un accordo amichevole per la composizione di una controversia, anche con formulazione di una proposta per la risoluzione della stessa», mentre dicesi conciliazione «la composizione di una controversia a seguito dello svolgimento della mediazione».

Il procedimento di mediazione è disciplinato, oltre che dal d.lgs. appena citato, dal regolamento dell'organismo di mediazione – ossia, per lo più, in materia di turismo, dalle Camere di commercio – ed inizia con la presentazione di una domanda e la nomina del mediatore, individuato dal responsabile dell'organismo tra gli iscritti inseriti in appositi elenchi tra cui, in particolare, quelli definiti dall'Unione italiana delle Camere di Commercio; una volta depositata la domanda, la segreteria dell'organismo fissa il primo incontro, al quale le parti partecipano personalmente, per verificare se ricorrano le condizioni di mediabilità.

Nel caso in cui le parti non intendano proseguire nell'esperimento, la mediazione si conclude con un verbale di mancato accordo e nulla è dovuto al mediatore; se, invece, le parti sono concordi nel procedere, esse devono corrispondere le spese di mediazione in misura non inferiore alla metà e vengono, eventualmente, fissati nuovi incontri. La mediazione si conclude o col raggiungimento di un accordo conciliativo tra le parti o con una proposta di conciliazione da parte del mediatore, la quale può essere accettata o rifiutata dalle parti; viene, quindi, redatto un verbale di accordo o di fallita mediazione, debitamente sottoscritto dal mediatore e dalle parti.

Il co. 2 dell'art. 67 cod. tur. fa salva «la facoltà per il turista di ricorrere a procedure di negoziazione volontaria o paritetica o alla procedura di conciliazione innanzi alle commissioni arbitrali o conciliative per la risoluzione delle controversie tra imprese e consumatori ed utenti inerenti la fornitura di servizi turistici, istituite ai sensi dell'art. 2, co. 4, lett. a), della l. 29-12-1993, n. 580. Nella procedura di conciliazione i turisti hanno facoltà di avvalersi delle associazioni dei consumatori. Tale procedura di conciliazione è disciplinata dagli artt. 140 e 141 del d.lgs. 6-9-2005, n. 206». A differenza della mediazione, le negoziazioni volontarie e paritetiche prescindono dalla presenza di un terzo imparziale e la soluzione della controversia è affidata alle associazioni dei consumatori che trattano direttamente con l'impresa fornitrice del servizio.

L'art. 140 cod. cons. appena citato, riguardante l'azione a tutela degli interessi collettivi dei consumatori e degli utenti, è stato abrogato, insieme agli artt. 139 e 140 *bis*, dalla l. 12-4-2019, n. 31, recante disposizioni in materia di azione di classe, che ha introdotto una nuova disciplina, avente ad oggetto l'azione di classe, la quale, dopo un rinvio di 13 mesi dovuto al sopravvento della pandemia da COVID-19, è entrata in vigore nel maggio 2021. Tale disciplina ha trovato collocazione nel codice di procedura civile, sicché può dirsi che l'azione più non è uno strumento di tutela dei soli consumatori, ma un rimedio di carattere generale, esperibile da tutti coloro che lamentano una violazione di diritti individuali omogenei nei confronti di imprese od enti gestori di servizi pubblici o di pubblica utilità, relativamente ad atti e comportamenti posti in essere nello svolgimento delle loro rispettive attività.

È legittimato a promuovere l'azione ciascun componente della classe, oppure, senza necessità di un mandato, ogni associazione o organizzazione senza scopo di lucro (iscritta in un apposito elenco) i cui obiettivi statutari comprendano la tutela dei diritti individuali omogenei per cui si sta agendo. Proposta la domanda, con ricorso esclusivamente davanti alla sezione specializzata in materia di impresa competente per il luogo ove ha sede la parte resistente, entro il termine di trenta giorni dalla prima udienza il tribunale decide con ordinanza, reclamabile davanti alla Corte d'Appello, sulla sua ammissibilità; detta ordinanza reca anche fissazione di un termine perentorio per l'adesione all'azione medesima da parte dei soggetti portatori di diritti individuali omogenei. La sentenza che accoglie l'azione di classe, oltre a provvedere in ordine alle domande risarcitorie o restitutorie proposte dal ricorrente quando questi è un soggetto diverso da un'organizzazione o da un'associazione, definisce i caratteri dei diritti individuali omogenei lesi e dichiara aperta la procedura di adesione fissando il termine perentorio, non inferiore a sessanta giorni e non superiore a centocinquanta giorni, per l'adesione all'azione di classe da parte dei soggetti portatori di detti diritti. Un rappresentante comune degli aderenti è nominato dal giudice e ha il potere di rappresentare l'aderente e di compiere nel suo interesse tutti gli atti, di natura sia sostanziale sia processuale, relativi al diritto individuale omogeneo esposto nella domanda di adesione. Del successo dell'azione beneficiano soltanto coloro che abbiano espressamente aderito, secondo la logica del meccanismo dell'*opt-in*. Il procedimento culmina, se è in tutto o in parte accolta la domanda di adesione, con un decreto di condanna del resistente al pagamento delle somme o delle cose dovute a ciascun aderente a titolo di risarcimento o di restituzione; contro il decreto, che è titolo esecutivo, può essere proposta opposizione con ricorso, che non ne sospende l'esecuzione. Se il debitore non provvede spontaneamente al pagamento delle somme stabilite con il decreto, si può procedere alla sua esecuzione forzata collettiva, promossa dal rappresentante comune degli aderenti. È, altresì, disciplinato l'esercizio dell'azione inibitoria collettiva nei confronti di atti e comportamenti posti in essere in pregiudizio di una pluralità di individui o enti; azione, volta ad ottenere l'ordine di cessazione o il divieto di reiterazione della condotta omissiva o commissiva. Quando l'azione inibitoria collettiva è proposta congiuntamente all'azione di classe, il giudice dispone la separazione delle cause.

Su un piano diverso rispetto a quello occupato dall'azione di classe vanno collocate le azioni rappresentative a tutela degli interessi collettivi dei consumatori, ora disciplinate – in attuazione della dir. 2020/1828/UE – dal d.lgs. 10-3-2023, n. 28 mediante inserimento nel codice del consumo degli articoli da 140 *ter* a 140 *quaterdecies*, raggruppati nel Titolo II.1; disposizioni, applicabili a decorrere dal 25 giugno 2023.

Se l'azione di classe delineata dal legislatore del 2019 è finalizzata a tutelare i diritti individuali omogenei dei componenti di una classe, la nuova azione rappresentativa tutela invece gli interessi collettivi dei consumatori; ne discende che la legittimazione a promuoverla non spetta a ciascun componente la classe, ma in via esclusiva, e non necessariamente su mandato dei consumatori interessati, ad enti legittimati, tra cui le associazioni dei consumatori e degli utenti facenti parte di un apposito elenco che verrà tenuto dal Ministero delle Imprese e del Made in Italy, chiamato a verificare i requisiti richiesti per la legittimazione. Altre differenze si palesano. Più estesa è la legittimazione passiva, potendo l'azione rappresentativa essere promossa non solo contro le imprese e gli enti gestori di servizi pubblici o di pubblica utilità, ma contro qualsiasi persona fisica o giuridica, pubblica o privata, che agisce, anche tramite un altro soggetto, per fini relativi alla propria attività commerciale, imprenditoriale, artigianale o professionale. Se la portata della disciplina dell'azione di classe può dirsi generale, non è così per l'azione rappresentativa a tutela degli interessi collettivi dei consumatori, giacché oggetto di protezione sono solo gli interessi collettivi contemplati nell'Allegato A al d.lgs., abbinati a violazioni delle disposizioni contenute in regolamenti, direttive e testi normativi ivi espressamente elencati.

La lista è, tuttavia, molto ampia. Sono menzionate le disposizioni in materia di responsabilità per danno da prodotti difettosi, quelle sulle clausole abusive nei contratti con i consumatori, quelle riguardanti taluni aspetti della vendita e delle garanzie dei beni di consumo, quelle relative a taluni aspetti giuridici dei servizi della società dell'informazione nel mercato interno con particolare riferimento al commercio elettronico, quelle concernenti il codice comunitario per i medicinali per uso umano, la sicurezza generale dei prodotti, la protezione dei dati personali, la commercializzazione a distanza di servizi finanziari ai consumatori, i contratti di credito ai consumatori, la sicurezza alimentare, le pratiche commerciali sleali, la pubblicità ingannevole, l'energia elettrica, la moneta elettronica, le attività di assicurazione, i servizi audiovisivi, le ADR e ODR per i consumatori. E risultano, altresì, presenti nell'elenco numerose normative che direttamente concernono materie di nostro specifico interesse: è il caso del reg. 2027/1997/CE in tema di responsabilità del vettore aereo nel trasporto di passeggeri e loro bagagli, del reg. 261/04/CE recante regole comuni in materia di compensazione ed assistenza ai passeggeri in caso di negato imbarco, di cancellazione del volo o di ritardo prolungato, del reg. 1107/06/CE relativo ai diritti delle persone con disabilità e delle persone a mobilità ridotta nel trasporto aereo, del reg. 1371/07/CE riguardante i diritti e gli obblighi dei passeggeri nel trasporto ferroviario; del d.lgs. 79/2011 recante il codice del turismo, delle disposizioni in materia di multiproprietà, di contratti relativi ai prodotti per le vacanze di lungo termine e di contratti di rivendita e di scambio» contenute nel codice del consumo, del reg. 1008/08/CE che raccoglie norme comuni per la prestazione di servizi aerei nella Comunità, del reg. 392/09/CE relativo alla responsabilità dei vettori che trasportano passeggeri via mare in caso di incidente, del reg. 1177/10/UE riguardante i diritti dei passeggeri che viaggiano via mare e per vie navigabili interne, del reg. 181/2011/UE relativo ai diritti dei passeggeri nel trasporto effettuato con autobus, del d.lgs. 62/2018 recante attuazione della dir. 2015/2302/UE concernente i pacchetti turistici e i servizi turistici collegati.

L'azione rappresentativa è definita "nazionale" quando è promossa innanzi al giudice italiano da un'associazione dei consumatori e degli utenti o da organismi pubblici indipendenti nazionali; dicesi, invece, "transfrontaliera" l'azione rappresentativa promossa innanzi al giudice italiano da uno o più enti legittimati di altri Stati membri o «intentata in un altro Stato membro da un ente legittimato ai sensi dell'articolo 140-*quinquies*, anche unitamente ad altri enti legittimati di diversi Stati membri» (art. 140 *ter*, co. 1, lett. g, cod. cons.). L'azione è attivata tramite ricorso davanti alla sezione specializzata in materia di impresa competente per il luogo ove ha sede la parte resistente e il tribunale è chiamato a decidere con ordinanza sull'ammissibilità. In caso di accertata violazione delle disposizioni richiamate nell'Allegato A, in accoglimento della domanda può disporsi, anche cumulativamente, l'adozione di provvedimenti compensativi – ovvero misure finalizzate a rimediare al pregiudizio subito, anche col pagamento di una somma di denaro, o con la riparazione, sostituzione, risoluzione del contratto, riduzione o rimborso del prezzo – o inibitori; questi ultimi – consistenti nella cessazione o nel divieto di reiterazione della condotta omissiva o commissiva di violazione delle norme a tutela dei consumatori e nella pubblicazione del provvedimento su uno o più quotidiani – possono essere concessi anche là dove non risultino provati la colpa o il dolo del convenuto, né le perdite o i danni effettivi subiti dai singoli consumatori. Il giudice può emettere anche misure di coercizione indiretta, fissando un termine per l'adempimento degli obblighi stabiliti con previsione di un pagamento di una somma di denaro per ogni giorno di ritardo.

C'è ancora da considerare l'art. 141 cod. cons., capofila di una serie di disposizioni raggruppate nel Titolo II-bis dedicato alla risoluzione extragiudiziale delle controversie. Compare, in esso, richiamata la procedura ADR «eseguita da un organismo ADR Alternative Dispute Resolution» e sono dettati i relativi principi di procedura. La finalità è anche quella di garantire ai consumatori l'opportunità, a livello transfrontaliero, di avanzare reclami innanzi ad organismi indipendenti, imparziali, trasparenti ed efficaci, per la risoluzione delle controversie fuori dalle aule di giustizia, allentando così le barriere tra gli stati.

La regolamentazione in discorso disciplina la risoluzione, in via stragiudiziale, delle controversie in materia di consumo, anche in via telematica, nei rapporti intercorrenti tra il consumatore ed il professionista e ribadisce le definizioni soggettive (consumatore, professionista) ed oggettive (contratto di vendita, contratto di servizi, controversia nazionale, controversia transfrontaliera e così via) già consolidate nei provvedimenti normativi di fonte europea.

Il co. 4 del nuovo art. 141 cod. cons. limita l'operatività di tale regolamentazione alle procedure volontarie di composizione extragiudiziale per la risoluzione, come detto, anche in via telematica, delle controversie nazionali e transfrontaliere tra consumatori e professionisti residenti e stabiliti nell'Unione Europea, e descrive il compito dell'organismo ADR, al quale è richiesto di gestire la procedura e, quindi, di riunire le parti al fine di agevolare una soluzione amichevole o di proporre una soluzione conciliativa. L'organismo ADR è tenuto all'iscrizione in particolari elenchi istituiti presso le autorità competenti, in conformità alle rispettive aree di competenza istituzionale, ossia i Ministeri della Giustizia e dello Sviluppo economico, per quanto concerne la mediazione in materia di consumo.

Le procedure dinanzi all'organismo ADR sono gratuite o possono al più prevedere costi minimi per i consumatori [art. 141 *quater*, co. 3, lett. c), cod. cons.]: esse debbono uniformarsi ai principi fondamentali di indipendenza, imparzialità, trasparenza, efficacia, rapidità, equità.

La durata massima della procedura è fissata in novanta giorni decorrenti dalla data di ricevimento, da parte dell'organismo ADR, della domanda e del fascicolo completo. Nella sola ipotesi di controversie particolarmente complesse, l'organismo ADR è legittimato a prorogare il termine, fino a un massimo di novanta giorni, informando le parti della proroga e del nuovo termine di conclusione della procedura.

Le parti possono partecipare alla procedura senza l'obbligo dell'assistenza legale [art. 141 *quater*, co. 3, lett. b)] e in loro favore è previsto uno specifico obbligo di informazione, circa la non obbligatorietà della difesa tecnica; esse hanno comunque il diritto di richiedere un parere indipendente ovvero di farsi rappresentare od assistere da terzi in ogni fase della procedura medesima.

Prima di accettare o meno la soluzione proposta dall'organismo ADR, le parti debbono essere informate sulle seguenti circostanze: 1) che hanno la scelta se accettare o meno la soluzione proposta; 2) che la partecipazione alla procedura non preclude la possibilità di chiedere un risarcimento del danno attraverso un ordinario procedimento giudiziario; 3) che la soluzione proposta potrebbe discostarsi dal risultato ottenibile con la decisione rituale di un organo giurisdizionale che giudichi secondo diritto. Alle parti va illustrato, inoltre, l'effetto giuridico della soluzione proposta ed assicurato un periodo di riflessione ragionevole per l'accettazione o meno. Il consumatore, infine, non perde il diritto di agire in giudizio, quale che sia l'esito della procedura stragiudiziale di composizione della controversia dinanzi all'organismo ADR (art. 141, co. 10, cod. cons.).

APPENDICE

CARTA PER UN TURISMO SOSTENIBILE
Conferenza Mondiale sul Turismo Sostenibile
(Lanzarote, 27/28-4-1995)

Noi, i partecipanti alla Conferenza Mondiale sul Turismo Sostenibile, riuniti a Lanzarote, Isole Canarie, Spagna, il 27-28 aprile 1995;

Consapevoli che il turismo è un fenomeno mondiale e un elemento importante per lo sviluppo socio-economico di molti paesi, e che tocca le più alte e profonde aspirazioni della gente;

Riconoscendo che il turismo è un fenomeno ambivalente poiché può potenzialmente contribuire al raggiungimento di obiettivi socio-economici e culturali ma può anche, allo stesso tempo, essere causa del degrado ambientale e della perdita di identità locali, deve essere affrontato con un approccio globale;

Consapevoli che le risorse sulle quali è basato il turismo sono limitate e che c'è una richiesta crescente per una migliore qualità dell'ambiente;

Riconoscendo che il turismo può offrire l'opportunità di viaggiare e conoscere altre culture, e che lo sviluppo del turismo può contribuire a creare legami sempre più stretti e pace tra i diversi popoli, sensibilizzando al rispetto delle diversità culturali e dei modi di vita;

Richiamando la Dichiarazione Universale dei Diritti Umani, adottata dall'Assemblea Generale delle Nazioni Unite e varie dichiarazioni sul turismo delle Nazioni Unite, l'ambiente e la conservazione del patrimonio culturale compresa la Conferenza delle Nazioni Unite su Turismo e Viaggi Internazionali del 1963, così come le convenzioni internazionali che hanno una relazione con il turismo, quali la Convenzione sulla Biodiversità, la Convenzione del Patrimonio Mondiale, la Convenzione Ramsar, CITES ed altre a livello regionale;

Guidati dai principi stabiliti nella Dichiarazione di Rio su Ambiente e Sviluppo e le raccomandazioni dell'Agenda 21;

Richiamando le dichiarazioni in materia di turismo, come quella di Manila sul Turismo Mondiale, la Dichiarazione dell'Aja e la Carta del Turismo, così come i principi stabiliti nella Dichiarazione dei Diritti Umani delle Generazioni Future;

Riconoscendo l'obiettivo di sviluppare un turismo che soddisfi le aspettative economiche e le esigenze ambientali e che rispetti non solo la struttura fisica e sociale del paese ma anche le istanze delle popolazioni locali;

Consapevoli del bisogno di stabilire accordi concreti tra i principali attori del settore turistico per costruire la possibilità di un turismo più responsabile nei confronti del nostro patrimonio comune.

Facciamo appello alla comunità internazionale e in particolare sollecitiamo i governi, le autorità pubbliche, i responsabili e i professionisti del settore del turismo, le associazioni pubbliche e private le cui attività hanno una relazione con il turismo e i turisti stessi, ad adottare i principi e gli obiettivi della seguente:

DICHIARAZIONE

1. Lo sviluppo del turismo deve essere basato sul criterio della sostenibilità, ciò significa che deve essere ecologicamente sostenibile nel lungo periodo, economicamente conveniente, eticamente e socialmente equo nei riguardi delle comunità locali.

Lo sviluppo sostenibile è un processo guidato che prevede una gestione globale delle risorse per assicurarne la redditività, consentendo la salvaguardia del nostro capitale naturale e culturale. Il turismo, come potente strumento di sviluppo, può e dovrebbe partecipare attivamente alla strategia di sviluppo sostenibile. La caratteristica di una corretta gestione del turismo è che sia garantita la sostenibilità delle risorse dalle quali esso dipende.

2. La sostenibilità del turismo richiede per definizione che esso integri l'ambiente naturale, culturale e umano; che rispetti il fragile equilibrio che caratterizza molte località turistiche, in particolare le piccole isole e aree ambientali a rischio. Il turismo dovrebbe assicurare un'evoluzione accettabile per quanto riguarda l'influenza delle attività sulle risorse naturali, sulla biodiversità e sulla capacità di assorbimento dell'impatto e dei residui prodotti.

3. Il turismo deve valutare i propri effetti sul patrimonio culturale e sugli elementi, le attività e le dinamiche tradizionali di ogni comunità locale. Il riconoscimento degli elementi e delle attività tradizionali di ogni comunità locale, il rispetto e il sostegno alla loro identità, cultura e ai loro interessi devono sempre avere un ruolo centrale nella formulazione delle strategie turistiche, particolarmente nei paesi in via di sviluppo.

4. Il contributo attivo del turismo a uno sviluppo sostenibile presuppone necessariamente solidarietà, rispetto reciproco e partecipazione da parte di tutti gli attori coinvolti nel processo, e in particolare degli autoctoni dei paesi coinvolti. Solidarietà, rispetto reciproco e partecipazione devono basarsi su meccanismi efficienti di cooperazione a ogni livello: locale, nazionale, regionale e internazionale.

5. La conservazione, la protezione e la consapevolezza del valore delle no-

stre risorse naturali e culturali costituiscono un'area privilegiata per la cooperazione. Questo approccio implica il fatto che tutti i responsabili del settore debbano affrontare una vera e propria sfida, quella dell'innovazione culturale e professionale, e debbano inoltre assumersi il grande impegno di creare piani di intervento integrati e strumenti adeguati per la gestione. Questo approccio deve assicurare che tutti i protagonisti abbiano gli strumenti per una cooperazione e gestione integrate, comprese le innovazioni tecnologiche.

6. La protezione della qualità della destinazione turistica e la capacità di soddisfare i turisti devono essere determinate dalle comunità locali in consultazione con gli enti coinvolti e le parti interessate e dovrebbero rappresentare gli obiettivi prioritari nella formulazione delle strategie e dei progetti turistici.

7. Per essere compatibile con lo sviluppo sostenibile, il turismo dovrebbe basarsi sulla diversità delle opportunità offerte dalle economie locali. Dovrebbe quindi essere completamente integrato con lo sviluppo economico locale e contribuire positivamente allo stesso.

8. Tutte le opzioni per lo sviluppo turistico devono servire effettivamente per migliorare la qualità della vita della gente e devono produrre effetti e interrelazioni positive per quanto riguarda l'identità socio-culturale.

9. Governi e autorità dovranno promuovere azioni per integrare la pianificazione del turismo con le organizzazioni non governative che si occupano dell'ambiente e con le comunità locali per ottenere uno sviluppo sostenibile.

10. Nel riconoscere l'obiettivo della coesione economica e sociale tra i popoli del mondo come principio fondamentale per uno sviluppo sostenibile, è urgente che si sviluppino misure per permettere una più equa distribuzione dei benefici e dei danni prodotti dal turismo. Ciò implica un cambio nei modelli consumistici e l'introduzione di tariffe ecologicamente corrette. I governi e le organizzazioni multilaterali sono chiamate ad abbandonare la politica dei sussidi, che hanno effetti negativi sull'ambiente, e sono inoltre chiamati a studiare l'applicazione di strumenti economici internazionali in armonia tra loro per assicurare un uso sostenibile di tutte le risorse.

11. Gli spazi ambientalmente e culturalmente vulnerabili, ora e in futuro, dovranno avere una priorità particolare nella cooperazione tecnica e negli aiuti finanziari per uno sviluppo del turismo sostenibile. Allo stesso modo, un trattamento speciale dovrebbe essere riservato alle aree degradate da modelli turistici obsoleti e ad alto impatto ambientale. Il turismo dovrebbe essere ripartito in un periodo di tempo meno concentrato nell'anno. È inoltre necessario esaminare più a fondo l'utilità degli strumenti economici a livello regionale/locale, con un riguardo particolare a un uso sostenibile di tutte le risorse. Deve essere inoltre sviluppata l'efficacia degli strumenti legali.

12. La promozione di forme alternative di turismo che siano compatibili con i principi di sviluppo sostenibile e il sostegno alla diversificazione aiutano a ga-

rantire la sostenibilità nel medio e lungo termine. A questo proposito, c'è la necessità per numerose piccole isole e zone ambientali particolarmente fragili di stimolare attivamente e rafforzare la cooperazione regionale.

13. I governi, le autorità e le ONG che si occupano attivamente di turismo e ambiente promuoveranno e parteciperanno alla creazione di reti aperte per l'informazione, la ricerca, la diffusione e il trasferimento di un turismo appropriato, di una conoscenza ambientale sul turismo e di tecnologie ambientalmente sostenibili.

14. C'è la necessità di sostenere e promuovere con vigore studi di fattibilità, lavori in campo scientifico, l'avvio di progetti turistici sperimentali nell'ambito dello sviluppo sostenibile, lo sviluppo di programmi nel campo della cooperazione internazionale e l'introduzione di sistemi di gestione ambientale.

15. Autorità e associazioni responsabili dello sviluppo turistico e ONG ambientaliste tracceranno le linee guida per uno sviluppo del turismo sostenibile e avvieranno programmi per la implementazione di tali linee; valuteranno la realizzazione di tali programmi, redigeranno rapporti sui risultati e si impegneranno nello scambio delle esperienze.

16. Attenzione dovrebbe essere prestata al ruolo e agli effetti ambientali dei trasporti nel turismo e dovrebbero essere individuati e sviluppati strumenti economici per ridurre l'uso di energie non rinnovabili.

17. Perché il turismo diventi sostenibile è fondamentale che i principali protagonisti del settore, ed in particolare le imprese coinvolte, adottino rispettino e diano attuazione a codici di comportamento che indirizzino verso uno sviluppo sostenibile. Tali codici costituiscono strumenti efficaci per lo sviluppo di attività turistiche responsabili.

18. Tutte le misure necessarie dovrebbero essere attuate per sensibilizzare e informare tutte le parti coinvolte nell'industria del turismo, locali, nazionali o internazionali, sul contenuto e sugli obiettivi della Conferenza di Lanzarote e sull'attuazione delle misure contenute nel Piano di Azione.

Il Piano d'Azione sul Turismo Responsabile si presenta come appendice alla presente dichiarazione. Il Piano d'Azione stabilisce linee d'azione concrete, raccomanda l'adozione di misure specifiche per superare gli ostacoli e promuovere l'integrazione del turismo in una strategia di sviluppo sostenibile.

I partecipanti e delegati della Conferenza affidano al Comitato WCST (Carta Mondiale del Turismo Sostenibile) il compito di mantenere vivo lo spirito e operare un'azione di controllo affinché l'applicazione di entrambi, la Carta e il Piano d'Azione, vengano rispettate garantendo la diffusione di queste, promuovendone l'accettazione e la discussione da parte degli organismi responsabili e agenti, promuovendo azioni specifiche che siano in armonia con la Dichiarazione, favorendo e proponendo misure di coordinamento che contribuiscano al consolidamento degli obiettivi proposti.

PIANO D'AZIONE
Conferenza Mondiale sul Turismo Sostenibile
(Lanzarote, 24/29-4-1995)

1. *Introduzione*

Agli albori del terzo millennio il turismo si è considerevolmente evoluto dalle sue origini storiche nel XIX secolo ed è oggi considerato uno dei fenomeni mondiali sociali ed economici più dirompenti.

Molti mutamenti quantitativi e qualitativi hanno caratterizzato l'evoluzione storica del turismo, in parallelo con le profonde trasformazioni conosciute dalle nostre società, che si stanno progressivamente avvicinando a nuove categorie di valori, quali l'ambiente naturale e la cultura, considerate ormai patrimonio comune dell'umanità e permeate dai concetti condivisi di diritti umani e qualità della vita.

L'espansione dell'industria turistica è ovviamente contrassegnata da molteplici contraddizioni. L'ambiente, i paesaggi, così come le identità e le tradizioni culturali, hanno spesso pagato un tributo molto alto alle sirene tentatrici dello sviluppo turistico, che ha offerto vantaggi esclusivamente economici.

È il sapore amaro lasciato da decenni di sviluppo turistico di massa, con scarsa attenzione alla qualità dello sviluppo, che è alla base di questa conferenza mondiale e che ci incoraggia a unire le nostre forze e la nostra immaginazione per costruire per il terzo millennio un turismo a misura d'uomo e sostenibile.

2. *Cosa fare quindi?*

(a) valutare il contributo del turismo alla sostenibilità globale:

– integrando nelle politiche nazionali e nelle operazioni di sviluppo turistico le considerazioni ambientali;

– mettendo a frutto le opportunità offerte dal turismo a favore della salvaguardia e della protezione delle eredità culturali;

– valutando attentamente la domanda turistica e indirizzando la sua evoluzione verso un tipo di turismo rispettoso dell'ambiente e delle culture;

– migliorando e diversificando la qualità dell'offerta turistica;

– identificando tecnologie appropriate e applicandole in tutti i settori interessati da operazioni turistiche;

– rafforzando le basi scientifiche per una migliore comprensione dei processi di turismo sostenibile;

(b) pianificare il turismo, avendo come parametro la sostenibilità:

– promuovendo una pianificazione integrata;

– sviluppando strategie che rinforzino le sinergie di sviluppo offerte da altri settori economici;

– articolando piani finanziari a lungo termine che ottimizzino la convergenza verso obiettivi di sviluppo globale;

– definendo incentivi e organizzando campagne di sensibilizzazione;

– creando un sistema di monitoraggio e di valutazione dei programmi e delle iniziative;

(c) rafforzare il ruolo dei principali protagonisti del turismo, attraverso:

– l'identificazione di obiettivi comuni e alleanze tra i soggetti coinvolti;

– la creazione di ambiti permanenti per la concertazione;

– l'avvio di attività correttive e preventive;

– la promozione della cooperazione internazionale;

– lo sviluppo di una partecipazione allargata;

– l'assicurazione di condizioni di viaggio sicure e sane per le categorie sociali degli anziani, delle donne, dei giovani e di coloro che viaggiano per turismo religioso;

(d) promuovere il turismo a livello locale:

– integrando lo sviluppo turistico nella programmazione economica;

– sostenendo l'industria e le amministrazioni locali attraverso la formazione e l'offerta di *know-how*;

– rispettando i requisiti di sanità e di sicurezza;

– promuovendo e sostenendo l'innovazione del settore turistico;

– facilitando lo scambio di informazioni ed esperienze;

– introducendo tra gli operatori del settore turistico guide e codici di condotta;

– agevolando e promuovendo il coordinamento regionale, nazionale e internazionale tra le destinazioni turistiche;

(e) dare priorità ad alcuni casi specifici, quali:

– le piccole isole;

– le aree costiere;

– le zone di alta montagna;

– le città e i centri storici;

(f) sviluppare misure di sostegno quali:

– programmi di sensibilizzazione e di educazione al turismo sostenibile;

– reti per lo scambio di informazioni;

– creazione di database sul turismo sostenibile che comprendano gli aspetti ambientali e culturali;

– promozione di marchi distintivi per progetti turistici rispettosi dell'ambiente e delle culture e di premi annuali per i progetti migliori;

– diffusione degli obiettivi del turismo sostenibile a livello locale, regionale e nazionale e tra le autorità, i professionisti del settore e il pubblico generico.

OMT - CODICE MONDIALE DI ETICA DEL TURISMO

Preambolo

Noi, Membri dell'Organizzazione Mondiale del Turismo (OMT), rappresentanti dell'industria turistica mondiale, delegati degli Stati, dei territori, delle imprese, delle istituzioni e degli organismi riuniti in Assemblea Generale a Santiago del Cile, questo 1° ottobre 1999,

Riaffermando gli obiettivi enunciati nell'articolo 3 dello Statuto dell'Organizzazione Mondiale del Turismo, e consapevoli del ruolo "decisivo e centrale" di questa Organizzazione, così come riconosciuto dall'Assemblea Generale delle Nazioni Unite, nel promuovere e sviluppare il turismo allo scopo di contribuire allo sviluppo economico, alla comprensione internazionale, alla pace, alla prosperità così come al rispetto universale ed all'osservanza dei diritti umani e delle libertà fondamentali, senza distinzione di razza, sesso, lingua o religione,

Profondamente convinti che il turismo, attraverso i contatti diretti, spontanei e non mediati tra uomini e donne di culture e stili di vita differenti, rappresenti una forza vitale al servizio della pace ed un fattore di amicizia e comprensione fra i popoli del mondo,

Attenendoci ad una logica tesa a conciliare la tutela ambientale, lo sviluppo economico e la lotta contro la povertà in maniera sostenibile, così come formulata dalle Nazioni Unite nel 1992, in occasione del Vertice di Rio de Janeiro, ed espressa nel Programma d'azione 21, adottato in quella circostanza,

Vista la crescita rapida e continua, sia quella passata che quella prevista, dell'attività turistica, determinata da motivi di piacere, affari, cultura, religione o salute, e tenuto conto dei suoi pesanti effetti, sia positivi che negativi, sull'ambiente, l'economia e la società dei paesi di provenienza e di accoglienza, sulle comunità locali e le popolazioni autoctone, così come sulle relazioni e gli scambi internazionali,

Avendo come obiettivo quello di promuovere un turismo responsabile, sostenibile e accessibile a tutti, nell'ambito del diritto di tutte le persone di utilizzare il proprio tempo libero per fini di piacere o di viaggio, e nel rispetto delle scelte delle società di tutti i popoli,

Convinti altresì che l'industria turistica mondiale, nel suo insieme, abbia molto da guadagnare da un ambiente che favorisce l'economia di mercato, l'impresa privata e la libertà di commercio e che le permette di ottimizzare i suoi effetti benefici in termini di creazione di benessere e occupazione,

Fermamente convinti inoltre che, a condizione che siano rispettati alcuni principi ed alcune norme, un turismo responsabile e sostenibile non è affatto incompatibile con la crescente liberalizzazione delle condizioni che regolamentano gli scambi di servizi e sotto la cui egida operano le imprese di questo settore, e che è possibile riconciliare, in questo campo, economia ed ecologia, ambiente e sviluppo, apertura al commercio internazionale e protezione delle identità sociali e culturali,

Considerando che, con un tale approccio, tutti coloro che sono coinvolti nello sviluppo turistico – amministrazioni nazionali, regionali e locali, imprese, associazioni di professionisti, operatori del settore, organizzazioni non governative ed organismi di tutti i generi dell'industria del turismo, così come le comunità di accoglienza, i mezzi di comunicazione ed i turisti stessi – hanno responsabilità differenti ma interdipendenti nella valorizzazione individuale e sociale del turismo e che la formulazione dei diritti e dei doveri di ciascuno contribuirà alla realizzazione di questo obiettivo,

Determinati, in linea con gli obiettivi perseguiti dalla stessa Organizzazione Mondiale del Turismo mediante la risoluzione 364(XII) adottata in occasione dell'Assemblea Generale del 1997 (Istanbul), a promuovere una collaborazione sincera tra coloro che operano nel settore dello sviluppo turistico pubblico e privato ed auspicando che una collaborazione e cooperazione dello stesso tipo si estenda, in maniera aperta ed equilibrata, alle relazioni tra i paesi di provenienza e di accoglienza e le loro rispettive industrie turistiche,

Dando seguito alle Dichiarazioni di Manila del 1980 sul turismo mondiale e del 1997 sull'impatto del turismo sulla società, così come alla Carta del Turismo e al Codice del Turista adottati a Sofia nel 1985 sotto l'egida dell'OMT,

Ritenendo tuttavia che questi strumenti debbano essere integrati da una serie di principi interdipendenti ai fini della loro interpretazione ed applicazione, sulla base dei quali coloro che prendono parte allo sviluppo del turismo dovranno improntare la propria condotta all'alba del XXI secolo,

Utilizzando, ai fini del presente strumento, le definizioni e classificazioni applicabili ai viaggi, e specialmente le nozioni di "visitatore", "turista" e "turismo", così come adottate dalla Conferenza Internazionale di Ottawa, svoltasi dal 24 al 28 giugno 1991 e approvate nel 1993 dalla Commissione Statistica delle Nazioni Unite in occasione della sua XXVII sessione,

Riferendoci in particolare ai seguenti strumenti:

§ Dichiarazione universale dei diritti dell'uomo del 10 dicembre 1948;

§ Patto Internazionale sui Diritti Economici, Sociali e Culturali del 16 dicembre 1966;

§ Patto Internazionale sui Diritti Civili e Politici del 16 dicembre 1966;

§ Convenzione di Varsavia sul Trasporto Aereo del 12 ottobre 1929;

§ Convenzione di Chicago sull'Aviazione Civile Internazionale del 7 dicembre 1944 e relative Convenzioni di Tokyo, L'Aia e Montreal;

§ Convenzione sulle Strutture Doganali per il Turismo del 4 luglio 1954 e relativo Protocollo;

§ Convenzione concernente la Protezione del Patrimonio Mondiale Culturale e Naturale del 23 novembre 1972;

§ Dichiarazione di Manila sul Turismo Mondiale del 10 ottobre 1980;

§ Risoluzione della VI Assemblea Generale dell'OMT (Sofia) sull'adozione della Carta del Turismo e del Codice del Turista del 26 settembre 1990;

§ Convenzione relativa ai Diritti del Fanciullo del 26 gennaio 1990;

§ Risoluzione della IX Assemblea Generale dell'OMT (Buenos Aires) riguardante in particolare l'agevolazione dei viaggi e la sicurezza e protezione dei turisti del 4 ottobre 1991;

§ Dichiarazione di Rio de Janeiro sull'Ambiente e lo Sviluppo del 13 giugno 1992;

§ Accordo Generale sul Commercio di Servizi del 15 aprile 1994;

§ Convenzione sulla Biodiversità del 6 gennaio 1995;

§ Risoluzione dell'XI Assemblea Generale dell'OMT (Il Cairo) sulla prevenzione del Turismo Sessuale Organizzato del 22 ottobre 1995;

§ Dichiarazione di Stoccolma contro lo Sfruttamento Sessuale dei Bambini per fini Commerciali del 28 agosto 1996;

§ Dichiarazione di Manila sull'impatto del Turismo sulla Società del 22 maggio 1997;

§ Convenzioni e Raccomandazioni adottate dall'Organizzazione Internazionale del Lavoro in materia di convenzioni collettive, proibizione del lavoro forzato e del lavoro minorile, difesa dei diritti dei popoli autoctoni, uguaglianza di trattamento e non discriminazione sul posto di lavoro;

Affermiamo il diritto al turismo e alla libertà di spostamento per motivi turistici,

Affermiamo la nostra volontà di promuovere un sistema turistico mondiale, equo, responsabile e sostenibile, i cui benefici siano condivisi da tutti i settori della società, nel contesto di un'economia internazionale aperta e liberalizzata,

e a tal fine, adottiamo solennemente i principi del Codice Mondiale di Etica del Turismo.

Principi

Articolo 1. ***Il contributo del turismo alla comprensione e al rispetto reciproco tra i popoli e le società.*** – 1. La comprensione e la promozione dei valori etici comuni all'umanità, in uno spirito di tolleranza e rispetto della diversità di credo religioso, filosofico e morale, rappresentano il fondamento e la conseguenza di un turismo responsabile; i responsabili dello sviluppo turistico e i turisti stessi dovranno rispettare le tradizioni e le pratiche sociali e culturali di tutti i popoli, comprese quelle delle minoranze e delle popolazioni autoctone, e riconoscere il loro valore.

2. Le attività turistiche dovranno essere condotte in armonia con le specificità e le tradizioni delle regioni e dei paesi di accoglienza e nel rispetto delle loro leggi, usi e costumi.

3. Le comunità di accoglienza, da una parte, ed i professionisti del posto, dall'altra, dovranno imparare a conoscere e rispettare i turisti che li visitano, ed informarsi sui loro stili di vita, gusti e aspettative; l'educazione e la formazione impartite ai professionisti contribuirà ad un'accoglienza ospitale.

4. Le autorità pubbliche avranno il compito di assicurare la protezione dei turisti e dei visitatori, così come dei loro beni; le stesse dovranno prestare un'attenzione speciale alla sicurezza dei turisti stranieri, in virtù di una loro possibile particolare vulnerabilità; faciliteranno l'introduzione di mezzi di informazione, di prevenzione, di protezione, assicurazione ed assistenza idonei alle loro necessità; ogni attentato, aggressione, rapimento o minaccia nei confronti di turisti o di altra persona che opera nell'ambito dell'industria turistica, così come la distruzione volontaria di strutture turistiche o di elementi del patrimonio culturale o naturale dovranno essere severamente condannati e repressi conformemente alle rispettive legislazioni nazionali.

5. I turisti e i visitatori dovranno astenersi, in occasione dei loro viaggi, dal commettere qualsiasi atto criminale o considerato come tale dalle leggi del paese visitato; dovranno altresì astenersi da ogni condotta ritenuta offensiva o ingiuriosa dalle popolazioni locali, o ancora che può arrecare danno all'ambiente locale; si asterranno altresì dall'effettuare qualsiasi traffico di droga, di armi, di oggetti d'antiquariato, di specie protette nonché di sostanze e prodotti pericolosi o proibiti dalla normativa nazionale.

6. I turisti ed i visitatori avranno la responsabilità di informarsi, anche prima della loro partenza, sulle caratteristiche dei paesi che si apprestano a visitare; dovranno essere a conoscenza dei rischi relativi alla salute e alla sicurezza inerenti ad ogni viaggio al di fuori del loro ambiente usuale e comportarsi in modo tale da ridurre tali rischi al minimo.

Articolo 2. ***Il turismo quale mezzo di soddisfazione individuale e collettiva.*** – 1. Il turismo, l'attività più frequentemente associata al riposo, alla distensione, allo sport, all'accesso alla cultura e alla natura, dovrà essere concepito e praticato come un mezzo privilegiato di soddisfazione individuale e collettiva; se praticato con lo spirito di apertura necessario, rappresenta un fattore insostituibile di autoeducazione personale, di tolleranza reciproca e di apprendimento delle differenze legittime tra i popoli e le culture, così come delle loro diversità.

2. Le attività turistiche dovranno rispettare l'uguaglianza degli uomini e delle donne; dovranno promuovere i diritti umani e, soprattutto, i diritti particolari dei gruppi più vulnerabili, specialmente dei bambini, delle persone anziane o portatrici di handicap, delle minoranze etniche e delle popolazioni autoctone.

3. Lo sfruttamento degli esseri umani in qualsiasi forma, in modo particolare quello sessuale, e specialmente quando si riferisce ai bambini, si scontra con gli obiettivi fondamentali del turismo e costituisce la negazione dello stesso; come tale, conformemente al diritto internazionale, deve essere rigorosamente combattuto con la collaborazione di tutti gli Stati interessati e punito senza concessione alcuna dalle legislazioni nazionali dei paesi visitati e di quelli di provenienza di coloro che hanno commesso tali atti, anche quando questi ultimi sono perpetrati all'estero.

4. I viaggi effettuati per motivi di religione, salute, istruzione, scambi culturali o linguistici costituiscono forme di turismo particolarmente interessanti che meritano di essere incoraggiate.

5. L'introduzione nei programmi di istruzione di un insegnamento sul valore degli scambi turistici, dei loro benefici economici, sociali e culturali, ma anche dei loro rischi, dovrà essere incoraggiata.

Articolo 3. ***Il turismo quale fattore di sviluppo sostenibile.*** – 1. Tutti i responsabili dello sviluppo turistico dovranno salvaguardare l'ambiente e le risorse naturali, con la prospettiva di una crescita economica sana, continua e sostenibile, tale da soddisfare in modo equo le necessità e le aspirazioni delle generazioni presenti e future.

2. Tutte le forme di sviluppo turistico che permettono di economizzare le risorse naturali rare e preziose, in particolare l'acqua e l'energia, nonché di evitare per quanto possibile la produzione di rifiuti dovranno essere privilegiate ed incoraggiate dalle autorità pubbliche, nazionali, regionali e locali.

3. Lo scaglionamento sia in termini di tempo che spazio dei flussi di turisti e visitatori, specialmente quelli derivanti dai congedi retribuiti e dalle vacanze scolastiche, così come una distribuzione delle ferie più equilibrata, dovrebbero essere incoraggiati così da ridurre la pressione dell'attività turistica sull'ambiente ed accrescere i suoi benefici nei confronti dell'industria turistica e dell'economia locale.

4. Le infrastrutture turistiche dovranno essere concepite e le attività turistiche programmate in modo tale da tutelare il patrimonio naturale costituito da-

gli ecosistemi e dalla biodiversità e da preservare le specie minacciate della fauna e della flora selvatiche; i responsabili dello sviluppo turistico, ed in particolar modo i professionisti, dovranno acconsentire all'imposizione di limitazioni o restrizioni alle loro attività allorquando queste vengono esercitate in luoghi particolarmente sensibili: regioni desertiche, polari o di alta montagna, zone costiere, foreste tropicali o zone umide, idonee alla creazione di parchi naturali o di riserve protette.

5. Il turismo nella natura e l'ecoturismo sono riconosciuti come forme di particolare arricchimento e valorizzazione del turismo, a condizione che rispettino il patrimonio naturale e le popolazioni locali e rispondano alla capacità di accoglienza dei luoghi.

Articolo 4. ***Il turismo quale mezzo per utilizzare il patrimonio culturale dell'umanità e per contribuire al suo arricchimento.*** – 1. Le risorse turistiche appartengono al patrimonio comune dell'umanità; le comunità sui cui territori sono situate hanno diritti ed obblighi particolari nei confronti delle stesse.

2. Le politiche e le attività turistiche dovranno essere condotte nel rispetto del patrimonio artistico, archeologico e culturale che dovranno proteggere e tramandare alle generazioni future; un'attenzione particolare dovrà essere accordata alla conservazione e valorizzazione dei monumenti, santuari e musei, nonché ai siti archeologici e storici che dovranno essere aperti alle visite turistiche nel modo più ampio possibile; dovrà essere incoraggiato l'accesso del pubblico ai beni ed ai monumenti culturali privati, nel rispetto dei diritti dei loro proprietari, così come agli edifici religiosi, senza arrecare danno alle normali necessità di culto.

3. Le risorse finanziarie derivanti dalle visite ai siti ed ai monumenti culturali dovranno essere utilizzate, almeno in parte, per il mantenimento, la salvaguardia, la valorizzazione e l'arricchimento di tale patrimonio.

4. L'attività turistica dovrà essere concepita in modo tale da permettere ai prodotti culturali ed artigianali tradizionali ed al folklore di sopravvivere e prosperare piuttosto che causare un loro impoverimento e standardizzazione.

Articolo 5. ***Il turismo quale attività vantaggiosa per i paesi e le comunità di accoglienza.*** – 1. Le popolazioni locali dovranno prendere parte alle attività turistiche e condividere in modo equo i benefici economici, sociali e culturali che queste determinano, con particolare riferimento alla creazione dell'occupazione diretta ed indiretta che ne consegue.

2. Le politiche turistiche dovranno essere condotte in modo tale da contribuire a migliorare il tenore di vita delle popolazioni delle regioni visitate e soddisfare le loro necessità; la concezione urbanistica ed architettonica e la gestione delle stazioni turistiche e delle strutture di accoglienza dovranno mirare ad una

loro integrazione, nella misura possibile, nel tessuto economico e sociale locale; in caso di pari capacità, la priorità dovrà essere accordata alla manodopera locale.

3. Un'attenzione particolare dovrà essere prestata ai problemi specifici delle zone costiere e dei territori insulari, nonché delle regioni rurali o montane vulnerabili, per le quali il turismo spesso rappresenta una rara opportunità di sviluppo alla luce di un declino delle attività economiche tradizionali.

4. I professionisti del turismo, in modo particolare gli investitori, dovranno effettuare degli studi sull'impatto dei loro progetti di sviluppo sull'ambiente e sul territorio naturale, secondo la normativa stabilita dalle autorità pubbliche; dovranno altresì fornire, con la massima trasparenza ed obiettività, informazioni circa i loro programmi futuri con le relative ripercussioni prevedibili ed incoraggiare il dialogo sul loro contenuto con le popolazioni interessate.

Articolo 6. *Obblighi degli operatori dello sviluppo turistico.* – 1. I professionisti del turismo avranno l'obbligo di fornire ai turisti informazioni obiettive ed oneste sui luoghi di destinazione e sulle condizioni di viaggio, accoglienza e soggiorno; assicureranno la perfetta trasparenza delle clausole dei contratti proposti ai loro clienti per quel che concerne la natura, il prezzo e la qualità dei servizi che si impegnano a fornire e l'indennizzo che gli stessi corrisponderanno nel caso in cui decidano unilateralmente di rescindere il contratto.

2. I professionisti del turismo, nella misura in cui ciò dipende da loro, si preoccuperanno, in collaborazione con le autorità pubbliche, della sicurezza, della prevenzione di incidenti, della tutela sanitaria e dell'igiene alimentare di coloro che richiedono i loro servizi; parimenti, garantiranno la presenza di sistemi assicurativi e di assistenza idonei; accetteranno gli obblighi di rendiconto previsti dalla normativa nazionale e corrisponderanno un equo indennizzo in caso di mancata osservanza dei loro obblighi contrattuali.

3. I professionisti del turismo, nella misura in cui ciò dipende da loro, contribuiranno al soddisfacimento culturale e spirituale dei turisti e permetteranno loro, durante i viaggi, di praticare la propria fede religiosa.

4. Le autorità pubbliche degli Stati di provenienza e dei paesi di accoglienza, in collaborazione con i professionisti interessati e le loro associazioni, vigileranno sull'esistenza dei meccanismi necessari per il rimpatrio dei turisti in caso di fallimento dell'impresa che ha organizzato il viaggio.

5. I Governi avranno il diritto ed il dovere, specialmente in caso di crisi, di informare i propri cittadini delle difficili circostanze o persino dei pericoli che potrebbero incontrare durante il loro viaggio all'estero; avranno tuttavia la responsabilità di fornire tali informazioni senza arrecare danno, in maniera ingiustificata o esagerata, all'industria turistica dei paesi di accoglienza e agli interessi dei propri operatori; pertanto, il contenuto degli avvisi di viaggio dovrà essere discusso preventivamente con le autorità dei paesi di accoglienza e con i

professionisti interessati; le raccomandazioni formulate dovranno essere strettamente proporzionate alla gravità delle situazioni riscontrate e limitate alle aree geografiche in cui esistono problemi di sicurezza; tali avvisi saranno allentati o aboliti non appena il ritorno alla normalità lo permetterà.

6. La stampa, ed in modo particolare la stampa turistica specializzata e gli altri mezzi di informazione, compresi i mezzi moderni di comunicazione elettronica, rilasceranno informazioni oneste ed equilibrate sugli avvenimenti e le situazioni che potrebbero influenzare il flusso dei turisti; saranno altresì tenuti a fornire informazioni accurate ed affidabili ai consumatori dei servizi turistici; anche le nuove tecnologie di comunicazione e commercio elettronico saranno sviluppate ed utilizzate a tal fine; così come la stampa ed i mezzi di comunicazione, anche queste non dovranno in alcun modo favorire il turismo sessuale.

Articolo 7. ***Diritto al turismo.*** – 1. La possibilità di accedere direttamente e personalmente alla scoperta ed al godimento delle ricchezze del pianeta rappresenta un diritto di cui tutti gli abitanti del mondo devono poter usufruire in modo paritario; la sempre più estesa partecipazione al turismo nazionale ed internazionale sarà considerata come una delle migliori espressioni possibili della crescita continua del tempo libero e non dovrà essere ostacolata in alcun modo.

2. Il diritto di tutti al turismo sarà considerato come il corollario del diritto al riposo ed al divertimento, in modo particolare del diritto ad una limitazione ragionevole delle ore di lavoro e a congedi periodici retribuiti, ai sensi dell'Articolo 24 della Dichiarazione universale dei diritti dell'uomo e dell'Articolo 7.d del Patto Internazionale sui diritti economici, sociali e culturali.

3. Il turismo sociale, ed in particolare quello associativo, che facilita un ampio accesso allo svago, ai viaggi ed alle vacanze, sarà promosso con il sostegno delle autorità pubbliche.

4. Il turismo delle famiglie, dei giovani e degli studenti, delle persone anziane e dei disabili sarà incoraggiato e facilitato.

Articolo 8. ***Libertà di spostamenti turistici.*** – 1. I turisti ed i visitatori, nel rispetto del diritto internazionale e delle legislazioni nazionali, beneficeranno della libertà di spostamento all'interno dei loro paesi e da uno Stato all'altro, ai sensi dell'Articolo 13 della Dichiarazione Universale dei Diritti dell'Uomo; avranno accesso ai luoghi di transito e soggiorno, così come ai siti culturali e turistici senza eccessive formalità o discriminazione alcuna.

2. I turisti ed i visitatori avranno accesso a tutti i mezzi di comunicazione disponibili, interni o esterni; beneficeranno di un accesso rapido e agevole ai servizi locali amministrativi, giudiziari e sanitari; potranno liberamente contattare le autorità consolari dei loro paesi di provenienza conformemente alle convenzioni diplomatiche in vigore.

3. I turisti ed i visitatori beneficeranno degli stessi diritti dei cittadini del paese visitato per quanto concerne la riservatezza dei dati e delle informazioni personali che li riguardano, in modo particolare quando questi sono conservati in forma elettronica.

4. Le procedure amministrative relative all'attraversamento delle frontiere, che siano di competenza degli Stati o derivino da accordi internazionali, quali i visti o le formalità sanitarie e doganali, saranno adattate, per quanto possibile, in modo tale da facilitare al massimo la libertà di viaggio ed un ampio accesso al turismo internazionale; saranno incoraggiati accordi fra gruppi di paesi tesi ad armonizzare e semplificare queste procedure; imposte e tasse specifiche che penalizzano l'industria del turismo e minano la sua competitività saranno progressivamente eliminate o corrette.

5. I viaggiatori dovranno poter disporre, nella misura in cui la situazione economica del paese da cui provengono lo permette, dell'assegnazione delle valute convertibili necessarie per i loro spostamenti.

Articolo 9. ***Diritti dei lavoratori e degli imprenditori dell'industria turistica.*** – 1. I diritti fondamentali dei lavoratori stipendiati ed autonomi dell'industria turistica e delle attività connesse saranno garantiti dalla supervisione delle amministrazioni nazionali e locali, sia dei loro Stati di provenienza che dei paesi di accoglienza, con particolare attenzione, tenuto conto delle limitazioni specifiche legate in modo particolare al carattere stagionale della loro attività, alla dimensione globale dell'industria ed alla flessibilità spesso richiesta per via della natura di tale lavoro.

2. I lavoratori stipendiati ed autonomi dell'industria turistica e delle attività connesse avranno il diritto ed il dovere di acquisire una formazione idonea, iniziale e continuativa; sarà loro garantita una protezione sociale adeguata; dovrà essere limitata per quanto possibile la precarietà dell'occupazione ed uno *status* specifico, in modo particolare per quel che riguarda la protezione sociale, sarà offerto ai lavoratori stagionali del settore.

3. Tutte le persone fisiche o giuridiche, a condizione che abbiano le capacità e le qualifiche necessarie, avranno diritto a portare avanti un'attività professionale nel settore del turismo conformemente alla legislazione nazionale esistente; gli imprenditori e gli investitori – specialmente nel settore delle piccole e medie imprese – godranno di libero accesso al settore turistico con un minimo di restrizioni giuridiche o amministrative.

4. Gli scambi di esperienze offerti ai quadri e ai lavoratori, stipendiati o meno, di paesi differenti, contribuiranno a promuovere lo sviluppo dell'industria turistica mondiale; questi saranno agevolati, per quanto possibile, nel rispetto delle legislazioni nazionali e delle convenzioni internazionali applicabili.

5. Quali fattori insostituibili della solidarietà nello sviluppo e crescita dina-

mica degli scambi internazionali, le imprese multinazionali dell'industria turistica non dovranno abusare della posizione di predominio che talvolta detengono; esse dovranno evitare di divenire veicoli di modelli culturali e sociali imposti artificialmente alle comunità di accoglienza; in cambio della libertà di investire e operare a livello commerciale che sarà loro pienamente riconosciuta, esse si adopereranno per lo sviluppo locale, evitando, con un eccessivo rimpatrio dei profitti o delle loro importazioni indotte, di ridurre il loro contributo alle economie in cui operano.

6. Lo stabilimento di partnership e di relazioni bilanciate tra le imprese dei paesi di provenienza e di quelli riceventi contribuirà ad uno sviluppo sostenibile del turismo e ad una distribuzione equa dei benefici derivanti dalla sua crescita.

Articolo 10. ***Applicazione dei principi del Codice Mondiale di Etica del Turismo.*** – 1. I responsabili pubblici e privati dello sviluppo turistico collaboreranno nell'applicazione di questi principi e controlleranno la loro effettiva applicazione.

2. I responsabili dello sviluppo turistico riconosceranno il ruolo delle istituzioni internazionali, in primo luogo quello dell'Organizzazione Mondiale del Turismo, e delle organizzazioni non governative competenti in materia di promozione e sviluppo del turismo, della tutela dei diritti umani, dell'ambiente o della salute, nel rispetto dei principi generali del diritto internazionale.

3. Gli stessi responsabili dimostreranno la loro intenzione di sottoporre, ai fini della loro risoluzione, le controversie concernenti l'applicazione o l'interpretazione del Codice Mondiale di Etica del Turismo ad un organismo terzo imparziale denominato: Comitato Mondiale per l'Etica del Turismo.

4. Invita i protagonisti dello sviluppo turistico – amministrazioni nazionali, regionali e locali del turismo, imprese, associazioni professionali, lavoratori e organismi dell'industria turistica – le comunità d'accoglienza e gli stessi turisti, a regolare la loro condotta sui principi enunciati nel Codice etico mondiale per il turismo e ad applicarli in buona fede in conformità alle disposizioni segnalate qui di seguito.

5. Decide che, ove necessario, le modalità di attuazione dei principi enunciati nel Codice saranno oggetto di direttive d'applicazione elaborate dal Comitato mondiale di etica del turismo, sottoposte al Consiglio Esecutivo dell'OMT, adottate dall'Assemblea Generale, e periodicamente riviste e adattate nelle stesse condizioni.

6. Raccomanda:

a) agli Stati Membri e non membri dell'OMT, senza che ciò costituisca un obbligo per loro, di accettare espressamente i principi enunciati nel Codice etico mondiale per il turismo e di ispirarvisi nella redazione delle loro legislazioni e regolamenti nazionali, e di informare di conseguenza il Comitato mondiale di etica del turismo la cui creazione è prevista nell'articolo 10 del Codice e organizzata al punto 6 del presente documento;

b) alle imprese e organismi dell'industria turistica, membri o non Membri affiliati dell'OMT, e alle loro associazioni, di includere le pertinenti disposizioni del Codice nei loro strumenti contrattuali o di farvi esplicito riferimento nei loro codici deontologici o norme professionali interne, e di informare di conseguenza il Comitato mondiale di etica del turismo.

7. Invita i membri dell'OMT ad applicare attivamente le raccomandazioni emesse in sessioni precedenti in relazione alle questioni oggetto del presente Codice, tanto per quanto riguarda lo sviluppo sostenibile del turismo e la prevenzione del turismo sessuale organizzato, quanto la facilitazione dei viaggi, la sicurezza e la protezione dei turisti.

8. Sottoscrive il principio di un Protocollo di Applicazione del Codice etico mondiale per il turismo, come annesso alla presente risoluzione e adotta le direttive a cui si ispira:

– creazione di un meccanismo flessibile di continuità e di valutazione al fine di garantire l'adattamento continuo del Codice all'evoluzione del turismo mondiale e, più in generale, delle condizioni mutevoli dei rapporti internazionali;

– facilitazione agli Stati e agli altri protagonisti dello sviluppo turistico di un meccanismo di conciliazione al quale possono ricorrere per consenso o su base volontaria.

9. Invita i Membri effettivi dell'Organizzazione e tutti i protagonisti dello sviluppo turistico a comunicare entro sei mesi le proprie osservazioni complementari e proposte di emendamento al progetto di Protocollo di Applicazione allegato alla presente risoluzione, in modo che il Consiglio Esecutivo possa studiare in tempo utile le modifiche da apportare a questo testo, e prega il Segretario Generale di presentargli un rapporto su questo punto nel corso della sua quattordicesima sessione.

10. Decide di iniziare un processo di designazione dei Membri del Comitato mondiale di etica del turismo, di modo che la sua composizione possa essere completata per la quattordicesima sessione dell'Assemblea Generale.

11. Incita gli Stati Membri dell'OMT a pubblicare e a dare la massima diffusione possibile al Codice etico mondiale per il turismo, in particolare trasmettendolo a tutti i protagonisti dello sviluppo turistico, e invitandoli a dargli ampia pubblicità.

12. Incarica il Segretario Generale di prendere contatto con la Segreteria dell'Organizzazione delle Nazioni Unite allo scopo di studiare come questa Organizzazione possa associarsi al presente Codice, e sotto quale forma potrebbe farlo suo, specialmente in relazione al processo di applicazione delle raccomandazioni dell'ultima sessione della Commissione per lo Sviluppo Sostenibile.

Allegato
PROGETTO DI PROTOCOLLO DI APPLICAZIONE

I. *Organismo incaricato di interpretare, applicare e valutare le disposizioni del Codice etico mondiale per il turismo*

a) Viene creato un Comitato mondiale di etica del turismo, composto di dodici personalità indipendenti dai governi e da dodici supplenti, scelti in funzione delle loro competenze nell'ambito del turismo e negli ambiti connessi; essi non ricevono direttive, né istruzioni da parte di coloro che ne hanno proposto la nomina o li hanno scelti, e ai quali non devono rendere conto;

b) I membri del Comitato mondiale di etica del turismo vengono nominati nel seguente modo:

– sei membri titolari e sei supplenti sono designati dalle Commissioni regionali dell'OMT, su proposta degli Stati che ne sono Membri;

– un membro titolare e un supplente sono designati fra loro dai territori autonomi, che sono Membri associati dell'OMT;

– quattro membri titolari e quattro supplenti sono eletti dall'Assemblea Generale dell'OMT tra i Membri affiliati dell'Organizzazione, rappresentanti professionisti o impiegati dell'industria turistica, delle università e delle organizzazioni non governative, previa consultazione del Comitato dei Membri affiliati;

– un presidente, che può essere una personalità esterna non appartenente all'OMT, è eletto dagli altri membri del Comitato, su proposta del Segretario Generale dell'Organizzazione;

Il Consigliere giuridico dell'Organizzazione Mondiale del Turismo partecipa, secondo la necessità e a titolo consultativo, alle riunioni del Comitato; il Segretario Generale assiste di diritto o può farsi rappresentare. Per procedere alla designazione dei membri del Comitato, si terrà conto della necessità di una composizione geografica equilibrata di tale organismo e di una diversificazione delle competenze e degli statuti personali dei suoi membri, tanto dal punto di vista economico e sociale quanto da quello giuridico; i membri sono eletti per quattro anni, e il loro mandato può essere rinnovato una sola volta; in caso di seggio vacante, il membro viene sostituito dal suo supplente, fermo restando che, se rimangono vacanti il posto di membro e del suo supplente, è lo stesso Comitato ad occuparlo; se è vacante il posto di Presidente, questo è sostituito alle condizioni fissate sopra;

c) Nei casi segnalati ai punti I d), g) e h), nonché II a), b), f) e g) del presente Protocollo, le Commissioni regionali dell'OMT svolgono le funzioni di comitati regionali di etica del turismo;

d) Il Comitato mondiale di etica del turismo stabilisce il proprio regolamento interno, che, *mutatis mutandis*, si applica anche alle Commissioni regionali quando queste svolgono le funzioni di comitati regionali di etica del turismo; il *quorum* necessario alle riunioni del Comitato è fissato in due terzi della formazione in cui è chiamato a riunirsi; in caso d'assenza di un membro, questo può essere sostituito dal suo supplente; in caso di parità di voti, il presidente avrà voto decisivo;

e) Nel proporre la candidatura di una personalità per far parte del Comitato, ogni Membro dell'OMT si impegna a farsi carico delle spese di viaggio e di soggiorno relative alla partecipazione alle riunioni della persona di cui hanno proposto la nomina, inteso che i membri del Comitato non ricevono alcuna remunerazione; le spese legate alla partecipazione del Presidente del Comitato, ugualmente non remunerato, possono essere a carico del budget dell'OMT; la segreteria del Comitato è assicurata dai servizi dell'OMT; i costi di funzionamento, che restano a carico dell'Organizzazione, possono essere, in totalità o in parte, imputati a un fondo fiduciario alimentato da contributi volontari;

f) Il Comitato mondiale di etica del turismo si riunisce in principio una volta l'anno; quando gli viene sottoposta una domanda di risoluzione di una disputa, il Presidente consulta gli altri membri e il Segretario Generale dell'OMT sull'opportunità di celebrare una riunione straordinaria;

g) Il Comitato mondiale di etica del turismo e le Commissioni regionali dell'OMT assumono le funzioni di valutazione dell'applicazione del presente Codice, e di conciliazione; possono invitare esperti o istituzioni esterne ad apportare il proprio contributo alle sue deliberazioni;

h) Sulla base dei rapporti periodici che ricevono dai Membri effettivi, associati e affiliati dell'OMT, le Commissioni regionali dell'Organizzazione procedono ogni due anni, in qualità di comitati regionali di etica del turismo, a un esame dell'applicazione del Codice nelle loro rispettive regioni; consegnano i risultati di tale esame in un rapporto indirizzato al Comitato mondiale di etica del turismo; i rapporti delle Commissioni regionali possono contenere suggerimenti diretti a modificare o completare il codice etico mondiale per il turismo;

i) Il Comitato mondiale di etica del turismo esercita una funzione globale di "osservatorio" dei problemi riscontrati nell'applicazione del codice e delle soluzioni proposte; effettua la sintesi dei rapporti stabiliti dalle Commissioni regionali, completandoli con i dati da esso raccolti con l'aiuto del Segretario Generale e la collaborazione del Comitato dei Membri affiliati, che includerà, in caso di bisogno, proposte dirette a modificare o completare il Codice etico mondiale per il turismo;

j) Il Segretario Generale trasmette il rapporto del Comitato mondiale di etica del turismo al Consiglio Esecutivo, accompagnandolo con le proprie osservazioni, per esame e trasmissione all'Assemblea Generale con le raccomandazioni del Consiglio; l'Assemblea Generale decide sul corso da dare al rapporto e alle raccomandazioni che gli vengono sottoposte, la cui conseguente applicazione sarà impegno delle amministrazioni nazionali del turismo e degli altri protagonisti dello sviluppo turistico.

II. *Meccanismo di conciliazione per la risoluzione delle dispute*

a) In caso di disputa sull'interpretazione o l'applicazione del Codice etico mondiale per il turismo, due o più protagonisti dello sviluppo turistico possono ricorrere congiuntamente al Comitato mondiale di etica del turismo; se la disputa oppone due o più protagonisti di una stessa regione, le parti devono ricorrere alla competente Commissione regionale dell'OMT nella sua qualità di comitato regionale di etica del turismo;

b) Gli Stati, così come le imprese e gli organi turistici, possono dichiarare di riconoscere anticipatamente la competenza del Comitato mondiale di etica del turismo o di una Commissione Regionale dell'OMT per ogni disputa relativa all'interpretazione o all'applicazione del presente Codice, o per determinate categorie di dispute; in questo caso, si considera valido il ricorso unilaterale al Comitato o alla Commissione Regionale competente dall'altra parte nella disputa;

c) Quando una disputa viene sottoposta in prima istanza all'esame del Comitato mondiale di etica del turismo, il suo Presidente designa un sotto-comitato di tre membri incaricato di esaminare detta disputa;

d) Il Comitato mondiale di etica del turismo a cui è stata sottoposta una disputa, si pronuncia sulla base del rapporto redatto dalle parti; a queste può chiedere informazioni complementari e, se lo ritiene utile, le può ascoltare su loro richiesta; le spese relative a questa audizione sono a carico delle parti, tranne circostanze eccezionali a giudizio del Comitato; sempre che gli sia stata data la facoltà di partecipare a condizioni ragionevoli, la mancata partecipazione di una parte alla disputa non impedisce al Comitato di pronunciarsi;

e) Salvo accordo contrario delle parti, il Comitato mondiale di etica del turismo si pronuncia nell'arco dei tre mesi seguenti sulla data di presentazione del caso; presenta alle Parti raccomandazioni atte a formare la base di una soluzione; le Parti informano senza indugio il Presidente del Comitato che ha proceduto all'esame della disputa circa il seguito che hanno dato a queste raccomandazioni;

f) In caso di presentazione di un caso ad una Commissione Regionale dell'OMT, questa si pronuncia seguendo la stessa procedura, *mutatis mutandis*, di quella che si applica al Comitato mondiale di etica del turismo quando interviene in prima istanza;

g) Se, nei due mesi successivi alla notifica delle proposte del Comitato o di una Commissione Regionale, le parti non giungono ad un accordo sui termini di una soluzione definitiva della disputa, le parti o una di loro possono ricorrere al Comitato mondiale di etica del turismo in sessione plenaria; quando il Comitato si è pronunciato in prima istanza, i membri che hanno fatto parte del sotto-comitato che ha esaminato la disputa non possono partecipare alla sessione plenaria e sono sostituiti dai loro supplenti; se questi sono intervenuti in prima istanza, i membri titolari non sono impediti dal partecipare;

h) Il Comitato mondiale di etica del turismo riunito in sessione plenaria si pronuncia seguendo la procedura prevista ai punti II d) ed e) del presente Protocollo; qualora nelle fasi precedenti non si fosse giunti ad alcuna soluzione, formula alcune conclusioni finali per risolvere la disputa, che si raccomanderà alle parti di applicare nel più breve tempo possibile, se sono d'accordo con il loro contenuto; tali conclusioni sono rese pubbliche anche nel caso in cui il processo di conciliazione non fosse giunto a buon fine e una delle parti si fosse rifiutata di accettare le conclusioni finali proposte;

i) I Membri effettivi, associati e affiliati dell'OMT, così come gli Stati non membri dell'Organizzazione, possono dichiarare di accettare in anticipo come vincolanti e, eventualmente, soggette alla sola riserva di reciprocità, le conclusioni finali del Comitato mondiale di etica del turismo nelle dispute, o in una disputa particolare di cui siano parte;

j) Gli Stati possono ugualmente riconoscere come vincolanti o soggette a *exequatur* le conclusioni finali del Comitato mondiale di etica del turismo nelle dispute in cui siano parte i loro cittadini o che debbano essere applicate nel loro territorio;

k) Le imprese e gli organi turistici possono includere nei loro documenti contrattuali una disposizione che rende vincolanti le conclusioni finali del Comitato mondiale di etica del turismo nei rapporti con i loro contraenti.

RISOLUZIONE DEL PARLAMENTO EUROPEO, 29-10-2015

"Nuove sfide e strategie per promuovere il turismo in Europa"

Il Parlamento europeo,

– vista la comunicazione della Commissione dal titolo "L'Europa, prima destinazione turistica mondiale – un nuovo quadro politico per il turismo europeo" (COM(2010)0352),

– vista la sua risoluzione del 27 settembre 2011 sull'Europa, prima destinazione turistica mondiale – un nuovo quadro politico per il turismo europeo,

– vista la comunicazione della Commissione dal titolo "Strategia europea per una maggiore crescita e occupazione nel turismo costiero e marittimo" (COM(2014)0086),

– visto il Libro verde della Commissione dal titolo "Sicurezza dei servizi di ricettività turistica" (COM(2014)0464),

– vista la comunicazione della Commissione dal titolo "Legiferare meglio per ottenere risultati migliori – Agenda dell'UE" (COM(2015)0215),

– vista la sua risoluzione del 25 ottobre 2011 sulla mobilità e l'inclusione delle persone con disabilità e la strategia europea in materia di disabilità 2010-2020,

– vista la risoluzione del Consiglio del 6 maggio 2003 relativa all'accessibilità alle infrastrutture e attività culturali per le persone con disabilità,

– visto il trattato sul funzionamento dell'Unione europea (TFUE), in particolare l'articolo 195,

– visto l'articolo 52 del suo regolamento,

– visti la relazione della commissione per i trasporti e il turismo e i pareri della commissione per il mercato interno e la protezione dei consumatori e della commissione per la cultura e l'istruzione (A8-0258/2015),

A. considerando che le misure adottate a livello dell'UE in base all'articolo 195 TFUE devono essere complementari alle azioni degli Stati membri nel settore del turismo, escludendo qualsiasi armonizzazione delle legislazioni;

B. considerando che il turismo è uno degli ambiti dell'economia europea con il maggior potenziale di crescita e che, includendo i settori dell'indotto, genera oltre il 10% del PIL dell'UE; che il turismo è anche il motore di una solida occupazione, in quanto impiega direttamente 13 milioni di lavoratori che corrispondono ad almeno il 12% dei posti di lavoro nell'UE;

C. considerando che l'Europa è la meta turistica numero uno al mondo, con una quota di mercato pari al 52%; che, secondo le statistiche, la maggior parte dei viaggi all'estero intrapresi dai residenti dell'UE continua ad essere effettuata all'interno dell'UE, e che il numero di arrivi di turisti internazionali nell'UE è destinato ad aumentare di 140 milioni l'anno sino al 2025;

D. considerando che il turismo rappresenta una delle principali attività socioeconomiche dell'UE, con un impatto di vasta portata sulla crescita economica, sull'occupazione e sugli sviluppi sociali; che potrebbe, quindi, essere determinante per far fronte all'attuale crisi economica e occupazionale;

E. considerando che il turismo marittimo e costiero è la principale attività marittima in Europa e che esso rappresenta oltre un terzo dell'economia marittima, incidendo direttamente su molti altri settori dell'economia dell'UE e dando lavoro a 3,2 milioni di persone, per la maggior parte di età compresa tra i 16 e i 35 anni; che, inoltre, questo settore è stato una leva per la crescita e la creazione di posti di lavoro, soprattutto nelle regioni atlantiche e mediterranee;

F. considerando che le priorità della politica del turismo contribuiscono ad almeno tre priorità della Commissione Juncker, vale a dire la crescita sostenibile e l'occupazione, il mercato unico digitale connesso e un mercato interno più profondo e più equo;

G. considerando che le azioni annunciate nella comunicazione della Commissione del 2010 intitolata "L'Europa, prima destinazione turistica mondiale" perseguono l'ambizioso obiettivo di mantenere la posizione dominante dell'Europa nel panorama turistico mondiale;

H. considerando che il turismo non dispone di una linea dedicata nel bilancio UE, e che le azioni in tale ambito sono ripartite tra diversi fondi, progetti pilota e azioni preparatorie;

I. considerando che l'industria del turismo in Europa si trova ad affrontare una serie di nuove sfide, tra cui la digitalizzazione dei canali di distribuzione, lo sviluppo della nuova economia del consumo collaborativo, la crescente concorrenza delle mete emergenti e meno costose di paesi terzi, il cambiamento del comportamento dei consumatori, il passaggio a un'economia dell'esperienza, la richiesta di servizi di qualità per la clientela, la necessità di attrarre e trattenere personale qualificato, i cambiamenti demografici e la stagionalità;

J. considerando che i responsabili della politica del turismo possono far fronte a sfide quali i cambiamenti demografici e la stagionalità del turismo sviluppando prodotti e servizi che soddisfino le specifiche esigenze del crescente numero di anziani in grado di viaggiare durante la bassa stagione;

K. considerando che le PMI del settore turistico attraversano notevoli difficoltà a causa dei pesanti oneri normativi;

L. considerando che la promozione dell'Europa mediante una campagna di posizionamento come destinazione turistica e una strategia di marchio funge da importante strumento per rafforzarne l'immagine, il prestigio e la competitività quale insieme di mete turistiche sostenibili e di elevata qualità, consente alle destinazioni europee di distinguersi da altre mete internazionali e contribuisce ad attirare turisti internazionali, in particolare dai mercati terzi emergenti;

M. considerando che i conflitti vicino alle frontiere dell'UE, come in Ucraina e in Medio Oriente, unitamente alle minacce terroristiche, hanno un impatto negativo sul settore del turismo e necessitano, quindi, di misure di contrasto a livello sia nazionale sia europeo;

N. considerando che il turismo sostenibile, accessibile e responsabile in armonia con la natura, il paesaggio e le destinazioni urbane, basato sull'efficienza delle risorse, la mobilità sostenibile e la protezione climatica, concorre a preservare l'ambiente locale, in particolare nelle zone montane, costiere e insulari, e a conseguire risultati duraturi in termini di crescita regionale, soddisfa le esigenze di qualità sempre maggiori dei turisti e contribuisce alla competitività delle imprese;

O. considerando che il turismo culturale europeo svolge un ruolo importante nella promozione della ricca diversità culturale europea, rafforza l'identità europea e incentiva gli scambi interculturali e la comprensione multiculturale;

P. considerando che le regioni svolgono un ruolo fondamentale nello sviluppo e nell'attuazione di politiche inerenti al turismo a livello regionale;

Q. considerando che l'economia del consumo collaborativo rappresenta una transizione verso nuovi modelli commerciali risultante dalle nuove tecnologie in rapida evoluzione, e che molti soggetti attivi nell'economia del consumo collaborativo operano nel settore dei servizi turistici;

R. considerando che, nonostante le informazioni siano sparse e sia quindi difficile arrivare a una solida conclusione, è molto probabile che l'impatto economico del consumo collaborativo abbia un effetto positivo sulla crescita e sul benessere economici;

S. considerando che la fornitura di servizi di alta qualità e la protezione dei diritti dei consumatori dovrebbero essere le massime priorità di tutti i fornitori di servizi legati al turismo, inclusi quelli che lavorano nel settore del consumo collaborativo e che si avvalgono delle tecnologie Internet più moderne;

T. considerando che il settore dei viaggi e del turismo è uno dei comparti maggiormente interessati dalla digitalizzazione, e che ciò apre una serie di opportunità per le agenzie di viaggio non solo in Europa ma anche a livello globale;

Turismo competitivo, moderno e di qualità

1. invita la Commissione a riferire al Parlamento in merito all'attuazione degli interventi definiti nella suddetta comunicazione del 2010 e all'utilizzo delle do-

tazioni di bilancio a titolo dei Fondi strutturali e dei programmi UE pertinenti, con particolare riferimento al programma quadro per la competitività e l'innovazione (CIP) e al programma per la competitività delle imprese e delle piccole e medie imprese (COSME), nonché ai rispettivi progetti pilota e alle azioni preparatorie, sotto forma di un esame fattuale contenente una valutazione dell'efficacia delle azioni volte a promuovere il turismo e a consolidare la competitività del settore turistico dell'UE;

2. si attende che la Commissione provveda a che in futuro permanga la possibilità di stanziare risorse a titolo di vari fondi che promuovono la creazione di un ambiente favorevole per le imprese operanti nel settore turistico dell'UE;

3. esorta vivamente la Commissione a valutare la possibilità di creare una sezione dedicata esclusivamente al turismo nel prossimo quadro finanziario pluriennale, in quanto il turismo dovrebbe essere meglio riconosciuto come un'attività economica distinta in termini di bilancio e di interventi, anziché essere finanziato dai bilanci di altri settori politici;

4. ricorda che in taluni Stati membri i Fondi strutturali e di investimento europei (fondi SIE) sono ancora la principale fonte di finanziamento esterno per le attività intese a stimolare il turismo; esorta pertanto la Commissione europea a garantire una maggiore trasparenza sull'uso dei Fondi strutturali da parte delle amministrazioni locali;

5. invita la Commissione, gli Stati membri, le regioni e le autorità responsabili del turismo, unitamente alle imprese, in particolare le PMI, a sfruttare al massimo le nuove opportunità di finanziamento a titolo del Fondo europeo per gli investimenti strategici, specialmente attraverso le banche d'investimento nazionali e regionali, così che l'azione dell'UE a favore del turismo compia un salto di qualità;

6. esorta la Commissione a incentivare lo sviluppo di scenari pilota relativi al turismo nel quadro del programma Orizzonte 2020;

7. invita la Commissione a tradurre gli orientamenti in materia di sostegno finanziario nelle 24 lingue ufficiali dell'Unione al fine di agevolare l'acquisizione di informazioni relative ai possibili finanziamenti, segnatamente per le PMI, in quanto l'accesso ai finanziamenti rappresenta uno degli ostacoli che caratterizzano il settore;

8. invita la Commissione a nominare degli esperti indipendenti che valutino l'impatto sul turismo di altre politiche dell'UE e analizzino le minacce reali e potenziali per il turismo dovute ai conflitti nei paesi e nelle regioni limitrofe all'UE, e a riferire al Parlamento al riguardo, proponendo misure volte a incrementare l'impatto positivo e a ridurre quello negativo sul turismo;

9. si attende che la Commissione presenti una rassegna di dati aggiornati, sulla base del nuovo regolamento sulle statistiche del turismo;

10. osserva che è necessario un ulteriore sforzo per sviluppare un approccio integrato al turismo, garantendo che gli interessi e le esigenze di tale settore siano presi in considerazione nella formulazione e nell'attuazione delle altre politiche dell'UE (ad esempio, la politica dei trasporti e la politica rurale);

11. invita la Commissione a presentare una nuova strategia sul turismo dell'UE, che andrà a sostituire o ad aggiornare la comunicazione del 2010;

12. si attende che la Commissione presenti dettagliate misure di esecuzione relative alla nuova serie di azioni comuni in occasione del prossimo Forum europeo del turismo;

13. raccomanda vivamente che la Commissione trasferisca risorse umane sufficienti verso i servizi preposti alla politica del turismo, alla luce dell'importanza del turismo quale fattore essenziale per la crescita economica e l'occupazione in Europa; deplora che al tema del turismo non venga data sufficiente visibilità nel nuovo sito web della DG GROW; raccomanda altresì che quest'ultimo diventi multilingue;

14. sottolinea l'importanza del coordinamento tra i servizi e i dipartimenti della Commissione;

15. esorta la Commissione a valutare l'opportunità di ridurre il carico normativo sproporzionato, che ha un impatto negativo sulla competitività delle PMI nel settore del turismo; invita la Commissione e gli Stati membri a ridurre e a non aumentare il carico normativo esistente;

16. ricorda alla Commissione che il turismo è un settore chiave dell'economia europea e che è pertanto necessario migliorare significativamente il coordinamento tra gli Stati membri, le autorità regionali e locali e le istituzioni finanziarie, nonché creare sinergie tra i settori del turismo pubblico e privato; invita la Commissione a impegnarsi nella ricerca di un meccanismo che consenta un coordinamento e una cooperazione efficaci in tale comparto;

17. ritiene che l'UE debba mettere a punto, nel quadro della politica di cooperazione e di buon vicinato, azioni di cooperazione per lo sviluppo del turismo nei paesi terzi, onde consentire uno sviluppo equilibrato delle loro economie che contribuisca anche a ridurre le tensioni nell'area del vicinato e a migliorare l'attrattiva della regione e l'afflusso di turisti nella stessa;

18. ritiene che la proclamazione di un Anno europeo del turismo contribuirebbe a promuovere la diversità del turismo europeo e a incrementare il prestigio dei diversi soggetti attivi nel settore del turismo; chiede alla Commissione di prendere in considerazione tale iniziativa;

19. invita la Commissione a presentare un'analisi dei vantaggi e degli svantaggi della creazione di un'agenzia europea del turismo;

Marchio e promozione comune dell'Europa come destinazione turistica

20. incoraggia vivamente la Commissione, in cooperazione con la commissione europea del turismo (CET) che riunisce le organizzazioni turistiche nazionali, a portare avanti e a intensificare la promozione dell'Europa quale prima destinazione turistica mondiale nell'ambito di un approccio comune a livello europeo; chiede in particolare che venga attuata la strategia a lungo termine "Destinazione Europa 2020", lanciata nel febbraio 2014 dalla Commissione e dalla CET, che prevede una serie di azioni di marketing, sviluppo del marchio e promozione dell'Europa come destinazione turistica;

21. chiede nello specifico la creazione di un marchio "destinazione/i Europa", volto a completare e a valorizzare le attività promozionali delle organizzazioni turistiche operanti a livello nazionale, regionale, transfrontaliero e locale, e dell'industria del turismo europeo, a vantaggio della visibilità e della competitività delle destinazioni turistiche europee, soprattutto sui mercati di lungo raggio; sottolinea che il marchio "destinazione/i Europa" necessita di un approccio inclusivo che comporti vantaggi sia per le mete europee consolidate sia per quelle meno conosciute, preservando nel contempo la naturale specificità delle varie regioni europee che vivono di un proprio marchio territoriale, e che esso deve rispettare appieno le competenze degli Stati membri a norma dell'articolo 195 TFUE;

22. riconosce la necessità di definire chiaramente obiettivi comuni e di analizzare il potenziale e il valore aggiunto del marchio "destinazione/i Europa", sulla base delle esigenze e dei requisiti specifici espressi dagli Stati membri; è del parere che, per ottenere tali risultati, occorra procedere ulteriormente ad approfondite consultazioni con l'industria, le organizzazioni turistiche e le autorità regionali e locali; raccomanda l'elaborazione di una guida al marchio che specifichi le modalità promozionali convenute;

23. raccomanda di esaminare in che modo il settore privato possa essere coinvolto nella strategia di marketing del marchio "destinazione/i Europa" e come possa contribuire finanziariamente allo sviluppo e agli obiettivi della strategia; sottolinea l'importanza dei partenariati pubblico-privato e suggerisce pertanto l'elaborazione di un programma di partenariato pubblico-privato speciale per il turismo (SPOT); invita gli Stati membri a coinvolgere nel processo le rispettive autorità regionali e locali e a cooperare costruttivamente con l'industria allo scopo di conseguire tali obiettivi;

24. invita a rafforzare il marchio "destinazione/i Europa" quale meta di vacanze più accogliente al mondo per famiglie, bambini e tutte le generazioni;

25. ritiene fondamentale che il marchio "destinazione/i Europa" abbia, tra i suoi elementi chiave, la sicurezza del turista; invita in tal senso le autorità degli Stati membri, in stretta collaborazione con la Commissione, ad attuare strate-

gie (incluse campagne di informazione per i turisti) intese a offrire ai turisti un'esperienza che sia quanto più sicura possibile nelle destinazioni turistiche europee;

26. sottolinea la necessità di accrescere la consapevolezza politica del fatto che la promozione dell'Europa nei paesi terzi costituisce uno strumento di marketing finalizzato all'aumento del numero di turisti in entrata, e che essa apporta di conseguenza vantaggi economici non solo alle destinazioni meno conosciute e ai paesi che attraversano difficoltà economiche, ma anche all'UE nel suo complesso; ritiene che una politica rigida in materia di visti freni l'afflusso di turisti provenienti da paesi terzi; si compiace delle misure presentate dalla Commissione nel 2014 nell'ottica di rilasciare nuovi visti turistici e di agevolare il transito dei turisti nell'area Schengen; esorta a tal fine il Consiglio a pervenire rapidamente a un accordo con il Parlamento europeo affinché l'UE possa beneficiare di un afflusso più consistente di turisti provenienti da determinati paesi terzi che hanno potenzialmente un grande interesse a visitare l'UE;

27. ricorda che l'UE dovrebbe iniziare a investire, in modo da essere pronta a sfruttare il potenziale dei paesi terzi altamente popolati con un'economia emergente, in particolare i paesi BRIC, nei quali il numero di turisti in uscita è in aumento; segnala la necessità di adottare iniziative finalizzate alla promozione del turismo e di introdurre una maggiore flessibilità e coerenza nel regime dei visti turistici e negli attraversamenti delle frontiere; sottolinea che lo sviluppo di un maggior numero di piattaforme per i visti turistici, associato a un approccio prudente per quanto riguarda la semplificazione del codice dei visti, è un fattore importante per incrementare il numero di turisti provenienti da paesi extraeuropei e rafforzare la visibilità delle destinazioni turistiche europee; mette in evidenza il potenziale dei visti di circolazione per gruppi di turisti che sono già stati in un paese e l'importanza di attuare più accordi di esenzione dal visto onde sfruttare appieno gli arrivi di turisti internazionali; ritiene opportuno, nel rispetto del diritto e del dovere degli Stati membri di controllare l'accesso alle rispettive frontiere, che le istituzioni europee e gli Stati membri elaborino, nel quadro della politica comune in materia di visti, una strategia a lungo termine per un migliore coordinamento e la semplificazione delle procedure di rilascio dei visti;

Prodotti turistici paneuropei e transnazionali

28. è del parere che i soggetti interessati del settore pubblico e privato debbano intensificare gli sforzi per elaborare nuovi prodotti turistici europei transnazionali, tenendo pienamente conto del ruolo delle strategie macroregionali nel loro sviluppo; osserva che le macroregioni, quali la macroregione adriatico-ionica, offrono basi naturali, culturali e storiche peculiari per lo sviluppo di tali

prodotti; invita i soggetti interessati pubblici e privati della strategia macroregionale dell'UE per le regioni del Baltico, del Danubio, adriatico-ionica e alpina a elaborare, ciascuno nel proprio settore, strategie comuni per lo sviluppo del turismo;

29. è fautore della cooperazione internazionale nella creazione di itinerari tematici transnazionali (a livello di un numero maggiore di paesi europei), allo scopo di amplificare gli elementi esperienziali che motivano le visite verso determinate destinazioni (definite a livello statale), incrementare la mobilità dei vacanzieri, far aumentare la spesa media e ampliare la piattaforma promozionale (in particolare per quanto concerne i visitatori provenienti dai mercati a lungo raggio);

30. sottolinea l'incremento della concorrenza internazionale con l'emergere di destinazioni al di fuori dell'Europa; ritiene fondamentale, per questo motivo, favorire una maggiore cooperazione tra le destinazioni europee attraverso cluster turistici e reti a livello locale, regionale, nazionale e transnazionale e all'interno dei bacini marittimi;

31. riconosce l'importanza dei prodotti turistici transnazionali per la promozione della coesione territoriale; è pertanto convinto dell'opportunità di sostenere tramite adeguati incentivi le iniziative realizzate nell'ambito di quadri di cooperazione istituzionalizzati;

32. invita gli Stati membri a promuovere nuovi percorsi turistici tramite la riqualificazione di aree in disuso, strade, ferrovie, sentieri abbandonati e vecchi tragitti;

33. invita la Commissione e i membri della CET a sostenere l'attuale mandato di quest'ultima al fine di coadiuvare lo sviluppo e la promozione di prodotti e servizi turistici transnazionali e paneuropei mirati, nonché il turismo costiero e marittimo, tramite un portale "Visiteurope.com" all'avanguardia, ottimizzato e pienamente accessibile; invita la Commissione a rendere disponibile il portale "Visiteurope.com" anche su tutti i dispositivi mobili e portatili d'uso comune attraverso una specifica applicazione (app);

34. invita altresì la Commissione a rafforzare la propria cooperazione con il Consiglio d'Europa, con la CET e l'Organizzazione mondiale del turismo delle Nazioni Unite e gli altri partner internazionali per incrementare lo sviluppo dei prodotti turistici paneuropei e transnazionali;

35. sottolinea, tenendo conto del fatto che i consumatori di oggi tendono a cercare un'esperienza turistica, anziché una semplice destinazione, che una strategia di marketing di successo per la promozione dei prodotti turistici europei deve corrispondere alle esigenze dei diversi segmenti e mercati di viaggio nei paesi terzi;

36. sottolinea la necessità che gli agenti di viaggio e gli operatori turistici promuovano il numero di emergenza europeo 112 sui pertinenti siti web e i biglietti elettronici, così come nelle principali destinazioni turistiche dell'UE;

37. accoglie con favore l'iniziativa "Calypso-Turismo per tutti", che consente ad anziani, giovani, persone a basso reddito e disabili di andare in vacanza al di fuori dell'alta stagione; sottolinea che l'iniziativa ha il potenziale di risolvere il problema della stagionalità, segnatamente nelle mete meno conosciute;

38. ritiene, tuttavia, che per contrastare la stagionalità in Europa occorra concentrarsi maggiormente sullo sviluppo di prodotti turistici mirati che offrano ai viaggiatori una particolare esperienza turistica e soddisfino le loro esigenze specifiche; invita la Commissione, di conseguenza, a incoraggiare e sostenere gli Stati membri e l'industria del turismo affinché sviluppino prodotti maggiormente diversificati e mirati, incentrati su determinate tematiche quali il patrimonio rurale, culturale e industriale, la storia, la religione, la salute, le esperienze termali e di benessere, lo sport, l'enogastronomia, la musica e l'arte quali forme di turismo alternativo che contribuiscono ad apportare valore aggiunto all'area interessata diversificandone l'economia e riducendo la dipendenza dell'occupazione dalla stagionalità; esorta gli Stati membri, a tale scopo, a fare un uso appropriato dei fondi dell'UE e invita la Commissione a estendere di conseguenza gli obiettivi di intervento nell'ambito del programma COSME; ritiene che gli eventi sportivi, musicali e artistici abbiano enormi potenzialità di mobilitare turisti dall'Europa e dall'estero;

39. mette in evidenza che la diversità e il multiculturalismo dell'Europa offrono un grande potenziale per lo sviluppo del turismo a tema e consentono la promozione coordinata del turismo sostenibile e alternativo e degli scambi culturali; è fautore delle iniziative volte a collegare tra loro i siti turistici per creare prodotti e itinerari turistici a tema, su scala europea, nazionale, regionale e locale, sfruttando la complementarietà e le peculiarità dei diversi siti turistici europei al fine di offrire la migliore esperienza possibile ai turisti;

40. sottolinea la necessità di promuovere e valorizzare il ricco patrimonio culturale dell'Europa, utilizzando la lista dei patrimoni mondiali dell'UNESCO come una proposta commerciale unica, ma anche includendo siti potenzialmente meno conosciuti o non facilmente raggiungibili, in particolare alla luce del fatto che il turismo culturale rappresenta circa il 40% del turismo europeo e contribuisce pertanto in modo sostanziale alla crescita economica, all'occupazione, all'innovazione sociale e allo sviluppo locale, regionale, urbano e rurale, riducendo nel contempo l'impatto della stagionalità; pone l'accento, al riguardo, sul ruolo chiave svolto dal mecenatismo, che contribuisce alla conservazione del patrimonio europeo e aiuta gli Stati membri a sostenerne i costi;

41. sottolinea che la promozione di eventi culturali a vari livelli potrebbe accrescere l'attrattiva delle destinazioni turistiche e suggerisce in tal senso di valutare la possibilità di creare un calendario europeo di eventi da pubblicare sul portale "Visiteurope.com", nell'ottica di migliorare i servizi di informazione per i turisti;

42. invita le organizzazioni turistiche nazionali a fornire un'adeguata visibilità online alle iniziative e premi che danno risalto al patrimonio europeo e a incentivare le iniziative e le attività promozionali collegate (ad esempio il marchio del patrimonio europeo e gli itinerari culturali europei);

43. ribadisce l'importanza di tutelare e preservare il patrimonio culturale dai possibili effetti nocivi dei cambiamenti strutturali causati dal turismo e dai rischi che comporta il turismo di massa, in particolare durante l'alta stagione; antepone la qualità dei lavori svolti al loro costo; sottolinea a tale proposito il ruolo che il mecenatismo può svolgere per contribuire alla conservazione del patrimonio europeo e compensare la diminuzione delle risorse pubbliche stanziate a tal fine;

44. chiede alla Commissione e agli Stati membri di realizzare le azioni volte a proteggere i momenti e siti europei in pericolo, allo scopo di salvaguardare e promuovere il patrimonio culturale e incoraggiare così il turismo culturale;

45. sottolinea l'importante ruolo esercitato dal turismo culturale europeo quale strumento di crescita personale e di conoscenza, in particolare tra i giovani, quale mezzo per promuovere la ricchezza, nazionale e locale, della diversità e del patrimonio culturale europei e contribuire all'apprendimento interculturale, nonché come occasione per stabilire contatti, rafforzare l'identità europea ed esprimere valori europei;

46. sottolinea il potenziale del turismo culturale ai fini della riduzione della povertà; chiede, a tal proposito, la promozione delle industrie creative degli Stati membri e del turismo rurale, nell'ottica di promuovere la straordinaria ricchezza culturale dell'Europa e lottare contro la povertà e la disoccupazione;

47. sottolinea che sarebbe opportuno facilitare l'acquisto congiunto di documenti di viaggio e di biglietti nella prospettiva di sostenere le manifestazioni culturali;

48. sottolinea che la varietà delle lingue europee – ufficiali, coufficiali, minoritarie e meno conosciute – costituisce il fondamento su cui si basa il patrimonio culturale dell'Europa ed è la chiave di un turismo sostenibile e responsabile;

49. prende atto delle opportunità offerte da importanti eventi e siti storici, come la coalizione dei "Sites of Conscience", per affrontare le sfide contemporanee attraverso un'interpretazione sensibile e programmi educativi; è fautore dell'uso del patrimonio e del turismo culturali per promuovere il dialogo interculturale e avvicinare tra loro i popoli d'Europa;

50. sottolinea il potenziale del turismo sportivo, che in futuro potrebbe diventare uno dei settori più dinamici per la crescita del comparto europeo dei viaggi, e chiede l'introduzione di apposite politiche per incentivarne e sostenerne lo sviluppo; ricorda l'importanza delle attività sportive ai fini dell'attrattiva turistica delle regioni europee; pone l'accento sulle opportunità offerte dagli spostamenti di atleti e spettatori alla vigilia e nel corso degli eventi sportivi, che

possono richiamare turisti anche nelle regioni più periferiche; sottolinea che le potenzialità del turismo sportivo non sono ancora adeguatamente sfruttate;

Qualità

51. è convinto che il turismo europeo necessiti di una transizione da un modello di crescita quantitativa a un modello qualitativo che si traduca in uno sviluppo costante e sostenibile, e che occorra in realtà costruire un'industria del turismo che consenta la creazione di posti di lavoro più qualificati e adeguatamente retribuiti; ritiene che la diversificazione economica del turismo nelle aree rurali e costiere offra la possibilità di creare nuovi posti di lavoro sostenibili;

52. prende atto della diversità degli standard di qualità dei servizi turistici e ritiene che gli standard di qualità siano importanti in quanto strumento che offre agli operatori pari condizioni e accresce la trasparenza per i consumatori, rafforzando in tal modo la fiducia di tutte le parti coinvolte; chiede a tutti i soggetti interessati di far avanzare il dibattito sul modo in cui l'UE può promuovere standard di qualità concordati per i servizi turistici;

53. invita la Commissione a istituire un marchio europeo per il turismo di qualità che premi gli sforzi rigorosi compiuti dai professionisti del settore a sostegno della qualità dei servizi turistici sulla base del massimo rispetto per il patrimonio culturale e naturale, migliorando la qualità dell'occupazione nel turismo, incrementando l'accessibilità per tutti e promuovendo le tradizioni culturali delle comunità locali;

54. invita la Commissione a rafforzare la collaborazione tra gli Stati membri al fine di migliorare la qualità dei prodotti tramite la tutela della dicitura "*made in*";

55. invita la Commissione e gli Stati membri a collaborare con le associazioni turistiche e a definire congiuntamente un sistema comune europeo per la classificazione delle infrastrutture turistiche (alberghi, ristoranti ecc.); ritiene che l'iniziativa di "Hotelstars Union" volta ad armonizzare progressivamente i sistemi di classificazione delle strutture ricettive in Europa debba essere promossa ulteriormente, permettendo così di meglio comparare le offerte di alloggi in Europa e contribuendo all'utilizzo di criteri comuni di qualità dei servizi;

56. ritiene che il mantenimento di standard di sicurezza nel settore dei servizi turistici nell'UE sia un elemento essenziale della buona qualità; plaude pertanto al Libro verde della Commissione dal titolo "Sicurezza dei servizi di ricettività turistica"; prende atto del contributo di molti gruppi di consumatori, organizzazioni per la sicurezza antincendio e organizzazioni del settore turistico che sostengono l'azione a livello dell'UE in materia di sicurezza del turismo; invita dunque la Commissione a presentare proposte di norme minime di sicu-

rezza del turismo nell'UE, in particolare nel settore della sicurezza antincendio e della sicurezza contro il monossido di carbonio negli alloggi per vacanze; mette in rilievo la necessità di una raccolta sistematica di dati sulla sicurezza degli alloggi;

57. sottolinea che i servizi turistici di alta qualità sono garantiti se associati a una formazione adeguata e a condizioni di lavoro dignitose e che è controproducente ignorare o intaccare le competenze necessarie e le conquiste sociali nel settore;

58. è del parere che investire nella formazione e nell'istruzione sia essenziale per garantire servizi di qualità in un settore che impiega soprattutto giovani di età generalmente compresa tra i 16 e i 35 anni; esorta vivamente la Commissione a collaborare con gli enti privati e altri organismi pubblici nella messa a punto di programmi di formazione e tirocinio durante la bassa stagione, al fine di rendere il settore più attraente e meno stagionale; ritiene che tali formazioni dovrebbero porre l'accento su qualifiche più elevate e sullo sviluppo di competenze trasversali per migliorare le prospettive di lavoro nell'intero settore; invita pertanto la Commissione a sostenere gli sforzi del settore turistico volti a migliorare le abilità e le competenze dei datori di lavoro e dei lavoratori onde anticipare le prossime tendenze e le future necessità in termini di competenze; è del parere che sia opportuno migliorare le statistiche sull'occupazione nel settore turistico;

59. invita la Commissione, a tale proposito, a sostenere l'industria del turismo, colmando le lacune di competenze e aumentando la rilevanza per il mercato dell'istruzione e della formazione professionale; propone che la Commissione pubblichi e distribuisca una guida sulle migliori pratiche e sull'offerta formativa nell'UE, che agevoli il conseguimento di una professionalità più elevata e una maggiore mobilità volontaria tra i professionisti dell'UE;

60. sottolinea l'importanza di migliorare il riconoscimento reciproco, da parte degli Stati membri, delle qualifiche professionali nel settore del turismo, al fine di consentire ai lavoratori di identificare le migliori prospettive di carriera e incoraggiarne così la mobilità;

61. accoglie con favore gli strumenti di mobilità e progetti di cooperazione quali le alleanze della conoscenza e le alleanze delle abilità settoriali nell'ambito di Erasmus+, quali strumenti efficaci per consentire agli addetti del settore turistico che partecipano ad attività di istruzione e formazione, a tutti i livelli, di scambiare le migliori prassi, migliorare le proprie competenze linguistiche e acquisire conoscenze pratiche nel campo del turismo culturale; esprime tuttavia preoccupazione dinanzi allo scarso interesse che i giovani nutrono per i percorsi professionali in taluni comparti del turismo; sottolinea i vantaggi del sistema d'istruzione "duale" nel settore del turismo e l'importanza di abbinare apprendimento ed esperienza pratica, migliorando così sia la conoscenza teori-

ca che le competenze pratiche; invita gli Stati membri e le autorità locali e regionali a sfruttare appieno le opportunità offerte dal Fondo sociale europeo e da altri fondi unionali, nazionali, regionali e locali per promuovere la formazione professionale.

62. invita gli Stati membri a investire nella formazione di qualità delle guide turistiche e a favorire un approccio multilinguistico per una migliore valorizzazione dei siti di interesse da parte dei turisti stranieri; invita altresì la Commissione e gli Stati membri a definire standard europei di qualità per le guide turistiche, prevedendo il rispetto di requisiti minimi di formazione;

63. invita la Commissione a condurre uno studio sull'impatto che le imposte e le tasse sui prodotti e sui servizi turistici a livello locale, regionale, nazionale ed europeo esercitano sulla competitività dell'Europa come destinazione turistica; invita gli Stati membri a riconoscere l'importanza di ridurre le aliquote IVA sui servizi di viaggio e di turismo per contribuire a sviluppare le economie locali e a sostenere la crescita e l'occupazione, nonché di aiutare l'Europa a rimanere competitiva sul mercato globale;

Sfruttare appieno il potenziale del turismo costiero e marittimo

64. riconosce l'importanza che riveste per le zone costiere e insulari la Strategia europea per una maggiore crescita e occupazione nel turismo costiero e marittimo (in linea con la Strategia per la crescita blu e la Strategia Europa 2020), che presenta una serie di risposte comuni alle numerose sfide cui si deve far fronte;

65. esorta con forza la Commissione a presentare un piano d'azione volto ad accompagnare le 14 azioni descritte nella soprammenzionata Strategia per il turismo costiero e marittimo, con obiettivi e calendari concreti, e a riferire al Parlamento in merito ai progressi compiuti in relazione a tali azioni;

66. invita la Commissione a condurre un seminario annuale, con la partecipazione degli Stati membri costieri e marittimi e delle rispettive regioni, al fine di promuovere un dialogo paneuropeo e agevolare la condivisione delle migliori prassi e l'attuazione di una strategia di lungo termine;

67. ricorda l'importanza della connettività e dell'accessibilità, e osserva che esse differiscono in funzione dell'alta o della bassa stagione nelle regioni ultraperiferiche e nelle isole, che dipendono in larga misura dal trasporto marittimo e aereo; sottolinea altresì l'importanza di mettere a punto piani regionali che promuovano la mobilità tra le destinazioni; chiede alla Commissione che l'azione 12 della soprammenzionata Strategia per il turismo costiero e marittimo tenga anche conto dell'efficacia degli aiuti di Stato nelle regioni costiere e marittime;

68. incoraggia con fermezza la Commissione nonché gli Stati membri e i soggetti interessati nel settore del turismo nautico e marittimo a valutare la neces-

sità di creare strategie intelligenti e innovative quale soluzione per contrastare la stagionalità, che siano adeguate ai periodi di alta e bassa stagione e che tengano conto dei vari gruppi obiettivo; invita i soggetti interessati ad adoperarsi per creare esperienze, prodotti e servizi complementari integrati con i prodotti locali, segnatamente legati alla cultura e al patrimonio marittimi, agli sport acquatici, alla nautica da diporto, all'osservazione della vita e della natura marine, alle attività balneari, alla pesca artigianale, all'alimentazione e alla salute;

69. sottolinea l'importanza del turismo da crociera per la crescita del settore del turismo in Europa; invita pertanto la Commissione e gli Stati membri a valutare le risorse necessarie e le infrastrutture portuali e nautiche esistenti, nonché a standardizzare la raccolta differenziata e il riciclaggio, al fine di creare azioni di pianificazione innovative per tali settori sviluppando il concetto di città portuale intelligente;

70. sottolinea che una pianificazione comune e un'azione congiunta sono necessarie sia per l'accettazione del turismo tra la popolazione sia per il suo sviluppo sostenibile;

Turismo sostenibile, responsabile e sociale

71. invita la Commissione a continuare a promuovere un turismo sostenibile, responsabile ed ecologico, in cooperazione con partner strategici quali la CET e altri soggetti interessati, sviluppando nuovi prodotti specifici e promuovendo quelli esistenti, e propone la creazione di una piattaforma web di portata europea, pienamente accessibile, che riunisca in una banca dati consultabile tramite il portale "Visiteurope.com" le informazioni esistenti su prodotti certificati, nuove forme di turismo, destinazioni e itinerari, nonché su servizi specifici quali mezzi di trasporto e guide turistiche;

72. ritiene che si debbano destinare (co)finanziamenti maggiori a progetti turistici sostenibili nel quadro del programma COSME;

73. sollecita la Commissione a finalizzare la Carta europea del turismo sostenibile e responsabile nonché a continuare a sostenere economicamente importanti iniziative e reti quali le Destinazioni europee di eccellenza (EDEN) e gli itinerari culturali europei;

74. incoraggia le organizzazioni turistiche nazionali, sulla base di norme proposte dalla Commissione, a creare un portale unico a livello nazionale dedicato al turismo sostenibile e responsabile, al fine di consentire ai clienti di effettuare una scelta informata tra destinazioni e prodotti mirati nazionali e transnazionali;

75. sottolinea l'importanza di garantire lo sviluppo di un turismo sostenibile, responsabile e accessibile, nell'ambito del quale l'idea di "destinazione intelligente" dovrebbe avere un ruolo centrale nello sviluppo delle destinazioni, e che dovrebbe combinare gli aspetti della sostenibilità, del turismo esperienzia-

le e dell'uso adeguato delle risorse naturali con le nuove tecnologie, inclusi gli aspetti dell'accessibilità fisica e in termini di comunicazione; è convinto che le reti di informazione sui progetti in materia di turismo dolce offrano buone opportunità di sostenere le PMI, lo sviluppo locale sostenibile, posti di lavoro sostenibili ed economie stabili;

76. invita la Commissione a condurre uno studio sui certificati di sostenibilità per i servizi del turismo dolce, tra cui un'analisi degli strumenti volontari che indichi quali di essi hanno avuto successo;

77. invita a promuovere e sviluppare ulteriormente le offerte rivolte a bambini e famiglie nel settore del turismo, ad esempio attraverso la creazione di un marchio europeo per il turismo a misura di famiglia;

78. sottolinea l'importanza di incentivare programmi per consentire la riqualificazione di vecchie strutture alberghiere secondo criteri di turismo eco-sostenibile;

79. sottolinea il ruolo cruciale svolto dal turismo europeo nella rivitalizzazione delle aree rurali e urbane, nella prospettiva di uno sviluppo sostenibile locale e regionale;

80. chiede lo sviluppo di servizi turistici sostenibili in quelle località che, pur avendo un forte potenziale culturale e turistico, hanno subito danni di immagine a seguito della maggiore messa in evidenza e dello sviluppo di altri settori, compreso quello industriale;

81. sottolinea l'importanza di tenere presente che l'attività turistica non dovrebbe incidere negativamente sulla vita quotidiana dei residenti e che, al contrario, è necessario integrare positivamente e partecipativamente la popolazione residente nel fenomeno del turismo;

82. evidenzia che il patrimonio naturale e culturale e la protezione della biodiversità rappresentano una risorsa preziosa per il settore turistico e sostiene pertanto gli Stati membri, le autorità regionali e le imprese turistiche nella promozione dell'ecoturismo e nel rispetto della legislazione ambientale dell'UE in sede di adozione e di esecuzione di progetti infrastrutturali; invita gli Stati membri a integrare le iniziative in materia di patrimonio naturale nelle loro strategie turistiche nazionali e regionali;

83. sottolinea l'importanza del turismo sostenibile e responsabile per la tutela e la promozione del patrimonio naturale e culturale regionale; è convinto, quindi, che è opportuno sostenere e promuovere, mediante misure adeguate, i prodotti turistici regionali e i soggiorni di breve durata;

84. invita la Commissione e gli Stati membri a sviluppare reti di itinerari verdi che comprendano aree rurali, boschive e siti naturali minori integrando le reti infrastrutturali di trasporto esistenti con nuove soluzioni ecosostenibili;

85. sottolinea che il turismo sostenibile legato alla pesca può offrire un contributo importante all'economia delle zone rurali d'Europa; osserva che questa

forma di turismo può continuare a esistere soltanto se le specie ittiche minacciate delle acque interne europee vengono gestite in modo più sostenibile;

86. osserva che il turismo rurale è una delle forme più elementari di turismo alternativo nell'UE e invita la Commissione, in cooperazione con gli Stati membri, a sostenere azioni volte a fornire incentivi a favore dell'ulteriore sviluppo delle infrastrutture e dell'accessibilità di questo settore;

87. invita la Commissione a mettere maggiormente in risalto i territori e le specialità locali, incoraggiandone la promozione e garantendo la protezione di prodotti locali quali le indicazioni geografiche protette agricole e non agricole (IGP);

88. ritiene che regioni sensibili come quelle insulari, costiere e montane, e in particolare le regioni remote e ultraperiferiche, spesso dipendano fortemente dal settore turistico e che siano le prime a essere colpite dai cambiamenti climatici; è pertanto convinto che la protezione del clima debba rappresentare una priorità ed essere maggiormente integrata nelle politiche dei trasporti e del turismo a livello europeo, nazionale e regionale, tra l'altro mettendo l'accento sull'efficienza energetica, l'energia rinnovabile, i trasporti sostenibili e la gestione dei rifiuti; invita la Commissione a effettuare una valutazione d'impatto per stabilire in che misura i cambiamenti climatici influenzino il turismo in queste regioni sensibili – sotto il profilo economico, ambientale e sociale – e quale sarà la loro influenza in futuro;

89. sottolinea la necessità di promuovere le potenzialità turistiche delle aree remote rurali, insulari, costiere e montane, incoraggia lo sviluppo del turismo marittimo e marino sostenibile nell'UE e invita gli Stati membri a sviluppare infrastrutture sostenibili e a migliorare la connettività transfrontaliera quale mezzo per valorizzare la loro attrattiva e accessibilità;

90. sottolinea che le isole hanno i loro problemi, soprattutto in termini di collegamenti tra le isole minori e la terraferma, e invita la Commissione a proporre misure volte a stimolare gli investimenti in tale settore;

91. ritiene che l'introduzione di "controlli ambientali" volontari per il miglioramento della qualità ambientale in ambito turistico sia un contributo importante del settore e raccomanda di premiare le aziende che dimostrano particolare impegno;

92. invita le autorità e gli operatori responsabili a intensificare gli sforzi sul piano nazionale, regionale e locale per promuovere gli itinerari di turismo dolce, quali le reti europee di percorsi a cavallo, cammini percorribili a piedi, itinerari di pellegrinaggio o piste ciclabili, in combinazione con tutti i servizi ferroviari transfrontalieri, compresi i treni ad alta velocità e i treni notturni; ricorda che occorre prendere sempre in considerazione anche l'interoperabilità con le altre modalità di trasporto; raccomanda di eliminare il sovrapprezzo del biglietto nelle tratte transfrontaliere, che rappresenta una delle barriere a un maggiore utilizzo delle ferrovie da parte dei turisti nelle aree di confine;

93. riconosce che il turismo urbano sostenibile è un'attività in rapida crescita e che la politica in materia di mobilità e di trasporti nei centri turistici delle città dovrebbe essere efficiente, sostenibile e generare situazioni vantaggiose sia per i visitatori sia per gli abitanti locali;

94. sostiene lo sviluppo di forme integrate di trasporto multimodale per i turisti, mediante la creazione di biglietti che permettano l'utilizzo di diversi mezzi di trasporto a seconda delle differenti esigenze; sottolinea che i progressi a livello dei servizi di biglietteria integrata sarebbero un forte incentivo per il turismo transfrontaliero;

95. sottolinea che i veicoli elettrici rappresentano una soluzione sempre più attraente in termini di nuova mobilità flessibile per il turismo sia rurale che urbano, e che tale opzione di mobilità dovrebbe essere offerta con maggiore frequenza nelle località turistiche;

96. sottolinea l'importanza di agevolare l'uso dei mezzi di trasporto pubblici da parte degli utenti della bicicletta;

97. esorta la Commissione a valutare la possibilità di trasformare il sistema europeo di indicatori per il turismo (ETIS) in uno strumento dell'UE volto ad aiutare le destinazioni turistiche a controllare, gestire, valutare e migliorare le loro prestazioni in termini di sostenibilità;

98. invita gli Stati membri a trasferire all'estero le esperienze positive in termini di gestione del turismo sostenibile nel quadro della collaborazione internazionale;

99. è del parere che la piena accessibilità e la convenienza economica del turismo siano parte integrante della sostenibilità del settore; afferma che il principio del "turismo per tutti" consente e autorizza le persone, in particolare quelle con esigenze particolari (ad esempio, le persone con disabilità o a mobilità ridotta, i giovani, gli anziani, le famiglie a basso reddito e quelle con figli), a godere dei loro diritti di cittadini, e che di conseguenza deve essere il punto di riferimento per qualsiasi azione legata al turismo a livello nazionale, regionale, locale o europeo; invita gli Stati membri a rivolgere particolare attenzione all'uso delle nuove tecnologie nello sviluppo di concetti turistici per gli anziani e per le persone con disabilità specifiche;

100. raccomanda agli Stati membri di sviluppare un sistema di identificazione uniforme e trasparente a livello europeo per le opzioni accessibili e di realizzare le relative piattaforme Internet; invita la Commissione a presentare suggerimenti in tal senso;

101. raccomanda agli Stati membri di introdurre l'accessibilità quale criterio di ammissibilità nel quadro dei programmi di sviluppo economico del settore turistico;

102. sottolinea che la fiducia dei consumatori nelle imprese che forniscono servizi nel settore del turismo implica altresì che le imprese mettano a loro di-

sposizione strumenti di risoluzione delle controversie semplici, efficaci e rapidi, e proteggano i dati personali e finanziari dei consumatori;

103. è dell'avviso che, al fine di rendere accessibile il turismo in Europa, le compagnie aeree debbano porre fine alla pratica distorta e spesso diffusa di assegnare maggiori spazi alle classi business piuttosto che a quelle economy;

104. sottolinea il contributo della società civile alla promozione di nuove forme di turismo, attraverso i social network, le organizzazioni di volontari, le associazioni culturali e sportive, i gruppi d'azione civica e le organizzazioni che rappresentano i giovani, le donne e le comunità di espatriati;

105. chiede un maggior riconoscimento del ruolo essenziale svolto dal volontariato nello sviluppo e nella promozione del settore turistico attraverso il volontariato culturale;

106. esorta la Commissione e gli Stati membri a prestare attenzione e a sostenere le potenzialità dell'economia sociale in termini di sviluppo del turismo sostenibile e responsabile;

107. ritiene che il turismo rivesta un importante valore sociale per i giovani, i lavoratori e i pensionati, e invita gli Stati membri a utilizzare i fondi dell'UE per lo sviluppo del turismo sanitario e ricreativo;

108. sottolinea che la perdurante crisi dell'immigrazione in Europa colpisce soprattutto le zone costiere, dove il turismo rappresenta un elemento importante per il reddito degli abitanti; invita la Commissione a elaborare una relazione sull'impatto che l'afflusso incontrollato di migranti verso l'Unione europea ha sul settore del turismo;

Economia del consumo collaborativo

109. accoglie con favore le opportunità offerte dal consumo collaborativo per le start-up e le imprese innovative nel settore del turismo; riconosce la complementarità di questi servizi con le altre offerte turistiche per quanto concerne la loro ubicazione e le persone a cui si rivolgono;

110. ricorda che l'economia collaborativa, o consumo collaborativo, è un nuovo modello socioeconomico decollato grazie alla rivoluzione tecnologica, con Internet che mette in comunicazione le persone attraverso piattaforme online su cui le transazioni di beni e servizi possono essere condotte in modo sicuro e trasparente;

111. evidenzia che l'attuale legislazione non è adatta all'economia del consumo collaborativo e che per questa ragione i governi locali e nazionali hanno iniziato a esaminare siffatte piattaforme online cercando di regolamentarne gli effetti, spesso applicando misure sproporzionate, che sono alquanto disparate all'interno dell'Unione; esorta la Commissione a collaborare con gli Stati membri nell'analisi delle migliori iniziative da prendere a livello europeo, nazionale, re-

gionale e locale; raccomanda di considerare l'introduzione di un quadro normativo appropriato nell'ambito della strategia globale per il mercato unico digitale dell'UE;

112. sottolinea che prima dell'adozione di misure di regolamentazione va innanzitutto analizzata la risposta all'espansione dell'economia collaborativa; ritiene, tuttavia, che qualsiasi azione da parte delle autorità pubbliche debba essere proporzionata e flessibile onde consentire un quadro normativo che garantisca condizioni paritarie alle imprese e, in particolare, un contesto imprenditoriale positivo favorevole alle PMI e all'innovazione nel settore; ritiene inoltre che, nell'interesse della protezione del consumatore, la regolamentazione in materia di sicurezza e di salute applicabile al settore del turismo tradizionale dovrebbe applicarsi anche ai servizi turistici offerti su base commerciale nell'ambito del consumo collaborativo;

113. sottolinea che le attività dei fornitori devono essere correttamente classificate, così da operare una chiara distinzione tra la collaborazione ad hoc o permanente e i servizi professionali alle imprese, ai quali andrebbero applicate norme pertinenti;

114. sottolinea altresì che le piattaforme devono essere pienamente accessibili e che, consultando i siti, i consumatori devono ricevere un'informazione corretta e non fuorviante, e la protezione dei dati che li riguardano deve essere tutelata; sottolinea l'importanza di un sistema di riesame praticabile e trasparente, nonché l'importanza di far sì che i consumatori non siano penalizzati dai fornitori di servizi per il fatto di aver lasciato recensioni negative;

115. evidenzia che le imprese del settore tecnologico che fungono da intermediarie devono informare i rispettivi fornitori dei loro obblighi, in particolare per quanto riguarda la protezione dei diritti dei consumatori, e presentare in modo accurato e comprensibile tutte le commissioni e i costi occulti legati alla gestione dell'impresa, come anche il modo in cui operare in piena conformità con le leggi locali, specialmente per quanto attiene al diritto tributario e al rispetto delle norme in materia di sicurezza dei consumatori, nonché alle condizioni di lavoro applicabili ai fornitori di servizi turistici;

116. invita la Commissione a valutare l'impatto economico e sociale del consumo collaborativo e le sue implicazioni per l'industria del turismo, i consumatori, le imprese del settore tecnologico e le pubbliche amministrazioni, e a riferire al Parlamento in merito ai risultati delle iniziative che ha intrapreso sino a quel momento, compresi i lavori della task force istituita dalla DG GROW;

Digitalizzazione

117. invita la Commissione a definire, d'intesa con l'industria e le associazioni turistiche, una tabella di marcia intelligente che preveda iniziative incen-

trate sul contesto più ampio dell'innovazione (processo, TIC e ricerca) e sulle competenze necessarie al fine di incoraggiare le imprese del settore dei viaggi e del turismo ad adottare strumenti digitali e a utilizzarli in modo più efficace; è del parere che la Commissione potrebbe fare uno sforzo concentrato per diffondere le migliori prassi al riguardo;

118. accoglie con favore la piattaforma per il turismo digitale della Commissione e i suoi obiettivi che prevedono: i) il rafforzamento delle capacità d'innovazione e della digitalizzazione delle PMI legate al turismo per dinamizzare il settore, e ii) la raccolta di proposte in vista dell'adeguamento e della definizione di politiche sostenibili, competitive e orientate al consumatore finalizzate a sviluppare ulteriormente il settore del turismo; incoraggia il ricorso a tecnologie innovative, la condivisione delle migliori prassi e l'approfondimento della cooperazione a livello regionale, al fine di rendere il settore europeo del turismo più attraente e competitivo; ritiene che la promozione dell'apprendimento online e il crescente impiego delle tecnologie digitali stimolerebbero il conseguimento di tale obiettivo;

119. è consapevole del fatto che le PMI (la maggior parte delle quali è rappresentata da microimprese) e le start-up operanti nel settore del turismo affrontano notevoli difficoltà nel promuovere i loro servizi all'estero e nell'adattarsi a condizioni di mercato in rapida evoluzione; osserva che nuovi strumenti informatici come il "Tourism Business Portal" sviluppato dalla Commissione e i seminari web possono aiutarle a sfruttare le opportunità della digitalizzazione; sottolinea che la messa a disposizione del "Tourism Business Portal" in tutte le lingue degli Stati membri promuoverebbe ulteriormente i vantaggi territoriali di tali azioni; incoraggia l'adozione di iniziative analoghe a livello locale, regionale e nazionale;

120. invita la Commissione a continuare a promuovere la collaborazione tra i soggetti interessati, pubblici e privati, del settore dei viaggi e del turismo al fine di agevolare la ricerca e l'adozione di soluzioni digitali da parte delle imprese europee; evidenzia in particolare la necessità di un migliore coordinamento tra le amministrazioni pubbliche del turismo a livello nazionale, regionale e locale, i tour operator, il settore ricettivo e le imprese digitali;

121. invita la Commissione ad aiutare il settore a predisporre strumenti che consentano di monitorare la destinazione dei visitatori, di conoscere il profilo degli stessi e di tracciare la loro mobilità, così che si possano conoscere i loro interessi e sviluppare prodotti adeguati, nonché creare gli strumenti che offrano destinazioni "*à la carte*" e il monitoraggio delle reti, al fine di conoscere il parere di chi visita l'Europa;

122. si aspetta che la Commissione presenti una relazione globale comprensiva di una valutazione dello stato attuale della digitalizzazione sul mercato del turismo dell'UE, con lo scopo di individuare e di raccogliere le sfide e le op-

portunità per il pubblico e per gli attori privati a livello nazionale, regionale e locale; ritiene che una relazione di questo tipo dovrebbe includere raccomandazioni appropriate volte a garantire una concorrenza leale e condizioni di parità per tutti gli attori nonché a proteggere i consumatori offrendo trasparenza, neutralità e accessibilità;

123. constata l'espansione delle compravendite di servizi turistici su Internet concluse direttamente dall'utente e i potenziali rischi che tale pratica comporta per i consumatori, che spesso ignorano quali siano i loro diritti e la legislazione applicabile; chiede alla Commissione di perseguire in maniera rigorosa i possibili abusi in questo settore, segnatamente in relazione agli acquisti combinati con diversi fornitori di servizi (il biglietto aereo con il noleggio dell'auto, ad esempio) e di adattare e sviluppare, durante la prossima revisione della direttiva sui viaggi "tutto compreso", queste nuove forme di compravendita di servizi;

124. accoglie positivamente la recente conclusione dei negoziati di trilogo su una revisione della direttiva sui viaggi "tutto compreso"; chiede che essa sia recepita e applicata in modo rapido ed efficace al fine di trasformare il settore e proteggere i consumatori nel contesto digitale;

125. invita la Commissione a riorientare i finanziamenti e i programmi allo scopo di migliorare il sostegno alla digitalizzazione delle imprese europee operanti nel turismo;

126. invita la Commissione a garantire che i fornitori di servizi abbiano un accesso equo e paritario ai dati pertinenti messi a disposizione dagli operatori di viaggio e trasporti, nella prospettiva di agevolare la creazione di servizi digitali di informazione e biglietteria per gli spostamenti multimodali; rileva l'importanza dei sistemi di trasporto intelligenti (STI) nel fornire dati precisi e in tempo reale relativamente al traffico e alla mobilità per lo sviluppo di servizi integrati di mobilità che potrebbero giovare allo sviluppo del turismo europeo;

127. invita gli Stati membri a identificare e sostenere iniziative a livello di Unione che favoriscano l'uso di infrastrutture digitali e l'interoperabilità tra diverse piattaforme; invita gli Stati membri, in tale contesto, a fornire l'accesso gratuito al Wi-Fi nelle zone turistiche e ad abolire, in base alla decisione adottata, i costi dei servizi di roaming entro il 15 giugno 2017 nonché il blocco geografico;

128. invita gli Stati membri e le autorità locali a dotare tutte le stazioni e piattaforme di arrivo, partenza e scambio sia di uffici informativi con personale competente che possano fornire indicazioni su principali mete, modalità di trasporto e strutture turistiche, che di sistemi digitali di informazione multilingua con accesso gratuito e libero alle reti Wi-Fi, fruibili anche da persone con disabilità;

129. sottolinea che i viaggiatori continuano a confrontarsi con prezzi, requisiti e condizioni diversi quando prenotano pernottamenti o mezzi di trasporto online; accoglie pertanto con favore la comunicazione della Commissione "Stra-

tegia per il mercato unico digitale in Europa"; invita la Commissione ad adottare una proposta di ampio respiro volta a porre fine all'ingiustificato blocco geografico all'accesso a beni, servizi e migliori tassi disponibili sulla base della posizione geografica o del paese di residenza;

130. sollecita gli Stati membri a incoraggiare a titolo prioritario l'accesso a reti a banda larga ad alta velocità in zone turistiche remote e ultraperiferiche, come le isole e le zone costiere, montane e rurali, al fine di favorire la crescita delle imprese turistiche e di ridurre il divario digitale nell'UE;

131. invita gli Stati membri e gli operatori interessati, in tutti i comparti turistici e in particolare nell'ambito della digitalizzazione, a elaborare misure efficaci contro la carenza di lavoratori qualificati nel settore;

132. teme che molti dei vantaggi economici della distribuzione online non siano sfruttati appieno in Europa; è del parere che i governi europei dovrebbero adoperarsi maggiormente per valorizzare lo spirito imprenditoriale e, in particolare, le soluzioni orientate alla tecnologia in Europa;

133. incarica il suo Presidente di trasmettere la presente risoluzione al Consiglio e alla Commissione.

D.P.C.M. 13-9-2002
Recepimento dell'accordo fra lo Stato, le regioni e le province autonome sui principi per l'armonizzazione, la valorizzazione e lo sviluppo del sistema turistico (in G.U. n. 225 del 25-9-2002)

Vista la legge 29 marzo 2001, n. 135, recante riforma della legislazione nazionale del turismo ed in particolare l'art. 2, commi 4 e 5;

Visto il decreto legislativo 28 agosto 1997, n. 281, recante definizione ed ampliamento delle attribuzioni della Conferenza permanente per i rapporti tra lo Stato, le regioni e le province autonome di Trento e di Bolzano ed unificazione, per le materie ed i compiti di interesse comune delle regioni, delle province e dei comuni, con la Conferenza Stato-città ed autonomie locali;

Sentite le associazioni di categoria degli operatori turistici e dei consumatori;

Visto l'accordo sottoscritto in sede di Conferenza permanente per i rapporti tra lo Stato, le regioni e le province autonome di Trento e di Bolzano in data 14 febbraio 2002, con il quale è stata espressa l'intesa all'adozione del presente decreto;

Acquisito il parere delle competenti Commissioni permanenti del Senato della Repubblica e della Camera dei deputati;

Sulla proposta del Ministro delle attività produttive;

DECRETA:

Art. 1. – 1. Sono approvati i principi per l'armonizzazione, la valorizzazione e lo sviluppo del sistema turistico definiti dall'allegato accordo che costituisce parte integrante del presente decreto.

2. Le caratteristiche qualitative dell'offerta turistica italiana sono individuate attraverso intese tra le regioni e le province autonome di Trento e di Bolzano, le quali definiscono criteri e standard minimi comuni per i differenti prodotti e servizi turistici.

3. Tutti i riferimenti alla legge 17 maggio 1983, n. 217, contenuti in atti normativi vigenti alla data di entrata in vigore del presente decreto, ove applicabili, si intendono riferiti al presente decreto ed alle normative regionali di settore. Il presente decreto sarà pubblicato nella Gazzetta Ufficiale della Repubblica italiana.

Roma, 13 settembre 2002

Il Presidente del Consiglio dei Ministri LETTA
Il Ministro delle attività produttive MARZANO

ALLEGATO
(art. 1, comma 1)

Conferenza Stato-Regioni
Seduta del 14 febbraio 2002

Oggetto: *Accordo tra lo Stato e le regioni e province autonome sui principi per l'armonizzazione, la valorizzazione e lo sviluppo del sistema turistico, ai fini dell'adozione del provvedimento attuativo dell'art. 2, comma 4, della legge 29 marzo 2001, n. 135.*

La Conferenza permanente per i rapporti tra lo Stato le regioni e le province autonome di Trento e Bolzano

Vista la legge 29 marzo 2001, n. 135, recante "Riforma della legislazione nazionale del turismo", che all'art. 2, comma 4, demanda al Presidente del Consiglio dei Ministri il compito di stabilire, con proprio decreto e d'intesa con questa Conferenza, i principi e gli obiettivi per la valorizzazione e lo sviluppo del sistema turistico;

Visto lo schema di decreto del Presidente del Consiglio dei Ministri, su proposta del Ministro delle attività produttive, recante "Principi per l'armonizzazione, la valorizzazione e lo sviluppo del sistema turistico" attuativo del richiamato art. 2, comma 4, della predetta legge 29 marzo 2001, n. 135, nel testo trasmesso dal Ministero delle attività produttive con nota prot. n. 1.390.068/DG/90/13 dell'8 febbraio 2002;

Visto il decreto legislativo 28 agosto 1997, n. 281, che all'art. 4, dà facoltà a Governo, regioni e province autonome di Trento e Bolzano, in attuazione del principio di leale collaborazione e nel perseguimento di obiettivi di funzionalità, economicità ed efficacia dell'azione amministrativa, di concludere accordi in questa Conferenza, al fine di coordinare l'esercizio delle rispettive competenze e svolgere attività di interesse comune;

Considerati gli esiti dell'odierna seduta di questa Conferenza nel corso della quale i presidenti delle regioni e delle province autonome, espresso il loro positivo avviso sui principi individuati nello schema posto all'esame, hanno fatto rilevare che il turismo è materia di esclusiva competenza regionale e conseguentemente chiesto di trasporne i contenuti nel presente accordo, demandando ad un decreto del Presidente del Consiglio dei Ministri il suo recepimento tal quale;

Acquisito l'assenso del Governo;

Sancisce accordo.

Ai sensi dell'art. 4, comma 1, del decreto legislativo 28 agosto 1997, n. 281, con le modalità di cui al comma 2 dello stesso citato art. 4, nei termini di seguito riportati e con l'impegno del Governo a recepirlo tal quale con un decreto del Presidente del Consiglio dei Ministri:

Art. 1. – I principi per l'armonizzazione, la valorizzazione e lo sviluppo del sistema turistico vengono definiti d'intesa fra le regioni e le province autonome di Trento e Bolzano, al fine di assicurare l'unitarietà del comparto turistico e la tutela dei consumatori, delle imprese e delle professioni turistiche, nonché degli operatori e dei lavoratori del settore.

Gli elementi di cui al comma 4 dell'art. 2 della legge 29 marzo 2001, n. 135, sono definiti secondo le modalità di seguito indicate:

a) terminologie omogenee e standard minimo dei servizi di informazione e di accoglienza ai turisti. Le regioni e le province autonome di Trento e Bolzano definiscono concordemente gli standard minimi comuni di attività dei servizi di informazione e accoglienza dei turisti disciplinandone gli strumenti, le strutture e le modalità di collegamento e concorso da parte degli enti territoriali e funzionali. Gli uffici di informazione e di accoglienza turistica hanno denominazione unica di IAT e sono contrassegnati all'esterno da tale marchio, comune su tutto il territorio nazionale;

b) individuazione delle tipologie di imprese turistiche operanti nel settore e delle attività di accoglienza non convenzionali. Il carattere turistico viene conferito all'impresa unicamente dalla tipologia di attività svolta.

Le regioni e le province autonome di Trento e Bolzano, ai fini dell'armonizzazione sull'intero territorio nazionale, individuano le principali tipologie di valenza generale relativamente alle attività turistiche, secondo quanto di seguito indicato:

1) attività ricettive ed attività di gestione di strutture e di complessi con destinazione a vario titolo turistico-ricettiva, con annessi servizi turistici ed attività complementari, fra le quali alberghi e residenze turistico-alberghiere/*residences*, case ed appartamenti per vacanze, anche quando gestiti sotto la formula della multiproprietà, campeggi e villaggi turistici, altre strutture ricettive definite dalle leggi regionali. In relazione a specifici indirizzi regionali, le citate tipologie possono assumere denominazioni aggiuntive. Fra di esse possono essere individuate

anche attività ricettive speciali, finalizzate alla fruizione di segmenti particolari della domanda e/o alla valorizzazione di specifiche caratteristiche o risorse economiche e/o naturali dell'area.

2) Attività, indirizzate prevalentemente ai non residenti, finalizzate all'uso del tempo libero, al benessere della persona, all'arricchimento culturale, all'informazione, la promozione e la comunicazione turistica, ove non siano di competenza di altri comparti, fra le quali i parchi a tema e le imprese di gestione di strutture convegnistiche e congressuali, nonché di organizzazione di iniziative e manifestazioni di medesimo oggetto.

3) Attività correlate con la balneazione, la fruizione turistica di arenili e di aree demaniali diverse e il turismo nautico quali le imprese di gestione di stabilimenti balneari, definiti come pubblici esercizi di norma posti su area in concessione demaniale, attrezzati per la balneazione, l'elioterapia e per altre forme di benessere della persona, con attrezzature idonee a svolgere e a qualificare tali attività, le imprese di gestione di strutture per il turismo nautico, attrezzate per l'ormeggio o la sosta delle imbarcazioni da diporto stazionanti per periodi fissi o in transito, e le imprese di cabotaggio turistico e di noleggio nautico.

4) Attività di tour operator e di agenzia di viaggio e turismo, che esercitano congiuntamente o disgiuntamente attività di produzione, organizzazione e intermediazione di viaggi e soggiorni e ogni altra forma di prestazione turistica a servizio dei clienti, siano esse di *incoming* che di *outgoing*. Sono altresì imprese turistiche quelle che esercitano attività locali e territoriali di noleggio, di assistenza e di accoglienza ai turisti. Sono escluse le mere attività di distribuzione di titoli di viaggio.

5) Attività organizzate per la gestione di infrastrutture e di esercizi ed attività operanti, per fini esclusivamente o prevalentemente turistici, nei servizi, nei trasporti e nella mobilità delle persone, nell'applicazione di tecnologie innovative, nonché nella valorizzazione e nella fruizione delle tradizioni locali, delle risorse economiche, di quelle naturali, ivi compreso il termalismo, e delle specialità artistiche ed artigianali del territorio. Fra tali attività sono ricomprese le imprese di trasporto passeggeri con mezzi e/o infrastrutture soprattutto se di tipo dedicato, di noleggio di mezzi atti a permettere la mobilità dei passeggeri, di indirizzo sportivo-ricreativo ad alta valenza turistica, quali ad esempio i campi da golf, e turistico-escursionistico, quali ad esempio aree, sentieri e percorsi naturalistici, nonché gli esercizi di somministrazione di cui alla legge 25 agosto 1991, n. 287, facenti parte dei sistemi turistici locali e concorrenti alla formazione dell'offerta turistica, con esclusione comunque delle mense e spacci aziendali. Sono altresì imprese turistiche di montagna anche le attività svolte per l'esercizio di impianti a fune, di innevamento programmato e di gestione delle piste da sci sia per la discesa che per il fondo come strumento a sostegno dell'imprenditorialità turistica della montagna intesa nel suo complesso.

6) Altre attività individuate autonomamente dalle diverse regioni e dalle province autonome di Trento e Bolzano. Oltre a quanto previsto nei sei punti precedenti si definiscono attività turistiche anche quelle svolte non esclusivamente in forma di impresa, consistenti in prestazioni di servizi indirizzati specificamente alla valorizzazione delle tradizioni, delle emergenze culturali e naturalistiche, dei prodotti e delle potenzialità socio-economiche del territorio ed a particolari segmenti di utenza turistica, quali il turismo equestre, la pescaturismo, l'ittiturismo, il turismo escursionistico, il turismo eno-gastronomico, il *diving*, il turismo giovanile, il turismo sociale, ecc.

Per quanto riguarda specificatamente le attività di accoglienza non convenzionale e le attività ricettive gestite senza scopo di lucro, esse sono rappresentate dalle attività turistiche come sopra individuate svolte normalmente non in forma di impresa da singoli o da associazioni senza scopo di lucro.

Le regioni e le province autonome di Trento e Bolzano disciplinano le diverse tipologie di attività non convenzionali ricettive e non ricettive, sulla base delle specificità del proprio territorio. In termini generali e senza esclusione le attività ed i servizi turistici:

– devono garantire, nel rispetto delle norme vigenti in materia di abbattimento delle barriere architettoniche, la fruizione anche ai turisti con disabilità e/o con limitate capacità motorie;

– devono rispettare le normative volte alla tutela ed alla sicurezza del cliente, alle garanzie nel rapporto servizio proposto-servizio reso-corrispettivo, alla sostenibilità ambientale;

– devono garantire l'applicazione delle condizioni normative e salariali stabilite dai contratti collettivi di lavoro.

c) Criteri e modalità dell'esercizio su tutto il territorio nazionale delle imprese turistiche per le quali si ravvisa la necessità di standard omogenei e uniformi. Le regioni e le province autonome di Trento e Bolzano definiscono concordemente gli standard minimi comuni delle attività di impresa di cui al punto b).

d) Standard minimi di qualità delle camere d'albergo e delle unità abitative delle residenze turistico-alberghiere e delle strutture ricettive in generale.

Le regioni e le province autonome di Trento e Bolzano definiscono concordemente gli standard minimi comuni di qualità delle camere d'albergo e delle unità abitative delle residenze turistico-alberghiere e delle strutture ricettive in generale.

e) Standard minimi di qualità dei servizi offerti dalle imprese turistiche cui riferire i criteri relativi alla classificazione delle strutture ricettive.

Le regioni e le province autonome di Trento e Bolzano provvedono a determinare concordemente e unitariamente gli standard minimi di qualità dei servizi offerti dalle imprese turistiche cui riferire i criteri relativi alla classificazione delle strutture ricettive, nonché individuano un periodo di tempo per consentire l'adeguamento delle strutture esistenti.

f) Le agenzie di viaggio, le organizzazioni e le associazioni che svolgono attività similare, il livello minimo e massimo da applicare ad eventuali cauzioni.

Le regioni e le province autonome di Trento e Bolzano definiscono concordemente gli standard minimi comuni per l'esercizio delle agenzie di viaggio, delle organizzazioni e delle associazioni che svolgono attività similare, nonché il livello minimo e massimo da applicare ad eventuali cauzioni. Le agenzie di viaggio svolgono attività di produzione, organizzazione ed intermediazione di viaggi, compresi i compiti di assistenza e di accoglienza ai turisti, nonché l'intermediazione del soggiorno all'interno di strutture ricettive, con esclusione della mera locazione immobiliare.

Permane l'obbligo per le nuove agenzie di viaggio di non adottare denominazioni che possano ingenerare confusione nel consumatore né nomi coincidenti con la denominazione di comuni o regioni italiane.

g) Requisiti e modalità di esercizio su tutto il territorio nazionale delle professioni turistiche.

Le regioni e le province autonome di Trento e Bolzano definiscono concordemente, disciplinano ed accertano i requisiti comuni per l'esercizio delle professioni turistiche tradizionali ed emergenti, esercitate in forma autonoma e curano la qualificazione professionale, organizzando corsi di formazione alle professioni turistiche. Particolare attenzione sarà prestata nella formazione sulle tecniche di accoglienza.

h) Requisiti e standard minimi delle attività ricettive gestite senza scopo di lucro.

Sono gli stessi di quelli previsti dalla lettera d) per le strutture ricettive in generale.

Nel caso di tipologie di attività turistiche individuate a livello regionale, esse sono disciplinate dalla regione o dalla provincia autonoma nella quale sono situate.

i) Requisiti e standard minimi delle attività di accoglienza non convenzionale.

Come per il punto precedente sono gli stessi di quelli previsti dalla lettera d) per le strutture ricettive in generale. Anche per queste attività nel caso di tipologie di attività turistiche individuate a livello regionale, esse sono disciplinate dalla regione o dalla provincia autonoma nella quale sono situate.

l) Criteri direttivi di gestione dei beni demaniali e delle loro pertinenze concessi per attività turistico-ricreative.

Fermi restando gli elementi da ultimo disciplinati con la legge 16 marzo 2001, n. 88, nel rilascio delle concessioni demaniali per attività turistico-ricreative, le regioni e le province autonome di Trento e Bolzano definiscono concordemente i criteri direttivi comuni di gestione dei beni demaniali e delle loro pertinenze concessi per attività turistico-ricreative. Criteri, regolamentazioni e garanzie di cui sopra si estendono, ove applicabili, anche alle concessioni demaniali relative ad attività turistico-ricreative che interessano aree diverse dagli arenili.

m) Standard minimi di qualità dei servizi forniti dalle imprese che operano nel settore del turismo nautico.

Gli standard minimi di qualità dei servizi forniti dalle imprese che operano nel settore del turismo nautico, come definite dal decreto del Presidente della Repubblica 2 dicembre 1997, n. 509, quali fondamentalmente i punti d'ormeggio, gli approdi turistici e i porti turistici, sono determinati concordemente dalle regioni e dalle province autonome di Trento e Bolzano, sentite le associazioni di categoria.

n) Criteri uniformi per l'espletamento degli esami di abilitazione all'esercizio delle professioni turistiche.

Le regioni e le province autonome di Trento e Bolzano definiscono concordemente i criteri uniformi per l'abilitazione all'esercizio delle professioni esercitate in forma autonoma in relazione alla tipologia professionale.

Art. 2. – I principi e gli obiettivi di sviluppo del sistema turistico di cui all'art. 2, comma 5, della legge 29 marzo 2001, n. 135, sono definiti come segue:

a) il CIPE, in considerazione della rilevanza del turismo quale fattore di sviluppo, ripartisce le risorse finanziarie disponibili per i diversi interventi in favore delle imprese turistiche, ivi comprese le risorse destinate alla programmazione negoziata e quelle provenienti e collegate all'utilizzo dei fondi comunitari, assicurando l'assegnazione alle stesse imprese di quote di risorse almeno pari al peso economico che il comparto turistico riveste. Con particolare riferimento all'utilizzo di fondi comunitari il CIPE valuta l'attivazione di iniziative dirette e specifiche mirate all'adozione di misure e strumenti, di natura anche intersettoriale e/o infrastrutturale, volte a favorire lo sviluppo dell'attività economica in campo turistico ovvero inserite in programmi complessivi di più vasta portata;

b) la promozione turistica dell'Italia all'estero viene espletata a livello nazionale dall'ENIT, previa intesa con le regioni, attraverso le varie forme di comunicazione mediatica, la partecipazione a manifestazioni internazionali di rilievo, l'informazione turistica diretta o indiretta. L'ENIT coordina le proprie attività di promozione all'estero con le attività svolte dalle regioni e dalle province autonome di Trento e Bolzano;

c) in ogni provvedimento di sostegno o di incentivazione allo sviluppo del comparto turistico, sia di nuova adozione che già in essere, adottato anche mediante l'utilizzo di fondi comunitari, è opportuno che venga favorito, attraverso formule di particolare agevolazione o valutazione, lo sviluppo di aggregazioni, sistemi, reti e altre modalità connettive di attività imprenditoriali anche diverse, collegate territorialmente e/o virtualmente ed operanti nel settore del turismo e nell'indotto, anche di valenza interregionale;

d) la programmazione della realizzazione di infrastrutture, sia specificatamente turistiche sia utili a migliorare la fruibilità turistica dei territori, tiene conto delle esigenze e delle possibilità di sviluppo turistico dei territori di riferimento;

e) le diverse amministrazioni centrali, le regioni, le province autonome di Trento e Bolzano, gli enti locali, le imprese operanti nel settore e gli enti e le società che gestiscono infrastrutture e servizi partecipano attivamente all'attività di costante aggiornamento ed integrazione della Carta dei diritti del turista, di cui all'art. 4 della legge, anche attraverso l'uso di sistemi informatici. Le regioni e le province autonome di Trento e Bolzano collaborano alla redazione e alla diffusione della Carta;

f) i provvedimenti che prevedono l'impiego di risorse nazionali e comunitarie inseriscono opportuni strumenti mirati alla realizzazione di infrastrutture turistiche di valenza nazionale, anche di natura informatica, ed allo sviluppo diretto o indiretto di attività economiche nel settore del turismo.

Il presidente: La Loggia
Il segretario: Carpino

CORTE COST. 14-1-2016, N. 1

REPUBBLICA ITALIANA
IN NOME DEL POPOLO ITALIANO
LA CORTE COSTITUZIONALE

composta dai signori:
Presidente: Alessandro CRISCUOLO;
Giudici: Giuseppe FRIGO, Paolo GROSSI, Giorgio LATTANZI, Aldo CAROSI, Marta CARTABIA, Mario Rosario MORELLI, Giancarlo CORAGGIO, Giuliano AMATO, Silvana SCIARRA, Daria de PRETIS, Nicolò ZANON,

ha pronunciato la seguente
SENTENZA

nei giudizi di legittimità costituzionale dell'art. 31 del decreto-legge 12 settembre 2014, n. 133 (Misure urgenti per l'apertura dei cantieri, la realizzazione delle opere pubbliche, la digitalizzazione del Paese, la semplificazione burocratica, l'emergenza del dissesto idrogeologico e per la ripresa delle attività produttive), convertito, con modificazioni, dall'art. 1, comma 1, della legge 11 novembre 2014, n. 164, promossi dalle Province autonome di Bolzano e di Trento con ricorsi notificati il 9 gennaio 2015, depositati in cancelleria il 16 gennaio 2015 e rispettivamente iscritti ai nn. 8 e 9 del registro ricorsi 2015.

Visti gli atti di costituzione del Presidente del Consiglio dei ministri;

udito nell'udienza pubblica del 17 novembre 2015 il Giudice relatore Marta Cartabia;

uditi l'avvocato Giandomenico Falcon per le Province autonome di Bolzano e di Trento e l'avvocato dello Stato Paolo Grasso per il Presidente del Consiglio dei ministri.

(*Omissis*)

CONSIDERATO IN DIRITTO

1. Con due ricorsi (iscritti, rispettivamente, al n. 8 e al n. 9 del registro ricorsi dell'anno 2015), le Province autonome di Bolzano e di Trento hanno promos-

so questioni di legittimità costituzionale dell'art. 31 del decreto-legge 12 settembre 2014, n. 133 (Misure urgenti per l'apertura dei cantieri, la realizzazione delle opere pubbliche, la digitalizzazione del Paese, la semplificazione burocratica, l'emergenza del dissesto idrogeologico e per la ripresa delle attività produttive), convertito, con modificazioni, dall'art. 1, comma 1, della legge 11 novembre 2014, n. 164.

2. I ricorsi hanno ad oggetto la medesima disposizione e formulano censure analoghe, sicché ne appare opportuna la riunione ai fini di una decisione congiunta, riservando a separate pronunce la decisione delle censure rivolte, nel ricorso della Provincia autonoma di Trento, ad altre disposizioni del d.l. n. 133 del 2014, come convertito dalla legge n. 164 del 2014 (*ex plurimis*, sentenze n. 156, n. 155, n. 141, n. 140 e n. 125 del 2015).

3. Il censurato art. 31, dopo aver enunciato le proprie finalità, identificate nell'obiettivo di «diversificare l'offerta turistica e favorire gli investimenti volti alla riqualificazione degli esercizi alberghieri esistenti», si sviluppa come segue:

a) definisce i condhotel come «gli esercizi alberghieri aperti al pubblico, a gestione unitaria, composti da una o più unità immobiliari ubicate nello stesso comune o da parti di esse, che forniscono alloggio, servizi accessori ed eventualmente vitto, in camere destinate alla ricettività e, in forma integrata e complementare, in unità abitative a destinazione residenziale, dotate di servizio autonomo di cucina, la cui superficie non può superare il quaranta per cento della superficie complessiva dei compendi immobiliari interessati» (comma 1);

b) demanda la determinazione delle «condizioni di esercizio dei condhotel» a un decreto del Presidente del Consiglio dei ministri, su proposta del Ministro dei beni e delle attività culturali e del turismo di concerto con il Ministro dello sviluppo economico, da adottare, ai sensi dell'art. 9 del decreto legislativo 28 agosto 1997, n. 281 (Definizione ed ampliamento delle attribuzioni della Conferenza permanente per i rapporti tra lo Stato, le regioni e le province autonome di Trento e Bolzano ed unificazione, per le materie ed i compiti di interesse comune delle regioni, delle province e dei comuni, con la Conferenza Stato-città ed autonomie locali), previa intesa tra Governo, Regioni e Province autonome in sede di Conferenza unificata (comma 1);

c) prevede che il medesimo decreto del Presidente del Consiglio dei ministri stabilisca «i criteri e le modalità per la rimozione del vincolo di destinazione alberghiera in caso di interventi edilizi alberghieri esistenti e limitatamente alla realizzazione della anzidetta quota di unità abitative a destinazione residenziale» (comma 2, primo periodo), specificando altresì che, se sono stati concessi contributi o agevolazioni pubbliche, il vincolo può essere rimosso solo previa restituzione di questi, qualora ciò avvenga prima della scadenza del finanziamento agevolato (comma 2, secondo periodo);

d) prescrive alle Regioni e alle Province autonome di adeguare i propri ordinamenti a quanto disposto dal citato decreto del Presidente del Consiglio dei ministri, entro un anno dalla sua pubblicazione nella Gazzetta Ufficiale (comma 3, primo periodo);

e) lascia ferme, in quanto compatibili, le disposizioni di cui al decreto del Presidente del Consiglio dei ministri 13 settembre 2002, recante il recepimento dell'accordo fra lo Stato, le Regioni e le Province autonome sui principi per l'armonizzazione, la valorizzazione e lo sviluppo del sistema turistico (comma 3, secondo periodo).

Il decreto del Presidente del Consiglio dei ministri di cui al censurato art. 31 non risulta essere stato ancora pubblicato. Interpellate in udienza, le parti non hanno riferito informazioni in ordine allo stato della procedura per l'approvazione del decreto stesso.

4. Ad avviso delle ricorrenti, il censurato art. 31 interferisce con numerose materie oggetto di competenze legislative e amministrative delle Province autonome, regolate altresì da apposite norme di attuazione statutaria.

(*Omissis*)

Entrambi i ricorsi assumono che la clausola di salvaguardia, di cui all'art. 43-*bis* del d.l. n 133 del 2014, introdotta in sede di conversione dalla legge n. 164 del 2014, non sia in grado di neutralizzare l'efficacia lesiva del censurato art. 31, in virtù dell'obbligo di adeguamento previsto al comma 3 dello stesso art. 31.

Infine, in via subordinata, i ricorsi lamentano una violazione del principio di leale collaborazione, in quanto il decreto del Presidente del Consiglio dei ministri, previsto dal censurato art. 31, deve essere adottato in base a una procedura che prevede un'intesa con le Regioni e le Province autonome, da assumersi in sede di Conferenza unificata ai sensi dell'art. 9 del d.lgs. n. 281 del 1997, disposizione questa che – richiamando, attraverso il proprio comma 2, lettera b), l'art. 3, commi 3 e 4, dello stesso d.lgs. n. 281 del 1997 – consente al Governo di procedere unilateralmente, con deliberazione motivata, quando l'intesa non è raggiunta entro trenta giorni, ovvero in caso di «motivata urgenza», salvo sottoporre entro 15 giorni i provvedimenti adottati all'esame della Conferenza Stato-Regioni.

5. Preliminarmente, va dichiarata l'inammissibilità di alcune questioni, per le quali non sussiste la necessaria piena corrispondenza tra i ricorsi e le delibere delle Giunte provinciali (ratificate dai rispettivi Consigli provinciali) che ne hanno autorizzato la proposizione (sentenze n. 55 e n. 46 del 2015, n. 309 e n. 220 del 2013). (*Omissis*)

6. Quanto agli effetti della clausola di salvaguardia di cui all'art. 43-*bis* del d.l. n. 133 del 2014, introdotto in sede di conversione dalla legge n. 164 del 2014, si deve convenire con la difesa delle ricorrenti che il censurato art. 31 – prescrivendo esplicitamente, nel primo periodo del comma 3, che le Regioni e le Province autonome «adeguano i propri ordinamenti a quanto disposto dal

decreto del Presidente del Consiglio dei ministri di cui al comma 1 entro un anno dalla sua pubblicazione nella Gazzetta Ufficiale» – presuppone logicamente la sua applicabilità agli enti ricorrenti. Pertanto, in riferimento alla disposizione censurata, non spiega effetto la generale clausola di salvaguardia contenuta nel decreto-legge (art. 43-*bis*), la quale, secondo la giurisprudenza di questa Corte, è da intendersi derogata a fronte di una disposizione del medesimo atto normativo che impone espressamente un obbligo di adeguamento (*ex plurimis*, sentenze n. 137 del 2014 e n. 241 del 2012).

7. Nel merito, le questioni non sono fondate.

7.1. L'impugnato art. 31 introduce norme in materia di condhotel, una tipologia innovativa di esercizi alberghieri, a gestione unitaria, che forniscono servizi sia nelle tradizionali camere destinate alla ricettività, sia in unità abitative a destinazione residenziale. Nell'ordinamento italiano, la figura del condhotel è menzionata per la prima volta all'art. 10, comma 5, del decreto-legge 31 maggio 2014, n. 83 (Disposizioni urgenti per la tutela del patrimonio culturale, lo sviluppo della cultura e il rilancio del turismo), convertito, con modificazioni, dall'art. 1, comma 1, della legge 29 luglio 2014, n. 106, che non ha mai ricevuto attuazione. È solo nell'art. 31 del d.l. n. 133 del 2014, come convertito, qui in esame, che il nuovo istituto trova una sua definizione e un principio di disciplina, da svilupparsi tramite l'apposito decreto del Presidente del Consiglio dei ministri, configurando una nuova tipologia di esercizio alberghiero contraddistinta dall'offerta di servizi, oltre che in camere tradizionali, anche in unità residenziali di proprietà di terzi privati.

Non v'è dubbio che la disciplina dei condhotel attenga alla materia del «turismo e industria alberghiera», di competenza delle Regioni e delle Province autonome, come emerge anche dalla enunciazione delle finalità dell'intervento legislativo in esame, il quale mira a «diversificare l'offerta turistica» e a «favorire gli investimenti volti alla riqualificazione degli esercizi alberghieri esistenti». Tuttavia, non si può affermare che essa riguardi in via esclusiva la suddetta materia, presentando altresì profili che interferiscono con la materia dell'urbanistica e del «governo del territorio», nonché con l'«ordinamento civile».

Il censurato art. 31, infatti, qualifica il condhotel come una struttura di ricezione turistica in cui coesistono unità immobiliari con destinazione urbanistica differente, alberghiera e residenziale, e dispone affinché ciò possa avvenire anche mediante trasformazione delle strutture ricettive esistenti, previa rimozione, ove occorra, degli eventuali vincoli di destinazione alberghiera. Incidendo sulla destinazione urbanistica degli immobili (si vedano, *mutatis mutandis*, sentenze n. 340 e n. 318 del 2009) la disciplina dei condhotel riguarda, quindi, anche la materia dell'«urbanistica» e del «governo del territorio» (sentenze n. 46 del 2014, n. 209 del 2009, n. 9 del 2008, n. 303 del 2007, n. 450 del 2006).

D'altra parte, la disciplina dei condhotel coinvolge anche rapporti di natura privatistica: basti osservare che, all'interno della nuova figura delineata dall'art. 31, comma 1, le «unità abitative a destinazione residenziale» possono essere oggetto di diritti, evidentemente anche reali, di soggetti diversi dall'impresa alberghiera; sicché, le «condizioni di esercizio», da definirsi con decreto del Presidente del Consiglio dei ministri di cui allo stesso comma 1, debbono riguardare sia i rapporti con il pubblico dei turisti, sia quelli con i proprietari delle unità residenziali, nelle quali pure l'impresa offre i propri servizi, «in forma integrata e complementare» a quanto avviene nelle camere tradizionali. Dunque, la natura ibrida e complessa della nuova figura giuridica – la quale si riflette nella sua stessa denominazione – richiede che siano regolamentati anche importanti aspetti contrattuali e condominiali, come tali attinenti alla materia dell'«ordinamento civile» (sentenze n. 80 del 2012 e n. 369 del 2008), prevista all'art. 117, comma secondo, lettera l), Cost., il quale, peraltro, ha codificato il limite del «diritto privato» già consolidatosi nella giurisprudenza anteriore alla riforma costituzionale del 2001 (sentenza n. 295 del 2009).

Pertanto, nella peculiare disciplina in questione, per come essa è formulata, vengono in rilievo competenze eterogenee, alcune delle quali di stretta spettanza esclusiva statale, altre a vario titolo attribuite alle Regioni e alle Province autonome. Inoltre, tali molteplici competenze non si presentano separate nettamente tra di loro e sono, anzi, legate in un inestricabile intreccio (sentenze n. 334 del 2010 e n. 50 del 2005), senza che sia possibile identificarne una prevalente sulle altre dal punto di vista qualitativo o quantitativo.

Di conseguenza, deve trovare applicazione il principio generale, costantemente ribadito dalla giurisprudenza di questa Corte (da ultimo, sentenza n. 140 del 2015), secondo il quale in ambiti caratterizzati da una pluralità di competenze – come nel caso in esame, in cui le norme impugnate si pongono all'incrocio di varie materie (turismo, urbanistica, ordinamento civile) – e, qualora risulti impossibile comporre il concorso di competenze statali e regionali, tramite un criterio di prevalenza, non è costituzionalmente illegittimo l'intervento del legislatore statale, purché agisca nel rispetto del principio di leale collaborazione che deve in ogni caso permeare di sé i rapporti tra lo Stato e il sistema delle autonomie (*ex plurimis*, sentenze n. 44 del 2014, n. 237 del 2009, n. 168 e n. 50 del 2008) e che può ritenersi congruamente attuato mediante la previsione dell'intesa.

7.2. La disposizione impugnata attua il principio di leale collaborazione, prevedendo che il decreto del Presidente del Consiglio dei ministri – che deve definire le condizioni di esercizio del condhotel e i criteri e le modalità per la rimozione del vincolo di destinazione alberghiera in caso di interventi edilizi sugli esercizi esistenti – sia adottato «previa intesa tra Governo, Regioni e Province autonome di Trento e di Bolzano, in sede di Conferenza Unificata ai sensi dell'articolo 9 del decreto legislativo 28 agosto 1997, n. 281» (art. 31, comma 1).

Tenuto conto che gli interessi implicati non riguardano una singola Regione o Provincia autonoma (sentenza n. 278 del 2010), ma tematiche comuni a tutto il sistema delle autonomie, inclusi gli enti locali (sentenza n. 383 del 2005), appare adeguata la scelta legislativa di coinvolgere Regioni, Province autonome ed autonomie locali nel loro insieme, attraverso la Conferenza unificata: istituto, questo, utile non solo alla semplificazione procedimentale, ma anche a facilitare l'integrazione dei diversi punti di vista e delle diverse esigenze degli enti regionali, provinciali e locali coinvolti (sentenza n. 408 del 1998). Del resto, in più di un'occasione e in casi analoghi, è stata questa stessa Corte a identificare l'intesa in sede di Conferenza unificata come strumento idoneo a realizzare la leale collaborazione tra lo Stato e le autonomie (*ex plurimis*, sentenze n. 88 del 2014, n. 297 e n. 163 del 2012), qualora non siano coinvolti interessi esclusivamente e individualmente imputabili al singolo ente autonomo.

Le ricorrenti lamentano che il loro coinvolgimento – previsto dalle norme in questione tramite un richiamo al procedimento di cui all'art. 9 del d.lgs. n. 281 del 1997 – sia troppo debole, data la possibilità che dall'intesa il Governo possa prescindere, con deliberazione motivata, nei casi di mancato accordo entro un determinato periodo di tempo o in caso di urgenza.

Anche tale doglianza è, tuttavia, destituita di fondamento, nei termini di seguito precisati.

A prescindere dal fatto che la lamentata debolezza dell'intesa non sarebbe attribuibile all'impugnato art. 31, ma finirebbe per investire la stessa disciplina generale delle intese in seno alla Conferenza unificata (art. 9 del d.lgs. n. 281 del 1997), nonché quella delle intese in seno alla Conferenza Stato-Regioni (art. 3, commi 3 e 4, del d.lgs. n. 281 del 1997), che non sono oggetto del presente giudizio, occorre precisare che, secondo la costante giurisprudenza di questa Corte, gli strumenti di cooperazione tra diversi enti debbono prevedere meccanismi per il superamento delle divergenze, basati sulla reiterazione delle trattative o su specifici strumenti di mediazione. Se, da un lato, il superamento del dissenso deve essere reso possibile, anche col prevalere della volontà di uno dei soggetti coinvolti, per evitare che l'inerzia di una delle parti determini un blocco procedimentale, impedendo ogni deliberazione, dall'altro, il principio di leale collaborazione non consente che l'assunzione unilaterale dell'atto da parte dell'autorità centrale sia mera conseguenza automatica del mancato raggiungimento dell'intesa entro un determinato periodo di tempo (*ex plurimis*, sentenze n. 239 del 2013, n. 179 del 2012, n. 165 del 2011) – specie quando il termine previsto è, come nel caso, alquanto breve – o dell'urgenza del provvedere. Il principio di leale collaborazione esige che le procedure volte a raggiungere l'intesa siano configurate in modo tale da consentire l'adeguato sviluppo delle trattative al fine di superare le divergenze.

Interpretata alla luce dei suddetti principi, la disciplina di cui al d.lgs. n. 281 del 1997, richiamata dalla disposizione impugnata, richiede che l'eventuale determinazione unilaterale da parte del Governo in caso di mancata intesa sia corredata da una motivazione esplicita, specifica e concreta, ove si dia conto degli scambi intercorsi e dei perduranti punti di dissenso e, alla luce di ciò, si illustrino le ragioni per cui si ritiene urgente una determinazione della sola parte statale, o comunque non più praticabile – eventualmente anche dopo la scadenza del previsto termine di 30 giorni – un ulteriore protrarsi delle trattative.

Degli eventuali difetti di questa motivazione e della dialettica ad essa retrostante, le Regioni e le Province autonome potranno eventualmente dolersi nei modi appropriati, anche dinanzi a questa Corte.

per questi motivi
LA CORTE COSTITUZIONALE

riservata a separata pronuncia la decisione delle altre questioni di legittimità costituzionale promosse dalla Provincia autonoma di Trento (reg. ric. n. 9 del 2015);

riuniti i giudizi,

1) dichiara inammissibili le questioni di legittimità costituzionale dell'art. 31 del decreto-legge 12 settembre 2014, n. 133 (Misure urgenti per l'apertura dei cantieri, la realizzazione delle opere pubbliche, la digitalizzazione del Paese, la semplificazione burocratica, l'emergenza del dissesto idrogeologico e per la ripresa delle attività produttive), convertito, con modificazioni, dall'art. 1, comma 1, della legge 11 novembre 2014, n. 164, promosse, in riferimento all'art. 117, comma quarto, della Costituzione e all'art. 10 della legge costituzionale 18 ottobre 2001, n. 3 (Modifiche al titolo V della parte seconda della Costituzione), nonché al d.P.R. 22 marzo 1974, n. 381 (Norme di attuazione dello statuto speciale per la regione Trentino-Alto Adige in materia di urbanistica ed opere pubbliche), dalla Provincia autonoma di Bolzano (reg. ric. n. 8 del 2015);

2) dichiara inammissibili le questioni di legittimità costituzionale dell'art. 31 del d.l. n. 133 del 2014, come convertito dalla legge n. 164 del 2014, promosse, in riferimento al d.P.R. n. 381 del 1974 e al d.P.R. 1° novembre 1973, n. 686 (Norme di attuazione dello statuto speciale per la regione Trentino-Alto Adige concernente esercizi pubblici e spettacoli pubblici), dalla Provincia autonoma di Trento (reg. ric. n. 9 del 2015);

3) dichiara non fondate le questioni di legittimità costituzionale dell'art. 31 del d.l. n. 133 del 2014, come convertito dalla legge n. 164 del 2014, promosse, in riferimento agli artt. 8, numeri 5) e 20), 9, numero 7), e 16 del d.P.R. 31 agosto 1972, n. 670 (Approvazione del testo unico delle leggi costituzionali concernenti lo statuto speciale per il Trentino-Alto Adige), all'art. 2 del decreto legislativo 16 marzo 1992, n. 266 (Norme di attuazione dello statuto speciale per il Trentino-Alto Adige concernenti il rapporto tra atti legislativi statali e leggi regionali e provinciali, nonché la potestà statale di indirizzo e coordinamento),

all'art. 11, comma 2, del d.P.R. 19 novembre 1987, n. 526 (Estensione alla regione Trentino-Alto Adige ed alle province autonome di Trento e Bolzano delle disposizioni del decreto del Presidente della Repubblica 24 luglio 1977, n. 616), al d.P.R. 22 marzo 1974, n. 278 (Norme di attuazione dello statuto speciale per la regione Trentino-Alto Adige in materia di turismo ed industrie alberghiere), al d.P.R. n. 686 del 1973, nonché al principio di leale collaborazione dalla Provincia autonoma di Bolzano (reg. ric. n. 8 del 2015);

4) dichiara non fondate le questioni di legittimità costituzionale dell'art. 31 del d.l. n. 133 del 2014, come convertito dalla legge n. 164 del 2014, promosse, in riferimento agli artt. 8, numeri 5), 6) e 20), e 16 del d.P.R. n. 670 del 1972, all'art. 117, comma quarto, Cost. e all'art. 10 della legge cost. n. 3 del 2001, all'art. 2 del d.lgs. n. 266 del 1992, al d.P.R. n. 278 del 1974, nonché al principio di leale collaborazione dalla Provincia autonoma di Trento (reg. ric. n. 9 del 2015).

Così deciso in Roma, nella sede della Corte costituzionale, Palazzo della Consulta, il 17 novembre 2015.

CORTE COST. 20-3-2009, N. 76

REPUBBLICA ITALIANA
IN NOME DEL POPOLO ITALIANO
LA CORTE COSTITUZIONALE

composta dai signori:
Presidente: Francesco AMIRANTE;
Giudici: Ugo DE SIERVO, Paolo MADDALENA, Alfio FINOCCHIARO, Alfonso QUARANTA, Franco GALLO, Luigi MAZZELLA, Gaetano SILVESTRI, Sabino CASSESE, Maria Rita SAULLE, Giuseppe TESAURO, Paolo Maria NAPOLITANO, Giuseppe FRIGO, Alessandro CRISCUOLO,

ha pronunciato la seguente
SENTENZA

nel giudizio di legittimità costituzionale dell'art. 2, commi 194 e 195, della legge 24 dicembre 2007, n. 244 (Disposizioni per la formazione del bilancio annuale e pluriennale dello Stato – legge finanziaria 2008), promosso con ricorso della Regione Veneto notificato il 26 febbraio 2008, depositato in cancelleria il 5 marzo 2008 ed iscritto al n. 19 del registro ricorsi 2008.

Visto l'atto di costituzione del Presidente del Consiglio dei ministri;

udito nell'udienza pubblica del 24 febbraio 2009 il Giudice relatore Luigi Mazzella;

uditi gli avvocati Mario Bertolissi e Luigi Manzi per la Regione Veneto e l'avvocato dello Stato Giuseppe Fiengo per il Presidente del Consiglio dei ministri.

(*Omissis*)

CONSIDERATO IN DIRITTO

1. La Regione Veneto ha impugnato, tra l'altro, i commi 194 e 195, dell'art. 2, della legge 24 dicembre 2007, n. 244 (Disposizioni per la formazione del bilancio annuale e pluriennale dello Stato – legge finanziaria 2008), sostenendo

che essi violano gli artt. 117, 118 e 120 della Costituzione, nonché il principio di leale collaborazione di cui agli artt. 5 e 120, secondo comma, Cost. e 11 della legge costituzionale 18 ottobre 2001, n. 3 (Modifiche al Titolo V della Parte seconda della Costituzione), perché, intervenendo in una materia (turismo) attribuita alla competenza legislativa residuale delle Regioni: *a)* non rispettano il principio di sussidiarietà, differenziazione e adeguatezza, attraendo – in capo al potere esecutivo centrale – una generale attività di riordino e di semplificazione delle procedure dirette ad incentivare lo sviluppo strategico dei prodotti turistici di rilevanza nazionale, ed affidando ad un Dipartimento della Presidenza del Consiglio dei ministri il compito di sostenere e promuovere progetti di investimento volti ad incrementare e a riqualificare il prodotto turistico nazionale; *b)* violano il principio di leale collaborazione in quanto, da un lato, il comma 195 non impone alcuna forma di concertazione con le Regioni e, dall'altro lato, il comma 194 non garantisce una reale forma di partecipazione delle Regioni, prevedendo lo strumento della consultazione anziché quello dell'intesa con la Conferenza permanente per i rapporti tra lo Stato, le Regioni e le Province autonome di Trento e Bolzano.

2. Riservata a separate pronunzie la decisione sull'impugnazione di altre disposizioni della stessa legge n. 244 del 2007, la questione relativa all'art. 2, comma 194, è fondata nei termini di seguito precisati.

Tale norma prevede che, per sostenere lo sviluppo del settore mediante la promozione di economie di scala ed il contenimento dei costi di gestione delle imprese ivi operanti, siano definite, con uno o più regolamenti da adottare ai sensi dell'art. 17, comma 2, della legge 23 agosto 1988, n. 400 (Disciplina dell'attività di Governo e ordinamento della Presidenza del Consiglio dei ministri), sentita la Conferenza Stato-Regioni, le procedure acceleratorie e di semplificazione volte a favorire l'aumento dei flussi turistici e la nascita di nuove imprese del settore, nel rispetto delle competenze regionali. Queste procedure debbono privilegiare le azioni finalizzate alla razionalizzazione e alla riduzione degli adempimenti a carico delle imprese e dei termini di durata dei procedimenti, nonché alla definizione di specifici moduli procedimentali idonei a coordinare l'esercizio dei poteri pubblici.

La disposizione, rientrando nella materia del turismo, appartiene alla competenza legislativa residuale delle Regioni, ai sensi dell'art. 117, quarto comma, Cost. (sentenze n. 94 del 2008, n. 214 e n. 90 del 2006). Tuttavia, secondo la giurisprudenza di questa Corte, l'esigenza di un esercizio unitario a livello statale di determinate funzioni amministrative, abilita lo Stato a disciplinare siffatto esercizio per legge. E ciò anche se quelle funzioni siano riconducibili a materie di legislazione concorrente o residuale. In tal caso, i princìpi di sussidiarietà e di adeguatezza (in forza dei quali si verifica l'ascesa della funzione normativa dal livello regionale a quello statale) possono giustificare una deroga al normale riparto di competenze contenuto nel Titolo V della Parte II della Costituzione. A condizione, naturalmente, che la valutazione dell'interesse pubblico sottostante all'assunzione di funzioni regionali da parte dello Stato sia proporzionata, assistita da ragionevolezza alla stregua di uno scrutinio stretto di costituzionalità e rispettosa del principio di leale collaborazione con le Regioni.

Con specifico riguardo al settore turistico, questa Corte ha già affermato che la necessità di un intervento unitario del legislatore statale nasce dall'esigenza di valorizzare al meglio l'attività turistica sul piano economico interno ed internazionale, attraverso misure di varia e complessa natura, e dalla necessità di ricondurre ad unità la grande varietà dell'offerta turistica del nostro Paese e di esaltare il rilievo assunto dal turismo nell'ambito dell'economia nazionale (sentenze n. 88 del 2007 e n. 214 del 2006).

Siffatte esigenze giustificano anche l'intervento del legislatore statale attuato con l'art. 2, comma 194, della legge n. 244 del 2007. Per realizzare, infatti, economie di scala ed un contenimento dei costi di gestione delle imprese operanti nel settore, appare necessaria la predisposizione di una disciplina, uniforme su tutto il territorio nazionale, di procedure acceleratorie e di semplificazione, diretta a ridurre gli adempimenti a carico delle imprese operanti nel settore e la durata dei procedimenti, nonché a consentire un miglior coordinamento dell'attività delle varie autorità pubbliche interessate.

Tuttavia, considerato che una tale disciplina regolamentare è destinata ad incidere in maniera significativa sulle competenze delle Regioni in materia di turismo (in particolare introducendo procedure e termini che dovranno essere osservati anche dalle strutture amministrative regionali), la norma impugnata deve prevedere l'incisivo strumento di leale collaborazione con le Regioni rappresentato dall'intesa con la Conferenza Stato-Regioni. La disposizione censurata, quindi, laddove stabilisce che i regolamenti siano emanati «sentita la Conferenza permanente per i rapporti tra lo Stato, le regioni e le province autonome di Trento e di Bolzano», prevede una modalità di collaborazione delle Regioni inidonea ad assicurare a queste ultime il ruolo che loro compete.

L'art. 2, comma 194, della legge n. 244 del 2007 è, dunque, illegittimo nella parte in cui stabilisce che i regolamenti da esso previsti siano adottati «sentita la Conferenza permanente per i rapporti tra lo Stato, le regioni e le province autonome di Trento e di Bolzano», invece che «d'intesa con la Conferenza permanente per i rapporti tra lo Stato, le Regioni e le Province autonome di Trento e di Bolzano».

3. La questione di legittimità costituzionale dell'art. 2, comma 195, della legge n. 244 del 2007 non è fondata.

Tale norma affida al Dipartimento per lo sviluppo e la competitività del turismo della Presidenza del Consiglio dei ministri il compito di assicurare il supporto tecnico-specialistico in favore dei soggetti nazionali e internazionali che intendono promuovere progetti di investimenti volti ad incrementare ed a riqualificare il prodotto turistico nazionale.

Anche in questo caso l'intervento del legislatore statale è giustificato dalla rilevanza nazionale (*ex* art. 118, primo comma, Cost.) delle iniziative prese in considerazione dalla norma impugnata. Si tratta, infatti, di progetti strategici diretti a valorizzare la fondamentale risorsa economica del Paese rappresentata dal turismo. Un organismo quale il Dipartimento per lo sviluppo e la competitività del turismo della Presidenza del Consiglio dei ministri costituisce la struttura amministrativa idonea ad offrire a simili iniziative un supporto tecnico adeguato. Il ruolo delle Regioni è, poi, salvaguardato dalla previsione secondo la quale l'intervento del Dipartimento si realizza «attivando le procedure di cui al comma 194». Quest'ultimo, letto alla luce della declaratoria di parziale illegittimità costituzionale di cui sopra, assicura il pieno coinvolgimento delle Regioni.

per questi motivi
LA CORTE COSTITUZIONALE

riservata a separate pronunce la decisione delle altre questioni di illegittimità costituzionale promosse dalla Regione Veneto con il ricorso indicato in epigrafe;

dichiara l'illegittimità costituzionale dell'art. 2, comma 194, della legge 24 dicembre 2007, n. 244 (Disposizioni per la formazione del bilancio annuale e pluriennale dello Stato – legge finanziaria 2008), nella parte in cui stabilisce che i regolamenti da esso previsti siano adottati «sentita la Conferenza permanente per i rapporti tra lo Stato, le regioni e le province autonome di Trento e di Bolzano», invece che «d'intesa con la Conferenza permanente per i rapporti tra lo Stato, le Regioni e le Province autonome di Trento e di Bolzano»;

dichiara non fondata la questione di legittimità costituzionale dell'art. 2, comma 195, della legge n. 244 del 2007, sollevata, in riferimento agli artt. 117, 118 e 120 della Costituzione ed al principio di leale collaborazione, dalla Regione Veneto con il ricorso indicato in epigrafe.

Così deciso in Roma, nella sede della Corte costituzionale, Palazzo della Consulta, l'11 marzo 2009.

CORTE COST. 5-4-2012, N. 80

REPUBBLICA ITALIANA
IN NOME DEL POPOLO ITALIANO
LA CORTE COSTITUZIONALE

composta dai signori:
Presidente: Franco GALLO;
Giudici: Luigi MAZZELLA, Gaetano SILVESTRI, Sabino CASSESE, Giuseppe TESAURO, Paolo Maria NAPOLITANO, Giuseppe FRIGO, Alessandro CRISCUOLO, Paolo GROSSI, Giorgio LATTANZI, Aldo CAROSI, Marta CARTABIA, Mario Rosario MORELLI,

ha pronunciato la seguente
SENTENZA

nei giudizi di legittimità costituzionale dell'art. 1, comma 1, del decreto legislativo 23 maggio 2011, n. 79 (Codice della normativa statale in tema di ordinamento e mercato del turismo, a norma dell'articolo 14 della legge 28 novembre 2005, n. 246, nonché attuazione della direttiva 2008/122/CE, relativa ai contratti di multiproprietà, contratti relativi ai prodotti per le vacanze di lungo termine, contratti di rivendita e di scambio), e degli artt. 1, 2, 3, 4, commi 1 e 2, 8, 9, 10, 11, comma 1, 12, 13, 14, 15, 16, 18, 19, 20, comma 2, 21, 23, commi 1 e 2, 24, 30, comma 1, 68 e 69 dell'allegato 1 del citato decreto legislativo, promossi dalle Regioni Toscana, Puglia, Umbria e Veneto, con ricorsi notificati il 29 luglio-3 agosto 2011, il 4-12 agosto 2011 e il 5 agosto 2011, depositati in cancelleria il 5, il 9 e l'11 agosto 2011, ed iscritti, rispettivamente, ai nn. 75, 76, 80 e 82 del registro ricorsi 2011.

Visti gli atti di costituzione del Presidente del Consiglio dei ministri;

udito nell'udienza pubblica del 6 marzo 2012 il Giudice relatore Gaetano Silvestri;

uditi gli avvocati Marcello Cecchetti per le Regioni Toscana e Puglia, Paola Manuali per la Regione Umbria, Bruno Barel e Luigi Manzi per la Regione Veneto, e l'avvocato dello Stato Maurizio Borgo per il Presidente del Consiglio dei ministri.

(*Omissis*)

CONSIDERATO IN DIRITTO

1. Le Regioni Toscana (reg. ric. n. 75 del 2011), Puglia (reg. ric. n. 76 del 2011), Umbria (reg. ric. n. 80 del 2011) e Veneto (reg. ric. n. 82 del 2011) hanno promosso questioni di legittimità costituzionale dell'articolo 1, comma 1, del decreto legislativo 23 maggio 2011, n. 79 (Codice della normativa statale in tema di ordinamento e mercato del turismo, a norma dell'articolo 14 della legge 28 novembre 2005, n. 246, nonché attuazione della direttiva 2008/122/CE, relativa ai contratti di multiproprietà, contratti relativi ai prodotti per le vacanze di lungo termine, contratti di rivendita e di scambio) e degli artt. 1, 2, 3, 4, commi 1 e 2, 8, 9, 10, 11, comma 1, 12, 13, 14, 15, 16, 18, 19, 20, comma 2, 21, 23, commi 1 e 2, 24, 30, comma 1, 68 e 69 dell'allegato 1 del citato decreto legislativo, per violazione degli artt. 76, 77, primo comma, 114, 117, terzo e quarto comma, 118, primo comma, 119 e 120 della Costituzione, nonché del principio di leale collaborazione.

I giudizi, in considerazione della loro connessione oggettiva, devono essere riuniti, per essere decisi con un'unica pronuncia.

2. Preliminarmente, questa Corte deve delimitare l'oggetto delle questioni promosse.

Il d.lgs. n. 79 del 2011 si compone di quattro articoli e di un allegato (previsto dall'art. 1).

L'art. 1 (composto di un solo comma) dispone l'approvazione del «codice della normativa statale in tema di ordinamento e mercato del turismo», contenuto nell'allegato 1.

Il successivo art. 2 reca, invece, modifiche al decreto legislativo 6 settembre 2005, n. 206 (Codice del consumo, a norma dell'articolo 7 della legge 29 luglio 2003, n. 229), in attuazione della direttiva 14 gennaio 2009, n. 2008/122/CE (Direttiva del Parlamento europeo e del Consiglio sulla tutela dei consumatori per quanto riguarda taluni aspetti dei contratti di multiproprietà, dei contratti relativi ai prodotti per le vacanze di lungo termine e dei contratti di rivendita e di scambio).

L'art. 3 del d.lgs. n. 79 contiene l'elenco delle leggi e degli atti aventi forza di legge abrogati a seguito dell'entrata in vigore dello stesso decreto legislativo, mentre il successivo art. 4 reca alcune disposizioni finanziarie.

Infine, l'allegato 1 contiene il «codice della normativa statale in tema di ordinamento e mercato del turismo», che si compone di 69 articoli.

Dunque, con il d.lgs. n. 79 del 2011 il legislatore delegato ha inteso esercitare due deleghe distinte e separate: la prima, prevista dall'art. 14 della legge

28 novembre 2005, n. 246 (Semplificazione e riassetto normativo per l'anno 2005), in virtù della quale è stato approvato il codice del turismo (art. 1, comma 1, e allegato 1 del decreto); la seconda, che non viene in rilievo in questa sede, contenuta negli artt. 1 e 2 e nell'allegato B della legge 4 giugno 2010, n. 96 (Disposizioni per l'adempimento di obblighi derivanti dall'appartenenza dell'Italia alle Comunità europee. Legge comunitaria 2009), in forza della quale sono state apportate modifiche al codice del consumo di cui al d.lgs. n. 206 del 2005 (art. 2 del d.lgs. n. 79 del 2011).

Le odierne ricorrenti impugnano il solo art. 1 del d.lgs. n. 79 del 2011 e gli artt. 1, 2, 3, 4, commi 1 e 2, 8, 9, 10, 11, comma 1, 12, 13, 14, 15, 16, 18, 19, 20, comma 2, 21, 23, commi 1 e 2, 24, 30, comma 1, 68 e 69 dell'allegato 1, che, come già detto, è approvato mediante l'art. 1 del decreto. Non sono impugnate, invece, le ulteriori norme del decreto medesimo.

3. Le Regioni ricorrenti muovono, nei confronti delle norme sopra indicate, due ordini di censure: innanzitutto, è impugnato l'art. 1, comma 1, del decreto, e di riflesso l'allegato 1, ivi richiamato, per violazione degli artt. 76 e 77, primo comma, Cost., in relazione alle attribuzioni regionali di cui agli artt. 117 e 118 Cost.; in secondo luogo, sono impugnate singole norme contenute nell'allegato 1, perché ritenute lesive delle competenze delle Regioni.

Nel caso di specie, si deve ribadire quanto più volte affermato da questa Corte a proposito della «pregiudizialità logico-giuridica» delle censure riferite all'art. 76 Cost., «giacché esse investono il corretto esercizio della funzione legislativa e, quindi, la loro eventuale fondatezza eliderebbe in radice ogni questione in ordine al contenuto precettivo della norma in esame» (*ex plurimis*, sentenza n. 293 del 2010).

Pertanto, devono essere esaminate in primo luogo le questioni di legittimità costituzionale prospettate in relazione agli artt. 76 e 77, primo comma, Cost.

(*Omissis*)

5. La questione di legittimità costituzionale dell'art. 1, comma 1, del d.lgs. n. 79 del 2011, sollevata da tutte le ricorrenti per violazione degli artt. 76 e 77, primo comma, Cost., è ammissibile e fondata nei termini e nei limiti di seguito precisati.

5.1. L'esame delle censure prospettate in riferimento agli artt. 76 e 77, primo comma, Cost. deve essere preceduto dalla ricostruzione del quadro normativo in cui si inserisce la delega attuata con l'art. 1 del decreto legislativo in esame.

Il comma 12 dell'art. 14 della legge n. 246 del 2005 stabiliva che il Governo individuasse, entro il termine del 16 dicembre 2007, le disposizioni legislative statali vigenti, «evidenziando le incongruenze e le antinomie normative relative ai diversi settori legislativi» e trasmettendo una relazione finale al Parlamento.

Il successivo comma 14 – nel testo modificato dalla legge 18 giugno 2009,

n. 69 (Disposizioni per lo sviluppo economico, la semplificazione, la competitività nonché in materia di processo civile) – ha delegato il Governo ad adottare, entro il 16 dicembre 2009, decreti legislativi che indicassero, tra le disposizioni legislative statali pubblicate prima del 1° gennaio 1970, quelle di cui si ritenesse indispensabile la permanenza in vigore. Fra i princìpi e criteri direttivi della suddetta delega rileva, ai fini del presente giudizio, quello riportato alla lettera e): «organizzazione delle disposizioni da mantenere in vigore per settori omogenei o per materie, secondo il contenuto precettivo di ciascuna di esse».

Il comma 14-*ter* ha stabilito che, «decorso un anno dalla scadenza del termine di cui al comma 14 [e quindi a partire dal 16 dicembre 2010], ovvero del maggior termine previsto dall'ultimo periodo del comma 22 [e quindi dal 16 marzo 2011], tutte le disposizioni legislative statali non comprese nei decreti legislativi di cui al comma 14, anche se modificate con provvedimenti successivi, sono abrogate».

In attuazione della delega prevista dal comma 14, il Governo ha adottato il decreto legislativo 1° dicembre 2009, n. 179 (Disposizioni legislative statali anteriori al 1° gennaio 1970, di cui si ritiene indispensabile la permanenza in vigore, a norma dell'articolo 14 della legge 28 novembre 2005, n. 246). Con tale atto normativo il Governo si è limitato ad individuare le leggi ritenute indispensabili, senza dare attuazione al criterio di cui alla citata lettera e) del comma 14 dell'art. 14 della legge n. 246 del 2005, senza cioè procedere alla «organizzazione delle disposizioni da mantenere in vigore per settori omogenei o per materie, secondo il contenuto precettivo di ciascuna di esse».

Il comma 15 dell'art. 14 della legge n. 246 del 2005 ha disposto, a sua volta: «i decreti legislativi di cui al comma 14 provvedono altresì alla semplificazione o al riassetto della materia che ne è oggetto, nel rispetto dei princìpi e criteri direttivi di cui all'articolo 20 della legge 15 marzo 1997, n. 59, e successive modificazioni, anche al fine di armonizzare le disposizioni mantenute in vigore con quelle pubblicate successivamente alla data del 1° gennaio 1970».

Il richiamato art. 20 della legge 15 marzo 1997, n. 59 (Delega al Governo per il conferimento di funzioni e compiti alle regioni ed enti locali, per la riforma della Pubblica Amministrazione e per la semplificazione amministrativa), al comma 3, stabilisce: «Salvi i princìpi e i criteri direttivi specifici per le singole materie, stabiliti con la legge annuale di semplificazione e riassetto normativo, l'esercizio delle deleghe legislative [...] si attiene ai seguenti princìpi e criteri direttivi [...]».

Il comma 18 dell'art. 14 della legge n. 246 del 2005 – come modificato dall'art. 13 della legge 4 marzo 2009, n. 15 (Delega al Governo finalizzata all'ottimizzazione della produttività del lavoro pubblico e alla efficienza e trasparenza delle pubbliche amministrazioni nonché disposizioni integrative delle funzioni attribuite al Consiglio nazionale dell'economia e del lavoro e alla Corte dei conti) – ha ulteriormente previsto: «Entro due anni dalla data di entrata in vigore dei decreti legislativi di cui al comma 14, possono essere emanate, con uno o più decreti legislativi, disposizioni integrative, di riassetto o correttive, esclusivamente nel rispetto dei princìpi e criteri direttivi di cui al comma 15 [...]».

Sulla base di quest'ultima disposizione è stato adottato il d.lgs. n. 79 del 2011, oggetto del presente giudizio.

5.2. La ricostruzione del quadro normativo, di cui al punto precedente, consente di disattendere la censura di tardività dell'esercizio della delega legislativa da parte del Governo.

(*Omissis*)

5.3. Quanto all'estensione e alla portata della delega legislativa contenuta nella legge n. 246 del 2005 in riferimento all'oggetto del d.lgs. n. 79 del 2011 censurato nel presente giudizio, si deve osservare – sulla base della ricostruzione normativa contenuta nel punto 5.1 – (*Omissis*) che l'oggetto della delega era circoscritto al coordinamento formale ed alla ricomposizione logico-sistematica di settori omogenei di legislazione statale, con facoltà di introdurre le integrazioni e le correzioni necessarie ad un coerente riassetto normativo delle singole materie. Il fine dichiarato di questa serie di operazioni era quello della semplificazione normativa, resa concreta dalla formazione di atti normativi contenenti le discipline statali vigenti – anteriori e successive al 1970 – in differenti materie, così da agevolarne la conoscenza da parte dei cittadini. L'esito complessivo di tale articolato iter di interventi legislativi doveva quindi essere la creazione di testi normativi coordinati, tendenzialmente comprensivi di tutte le disposizioni statali per ciascun settore, snelli e facilmente consultabili.

5.5. Esula dall'ambito della delega, quale precisato nel punto precedente, il riassetto generale dei rapporti tra Stato e Regioni in materie non di competenza esclusiva statale ai sensi dell'art. 117, secondo comma, Cost., in quanto la disciplina necessaria per operare tale riassetto non può rimanere ristretta alla sfera legislativa di competenza dello Stato, ma coinvolge quella delle Regioni, sia nel rapporto tra princìpi fondamentali e legislazione di dettaglio, nelle materie di competenza concorrente, sia, a fortiori, nell'esercizio del potere di avocazione da parte dello Stato di funzioni amministrative, e conseguentemente legislative, sulla base dell'art. 118, primo comma, Cost., nelle materie di competenza regionale residuale.

(*Omissis*)

5.6. Con riferimento ai limiti della delega contenuta nella legge n. 246 del 2005, si deve rilevare che essa non si può considerare generica, e quindi in contrasto con l'art. 76 Cost., se si osserva la sua essenziale finalità di realizzare una generale semplificazione del sistema normativo statale, mediante abrogazione di leggi ormai superate e inutili, raggruppamento di quelle superstiti per settori omogenei, armonizzazione e riassetto delle stesse. Le innovazioni autorizzate dal legislatore delegante erano pertanto strettamente funzionali al migliore adempimento di tale compito di sistematizzazione normativa e non erano suscettibili di allargamento all'introduzione di norme nuove, destinate, per di più, a disciplinare in modo organico, in forma codicistica, una materia compresa nella competenza legislativa residuale delle Regioni.

In definitiva, il legislatore delegato ben poteva raggruppare e riordinare le norme statali incidenti sulla materia del turismo, negli ambiti di sua competenza esclusiva e per la tutela di interessi di sicuro rilievo nazionale, come precisato, in più pronunce, da questa Corte (*ex plurimis*, sentenze n. 76 del 2009, n. 369 del 2008, n. 88 del 2007, n. 214 del 2006). Ciò che invece la delega non consentiva era la disciplina *ex novo* dei rapporti tra Stato e Regioni nella medesima materia, peraltro con il ripetuto ricorso al metodo della cosiddetta "attrazione in sussidiarietà", che, qualificandosi – ai sensi dell'art. 118, primo comma, Cost. e secondo la giurisprudenza di questa Corte – come forma non ordinaria di esercizio, da parte dello Stato, di funzioni amministrative e legislative attribuite alle Regioni da norme costituzionali, richiede in tal senso una precisa manifestazione di volontà legislativa del Parlamento, con indicazione, tra l'altro, di adeguate forme collaborative, del tutto assente nella legge di delegazione n. 246 del 2005.

(*Omissis*)

6. Alla luce delle considerazioni svolte nei paragrafi precedenti, l'analisi della fondatezza della censura di carenza di delega si deve condurre non sull'intero d.lgs. n. 79 del 2011, ma sulle singole disposizioni impugnate – nei limiti della loro ridondanza sul riparto di competenze di cui all'art. 117, secondo, terzo e quarto comma, Cost. e sull'allocazione delle funzioni amministrative, e conseguentemente legislative, di cui all'art. 118, primo comma, Cost. – allo scopo di verificare se ciascuna di esse possa essere catalogata tra le norme statali da riassettare ed armonizzare, o se invece si tratti di una nuova disciplina dei rapporti tra Stato e Regioni su oggetti particolari, non compresa nella delega.

Si deve pertanto procedere all'esame delle singole disposizioni contenute nell'allegato 1 del d.lgs. n. 79 ed impugnate dalle Regioni ricorrenti.

6.1. L'art. 1, che definisce l'ambito di applicazione del cosiddetto codice del turismo, precisa che lo stesso «reca, nei limiti consentiti dalla competenza statale, norme necessarie all'esercizio unitario delle funzioni amministrative in materia di turismo ed altre norme in materia riportabili alle competenze dello Stato, provvedendo al riordino, al coordinamento e all'integrazione delle disposizioni legislative statali vigenti, nel rispetto dell'ordinamento dell'Unione europea e delle attribuzioni delle regioni e degli enti locali».

La disposizione sopra riportata sfugge, nel suo complesso, alla censura di carenza di delega, in quanto precisa che le norme seguenti si mantengono nei confini della competenza statale e si limitano a dare attuazione alla delega di riordino e riassetto contenuta nella legge n. 246 del 2005. Ciò che esula dall'ambito consentito dalla delega è la finalità di provvedere «all'esercizio unitario delle funzioni amministrative», che, ricalcando la formula dell'art. 118, primo comma, Cost., si riferisce al possibile accentramento di competenze amministrative, e conseguentemente legislative, secondo limiti e modalità precisati dalla giurisprudenza di questa Corte. Si tratta quindi di una finalità che attiene non al riassetto della legislazione statale in materia di turismo, ma che riassume sinteticamente l'orientamento a disciplinare, in senso innovativo, l'assetto dei rapporti tra Stato e Regioni nella medesima materia.

Sulla base delle precedenti considerazioni si deve ritenere che la questione prospettata sia non solo ammissibile – in quanto l'asserita violazione degli artt. 76 e 77, primo comma, Cost. ridonda, in tutta evidenza, nella lesione della competenza legislativa residuale regionale in materia di turismo – ma anche fondata, per carenza di delega, limitatamente alle parole «necessarie all'esercizio unitario delle funzioni amministrative» e «ed altre norme in materia».

6.2. L'art. 2 contiene i «princìpi sulla produzione del diritto in materia turistica» e pone le condizioni per l'intervento legislativo dello Stato nella stessa materia, riprendendo alcune affermazioni contenute nella sentenza di questa Corte n. 76 del 2009. Si tratta di disposizione del tutto nuova, che, pur nell'intenzione di adeguare la normativa ai princìpi stabiliti nella giurisprudenza costituzionale, per sua stessa natura incide sui rapporti tra Stato e Regioni in materia turistica e fuoriesce pertanto dai limiti della delega. Il seguito legislativo delle sentenze di questa Corte richiede, comunque, una manifestazione di volontà, pur generale e di principio, del legislatore delegante. In caso contrario, sarebbe il potere esecutivo delegato ad inserire nuove norme nell'ordinamento, in diretta attuazione di orientamenti giurisprudenziali di questa Corte, superando il potere legislativo del Parlamento delegante.

Per quanto sopra detto, la questione di legittimità costituzionale dell'art. 2 dell'allegato 1 del d.lgs. n. 79 del 2011 è ammissibile e fondata, per violazione degli artt. 76 e 77, primo comma, in relazione all'art. 117, quarto comma, Cost.

6.3. L'art. 3 contiene «princìpi in tema di turismo accessibile». Si deve rilevare che tale disposizione accentra in capo allo Stato compiti e funzioni che l'art. 1 dell'«accordo tra lo Stato e le regioni e province autonome sui princìpi per l'armonizzazione, la valorizzazione e lo sviluppo del sistema turistico, ai fini dell'adozione del provvedimento attuativo dell'art. 2, comma 4, della legge 29 marzo 2001, n. 135» – recepito come allegato al decreto del Presidente del Consiglio dei ministri 13 settembre 2002 – aveva attribuito alle Regioni e alle Province autonome.

Indipendentemente da ogni considerazione di merito su tale disposizione, si deve rilevare che essa attiene, con evidenza, ai rapporti tra Stato e Regioni in materia di turismo e realizza un accentramento di funzioni, che, sulla base della natura residuale della competenza legislativa regionale, spettano in via ordinaria alle Regioni, salvo che lo Stato non operi l'avocazione delle stesse, con l'osservanza dei limiti e delle modalità precisati dalla giurisprudenza di questa Corte.

La questione di legittimità costituzionale promossa è, pertanto, ammissibile e fondata, per violazione degli artt. 76 e 77, primo comma, Cost., in relazione agli artt. 117, quarto comma, e 118, primo comma, Cost.

6.4. L'art. 4, commi 1 e 2, contiene norme che regolano le imprese turistiche. Si tratta di una sostanziale riproduzione dell'art. 7 della legge 29 marzo 2001, n. 135 (Riforma della legislazione nazionale del turismo), emanata prima della riforma del Titolo V della Parte II della Costituzione. La disciplina in questione non incide sui rapporti tra Stato e Regioni in materia turistica, ma si mantiene nell'ambito della materia «ordinamento civile», di competenza esclusiva dello Stato.

Pertanto, in riferimento all'art. 4, commi 1 e 2, del cosiddetto codice del turismo, l'asserita violazione degli artt. 76 e 77, primo comma, Cost. non ridonda in una lesione delle competenze costituzionalmente attribuite alle Regioni; di conseguenza, la relativa questione deve essere dichiarata inammissibile.

L'art. 4, commi 1 e 2, è altresì impugnato dalla Regione Umbria per violazione dell'art. 117, quarto comma, Cost., in quanto sarebbe lesivo delle competenze regionali in materia di turismo.

Per le ragioni sopra evidenziate, quest'ultima questione di legittimità costituzionale non è fondata.

6.5. L'art. 8 contiene una classificazione delle strutture ricettive. Tale disposizione accentra in capo allo Stato compiti e funzioni che l'art. 1 del già citato accordo tra lo Stato, le Regioni e le Province autonome, recepito dal menzionato d.P.C.M. 13 settembre 2002, aveva attribuito alle Regioni e alle Province autonome.

Anche in questo caso si tratta di un accentramento di funzioni spettanti in via ordinaria alle Regioni, in forza della loro competenza legislativa residuale in materia di turismo. Tale variazione del riparto delle competenze esula pertanto dal riordino della legislazione statale e incide sul riparto delle competenze tra Stato e Regioni, superando così i limiti della delega contenuta nella legge n. 246 del 2005. Per tale motivo la questione di legittimità costituzionale promossa per eccesso di delega è ammissibile e fondata, per violazione degli artt. 76 e 77, primo comma, Cost., in relazione agli artt. 117, quarto comma, e 118, primo comma, Cost.

6.6. L'art. 9 contiene una classificazione e una disciplina delle strutture ricettive alberghiere e paralberghiere. Anche tale disposizione accentra in capo allo Stato compiti e funzioni la cui disciplina era stata rimessa alle Regioni e alle Province autonome dall'art. 1 dell'accordo tra lo Stato, le Regioni e le Province autonome recepito dal d.P.C.M. 13 settembre 2002.

Si realizza, quindi, un accentramento di funzioni legislative spettanti in via ordinaria alle Regioni, in virtù della loro competenza legislativa residuale in materia di turismo. Tale spostamento altera il riparto di competenze tra Stato e Regioni nella suddetta materia.

Di conseguenza, deve ritenersi che la censura prospettata per eccesso di delega sia, non solo ammissibile, ma anche fondata, per violazione degli artt. 76 e 77, primo comma, in relazione agli artt. 117, quarto comma, e 118, primo comma, Cost.

6.7. L'art. 10 contiene una classificazione degli standard qualitativi delle imprese turistiche ricettive. Valgono ancora una volta le considerazioni già formulate in relazione ad altre norme del cosiddetto codice del turismo; infatti, pure l'art. 10 accentra in capo allo Stato compiti e funzioni la cui disciplina era stata rimessa alle Regioni e alle Province autonome dall'art. 1 dell'accordo tra lo Stato, le Regioni e le Province autonome, recepito dal d.P.C.M. 13 settembre 2002.

La norma impugnata realizza, dunque, un accentramento di funzioni legislative che, in base alla competenza legislativa residuale delle Regioni in materia di turismo, spettano in via ordinaria a queste ultime e il cui spostamento implica una variazione del riparto di competenze tra Stato e Regioni, che esula dalla delega contenuta nella legge n. 246 del 2005. Deve pertanto ritenersi che la censura prospettata per eccesso di delega sia, non solo ammissibile, ma anche fondata, per violazione degli artt. 76 e 77, primo comma, in relazione agli artt. 117, quarto comma, e 118, primo comma, Cost.

6.8. L'art. 11, comma 1, contiene una disciplina della pubblicità dei prezzi, stabilendo l'obbligo per gli operatori turistici di comunicare alle Regioni e alle Province autonome i prezzi praticati. Si tratta di norma che riprende in parte il contenuto dell'art. 1 della legge 25 agosto 1991, n. 284 (Liberalizzazione dei prezzi del settore turistico e interventi di sostegno alle imprese turistiche) emanata anteriormente alla riforma del Titolo V della Parte II della Costituzione. L'imposizione dell'obbligo di comunicazione indicato rientra nella competenza legislativa esclusiva delle Regioni in materia turistica ed implica, di conseguenza, un'alterazione del riparto di competenze tra lo Stato e le Regioni stesse, quale emerge dopo la legge costituzionale 18 ottobre 2001, n. 3 (Modifiche al titolo V della parte seconda della Costituzione), variazione non compresa nell'ambito della delega contenuta nella legge n. 246 del 2005.

Per quanto detto, si deve ritenere che la questione di legittimità costituzionale in esame sia ammissibile e fondata, per violazione degli artt. 76 e 77, primo comma, in relazione agli artt. 117, quarto comma, e 118, primo comma, Cost.

6.9. L'art. 12 contiene una classificazione ed una disciplina delle strutture ricettive extralberghiere. Tale disposizione accentra in capo allo Stato compiti e funzioni la cui disciplina era stata rimessa alle Regioni e alle Province autonome dall'art. 1 dell'accordo tra lo Stato, le Regioni e le Province autonome, recepito dal d.P.C.M. 13 settembre 2002.

Il legislatore delegato ha operato un accentramento statale di funzioni spettanti in via ordinaria alle Regioni, in base alla loro competenza legislativa residuale in materia di turismo, determinando, quindi, una variazione del riparto delle competenze tra Stato e Regioni nella predetta materia, non contemplata nella delega contenuta nella legge n. 246 del 2005.

Per quanto detto, la questione di legittimità costituzionale prospettata per eccesso di delega deve essere ritenuta ammissibile e fondata, per violazione degli artt. 76 e 77, primo comma, in relazione agli artt. 117, quarto comma, e 118 Cost.

6.10. L'art. 13 contiene una classificazione ed una disciplina delle strutture ricettive all'aperto. Con tale disposizione si accentrano in capo allo Stato compiti e funzioni la cui disciplina era stata rimessa alle Regioni e alle Province autonome dall'art. 1 dell'accordo tra lo Stato, le Regioni e le Province autonome, recepito dal d.P.C.M. 13 settembre 2002.

Ancora una volta, il legislatore delegato ha operato un accentramento di funzioni che spettano in via ordinaria alle Regioni, sulla base della loro competenza legislativa residuale in materia di turismo, con la conseguenza di produrre una variazione del riparto di competenze tra Stato e Regioni nella detta materia, non contemplata nella delega contenuta nella legge n. 246 del 2005.

Per quanto detto, la questione di legittimità costituzionale prospettata per eccesso di delega deve essere ritenuta ammissibile e fondata, per violazione degli artt. 76 e 77, primo comma, in relazione agli artt. 117, quarto comma, e 118, primo comma, Cost.

6.11. L'art. 14 contiene la definizione delle strutture ricettive di mero supporto. Si tratta di norma del tutto nuova, che incide con evidenza nella materia "turismo", di competenza legislativa residuale delle Regioni, e fuoriesce pertanto dalla delega di riordino e riassetto delle leggi statali nella suddetta materia, contenuta nella legge n. 246 del 2005. Si deve, di conseguenza, ritenere che la censura prospettata per eccesso di delega sia ammissibile e fondata, per violazione degli artt. 76 e 77, primo comma, Cost., in relazione agli artt. 117, quarto comma, e 118, primo comma, Cost.

6.12. L'art. 15 contiene una disciplina degli standard qualitativi dei servizi e delle dotazioni per la classificazione delle strutture ricettive. Tale disposizione accentra in capo allo Stato compiti e funzioni la cui disciplina era stata rimessa alle Regioni e alle Province autonome dall'art. 1 dell'accordo tra lo Stato, le Regioni e le Province autonome, recepito dal d.P.C.M. 13 settembre 2002.

La norma impugnata realizza un accentramento statale di funzioni che spettano alle Regioni, titolari di competenza legislativa residuale nella materia del turismo; si determina così una variazione del riparto di competenze tra Stato e Regioni, non autorizzata dalla delega contenuta nella legge n. 246 del 2005.

Per quanto detto, l'impugnativa promossa per eccesso di delega è, non solo ammissibile, ma anche fondata, per violazione degli artt. 76 e 77, primo comma, in relazione agli artt. 117, quarto comma, e 118, primo comma, Cost.

6.13. L'art. 16 detta norme sulla semplificazione degli adempimenti amministrativi delle strutture turistico-ricettive. Con tale disposizione lo Stato incide sulla disciplina dei procedimenti amministrativi relativi ad attività turistiche, riservata dalla Costituzione alla competenza legislativa residuale delle Regioni. Si tratta quindi di una variazione del riparto delle competenze, quale risulta dal Titolo V della Parte II della Costituzione, dopo la riforma operata dalla legge cost. n. 3 del 2001, non rientrante nei limiti della delega contenuta nella legge n. 246 del 2005.

Si deve pertanto ritenere che la questione prospettata per eccesso di delega sia ammissibile e fondata, per violazione degli artt. 76 e 77, primo comma, in relazione agli artt. 117, quarto comma, e 118, primo comma, Cost.

6.14. L'art. 18 contiene «definizioni» in materia di agenzie di viaggio e turismo. Con tale disposizione vengono accentrati in capo allo Stato compiti e funzioni la cui disciplina era stata rimessa alle Regioni e alle Province autonome dall'art. 1 dell'accordo tra lo Stato, le Regioni e le Province autonome, recepito dal d.P.C.M. 13 settembre 2002.

Si tratta, ancora una volta, di un accentramento di competenze spettanti in via ordinaria alle Regioni, in forza della loro competenza legislativa esclusiva in materia di turismo. Si opera in tal modo una variazione del riparto delle competenze tra Stato e Regioni nella detta materia, che esula dalla delega contenuta nella legge n. 246 del 2005.

Per quanto detto, deve essere ritenuta ammissibile e fondata la censura sollevata per violazione degli artt. 76 e 77, primo comma, Cost., in relazione agli artt. 117, quarto comma, e 118, primo comma, Cost.

6.15. L'art. 19 contiene una norma che sancisce, a carico delle agenzie di viaggio e turismo, l'obbligo di stipulare «congrue polizze assicurative a garanzia dell'esatto adempimento degli obblighi assunti verso i clienti con il contratto di viaggio in relazione al costo complessivo dei servizi offerti». Si tratta di disposizione che incide sul sistema di garanzie posto a tutela del cliente delle agenzie di viaggio e turismo, e quindi sulla materia dell'ordinamento civile, di competenza legislativa esclusiva dello Stato, ai sensi dell'art. 117, secondo comma, Cost. Poiché la norma citata si mantiene in un ambito strettamente attinente a competenze statali, la censura delle ricorrenti relativa alla carenza di delega non è ammissibile. L'asserita violazione degli artt. 76 e 77, primo comma, Cost. non ridonda, infatti, in una lesione delle competenze costituzionalmente attribuite alle Regioni.

L'art. 19 del cosiddetto codice del turismo è, inoltre, impugnato dalla Regione Veneto per violazione degli artt. 117, quarto comma, 118 e 120 Cost., in quanto opererebbe l'attrazione in sussidiarietà delle competenze amministrative e legislative delle Regioni in assenza dei presupposti richiesti dalla giurisprudenza di questa Corte.

Come già detto in relazione alla questione avente ad oggetto lo stesso art. 19, ma in riferimento al vizio di eccesso di delega, la norma impugnata reca una disciplina riconducibile, per prevalenza, all'ambito di competenza legislativa esclusiva statale in materia di «ordinamento civile».

Pertanto, la questione promossa in riferimento agli artt. 117, quarto comma, 118 e 120 Cost. deve essere ritenuta non fondata.

6.16. L'art. 20, comma 2, dispone che l'apertura di filiali, succursali e altri punti vendita di agenzie, già legittimate ad operare, non richiede la nomina di un direttore tecnico per ciascun punto di erogazione del servizio. Con tale disposizione si disciplina un aspetto di dettaglio nella materia "turismo", attribuita alla competenza legislativa residuale delle Regioni. Si opera in tal modo una variazione del riparto delle competenze tra Stato e Regioni, quale emerge dalla riforma del Titolo V della Parte II della Costituzione, a seguito della legge cost. n. 3 del 2001, variazione non contemplata dalla delega contenuta nella legge n. 246 del 2005.

Pertanto, la questione promossa per violazione degli artt. 76 e 77, primo comma, in relazione all'art. 117, quarto comma, Cost., deve essere dichiarata ammissibile e fondata.

6.17. L'art. 21 reca norme in tema di semplificazione degli adempimenti amministrativi relativi alle agenzie di viaggio e turismo. Si tratta di disposizione del tutto nuova, che modifica la disciplina dei procedimenti amministrativi in materia di turismo, spettante in via ordinaria alla competenza legislativa residuale delle Regioni. L'incidenza della norma impugnata su ambiti rimessi al legislatore regionale e il suo carattere innovativo (non consentito dalla delega contenuta nella legge n. 246 del 2005) determinano l'ammissibilità e la fondatezza della questione prospettata, per violazione degli artt. 76 e 77, primo comma, Cost., in relazione all'art. 117, quarto comma, Cost.

6.18. L'art. 23, commi 1 e 2, definisce e regola i «sistemi turistici locali». La stessa definizione, che la norma impugnata dà di questi, dimostra l'inerenza di tale disciplina alla materia "turismo", di competenza residuale delle Regioni. Si definiscono in tal modo, infatti, «i contesti turistici omogenei o integrati, comprendenti ambiti territoriali appartenenti anche a regioni diverse, caratterizzati dall'offerta integrata di beni culturali, ambientali e di attrazioni turistiche, compresi i prodotti tipici dell'agricoltura e dell'artigianato locale, o dalla presenza diffusa di imprese singole o associate».

Una disposizione simile era contenuta nell'art. 5 della legge n. 135 del 2001, emanata in data anteriore alla riforma del Titolo V della Parte II della Costituzione operata dalla legge cost. n. 3 del 2001, che ha attribuito la materia "turismo" alla competenza legislativa residuale delle Regioni. La norma censurata introduce pertanto una variazione del riparto di competenze tra Stato e Regioni in materia di turismo, quale emerge dal Titolo V della Parte II della Costituzione. Tale variazione, come già più volte evidenziato, non era compresa nella delega contenuta nella legge n. 246 del 2005.

Per quanto detto, si deve ritenere che la questione di legittimità costituzionale dell'art. 23, commi 1 e 2, sia ammissibile e fondata, per violazione degli artt. 76 e 77, primo comma, in relazione all'art. 117, quarto comma, Cost.

6.19. L'art. 24 disciplina l'«incentivazione di iniziative di promozione turistica finalizzate alla valorizzazione del patrimonio storico-artistico, archeologico, architettonico e paesaggistico italiano».

La disposizione in esame prevede che il Presidente del Consiglio dei ministri o il Ministro delegato, di concerto con il Ministro per i beni e le attività culturali, «promuov[a] la realizzazione di iniziative turistiche finalizzate ad incentivare la valorizzazione del patrimonio storico-artistico, archeologico, architettonico e paesaggistico presente sul territorio italiano, utilizzando le risorse umane e strumentali disponibili, senza nuovi ed ulteriori oneri per la finanza pubblica».

La norma in oggetto è impugnata, unitamente alle altre del cosiddetto codice del turismo, per violazione degli artt. 76 e 77, primo comma, Cost., e singolarmente, per violazione degli artt. 117, terzo e quarto comma, e 118, primo comma, Cost., e del principio di leale collaborazione.

Con riguardo al secondo gruppo di censure, a parere delle ricorrenti il legislatore statale avrebbe disposto l'attrazione in sussidiarietà delle funzioni amministrative e legislative in un ambito materiale di competenza legislativa residuale ("turismo") o, in alternativa, in un ambito di competenza legislativa concorrente («valorizzazione dei beni culturali e ambientali»).

Le questioni promosse devono essere rigettate, in quanto inammissibili (quelle sollevate in riferimento agli artt. 76 e 77, primo comma, Cost.) e infondate (quelle prospettate in relazione agli artt. 117, terzo e quarto comma, 118, primo comma, e 120 Cost., ed al principio di leale collaborazione).

Il censurato art. 24 sottende, infatti, un principio generale di valorizzazione e di promozione dei beni culturali con finalità turistica. Peraltro, l'attività di valorizzazione e di promozione svolta a livello nazionale dallo Stato, e per esso dal Governo, non inibisce alle Regioni di intervenire attraverso analoghe attività volte a promuovere e a valorizzare, a fini turistici, i beni culturali presenti nel territorio regionale.

Il riconoscimento di siffatto principio in tema di «valorizzazione dei beni culturali» non altera il riparto di competenze tra Stato e Regioni ma, al contrario, ne esalta le potenzialità in quanto permette di evidenziare come lo scopo perseguito da Stato e Regioni, ciascuno nel proprio ambito di competenza, non possa che essere quello di realizzare un incremento qualitativo dell'offerta turistica.

Con la norma impugnata, pertanto, il legislatore statale non ha oltrepassato i limiti posti dall'art. 117, terzo comma, Cost., di talché deve essere dichiarata inammissibile la questione prospettata per eccesso di delega, in quanto la relativa censura non ridonda in una lesione di attribuzioni costituzionalmente riconosciute alle Regioni.

Per le medesime ragioni deve essere, poi, dichiarata non fondata la questione formulata in riferimento ai parametri relativi al riparto di competenze.

6.20. L'art. 30, comma 1, disciplina le agevolazioni in favore dei turisti con animali domestici al seguito. Si tratta di norma del tutto nuova, che rientra in modo evidente nella competenza legislativa residuale delle Regioni in materia di turismo. Poiché introduce una variazione al riparto di competenze legislative tra Stato e Regioni nella suddetta materia, quale emerge dal Titolo V della Parte II della Costituzione, dopo la riforma del 2001, la norma citata non rientra nell'ambito della delega contenuta nella legge n. 246 del 2005. Si deve perciò ritenere che la questione prospettata per violazione degli artt. 76 e 77, primo comma, in relazione all'art. 117, quarto comma, Cost., sia ammissibile e fondata.

6.21. L'art. 68 disciplina le attività di assistenza al turista. Non risultano disposizioni legislative statali preesistenti. La norma in questione può essere assimilata a quanto disposto, in maniera generica, dall'art. 1 dell'accordo tra lo Stato, le Regioni e le Province autonome, recepito dal d.P.C.M. 13 settembre 2002. Con la disposizione impugnata vengono accentrate allo Stato funzioni amministrative e legislative spettanti in via ordinaria alle Regioni, in base agli artt. 117, quarto comma, e 118, primo comma, Cost.

La riconducibilità della normativa censurata all'ambito materiale del "turismo" determina l'ammissibilità della questione promossa per violazione della delega legislativa.

Poiché la delega contenuta nella legge n. 246 del 2005 non contemplava la variazione del riparto di competenze tra Stato e Regioni in materia di turismo, la suddetta norma deve essere dichiarata costituzionalmente illegittima, per violazione degli artt. 76 e 77, primo comma, in relazione agli artt. 117, quarto comma, e 118, primo comma, Cost.

6.22. L'art. 69 disciplina la gestione dei reclami nei confronti delle imprese e degli operatori turistici. La disposizione in oggetto presenta un contenuto genericamente assimilabile a quello dell'art. 4 della legge n. 135 del 2001, anteriore alla riforma del Titolo V della Parte II della Costituzione operata con la legge cost. n. 3 del 2001. Poiché tale disposizione accentra allo Stato attività che in via ordinaria spettano alle Regioni, in base alla loro competenza legislativa residuale in materia di turismo, essa fuoriesce dal campo della delega contenuta nella legge n. 246 del 2005, con la conseguenza di rendere la questione ammissibile e fondata, per violazione degli artt. 76 e 77, primo comma, in relazione agli artt. 117, quarto comma, e 118, primo comma, Cost.

7. Sono assorbiti gli altri profili di illegittimità costituzionale prospettati dalle Regioni ricorrenti.

per questi motivi
LA CORTE COSTITUZIONALE

riuniti i giudizi,

1) dichiara l'illegittimità costituzionale dell'articolo 1, comma 1, del decreto legislativo 23 maggio 2011, n. 79 (Codice della normativa statale in tema di ordinamento e mercato del turismo, a norma dell'articolo 14 della legge 28 novembre 2005, n. 246, nonché attuazione della direttiva 2008/122/CE, relativa ai contratti di multiproprietà, contratti relativi ai prodotti per le vacanze di lungo termine, contratti di rivendita e di scambio), nella parte in cui dispone l'approvazione dell'art. 1, limitatamente alle parole «necessarie all'esercizio unitario delle funzioni amministrative» e «ed altre norme in materia», nonché degli artt. 2, 3, 8, 9, 10, 11, comma 1, 12, 13, 14, 15, 16, 18, 20, comma 2, 21, 23, commi 1 e 2, 30, comma 1, 68 e 69 dell'allegato 1 del d.lgs. n. 79 del 2011;

2) dichiara inammissibile la questione di legittimità costituzionale dell'art. 1, comma 1, del d.lgs. n. 79 del 2011, in relazione all'art. 4, commi 1 e 2, dell'allegato 1 del medesimo decreto legislativo, promossa dalla Regione Umbria per violazione degli artt. 76 e 77, primo comma, della Costituzione;

3) dichiara inammissibile la questione di legittimità costituzionale dell'art. 1, comma 1, del d.lgs. n. 79 del 2011, in relazione all'art. 19 dell'allegato 1 del medesimo decreto legislativo, promossa dalla Regione Veneto per violazione degli artt. 76 e 77, primo comma, Cost.;

4) dichiara inammissibile la questione di legittimità costituzionale dell'art. 1, comma 1, del d.lgs. n. 79 del 2011, in relazione all'art. 24 dell'allegato 1 del medesimo decreto legislativo, promossa dalle Regioni Toscana, Puglia, Umbria e Veneto per violazione degli artt. 76 e 77, primo comma, Cost.;

5) dichiara non fondata la questione di legittimità costituzionale dell'art. 4, commi 1 e 2, dell'allegato 1 del d.lgs. n. 79 del 2011, promossa dalla Regione Umbria per violazione dell'art. 117, quarto comma, Cost.;

6) dichiara non fondata la questione di legittimità costituzionale dell'art. 19 dell'allegato 1 del d.lgs. n. 79 del 2011, promossa dalla Regione Veneto per violazione degli artt. 117, quarto comma, 118 e 120 Cost.;

7) dichiara non fondata la questione di legittimità costituzionale dell'art. 24 dell'allegato 1 del d.lgs. n. 79 del 2011, promossa dalle Regioni Toscana, Puglia, Umbria e Veneto per violazione degli artt. 117, terzo e quarto comma, 118, primo comma, e 120 Cost., e del principio di leale collaborazione.

Così deciso in Roma, nella sede della Corte costituzionale, Palazzo della Consulta, il 2 aprile 2012.

CORTE COST. 12-10-2007, N. 339

REPUBBLICA ITALIANA
IN NOME DEL POPOLO ITALIANO
LA CORTE COSTITUZIONALE

composta dai signori:
Presidente: Franco BILE;
Giudici: Giovanni Maria FLICK, Francesco AMIRANTE, Ugo DE SIERVO, Paolo MADDALENA, Alfio FINOCCHIARO, Alfonso QUARANTA, Franco GALLO, Luigi MAZZELLA, Gaetano SILVESTRI, Sabino CASSESE, Maria Rita SAULLE, Giuseppe TESAURO, Paolo Maria NAPOLITANO,

ha pronunciato la seguente
SENTENZA

nei giudizi di legittimità costituzionale dell'art. 4, commi 2, 3 e 4 lettere *a*), *b*), *c*), *e*), ed *f*); dell'art. 5, dell'art. 6, commi 2 e 3; dell'art. 7; dell'art. 8; dell'art. 9, comma 2; dell'art. 11; dell'art. 12; dell'art. 13 e dell'art. 14, comma 2, della legge 20 febbraio 2006, n. 96 (Disciplina dell'agriturismo), promossi con ricorsi delle Regioni Lazio e Toscana notificati il 10 e il 13 maggio 2006, depositati in cancelleria il 16 maggio 2006 ed iscritti ai nn. 64 e 65 del registro ricorsi 2006.

Udito nell'udienza pubblica del 3 luglio 2007 il Giudice relatore Maria Rita Saulle;

uditi gli avvocati Leopoldo di Bonito per la Regione Lazio e Lucia Bora e Fabio Lorenzoni per la Regione Toscana.

(*Omissis*)

CONSIDERATO IN DIRITTO

1. Le Regioni Lazio e Toscana con due ricorsi, il primo notificato il 10 maggio 2006, il secondo il 13 maggio 2006, ed entrambi depositati il successivo 16 maggio, impugnano varie disposizioni contenute nella legge 20 febbraio

2006, n. 96 (Disciplina dell'agriturismo), per violazione degli artt. 117, 118 e 120 della Costituzione.

2. L'identità di materia e l'analogia delle questioni prospettate rendono opportuna la riunione dei ricorsi al fine della loro trattazione congiunta e della loro decisione con un'unica sentenza.

Le ricorrenti pongono a fondamento delle censure la medesima premessa, cioè che la legge impugnata violerebbe gli evocati parametri costituzionali in quanto inciderebbe nelle materie dell'agricoltura – cui appartiene la disciplina dell'agriturismo – e del turismo – cui sono riconducibili taluni aspetti dell'attività agrituristica – attribuite alla competenza legislativa residuale delle Regioni, non giustificandosi la disciplina impugnata neanche in ragione del principio di sussidiarietà. Inoltre, la Regione Lazio precisa che il suddetto intervento statale difetterebbe dei requisiti della proporzionalità e della ragionevolezza e sarebbe carente di ogni tipo di coinvolgimento delle Regioni.

Entrambe le Regioni rilevano, altresì, che sebbene l'attività agrituristica coinvolga materie attribuite alla competenza concorrente dello Stato, le norme impugnate sarebbero in contrasto con i parametri costituzionali evocati in quanto dettano una disciplina di dettaglio.

3. In via preliminare, occorre rilevare che la legge impugnata prescrive una disciplina generale per l'attività agrituristica, attività che, seppure in via immediata, rientra nelle materie agricoltura e turismo di competenza residuale delle Regioni, interferisce tuttavia con altre materie attribuite alla competenza, o esclusiva o concorrente, dello Stato.

4. La Regione Toscana impugna l'art. 4 e, in particolare, i commi 2, 3, e 4, lettere *a*), *b*), *c*), *e*), ed *f*), nella parte in cui essi indicano, ai fini dell'individuazione dell'azienda agrituristica, quale criterio sulla cui base ritenere prevalente l'attività agricola su quella agrituristica, quello del tempo di lavoro necessario all'esercizio delle suddette attività, presumendosi prevalente quella agricola nei casi nei quali l'attività di ricezione e di somministrazione dei pasti e bevande interessi un numero non superiore a dieci ospiti.

La ricorrente ritiene, altresì, incostituzionale la norma impugnata nella parte in cui impone alle Regioni, sempre ai fini dell'individuazione sopra indicata, di riconoscere come prodotti propri dell'azienda agrituristica anche prodotti provenienti da aziende agricole collocate in zone omogenee contigue di Regioni limitrofe, nonché di prevedere che le suddette aziende somministrino una quota di prodotto proprio.

Tali disposizioni, a parere della Regione Toscana, violerebbero gli artt. 117 e 118 della Costituzione, in quanto con esse il legislatore statale sarebbe intervenuto con una normativa di dettaglio in una materia sottratta alla sua competenza, non ravvisandosi esigenze di carattere unitario che impongano il suddetto intervento.

4.1. La questione relativa all'art. 4, comma 2, non è fondata.

In proposito va osservato che l'art. 4, nel dettare criteri e limiti dell'attività agrituristica, al comma 1 prevede che «Le regioni, tenuto conto delle caratteristiche del territorio regionale o di parti di esso, dettano criteri, limiti e obblighi amministrativi per lo svolgimento dell'attività agrituristica», specificando, al successivo comma 2, che «Affinché l'organizzazione dell'attività agrituristica non abbia dimensioni tali da perdere i requisiti di connessione rispetto all'attività agricola, le regioni e le province autonome definiscono criteri per la valutazione del rapporto di connessione delle attività agrituristiche rispetto alle attività agricole che devono rimanere prevalenti, con particolare riferimento al tempo di lavoro necessario all'esercizio delle stesse attività». Tale ultima disposizione, se da un lato si limita a ribadire il principio secondo il quale l'attività agrituristica deve porsi in rapporto di connessione con quella agricola, così come previsto dall'art. 2135 del codice civile e dall'art. 2 della stessa legge impugnata, dall'altro, laddove prevede quale elemento determinante ai fini della comparazione tra le due tipologie di attività sopra indicate il tempo di lavoro necessario al loro rispettivo svolgimento, non lede alcuna competenza regionale.

Invero, la disposizione di cui all'art. 4, comma 2, costituisce una specificazione della previsione generale contenuta nel precedente comma, il quale, appunto, attribuisce alle Regioni il compito di dettare i criteri utili al fine di classificare un'azienda agrituristica; con la conseguenza che deve intendersi demandata ai suddetti enti anche l'individuazione delle regole in base alle quali calcolare il tempo di lavoro cui fa riferimento la norma impugnata.

4.2. Le questioni relative ai commi 3 e 4 dell'art. 4, sono fondate.

In particolare, il comma 3 prevede che «L'attività agricola si considera comunque prevalente quando le attività di ricezione e di somministrazione di pasti e bevande interessano un numero non superiore a dieci ospiti».

Tale disposizione, stabilendo una presunzione ai fini del riconoscimento di un'attività come agrituristica, opera esclusivamente nell'ambito delle materie agricoltura e turismo, cui è riconducibile, in via immediata, la suddetta attività, ledendo, in tal modo, le prerogative legislative delle Regioni alle quali le suddette materie sono attribuite in via residuale, ai sensi dell'art. 117, comma quarto, della Costituzione.

4.3. L'art. 4, al comma 4, fissa, poi, una serie di criteri che l'impresa agrituristica deve rispettare nella somministrazione di pasti e bevande, tra i quali quello di garantire una quota significativa di prodotti propri, e quello di poter offrire, a determinate condizioni, anche prodotti di Regioni limitrofe.

Anche tale norma va ritenuta lesiva delle prerogative regionali, in quanto diretta a disciplinare esclusivamente aspetti inerenti l'attività agrituristica.

5. Entrambe le ricorrenti impugnano l'art. 5, in quanto ritengono che la disposizione in esso contenuta, seppure operante nell'ambito di materie attribui-

te alla competenza concorrente di Stato e Regione, pone una normativa di dettaglio.

5.1. Le censure relative all'art. 5, commi 4 e 5, sono fondate.

Con tali disposizioni il legislatore statale ha previsto che «Nel caso di somministrazione di pasti in numero massimo di dieci, per la loro preparazione può essere autorizzato l'uso della cucina domestica» (comma 4) e che «Per le attività agrituristiche di alloggio, nei limiti di dieci posti letto, per l'idoneità dei locali è sufficiente il requisito dell'abitabilità» (comma 5).

Le norme impugnate nel fissare in modo puntuale la disciplina applicabile in materia di tutela della salute, fanno sì che non residui alcuno spazio normativo per le Regioni. Queste ultime, infatti, in presenza dei limiti specifici previsti dal legislatore statale, non hanno alcun margine di operatività, con la conseguenza che risulta lesa la loro competenza legislativa nel settore in esame.

5.2. Le censure relative ai commi 1, 2, 3 e 6, dell'art. 5, non sono fondate.

Le norme impugnate, nel disciplinare i requisiti igienico-sanitari applicabili alle strutture edilizie ed alle attrezzature dell'agriturismo, nonché le modalità di produzione, preparazione e confezionamento degli alimenti ivi consumati, risultano espressione del potere legislativo dello Stato in materia di «tutela della salute». In particolare, la prima parte del comma 1 demanda alle Regioni il compito di stabilire i suddetti requisiti, non invadendo in tal modo alcuna competenza regionale; mentre la seconda parte, laddove prevede che nella individuazione di tali requisiti deve tenersi conto di particolari elementi, quali, tra l'altro, le caratteristiche architettoniche degli immobili, si limita a fissare alcuni principi generali, lasciando alle Regioni la concreta disciplina in materia.

Quanto al successivo comma 2, esso si limita a rimandare, circa la produzione, la preparazione, il confezionamento e la somministrazione di alimenti e di bevande, alla disciplina contenuta nella legge 30 aprile 1962, n. 283 (Modifica degli artt. 242, 243, 247, 250 e 262 del T.U. delle leggi sanitarie approvato con R.D. 27 luglio 1934, n. 1265: Disciplina igienica della produzione e della vendita delle sostanze alimentari e delle bevande), e nell'art. 9 del decreto legislativo 26 maggio 1997, n. 155 (Attuazione della direttiva 93/43/CEE e della direttiva 96/3/CE concernenti l'igiene dei prodotti alimentari), non contenendo alcuna norma di dettaglio.

In proposito, va rilevato che la legge n. 283 del 1962 pone una disciplina di portata generale, applicabile anche all'attività agrituristica, finalizzata alla tutela della salute e, in particolare, a garantire la salubrità degli alimenti, nonché a disciplinare alcuni aspetti del controllo ufficiale tutt'oggi pienamente operativi ed indirizzati anche alla produzione di quest'ultimi.

Quanto all'art. 9 del d.lgs. n. 155 del 1997, il legislatore ha ribadito la deroga ivi prevista a favore delle produzioni alimentari agrituristiche (dettata per le loro peculiari caratteristiche), in relazione ai requisiti igienico sanitari.

Anche per il comma 3 dell'art. 5 valgono le stesse considerazioni fatte per la seconda parte del comma 1, essendosi limitato il legislatore nazionale ad indicare alcuni criteri a cui deve attenersi l'autorità sanitaria ai fini della valutazione di idoneità dei locali al trattamento ed alla somministrazione di alimenti all'interno delle aziende agrituristiche e, quindi, a dettare un principio fondamentale in materia di tutela della salute e, sotto altro aspetto, in materia di governo del territorio anch'esso di competenza concorrente.

Infine, parimenti infondate sono le censure relative al comma 6, laddove è prevista una deroga a favore delle strutture agrituristiche per quanto attiene al rispetto della disciplina sul superamento delle barriere architettoniche. La norma impugnata, infatti, nel prevedere per gli edifici e i manufatti destinati all'esercizio dell'attività agrituristica la conformità alle norme vigenti in materia di accessibilità e di superamento delle barriere architettoniche, anche mediante l'adozione di opere provvisionali, fissa un principio fondamentale relativo alla tutela della persona.

6. La Regione Toscana censura, poi, l'art. 6, commi 2 e 3, in quanto ritiene che tale norma, nella parte in cui fissa in modo puntuale la disciplina amministrativa per l'esercizio dell'attività agrituristica, attività rientrante nelle materie di competenza esclusiva delle Regioni, in assenza di esigenze unitarie da tutelare, violi gli artt. 117 e 118 della Costituzione.

6.1. Le questioni sono fondate.

L'art. 6, ai commi 2 e 3, prevede, rispettivamente, che «La comunicazione di inizio dell'attività consente l'avvio immediato dell'esercizio dell'attività agrituristica. Il comune, compiuti i necessari accertamenti, può, entro sessanta giorni, formulare rilievi motivati prevedendo i relativi tempi di adeguamento senza sospensione dell'attività in caso di lievi carenze e irregolarità, ovvero, nel caso di gravi carenze e irregolarità, può disporre l'immediata sospensione dell'attività sino alla loro rimozione da parte dell'interessato, opportunamente verificata, entro il termine stabilito dal comune stesso», e che «Il titolare dell'attività agrituristica è tenuto, entro quindici giorni, a comunicare al comune qualsiasi variazione delle attività in precedenza autorizzate, confermando», sotto la propria responsabilità, «la sussistenza dei requisiti e degli adempimenti di legge».

Le norme impugnate, nel disciplinare il procedimento amministrativo che consente l'avvio dell'esercizio di un agriturismo, nonché le comunicazioni delle eventuali variazioni dell'attività autorizzata, attengono unicamente ad aspetti relativi alla attività agrituristica che, in quanto tali, sono sottratti alla competenza legislativa dello Stato.

7. La Regione Lazio impugna l'art. 7, nella parte in cui, nel prevedere le modalità per il rilascio del certificato di abilitazione all'esercizio dell'attività agrituristica, violerebbe le competenze legislative regionali, nonché il principio di leale collaborazione.

7.1. La questione non è fondata.

L'art. 7, al comma 1, prevede che «Le regioni disciplinano le modalità per il rilascio del certificato di abilitazione all'esercizio dell'attività agrituristica. Per il conseguimento del certificato, le Regioni possono organizzare, attraverso gli enti di formazione del settore agricolo e in collaborazione con le associazioni agrituristiche più rappresentative, corsi di preparazione».

Tale disposizione non lede le attribuzioni legislative regionali, limitandosi, da un lato, a prevedere la possibilità per le Regioni di disciplinare le modalità per il rilascio del certificato di abilitazione all'esercizio dell'attività agrituristica; dall'altro, a rendere facoltativa per le Regioni l'organizzazione a tal fine di appositi corsi di formazione.

8. La Regione Toscana impugna l'art. 8 per violazione degli artt. 117 e 118 della Costituzione, ritenendolo lesivo della propria competenza normativa non ravvisandosi, altresì, l'esigenza di tutelare interessi unitari.

8.1. La questione è fondata.

L'art. 8, al comma 1, prevede che «L'attività agrituristica può essere svolta tutto l'anno oppure, previa comunicazione al comune, secondo periodi stabiliti dall'imprenditore agricolo. Tuttavia, ove se ne ravvisi la necessità per esigenze di conduzione dell'azienda agricola, è possibile, senza obbligo di ulteriori comunicazioni al comune, sospendere la ricezione degli ospiti per brevi periodi», e, al successivo comma 2, che «Entro il 31 ottobre di ciascun anno, secondo la procedura indicata dalla regione, i soggetti che esercitano l'attività agrituristica presentano una dichiarazione contenente l'indicazione delle tariffe massime riferite a periodi di alta e di bassa stagione, che si impegnano a praticare per l'anno seguente».

Le comunicazioni prescritte dalla disposizione impugnata sono strettamente ed esclusivamente collegate con l'attività agrituristica, di talché risultano estranee ad ambiti di competenza legislativa statale e, quindi, la norma che prevede tali comunicazioni deve ritenersi lesiva delle prerogative regionali.

9. La Regione Toscana impugna, per violazione degli artt. 117 e 118 della Costituzione, l'art. 9, comma 2, il quale afferma che «Al fine di una maggiore trasparenza e uniformità del rapporto tra domanda e offerta di agriturismo, il Ministro delle politiche agricole e forestali, sentito il Ministro delle attività produttive, previa intesa in sede di Conferenza permanente per i rapporti tra lo Stato, le Regioni e le province autonome di Trento e di Bolzano, determina criteri di classificazione omogenei per l'intero territorio nazionale e definisce le modalità per l'utilizzo, da parte delle Regioni, di parametri di valutazione riconducibili a peculiarità territoriali».

Secondo la ricorrente la norma censurata sarebbe in contrasto con gli evocati parametri costituzionali, in quanto contempla aspetti rientranti nell'attività agrituristica, attività attribuita alla competenza legislativa residuale delle Regioni, per le quali non vengono neanche in rilievo interessi unitari tali da giustificare l'intervento normativo in esame.

9.1. La questione non è fondata.

In proposito si osserva che, sebbene il turismo e l'agricoltura siano materie di competenza legislativa residuale, ciò non toglie che il legislatore statale possa considerare necessario attrarre a livello centrale determinate funzioni amministrative «sulla base dei principi di sussidiarietà, differenziazione ed adeguatezza» di cui al primo comma dell'art. 118 della Costituzione, dettando la relativa disciplina della funzione amministrativa in questione.

In particolare, questa Corte ha più volte affermato che, in presenza di un'esigenza di esercizio unitario a livello statale di determinate funzioni amministrative, lo Stato è abilitato a disciplinare siffatto esercizio per legge, e ciò anche se quelle stesse funzioni siano riconducibili a materie di legislazione concorrente o residuale. In tal caso, i principi di sussidiarietà e di adeguatezza, in forza dei quali si verifica l'attrazione della funzione normativa, dal livello regionale a quello statale, convivono con il normale riparto di competenze contenuto nel Titolo V della Costituzione e ne giustificano una deroga purché, la valutazione dell'interesse pubblico sottostante all'assunzione di funzioni regionali, da parte dello Stato, sia proporzionata, assistita da ragionevolezza alla stregua di uno scrutinio stretto di costituzionalità e sia previsto un coinvolgimento delle Regioni interessate (sentenze n. 383, n. 285, n. 270 e n. 242 del 2005, n. 6 del 2004, n. 303 del 2003).

Ciò è quanto è avvenuto con la norma oggetto di censura, la quale, nel rispetto delle condizioni che secondo la citata giurisprudenza di questa Corte debbono sussistere affinché la potestà legislativa statale sia legittimamente esercitata al di là dei confini segnati dall'art. 117 della Costituzione, ha attribuito a livello centrale il compito di definire i criteri di classificazione delle aziende agrituristiche.

10. Entrambe le ricorrenti censurano l'art. 11, nella parte in cui prevede l'adozione di un programma per lo sviluppo dell'agriturismo, per violazione degli artt. 117 e 118 della Costituzione, precisando la Regione Lazio che tale norma contrasterebbe anche con l'art. 50 della legge regionale 11 novembre 2004, n. 1 (Nuovo Statuto della Regione Lazio).

A parere delle ricorrenti l'attività di programmazione, nelle materie attribuite alla competenza regionale, è di esclusiva pertinenza delle Regioni; pertanto, per tale motivo e in considerazione del fatto che non sussistono esigenze di carattere unitario da tutelare, la norma impugnata si pone in contrasto con i citati parametri costituzionali.

10.1. La questione non è fondata.

L'art. 11, al comma 1, prevede che «Il Ministro delle politiche agricole e forestali di intesa con le Regioni le province autonome e sentite le associazioni nazionali agrituristiche maggiormente rappresentative a livello nazionale, predispone un programma di durata triennale, aggiornabile annualmente, finalizzato alla promozione dell'agriturismo italiano sui mercati nazionali e internazionali». Tale disposizione risulta chiaramente indirizzata alla promozione del turismo nazionale, stabilendo, a tal fine, che il programma di promozione dell'agriturismo venga adottato previa intesa con le Regioni e province autonome e, quindi, rispetti le condizioni che, secondo la giurisprudenza di questa Corte, debbono sussistere affinché la potestà legislativa statale sia legittimamente esercitata al di là dei confini segnati dall'art. 117 della Costituzione.

In particolare, deve ritenersi legittimo l'intervento in sussidiarietà dello Stato nella materia del turismo quando esso è finalizzato, come nel caso di specie, alla promozione del "*made in Italy*" a livello nazionale e internazionale (sentenze n. 88 del 2007 e n. 214 del 2006). Pertanto, la scelta di attribuire al Ministero delle politiche agricole e forestali un ruolo centrale nella predisposizione del programma triennale di promozione dell'agriturismo risulta giustificato dal punto di vista costituzionale laddove si considerino le ricadute che l'attività di promozione determina sul piano dei rapporti tra le aziende agrituristiche e tra queste ultime e gli altri operatori turistici.

11. Entrambe le ricorrenti impugnano l'art. 12, nella parte in cui assimila alle attività agrituristiche quelle svolte dai pescatori relativamente all'ospitalità e alla somministrazione dei pasti costituiti prevalentemente dai prodotti della attività di pesca.

Le ricorrenti osservano che anche la pesca, come l'agriturismo, rientra nella competenza residuale delle Regioni, con la conseguenza che l'intervento normativo in esame, non sussistendo neanche esigenze di carattere unitario, violerebbe gli artt. 117 e 118 della Costituzione.

11.1. La questione non è fondata.

La norma censurata, nel rendere applicabile la disciplina contenuta nella legge n. 96 del 2006 ai pescatori che esercitano le medesime attività delle aziende agrituristiche, va interpretata nel senso che essa opera nei limiti in cui le altre disposizioni contenute nella legge impugnata risultano costituzionalmente legittime in quanto espressione del potere legislativo, o concorrente o esclusivo, dello Stato.

12. La Regione Lazio ritiene, poi, che l'art 13, nella parte in cui attribuisce allo Stato un esteso e generale ruolo di indirizzo e coordinamento delle politiche nel settore dell'agriturismo, prevedendo, a tal uopo, l'istituzione di un Osservatorio nazionale dell'agriturismo, violi l'art. 117 della Costituzione e il principio della leale collaborazione.

12.1. L'art. 13 prevede che «Al fine di fornire informazioni utili per lo svolgimento delle attività di indirizzo e di coordinamento di competenza del Ministero delle politiche agricole e forestali, nonché allo scopo di favorire la comunicazione e lo scambio di esperienze sul territorio nazionale, le Regioni inviano annualmente allo stesso Ministero delle politiche agricole e forestali una relazione sintetica sullo stato dell'agriturismo nel territorio di propria competenza, integrata dai dati sulla consistenza del settore e da eventuali disposizioni emanate in materia» (comma 1), istituendo, a tal fine, presso il citato Ministero l'Osservatorio nazionale dell'agriturismo (comma 2), il quale cura la raccolta e la elaborazione delle informazioni provenienti dalle Regioni, pubblicando annualmente un rapporto nazionale sullo stato dell'agriturismo e formulando, anche con il contributo di esperienze estere, proposte per lo sviluppo del settore (comma 3).

Per quanto concerne i commi 1 e 3 la questione non è fondata.

Tali commi – imponendo alle Regioni l'obbligo di fornire le indicate informazioni – mirano a coordinare a livello centrale la raccolta dei dati afferenti all'attività agrituristica da esse svolta, al fine di disporre di un quadro unitario. Pertanto con tali norme lo Stato ha esercitato la potestà legislativa in materia di coordinamento informativo, statistico e informatico dei dati dell'amministrazione statale e regionale, ad esso attribuita in via esclusiva dall'art. 117, secondo comma, lettera *r*), della Costituzione.

Relativamente al comma 2, la questione è invece fondata.

La norma infatti, nel disciplinare l'istituzione presso il Ministero delle politiche agricole e forestali dell'Osservatorio nazionale dell'agriturismo, non prevede alcun coinvolgimento delle Regioni per mezzo della Conferenza Stato-Regioni

13. La Regione Toscana, infine, impugna l'art. 14, comma 2, nella parte in cui prevede che «Le regioni uniformano ai principi fondamentali contenuti nella presente legge le proprie normative in materia di agriturismo entro sei mesi dalla data di entrata in vigore della legge stessa».

13.1. La censura è fondata solo per la parte in cui si riferisce al rispetto dei principi fondamentali dettati dal legislatore statale in materia di agriturismo, materia che risulta sottratta alla competenza legislativa dello Stato e attribuita a quella residuale delle Regioni, che devono uniformarsi unicamente ai principi, contenuti nella legge n. 96 del 2006, i quali siano espressione della potestà legislativa esclusiva o concorrente dello Stato.

per questi motivi
LA CORTE COSTITUZIONALE

riuniti i giudizi,

a) *dichiara* l'illegittimità costituzionale dell'art. 4, commi 3 e 4, lettere *a*), *b*), *c*), *e*) ed *f*), dell'art. 5, commi 4 e 5, dell'art. 6, commi 2 e 3, dell'art. 8 della legge 20 febbraio 2006, n. 96 (Disciplina dell'agriturismo);

b) dichiara l'illegittimità costituzionale dell'art. 13, comma 2, della legge n. 96 del 2006, nella parte in cui, nell'istituire l'Osservatorio nazionale dell'agriturismo, non prevede alcun coinvolgimento delle Regioni;

c) dichiara l'illegittimità costituzionale dell'art. 14, comma 2, della legge n. 96 del 2006, nella parte in cui si riferisce alle norme di cui al capo a);

d) dichiara non fondate le questioni di legittimità costituzionale dell'art. 4, comma 2, dell'art. 5, commi 1, 2, 3, e 6, dell'art. 7, dell'art. 9, comma 2, dell'art. 11, dell'art. 12 e dell'art. 13, commi 1 e 3, della legge n. 96 del 2006, sollevate, in riferimento agli artt. 117 e 118 della Costituzione, dalla Regione Toscana e dalla Regione Lazio, con i ricorsi indicati in epigrafe.

Così deciso in Roma, nella sede della Corte costituzionale, Palazzo della Consulta, l'8 ottobre 2007.

CASS. 1-6-2004, N. 10484

Fatto

Con atto di citazione notificato il 14.12.1980, G.A. conveniva in giudizio davanti al tribunale di Lecce la s.r.l. Marina di Fontanelle per sentirla condannare al risarcimento del danno conseguito alla distruzione della propria imbarcazione ormeggiata presso la banchina di detta società, a seguito della rovina della diga foranea nella notte tra il 31.12.1979 e l'1.1.1980, nel corso di una violenta tempesta.

Analoga domanda contro la stessa società, ma con autonomo atto, proponevano P.N., L.M., nonché L.M., quali comproprietari di altra imbarcazione da diporto, andata distrutta nella stessa occasione.

Si costituiva la convenuta, che resisteva alle domande.

Il tribunale, riuniti i giudizi, con sentenza depositata il 13.2.1998, condannava la convenuta al risarcimento del danno nei confronti degli attori, liquidato in £. 77.688.400 per l'A. ed in £. 89.640.500 per gli altri, oltre interessi e rivalutazione.

Avverso questa sentenza proponeva appello la convenuta.

La corte di appello di Lecce, con sentenza depositata il 3.10.2000, rigettava l'appello.

Riteneva la corte di merito che il contratto di ormeggio è un contratto atipico, che può essere disciplinato dalle norme sulla locazione (con riguardo alla messa a disposizione della struttura portuale) o da quelle sul deposito, a seconda se esista anche un obbligo della custodia; che nella fattispecie era ravvisabile la responsabilità della convenuta in entrambi i casi; che, essendo provato per *facta concludentia* l'esistenza di un contratto di ormeggio, anche se il contenuto dello stesso fosse stato solo di godimento del "posto barca", la responsabilità della convenuta si fondava sull'art. 1578 c.c., per vizio della cosa locata, in quanto la diga foranea, realizzata dalla convenuta, era crollata sotto la furia del mare.

Riteneva, inoltre, la Corte comunque di aderire all'interpretazione del contratto, come contenente anche l'obbligo di custodia delle barche.

Infatti riteneva la corte di merito che dal fatto noto provato per testi dell'esistenza di una guardiania fissa, dal ricovero in una darsena di imbarcazioni di piccolo cabotaggio, prive di equipaggio a bordo, si doveva risalire al fatto ignoto dell'obbligo di custodia da parte del concessionario dell'ormeggio, senza che ciò potesse costituire *praesumptio de praesumpto*. Ciò emergeva anche dal comportamento successivo al contratto dei dipendenti della società e del loro rappresentante, i quali nell'occasione effettuarono alcuni tentativi per evitare danni alle imbarcazioni.

Riteneva, poi, la corte di merito, che esattamente il tribunale non aveva ritenuto idonea l'opera di protezione alla darsena realizzata dalla società appellante, perché assolutamente sottodimensionata rispetto a quella progettata ed approvata, come risultava dalla c.t.u.; che nella fattispecie non esisteva né il caso fortuito, essendo prevedibile sulla base di ben 14 pregressi analoghi episodi metereologici nell'ultimo ventennio, che il mare potesse raggiungere quella forza, né la forza maggiore atteso che la diga foranea era stata realizzata con una riduzione a meno di un decimo rispetto a quella progettata. Secondo la corte di appello la consulenza del c.t.u. era immune da vizi logici o tecnici.

Avverso questa sentenza ha proposto ricorso per cassazione la Darsena Fontanelle s.a.s. di C. M. E.

Resistono con controricorsi gli attori.

I Pirtoli hanno presentato memoria.

I resistenti – attori hanno anche presentato memorie di udienza.

Diritto

1. Con il primo motivo di ricorso la ricorrente lamenta la violazione e falsa applicazione degli artt. 1362, 1575 n. 1, 1578, 1766, 2697 e 2729 c.c., in relazione all'art. 360 n. 3 c.p.c., nonché la motivazione illogica e contraddittoria, in relazione all'art. 360 n. 5 c.p.c.

Ritiene la ricorrente che nel contratto di ormeggio può sussistere un obbligo risarcitorio a carico del titolare del porto nel caso di danni all'imbarcazione solo nell'ipotesi in cui il contratto di ormeggio assuma i connotati tipici del deposito e non nel caso in cui assuma quelli della locazione; che erratamente la sentenza impugnata ha equiparato l'ormeggio – locazione all'ormeggio – deposito, poiché nel primo caso va garantito solo l'accesso al posto-barca senza impedimenti.

Lamenta poi la ricorrente che nessuna prova nella fattispecie era stata fornita in merito al contenuto del contratto di ormeggio e che la prova testimoniale non supportava la convinzione che fosse stato assunto un obbligo di custodia; che la sentenza impugnata aveva fatto ricorso alla prova presuntiva, ma che questa era adottabile solo nel caso in cui non fosse possibile fornire la prova di un fatto storico; che nella fattispecie la sentenza impugnata erratamente aveva fatto ricorso ad una *praesumptio de praesumpto*.

Infine la ricorrente lamenta che erroneamente la sentenza impugnata ha fatto riferimento all'art. 1362 c.c., in quanto mancando la prova certa dell'esistenza di un contratto, non era consentito sopperire a tale deficienza mediante il ricorso a canoni ermeneutici di cui alla predetta norma, non essendoci un referente negoziale.

2.1. Ritiene questa Corte che il motivo sia infondato e che lo stesso vada rigettato.

Anzitutto va osservato che non sussistono le lamentate violazioni degli artt. 1575, 1578 e 1766 c.c.

Con il moltiplicarsi delle imbarcazioni da diporto, si sono sempre più estesi i c.d. porti turistici con i quali, fruendo della concessione dello Stato su beni demaniali, quali lidi, spiagge, rade e mare territoriale, vengono predisposte strutture, più o meno complesse, atte a consentire l'ormeggio e la sosta. Tali strutture, cui è spesso collegata la prestazione di ulteriori servizi (quali la fornitura di notiziari sullo stato del mare, il rimorchio, l'ormeggio vero e proprio, etc.), sono normalmente predisposte e gestite da società con fini di lucro, ovvero da associazioni costituite dagli stessi utenti, ed il loro uso è limitato, in tal caso, agli associati.

Il c.d. contratto di ormeggio non trova alcuna specifica regolamentazione né nel codice civile né in quello della navigazione, che si limita a dettare norme sulla professione di ormeggiatore (art. 116 c. 1° n. 4 c. n. 208 e ss. reg. nav. mar.), sicché costituisce un contratto "atipico", che il diritto non può non riconoscere, in quanto diretto a realizzare un interesse meritevole di tutela (art. 1322 c. 2° c.c.).

Tale contratto atipico non può, tuttavia, essere equiparato, sic et simpliciter, analogamente a quanto è stato ritenuto per il contratto di parcheggio delle autovetture (per il quale Cfr., fra le tante, Cass. n. 10892 del 1999, Cass. n. 16079 del 2002; Cass. n. 8615 del 1990), al deposito, sì da doversi ritenere applicabili analogicamente le disposizioni di cui agli artt. 1766 ss. c.c., potendo avere un oggetto più vario ed articolato, in dipendenza delle attrezzature e dell'organizzazione del porto turistico ed, alla fine, degli accordi tra le parti, nell'espletamento della propria autonomia contrattuale (all'affermazione non contraddice la lontana sentenza di questa Corte del 22.10.1970, n. 2094, relativa alla diversa e specifica fattispecie del temporaneo affidamento ad un cantiere navale).

2.2. L'oggetto del contratto in esame può limitarsi, infatti, da una parte alla messa a disposizione delle strutture, e dall'altra alla loro utilizzazione al solo fine dell'ormeggio e della sosta dell'imbarcazione, senza alcuna ulteriore prestazione. In tal caso lo stesso presenta una sostanziale affinità con la locazione (può riscontrarsi una analogia con la locazione del c.d. "posto macchina"), in cui, secondo la definizione che ne dà l'art. 1571 c.c., "una parte si obbliga a far godere all'altra una cosa mobile o immobile per un dato tempo, verso un determinato corrispettivo" senza che tale qualificazione osti la presenza di personale del concedente, al fine di regolare gli arrivi e di riscuotere i corrispettivi.

Il contratto può invece dar luogo ad un affidamento del natante agli addetti alla struttura, e, attraverso essi, all'altro contraente (eventualmente in applicazione degli artt. 2203 ss. c.c.), che comporta l'obbligo della sua custodia, sì da renderlo assimilabile ad un deposito (artt. 1766 ss. c.c.) e da rendere applicabili le relative disposizioni.

2.3. Pertanto il contratto di ormeggio, pur rientrando nella categoria dei contratti atipici, è sempre caratterizzato da una struttura minima essenziale (in mancanza della quale non può dirsi realizzata la detta convenzione negoziale), consistente nella semplice messa a disposizione ed utilizzazione delle strutture portuali con conseguente assegnazione di un delimitato e protetto spazio acqueo. Il suo contenuto può, peraltro, del tutto legittimamente estendersi anche ad altre prestazioni (sinallagmaticamente collegate al corrispettivo), quali la custodia del natante e/o quella delle cose in esso contenute, ed il relativo accertamento si esaurisce in un giudizio di merito che, adeguatamente motivato, non è censurabile in sede di legittimità (Cass. 02/08/2000, n. 10118; Cass. 21/10/1994, n. 8657).

In tal senso incombe a colui che fonda un determinato diritto (o la responsabilità dell'altro contraente) sulla struttura del contratto, fornire la prova dell'oggetto e del contenuto, la prova, cioè, che il contratto ha avuto ad oggetto non la semplice utilizzazione delle strutture, ai fini dell'attracco e della sosta, ma altresì la custodia dell'imbarcazione.

Trattandosi di contratto (o di contratti) per il quale non è richiesta alcuna forma, la relativa prova può essere data anche attraverso testimoni e può, eventualmente, essere tratta da presunzioni che presentino i connotati della gravità, della precisione e della concordanza (art. 2729 c.c.).

2.4. Nella fattispecie la corte di merito ha tratto corretta applicazione di detti principi.

Contrariamente a quanto ritenuto dalla ricorrente la sentenza impugnata, correttamente interpretata, non contrappone l'ormeggio – locazione all'ormeggio – custodia, ma ritiene che nella fattispecie, oltre agli obblighi tipici della locazione del "posto barca", vi fosse anche quello dell'obbligo di custodia.

2.5. In ogni caso ha ritenuto la sentenza impugnata che, se anche il contratto di ormeggio in questione avesse come contenuto solo quello della locazione delle strutture per consentire l'ormeggio al riparo dei venti e delle burrasche, con esclusione di ogni obbligo di custodia, egualmente sussisterebbe la responsabilità risarcitoria della convenuta a norma dell'art. 1578, c 2, c.c., in quanto la diga foranea e le altre strutture predisposte per consentire l'ormeggio avevano ceduto rovinosamente, determinando l'affondamento delle imbarcazioni.

È errata, pertanto, la doglianza della ricorrente, secondo cui se l'ormeggio ha il solo contenuto della locazione, non può in ogni caso configurarsi un'ipotesi risarcitoria per danni subiti dall'imbarcazione, non assumendo il titolare del porto alcun obbligo di garantire l'integrità dell'imbarcazione.

2.6. Infatti costituiscono vizi della cosa locata quelli che incidono sull'idoneità della stessa all'uso pattuito ed il locatore è tenuto al risarcimento di detti danni, se non prova di aver senza sua colpa ignorato i vizi stessi al momento della consegna (art. 1578, c. 2, c.c.).

Nella ricostruzione fattuale operata dalla corte di merito, questa ha ritenuto che l'affondamento delle imbarcazioni fu dovuto al fatto che la diga foranea cedette di fronte alla furia del mare, ma che ciò fu dovuto al sottodimensionamento di detta diga, realizzata in misura pari a solo un decimo di quella progettata e mai collaudata.

In altri termini, la corte di merito ha ritenuto che il danno sia stato causato da un vizio di realizzazione dell'opera portuale, che rendeva la stessa inidonea all'uso, in presenza di determinate condizioni di forza del vento e del mare.

3.1. Quanto alla censura relativa al vizio motivazionale nell'interpretazione del contratto, la sentenza impugnata non viola né le norme in tema di presunzioni, né quelle in tema di interpretazione del contratto, né adotta una motivazione insufficiente o contraddittoria. (*Omissis*).

5.1. Con il secondo motivo di ricorso la ricorrente lamenta la motivazione illogica e contraddittoria e l'omesso esame di un punto decisivo della controversia, prospettato in sede di appello, in relazione all'art. 360 n. 5 c.p.c. Lamenta la ricorrente il vizio motivazionale dell'impugnata sentenza nella parte in cui ha escluso l'imprevedibilità o l'inevitabilità dell'evento ed ha nel contempo ritenuto l'inidoneità dell'opera di difesa del porto realizzata da essa società.

Secondo la ricorrente la sentenza impugnata, avendo affermato la pretesa inadeguatezza delle opere di difesa marittima, avrebbe erratamente affermato la responsabilità della società *in re ipsa*, indipendentemente dalla comprovata eccezionalità del fenomeno verificatosi il 31.12.1979, che causò la distruzione di numerosi porti pugliesi.

Lamenta la ricorrente che il giudice di appello avrebbe fatto proprie acriticamente le conclusioni del c.t.u.; che non risultava provato che la scogliera principale era difforme da quella progettata; che il c.t.u. aveva fatto riferimento alla scogliera secondaria e che le dimensioni effettive della diga foranea erano state valutate senza procedere ad immersioni.

Secondo la ricorrente l'evento burrascoso del 31.12.1979 fu eccezionale, a carattere di uragano con mare forza 10, come risultava dalla nota del 4.1.1980 del Genio civile di Lecce all'assessorato ai lavori pubblici della regione Puglia; che il vento cambiò numerose volte direzione, come risultava dai bollettini metereologici, in contrasto con le previsioni, che non prevedevano un vento spirante da NW.

5.2. Con il terzo motivo di ricorso la ricorrente lamenta la violazione e falsa applicazione degli artt. 40, 41 e 2043 c.c., in relazione all'art. 2043 c.c., nonché l'omesso esame di un punto decisivo della controversia, prospettato dalla convenuta, in relazione all'art. 360 n. 5 c.p.c.

Lamenta la ricorrente che, data eccezionalità dell'uragano, non solo per intensità ma anche per durata, questo ha assunto un ruolo di causa efficiente esclusiva nel determinare l'evento dannoso in questione, interrompendo il nesso eziologico tra l'asserita insufficienza strutturale della darsena ed i danni subiti dalle imbarcazioni; che questa doglianza, già prospettata in sede di appello, non era stata valutata dalla corte.

6.1. Ritiene questa Corte che i due motivi di ricorso, essendo strettamente connessi, vadano esaminati congiuntamente.

Essi sono infondati e vanno rigettati.

Va, anzitutto, osservato che nella specie è inconferente la censura di assunta violazione dell'art. 2043 c.c., poiché gli attori hanno agito per responsabilità contrattuale della convenuta ed a tale titolo la stessa è stata condannata dai giudici di merito.

Inoltre, contrariamente a quanto sostenuto dalla ricorrente, la sentenza impugnata non ha affermato la responsabilità contrattuale della ricorrente, ritenendo che essa fosse *in re ipsa*, per gli obblighi discendenti dal deposito, indipendentemente da ogni valutazione sull'eccezionalità dell'evento.

Infatti, ed in buona sostanza, il nucleo centrale della *ratio decidendi* della sentenza impugnata consiste nell'aver ritenuto l'inadempimento contrattuale della convenuta per non aver predisposto idonea diga foranea al porto turistico, costituendo ciò inadempimento contrattuale sia in relazione al contratto di ormeggio, nella misura minimale, cioè come sola locazione del posto – barca (poiché la cosa locata presentava il vizio di essere inidonea alla funzione di riparo dell'imbarcazione dalle mareggiate di quella forza), sia in relazione al contratto di ormeggio che prevedesse l'obbligo anche della custodia (ipotesi a cui ha aderito la corte territoriale), poiché in questo caso era mancata la restituzione della barca, per fatto imputabile alla società e consistente sempre nel non aver predisposto idonei ripari alle mareggiate.

La sentenza impugnata, anche in relazione a quest'ultima ipotesi ricostruttiva – argomentativa, ha fatto corretta applicazione dei principi di diritto, non ritenendo la responsabilità della convenuta *in re ipsa*, come sostenuto erratamente dalla ricorrente.

6.2. Osserva preliminarmente questa Corte che risulta superata la distinzione che la più risalente giurisprudenza effettuava sulla diligenza nella custodia nell'ipotesi in cui la custodia costituiva prestazione principale o prestazione accessoria (Cass. 23.1.1986, n. 430; Cass. 27.10.1981, n. 5618).

Infatti sia nel caso in cui l'obbligo di custodia è prestazione accessoria e funzionalmente voluta dalla legge per l'esecuzione della prestazione principale - art. 1177 c.c., - sia quando esso è l'effetto tipico del relativo contratto - art. 1766 c.c. - la diligenza richiesta all'affidatario è comunque quella del buon padre di famiglia (Cass. 10.12.1996, n. 10986).

6.3. Sennonché detta diligenza del buon padre di famiglia da parte del comodatario comporta non solo che egli eviti azioni od omissioni personali che possano disperdere o deteriorare la cosa, ma anche, in esplicazione del c.d. dovere di protezione, che egli predisponga quanto necessario per prevenire gli accadimenti esterni, che possano determinarne la perdita, il perimento, o il deterioramento della cosa in custodia (cfr. Cass. 17.5.1969, n. 1702).

Poiché detta prestazione grava sul depositario, grava sullo stesso, secondo i principi che regolano la ripartizione dell'onere della prova in tema di inadempimento contrattuale (Cass. S.U. n. 13533/01 cit.), fornire la prova della non imputabilità della perdita, per essere stato l'accadimento esterno, con le modalità con cui si è verificato, imprevedibile. È vero che correntemente si sostiene che, in caso di avaria, deterioramento o distruzione della cosa depositata, il depositario non si libera della responsabilità *ex recepto* provando di avere usato nella custodia della res la diligenza del buon padre di famiglia prescritta dall'art. 1768 c.c., ma deve provare a mente dell'art. 1218 c.c. che l'inadempimento sia derivato da causa a lui non imputabile (Cass. 8 agosto 1997, n. 7363; Cass. n. 6592/95).

Il principio, indubbiamente esatto, va condiviso per ogni obbligazione di custodire (e quindi anche per l'obbligo di custodia che abbia eventualmente assunto dal concessionario del posto barca), per quanto il combinato disposto degli artt. 1176 e 1177 c.c. faccia riferimento solo all'uso della diligenza del buon padre di famiglia.

6.4. Ciò non comporta, però, che il fatto esterno debba avere necessariamente i requisiti del caso fortuito o della forza maggiore, poiché in questo caso si finirebbe in un'ipotesi di presunzione di responsabilità, mentre nella fattispecie si versa solo in ipotesi di presunzione di colpa, ponendo l'art. 1218 c.c. a carico del debitore la prova che l'inadempimento è stato determinato da impossibilità a lui non imputabile e cioè, come sostiene correntemente la dottrina, che egli non sia colpevole dell'inadempimento.

Nello stesso contratto di deposito la responsabilità per inadempimento dell'obbligo di custodia è sempre fondata sulla colpa (art. 1768, c. 2, c.c.).

Pur ritenendo che le obbligazioni che gravano sul concessionario di ormeggio, con obbligo di custodia, siano anche quelle della custodia, conservazione e restituzione delle cose ricevute, cosicché il rapporto fra i contraenti, in materia di responsabilità per inadempimento e di colpa presunta "*ex recepto*", è disciplinato essenzialmente dalle norme codicistiche del deposito, questo comporta in relazione alla responsabilità per accadimento esterno, che impedisca la restituzione del bene depositato, che è raggiunta la prova liberatoria a carico del concessionario dell'ormeggio (con obbligo di custodia), se questi dimostri di avere adottato tutte le precauzioni che le circostanze suggerivano secondo un criterio di ordinaria diligenza, per evitare la distruzione delle cose depositate.

6.5. Solo se detto concessionario dell'ormeggio, con obbligo di custodia, (come qualunque altro obbligato *ex recepto*) si rende conto (o avrebbe dovuto rendersi conto) al momento dell'adempimento della prestazione di custodia, che il soddisfacimento dell'interesse creditorio non è configurabile senza la produzione di uno sforzo maggiore rispetto a quello che ordinariamente comporterebbe la diligenza del buon padre di famiglia, è tenuto comunque a produrre tale sforzo particolare, versando altrimenti in colpa cosciente, se non proprio in dolo eventuale, nonostante che egli abbia custodito con la diligenza del buon padre di famiglia. Ed è solo in questi termini che ha un senso ritenere che la sola prova della diligenza del buon padre di famiglia nell'espletamento dell'attività di custodia, di cui al combinato disposto degli artt. 1176-1177 ed art. 1768 c.c., non è idonea ad escludere la responsabilità per inadempimento del custode ex art. 1218 c.c., in caso di accadimento esterno, che rimane pur sempre una responsabilità per colpa.

6.6. Nella fattispecie la sentenza impugnata, facendo esatta applicazione dei suddetti principi, non solo ha escluso che l'evento dannoso della distruzione delle barche degli attori fosse stato causato da caso fortuito o forza maggiore, ma ha anche ritenuto che il comportamento della società convenuta fosse colpevole.

Infatti la corte di merito ha escluso il caso fortuito, avendo rilevato che dal 1951 al 1979, come risultava dalle indagini del c.t.u. si erano verificati ben 14 casi in cui il mare aveva raggiunto la stessa forza sia per direzione che per intensità ed ha escluso la forza maggiore, rilevando, sempre sulla base della consulenza tecnica d'ufficio che la società convenuta aveva realizzato la diga foranea, realizzando in meno di un decimo le strutture rispetto a quelle progettate, senza mai poi farle collaudare.

La corte di merito ha ritenuto che detto comportamento della convenuta fosse colpevole ed ha individuato in esso l'inadempimento degli obblighi contrattuali derivanti dal contratto di ormeggio, poiché chi ricoverava barche all'interno di una darsena doveva preoccuparsi di realizzare opere idonee ad affrontare siffatti eventi meteorici.

7. Così ricostruita da parte della sentenza impugnata la situazione fattuale e la sequenza causale, è inconsistente l'assunta violazione dei principi in tema di nesso causale.

Infatti l'ambito del danno risarcibile per inadempimento contrattuale è circoscritto dal criterio della cosiddetta regolarità causale, nel senso che sono risarcibili i danni diretti ed immediati, ed inoltre i danni mediati ed indiretti che rientrano nella serie delle conseguenze normali del fatto, in base ad un giudizio di probabile verificazione rapportato all'apprezzamento dell'uomo di ordinaria diligenza; alla regola secondo cui in presenza di un evento dannoso tutti gli antecedenti senza i quali esso non si sarebbe verificato debbono essere considerati come sue cause (abbiano così agito in via diretta e prossima ovvero in via indiretta e remota) fa eccezione il principio di causalità efficiente, in base al quale la causa prossima sufficiente da sola a produrre l'evento esclude il nesso eziologico fra questo e le altre cause antecedenti. L'accertamento di tale nesso di causalità è riservato al giudice del merito, il cui apprezzamento è insindacabile in sede di legittimità, se sorretto da motivazione congrua ed immune da vizi (Cass. 6.3.1997, n. 2009).

8. Infondate sono anche le censure relative all'assunto vizio motivazionale sia in relazione alla ritenuta non eccezionalità ed imprevedibilità della burrasca sia in relazione al ritenuto sottodimensionamento della diga foranea.

Quanto alla prima censura il giudice di appello si è riportato agli accertamenti effettuati dal c.t.u. presso le stazioni meteorologiche di Ginosa, S. Maria di Leuca e Brindisi, rilevando che risultavano ben 14 eventi analoghi dal 1954 al 1991, per cui l'episodio della notte in questione non poteva ritenersi eccezionale.

Il giudice di appello si è anche fatto carico della nota proveniente dall'ufficio del Genio civile di Lecce ed ha ritenuto che la stessa proveniva da un organo che non aveva specifiche competenze in materia di forza del vento e del mare e che essa era stata probabilmente adottata ad altri fini.

Quanto alle censure attinenti all'assunto sottodimensionamento della diga foranea, va osservato che la corte di merito si è riportata alle conclusioni cui è giunto il c.t.u. ed ha valutato anche le osservazioni critiche mosse dall'appellante (attuale ricorrente), disattendendole, con motivazioni immuni da censure in questa sede di sindacato di legittimità.

Infatti le censure sui predetti punti, mosse dalla ricorrente, mirano ad una diversa valutazione fattuale da parte di questa Corte ed esse non sono, pertanto, ammissibili in questa sede.

9. Con il quarto motivo di ricorso la ricorrente lamenta la violazione e falsa applicazione degli artt. 1223 e 1224 c.c., in relazione all'art. 360 n. 3 c.p.c., nonché la motivazione illogica e contraddittoria in relazione all'art. 360 n. 5 c.p.c.

Assume la ricorrente che erratamente il giudice di appello ha valutato il danno subito dall'Adilardi, in quanto esso non superava £. 5 milioni.

Lamenta poi la ricorrente che la corte di appello ha riconosciuto in favore degli attori il danno da svalutazione monetaria, mentre nella fattispecie, trattandosi di danno da inadempimento contrattuale, doveva applicarsi il principio nominalistico e, quindi l'art. 1224 c. 2, per cui detto danno da svalutazione era dovuto solo se provato dal creditore.

10.1. Ritiene questa Corte che il motivo sia infondato e che lo stesso vada rigettato.

Quanto alla prima doglianza va osservato che il danno è stato liquidato sulla base delle conclusioni cui era pervenuto il c.t.u. e la censura si risolve in una diversa valutazione di merito prospettata dalla ricorrente, che non può trovare ingresso in questa sede di legittimità.

10.2. Egualmente è infondata la censura relativa all'assunta violazione dell'art. 1224, c. 2, c.c., in tema di svalutazione monetaria.

L'obbligazione di risarcimento dei danni da inadempimento contrattuale costituisce – al pari dell'obbligazione risarcitoria per responsabilità extracontrattuale ed aquiliana – un debito non di valuta ma di valore, salvo che la prestazione dovuta e non adempiuta avesse fin dall'origine natura pecuniaria, indipendentemente dal punto se essa fosse stata già liquidata o meno (cfr. Cass. 7.12.1994, n. 10493; Cass. 16.10.1995, n. 10772; Cass. 27.12.1995, n. 13108).

Solo in quest'ultimo caso, data la natura di debito di valuta, esso è soggetto al principio nominalistico, ed è sottoposto alla disciplina di cui all'art. 1224 c.c., per cui la rivalutazione monetaria non può essere automaticamente riconosciuta, dovendo essere adeguatamente dimostrato il pregiudizio patrimoniale risentito a causa del ritardato pagamento del credito (Cass. 26.2.2002, n. 2823).

Nelle altre ipotesi di inadempimento contrattuale, invece, in sede di liquidazione dei danni, deve tenersi conto – anche d'ufficio – della svalutazione monetaria frattanto intervenuta e quindi anche di quella maturata tra il primo ed il secondo grado, senza necessità che il creditore alleghi o dimostri il danno maggiore ai sensi dell'art. 1224 comma 2 c.c. (danni nelle obbligazioni pecuniarie). Su tale somma rivalutata decorrono gli interessi legali compensativi (secondo i principi di cui alla sentenza delle S.U. n. 1712/1995), atteso che la rivalutazione e gli interessi adempiono funzioni diverse – poiché mentre la prima mira a ripristinare la situazione patrimoniale del danneggiato quale essa era prima dell'evento pregiudizievole, i secondi hanno natura compensativa – e sono, quindi, giuridicamente compatibili.

Solo con il passaggio in giudicato della sentenza che provvede alla liquidazione di detto danno di valore, esso si converte in debito di valuta, come tale non suscettibile "ex se" di ulteriore rivalutazione (Cass. 17.5.1995, n. 5412).

10.3. Nella fattispecie, quindi, avendo la corte di appello esattamente ritenuto che la prestazione dovuta per il contratto di ormeggio non avesse natura pecuniaria e che il danno da inadempimento contrattuale fosse consistito nella perdita delle due barche, ha riconosciuto il danno da svalutazione monetaria in favore dei creditori attori.

La censura, che invoca nella fattispecie la disciplina di cui all'art. 1224 c.c., è quindi infondata.

11. In definitiva il ricorso va rigettato e la ricorrente va condannata al pagamento delle spese del giudizio di Cassazione sostenute dalle parti resistenti.

P.Q.M.

Rigetta il ricorso e condanna la ricorrente al pagamento delle spese del giudizio di cassazione sostenute dalle parti resistenti, liquidate per ciascuna in €. tremilacento, di cui €. tremila per onorario.

Così deciso in Roma, lì 19 febbraio 2004.

CORTE COST. 30-3-2012, N. 75

REPUBBLICA ITALIANA
IN NOME DEL POPOLO ITALIANO
LA CORTE COSTITUZIONALE

composta dai signori:
Presidente: Alfonso QUARANTA;
Giudici: Franco GALLO, Luigi MAZZELLA, Sabino CASSESE, Giuseppe TESAURO, Paolo Maria NAPOLITANO, Giuseppe FRIGO, Alessandro CRISCUOLO, Paolo GROSSI, Giorgio LATTANZI, Aldo CAROSI, Marta CARTABIA, Mario Rosario MORELLI,

ha pronunciato la seguente
SENTENZA

nel giudizio di legittimità costituzionale dell'articolo 15 del decreto legislativo 17 marzo 1995, n. 111 (Attuazione della direttiva n. 90/314/CEE concernente i viaggi, le vacanze ed i circuiti «tutto compreso»), promosso dal Tribunale ordinario di Verona nel procedimento vertente tra A.M.L. ed altra e la Sprintours s.p.a. ed altra, con ordinanza del 6 luglio 2010, iscritta al n. 193 del registro ordinanze 2011 e pubblicata nella Gazzetta Ufficiale della Repubblica n. 41, prima serie speciale, dell'anno 2011.

Visti gli atti di costituzione di A.M.L. ed altra (fuori termine) e della Sprintours s.p.a. ed altra, nonché l'atto di intervento del Presidente del Consiglio dei ministri;

udito nell'udienza pubblica del 22 febbraio 2012 il Giudice relatore Giuseppe Tesauro;

uditi gli avvocati Piergiorgio Bonini per A.M.L. ed altra, Carlo F. Galantini per la Sprintours s.p.a. ed altra e l'avvocato dello Stato Chiarina Aiello per il Presidente del Consiglio dei ministri.

RITENUTO IN FATTO

1. – Il Tribunale ordinario di Verona, sezione IV civile, con ordinanza del 6 luglio 2010, iscritta al reg. ord. n. 193 del 2011, ha sollevato, in riferimento agli articoli 76 e 77 della Costituzione, questione di legittimità costituzionale dell'articolo 15 del decreto legislativo 17 marzo 1995, n. 111 (Attuazione della direttiva n. 90/314/CEE concernente i viaggi, le vacanze ed i circuiti «tutto compreso»).

1.2. – Il rimettente premette che, con atto di citazione notificato in data 24 febbraio 2006, A.M.L. e sua moglie A.C. avevano convenuto in giudizio la Sprintours s.p.a. e la Viaggi e Cultura di Lonardi Alessio per ottenere la loro condanna al risarcimento dei danni subiti nel sinistro del 17 novembre 2004, durante una vacanza. Gli attori, aderendo ad un'iniziativa di viaggio organizzato in Egitto promossa dall'Associazione Nazionale Consulenti del Lavoro – Unione Provinciale di Verona, avevano stipulato un contratto di viaggio "tutto compreso" con l'agenzia "Viaggi e Cultura" di Alessio Lonardi di Verona, il cui oggetto era costituito dal pacchetto turistico del Tour operator Sprintours s.p.a. Tale servizio comprendeva il volo aereo, i trasferimenti da e per l'hotel a Il Cairo, il soggiorno per tre notti, l'escursione in bus ad Alessandria d'Egitto e una crociera per tre notti sul Nilo, a bordo della motonave Sprintours Tower Prestige, il tutto per la durata di otto giorni e sette notti dal 15 novembre al 22 novembre 2004.

Durante l'escursione ad Alessandria d'Egitto, l'autista, per una condotta di guida pericolosa ed imprudente, aveva perso il controllo del mezzo e a causa dell'incidente conseguente gli attori avevano subito lesioni gravissime, consistite nella deformazione del volto e nell'amputazione del braccio destro.

1.3. – Ciò posto, il Tribunale di Verona, individua nel d.lgs. n. 111 del 1995, attuativo della direttiva europea del Consiglio 13 giugno 1990, n. 90/314/CEE concernente «Viaggi, le vacanze ed i circuiti "tutto compreso"», la disciplina di legge in base alla quale valutare il ruolo e la condotta delle convenute, poiché, diversamente da quanto sostenuto da queste ultime (che ritenevano applicabile la Convenzione di Bruxelles, ratificata con la legge 27 dicembre 1977, n. 1084 – Ratifica ed esecuzione della convenzione internazionale relativa al contratto di viaggio (CCV), firmata a Bruxelles il 23 aprile 1970), tale normativa troverebbe applicazione nel caso di pacchetto di viaggio "tutto compreso" venduto od offerto in vendita nel territorio della Comunità, come confermato dal d.lgs. n. 111 del 1995, citato.

Il rimettente, inoltre, risolve le difficoltà di coordinamento fra il d.lgs. in oggetto e la convenzione sul contratto di viaggio firmata a Bruxelles il 23 aprile 1970 (CCV), assumendo che il primo e non la seconda disciplina i pacchetti turistici "tutto compreso", fattispecie distinta dal contratto di organizzazione (art. 5 e seguenti) o di intermediazione (art. 17 e seguenti) di viaggio di cui alla Convenzione.

Nel primo caso le prestazioni ed i servizi verrebbero in rilievo separatamente configurando diversi tipi di rapporto, prevalendo gli aspetti dell'organizzazione e dell'intermediazione, mentre nel caso di viaggio vacanza "tutto compreso" (c.d. package) si determinerebbe una prefissata combinazione di almeno due degli elementi costituiti dal trasporto, dall'alloggio e da servizi turistici agli stessi non accessori (visite, escursioni con guide turistiche, ecc.) costituenti parte significativa del «pacchetto turistico», con durata superiore alle 24 ore (d.lgs. n. 111 del 1995, art. 2 e seguenti, ora trasfusi nell'art. 84 del decreto legislativo 6 settembre 2005, n. 206 (Codice del Consumo, a norma dell'articolo 7 della L. 29 luglio 2003, n. 229). Tale pluralità di servizi connoterebbe dunque la diversa finalità del tipo contrattuale.

1.4. – Sotto il profilo della rilevanza il giudice rimettente assume che, alla luce della disciplina applicabile al caso in esame, ben possa essere affermata la responsabilità per il sinistro occorso agli attori, quanto meno della Sprintours s.p.a., quale organizzatrice del viaggio, ai sensi dell'art. 14 del d.lgs. n. 111 del 1995. Risulta pacifico, a giudizio del rimettente, sia che essa ebbe ad affidare alla Tiran Tour il trasporto, sia che l'automezzo sul quale gli attori viaggiavano era uscito di strada mentre era diretto alla località prevista dal programma di viaggio, essendo irrilevanti le dedotte circostanze della negligenza o imperizia dell'autista del pullman e della pioggia, poiché nessuno di tali fattori causali potrebbe costituire quell'elemento eccezionale o imprevedibile che varrebbe ad esonerare da responsabilità l'organizzatore del viaggio, il quale, per giurisprudenza costante, è sempre responsabile salvo che dimostri che il mancato esatto adempimento sia dipeso da impossibilità della prestazione derivante da causa a lui non imputabile, che alla luce dell'art. 17 del medesimo d.lgs., potrebbe consistere soltanto nel fatto di un terzo a carattere imprevedibile o inevitabile ovvero nel caso fortuito o nella forza maggiore.

Ancora, ai fini della rilevanza il Tribunale osserva che l'entità economica del danno alla persona subìto dall'attore, alla luce delle conclusioni del CTU, è determinabile in euro 808.119,74, importo che risulta notevolmente superiore al limite risarcitorio previsto dall'art. 15 del d.lgs. n. 111 del 1995, nella versione vigente ratione temporis, come indicato dalla Convenzione di Bruxelles richiamata (50.000 franchi oro equivalenti nell'agosto del 2009 ad euro 313.500,00), essendo l'espressa abrogazione della norma (dapprima disposta implicitamente, per effetto del decreto-legge 8 settembre 2004, n. 237, recante «Interventi urgenti nel settore dell'aviazione civile», convertito, con modificazioni, dalla legge 9 novembre 2004, n. 265) intervenuta soltanto con l'art. 17, comma 2, del decreto legislativo 9 maggio 2005, n. 96 (Revisione della parte aeronautica del Codice della navigazione, a norma dell'articolo 2 della L. 9 novembre 2004, n. 265).

1.5. – Ciò posto, il rimettente assume che il limite risarcitorio di cui all'art. 15, nella versione precedente al d.lgs. n. 96 del 2005 risulterebbe incompatibile con la direttiva comunitaria 90/314/CEE, concernente i viaggi, le vacanze ed i circuiti "tutto compreso", poiché questa, pur consentendo agli Stati membri di ammettere che l'indennizzo «sia limitato conformemente alle convenzioni internazionali che disciplinano dette prestazioni», nel preambolo non richiamerebbe la Convenzione di Bruxelles tra le convenzioni internazionali che disciplinano alcune delle prestazioni che sono oggetto di un servizio "tutto compreso".

Coerentemente con tale premessa l'art. 5 della direttiva, nel consentire che gli Stati membri prevedano limiti all'indennizzo, avrebbe ribadito che tali limitazioni devono essere conformi «alle convenzioni internazionali che disciplinano dette prestazioni». Tale assunto sarebbe chiarito ulteriormente dalla considerazione che non esistono, né esistevano al momento dell'adozione della direttiva 90/314/CEE, convenzioni internazionali regolanti tale fattispecie.

Il rimettente, tuttavia, precisa che siffatto contrasto tra la normativa interna e la direttiva europea non consentirebbe la «disapplicazione» della norma in esame, giacché tale evenienza potrebbe verificarsi solo alla duplice condizione che la direttiva sia dotata di efficacia diretta e che la controversia verta fra un privato ed una autorità dello Stato membro. Nel caso di specie, inoltre, neppure potrebbe soccorrere una «interpretazione conforme», non sussistendo in proposito quel «margine di discrezionalità che consente all'interprete di scegliere tra due interpretazioni possibili della norma interna (...)», a fronte della chiarezza e inequivocità dell'art. 15 del d.lgs. n. 111 del 1995 nella sua versione originaria, laddove richiama esplicitamente i limiti di debito previsti dalla CCV.

1.6. – Il Tribunale di Verona, tuttavia, dubita della legittimità costituzionale del citato art. 15 del d.lgs. n. 111 del 1995, in quanto la legge 22 febbraio 1994, n. 146 (Disposizioni per l'adempimento di obblighi derivanti dall'appartenenza dell'Italia alle Comunità europee – legge comunitaria del 1993), delegando, tra l'altro, l'attuazione della più volte citata direttiva "Viaggi, le vacanze e circuiti tutto compreso", aveva indicato fra i principi e criteri direttivi quello secondo cui il legislatore delegato, nel disciplinare il contratto di pacchetto turistico, avrebbe dovuto tenere conto delle disposizioni più favorevoli contenute nella legge n. 1084 del 1977 (che aveva ratificato la Convenzione di Bruxelles del 1970). La lettera b) dell'art. 24 della legge n. 146 del 1994, inoltre, aveva previsto che solo il risarcimento dei danni diversi dal danno alla persona derivanti da inadempimento o cattiva esecuzione delle prestazioni, sarebbe stato ammesso nei limiti stabiliti dalla citata legge n. 1084 del 1977.

In tale contesto normativo, il rimettente assume che il legislatore non aveva conferito nessuna delega ad introdurre limiti risarcitori per i danni alla persona, sicché la norma censurata, con riguardo a tale previsione, si porrebbe in contrasto con gli artt. 76 e 77 della Costituzione per difetto di delega.

Questa conclusione non troverebbe ostacolo nelle argomentazioni sostenute dalle convenute, secondo cui il limite all'obbligazione risarcitoria per danni alla persona nella esecuzione di viaggi internazionali sarebbe già stato introdotto all'interno del nostro ordinamento con la legge n. 1084 del 1977, perché la convenzione da essa ratificata regolava una fattispecie diversa da quella alla quale si riferiva la direttiva 90/314/CEE. Questo, peraltro, sarebbe stato il motivo della mancata menzione della stessa nella direttiva. Pertanto, a giudizio del rimettente, il Governo delegato non avrebbe potuto trarre nessun criterio utile a contenere l'obbligo risarcitorio del "tour operator" per i danni alla persona dall'art. 5, paragrafo 2, terzo comma della citata direttiva, la quale, oltre a non richiamare la convenzione, non stabiliva limiti per danni alla persona provocati durante l'effettuazione di prestazioni di trasporto terrestre rientranti tra quelle oggetto del pacchetto turistico.

2. – Si sono costituite nel giudizio le parti private convenute nel giudizio principale, la Sprintours s.p.a. e la Viaggi e Cultura di Lonardi Alessio, concludendo per l'infondatezza della questione.

La difesa si incentra in particolare su due aspetti della disciplina.

2.1. – In primo luogo, si assume che, interpretando la legge delega alla luce della lettera e dello spirito della direttiva, che autorizzava l'introduzione di limiti alla responsabilità del tour operator anche in relazione ai danni alle persone, dovrebbe escludersi il vizio di eccesso di delega. Con riferimento a tale punto, la direttiva comunitaria prevedeva all'art. 5, comma 2, che «Per quanto riguarda i danni derivanti dall'inadempimento o dalla cattiva esecuzione delle prestazioni che formano oggetto del servizio tutto compreso, gli Stati membri possono ammettere che l'indennizzo sia limitato conformemente alle convenzioni internazionali che disciplinano dette prestazioni.». Pertanto il legislatore delegato poteva senza dubbio fare riferimento ad una convenzione internazionale che disciplinava le prestazioni incluse nel pacchetto.

2.2. – Le parti private contestano, inoltre, l'argomento a contrario speso dal rimettente con riferimento al richiamo espresso della legge comunitaria ai danni alle cose. La specificità della disposizione, infatti, lungi dal circoscrivere l'applicabilità della legge n. 1084 del 1977, si sarebbe giustificata in ragione dell'ampiezza attribuita dalla direttiva al riguardo, allorché consentiva deroghe contrattuali nel limite della ragionevolezza. In questo caso, il legislatore avrebbe inteso approntare una maggior tutela del consumatore, attraverso un limite risarcitorio fissato nel massimo normativamente, necessità che non si sarebbe presentata per i danni alle persone, per i quali la direttiva già faceva riferimento alle convenzioni internazionali. A conforto di ciò la difesa cita la relazione sul recepimento della direttiva nella legislazione nazionale degli Stati membri redatta dalla Commissione europea, nella quale l'opzione scelta dal legislatore italiano in proposito non risulta essere contestata, attraverso una procedura di infrazione, diversamente da quanto invece sarebbe accaduto con l'obbligo di istituzione del fondo di garanzia.

Il legislatore delegato sarebbe, dunque, stato autorizzato ad inserire una normativa precedente, quale quella di ratifica della Convenzione di Bruxelles, che peraltro riguardava "qualunque contratto di viaggio concluso da un organizzatore di viaggi o da un intermediario di viaggi", e quindi anche il pacchetto "tutto compreso", in quanto le differenze applicative, oltre a risultare "labili da un punto di vista logico-sistematico", si rivelerebbero marginali proprio in materia di limitazione dell'obbligazione risarcitoria del tour operator. Posizione, questa, che sarebbe stata fatta propria anche da alcuni commentatori, che avevano individuato nella convenzione «una fonte normativa idonea ad integrare le lacune della disciplina comunitaria nella materia contrattuale dei viaggi e soggiorni organizzati».

Conseguentemente, la difesa conclude che all'epoca del sinistro la materia dei viaggi sarebbe stata soggetta a due normative: quella della legge di esecuzione della CCV (legge n. 1084 del 1977) e quella del d.lgs. n. 111 del 1995, per cui non si potrebbe validamente ritenere che nel dare attuazione alla direttiva comunitaria da parte del Governo italiano vi sia stato un eccesso di delega, proprio in quanto il limite per i danni alla persona era già previsto all'interno del nostro ordinamento con un provvedimento di rango legislativo.

3. – Nel giudizio è intervenuto il Presidente del Consiglio dei ministri, concludendo per l'inammissibilità e per l'infondatezza della questione sollevata.

L'Avvocatura dello Stato osserva preliminarmente che il giudice a quo non avrebbe avuto il potere di interpretare in via definitiva il diritto comunitario, ed avrebbe dovuto sperimentare, quanto alla compatibilità della norma censurata con la direttiva, un rinvio pregiudiziale alla Corte di giustizia. Inoltre, non essendo la Corte competente «ad enunciare essa l'interpretazione delle norme comunitarie assunte come norme interposte integranti i parametri costituzionali invocati dal giudice rimettente (qui, gli artt. 76 e 77)» la questione sarebbe inammissibile.

Nel merito, il Presidente del Consiglio dei ministri, deduce l'infondatezza della questione in quanto la risarcibilità del "danno da vacanza rovinata", di natura non patrimoniale, troverebbe il proprio fondamento nella legge n. 1084 del 1977, perché dall'introduzione nel nostro ordinamento della successiva normativa comunitaria non deriverebbe l'abrogazione della Convenzione di Bruxelles, ratificata con la citata legge.

4. – Si sono costituite tardivamente in giudizio le parti attrici nel processo principale, chiedendo alla Corte la rimessione in termini, e concludendo nel merito per la pronuncia di illegittimità costituzionale.

CONSIDERATO IN DIRITTO

1. – Il Tribunale ordinario di Verona censura l'art. 15 del decreto legislativo 17 marzo 1995, n. 111 (Attuazione della direttiva n. 90/314/CEE concernente i viaggi, le vacanze ed i circuiti «tutto compreso»), nel testo vigente ratione temporis, prima dell'entrata in vigore del decreto legislativo 9 maggio 2005, n. 96 (Revisione della parte aeronautica del Codice della navigazione, a norma dell'articolo 2 della L. 9 novembre 2004, n. 265), nella parte in cui introduce quale limite all'obbligazione risarcitoria per i danni alla persona, derivanti dall'inadempimento o dalla inesatta esecuzione delle prestazioni che formano oggetto di un servizio viaggi con la formula "tutto compreso", l'ammontare di 50.000 franchi-oro (corrispondenti a circa euro 313.500,00), previsto dalla Convenzione internazionale relativa al contratto di viaggio, firmata a Bruxelles il 23 aprile 1970, e ratificata con legge 27 dicembre 1977, n. 1084 (Ratifica ed esecuzione della convenzione internazionale relativa al contratto di viaggio – CCV). Il danno quantificato nel giudizio principale ammonta a circa euro 808.119,74.

1.1. – Secondo il giudice a quo, la disposizione censurata sarebbe stata adottata in difformità dei principi e criteri direttivi contenuti nell'art. 24 della legge delega 22 febbraio 1994, n. 146 (Disposizioni per l'adempimento di obblighi derivanti dall'appartenenza dell'Italia alle Comunità europee – legge comunitaria del 1993). A suo avviso, tale legge, delegando l'attuazione della direttiva del Consiglio 90/314/CEE concernente i «Viaggi, le vacanze ed i circuiti "tutto compreso"», aveva infatti indicato fra i principi e criteri direttivi quello secondo cui il legislatore delegato, nel disciplinare il contratto di pacchetto turistico, avrebbe dovuto tenere conto delle disposizioni più favorevoli contenute nella legge n. 1084 del 1977. In particolare l'art. 24 della legge delega aveva previsto che solo il risarcimento dei danni diversi dal danno alla persona, derivanti da inadempimento o cattiva esecuzione delle prestazioni, avrebbe dovuto essere ammesso nei limiti stabiliti dalla citata legge di ratifica della Convenzione di Bruxelles. La disposizione censurata, pertanto, violerebbe gli artt. 76 e 77 della Costituzione per difetto di delega.

2. – Preliminarmente, va dichiarata l'inammissibilità della costituzione in giudizio delle parti attrici nel processo principale, in quanto effettuata oltre il termine stabilito dall'art. 25 della legge 11 marzo 1953, n. 87 (Norme sulla costituzione e sul funzionamento della Corte costituzionale). Tale termine, per costante orientamento di questa Corte, è perentorio (*ex multis*, sentenze n. 190 del 2006 e n. 257 del 2007) e non sussistono le condizioni per l'accoglimento dell'istanza di rimessione in termini avanzata.

3. – L'Avvocatura generale dello Stato ha, poi, eccepito l'inammissibilità della questione poiché, non spettando al giudice comune il potere di interpretare in via definitiva il diritto dell'Unione europea, il Tribunale di Verona non avrebbe potuto, senza prima avere esperito il rimedio del rinvio pregiudiziale alla Corte di giustizia, affrontare il tema della compatibilità della norma censura-

ta con la direttiva 90/314/CEE, assunta come norma che integrerebbe gli artt. 76 e 77 della Costituzione.

La questione sarebbe inammissibile anche perché neppure questa Corte potrebbe interpretare in via definitiva una direttiva comunitaria.

3.1. – L'eccezione non è fondata. (*Omissis*). Il Tribunale di Verona aveva di sicuro la competenza ad interpretare le conferenti disposizioni della direttiva comunitaria 90/314/ CEE; e non aveva alcun obbligo di operare il rinvio alla Corte di giustizia.

Quanto all'eccezione di inammissibilità fondata sulla pretesa incompetenza di questa Corte ad interpretare la direttiva comunitaria, essa è del pari infondata. (*Omissis*)

4. – Nel merito la questione è fondata.

4.1. – L'art. 15 del d.lgs. n. 111 del 1995 si inserisce in un'evoluzione normativa del modello contrattuale con finalità turistica. In particolare, con riferimento al contratto di viaggio e di intermediario di viaggio, la «Convenzione internazionale relativa al contratto di viaggio» (d'ora in poi CCV), firmata a Bruxelles il 23 aprile 1970, ratificata e resa esecutiva in Italia con la legge n. 1084 del 1977, recava una disciplina complessa, nella quale ad interventi rivolti agli operatori turistici si affiancavano norme preordinate alla tutela del viaggiatore-consumatore. La CCV, tuttavia, era stata sottoscritta da pochissimi Stati membri dell'Unione europea; ed inoltre risultava non pienamente conforme alle esigenze sociali e contrattuali che si stavano affermando a livello internazionale, orientate non tanto sulla mera intermediazione per il trasporto ed il soggiorno, quanto sulla fornitura dell'insieme di servizi funzionali al viaggio e anche non connessi strettamente ad esso.

La direttiva comunitaria n. 90/314/CEE ha invece colto queste nuove esigenze ed inteso affrontare le «notevoli divergenze tra gli Stati membri sia sul piano normativo, sia per quanto riguarda la prassi corrente», superando gli «ostacoli alla libera prestazione dei servizi tutto compreso e distorsioni di concorrenza tra gli operatori stabiliti nei diversi Stati membri» (secondo e terzo considerando della direttiva).

4.2. – La direttiva aveva delineato un articolato livello di armonizzazione delle legislazioni riguardo alle informazioni che devono essere fornite al consumatore, ai requisiti formali per i contratti di viaggio, alle norme imperative da applicare alle obbligazioni contrattuali ed infine alla tutela dei consumatori in caso di insolvenza o di fallimento dell'organizzatore del viaggio. Essa, dunque, pur lasciando un certo margine agli Stati membri quanto alla scelta dei mezzi per raggiungere il risultato da essa perseguito, imponeva di prevedere a favore dei singoli consumatori diritti il cui contenuto poteva essere determinato con sufficiente precisione, tra questi il diritto al ristoro degli eventuali danni imputabili all'organizzatore (Corte di giustizia, Dillenkofer contro Germania, causa C-178/94, sentenza 8 ottobre 1996).

4.2.1. – In particolare, la direttiva in esame consente che, «per quanto riguarda i danni derivanti dall'inadempimento o dalla cattiva esecuzione delle prestazioni che formano oggetto del servizio tutto compreso, gli Stati membri posso[a]no ammettere che l'indennizzo sia limitato conformemente alle convenzioni internazionali che disciplinano dette prestazioni», di cui al 19° considerando. In quest'ultimo sono espressamente richiamate «la Convenzione di Varsavia del 1929 sul trasporto aereo internazionale, la Convenzione di Berna del 1961 sul trasporto ferroviario, la Convenzione di Atene del 1974 relativa al trasporto via mare e la Convenzione di Parigi del 1962 sulla responsabilità degli albergatori». Non risulta evocata la Convenzione di Bruxelles (CCV), con la conseguenza che nessun riferimento c'è ad un obbligo risarcitorio, e ai suoi limiti, quanto al danno alla persona a séguito di sinistro stradale.

5. – La legge delega in esame, in quanto "legge comunitaria" diretta all'attuazione di direttive europee, stabilisce anzitutto un insieme di criteri e principi direttivi "generali" valevoli, cioè, per tutti i decreti legislativi da emanare in attuazione delle direttive di cui all'allegato. Inoltre, essa enuncia principi specifici in relazione alle singole materie, in aggiunta a quelli contenuti nelle direttive da attuare. In definitiva, quindi, la "legge comunitaria" vincola il legislatore delegato in primo luogo quanto ai principi contenuti nelle direttive da attuare, poi quanto ai criteri e princìpi direttivi generali (art. 2), infine, quanto ai criteri di delega specifici, dettati in relazione alla direttiva in esame (art. 24).

5.1. – L'attuazione della direttiva n. 90/314/CEE imposta al legislatore delegato, innestandosi in un tessuto normativo che già aveva disciplinato il contratto di viaggio, ha necessariamente indicato principi e criteri direttivi speciali che hanno delimitato in maniera assai significativa lo spazio di discrezionalità del legislatore delegato. In primo luogo, la legge delega n. 146 del 1994 ha, infatti, stabilito non solo che «i decreti legislativi assicureranno in ogni caso che, nelle materie trattate dalle direttive da attuare, la disciplina disposta sia pienamente conforme alle prescrizioni delle direttive medesime» (art. 2, comma 1, lettera h), ma anche che, «per evitare disarmonie con le discipline vigenti per i singoli settori interessati dalla normativa da attuare, saranno introdotte le occorrenti modifiche o integrazioni alle discipline stesse» (art. 2, comma 1, lettera c). Infine, con specifico riferimento alla direttiva viaggi "tutto compreso", all'art. 24 la legge comunitaria ha testualmente fissato i seguenti princìpi e criteri direttivi: «a) l'offerta del servizio "tutto compreso" ed il relativo contratto sono disciplinati tenendo conto delle disposizioni più favorevoli dettate in tema di contratto di organizzazione di viaggio dalla legge 27 dicembre 1977, n. 1084; b) il risarcimento dei danni diversi dal danno alla persona, derivanti da inadempimento o cattiva esecuzione delle prestazioni, sarà ammesso nei limiti stabiliti dalla legge 27 dicembre 1977, n. 1084».

Si tratta di limiti che tenevano nel debito conto l'eventualità che la disciplina pregressa comprendesse aspetti più favorevoli al contraente consumatore, potendo evidentemente la legislazione degli Stati membri derogare solo *in melius* rispetto alla normativa comunitaria.

6. – In questo contesto, il legislatore delegato, con il citato art. 15, oggi censurato, aveva stabilito, al comma 1, che «Il danno derivante alla persona dall'inadempimento o dalla inesatta esecuzione delle prestazioni che formano oggetto del pacchetto turistico è risarcibile nei limiti delle convenzioni internazionali che disciplinano la materia, di cui sono parte l'Italia o l'Unione europea, ed, in particolare, nei limiti previsti dalla convenzione di Varsavia del 12 ottobre 1929 sul trasporto aereo internazionale, resa esecutiva con legge 19 maggio 1932, n. 841, dalla convenzione di Berna del 25 febbraio 1961 sul trasporto ferroviario, resa esecutiva con legge 2 marzo 1963, n. 806, e dalla convenzione di Bruxelles del 23 aprile 1970 (CCV), resa esecutiva con legge 27 dicembre 1977, n. 1084, per ogni altra ipotesi di responsabilità dell'organizzatore e del venditore, così come recepite nell'ordinamento».

6.1. – A giudizio del Tribunale di Verona, il legislatore delegato non sarebbe stato autorizzato ad introdurre la disciplina relativa ai danni alle persone così come prevista nella CCV, in primo luogo perché il citato art. 24 della legge comunitaria del 1993 espressamente avrebbe consentito di introdurre il limite risarcitorio solo per i danni diversi dal danno alla persona, in secondo luogo perché la direttiva, oltre a non richiamare la CCV, non imponeva affatto limiti per danni alla persona provocati durante il trasporto terrestre rientrante tra le prestazioni oggetto del pacchetto turistico.

6.2. – Sul punto merita in primo luogo di essere precisato, quanto alla distinzione fra il contratto "tutto compreso" ed il contratto di viaggio di cui alla Convenzione internazionale, che la giurisprudenza di legittimità, debitamente richiamata dal giudice a quo, ha distinto il primo (c.d. "pacchetto turistico" o "package"), dal contratto di organizzazione o di intermediazione di viaggio di cui alla CCV, in quanto la "finalità turistica" nel primo caso assume rilievo, oltre che come elemento di qualificazione, anche con riguardo alle successive vicende del contratto (Cass., sentenza 24 luglio 2007, n. 16315, in particolare per il caso di impossibilità sopravvenuta). Alla luce di tale ricostruzione è agevole ritenere che l'applicazione della disciplina introdotta dalla CCV non fosse ricollegabile al tipo contrattuale che il d.lgs. n. 111 del 1995 era chiamato a disciplinare e che, quindi, il riferimento a tale disciplina non solo fosse un'eccezione, ma che fosse un'eccezione da circoscrivere in un ristretto margine di compatibilità e di favore verso il consumatore, di cui la legge delega aveva inteso individuare con precisione i contorni. Di tale aspetto il procedimento ermeneutico da condurre deve dunque necessariamente tener conto.

6.3. – In merito ai rapporti fra legge delega e norma attuativa, la giurisprudenza di questa Corte ha affermato che il sindacato di costituzionalità sulla delega legislativa deve essere svolto attraverso «un confronto tra gli esiti di due processi ermeneutici paralleli concernenti, rispettivamente, la norma delegante (al fine di individuarne l'esatto contenuto, nel quadro dei principi e criteri direttivi e del contesto in cui questi si collocano, nonché delle ragioni e finalità della medesima) e la norma delegata, da interpretare nel significato compatibile con i principi ed i criteri direttivi della delega» (tra le più recenti, sentenze n. 293 del 2010, n. 112 del 2008, n. 341, n. 340 e n. 170 del 2007). L'esame del vizio di eccesso di delega impone che l'interpretazione dei principi e dei criteri direttivi sia effettuata in riferimento alla ratio della legge delega, tenendo conto del contesto normativo in cui sono inseriti e delle finalità che ispirano complessivamente la delega ed in particolare i principi e i criteri direttivi specifici. In tale processo, in definitiva «i principi posti dal legislatore delegante costituiscono non solo la base e il limite delle norme delegate, ma strumenti per l'interpretazione della portata delle stesse» (sentenza n. 96 del 2001).

6.4. – Nel caso di specie, la delega ha indicato come criteri specifici quello della salvaguardia delle disposizioni più favorevoli dettate in tema di contratto di organizzazione di viaggio dalla legge n. 1084 del 1977 e quello della applicabilità espressa al risarcimento dei danni diversi dal danno alla persona, dei limiti stabiliti dalla legge n. 1084 del 1977 (art. 24, lettera b).

L'esegesi di tale disposto deve necessariamente essere conforme alla ratio della delega, che consisteva in primo luogo nell'attuazione della direttiva e, in ultima analisi, essere conforme alla ratio della stessa direttiva, consistente, fra l'altro, in un trattamento più favorevole alla tutela del consumatore, salva l'opportunità di limitare il risarcimento conformemente alle convenzioni in essa richiamate. Ciò va evidentemente inteso nel senso di adottare il medesimo massimale che il diritto uniforme riservava ai vettori delle prestazioni correlate, in modo da evitare che i venditori o gli organizzatori dei viaggi a pacchetto potessero essere tenuti ad un maggior indennizzo. In questo senso, evidentemente nessun profilo di maggior favore potrebbe essere rinvenuto nella CCV, disciplinando questa anche prestazioni non comprese nei tipi di trasporto di cui alle convenzioni internazionali citate nella direttiva, con la conseguenza che una limitazione di responsabilità meno favorevole rispetto alle prestazioni di viaggio-tipo non era giustificabile, non solo perché non prevista dalla direttiva, quanto perché norma chiaramente meno favorevole rispetto al consumatore danneggiato. Tale conclusione risulta, del resto, avvalorata dal dato testuale della lettera c) del più volte citato art. 14 della legge delega, che richiamava espressamente il limite risarcitorio fissato dalla Convenzione di Bruxelles soltanto con riferimento ai danni diversi dal danno alla persona, rispetto ai quali si circoscriveva l'ambito di discrezionalità del delegato. Una tale esegesi, peraltro, evidenzia proprio la coerenza fra il mancato espresso richiamo ai danni alla persona ed il concorrente criterio di delega orientato a conservare soltanto le norme più favorevoli. In altri termini, poiché la scelta legislativa era orientata nel senso di maggior favore per il viaggiatore, in ossequio alle finalità della direttiva 90/314/CEE, correttamente la legge comunitaria del 1993 ha ritenuto di mantenere espressamente solo il limite risarcitorio per i danni alle cose, che pure la direttiva consentiva di ridurre negozialmente nei limiti della ragionevolezza, e di non richiamare l'analogo limite risarcitorio per i danni alle persone.

I rilievi svolti trovano significativo conforto nell'evoluzione della normativa conferente successiva al d.lgs. n. 111 del 1995 ed alla data del sinistro oggetto del giudizio principale. La disciplina relativa ai "servizi turistici" ed in particolare ai "pacchetti turistici", è stata dapprima inserita nel decreto legislativo 6 settembre 2005, n. 206 (Codice del consumo, a norma dell'articolo 7 della L. 29 luglio 2003, n. 229), ed in particolare nell'art. 94, nel quale è stato soppresso il riferimento alla Convenzione di Bruxelles, ed il massimale del risarcimento è stato fissato con riferimento alle convenzioni internazionali in materia, di cui sono parte l'Italia o l'Unione europea. Infine, la disciplina di tali contratti è stata stabilita con il decreto legislativo 23 maggio 2011, n. 79 (Codice della normativa statale in tema di ordinamento e mercato del turismo, a norma dell'articolo 14 della legge 28 novembre 2005, n. 246, nonché attuazione della direttiva 2008/122/CE, relativa ai contratti di multiproprietà, contratti relativi ai prodotti per le vacanze di lungo termine, contratti di rivendita e di scambio) che, intervenendo in modo organico sulla tematica dei pacchetti turistici e del rapporto contrattuale con il consumatore turista, ha provveduto peraltro all'abrogazione della legge n. 1084 del 1977.

7. – Va in conclusione dichiarata l'illegittimità costituzionale dell'art. 15, comma 1, del d.lgs. n. 111 del 1995, nella parte in cui, in violazione dei criteri della legge delega, ha fissato un limite all'obbligo risarcitorio per danni alla persona, attraverso il richiamo della Convenzione di Bruxelles (CCV), limite non prefigurato dalla legge delega.

per questi motivi
LA CORTE COSTITUZIONALE

1) dichiara inammissibile l'intervento in giudizio di A.M.L. e A.C.;

2) dichiara l'illegittimità costituzionale dell'articolo 15 del decreto legislativo 17 marzo 1995, n. 111 (Attuazione della direttiva n. 90/314/CEE concernente i viaggi, le vacanze ed i circuiti «tutto compreso»), nella parte in cui, limitatamente alla responsabilità per danni alla persona, pone come limite all'obbligo di ristoro dei danni quello indicato dalla Convenzione internazionale relativa al contratto di viaggio, firmata a Bruxelles il 23 aprile 1970, ratificata con la legge 27 dicembre 1977, n. 1084 (Ratifica ed esecuzione della convenzione internazionale relativa al contratto di viaggio – CCV).

Così deciso in Roma, nella sede della Corte costituzionale, Palazzo della Consulta, il 21 marzo 2012.

CASS. 11-12-2012, N. 22619

Fatto

SVOLGIMENTO DEL PROCESSO

Con sentenza del 22/12/2009 la Corte d'Appello di Perugia respingeva il gravame interposto dalla sig. C.A. nei confronti della pronunzia Trib. Terni 18/2/2005 di rigetto della domanda, proposta nei confronti della società Mistral Tour Internazionale s.r.l. – organizzatrice del pacchetto turistico acquistato presso la "TivaViaggi" di Terni –, di risarcimento dei danni sofferti all'esito di incidente stradale avvenuto durante il soggiorno in India in ragione del comportamento colposo dell'autista del taxi che la stava trasportando, insieme ad altri turisti, da Jaipur, ove a causa della nebbia aveva fatto scalo il vettore aereo, a Nuova Delhi.

Avverso la suindicata pronunzia della corte di merito la C. propone ora ricorso per cassazione, affidato a 3 motivi, illustrati da memoria.

Resiste con controricorso la società Mistral Tour Internazionale s.r.l., che spiega altresì ricorso incidentale condizionato sulla base di unico complesso motivo, illustrato da memoria, cui resiste con controricorso la C.

Diritto

MOTIVI DELLA DECISIONE

Con il 1, il 2 ed il 3 motivo la ricorrente denunzia violazione e falsa applicazione del D.Lgs. n. 111 del 1995, artt. 14 e 17, artt. 1218 e 1176 c.c., in riferimento all'art. 360 c.p.c., comma 1, n. 3.

Si duole che la corte di merito abbia erroneamente escluso la responsabilità della società Mistral Tour Internazionale s.r.l., organizzatrice del pacchetto turistico *de quo*, ritenendo il tassista terzo estraneo al contratto, laddove il medesimo è da qualificarsi prestatore di servizi del quale la medesima si è avvalsa ai fini dell'adempimento della propria obbligazione, del cui colposo inadempimento essa risponde ai sensi del D.Lgs. n. 111 del 1995, art. 17.

I motivi, che possono congiuntamente esaminarsi in quanto connessi, sono fondati e vanno accolti, nei termini e limiti di seguito indicati.

Come questa Corte ha già avuto modo di affermare, nel contratto di viaggio vacanza "tutto compreso" (c.d. "pacchetto turistico" o package disciplinato dal D.Lgs. n. 111 del 1995 – emanato in attuazione della Direttiva n. 90/314/CEE –, applicabile ai rapporti come nella specie sorti anteriormente all'entrata in vigore del D.Lgs. n. 206 del 2005 – c.d. Codice del consumo –: v., da ultimo, Cass., 10/9/2010, n. 19283), che si distingue dal contratto di organizzazione o di intermediazione di viaggio (CCV) di cui alla Convenzione di Bruxelles del 23 dicembre 1970 (resa esecutiva in Italia con L. n. 1084 del 1977), diversamente da quest'ultimo essendo caratterizzato dalla "finalità turistica" che ne connota la causa concreta e assume rilievo come elemento di qualificazione (nonché relativamente alla sorte) del contratto (v. Cass., 12/11/2009, n. 23941; Cass., 24/4/2008, n. 10651; Cass., 20/12/2007, n. 26958; Cass., 24/7/2007, n. 16315), l'organizzatore e il venditore di pacchetti turistici sono *ex* art. 1176 c.c., comma 2 e art. 2236 c.c. tenuti ad una prestazione improntata alla diligenza professionale qualificata dalla specifica attività esercitata, in relazione ai diversi gradi di specializzazione propri del rispettivo specifico settore professionale.

Le obbligazioni professionali sono caratterizzate dalla prestazione di attività particolarmente qualificata da parte di soggetto dotato di specifica abilità tecnica, in cui il contraente fa affidamento al fine del raggiungimento del risultato perseguito o sperato.

Lo specifico settore di competenza in cui rientra l'attività esercitata richiede pertanto la specifica conoscenza ed applicazione delle cognizioni tecniche che sono tipiche dell'attività necessaria per l'esecuzione delle attività professionali in argomento.

Come in giurisprudenza di legittimità si è già avuto modo di porre in rilievo, i limiti di tale responsabilità sono quelli generali in tema di responsabilità contrattuale (v. Cass., Sez. Un., 30/10/2001, n. 13533), presupponendo questa l'esistenza della colpa lieve del debitore, e cioè il difetto dell'ordinaria diligenza.

In quanto la diligenza (che, come sottolineato anche in dottrina, si specifica nei profili della cura, della cautela, della perizia e della legalità, la perizia in particolare sostanziandosi nell'impiego delle abilità e delle appropriate nozioni tecniche peculiari dell'attività esercitata, con l'uso degli strumenti normalmente adeguati; ossia con l'uso degli strumenti comunemente impiegati, in relazione all'assunta obbligazione, nel tipo di attività professionale o imprenditoriale in cui rientra la prestazione dovuta: v. Cass., 31/5/2006, n. 12995, e, da ultimo, Cass. 25/9/2012, n. 16254) deve valutarsi avuto riguardo alla natura dell'attività esercitata (art. 1176 c.c., comma 2), al professionista (e a fortiori allo specialista) è richiesta una diligenza particolarmente qualificata dalla perizia e dall'impiego di strumenti tecnici adeguati al tipo di attività da espletarsi.

A tale stregua l'impegno dal medesimo dovuto, se si profila superiore a quello del comune debitore, va considerato viceversa corrispondente alla diligenza normale in relazione alla specifica attività professionale esercitata, giacché il professionista deve impiegare la perizia ed i mezzi tecnici adeguati allo standard professionale della sua categoria, tale standard valendo a determinare, in conformità alla regola generale, il contenuto della perizia dovuta e la corrispondente misura dello sforzo diligente adeguato per conseguirlo, nonché del relativo grado di responsabilità.

Come si è osservato in dottrina, il debitore è di regola tenuto ad una normale perizia, commisurata al modello del buon professionista (secondo cioè una misura obiettiva che prescinde dalle concrete capacità del soggetto, sicché deve escludersi che il debitore privo delle necessarie cognizioni tecniche sia esentato dall'adempiere l'obbligazione con la perizia adeguata alla natura dell'attività esercitata), mentre una diversa misura di perizia è dovuta in relazione alla qualifica professionale del debitore (per il riferimento alla necessità di adeguare la valutazione alla stregua del dovere di diligenza particolarmente qualificato, inerente lo svolgimento dell'attività del professionista, v. Cass., 13/4/2007, n. 8826; Cass., 31/5/2006, n. 12995; Cass., 23/4/2004, n. 19133; Cass., 4/3/2004, n. 4400) in relazione ai diversi gradi di specializzazione propri dello specifico settore professionale.

Ai diversi gradi di specializzazione corrispondono dunque diversi gradi di perizia (v., da ultimo, Cass., 25/9/2012, n. 16254).

Può allora distinguersi tra una diligenza professionale generica e una diligenza professionale variamente qualificata, giacché chi assume un'obbligazione nella qualità di specialista, o un'obbligazione che presuppone una tale qualità, è tenuto alla perizia che è normale della categoria (cfr., con riferimento alla diligenza professionale del medico c.d. "strutturato", Cass., 13/4/2007, n. 8826, e con riferimento all'appaltatore Cass., 25/9/2012, n. 16254).

Lo sforzo tecnico implica anche l'uso degli strumenti materiali normalmente adeguati, ossia l'uso degli strumenti comunemente impiegati nel tipo di attività professionale in cui rientra la prestazione dovuta.

Il professionista è quindi contrattualmente impegnato al risultato dovuto (v. Cass., 19/5/2004, n. 9471), quello cioè conseguibile secondo criteri di normalità, da apprezzarsi in relazione alla abilità tecnica e alla sua capacità tecnico-organizzativa.

Il normale esito della prestazione dipende infatti da una pluralità di fattori, tra cui l'organizzazione dei mezzi adeguati per il raggiungimento degli obiettivi in condizioni di normalità.

Normalità che risponde ad un giudizio relazionale di valore, in ragione delle circostanze del caso, atteso che anche per il migliore specialista del settore il giudizio di normalità va calibrato avuto riguardo alle strutture tecniche con cui è chiamato a prestare la propria opera professionale. E lo spostamento verso l'alto della soglia di normalità del comportamento diligente dovuto determina la corrispondente diversa considerazione del grado di tenuità della colpa (cfr. Cass., 4437/82), con corrispondente preclusione della prestazione specialistica al professionista che specializzato non è (cfr. Cass., 5/7/2004, n. 12273; Cass., 2428/90).

Va per altro verso sottolineato che la riconduzione dell'obbligazione professionale nell'ambito del rapporto contrattuale, e della eventuale responsabilità che ne consegua nell'ambito di quella da inadempimento *ex* artt. 1218 ss. c.c., ha i suoi corollari anche sotto il profilo probatorio.

Questa Corte ha al riguardo già più volte affermato che l'onere della prova è ripartito tra le parti nel senso che (alla luce del principio enunziato in termini generali da Cass., Sez. Un. 30/10/2001, n. 13533) il creditore che agisce per la risoluzione contrattuale, per il risarcimento del danno ovvero per l'adempimento deve dare la prova della fonte negoziale o legale del suo diritto, limitandosi alla mera allegazione della circostanza dell'inadempimento della controparte, mentre è al debitore convenuto che incombe di dare la prova del fatto estintivo, costituito dall'avvenuto adempimento.

Analogo principio è stato posto con riguardo all'inesatto adempimento, rilevandosi che al creditore istante è sufficiente la mera allegazione dell'inesattezza dell'adempimento (per violazione di doveri accessori, come quello di informazione, ovvero per mancata osservanza dell'obbligo di diligenza, o per difformità quantitative o qualitative dei beni), gravando sul debitore l'onere di dimostrare di avere esattamente adempiuto.

Pertanto, in base alla regola di cui all'art. 1218 c.c. il creditore ha il mero onere di allegare il contratto ed il relativo inadempimento o inesatto adempimento, non essendo tenuto a provare la colpa del professionista e la relativa gravità (cfr., con riferimento a diverse fattispecie, Cass., 13/4/2007, n. 8826; Cass., 24/5/2006, n. 12362; Cass., 21/6/2004, n. 11488).

L'imposizione della presunzione dell'onere della prova in capo al debitore, il cui fondamento si è indicato nell'operare del principio di c.d. vicinanza alla prova o di riferibilità (v. Cass., 9/11/2006, n. 23918; Cass., 21/6/2004, n. 11488; Cass., Sez. Un., 23/5/2001, n. 7027; Cass., Sez. Un., 30/10/2001, n. 13533; Cass., 13/9/2000, n. 12103), va ancor più propriamente ravvisato, come sottolineato anche in dottrina, nel criterio della maggiore possibilità per il debitore onerato di fornire la prova, in quanto rientrante nella sua sfera di dominio, in misura tanto più marcata quanto più l'esecuzione della prestazione consista nell'applicazione di regole tecniche sconosciute al creditore, essendo estranee Italia comune esperienza, e viceversa proprie del bagaglio del professionista.

All'art. 2236 c.c. non va conseguentemente assegnata rilevanza alcuna ai fini della ripartizione dell'onere probatorio, giacché incombe in ogni caso al professionista dare la prova della particolare difficoltà della prestazione, laddove la norma in questione implica solamente una valutazione della colpa del medesimo, in relazione alle circostanze del caso concreto (v. Cass., 13/4/2007, n. 8826; Cass., 28/5/2004, n. 10297; Cass., 21/6/2004, n. 11488).

Orbene, alla stregua di quanto sopra rilevato ed esposto va osservato che l'organizzatore e il venditore di pacchetti turistici, la cui rispettiva obbligazione è senz'altro di risultato (v. Cass., 3/12/2009, n. 25396; Cass., 9/11/2004, n. 21343), sono tenuti all'adeguato sforzo tecnico, con impiego delle energie e dei mezzi normalmente ed obiettivamente necessari od utili, in relazione alla natura della rispettiva attività esercitata, volto all'adempimento della prestazione dovuta ed al soddisfacimento dell'interesse creditorio del turista-consumatore di pacchetti turistici, nonché ad evitare possibili eventi dannosi.

In caso di mancato o inesatto adempimento delle prestazioni oggetto del c.d. pacchetto turistico o package, sono pertanto tenuti a dare la prova che il risultato "anomalo" o anormale rispetto al convenuto esito della propria prestazione professionale, e quindi dello scostamento da una legge di regolarità causale fondata sull'esperienza, dipende da fatto ad essi non imputabile, in quanto non ascrivibile alla condotta mantenuta in conformità alla diligenza dovuta, in relazione alle specifiche circostanze del caso concreto.

E laddove tale prova non riescano a dare, secondo la regola generale *ex* artt. 1218 e 2697 c.c. i medesimi rimangono soccombenti.

Va posto d'altro canto in rilievo che ai sensi del D.Lgs. n. 111 del 1995, artt. 14 ss. l'organizzatore e il venditore di pacchetti turistici sono tenuti a risarcire qualsiasi danno subito dal consumatore a causa della fruizione del pacchetto turistico, anche se la responsabilità sia ascrivibile esclusivamente ad altro prestatore di servizi, salvo il diritto di rivalersi nei confronti di costui (v., con riferimento al vettore, Cass., 10/9/2010, n. 19283; Cass., 29/2/2008, n. 5531).

Come sottolineato anche in dottrina, nel superare i distinguo previsti con riferimento al contratto di organizzazione o di intermediazione di viaggio (CCV) di cui alla Convenzione di Bruxelles del 23 dicembre 1970, ai sensi dell'art. 5 Direttiva n. 90/314/CEE e D.Lgs. n. 111 del 1995, artt. 14 ss. l'organizzatore e il venditore di pacchetti turistici rispondono per il mancato o inesatto adempimento sia delle prestazioni direttamente eseguite che di quelle effettuate da prestatori di servizi della cui opera comunque si avvalgano per l'adempimento della prestazione da essi dovuta.

Trattasi di responsabilità la cui fonte riposa nella regola generale di cui agli artt. 1228 e 2049 c.c., in base alla quale il debitore che nell'adempimento dell'obbligazione si avvale dell'opera di terzi risponde anche dei fatti dolosi o colposi di costoro (v. Cass., 24/5/2006, n. 12362; Cass., 4/3/2004, n. 4400; Cass., 8/1/1999, n. 103), ancorché non siano alle sue dipendenze (v. Cass., 21/2/1998, n. 1883; Cass., 20/4/1989, n. 1855).

La responsabilità per fatto dell'ausiliario (e del preposto) prescinde infatti dalla sussistenza di un contratto di lavoro subordinato, essendo irrilevante la natura del rapporto tra i medesimi sussistente ai fini considerati, fondamentale rilevanza viceversa assumendo la circostanza che dell'opera del terzo il debitore comunque si avvalga nell'attuazione della sua obbligazione, ponendo la medesima a disposizione del creditore (v., da ultimo, con riferimento a diversa fattispecie, Cass., 26/5/2011, n. 11590), sicché la stessa risulti a tale stregua inserita nel procedimento esecutivo del rapporto obbligatorio.

La responsabilità che dall'esplicazione dell'attività di tale terzo direttamente consegue in capo all'organizzatore e al venditore di un pacchetto turistico riposa allora sul principio *cuius commoda eius et incommoda*, o, più precisamente, dell'appropriazione o avvalimento dell'attività altrui per l'adempimento della propria obbligazione, comportante l'assunzione del rischio per i danni che al creditore ne derivino.

Né, al fine di considerare interrotto il rapporto in base al quale l'organizzatore o venditore di un pacchetto turistico è chiamato a rispondere, vale distinguere tra comportamento colposo e comportamento doloso del soggetto agente (che della responsabilità del primo costituisce il presupposto), essendo al riguardo sufficiente (in base a principio che trova applicazione sia nella responsabilità contrattuale che in quella extracontrattuale) la mera occasionalità necessaria (v. Cass., 17/5/2001, n. 6756; Cass., 15/2/2000, n. 1682).

Il debitore risponde quindi direttamente di tutte le ingerenze dannose che al dipendente o al terzo preposto della cui opera comunque si avvale sono rese possibili dalla posizione conferitagli rispetto al creditore/danneggiato, e cioè dei danni che può arrecare in ragione di quel particolare contatto cui si espone nei suoi confronti il creditore (nel caso, turista-consumatore di pacchetto turistico).

Diversamente che per la suindicata disciplina relativa al contratto di organizzazione o di intermediazione di viaggio (CCV) di cui alla Convenzione di Bruxelles del 23 dicembre 1970 (cfr. Cass., 27/6/2007, n. 14837; Cass., 27/10/2004, n. 20787; Cass., 24/5/1997, n. 4636; Cass., 6/11/1996, n. 9643), la responsabilità dell'organizzatore e del venditore di pacchetti turistici trova allora fondamento non già nella colpa nella scelta degli ausiliari o nella vigilanza (giusta differente modello di responsabilità, proprio di altre esperienze, invero non accolto in termini generali nel nostro ordinamento) bensì nel rischio connaturato all'utilizzazione dei terzi nell'adempimento dell'obbligazione (cfr., con riferimento a diversi ambiti professionali, Cass., 13/4/2007 Cass., 17/5/2001, n. 6756; Cass., 30/12/1971, n. 3776. V. anche Cass., 4/4/2003, n. 5329), fondamentale rilevanza assumendo – come detto – la circostanza che dell'opera del terzo essi comunque si avvalgano nell'attuazione della prestazione dovuta.

Il tour operator è pertanto direttamente responsabile allorquando l'evento dannoso risulti come nella specie da ascriversi alla condotta colposa del terzo prestatore (nel caso, conducente di taxi) della cui attività comunque si sia avvalso, essendo tenuto al risarcimento dei danni sofferti dal turista-consumatore di pacchetto turistico in conseguenza della medesima, salvo in ogni caso il suo diritto di rivalsa nei confronti del prestatore medesimo (D.Lgs. n. 111 del 1995, art. 14, comma 2).

Orbene, alla stregua di quanto sopra rilevato ed esposto emerge evidente come la corte di merito abbia nell'impugnata sentenza invero disatteso i suindicati principi.

Rimasto accertato che nella specie, «in occasione di un viaggio organizzato dalla "Mistral Tour" in India, in data 8/1/1998, durante il trasferimento in taxi verso Nuova Delhi dall'aeroporto di Jaipur, ove l'aereo, proveniente da Udaipur, era stato costretto ad atterrare per le avverse condizioni atmosferiche»; che l'odierna ricorrente «aveva la possibilità di optare per un pernottamento a Jaipur a spese del tour operator ... ovvero di aderire all'offerta di trasferimento via taxi e non è dubitabile che questa offerta sia stata dalla stessa accettata, così come dagli altri passeggeri»; che durante il tragitto successivamente «l'autista aveva violentemente tamponato un autobus che lo precedeva in difficili condizioni metereologiche ed a propria volta arrestatosi bruscamente per un altro incidente»; che tale sinistro è avvenuto per colpa del "tassista", il quale «guidava spericolatamente e teneva addirittura la testa fuori dal finestrino per orientarsi nella nebbia», la corte di merito è invero pervenuta ad escludere «la responsabilità nell'occorso» della società Mistral Tour Internazionale s.r.l.

A tale conclusione è giunta argomentando dal rilievo che a) «l'aereo diretto a Nuova Delhi fu costretto ad atterrare a Jaipur per un fatto incontrollabile dall'uomo e comunque dal tour operator, ovverossia le avverse condizioni atmosferiche, così come non è revocabile in dubbio che il mezzo proposto per il trasferimento era del tutto "regolare" e non presentava rischi maggiori di qualsiasi altro mezzo di trasporto, aereo compreso»; b) «nessun inadempimento è ascrivibile all'operatore, il quale ... a mente della L. n. 1084 del 1997, art. 15 ... risponde di qualsiasi pregiudizio causato al viaggiatore a motivo dell'inadempimento totale o parziale di questi servizi (trasporto e alloggio) ... ed in questo senso del tutto condivisibile è la sentenza impugnata, laddove esclude che il fatto del terzo sia riconducibile all'inadempimento di un servizio di cui il tour operator debba rispondere»; c) alla stregua della ricostruzione del fatto operata dal giudice di prime cure, l'«incidente ... non era stato procurato neppure dalla nebbia in modo diretto, ma dal comportamento imprudente del tassista, soggetto del tutto estraneo alla sfera di influenza della società convenuta».

A tale stregua, nel dare particolare rilievo alla bontà in astratto della soluzione sostitutiva offerta (anche) all'odierna ricorrente e dalla medesima accettata, la corte di merito è addivenuta ad escludere la configurabilità della responsabilità del tour operator facendo erroneamente applicazione di un principio proprio della suindicata diversa disciplina del contratto di organizzazione o di intermediazione di viaggio (CCV) di cui alla Convenzione di Bruxelles del 23 dicembre 1970, anziché di quello posto dal D.Lgs. n. 111 del 1995, art. 14, comma 2.

Dopo avere correttamente osservato essere «assolutamente irrilevante ai fini della soluzione della presente fattispecie» la circostanza «che i taxi per effettuare il trasporto sostitutivo dei passeggeri siano stati reperiti dall'operatore aeroportuale, dalla compagnia aerea o dalla guida», così come «del tutto irrilevante è l'eventuale circostanza che la proposta di servirsi del mezzo privato sia pervenuta dalla guida incaricata dal tour operator» in quanto tale «proposta ... non realizzerebbe altro che l'esecuzione degli obblighi contrattuali posti a carico dell'operatore turistico, il quale è tenuto, innanzi tutto, a porre i passeggeri in grado di portare a termine senza rischi prevedibili il viaggio»; e dopo avere ascritto il sinistro al «comportamento imprudente del tassista», la corte di merito ha invero omesso di considerare che del servizio del tassista il tour operator si è nella specie avvalso ai fini dell'adempimento della propria prestazione dovuta, e che delle conseguenze negative derivate alla turista odierna ricorrente dalla negligente esecuzione della medesima essa è pertanto direttamente tenuta a rispondere.

In altri termini, atteso che in base all'operato accertamento fattuale il trasporto in taxi de quo risulta dal giudice di merito non già ascritto ad autonoma iniziativa della turista odierna ricorrente, in contrasto con un'eventuale ferma e risoluta opposizione al riguardo manifestata dal rappresentante in loco del tour operator deponente addirittura per l'estraneità della soluzione adottata al rapporto contrattuale e a tale stregua rilevante (anche) come fatto d'inadempimento dello stesso, bensì ravvisato quale soluzione alternativa oggetto di offerta riconducibile all'organizzatore del pacchetto turistico in vista dell'attuazione del proprio impegno obbligatorio, e che dall'odierna ricorrente essa è stata in quanto tale accettata; e considerato che a tale stregua il servizio di tale vettore risulta essere stato obiettivamente inserito nel procedimento esecutivo della prestazione contrattuale per l'adempimento della propria prestazione contrattuale in vista del soddisfacimento dell'interesse creditorio (né a diversa conclusione si sarebbe in ogni caso pervenuti laddove il reperimento dei taxi per effettuare il trasporto sostitutivo in questione fosse stato in concreto compiuto dalla turista odierna ricorrente, trattandosi comunque di scelta dalla medesima operata nell'ambito di un ventaglio di soluzioni alternative offerte dal tour operator), nell'erroneamente assegnare decisivo rilievo alla circostanza che il conducente del taxi era «soggetto del tutto estraneo alla sfera di influenza della società convenuta», la corte di merito non ha invero tratto i debiti corollari dai corretti presupposti argomentativi individuati.

Non ha in particolare fatto nel caso applicazione del suindicato principio *cuius commoda eius et incommoda*, o più precisamente dell'appropriazione o avvalimento da parte *tour operator* dell'attività del conducente di taxi per l'adempimento della propria obbligazione, comportante l'assunzione del rischio per i danni da essa derivanti alla odierna creditore, rischio di cui il sinistro stradale ha nella specie costituito specifica concretizzazione (cfr., da ultimo, Cass., 27/4/2011, n. 9404; Cass., 29/8/2011, n. 17685), essendo la trasportata risultata esposta (anche) alla condotta colposa di tale vettore che del sinistro de quo è stata invero causa (cfr. Cass., 7/10/2008, n. 24755).

Con unico complesso motivo la ricorrente in via incidentale denunzia "errata applicazione" del D.Lgs. n. 111 del 1995, artt. 7 e 15, art. 1387 c.c., art. 116 c.p.c., in riferimento all'art. 360 c.p.c., comma 1, n. 3.

Si duole che erroneamente la corte di merito ha considerato un servizio estraneo al pacchetto turistico in oggetto come nel medesimo viceversa ricompreso.

Il motivo è in parte inammissibile e in parte infondato.

Prima ancora della manifesta infondatezza del rilievo circa l'"estraneità" del servizio nella specie reso dal tassista rispetto all'oggetto del pacchetto turistico, che si trae con tutta evidenza da quanto già più sopra osservato con riferimento al ricorso principale, va posto invero in rilievo che il motivo risulta formulato in violazione del requisito richiesto *ex* art. 366 c.p.c., comma 1, n. 6, atteso che la ricorrente fa richiamo ad atti e documenti del giudizio di merito (es., lo stipulato "pacchetto turistico" de quo) senza puntualmente ed esaustivamente indicare i dati necessari al reperimento in atti degli stessi (v. Cass., Sez. Un., 3/11/2011, n. 22726; Cass., 23/9/2009, n. 20535; Cass., 3/7/2009, n. 15628; Cass., 12/12/2008, n. 29279), la cui mancanza rende di per sé il ricorso inammissibile (cfr. Cass., 19/9/2011, n. 19069; Cass., 23/9/2009, n. 20535; Cass., 3/7/2009, n. 15628; Cass., 12/12/2008, n. 29279).

Rigettato a tale stregua quello incidentale, all'accoglimento del ricorso principale, nei esposti termini e limiti, consegue la cassazione in relazione dell'impugnata sentenza, con rinvio alla Corte d'Appello di Perugia che, in diversa composizione, procederà a nuovo esame, facendo applicazione del seguente principio di diritto:

Ai sensi del D.Lgs. n. 111 del 1995, art. 14 (emanato in attuazione della direttiva n. 90/314/CEE ed applicabile ai rapporti sorti anteriormente all'entrata in vigore del D.Lgs. n. 206 del 2005 – c.d. Codice del Consumo –), l'organizzatore e il venditore di c.d. "pacchetto turistico" o package rispondono dei danni subiti dal turista-consumatore in ragione della fruizione delle prestazioni oggetto del contratto (anche) allorquando si appropriano o avvalgono dell'attività altrui ai fini dell'adempimento della propria prestazione obbligatoria dovuta, assumendone il connaturato rischio.

Ne consegue che il tour operator è tenuto a risarcire i danni subiti dal turista-consumatore di pacchetto turistico durante il viaggio effettuato in territorio estero (nel caso, in India) per raggiungere l'aeroporto (nel caso, di Nuova Delhi) da cui imbarcarsi per il volo di ritorno in Italia, all'esito di sinistro stradale avvenuto per fatto e colpa del vettore (nel caso, conducente di taxi) della cui prestazione si è avvalso in sostituzione – per causa di forza maggiore (nel caso, la nebbia) – di quello aereo, contrattualmente previsto.

È fatto salvo il diritto di rivalsa del tour operator nei confronti di detto vettore sostitutivo.

Il giudice del rinvio provvedere anche in ordine alle spese del procedimento di cassazione.

P.Q.M.

La Corte riunisce i ricorsi. Accoglie il ricorso principale nei termini di cui in motivazione. Rigetta il ricorso incidentale. Cassa l'impugnata sentenza e rinvia, anche per le spese del giudizio di cassazione, alla Corte d'Appello di Perugia, in diversa composizione.

Così deciso in Roma, il 25 settembre 2012.

CASS. 24-7-2007, N. 16315

SVOLGIMENTO DEL PROCESSO

Con atto di citazione notificato il 24/10/1998 la società X. s.r.l. proponeva opposizione avverso il decreto ingiuntivo nei suoi confronti emesso, su richiesta della società Y. s.a.s., emesso dal Giudice di Pace di Pescara ed avente ad oggetto il pagamento dell'indennità convenzionalmente pattuita per il recesso dal contratto di viaggio "tutto compreso" per due persone nell'isola di Cuba, eccependo che la disdetta della prenotazione da parte del proprio cliente era stata determinata da forza maggiore, per essere in atto in quel periodo nell'isola di Cuba un'epidemia di "dengue" emorragico. In via subordinata chiedeva che venisse disposta la riduzione del quantum dovuto.

Chiamato in causa dalla X. s.r.l., in garanzia, anche il sig. V.G., per conto del quale essa aveva "prenotato" il pacchetto turistico de quo, che aderiva alle difese svolte dalla società chiamante precisando di avere con la medesima consensualmente risolto il contratto per il viaggio a Cuba "sostituendolo" con altro da svolgersi in Messico, con sentenza del 9/12/1999 l'adito giudice accoglieva l'opposizione, e per l'effetto revocava l'emesso decreto ingiuntivo.

Il gravame interposto dalla Y. s.a.s. nella resistenza della X. e del V. veniva successivamente rigettato dal Tribunale di Pescara, che riteneva peraltro nel caso ricorrere non già un'ipotesi di sopravvenuta impossibilità della prestazione ex art. 1463 c.c., come ritenuto dal giudice di prime cure, bensì di impossibilità sopravvenuta della prestazione meramente parziale, ai sensi dell'art. 1464 c.c., legittimante la scelta tra riduzione del prezzo e recesso dal contratto.

Avverso la suddetta sentenza del Giudice dell'appello la società Y. s.a.s. propone ora ricorso per Cassazione, affidato a 2 motivi, illustrati da memoria.

Resiste con controricorso la società X. s.r.l.

MOTIVI DELLA DECISIONE

Con il 1^ motivo la società ricorrente denunzia violazione e falsa applicazione degli artt. 1256, 1463 e 1464 c.c., in relazione all'art. 360 c.p.c., comma

1, n. 3; insufficiente e contraddittoria motivazione su punto decisivo della controversia, in riferimento all'art. 360 c.p.c., comma 1, n. 5.

Si duole essere stata nel caso erroneamente ritenuta integrata un'ipotesi di impossibilità sopravvenuta della prestazione, tale viceversa non essendo la "prestazione dedotta in contratto" (nella specie il viaggio ed il soggiorno nella destinazione pattuita), in difetto di "prova alcuna dell'esistenza di provvedimenti di interdizione o di restrizione ai flussi turistici per la destinazione prescelta, ovvero dell'oggettiva impossibilità di raggiungere e soggiornare nella città di Santiago de Cuba".

Lamenta che si sono a tale stregua privilegiate piuttosto le "finalità ulteriori" in base alle quali l'acquirente del "pacchetto turistico" si è nel caso indotto ad esercitare il "recesso" dal contratto, indebitamente assegnandosi rilievo a mere "soggettive valutazioni circa l'opportunità e la convenienza di effettuare il viaggio (non volendo egli esporsi neppure a rischi modesti)", anziché all'"effettiva impossibilità di fruire dei servizi offerti dall'organizzazione in conformità del contratto".

Si duole che non si sia tenuto conto come già "dalla comunicazione in data 17.7.1997 dell'Ambasciata di Cuba a Roma (doc. 2 del fascicolo di primo grado)", e quindi in epoca precedente all'esercizio del recesso", la situazione sanitaria risultava essere "totalmente sotto controllo, e ricondotta in condizioni di normalità", essendosi altresì trascurato di considerare che "il dengue emorragico è malattia endemica nell'isola di Cuba, mai debellata. Non a caso il Ministero degli Esteri italiano non ha mai diramato alcuna comunicazione intesa a vietare, o anche solo a sconsigliare, i viaggi verso Cuba e verso la città di Santiago de Cuba".

Con il 2^ motivo denunzia violazione e falsa applicazione della L. n. 1084 del 1977, art. 9, nonché della specifica disciplina contrattuale in tema di recesso del viaggiatore", in relazione all'art. 360 c.p.c., comma 1, n. 3.

Lamenta la violazione nel caso della disciplina sia convenzionale (art. 5 condizioni generali del contratto di viaggio) che legale (L. n. 1084 del 1977, art. 9) in materia di contratto di viaggio, in base alla quale, a fronte della possibilità per l'acquirente di "pacchetto turistico" di recedere dal contratto, spetta all'organizzatore del viaggio la corresponsione "di un corrispettivo via via crescente in relazione all'approssimarsi della data della prevista partenza".

Si duole non essersi dai Giudici di merito altresì considerato che ad "integrazione del contratto di viaggio oggetto della controversia (doc. n. 4 del fascicolo della fase monitoria)" per l'ipotesi del recesso del viaggiatore era stato nella specie espressamente previsto il seguente regolamento convenzionale: "– nessun corrispettivo a carico del viaggiatore nel caso di recesso sino a 45 giorni lavorativi prima della partenza; – un corrispettivo del 10% del costo del viaggio nel caso di recesso esercitato tra i 45 ed i 21 giorni lavorativi prima della partenza;

un corrispettivo del 50% da 20 a 11 giorni lavorativi prima della partenza; – un corrispettivo del 75% da 10 a 3 giorni prima della partenza; l'intero prezzo del viaggio oltre tale ultimo termine".

Lamenta che nel violare "tale assetto", si è nell'impugnata sentenza pervenuti a "porre a carico dell'organizzatore di viaggi il rischio di qualunque evento, ancorché non dipendente dalla sua volontà né imputabile a sua responsabilità, che sia suscettibile di rendere il viaggio anche solo soggettivamente meno piacevole per il viaggiatore".

I motivi, che possono congiuntamente esaminarsi in quanto connessi, sono in parte inammissibili ed in parte infondati nei termini di seguito indicati. (*Omissis*)

Va quindi sotto altro profilo sottolineato come risulti dai Giudici di merito accertato, e del resto emergente anche dagli odierni scritti difensivi delle parti (v. pag. 2 del ricorso della Y. s.a.s., in atti), che nel caso l'agenzia di viaggi X. ha "prenotato" per conto del cliente V. un "pacchetto turistico comprensivo di volo e soggiorno per due persone a Santiago De Cuba nel periodo 6-19 agosto 1997".

Negozio che il giudice dell'appello ha ricondotto al contratto di "viaggio tutto compreso", caratterizzato da una "complessiva prestazione cui era tenuta la X. ... che si sostanziava non nella semplice messa a disposizione di un pacchetto turistico ma nella necessità di assicurare che quella vacanza sarebbe stata poi fruita in condizioni di ordinaria tranquillità, secondo i canoni di valutazione propri di un turista medio".

A tale stregua, attesa l'accertata sussistenza di una epidemia di dengue emorragico nell'isola di Cuba, nel confermare "in diritto" la "decisione del Giudice di Pace, che aveva "ritenuto (art. 1463 c.c.) essere divenuta impossibile la complessiva prestazione cui era tenuta la X.", traendone "la duplice conseguenza" che la medesima "doveva essere ritenuta liberata da quella prestazione e ..., al tempo stesso, non poteva pretendere alcuna controprestazione dalla Aternum", il Giudice dell'appello ha considerato come invero "più proprio" il "riferimento all'art. 1464 c.c. (in luogo dell'art. 1463 c.c.)", atteso che la prestazione della X. era divenuta solo parzialmente impossibile, nel senso che quella poteva, sì, assicurare lo svolgimento del soggiorno, ma non anche adeguati standard di sicurezza sanitaria: in questo caso, quindi, l'altro contraente aveva facoltà di scegliere tra la riduzione del prezzo ed il recesso dal contratto (così come è poi in concreto accaduto), se non avesse avuto interesse a quella prestazione monca".

Ha al riguardo sottolineato il tribunale che "il V. si recava a Cuba per un viaggio di piacere", sicché l'accertata sussistenza di un "focolaio endemico non ... ancora completamente debellato" non consentiva invero al predetto di poter compiutamente godere della prestazione dovutagli, residuando "il pericolo di contrarre la malattia, specialmente in considerazione del fatto che essa, propagandosi con la puntura d'insetti, da un canto non consente alcuna efficace e tranquillizzante forma di difesa e, dall'altro, può in breve tempo propagarsi anche in zone che erano rimaste fino a quel momento immuni".

A tale stregua, il Giudice dell'appello ha ritenuto in effetti giustificata la "scelta" del medesimo di "non volersi esporre neppure ad un rischio di modesta entità".

Orbene, va anzitutto posto in rilievo come risulti corretta la qualificazione operata dal giudice dell'appello della vicenda posta nella specie in essere dalle parti in termini di contratto viaggio vacanza "tutto compreso" (cd. "pacchetto turistico" o package) previsto dal D.Lgs. n. 111 del 1995, ed ora trasfuso nel D.Lgs. n. 206 del 2005, art. 82 e segg. (cd. Codice del Consumo).

Ipotesi che va invero distinta dal contratto di organizzazione (art. 5 e segg.) o di intermediazione (art. 17 e segg.) di viaggio (CCV) di cui alla Conv. Bruxelles del 23/4/1970 (resa esecutiva con L. 27 dicembre 1977, n. 1084), in base al quale un operatore turistico professionale si obbliga verso corrispettivo a procurare uno o più servizi di base (trasporto, albergo, ecc.) per l'effettuazione di un viaggio o di un soggiorno.

Rispetto a quest'ultimo, in cui le prestazioni ed i servizi si profilano come separati, e vengono in rilievo diversi tipi di rapporto, prevalendo gli aspetti dell'organizzazione e dell'intermediazione (cfr. Cass., 17/7/2001, n. 9691; Cass., 6/11/1996, n. 9643), con applicazione in particolare della disciplina del trasporto (v. Cass., 6/11/1996, n. 9643; Cass., 26/6/1964, n. 1706) ovvero – in difetto di diretta assunzione da parte dell'organizzatore dell'obbligo di trasporto dei clienti – del mandato senza rappresentanza o dell'appalto di servizi (v. Cass., 23/4/1997, n. 3504; Cass., 6/1/1982, n. 7; Cass., 28/5/1977, n. 2202), ed al di là del diverso ambito di applicazione derivante dai (differenti) limiti territoriali, il contratto di viaggio vacanza "tutto compreso" (o di package) si caratterizza sia sotto il profilo soggettivo che per l'oggetto e la finalità.

Il "pacchetto turistico", che può essere dall'organizzatore alienato direttamente o tramite un venditore (D.Lgs. n. 111 del 1995, art. 3, comma 2, ora trasfuso nel D.Lgs. n. 206 del 2005, art. 83, comma 2, – Codice del consumo –), risulta infatti dalla prefissata combinazione di almeno due degli elementi costituiti dal trasporto, dall'alloggio e da servizi turistici agli stessi non accessori (itinerario, visite, escursioni con accompagnatori e guide turistiche, ecc.) costituenti parte significativa del "pacchetto turistico", con durata superiore alle 24 ore ovvero estendentesi per un periodo di tempo comportante almeno una notte (D.Lgs. n. 111 del 1995, art. 2 e segg., ora trasfuso nell'art. 84 del Codice del Consumo).

La pluralità di attività e servizi che compendiano la prestazione valgono in particolare a connotare la finalità che la stessa è volta a realizzare.

Il trasporto o il soggiorno o il servizio alberghiero assumono infatti al riguardo rilievo non già singolarmente e separatamente considerati bensì nella loro unitarietà funzionale, non potendo al riguardo prescindersi dalla considerazione dei medesimi alla stregua della "finalità turistica" che la prestazione complessa di cui si sostanziano appunto quali elementi costitutivi è funzionalmente volta a soddisfare.

I plurimi aspetti e profili in cui viene a compendiarsi la complessa prestazione ideata ed organizzata dal cd. tour operator sono infatti funzionalizzati al soddisfacimento dei profili – da apprezzarsi in condizioni di normalità avuto riguardo alle circostanze concrete del caso – di relax, svago, ricreativi, ludici, culturali, escursionistici, ecc. in cui si sostanzia la "finalità turistica", o lo "scopo di piacere" assicurato dalla vacanza, che il turista– consumatore in particolare persegue nell'indursi alla stipulazione del contratto di viaggio vacanza "tutto compreso".

Diversamente da quanto sostenuto dall'odierna ricorrente, la suddetta "finalità turistica" (o "scopo di piacere") non costituisce pertanto un irrilevante motivo del contratto de quo.

La "finalità turistica" non si sostanzia infatti negli interessi che rimangono nella sfera volitiva interna dell'acquirente il package costituendo l'impulso psichico che lo spingono alla stipulazione del contratto, ma viene ad (anche tacitamente) obiettivarsi in tale tipo di contratto, divenendo interesse che lo stesso è funzionalmente volto a soddisfare, pertanto connotandone la causa concreta (cfr. Cass., 25/5/2007, n. 12235; Cass., 8/5/2006, n. 10490).

Causa concreta che, da un canto, vale a qualificare il contratto, determinando l'essenzialità di tutte le attività ed i servizi strumentali alla realizzazione del preminente scopo vacanziero, e cioè il benessere psico-fisico che il pieno godimento della vacanza come occasione di svago e di riposo è volto a realizzare. Da altro canto, assume rilievo quale criterio di adeguamento del contratto.

La causa concreta viene a rivestire, come non si è mancato di osservare in dottrina, decisiva rilevanza altresì in ordine alla sorte della vicenda contrattuale, in ragione di eventi sopravvenuti che si ripercuotono sullo svolgimento del rapporto, quali ad es. l'impossibilità o l'aggravio della prestazione, l'inadempimento, ecc.

Eventi negativamente incidenti sull'interesse creditorio (nel caso, turistico) sino a farlo venire del tutto meno laddove – in base a criteri di normalità avuto riguardo alle circostanze concrete del caso – essi depongano per l'impossibilità della relativa realizzazione.

In tal caso, il venir meno dell'interesse creditorio determina invero l'estinzione del rapporto obbligatorio, in ragione del sopravvenuto difetto dell'elemento funzionale (art. 1174 c.c.).

E ove come nella specie il rapporto obbligatorio trovi fonte in un contratto, il venir meno dell'interesse creditorio comporta la irrealizzabilità della causa concreta del medesimo, assumendo conseguentemente rilievo quale autonoma causa di relativa estinzione.

Il venir meno dell'interesse creditorio e della causa del contratto che ne costituisce la fonte, va al riguardo sottolineato, può essere invero determinata anche dalla sopravvenuta impossibilità di utilizzazione della prestazione.

Deve trattarsi di impossibilità di utilizzazione della prestazione non imputabile al creditore, incidente sull'interesse che risulta anche tacitamente obiettivato nel contratto e che ne connota la causa concreta.

Trattandosi di contratto di viaggio vacanza "tutto compreso" (o di *package*) la sopravvenuta impossibilità di utilizzazione della prestazione deve essere come nella specie tale da vanificare o rendere irrealizzabile la "finalità di vacanza", laddove irrilevanti rimangono viceversa le finalità ulteriori per le quali il turista si induce a stipulare il contratto (es., desiderio di allontanarsi per un po' dal coniuge o dalla ci cerchia degli amici o dall'ambiente di lavoro), in cui si sostanziano propriamente i motivi.

Come è stato posto in rilievo in dottrina, l'impossibilità sopravvenuta di utilizzazione della prestazione costituisce figura diversa dall'impossibilità sopravvenuta (totale o parziale) della prestazione, cui non è invero riconducibile.

La totale impossibilità sopravvenuta della prestazione (art. 1463 c.c.), che consiste in un impedimento assoluto ed oggettivo, a carattere definitivo, della prestazione (v. Cass., 16/2/2006, n. 3440; Cass., 22/10/1982, n. 5496; Cass., 6/2/1979, n. 794; Cass., 27/6/1978, n. 3166; Cass., 8/10/1973, n. 2532; Cass., 14/10/1970, n. 2018; Cass., 29/10/1962, n. 3076), integra infatti un fenomeno di automatica estinzione dell'obbligazione e risoluzione del contratto che ne costituisce la fonte ai sensi dell'art. 1463 c.c. e art. 1256 c.c., comma 1 (v. Cass., 28/1/1995, n. 1037; Cass., 9/11/1994, n. 9304; Cass., 24/4/1982, n. 2548; Cass., 14/10/1970, n. 2018), in ragione del venir meno della relazione di interdipendenza funzionale in cui la medesima si trova con la prestazione della controparte (cd. sinallagma funzionale), a tale stregua conseguendo la irrealizzabilità della causa concreta del contratto (cfr. Cass., 24/4/1982, n. 2548; Cass., 15/12/1975, n. 4140; Cass., 26/3/1971, n. 882; Cass., 14/4/1959, n. 1092; Cass., 26/3/1954, n. 894).

L'impossibilità parziale (art. 1464 c.c.) consiste invece nel deterioramento della cosa dovuta, o più generalmente nella riduzione materiale della prestazione (cfr. Cass., 10/4/1995, n. 4119) che dà luogo ad una corrispondente riduzione della controprestazione o al diritto al recesso per la parte che non abbia un apprezzabile interesse al mantenimento del contratto, laddove la prestazione residua venga a risultare incompatibile con la causa concreta del contratto (cfr. Cass., 15/12/1975, n. 4140).

Diversamente da tale ipotesi, l'impossibilità di utilizzazione della prestazione non viene in realtà a sostanziarsi in un impedimento precludente l'attuazione dell'obbligazione, non presupponendone di per sé l'obiettiva ineseguibilità da parte del debitore.

Pur essendo la prestazione in astratto ancora eseguibile (cfr. Cass., 27/9/1999, n. 10690), il venir meno della possibilità che essa realizzi lo scopo dalle parti perseguito con la stipulazione del contratto (nel caso, lo "scopo di piacere" in cui si sostanzia la "finalità turistica"), essa implica il venir meno dell'interesse creditorio, quale vicenda che attiene esclusivamente alla sfera del creditore (in dottrina si segnala l'esempio secondo cui il fatto che il compratore si sia procurata la merce da altro fornitore non impedisce al venditore di effettuare la consegna prevista).

Come osservato in dottrina, mentre nelle ipotesi in cui la prestazione diviene impossibile l'obbligazione si estingue per il concorso delle due cause estintive, l'impossibilità sopravvenuta della utilizzabilità della prestazione estingue invero il rapporto obbligatorio per il venir dell'interesse creditorio, e di conseguenza il contratto che dell'obbligazione costituisce la fonte per irrealizzabilità della relativa causa concreta.

La sopravvenuta impossibilità di utilizzazione della prestazione deve dunque distinguersi dalla sopravvenuta impossibilità della esecuzione della prestazione (v. peraltro ancora Cass., 2/5/2006, n. 10138) di cui agli artt. 1463 e 1464 c.c. (v. Cass., 16/2/2006, n. 3440; Cass., 28/1/1995, n. 1037).

Superando le perplessità in passato avvertite in argomento (v. Cass., 9/11/1994, n. 9304), e in accordo con quanto anche autorevolmente sostenuto in dottrina, va pertanto affermato che l'impossibilità di utilizzazione della prestazione da parte del creditore, pur se normativamente non specificamente prevista, costituisce – analogamente all'impossibilità di esecuzione della prestazione – (autonoma) causa di estinzione dell'obbligazione.

Nella vicenda che ne occupa, secondo quanto accertato dai Giudici di merito l'epidemia di dengue emorragico in atto nell'isola di Cuba ha invero indubbiamente determinato nell'acquirente del "pacchetto turistico" tutto compreso de quo il venir meno dell'interesse pratico che la relativa complessa prestazione era, nella sua unitaria considerazione, nel caso funzionalmente volta a soddisfare.

Premesso che (anche) l'impossibilità della esecuzione della prestazione complessa del contratto di viaggio vacanza "tutto compreso" o package è da valutarsi avuto riguardo allo "scopo turistico" che il medesimo è funzionalizzato a soddisfare, va sottolineato come nell'impugnata sentenza risulti in effetti posto in rilievo che il contratto de quo "si sostanziava non nella semplice messa a disposizione di un pacchetto turistico ma nella necessità di assicurare che quella vacanza sarebbe stata poi fruita in condizioni di ordinaria tranquillità, secondo i canoni di valutazione propri di un turista medio".

Il Giudice dell'appello, nell'escludere la ricorrenza nel caso dell'ipotesi di sopravvenuta impossibilità di esecuzione della prestazione ai sensi dell'art. 1463 c.c., viceversa ravvisata dal Giudice di prime cure, ha ritenuto nella specie configurabile un'ipotesi di impossibilità parziale ex art. 1464 c.c., della prestazione, in presenza di prestazione ravvisata effettuabile pur se "monca", stante l'accertata mancanza degli "adeguati standard di sicurezza sanitaria".

Orbene, anche la parziale impossibilità sopravvenuta della prestazione di cui all'art. 1464 c.c., appare invero nel caso non correttamente evocata.

L'epidemia di dengue emorragico costituisce infatti evento determinante non già il deterioramento o la riduzione della prestazione (v. Cass., 17/7/1987, n. 6299) bensì il venir meno del normale standard di sicurezza sanitaria del luogo di esecuzione della prestazione turistica.

Nella situazione nel caso determinatasi, certamente non deponente per la normalità delle condizioni igienico-sanitarie dell'Isola di Cuba, l'esecuzione della prestazione turistica è venuta a risultare infatti comunque inidonea al soddisfacimento dell'interesse del V. al godimento della vacanza "tutto compreso" nei suoi molteplici aspetti di relax, svago, culturali, ecc., pienamente godibili solamente in presenza delle imprescindibili condizioni di sicurezza sanitaria, secondo i normali standard del luogo di destinazione prescelto, come dai Giudici del merito correttamente posto in rilievo nel sottolineare che l'accertata sussistenza di "focolaio endemico non ... ancora completamente debellato" non rispondeva alla "necessità di assicurare che quella vacanza sarebbe stata poi fruita in condizioni di ordinaria tranquillità, secondo i canoni di valutazione propri di un turista medio".

Tale mancanza ha nella specie inciso, in termini di relativo venir meno, sull'interesse creditorio del suindicato acquirente del "pacchetto turistico", con conseguente sopravvenuta irrealizzabilità della causa concreta del contratto de quo dal medesimo stipulato.

Alla stregua di quanto sopra esposto va allora affermato che è piuttosto la sopravvenuta impossibilità (non ascrivibile alle parti) di utilizzazione della prestazione in argomento da parte del V. a venire nel caso propriamente in rilievo.

Nell'adeguatamente valorizzare l'interesse creditorio e la causa concreta del contratto di package anche sotto il profilo della sorte del rapporto obbligatorio e della vicenda contrattuale, tale figura non privilegia invero la "impossibilità del raggiungimento delle soggettive finalità ulteriori del creditore", e pertanto i motivi, attribuendo decisivo rilievo al suo "sopravvenuto sgradimento" per "la destinazione prescelta per il viaggio", ma consente di valorizzare gli specifici ed essenziali interessi perseguiti mediante la stipulazione di tale tipo di contratto, che ne integrano la causa concreta.

Inconfigurabili soluzioni estreme come quella prevista all'art. 1463 c.c., la figura della sopravvenuta impossibilità di utilizzazione della prestazione si rivela istituto dotato di flessibilità, là dove consente di pervenire, nel coerente contemperamento delle diverse esigenze, a soluzioni differenti in presenza di situazioni diverse, senza che le parti incorrano in responsabilità.

Lo "scopo turistico" consente infatti di spiegare come la relativa persistenza giustifichi l'esecuzione del contratto in favore del turista che intenda usufruirne, anche a costo di correre il rischio di contrarre il morbo, senza esporre il tour operator alle conseguenze dell'inadempimento in cui incorrerebbe laddove intendesse non darvi più attuazione. E al contempo permette al turista che come nella specie quel rischio non voglia viceversa correre di non avvalersi della prestazione senza essere comunque tenuto alla corresponsione del corrispettivo.

Emerge con tutta evidenza a tale stregua come, quand'anche obiettivamente eseguibili il trasporto ed il soggiorno nella loro autonoma e separata considerazione, la complessa prestazione del contratto di viaggio vacanza "tutto compreso" in questione risulta nel caso divenuta per il V. inutilizzabile, stante la non disponibilità del medesimo ad usufruirne anche a rischio della contrazione del morbo. Rischio che, diversamente da quanto sembra invero in qualche modo adombrare l'odierno ricorrente laddove si duole che "il recesso del viaggiatore era stato dettato esclusivamente da sue soggettive valutazioni circa l'opportunità e la convenienza di effettuare il viaggio (non volendo egli esporsi neppure a rischi modesti ...")", certamente al medesimo non può invero, quand'anche – in ipotesi – minimo, "imporsi" di correre.

Essendo la prestazione de qua divenuta inidonea a soddisfare l'interesse creditorio, l'estinzione dello stipulato contratto in argomento per irrealizzabilità della causa concreta comporta, va infine sottolineato, l'esonero delle parti dalle rispettive obbligazioni.

Il debitore non è pertanto più tenuto ad eseguirla, ed il creditore non ha l'onere di accettarla.

Non vi è pertanto luogo nel caso alla corresponsione dell'indennità per il recesso di cui alla evocata disciplina in tema di contratto di viaggio (C.C.V.).

Va, d'altro canto, posto al riguardo in rilievo che il principio di buona fede oggettiva o correttezza (quale generale principio di solidarietà sociale che trova applicazione a prescindere alla sussistenza di specifici obblighi contrattuali, imponendo al soggetto di mantenere nei rapporti della vita di relazione un comportamento leale, specificantesi in obblighi di informazione e di avviso, nonché volto alla salvaguardia dell'utilità altrui nei limiti dell'apprezzabile sacrificio, dalla cui violazione conseguono profili di responsabilità in ordine ai falsi affidamenti anche solo colposamente ingenerati nei terzi) impone invero al creditore di avvisare il debitore dell'inutilità della prestazione, essendo in difetto tenuto al risarcimento dei danni (cfr. Cass., 27/10/2006, n. 23273; Cass., 20/2/2006, n. 3651).

Una siffatta domanda, anche riguardandosi alla stregua del suindicato profilo la lamentata tardività della "disdetta", non risulta peraltro dall'odierna ricorrente formulata.

In conclusione, pur risultando nell'impugnata sentenza dai Giudici del merito – cui spetta l'accertamento in ordine alla sussistenza della causa di sopravvenuta impossibilità della prestazione, con valutazione incensurabile in cassazione in presenza di congrua motivazione (cfr. Cass., 20/1/2001, n. 831; Cass., 30/3/1998, n. 3344; Cass., 19/1/1983, n. 498) – correttamente sottolineata la necessità di aversi riguardo alla "complessiva prestazione", non sostanziantesi nella "semplice messa a disposizione di un pacchetto turistico", e pur essendo ivi posto in rilievo come l'accertata epidemia in atto nell'isola di Cuba non consentiva di "rassicurare lo svolgimento del soggiorno" secondo "adeguati standard di sicurezza sanitaria", a tale stregua rimanendo essenzialmente compromessa la "necessità di assicurare che quella vacanza sarebbe stata poi fruita in condizioni di ordinaria tranquillità, secondo i canoni di valutazione propri di un turista medio", erronea risulta invero, alla stregua di quanto sopra esposto, la ritenuta configurabilità nella specie dell'istituto dell'impossibilità della prestazione avuto riguardo al profilo della relativa eseguibilità da parte del debitore, e non già della utilizzabilità da parte del creditore (turista-consumatore).

Poiché il dispositivo risulta tuttavia conforme a diritto, è nel caso sufficiente farsi luogo, in applicazione dei poteri conferiti dall'art. 384 c.p.c., comma 2, alla mera correzione della motivazione nei sensi fatti sopra palesi, l'impugnata sentenza potendo essere mantenuta ferma per il resto.

Il ricorso va pertanto rigettato.

Le spese, liquidate come da dispositivo, seguono la soccombenza.

P.Q.M.

La Corte rigetta il ricorso e condanna la società ricorrente al pagamento delle spese del giudizio di Cassazione, che liquida in complessivi Euro 1.000,00, di cui Euro 900,00 per onorari, oltre a spese generali ed accessori come per legge.

Così deciso in Roma, il 22 marzo 2007.

CASS. ORD. 18-1-2023, N. 1417

SVOLGIMENTO DEL PROCESSO

Con sentenza del 6/8/2019 la Corte d'Appello di Caltanissetta, in accoglimento del gravame interposto dalla società (*Omissis*) e in conseguente riforma della sentenza Trib. Gela 13/3/2012, ha rigettato la domanda dai sigg. A.A. originariamente proposta – in proprio e quali genitori esercenti la responsabilità genitoriale sui figli minori C.C. e D.D. – nei confronti dell'Agenzia di Viaggi Gi.Ri.Do.Ro. di E.E. E.A. E C. Sas (che ha chiamato in manleva la società (*Omissis*) Spa) e della società Polycastrum Viaggi Srl (che ha chiamato in causa la società Maragest Italia Srl, "quale gestore che aveva commercializzato il complesso Villaggio Capo Alaua, sulla base di un contratto di fornitura di servizi alberghieri volto a garantire ai clienti della Polycastrum i servizi del predetto complesso", la quale ultima ha a sua volta chiamato in causa quale esclusiva responsabile la società Cibus Srl, cui era stato affidato in gestione "il servizio di ristorazione del Villaggio Club Capo Alaua"), di risarcimento dei danni rispettivamente sofferti in conseguenza dell'inadempimento del contratto "stipulato in data 04.03.2006" di compravendita di "pacchetto turistico "all inclusive", del costo complessivo di Euro 796,00, offerto dal tour operator Polycastrum Viaggi Srl, avente ad oggetto una vacanza della durata di 8 giorni a (*Omissis*), località (*Omissis*), presso il Villaggio Club Capo Alaua". Danni lamentati in ragione dell'essere stati "dopo due giorni dall'arrivo prima un figlio, poi l'altro ed infine la madre ... colpiti da una gastroenterite e ricoverati per tre giorni diversi presso l'Ospedale di (*Omissis*) per le opportune cure", causata da "cibi o bevande consumati all'interno del villaggio".

Avverso la suindicata pronunzia della corte di merito i A.A., in proprio e nella qualità, propongono ora ricorso per cassazione, affidato a 2 motivi, illustrati da memoria.

(*Omissis*)

Con il 1 motivo i ricorrenti denunziano "violazione e falsa applicazione" del D.Lgs. n. 206 del 2005, art. 93, in riferimento all'art. 360 c.p.c., comma 1, n. 3. Si dolgono che la corte di merito abbia erroneamente escluso la solidarietà tra l'Agenzia di Viaggi Gi.Ri.Do.Ro. e il tour operator Polycastrum Viaggi Srl. Lamentano che l'"esclusione di una solidarietà dell'agenzia viaggi ed il tour operator e la configurazione di un profilo di responsabilità dipendente dall'attribuzione della possibilità di controllo, in astratto e in concreto, del servizio all'origine del danno ... dimostra come il Collegio non abbia realmente percepito il tipo e la natura dell'attività riservata dall'agenzia viaggi, che non è un mero venditore di prodotti su catalogo ma un soggetto che svolge un'attività di impresa particolarmente qualificata, al punto da richiedere una specifica abilità tecnica, (su) cui il consumatore ripone pieno e totale affidamento. Si duole non essersi dalla corte di merito considerato "come la ratio della disposizione relativa alla vendita dei pacchetti turistici sia quella di offrire tutela massima al turista, sotto una duplica angolazione: configurazione di una solidarietà tra agenzia viaggi e tour operator e di una responsabilità svincolata dalla possibilità di un controllo, in astratto ed in concreto, della prestazione causa del danno", laddove la "diversa interpretazione accolta dalla Corte d'Appello ... non solo non è giuridicamente corretta ma si muove in una direzione contraria rispetto allo spirito del Codice del Consumo", finendo per complicare, anziché agevolare, la tutela del consumatore.

Il motivo è p.q.r. fondato e va accolto nei termini di seguito indicati.

Come questa Corte ha già avuto modo di affermare, nel contratto di viaggio vacanza "tutto compreso" (c.d. "pacchetto turistico" o package introdotto dal D.Lgs. n. 111 del 1995 – emanato in attuazione della Direttiva n. 90/314/CEE –, la cui disciplina è poi confluita nel D.Lgs. n. 206 del 2005 – c.d. Codice del consumo – (v. Cass., 10/9/2010, n. 19283) nella specie ratione temporis applicabile), che si distingue dal contratto di organizzazione o di intermediazione di viaggio (CCV) di cui alla Convenzione di Bruxelles del 23 dicembre 1970 (resa esecutiva in Italia con L. n. 1084 del 1977), diversamente da quest'ultimo essendo caratterizzato dalla "finalità turistica" che ne connota la causa concreta e assume rilievo come elemento di qualificazione (nonché relativamente alla sorte) del contratto (v. Cass., 12/11/2009, n. 23941; Cass., 24/4/2008, 4 n. 10651; Cass., 20/12/2007, n. 26958; Cass., 24/7/2007, n. 16315), ex artt. 1176, 2 co., c.c. e 2236 c.c. l'organizzatore e il venditore di pacchetti turistici sono tenuti ad una prestazione improntata alla diligenza professionale qualificata dalla specifica attività esercitata, in relazione ai diversi gradi di specializzazione propri del rispettivo specifico settore professionale (v. Cass., 11/12/2012, n. 22619), con impiego delle energie e dei mezzi normalmente ed obiettivamente necessari od utili, in relazione alla natura della rispettiva attività esercitata, volto all'adempimento della prestazione dovuta ed al soddisfacimento dell'interesse creditorio del turista-consumatore di pacchetti turistici, nonché ad evitare possibili eventi dannosi.

Rispetto al contratto di organizzazione o di intermediazione di viaggio

(CCV), in cui le prestazioni ed i servizi si profilano come separati e vengono in rilievo diversi tipi di rapporto prevalendo gli aspetti dell'organizzazione e dell'intermediazione (cfr. Cass., 17/7/2001, n. 9691; Cass., 6/11/1996, n. 9643), con applicazione in particolare della disciplina del trasporto (v. Cass., 6/11/1996, n. 9643; Cass., 26/6/1964, n. 1706) ovvero – in difetto di diretta assunzione da parte dell'organizzatore dell'obbligo di trasporto dei clienti – del mandato senza rappresentanza o dell'appalto di servizi (v. Cass., 23/4/1997, n. 3504; Cass., 6/1/1982, n. 7; Cass., 28/5/1977, n. 2202), ed al di là del diverso ambito di applicazione derivante dai (differenti) limiti territoriali, il contratto di viaggio vacanza "tutto compreso" (o package) si caratterizza sia sotto il profilo soggettivo che per l'oggetto e la finalità.

Il "pacchetto turistico", che può essere dall'organizzatore alienato direttamente o tramite un venditore (D.Lgs. n. 206 del 2005 – Codice del consumo, art. 3, comma 2, trasfuso nell'art. 83, comma 2), risulta infatti dalla prefissata combinazione di almeno due degli elementi costituiti dal trasporto, dall'alloggio e da servizi turistici agli stessi non accessori (itinerario, visite, escursioni con accompagnatori e guide turistiche, ecc.) costituenti parte significativa del "pacchetto turistico", con durata superiore alle 24 ore ovvero estendentesi per un periodo di tempo comportante almeno una notte (D.Lgs. n. 111 del 1995, artt. 2 ss., trasfuso nell'art. 84 del Codice del Consumo).

La pluralità di attività e servizi che compendiano la prestazione valgono in particolare a connotare la finalità che la stessa è volta a realizzare. Il trasporto o il soggiorno o il servizio alberghiero assumono infatti al riguardo rilievo non già singolarmente e separatamente considerati bensì nella loro unitarietà funzionale, non potendo al riguardo prescindersi dalla considerazione dei medesimi alla stregua della "finalità turistica" che la prestazione complessa di cui si sostanziano appunto quali elementi costitutivi è funzionalmente volta a soddisfare. I plurimi aspetti e profili in cui viene a compendiarsi la complessa prestazione ideata ed organizzata dal c.d. tour operator sono infatti funzionalizzati al soddisfacimento dei profili – da apprezzarsi in condizioni di normalità avuto riguardo alle circostanze concrete del caso – di relax, svago, ricreativi, ludici, culturali, escursionistici, ecc. in cui si sostanzia la "finalità turistica", o lo "scopo di piacere" assicurato dalla vacanza, che il turista-consumatore in particolare persegue nell'indursi alla stipulazione del contratto di viaggio vacanza "tutto compreso" (v. Cass., 24/7/2007, n. 16315).

Nel superare i distinguo previsti con riferimento al contratto di organizzazione o di intermediazione di viaggio (CCV) di cui alla Convenzione di Bruxelles del 23 dicembre 1970 (cfr. Cass., 27/6/2007, n. 14837; Cass., 27/10/2004, n. 20787; Cass., 24/5/1997, n. 4636; Cass., 6/11/1996, n. 9643), l'organizzatore e il venditore di un pacchetto turistico, secondo quanto stabilito nel D.Lgs. n. 111 del 1995, art. 14, comma 2, e quindi nel D.Lgs. n. 206 del 2005 (c.d. Codice del consumo), art. 93, comma 2, assumono, nell'ambito del rischio di impresa, un'obbligazione di risultato nei confronti dell'acquirente (v. Cass., 3/12/2009, n. 25396; Cass., 9/11/2004, n. 21343), e pertanto la loro responsabilità solidale (v., da ultimo, Cass., 23/4/2020, n. 8124) sussiste ogniqualvolta sia ravvisabile una responsabilità contrattuale diretta del prestatore di servizi nei confronti del consumatore per il servizio resogli (o non resogli).

Ai sensi del D.Lgs. n. 111 del 1995, art. 14, e quindi dell'analogo D.Lgs. n. 206 del 2005 (c.d. Codice del consumo), art. 93 l'organizzatore e il venditore di pacchetti turistici sono tenuti a risarcire qualsiasi danno subito dal consumatore a causa della fruizione del pacchetto turistico. Essi rispondono per il mancato o inesatto adempimento sia delle prestazioni direttamente eseguite che di quelle effettuate da prestatori di servizi della cui opera comunque si avvalgano per l'adempimento della prestazione da essi dovuta, in quest'ultima ipotesi trattandosi di responsabilità riposante nella regola generale di cui agli artt. 1228 e 2049 c.c. in base alla quale il debitore che nell'adempimento dell'obbligazione si avvale dell'opera di terzi risponde anche dei fatti dolosi o colposi di costoro, anche qualora ai medesimi esclusivamente ascrivibili (v. Cass., 11/12/2012, n. 22619; Cass., 24/5/2006, n. 12362; Cass., 4/3/2004, n. 4400; Cass., 8/1/1999, n. 103), e ancorché non siano alle sue dipendenze (v. Cass., 21/2/1998, n. 1883; Cass., 20/4/1989, n. 1855). In caso di mancato o inesatto adempimento delle prestazioni oggetto del c.d. pacchetto turistico o package, sono pertanto tenuti a dare la prova che il risultato "anomalo" o anormale rispetto al convenuto esito della propria prestazione professionale, e quindi dello scostamento da una legge di regolarità causale fondata sull'esperienza, dipende da fatto ad essi non imputabile, in quanto non ascrivibile alla condotta mantenuta in conformità alla diligenza dovuta, in relazione alle specifiche circostanze del caso concreto. E laddove tale prova non riescano a dare, secondo la regola generale ex artt. 1218 e 2697 c.c. i medesimi rimangono soccombenti.

La suindicata disciplina introdotta nel recepire la Direttiva n. 90/314/CEE e poi confluita nel c.d. Codice del consumo (nella specie, come detto, ratione temporis applicabile) ha infatti inteso tutelare maggiormente di quanto non avveniva in precedenza (v., con riferimento all'esclusione della responsabilità dell'intermediario o venditore per gli inadempimenti dell'organizzatore o della non rispondenza dei servizi effettivamente offerti a quelli promessi e pubblicizzati, Cass., 19/1/2010, n. 696) il consumatore.

È fatto in ogni caso salvo il diritto di rivalsa, anche nei confronti del terzo prestatore di servizi responsabile (v. Cass., 6/7/2018, n. 17724; Cass., 11/12/2012, n. 22619; Cass., 10/9/2010, n. 19283; Cass., 29/2/2008, n. 5531), l'inciso "secondo le rispettive responsabilità" recato dal D.Lgs. n. 206 del 2005 (c.d. Codice del consumo), comma 1 dell'art. 93 del e dal D.Lgs. n. 111 del 1995. comma 1 dell'art. 14 assumendo invero rilievo esclusivamente nella ripartizione interna tra i responsabili solidali.

(*Omissis*)

Nel contratto di viaggio vacanza "tutto compreso" (c.d. "pacchetto turistico" o package) la "finalità turistica" connota – come detto – la sua causa concreta ed assume rilievo, oltre che come elemento di qualificazione, anche relativamente alla sorte del contratto, quale criterio di relativo adeguamento.

Come questa Corte ha avuto modo di porre in rilievo al riguardo, la causa concreta viene a rivestire decisiva rilevanza altresì in ordine alla sorte della vicenda contrattuale, in ragione di eventi sopravvenuti che si ripercuotono sullo svolgimento del rapporto, quali ad esempio l'impossibilità o l'aggravio della prestazione, l'inadempimento, ecc. Eventi negativamente incidenti sull'interesse creditorio (nel caso, turistico) sino a farlo venire del tutto meno laddove – in base a criteri di normalità avuto riguardo alle circostanze concrete del caso – essi depongano per l'impossibilità della relativa realizzazione.

In tal caso, il venir meno dell'interesse creditorio determina invero l'estinzione del rapporto obbligatorio, in ragione del sopravvenuto difetto dell'elemento funzionale (art. 1174 c.c.). E ove come nella specie il rapporto obbligatorio trovi fonte in un contratto, il venir meno dell'interesse creditorio comporta la irrealizzabilità della causa concreta del medesimo, assumendo conseguentemente rilievo quale autonoma causa di relativa estinzione.

Il venir meno dell'interesse creditorio e della causa del contratto che ne costituisce la fonte, va al riguardo sottolineato, può essere invero determinata anche dalla sopravvenuta impossibilità di utilizzazione della prestazione.

Deve trattarsi di impossibilità di utilizzazione della prestazione non imputabile al creditore, incidente sull'interesse che risulta anche tacitamente obiettivato nel contratto e che ne connota la causa concreta.

Trattandosi di contratto di viaggio vacanza "tutto compreso" (o package) la sopravvenuta impossibilità di utilizzazione della prestazione deve essere come nella specie tale da vanificare o rendere irrealizzabile la "finalità di vacanza", laddove irrilevanti rimangono viceversa le finalità ulteriori per le quali il turista si induce a stipulare il contratto (es., desiderio di allontanarsi per un po' dal coniuge o dalla cerchia degli amici o dall'ambiente di lavoro), in cui si sostanziano propriamente i motivi.

In accordo con quanto posto in rilievo in dottrina, l'impossibilità sopravvenuta di utilizzazione della prestazione va pertanto ravvisata costituire figura diversa dall'impossibilità sopravvenuta (totale o parziale) della prestazione, cui non è invero riconducibile (v. Cass., 24/7/2007, n. 16315. Cfr. altresì Cass., 29/3/2019, n. 8766). La totale impossibilità sopravvenuta della prestazione (art. 1463 c.c.), che consiste in un impedimento assoluto ed oggettivo, a carattere definitivo, della prestazione (v. Cass., 16/2/2006, n. 3440; Cass., 22/10/1982,

n. 5496; Cass., 6/2/1979, n. 794; Cass., 27/6/1978, n. 3166; Cass., 8/10/1973, n. 2532; Cass., 14/10/1970, n. 2018; Cass., 29/10/1962, n. 3076), integra infatti un fenomeno di automatica estinzione dell'obbligazione e risoluzione del contratto che ne costituisce la fonte ai sensi dell'art. 1463 c.c. e art. 1256, 1 co., c.c. (v. Cass., 28/1/1995, n. 1037; Cass., 9/11/1994, n. 9304; Cass., 24/4/1982, n. 2548; Cass., 14/10/1970, n. 2018), in ragione del venir meno della relazione di interdipendenza funzionale in cui la medesima si trova con la prestazione della controparte (c.d. sinallagma funzionale), a tale stregua conseguendo la irrealizzabilità della causa concreta del contratto (cfr. Cass., 24/4/1982, n. 2548; Cass., 15/12/1975, n. 4140; Cass., 26/3/1971, n. 882; Cass., 14/4/1959, n. 1092; Cass., 26/3/1954, n. 894).

(*Omissis*)

Diversamente da tale ipotesi, l'impossibilità di utilizzazione della prestazione non viene in realtà a sostanziarsi in un impedimento precludente l'attuazione dell'obbligazione, non presupponendone di per sé l'obiettiva ineseguibilità da parte del debitore. Pur essendo la prestazione in astratto ancora eseguibile (cfr. Cass., 27/9/1999, n. 10690), il venir meno della possibilità che essa realizzi lo scopo dalle parti perseguito con la stipulazione del contratto (nel caso, lo "scopo di piacere" in cui si sostanzia la "finalità turistica"), essa implica il venir meno dell'interesse creditorio, quale vicenda che attiene esclusivamente alla sfera del creditore (in dottrina si segnala l'esempio secondo cui il fatto che il compratore si sia procurata la merce da altro fornitore non impedisce al venditore di effettuare la consegna prevista). Come osservato in dottrina, mentre nelle ipotesi in cui la prestazione diviene impossibile l'obbligazione si estingue per il concorso delle due cause estintive, l'impossibilità sopravvenuta della utilizzabilità della prestazione estingue invero il rapporto obbligatorio per il venir meno dell'interesse creditorio, e di conseguenza il contratto, che dell'obbligazione costituisce la fonte/ per irrealizzabilità della relativa causa concreta.

La sopravvenuta impossibilità di utilizzazione della prestazione deve dunque distinguersi dalla sopravvenuta impossibilità della esecuzione della prestazione (v. peraltro ancora Cass., 2/5/2006, n. 10138) di cui agli artt. 1463 e 1464 c.c. (v. Cass., 16/2/2006, n. 3440; Cass., 28/1/1995, n. 1037). Superando le perplessità in passato avvertite in argomento (v. Cass., 9/11/1994, n. 9304), e in accordo con quanto anche autorevolmente sostenuto in dottrina, va pertanto affermato che l'impossibilità di utilizzazione della prestazione da parte del creditore, pur se normativamente non specificamente prevista, costituisce – analogamente all'impossibilità di esecuzione della prestazione – (autonoma) causa di estinzione dell'obbligazione (v. Cass., 24/7/2007, n. 16315. Cfr. altresì Cass., 29/3/2019, n. 8766).

Orbene, alla stregua di quanto sopra rilevato ed esposto emerge evidente come la corte di merito abbia nell'impugnata sentenza invero disatteso i suindicati principi.

È rimasto nel giudizio di merito accertato che nella specie, "dopo due giorni dall'arrivo" a (*Omissis*), località (*Omissis*), presso il Villaggio Club Capo Alaua (giusta "pacchetto turistico 'all inclusive'", offerto dal tour operator Polycastrum Viaggi Srl, avente ad oggetto una vacanza della durata di 8 giorni) prima un figlio, poi l'altro ed infine la madre sono stati "colpiti da una gastroenterite e ricoverati per tre giorni diversi presso l'Ospedale di (*Omissis*) per le opportune cure", ove "altre venti persone circa, tutte provenienti dallo stesso Villaggio, si trovavano ricoverate, a causa degli stessi disturbi intestinali"; e che "i malesseri accusati dai villeggianti, e quindi anche dai A.A., fossero senz'altro riconducibili ad una disfunzione nella catena alimentare del villaggio turistico".

Orbene, la corte di merito ha nell'impugnata sentenza disatteso i suindicati principi là dove, nel riformare la pronunzia del giudice di prime cure, ha affermato che l'"espressione di cui al D.Lgs. n. 111/1995, art. 14, secondo cui l'organizzatore e il venditore, in caso di mancato o inesatto adempimento delle obbligazioni assunte con la vendita del pacchetto turistico, sono tenuti al risarcimento del danno "secondo le rispettive responsabilità se non provano che il mancato o inesatto adempimento è stato determinato da impossibilità della prestazione derivante da causa a loro non imputabile", deve essere interpretata, contrariamente a quanto ritenuto dal Giudice di primo grado, nel senso che il tour operator e l'agenzia di viaggi venditrice del pacchetto sono da intendere responsabili soltanto dell'inadempimento degli obblighi rispettivamente e personalmente assunti nei confronti del turista, sussistendo, quindi, un regime di responsabilità formalmente disgiunta e strutturalmente differenziata dell'organizzatore e del venditore, coerente con la sostanziale diversità delle funzioni economiche svolte dai due operatori turistici. Ora, poiché l'agenzia di viaggi Giridoro, alla quale i A.A. non hanno contestato alcunché in ordine al suo mandato professionale, si è limitata a vendere il pacchetto turistico così come proposto dal tour operator, la stessa non può in alcun modo essere ritenuta responsabile dell'eventuale inadempimento degli obblighi di organizzazione che ricadono sul tour operator, né, tanto meno, per l'inadempimento da parte dei fornitori dei singoli servizi inclusi nel pacchetto turistico, quale il servizio di ristorazione erogato dal villaggio presso cui i A.A. ebbero a soggiornare, in relazione al quale ebbero ad ammalarsi. Non rientrava, infatti, tra le competenze della Giridoro il sindacato di merito e la sorveglianza sui servizi erogati dai prestatori d'opera e della struttura turistica di cui il tour operator aveva deciso di avvalersi, né tantomeno la scelta dei terzi prestatori dei servizi".

Interpretazione che, nell'attagliarsi piuttosto al diverso contratto di organizzazione o di intermdiazione di viaggio (CCV), invero neglige totalmente la figura del contratto di viaggio vacanza "tutto compreso" o package, la relativa natura e la suindicata peculiare disciplina, nonché la portata e la finalità delle modifiche introdotte dalla suindicata disciplina di recepimento della Direttiva n. 90/314/CEE, come interpretata da questa Corte.

Alla fondatezza p.q.r. del motivo consegue, assorbito il 2 motivo (con il quale i ricorrenti denunziano violazione dell'art. 91 c.p.c., in riferimento all'art. 360 c.p.c., comma 1, n. 3, dolendosi dell'erronea disposizione in ordine alle spese processuali), la cassazione in relazione dell'impugnata sentenza, con rinvio alla Corte d'Appello di Caltanissetta, che in diversa composizione procederà a nuovo esame, facendo del suindicato disatteso principio applicazione.

Il giudice del rinvio provvederà anche in ordine alle spese del giudizio di cassazione.

P.Q.M.

La Corte accoglie p.q.r. il 1° motivo di ricorso, assorbito il 2°. Cassa in relazione l'impugnata sentenza e rinvia, anche per le spese del giudizio di cassazione, alla Corte d'Appello di Caltanissetta, in diversa composizione.

Così deciso in Roma, il 17 maggio 2022.

Depositato in Cancelleria il 18 gennaio 2023

CASS. ORD. 2-2-2022, N. 3150

Fatti di causa

1. E.A.S. e M.M.T. nel 2013 convennero dinanzi al Giudice di pace di Milano la società Welcome Travel Group s.p.a., chiedendone la condanna al risarcimento del danno "da vacanza rovinata". In punto di fatto esposero di avere acquistato presso la società convenuta, agente di viaggio, un pacchetto turistico "tutto compreso" avente ad oggetto un soggiorno di una settimana a (*Omissis*) (Tunisia). Allegarono che l'organizzazione del viaggio e la gestione dell'ospitalità alberghiera furono carenti sotto molteplici aspetti: in particolare, non vennero informati della lunghezza delle operazioni di controllo dei passaporti all'arrivo in Tunisia, protrattesi per varie ore; non fruirono del transfert privato – pur prenotato e pagato – dall'aeroporto all'albergo, nel quale giunsero dopo quattro ore di viaggio; la stanza loro assegnata non era pulita, non aveva l'aria condizionata funzionante, non aveva il frigo-bar funzionante; la spiaggia era priva di lettini prendisole a sufficienza per tutti gli avventori; il personale dell'albergo scambiò la "carta prepagata" ad essi assegnata con quella d'un altro cliente; i tempi di attesa per essere serviti dal personale del bar sulla spiaggia dell'albergo erano di circa 40 minuti; i tavoli ad essi riservati per la colazione e la cena erano stati occupati da altri clienti; al momento del rientro in Italia all'aeroporto di (*Omissis*) non poterono fruire della "saletta lounge" loro garantita.

1.1. La WTG si costituì eccependo di essere solo un intermediario, e non l'organizzatore del viaggio. Dedusse che il pacchetto turistico "tutto compreso" acquistato dagli attori era stato organizzato dalla società Alpitour s.p.a., circostanza ben nota agli attori, e che delle insufficienze od inadempimenti dell'albergatore doveva rispondere solo l'organizzatore del viaggio, e non l'intermediario.

1.2. Con sentenza 4 febbraio 2015 n. 1296 il Giudice di Pace di Milano accolse la domanda, e condannò la società convenuta al pagamento in favore di E.A.S. della somma di Euro 1.167, ed in favore di M.M.T. della somma di Euro 800. La sentenza venne appellata dalla parte soccombente.

1.3. Con sentenza 29 dicembre 2018 n. 13120 il Tribunale di Milano accolse il gravame e rigettò le domande attoree. A fondamento dell'appello ribadì che il Giudice di pace aveva confuso la posizione giuridica del tour operator con quella dell'intermediario di viaggi, condannando il secondo per un tipo di responsabilità che poteva essere ascritta solo al primo.

1.4. La sentenza d'appello è stata impugnata per cassazione dal solo E.A.S., con ricorso fondato su due motivi. La WTG ha resistito con controricorso illustrato da memoria.

Ragioni della decisione

1. Col primo motivo il ricorrente prospetta il vizio di omesso esame d'un fatto decisivo. Al di là di tale indicazione, in realtà non pertinente, nell'illustrazione del motivo si sostiene che il Tribunale avrebbe "fatto confusione", individuando "apoditticamente" come intermediario di viaggio la società WTG. Quest'ultima, invece, ad avviso del ricorrente si sarebbe dovuta "qualificare come venditore, mentre Alpitour s.p.a. come intermediario/organizzatore" del pacchetto di viaggi; aggiunge che tale qualifica emergeva dal contratto siglato tra il ricorrente e la WTG.

1.1. Il motivo è infondato in modo manifesto. (*Omissis*) Da trent'anni, in definitiva, la legge non consente dubbi di sorta sul fatto che: a) "organizzatore" di viaggi-vacanza è chi ne combina gli elementi e li offre al pubblico in forma di "pacchetto tutto compreso"; b) "venditore" di viaggi-vacanza è chi vende i pacchetti realizzati da terzi; c) "intermediario" di viaggi-vacanza non è che un sinonimo di "venditore".

1.4. Dalle qualità soggettive sopra elencate discendono le conseguenti responsabilità. Il D.Lgs. n. 79 del 2011, art. 43, comma 1, (nel testo applicabile ratione temporis, e cioè anteriore alle modifiche introdotte dal D.Lgs. n. 62 del 2018, cit.) stabiliva infatti che "l'organizzatore e l'intermediario sono tenuti al risarcimento del danno, secondo le rispettive responsabilità". L'espressione "secondo le rispettive responsabilità", in base alla consolidata giurisprudenza di questa Corte, vuol dire che l'intermediario di viaggi (o venditore che dir si voglia, o "agenzia di viaggi", secondo l'espressione più diffusa nella prassi) risponde delle obbligazioni tipiche di un mandatario o venditore: ad es., scegliere con oculatezza l'organizzatore, trasmettere tempestivamente le prenotazioni, incassare il prezzo o restituirlo in caso di annullamento. L'intermediario (o venditore che dir si voglia), invece, non è responsabile degli inadempimenti dell'organizzatore o della non rispondenza dei servizi effettivamente offerti a quelli promessi e pubblicizzati, a meno che il viaggiatore o il turista non dimostri che l'intermediario, tenuto conto della natura degli inadempimenti lamentati, conosceva o avrebbe dovuto conoscere, facendo uso della diligenza da lui esigibile in base all'attività esercitata (art. 1176 c.c., comma 2), l'inaffidabilità del tour operator cui si era rivolto, oppure la non rispondenza alla realtà delle prestazioni da quello promesse e pubblicizzate (Sez. 3, Sentenza n. 696 del 19/01/2010; nello stesso senso, Sez. 2, Sentenza n. 26694 del 24/11/2020, in motivazione).

1.5. Tutto ciò premesso in punto di diritto, rileva il Collegio che l'odierno ricorrente è egli stesso ad assumere, nel ricorso, che: a) la società WTG "deve essere qualificata come venditore" (così il ricorso, p. 16); b) la Alpitour s.p.a. deve essere qualificata come "organizzatore" (ivi, p. 17). Pertanto è la stessa qualificazione dei fatti adottata dal ricorrente ad escludere che questi possa pretendere dall'agente di viaggi (la WTG) di essere risarcito per danni non ascrivibili a responsabilità dell'agente di viaggi.

(*Omissis*)

2. Col secondo motivo il ricorrente lamenta, ai sensi dell'art. 360 c.p.c., n. 3, la violazione del codice del turismo, artt. 43 e 46, nonché dell'art. 2059 c.c. Nella illustrazione del motivo, dopo un'ampia introduzione destinata a riassumere le norme di principio in materia di responsabilità del tour operator (pp. 19-23), il ricorrente conclude che nel caso di specie "tutti i disagi subiti sono integralmente imputabili alla responsabilità contrattuale della convenuta come anche statuito dal Giudice di primo grado".

2.1. Il motivo resta assorbito dal rigetto del primo motivo di ricorso (*Omissis*).

P.Q.M.

rigetta il ricorso; condanna E.A.S. alla rifusione in favore di Welcome Travel Group s.p.a. delle spese del presente giudizio di legittimità, che si liquidano nella somma di Euro 1.700, di cui 200 per spese vive, oltre I.V.A., cassa forense e spese forfettarie (*Omissis*).

Così deciso in Roma, nella Camera di consiglio della Sesta Sezione civile della Corte di cassazione, il 1 dicembre 2021.

Depositato in Cancelleria il 2 febbraio 2022.

CORTE GIUST. CE 12-3-2002, C-168/00

Pres. Colneric – *Rel.* Gulmann – *Avv. Gen.* Tizzano – S. Leitner c. TUI Deutschland GmbH & Co. KG

Nel procedimento C-168/00,

avente ad oggetto la domanda di pronuncia pregiudiziale proposta alla Corte, a norma dell'art. 234 CE, dal Landesgericht Linz (Austria) nella causa dinanzi ad esso pendente tra

Simone Leitner

e

TUI Deutschland GmbH & Co. KG,

domanda vertente sull'interpretazione dell'art. 5 della direttiva del Consiglio 13 giugno 1990, 90/314/CEE, concernente i viaggi, le vacanze ed i circuiti «tutto compreso» (GU L 158, pag. 59),

LA CORTE (SESTA SEZIONE),

composta dalla sig.ra N. Colneric, presidente della Seconda Sezione, facente funzione di presidente della Sesta Sezione, e dai sigg. C. Gulmann (relatore), J.-P. Puissochet, V. Skouris e J.N. Cunha Rodrigues, giudici,

avvocato generale: A. Tizzano

cancelliere: H.A. Rühl, amministratore principale

viste le osservazioni scritte presentate:

– per la sig.na Leitner, dall'avv. W. Graziani-Weiss, Rechtsanwalt;

– per la TUI Deutschland GmbH & Co. KG, dall'avv. P. Lechenauer, Rechtsanwalt;

– per il governo austriaco, dalla sig.ra C. Pesendorfer, in qualità di agente;

– per il governo belga, dalla sig.ra A. Snoecx, in qualità di agente;

– per il governo francese, dal sig. R. Abraham e dalla sig.ra R. Loosli-Surrans, in qualità di agenti;

– per il governo finlandese, dalla sig.ra T. Pynnä, in qualità di agente;

– per la Commissione delle Comunità europee, dal sig. J. Sack, in qualità di agente, *vista* la relazione d'udienza,

sentite le osservazioni orali della TUI Deutschland GmbH & Co. KG, del governo finlandese e della Commissione, all'udienza del 14 giugno 2001,

sentite le conclusioni dell'avvocato generale, presentate all'udienza del 20 settembre 2001,

ha pronunciato la seguente

SENTENZA

1. Con ordinanza 6 aprile 2000, pervenuta in cancelleria l'8 maggio successivo, il Landesgericht Linz ha sottoposto alla Corte, in forza dell'art. 234 CE, una questione pregiudiziale vertente sull'interpretazione dell'art. 5 della direttiva del Consiglio 13 giugno 1990, 90/314/CEE, concernente i viaggi, le vacanze ed i circuiti «tutto compreso» (GU L 158, pag. 59; in prosieguo: la «direttiva»).

2. Tale questione è stata sollevata nell'ambito della controversia che oppone la sig.na Leitner alla TUI Deutschland GmbH & Co. KG (in prosieguo: la «TUI») riguardo al risarcimento del danno morale subito nel corso di un viaggio «tutto compreso».

Normativa comunitaria

3. La direttiva enuncia al suo secondo considerando «che in materia di viaggi, vacanze e circuiti tutto compreso, in seguito definiti "servizi tutto compreso", esistono notevoli divergenze tra gli Stati membri sia sul piano normativo, sia per quanto riguarda la prassi corrente, il che comporta ostacoli alla libera prestazione dei servizi tutto compreso e distorsioni di concorrenza tra gli operatori stabiliti nei diversi Stati membri». Essa dichiara al terzo considerando «che l'adozione di norme comuni in materia di servizi tutto compreso contribuirà all'eliminazione di tali ostacoli ed alla realizzazione di un mercato comune dei servizi, consentendo agli operatori di uno Stato membro di offrire i propri servizi in altri Stati membri ed ai consumatori della Comunità di beneficiare di condizioni paragonabili all'acquisto di un servizio tutto compreso in qualsiasi Stato membro».

4. Ai sensi dell'ottavo e nono considerando della direttiva, «le norme che tutelano il consumatore presentano disparità nei vari Stati membri le quali dissuadono i consumatori di un determinato Stato membro dall'acquisto di servizi tutto compreso in un altro Stato membro» e «tale fattore dissuasivo scoraggia particolarmente i consumatori dall'acquisto di servizi tutto compreso al di fuori del proprio Stato membro».

5. L'art. 1 della direttiva prevede che essa «ha lo scopo di ravvicinare le disposizioni legislative, regolamentari ed amministrative degli Stati membri concernenti i viaggi, le vacanze e i giri turistici "tutto compreso" venduti o offerti in vendita nel territorio della Comunità».

6. L'art. 5, nn. 1-3, della direttiva dispone:

«1. Gli Stati membri prendono le misure necessarie per garantire che l'organizzatore e/o il venditore parte del contratto siano responsabili nei confronti del consumatore della buona esecuzione degli obblighi risultanti dal contratto, sia che tali obblighi debbano essere eseguiti da lui stesso sia che debbano essere eseguiti da altri prestatori di servizi, fatto salvo il diritto dell'organizzatore e/o del venditore di rivalersi presso questi altri prestatori di servizi.

2. Per quanto riguarda i danni arrecati al consumatore dall'inadempimento o dalla cattiva esecuzione del contratto, gli Stati membri prendono le misure necessarie affinché l'organizzatore e/o il venditore siano considerati responsabili, a meno che l'inadempimento o la cattiva esecuzione non siano imputabili né a colpa loro né a colpa di un altro prestatore di servizi (...).

Per quanto riguarda i danni derivanti dall'inadempimento o dalla cattiva esecuzione delle prestazioni che formano oggetto del servizio tutto compreso, gli Stati membri possono ammettere che l'indennizzo sia limitato conformemente alle convenzioni internazionali che disciplinano dette prestazioni.

Per quanto riguarda i danni diversi da quelli corporali derivanti dall'inadempimento o dalla cattiva esecuzione delle prestazioni che formano oggetto del servizio tutto compreso, gli Stati membri possono ammettere che l'indennizzo sia limitato in virtù del contratto. Questa limitazione non deve essere irragionevole.

3. Fatto salvo il paragrafo 2, quarto comma, non si può derogare alle disposizioni dei paragrafi 1 e 2 con una clausola contrattuale».

Controversia nella causa principale e questione pregiudiziale

7. La famiglia della sig.na Leitner (nata il 7 luglio 1987) acquistava presso la TUI un viaggio (con soggiorno) «tutto compreso» presso il club Robinson «Pamfiliya» a Side, in Turchia (in prosieguo: il «club»), per il periodo compreso tra il 4 luglio e il 18 luglio 1997.

8. La sig.na Leitner raggiungeva la destinazione con i suoi genitori il 4 luglio 1997. La famiglia trascorreva l'intero soggiorno presso il club e vi consumava tutti i pasti. Circa otto giorni dopo l'inizio del soggiorno la sig.na Leitner accusava sintomi d'intossicazione da salmonella. Tale intossicazione era imputabile alle vivande servite nel club. La malattia, che continuava dopo la fine del soggiorno, si manifestava con accessi di febbre per più giorni, problemi circolatori, diarrea e vomito assieme a stati di ansietà. I genitori dovevano assistere la sig.na Leitner fino al termine del soggiorno. Molti altri clienti del club si erano ammalati, presentando gli stessi sintomi.

9. Circa due o tre settimane dopo la fine del soggiorno la sig.na Leitner inviava alla TUI una lettera di rimostranze relativa alla malattia in tal modo contratta. Dato che tale lettera rimaneva senza riscontro, il 20 luglio 1998 la sig.na Leitner, rappresentata dai genitori, intentava un'azione di risarcimento danni per l'importo di ATS 25.000.

10. Il giudice di primo grado riconosceva alla sig.na Leitner solo un importo di ATS 13.000 per le sofferenze fisiche («Schmerzensgeld») causate dall'intossicazione alimentare e respingeva la domanda eccedente tale importo fondata sul risarcimento del danno morale per il mancato godimento della vacanza («entgangene Urlaubsfreude»). Tale giudice dichiarava su questo punto che, anche se le sensazioni spiacevoli e le impressioni negative provocate dalla delusione sono da qualificare come danni morali in base al diritto austriaco, esse non possono formare oggetto di indennizzo, poiché nessuna legge austriaca prevede espressamente il risarcimento di un danno morale di tale natura.

11. Il Landesgericht Linz, adito in appello, condivide il punto di vista del giudice di primo grado per quanto riguarda il diritto austriaco, ma ritiene che l'applicazione dell'art. 5 della direttiva potrebbe condurre ad una diversa soluzione. In tale contesto, il Landesgericht cita la sentenza 16 luglio 1998, causa C-355/96, Silhoutte International Schmied (Racc. pag. I-4799, punto 36), in cui la Corte ha dichiarato che, anche se una direttiva non può di per sé creare obblighi a carico di un singolo e non può quindi essere fatta valere in quanto tale nei suoi confronti, un giudice nazionale nell'applicare il diritto nazionale è tenuto ad interpretare le disposizioni di diritto interno alla luce della lettera e dello scopo della direttiva per conseguire il risultato da questa perseguito.

12. Il giudice di rinvio osserva inoltre che il legislatore tedesco ha adottato una disciplina espressa relativa all'indennizzo del danno morale in caso di viaggio fallito o gravemente pregiudicato e che i tribunali tedeschi riconoscono effettivamente tale indennizzo.

13. Ritenendo che la formulazione dell'art. 5 della direttiva non fosse sufficientemente precisa per consentire di trarne una conclusione certa per quanto riguarda il danno morale, il Landesgericht Linz decideva di sospendere il procedimento e di sottoporre alla Corte la seguente questione pregiudiziale:

«Se l'art. 5 della direttiva del Consiglio 13 giugno 1990, 90/314/CEE, concernente i viaggi, le vacanze ed i circuiti "tutto compreso", debba essere interpretato nel senso che è in linea di principio dovuto l'indennizzo a fronte di domande di risarcimento di danni morali».

Sulla questione pregiudiziale

14. Con la sua questione il giudice di rinvio chiede se l'art. 5 della direttiva debba essere interpretato nel senso che in linea di principio il consumatore ha diritto al risarcimento del danno morale derivante dall'inadempimento o dalla cattiva esecuzione delle prestazioni fornite in occasione di un viaggio «tutto compreso».

Osservazioni sottoposte alla Corte

15. La sig.na Leitner rileva che dal terzo considerando della direttiva risulta che gli operatori devono avere la possibilità di proporre in tutti gli Stati mem-

bri viaggi a condizioni identiche. L'art. 5, n. 2, quarto comma, della direttiva consentirebbe di limitare contrattualmente la responsabilità che sorge in caso di danno morale derivante dall'inadempimento o dalla cattiva esecuzione delle prestazioni fornite in occasione di un viaggio «tutto compreso». Tale disposizione comporterebbe che in linea di principio, ai sensi della direttiva, il danno morale debba essere risarcito.

16. La TUI nonché i governi austriaco, francese e finlandese sono d'accordo, sostanzialmente, nell'affermare che l'armonizzazione delle normative nazionali effettuata dalla direttiva consiste nel definire un semplice livello minimo di tutela per i consumatori che acquistano viaggi «tutto compreso». Di conseguenza tutto quel che non è espressamente regolato dalla direttiva in tale materia, in particolare il tipo di danno coperto, resterebbe di competenza dei legislatori nazionali. La direttiva si limiterebbe a stabilire un complesso di regole comuni essenziali riguardanti il contenuto, la conclusione e l'esecuzione del contratto di viaggio «tutto compreso» senza disciplinarne tutti gli aspetti, in particolare in materia di responsabilità civile. In tal modo l'esistenza di un diritto al risarcimento del danno morale non potrebbe essere desunta dalla mancanza nella direttiva di un'espressa indicazione a tale riguardo.

17. Il governo belga sostiene che l'impiego generalizzato e senza limitazioni del termine «danni» all'art. 5, n. 2, primo comma, della direttiva comporta che ne sia data l'interpretazione più ampia, in modo tale che ogni tipo di danno dovrebbe in linea di principio venir coperto in forza della normativa che traspone la direttiva. Negli Stati membri che riconoscono la responsabilità per danno morale in forza del diritto comune la direttiva attribuirebbe la facoltà di porvi un limite secondo determinati criteri. Negli Stati membri in cui la responsabilità per danno morale è subordinata all'esistenza di un'espressa disposizione in tal senso, la mancanza di una siffatta disposizione andrebbe considerata tale da impedire del tutto il risarcimento del danno morale, il che sarebbe contrario alle disposizioni della direttiva.

18. La Commissione rileva, innanzi tutto, che il termine «danni» è usato dalla direttiva senza la minima limitazione mentre, precisamente nel settore dei viaggi turistici, si devono spesso segnalare danni diversi da quelli corporali. Essa osserva poi che una responsabilità per danno morale è riconosciuta nella maggior parte degli Stati membri, al di là dell'indennizzo delle sofferenze fisiche tradizionalmente previsto da tutti gli ordinamenti giuridici, ancorché varino i particolari relativi all'ampiezza e alle condizioni di esistenza di tale responsabilità. Tutti gli ordinamenti giuridici moderni riconoscerebbero infine un'importanza sempre maggiore alle vacanze annuali. Ciò posto, essa sostiene che non è possibile dare un'interpretazione restrittiva della nozione generale di danno usata dalla direttiva ed escluderne per principio il danno morale.

GIUDIZIO DELLA CORTE

19. Si deve ricordare che l'art. 5, n. 2, primo comma, della direttiva impone agli Stati membri di adottare le misure necessarie affinché l'organizzatore di viaggi risarcisca «i danni arrecati al consumatore dall'inadempimento o dalla cattiva esecuzione del contratto».

20. A tale riguardo va rilevato che dal secondo e terzo considerando della direttiva risulta che essa ha per scopo, in particolare, l'eliminazione delle divergenze accertate tra le normative e le prassi nei diversi Stati membri in materia di viaggi «tutto compreso» e atte a generare distorsioni di concorrenza tra gli operatori stabiliti nei diversi Stati membri.

21. Orbene, è pacifico che nel settore dei viaggi «tutto compreso» l'esistenza di un obbligo di risarcire i danni morali in taluni Stati membri e la sua mancanza in altri avrebbe come conseguenza delle distorsioni di concorrenza notevoli, tenuto conto del fatto che, come osservato dalla Commissione, si rilevano frequentemente danni morali in tale settore.

22. Si deve inoltre rilevare che la direttiva, più particolarmente il suo art. 5, mira a offrire una tutela ai consumatori e che, nell'ambito dei viaggi turistici, il risarcimento del danno per il mancato godimento della vacanza ha per loro un'importanza particolare.

23. È alla luce di tali considerazioni che si deve interpretare l'art. 5 della direttiva. Se quest'articolo si limita, nel suo n. 2, primo comma, a rinviare in modo generale alla nozione di danni, si deve rilevare che, prevedendo al suo n. 2, quarto comma, la facoltà per gli Stati membri di ammettere che, per quanto riguarda i danni diversi da quelli corporali, l'indennizzo sia limitato in virtù del contratto, a condizione che tale limitazione non sia irragionevole, la direttiva riconosce implicitamente l'esistenza di un diritto al risarcimento dei danni diversi da quelli corporali, tra cui il danno morale.

24. Si deve perciò risolvere la questione sollevata dichiarando che l'art. 5 della direttiva dev'essere interpretato nel senso che in linea di principio il consumatore ha diritto al risarcimento del danno morale derivante dall'inadempimento o dalla cattiva esecuzione delle prestazioni fornite in occasione di un viaggio «tutto compreso».

Sulle spese

25. Le spese sostenute dai governi austriaco, belga, francese e finlandese nonché dalla Commissione, che hanno presentato osservazioni alla Corte, non possono dar luogo a rifusione. Nei confronti delle parti nella causa principale il presente procedimento costituisce un incidente sollevato dinanzi al giudice nazionale, cui spetta quindi statuire sulle spese.

Per questi motivi,
LA CORTE (Sesta Sezione),

pronunciandosi sulla questione sottopostale dal Landesgericht Linz con ordinanza 6 aprile 2000 dichiara:

L'art. 5 della direttiva del Consiglio 13 giugno 1990, 90/314/CEE, concernente i viaggi, le vacanze ed i circuiti «tutto compreso», dev'essere interpretato nel senso che il consumatore ha diritto al risarcimento del danno morale derivante dall'inadempimento o dalla cattiva esecuzione delle prestazioni fornite in occasione di un viaggio «tutto compreso».

CASS. 24-4-2008, N. 10651

SVOLGIMENTO DEL PROCESSO

A. F. e G. C. agivano in giudizio nei confronti della s.p.a. "I Viaggi del Ventaglio" deducendo di aver acquistato un soggiorno "tutto compreso" nell'isola di Djerba, in Tunisia, in un villaggio turistico "Ventaclub". La vacanza era stata compromessa dalle condizioni di impraticabilità del mare durante tutto il loro soggiorno a causa dello scarico abusivo compiuto da una petroliera. Gli attori lamentavano la mancata adozione da parte del tour operator di misure idonee a fornire loro servizi alternativi durante il soggiorno e chiedevano di essere indennizzati per il danno loro derivato a causa di tale comportamento della società convenuta.

Il Giudice di Pace di Roma, con sentenza n. 647/00, accoglieva la domanda liquidando, in favore degli attori, il danno nella complessiva somma per entrambi di lire 1.400.000, pari alla metà del costo della vacanza.

Proponeva appello la società "I Viaggi del Ventaglio" e il Tribunale di Roma, con sentenza n. 5489/03, confermava la decisione del Giudice di pace.

Il Tribunale, dopo aver rilevato che il contratto intercorso fra le parti aveva avuto ad oggetto un soggiorno nel villaggio balneare di Djerba della Ventatour secondo la formula del pacchetto turistico "tutto compreso" (c.d. package tour) e che le condizioni del mare furono durante il soggiorno compromesse in modo gravissimo dallo scarico abusivo di una petroliera al largo della costa tunisina, affermava che le condizioni di impraticabilità del mare avevano comportato l'impossibilità per l'organizzatore del viaggio di fornire una parte importante della prestazione. Riteneva infatti il giudice dell'appello che il soggiorno aveva perso di utilità a causa delle condizioni di impraticabilità del mare e, conseguentemente, applicava l'articolo 12, quarto comma, del decreto legislativo n. 111 del 1995, che ha recepito nell'ordinamento italiano la direttiva comunitaria n. 314/1990/CEE. Secondo tale disposizione normativa, nel caso in cui, dopo la partenza, una parte dei servizi previsti dal contratto di viaggio "tutto compreso" non può essere effettuata, l'organizzatore è tenuto a predisporre adeguate soluzioni alternative per la prosecuzione del viaggio programmato oppure a rimborsare il consumatore nei limiti della differenza fra le prestazioni originariamente previste e quelle effettuate, salvo il risarcimento del danno. Nella specie il Tribunale ha riscontrato che l'operatore turistico non aveva adempiuto all'obbligo di attivarsi per offrire al cliente soluzioni alternative né aveva offerto una parziale restituzione del prezzo.

Contro la sentenza del Tribunale di Roma ricorre per cassazione con due motivi la spa I Viaggi del Ventaglio.

Si difendono con controricorso e depositando memoria ex articolo 378 cod. proc. civ. A. F. e G. C.

MOTIVI DELLA DECISIONE

(*Omissis*)

Con il primo motivo di ricorso la società "I viaggi del Ventaglio" lamenta la mancata applicazione dell'art. 17 del decreto legislativo n. 111/1995, che prevede l'esonero del professionista dalla responsabilità di cui agli articoli 15 e 16 del decreto, nel caso in cui la mancata o inesatta esecuzione del contratto è imputabile al consumatore ovvero dipende da fatto imprevedibile o inevitabile del terzo o da forza maggiore o caso fortuito. Peraltro nella specie la ricorrente contesta che vi sia stata esecuzione parziale del contratto dato che i signori C. e F. hanno usufruito comunque, oltre al viaggio, dell'alloggio, del vitto e dei servizi accessori.

Con il secondo motivo di ricorso si lamenta l'omessa, insufficiente e contraddittoria motivazione e si rileva in particolare che la sentenza impugnata si contraddice laddove pur riconoscendo il carattere eccezionale ed imprevedibile dell'evento non ne trae le logiche conseguenze. Per altro verso rileva la ricorrente che non sono state valutate le circostanze per cui i sigg.ri C. e F. non hanno presentato nel corso del soggiorno alcuna lamentela e sono stati i soli clienti che, relativamente al periodo in questione, hanno proposto un'azione risarcitoria.

I due motivi di ricorso possono essere esaminati congiuntamente per la loro evidente connessione logica e giuridica.

Come è stato messo in evidenza, sia in dottrina che in giurisprudenza, il viaggio tutto compreso (noto anche come travel package o pacchetto turistico) costituisce un nuovo tipo contrattuale nel quale la "finalità turistica" (o, con espressione più generale, lo "scopo di piacere") non è un motivo irrilevante ma si sostanzia nell'interesse che lo stesso è funzionalmente volto a soddisfare, connotandone la causa concreta e determinando, perciò, l'essenzialità di tutte le attività e dei servizi strumentali alla realizzazione del preminente fine del godimento della vacanza per come essa viene proposta dall'organizzatore del viaggio (c.d. tour operator) e accettata dall'utente (si veda in particolare Cassazione civile sezione III n. 16315 del 24 febbraio 2007, Rv. 598453). Si è parlato nella letteratura di commercializzazione in sé della vacanza, esprimendo, in tal modo, il rilievo causale che assume il bene immateriale della vacanza definita dall'insieme degli elementi che consentono all'utente di godere di un periodo di riposo e di svago orientato su una precisa formula proposta dall'organizzatore del viaggio.

A tale ricostruzione della causa contrattuale si è pervenuti in considerazione della ratio della disciplina normativa di origine comunitaria (direttiva CEE/90/314) che è fortemente improntata dalle finalità di tutelare il diritto del consumatore a fruire effettivamente della vacanza offerta sul mercato dall'operatore turistico e di consentirgli la facoltà di recedere dal contratto nel caso in cui la fruizione dei servizi caratterizzanti l'offerta si rendano indisponibili sia prima che dopo la partenza. Per altro verso la disciplina di recepimento della direttiva comunitaria, attualmente trasposta nel codice del consumo (decreto legislativo n. 206 del 6 settembre 2005, articoli da 82 a 100), assicura agli imprenditori la possibilità di perseguire la conservazione del contratto mediante offerte alternative e ai consumatori l'opportunità di non subire o ridurre il danno derivante dalla mancata o inesatta esecuzione della prestazione che costituisce nel suo complesso il pacchetto turistico. Di particolare rilievo, sotto questo profilo, quanto previsto dall'articolo 91 del codice del consumo per l'ipotesi in cui, dopo la partenza, una parte essenziale dei servizi previsti dal contratto non può essere fornita. In tale ipotesi il quarto comma dell'articolo 91 prevede che l'organizzatore predispone adeguate soluzioni alternative per la prosecuzione del viaggio programmato, non comportanti oneri di qualsiasi tipo a carico del consumatore, oppure rimborsa quest'ultimo nei limiti della differenza tra le prestazioni originariamente previste e quelle effettuate, salvo il risarcimento del danno. Il comma successivo prevede poi che, se non è possibile alcuna soluzione alternativa o il consumatore non l'accetta per un giustificato motivo, l'organizzatore gli mette a disposizione un mezzo di trasporto equivalente per il ritorno al luogo di partenza o ad altro luogo convenuto e gli restituisce la differenza fra il costo delle prestazioni previste e quello delle prestazioni effettuate fino al momento del rientro anticipato.

La controversia in esame pone alcuni problemi interpretativi concernenti specificamente le disposizioni citate contenute nell'articolo 91.

In primo luogo va chiarita con riferimento a tale disposizione l'estensione del concetto di servizi che costituiscono una parte essenziale della prestazione turistica a carico dell'organizzatore di viaggi.

In secondo luogo ci si deve chiedere se il comportamento, cui l'imprenditore è tenuto in base alla norma in discussione, presupponga che l'impossibilità di fornire, dopo la partenza, i servizi costituenti parte essenziale della prestazione derivi solo da fatto ascrivibile all'imprenditore stesso.

Infine deve valutarsi se l'imprenditore sia esente dall'osservanza delle prescrizioni della norma in esame qualora l'impossibilità di fornire i servizi derivi da caso fortuito, forza maggiore o fatto ascrivibile a un terzo che abbia i requisiti dell'imprevedibilità e inevitabilità.

Quanto al primo punto deve rilevarsi che il Tribunale ha correttamente posto la questione interpretativa che caratterizza la presente controversia rilevando che sebbene la fruizione del mare e della spiaggia non possa essere considerata in senso stretto un servizio turistico tuttavia è evidente che essa costituisce il presupposto di utilità del pacchetto turistico. Da questa logica considerazione deriva che è eccessivamente restrittiva una lettura dell'espressione servizi come prestazioni direttamente dipendenti dall'attività e dalla struttura imprenditoriale dell'organizzatore del viaggio. In ogni caso è eccessivamente restrittivo, se si tiene conto della descritta *ratio* ispiratrice della direttiva comunitaria, un campo di applicazione dell'articolo 12 del decreto legislativo, e attualmente dell'articolo 91 del codice del consumo, limitato alle sole ipotesi in cui l'esecuzione del contratto è impedita o fortemente pregiudicata da fattori che rientrino nel potere di controllo del tour operator. Se, per esempio, si considera l'ipotesi di un viaggio organizzato è evidente ritenere che il venir meno di una linea di trasporto pubblico che avrebbe dovuto consentire di raggiungere una certa località costituirà, oggettivamente, il venir meno di un servizio essenziale per il programmato svolgimento del viaggio cui l'organizzatore dovrà comunque supplire, ad esempio, con il ricorso a mezzi di trasporto propri o privati.

Deve ritenersi quindi logica e coerente alla ratio della direttiva comunitaria una interpretazione che renda applicabile la norma anche quando a venir meno non sono i servizi riconducibili all'attività del tour operator ma piuttosto i presupposti estrinseci della vacanza che rendono rilevanti e utili i servizi offerti dal tour operator. Il metro di valutazione per l'applicazione della norma deve essere quindi quello dell'utente dei servizi che ha diritto a fruire attraverso di essi a quelle utilità tipiche del soggiorno, della vacanza o del viaggio che il tour operator ha posto sul mercato. In queste utilità rientrano ad esempio le possibilità di accesso alle attrattive ambientali, artistiche o storiche che sono alla base della scelta da parte del turista di acquistare quello specifico pacchetto turistico, sicché la impossibilità di accedere ad esse costituisce il venir meno di un presupposto essenziale di utilizzazione del servizio che l'organizzazione e la struttura ricettiva dell'organizzatore del viaggio mettono a disposizione del consumatore.

Nella specie sembra rispondente a tale interpretazione riconnettere alla fruibilità di un mare di particolare bellezza e attrattività come quello dell'isola di Djerba il carattere di presupposto essenziale del servizio tale da costituire una parte essenziale della prestazione turistica perché strettamente connesso all'ubicazione e al richiamo commerciale del villaggio presso cui era programmato il soggiorno. Sotto questo aspetto la motivazione del giudice di merito appare dunque congrua e conforme a una lettura della norma che tenga conto di quella rilevanza causale che la vacanza assume nel c.d. travel package. Senza che sia possibile attribuire alcun vizio, di insufficienza o incongruenza, alla motivazione che non ha tenuto conto né dei mancati reclami immediati degli odierni controricorrenti, né della mancata proposizione di azioni giudiziali da parte degli altri soggiornanti. Il disposto dell'articolo 91 del codice del consumo non autorizza certo a prefigurare una sorta di acquiescenza del consumatore alla mancata attivazione dell'organizzatore tale da giustificarla e renderla non sanzionabile.

La risposta al primo quesito che ci si è posti rende più agevole quelle ai due quesiti successivi. Infatti tali risposte sono coerenti alla prima se si ha come punto di orientamento nell'interpretazione della disciplina comunitaria la sua funzione ispiratrice primaria. Quella di tutelare il godimento di un bene (la vacanza) che riveste un particolare valore esistenziale nella vita delle persone che dedicano la maggior parte del loro tempo al lavoro. Sicché il legislatore è intervenuto per garantire la corrispondenza fra aspettativa di svago, riposo, evasione, apprendimento che una vacanza può fornire e offerta commerciale proveniente dal tour operator.

Ovviamente quest'ultimo non potrà garantire, per esempio, la soddisfazione spirituale o estetica che il consumatore si era prefigurato di trarre da quella vacanza ma sarà tenuto a garantire i servizi che almeno teoricamente possono attribuire quel piacere del viaggio o del soggiorno che il consumatore ha percepito come il valore specifico e determinante dell'offerta commerciale dell'organizzatore e, per quanto si è detto in precedenza, sarà tenuto ad adoperarsi quando il presupposto di utilizzabilità dei servizi sia venuto a mancare.

In questa prospettiva non vi è alcuna ragione, né alcuna ragione testuale in particolare, per ritenere che gli obblighi di predisporre adeguate soluzioni alternative per la prosecuzione del viaggio programmato (non comportanti oneri di qualsiasi tipo a carico del consumatore), oppure di rimborsare quest'ultimo nei limiti della differenza tra le prestazioni originariamente previste e quelle effettuate, non sussistano nel caso in cui i servizi previsti non siano fruibili per fatto non imputabile al tour operator. Quest'ultimo assume infatti un'obbligazione di risultato (cfr. Cassazione Sez. III, Sentenza n. 21343 del 09/11/2004, Rv. 578572) con la stipulazione del contratto di viaggio o soggiorno tutto compreso e di tale risultato è tenuto a rispondere. Il legislatore comunitario e nazionale hanno ovviamente limitato questa responsabilità del tour operator per renderla compatibile con il carattere economico della sua attività. In questa prospettiva opera già l'opzione, prevista dal quarto comma dell'articolo 91 del codice del consumo, fra la offerta di servizi alternativi o quella del rimborso della differenza fra prestazione originariamente prevista e prestazione effettuata. In questa prospettiva va letto anche l'esonero di responsabilità previsto dall'articolo 96 del codice del consumo (che riproduce il testo dell'articolo 17 del decreto legislativo n. 111/1995). Tale esonero di responsabilità non si riferisce però alla prestazione di servizi alternativi o agli obblighi del tour operator (previsti dall'articolo 91 per le ipotesi di modifiche delle condizioni contrattuali), come pretenderebbe la società ricorrente, ma si riferisce invece alla responsabilità per danni derivanti dall'inadempimento o dalla inesatta esecuzione delle prestazioni che formano oggetto del pacchetto turistico (responsabilità disciplinata dagli artt. 94-95 del codice del consumo).

Ne risulta quindi che la causa dell'inadempimento, o inesatto adempimento, delle prestazioni previste nel pacchetto turistico resta indifferente, se si ha riguardo agli obblighi e diritti derivanti dalla disciplina delle modifiche delle condizioni contrattuali di cui all'articolo 91 del codice del consumo. Al contrario il tour operator non sarà responsabile per i danni ascrivibili all'inadempimento o inesatto adempimento qualora dimostri la sussistenza delle condizioni per l'esonero di responsabilità previsto dall'articolo 96. Una estensione della disciplina dell'esonero agli obblighi derivanti dall'articolo 91 deve invece escludersi oltre che per ragioni testuali anche per l'evidente contrasto che si verificherebbe con la ratio della disciplina comunitaria e con lo stesso principio fondamentale sancito in questa materia dall'articolo 38 della Carta dei diritti fondamentali dell'Unione Europea che prevede come fine istituzionale dell'Unione un elevato livello di tutela dei consumatori. Tale elevato livello di tutela consiste proprio, nella specie, nell'irrilevanza della causa del venir meno delle condizioni di utilizzabilità dei servizi previsti nel contratto di soggiorno tutto compreso e ciò al fine di impedire che eventi estranei alla responsabilità del consumatore e del tour operator comportino l'esonero di responsabilità di quest'ultimo per l'adempimento degli obblighi derivanti dall'articolo 91 del codice del consumo. Esonero che comporterebbe una ripartizione del rischio per gli eventi esterni alle specifiche prestazioni delle parti a totale carico del consumatore. Con l'adempimento di tali obblighi il legislatore ha invece previsto una serie di meccanismi che possono qualificarsi come strumenti di riequilibrio della sinallagmaticità del contratto e di tutela dell'effettività di una prestazione avente un rilevante valore immateriale per il consumatore. La finalità e l'operatività stessa di tali strumenti è quindi intrinsecamente incompatibile con la valutazione della responsabilità del tour operator per la causazione di quei fattori esterni che comportano l'inutilizzabilità o la ridotta utilizzabilità dei suoi servizi.

Il ricorso va pertanto respinto con condanna della ricorrente al pagamento delle spese processuali del giudizio di cassazione.

P.Q.M.

La Corte rigetta il ricorso e condanna la ricorrente al pagamento delle spese del giudizio di cassazione, liquidate in complessivi euro 1.100, di cui 100 euro per spese, con spese generali e accessori di legge.

Così deciso in Roma, il 3 dicembre 2007.

TRIB. MILANO 22-2-2018

Il Tribunale, nella persona del Giudice dott. Caterina Spinnler, ha pronunciato la seguente

SENTENZA

nella causa civile di I Grado iscritta al n. r.g. 35348/2015 promossa da:

CONDOMINIO (...) (C.F. (...)), con il patrocinio dell'avv. FO.AL. ed elettivamente domiciliato in CORSO (...) 20121 MILANO presso il difensore avv. FO.AL.
(attore)

contro

(...) (C.F. (...)), con il patrocinio dell'avv. BE.AL. e dell'avv. VE.GI. ((...)) VIALE (...) CINISELLO BALSAMO; elettivamente domiciliato in VIA (...) 20121 MILANO presso il difensore avv. BE.AL.
(...) S.P.A. (C.F. (...)), con il patrocinio dell'avv. RO.MA. e dell'avv. (...), elettivamente domiciliato in VIA (...) 20135 MILANO presso il difensore avv. RO.MA.
(convenuti)

MOTIVI IN FATTO ED IN DIRITTO DELLA DECISIONE

Il condominio di via (...), sulla premessa che la condomina (...), con contratto stipulato in data 19.9.2011, aveva concesso in locazione ad uso abitativo alla società (...) s.p.a. il proprio appartamento, concedendo alla conduttrice espressa facoltà di sublocare l'immobile, e che quest'ultima, tramite la stipulazione di contratti di sublocazione, ha di fatto utilizzato l'appartamento per svolgervi attività di affittacamere e comunque per esercitarvi un'attività imprenditoriale, così violando l'art. 6 del regolamento condominiale, ha chiesto la condanna delle convenute all'immediata cessazione di tale utilizzo dell'immobile.

La società (...) s.p.a. ha resistito in giudizio, negando di avere utilizzato l'appartamento condotto in locazione per lo svolgimento di attività di affittacamere ed assumendo di avere semplicemente stipulato dei contratti di sublocazione parziale aventi ad oggetto singole stanze dell'appartamento condotto in locazione. Ha chiesto respingersi le domande proposte dal condominio con vittoria di spese.

(*Omissis*)

Assegnati i termini per il deposito delle memorie ex art. 183 c.p.c. ed assunte le prove orali, all'udienza del 16.11.2017 i procuratori delle parti hanno precisato le conclusioni ed il giudice ha trattenuto la causa in decisione, assegnando i termini di legge per il deposito di comparse conclusionali e memorie di replica.

1 – (*Omissis*)

2 – Le domande proposte dal condominio sono infondate nel merito.

L'art. 6 del regolamento condominiale prevede quanto segue: "Gli alloggi sono destinati all'uso del condomino, dei suoi famigliari, del personale di servizio da esso dipendente e degli inquilini nei limiti in cui è ammessa la locazione. È fatto divieto al condomino di tenere locande o pensioni. Non è altresì consentito nei singoli alloggi, solai e boxes ad essi pertinenti l'esercizio di industrie e di altre attività imprenditoriali, di laboratorio, di officine, né il deposito di merci o materiali vari da esitarsi all'ingrosso o al minuto...".

Assume il condominio che la società (...) utilizza l'immobile locato per lo svolgimento di attività contraria al regolamento condominiale sia che la si qualifichi quale affittacamere che quale attività imprenditoriale.

È incontestato che il regolamento condominiale sia da ricondurre alla categoria dei regolamenti contrattuali.

Risulta provato che in data 19.9.2011 la convenuta (...) ha stipulato con la società (...) s.p.a. un contratto di locazione ad uso abitativo della durata di 4 anni rinnovabili avente ad oggetto un appartamento sito nel condominio di via (...) costituito da 9,5 vani (*Omissis*).

La società (...) ha ristrutturato l'appartamento, ricavandone 6 stanze (oltre agli spazi comuni costituiti dalla cucina e da due bagni), che sono state successivamente concesse in sublocazione (cartina sub. Doc. 2 di parte convenuta (...)), come espressamente consentito dal contratto di locazione intercorso con la proprietaria.

(...) ha stipulato contratti di sublocazione parziale aventi ad oggetto una stanza munita di arredi e di accessori e dei correlati servizi esclusivi comuni, della durata di 4 anni più 4, così come previsto dall'art. 2 della L. n. 431 del 1998 per le locazioni ad uso abitativo (cfr. contratti di sublocazione prodotti dal condominio).

I testimoni escussi hanno confermato che il canone corrisposto alla società convenuta copriva la locazione della propria stanza e l'uso delle parti comuni dell'appartamento, tra le quali erano compresi anche due bagni in condivisione e la cucina, le spese relative alle utenze ed al servizi WIFI, escluso il canone televisivo e la tassa rifiuti che venivano pagati a parte, riferendo che i relativi contratti erano intestati alla sublocatrice (*Omissis*). Hanno precisato che l'immobile era dotato, oltre che degli arredi, comprensivi degli elettrodomestici, di una piastra per cucinare e di un piccolo frigorifero in ciascuna stanza, di stoviglie, di piatti e posate. Hanno invece escluso che fossero forniti servizi ulteriori, quali la pulizia della stanza o la fornitura ed il cambio della biancheria (lenzuola, asciugamani, tovaglie, tovaglioli, coperte e piumini), incombenze alle quali provvedeva ciascun conduttore con beni propri, con una regolazione di turni interni per quanto riguardava la pulizia delle parti comuni dell'appartamento (*Omissis*).

La corte di Cassazione con orientamento costante ha espresso il principio di diritto per il quale "L'attività di affittacamere, pur differenziandosi da quella alberghiera per le sue modeste dimensioni, richiede non solo la cessione del godimento di locale ammobiliato e provvisto delle necessarie somministrazioni (luce, acqua, ecc.), ma anche la prestazione di servizi personali, quali il riassetto del locale stesso e la fornitura della biancheria da letto e da bagno. In difetto della prestazione di detti servizi, pertanto, quella cessione non può essere ricondotta nell'ambito dell'attività di affittacamere, né quindi sottratta alla disciplina della locazione ad uso abitativo (Cass. 22665/2010; Cass. 5632/1993; Cass. 17167/2002; Cass. 755/1991; cfr. anche Tar Toscana sezione III 1826/2000: Il criterio distintivo tra la locazione di alloggi e l'esercizio dell'industria di affittacamere è costituito dal fatto che, mentre il secondo rapporto è accompagnato dalla prestazione di servizi personali (che del rapporto stesso sono accessorio e complemento imprescindibile), nella locazione, invece, la persona del locatore rimane del tutto estranea alla vita dell'ospitato ed ogni relazione tra i contraenti si esaurisce nella conclusione del negozio giuridico, senza che vi sia posto per rapporti di fatto, riconducibili alla nozione di ospitalità. Conseguentemente, deve ritenersi illegittima l'intimazione a cessare immediatamente l'attività ricettiva abusiva, qualora risulti accertato in via di fatto il mancato svolgimento di quelle obbligazioni o servizi che caratterizzano l'attività di affittacamere e che possono dar vita a un tale tipo di contratto").

Tali prestazioni accessorie – riassetto e pulizia della stanza, fornitura e lavaggio della biancheria del letto e del bagno – che caratterizzano l'attività di affittacamere, differenziandola dalla locazione, non sono state prestate dalla società (...) S.p.A.

Viceversa la fornitura della somministrazione di gas, luce, riscaldamento e quella del servizio wifi non sono peculiari dell'attività di affittacamere, essendo invece proprie della locazione, trattandosi di prestazioni funzionali al godimento dell'immobile.

Il dettato letterale dei contratti di sublocazione è chiaro e non consente una diversa qualificazione del rapporto. Il contratto è qualificato dalle parti quale "contratto di sublocazione parziale ad uso abitativo (art. 2 comma 1 L. n. 431

del 1998)"; l'art. 1 del contratto prevede che "la parte locatrice concede in sublocazione n.1 stanza arredata di mobili ed accessori ed i correlati servizi esclusivi comuni ..." art. 2 il conduttore utilizzerà i locali ed i correlati servizi oggetto del presente contratto ad esclusivo uso abitativo per sé. Qualsiasi diversa utilizzazione dovrà essere previamente autorizzata dalla locatrice" art. 3 "Il presente contratto ha durata 4 anni, con decorrenza a partire dal giorno 7.1.2013 e termine al 6.11.2017. Alla fine di questo periodo il contratto si prevede automaticamente rinnovato per la stessa durata. I contratti erano stati regolarmente registrati (cfr. contratti di sublocazione prodotti dal condominio).

La durata contrattuale non è compatibile con l'attività di affittacamere. Infatti i contratti di locazione hanno la durata prevista dall'art. 2 L. n. 431 del 1998 e per quanto di fatto la permanenza nelle stanze sia stata di durata più limitata, come dimostrato dalle prove orali (cfr. dep. testimone (...) che ha riferito di avere abitato nell'appartamento per un anno) e dai contratti prodotti in atti, che dimostrano che la stessa stanza è stata rilocata a diverso conduttore con intervalli non inferiori all'anno e talvolta superiori (cfr. doc. 14 di parte attrice), si tratta di una durata assimilabile ad una locazione transitoria ma non ad un'attività di tipo alberghiero.

Inoltre, come evidenziato dalla società convenuta, l'attività di affittacamere non è vietata dal regolamento condominiale, posto che il divieto regolamentare si riferisce all'attività di pensione o locande, attività diverse da quella di affittacamere, comportando anche la fornitura di un vitto, pacificamente esclusa nel caso in esame. L'estensione, operata dal condominio, del divieto contenuto nel regolamento condominiale contrattuale all'attività di affittacamere ne comporta un'interpretazione estensiva, non consentita in quanto la norma regolamentare comporta una limitazione alle facoltà inerenti la proprietà esclusiva (Cass. 16832/2009: "Invero le restrizioni alle facoltà inerenti alla proprietà esclusiva contenute nel regolamento di condominio di natura contrattuale, devono essere formulate in modo espresso o comunque non equivoco in modo da non lasciare alcun margine d'incertezza sul contenuto e la portata delle relative disposizioni (Cass. n. 23 del 07/01/2004). Trattandosi di materia che attiene alla compressione di facoltà normalmente inerenti alle proprietà esclusive dei singoli condomini, i divieti ed i limiti devono risultare da espressioni incontrovertibilmente rivelatrici di un intento chiaro, non suscettibile di dar luogo a incertezze e non possono quindi dar luogo ad un'interpretazione estensiva delle relative norme (Cass. Sez. 2, n. 9564 do 01/10/1997)" cfr. in senso conforme Cass. 24707/2014).

Parimenti va escluso l'immobile di proprietà della (...) sia stato utilizzato per un'attività imprenditoriale, non essendo rilevante con riferimento al divieto contenuto nel regolamento condominiale l'attività indubbiamente imprenditoriale svolta dalla società (...) s.p.a., posto che tale attività viene pacificamente svolta presso la sede della società, bensì l'uso effettivo delle unità immobiliari ubicate nel condominio, essendo le stesse destinate ad uso abitativo dei subconduttori e non destinate ad uffici della società convenuta. Dunque anche sotto questo profilo risulta preservata la destinazione residenziale del fabbricato e rispettato il divieto regolamentare dell'esercizio di attività industriali o imprenditoriali che possano interferire con tale uso.

Da ultimo si osserva come le doglianze relative a presunte irregolarità degli interventi edilizi operati da (...) S.p.A. nell'immobile di proprietà della signora (...), così come i rilievi relativi alla tenuta del registro dell'anagrafe condominiale sono irrilevanti e non saranno esaminati, non essendo oggetto delle domande spese in giudizio.

Per tutte le ragioni espresse vanno respinte le domande proposte dal condominio.

3 – Non ricorrono i presupposti per la condanna del condominio al risarcimento dei danni ex art. 96 c.p.c., non emergendo dal tenore delle difese una condotta processuale contraddistinta da dolo o colpa grave.

Le spese di lite vanno poste a carico del condominio in applicazione del principio della soccombenza.

P.Q.M.

Il Tribunale, in funzione di giudice unico, così provvede: respinge le domande proposte dal condominio di via (...);

condanna il condominio a rifondere le spese processuali sostenute dai convenuti che liquida, in favore (...) e di (...) S.p.A. nella somma di Euro 7.500,00 per compensi per ciascuna delle parti, oltre al rimborso forfetario per spese generali ed agli accessori di legge.

Così deciso in Milano il 21 febbraio 2018.

Depositata in Cancelleria il 22 febbraio 2018.

CASS. 8-7-2020, N. 14257

FATTI DI CAUSA

(*Omissis*)

D.S.M. ricorre per la cassazione della sentenza n. 68/2018 del Tribunale di Gorizia, depositata il 28 febbraio 2018.

Resiste con controricorso Julia Viaggi S.r.l.

La ricorrente espone in fatto di avere convenuto in giudizio, insieme con D.P.E., Julia Viaggi S.r.l., con cui avevano stipulato un contratto di viaggio turistico collettivo di nove giorni che prevedeva la permanenza di cinque giorni in Siria e di tre in Giordania, per ottenere il ristoro di tutti i danni, anche non patrimoniali da vacanza rovinata, derivanti dall'essere state costrette, una volta fermate all'aeroporto di (*Omissis*), per la presenza sul passaporto di un timbro giordano, indicativo di un loro precedente ingresso in Israele ed essere state trattenute dalla polizia siriana per dodici ore, a proseguire a proprie spese e con organizzazione a proprio carico il trasferimento verso (*Omissis*), ove erano state di nuovo bloccate e da cui avevano potuto proseguire il viaggio, ricongiungendosi al resto del gruppo, solo dopo alcuni giorni.

Ciò che veniva imputato alla Julia Viaggi era la violazione del D.Lgs. n. 206 del 2005, artt. 87 ed 88 (Codice del Consumo, applicabile ratione temporis), per non essere state informate adeguatamente circa le condizioni applicabili al cittadino di uno Stato membro della UE in materia di passaporto e visto per entrare in Siria.

La Julia Viaggi si dichiarava esente da responsabilità, assumendo di avere fornito una nota informativa in una riunione tenuta cinque giorni prima della partenza.

Il Giudice adito, con sentenza n. 722/2012, rigettava la domanda e compensava le spese di lite, reputando che, a fronte dell'inadempimento dell'obbligo informativo da parte di Julia Viaggi S.r.l., prima della conclusione del contratto, sarebbe stato possibile per le attrici, avendo ricevuto l'opuscolo informativo prima della partenza, chiedere l'annullamento del contratto e la restituzione della somma versata.

Il Tribunale di Gorizia, cui si rivolgeva in sede di gravame solo D.S.M., con la sentenza oggetto dell'odierna impugnazione, confermava la sentenza di primo grado.

Diritto
Ragioni della decisione

1. Con il primo motivo la ricorrente deduce la violazione dell'art. 360 c.p.c., comma 1, n. 3 con riferimento del D.Lgs. n. 260 del 2005, art. 87, per avere il giudice a quo ritenuto che la consegna dell'opuscolo informativo cinque giorni prima del viaggio, anziché "prima delle trattative e comunque prima della conclusione del contratto" avesse comportato l'adempimento.

2. Con il secondo motivo la ricorrente censura la sentenza gravata per violazione dell'art. 2697 c.c. e del D.Lgs. n. 206 del 2005, art. 93, perché il Tribunale avrebbe violato le regole del riparto degli oneri probatori che imponevano all'organizzatore e venditore del pacchetto turistico di rispondere dei danni in mancanza di prova che l'inadempimento o l'inesatto adempimento fosse stato determinato da impossibilità della prestazione dovuta a causa non imputabile.

3. Con il terzo motivo la ricorrente imputa al giudice a quo la violazione dell'art. 132 c.p.c., perché il Tribunale, con motivazione apparente e contraddittoria, avrebbe, da un lato, riconosciuto la ricorrenza dell'inadempimento e, dall'altro, avrebbe individuato nella trasmissione di informazioni scritte, tramite la consegna dell'opuscolo informativo cinque giorni prima della partenza piuttosto che prima della conclusione del contratto, l'avvenuta ottemperanza a quanto prescritto dal D.Lgs. n. 206 del 2005, art. 87.

4. I primi due motivi possono essere esaminati unitariamente, perché sono collegati dal punto di vista logico oltreché giuridico.

Va osservato, in primo luogo, che il ricorso, nell'esposizione sommaria del fatto, risulta alquanto carente, perché non esplicita quali danni la odierna ricorrente abbia in concreto lamentato: si fa un generico riferimento ai danni patrimoniali ed a quelli non patrimoniali, questi ultimi per essere stata privata per dodici ore della libertà personale, subendo gravi stress e disagi.

A p. 1, si riferisce della necessità di organizzarsi autonomamente, previo pagamento di Euro 107,50, per arrivare dall'aeroporto di (*Omissis*), ove era intervenuta la polizia siriana a trattenervela per dodici ore, a quello di (*Omissis*), alla mancata fruizione delle prestazioni turistiche riguardanti l'intero gruppo, all'impossibilità di visitare la Siria.

Altrettanto laconica è la descrizione del comportamento tenuto dalla Julia Viaggi che avrebbe potuto eventualmente assumere rilievo agli effetti dell'art. 91 del Codice del Consumo, cioè al fine di verificare se avesse posto in essere il cosiddetto adempimento sanante ivi previsto: esponendo il contenuto della decisione di prime cure si allude al fatto che l'odierna ricorrente avesse usufruito di una permanenza compensativa in Giordania ed a pag. 3 si lamenta la mancata attivazione di ogni soccorso per consentire la prosecuzione del viaggio, lasciando intendere che fossero state del tutto omesse prestazioni diverse da quelle previste nel regolamento contrattuale idonee a soddisfare l'interesse dell'odierna ricorrente per la loro sostanziale equivalenza con quelle previste nel pacchetto originario.

Al netto di tali censure, la questione sottoposta all'attenzione di questa Corte è quella relativa alla violazione di uno specifico obbligo di informazione precontrattuale di cui era destinataria la odierna ricorrente, nella veste di consumatrice/acquirente di un contratto di viaggio organizzato.

Costituisce una costante della normativa consumeristicamente orientata che l'obbligo di trasferire informazioni da chi agisce come professionista o imprenditore nel mercato verso chi versa, per definizione normativa, in una situazione di svantaggio informativo opera anche nella fase che precede la conclusione del contratto, perché assolve tanto la funzione di impedire menomazioni volitive dipendenti dall'ignoranza di fatti e di circostanze rilevanti quanto quella di disvelare notizie utili al pieno controllo dello svolgimento del rapporto: circostanze note alla controparte, ma difficili da acquisire o acquisibili solo a titolo oneroso per il consumatore, per definizione collocato, come si è detto, in una situazione di minorità informativa.

Nel caso di specie, a prescrivere tale obbligo era l'art. 87, comma 1, del Codice del Consumo, a mente del quale "Nel corso delle trattative e comunque prima della conclusione del contratto, il venditore o l'organizzatore forniscono per iscritto informazioni di carattere generale concernenti le condizioni applicabili ai cittadini dello Stato membro dell'Unione Europea in materia di passaporto e visto con l'indicazione dei termini per il rilascio, nonché gli obblighi sanitari e le relative formalità per l'effettuazione del viaggio e del soggiorno"; dalla prescrizione normativa in parola si evince che la disciplina degli obblighi di comunicazione e di informazione si inverava tanto nell'essenzialità dell'informazione nella fase precedente la conclusione del contratto – solo nel caso di contratto stipulato nell'imminenza della partenza, le indicazioni contenute nel comma 1, avrebbero potuto essere fornite contestualmente alla stipula del contratto, ai sensi dell'art. 87, comma 3 – quanto nell'incremento delle possibilità di conoscenza, stanti i vincolanti obblighi di ricorso alla cosiddetta Textform, cioè ad una forma modulo, indicante un corredo documentale concepito quale strumento volto a permettere all'acquirente del pacchetto turistico un controllo ulteriore – documentale, appunto – delle condizioni previste dal contratto, destinata a restare distinta dal formalismo dell'atto e funzionale all'"avviamento al contratto". In altri termini, per il legislatore il consumatore era esonerato dalla fatica di procurarsi le informazioni di cui necessitava e che, come quelle rilevanti nel caso di specie, avrebbe potuto persino procurarsi autonomamente.

Tanto premesso, i binari lungo i quali è stata instradata la controversia, la richiesta di risarcimento del danno, escludendo l'invocazione della nullità virtuale di protezione (se ne trae conferma da quanto riferito a p. 3 del ricorso, benché tale precisazione sia stata spesa incomprensibilmente allo scopo di confutare l'applicabilità dell'art. 1427 c.c.), la quale, quand'anche avesse potuto essere richiamata anche perché posta a presidio di una previsione di carattere formale, avrebbe dato luogo ad un giudizio di mero diritto, cioè neutro rispetto all'assolvimento dell'onere della prova, hanno dato forma ad un giudizio di accertamento della violazione di una regola di comportamento.

Infatti, il Tribunale ha ritenuto, per un verso, che sussistesse l'inesatto adempimento della Julia viaggi, per l'altro, che non risultasse provato il nesso di causa tra l'inesatto adempimento e i danni lamentati, perché la odierna ricorrente non aveva né dedotto né provato circostanze concrete e specifiche a causa delle quali non aveva potuto prendere visione delle informazioni ricevute il 5 marzo 2009 e quindi evitare il viaggio, chiedendo l'annullamento del contratto e la restituzione del corrispettivo versato.

La conclusione, che, tuttavia, va corretta nella parte in cui allude all'annullabilità del contratto anziché al rimedio del recesso, non merita censure.

Essa, infatti, appare in linea con la tendenza più recente ad individuare una misura di ragionevolezza cui devono attenersi le misure consumeristiche, onde non sbilanciare la tutela del consumatore, favorendone gli abusi, (cfr., ad esempio, Corte di Giustizia, causa C-412/06, causa C-489/07, causa C-511/08): cioè quanto sarebbe avvenuto, nel caso di specie, ove avesse assecondato la richiesta di tutela di chi lamentava un pregiudizio informativo solo nominale e che, non potendo addurre una parzialità informativa che avesse davvero inciso sul suo consenso, non risultava affatto realmente pregiudicato.

Infatti, piuttosto che anteporre formalisticamente il c.d. dogma consumeristico che vuole il consumatore in una situazione di presunzione assoluta di debolezza, sempre e comunque meritevole di protezione, e che ragiona degli obblighi di informazione come di obblighi funzionali al soddisfacimento dell'interesse pubblico – ritenendo, quindi, che l'informazione non pervenuta nella sfera di conoscibilità del consumatore ovvero pervenutagli in forma incompleta o tardiva, quale che fosse la capacità o la possibilità di utilizzare a suo vantaggio le informazioni avute, non è mai immune da conseguenze – il giudice a quo ha privilegiato l'opposta soluzione ispirata evidentemente al principio di autoresponsabilità del consumatore, correggendo le conseguenze che sarebbero derivate dall'applicazione dello strictum ius. Infatti, ha ritenuto che la disponibilità per iscritto, qualche giorno prima della partenza, da parte di D.S.M. dell'informazione di cui aveva bisogno e che la stessa, evidentemente con negligenza non aveva utilizzato, non le avesse provocato alcuna conseguenza pregiudizievole suscettibile di essere risarcitoria mente compensata.

3. Il terzo motivo è inammissibile, perché il Tribunale ha soddisfatto l'obbligo motivazionale, giustificando il mancato accoglimento della richiesta risarcitoria non perché non ricorresse l'inadempimento, come erroneamente ritenuto dalla ricorrente, ma perché quest'ultima non era stata in grado di fornire la prova di avere subito un danno.

4. Ne consegue che il ricorso va rigettato.

5. Le spese del presente giudizio di cassazione – liquidate nella misura indicata in dispositivo – seguono la soccombenza, dandosi atto della sussistenza dei presupposti processuali di cui al D.P.R. n. 115 del 2002, art. 13, comma 1 quater, introdotto dalla L. n. 228 del 2012, art. 1, comma 17.

PQM

La Corte rigetta il ricorso e condanna la parte ricorrente al pagamento delle spese in favore della controricorrente, liquidandole in Euro 1.000,00 per compensi, oltre alle spese forfettarie nella misura del 15 per cento, agli esborsi liquidati in Euro 200,00 ed agli accessori di legge.

(*Omissis*)

Così deciso in Roma, nella Camera di consiglio della Sezione Terza Civile della Corte Suprema di Cassazione, il 24 febbraio 2020.

Depositato in Cancelleria il 8 luglio 2020

CASS. ORD. 23-1-2018, N. 1584

FATTO
SVOLGIMENTO DEL PROCESSO

X conveniva in giudizio, innanzi al giudice di pace di Roma, il vettore aereo Y Ltd., chiedendone la condanna alla compensazione pecuniaria di Euro 400,00 prevista dall'articolo 7, comma 1, lettera b, del Regolamento (CE) n. 261/2004, nonché del risarcimento del danno patrimoniale e non patrimoniale, ai sensi degli articoli 19 e 22 della Convenzione di Montreal del 1999, a seguito dell'asserito ritardo di 4 ore subito dal volo Z sulla tratta M; ritardo a causa del quale X aveva patito l'ulteriore danno di non potersi imbarcare su un secondo volo, da (*Omissis*), e così raggiungere la propria residenza.

Nella contumacia del vettore, la domanda veniva rigettata per difetto di prova.

X impugnava la decisione, la Y Ltd. si costituiva in giudizio e il Tribunale di Roma, in funzione di giudice di appello, respingeva il gravame, osservando che "è vero che (…) la Convenzione di Montreal e le altre norme fanno gravare sul vettore aereo la prova liberatoria (…). La presunzione di colpa del vettore presuppone che sia stato però dimostrato il ritardo. In assenza di ritardo non si presume alcuna responsabilità. Invero la responsabilità presuppone un ritardo (e lo stesso articolo 19 della Convenzione di Montreal lo presuppone), altrimenti non avrebbe senso assegnare al vettore la prova liberatoria (da cosa dovrebbe liberarsi, per l'appunto, se non vi fosse un ritardo). (*Omissis*). È dunque certo che il passeggero deve dimostrare e non semplicemente allegare la circostanza che il volo ha subito un ritardo. Ossia deve dimostrare l'inadempimento del vettore, la cui responsabilità poi si presume, nel senso che è quest'ultimo a dover fornire la prova liberatoria".

X ricorre per la cassazione di tale decisione per due motivi. Y Ltd. resiste con controricorso.

CONSIDERATO

(*Omissis*)

2. Venendo all'esame delle censure prospettate dal ricorrente, con il primo motivo si denuncia la violazione o falsa applicazione degli articoli 1218 e 2697 c.c. e dell'articolo 19 della Convenzione di Montreal del 28 maggio 1999 in materia di trasporto aereo internazionale.

X, anzitutto, censura la sentenza impugnata nella parte in cui ha ritenuto che fosse onere dell'attore provare non soltanto l'esistenza del contratto di trasporto, ma anche l'inadempimento del vettore, ossia il ritardo del volo. In secondo luogo, contesta la decisione di subordinare l'applicabilità dell'articolo 19 della citata convenzione di Montreal alla prova, da parte del passeggero, dell'effettivo orario di atterraggio dell'aeromobile. Osserva, più in generale, che il vettore deve ritenersi responsabile del regolare adempimento del contratto di trasporto fintantoché non fornisca la prova liberatoria della corretta esecuzione della prestazione.

Con il secondo motivo, si deduce l'omesso esame di un fatto decisivo per il giudizio, indicato nella copiosa giurisprudenza di merito che, in relazione al trasporto aereo, ha affermato che il passeggero che agisca per il risarcimento del danno da ritardo debba provare soltanto la fonte del suo diritto, limitandosi alla mera allegazione delle circostanze dell'inadempimento della controparte, mentre spetta al debitore convenuto provare la regolare esecuzione della prestazione.

Questo secondo motivo rappresenta, in realtà, una argomentazione di diritto a sostegno degli argomenti illustrati nel primo motivo, piuttosto che un'autonoma censura. Esso, pertanto, può essere esaminato congiuntamente al primo.

3. Il ricorso è fondato.

4. La questione di diritto sottoposta all'attenzione di questa Corte concerne l'ampiezza dell'onere probatorio gravante sul passeggero che intenda agire in giudizio nei confronti del vettore aereo chiedendo il risarcimento dei danni da ritardo. In particolare, le parti controvertono sulla circostanza se il passeggero possa limitarsi a provare l'esistenza del contratto di trasporto (ossia l'avvenuto acquisto del biglietto aereo) e ad allegare il ritardo del volo; oppure se egli sia onerato di fornire la prova piena anche di questo secondo elemento, gravando sul vettore il solo onere della prova liberatoria.

5. La Convenzione di Montreal (*Omissis*) non detta una regola specifica in ordine alla prova dell'inadempimento.

Però, ai sensi dell'articolo 19, "il vettore è responsabile del danno derivante da ritardo nel trasporto aereo di passeggeri, bagagli o merci. Tuttavia il vettore non è responsabile per i danni da ritardo se dimostri che egli stesso e i propri dipendenti e preposti hanno adottato tutte le misure che potevano essere ragionevolmente richieste per evitare il danno oppure che era loro impossibile adottarle".

La Convenzione, pertanto, introduce una presunzione di responsabilità del vettore aereo, che costui può superare solamente offrendo la prova liberatoria dell'imprevedibilità del danno, tale che non era ragionevole ex ante adottare delle misure idonee ad evitarne l'avveramento, ovvero dell'oggettiva impossibilità di adottarle. In sostanza, l'esenzione del vettore aereo gioca sul piano del caso fortuito o della forza maggiore.

Il successivo articolo 22 pone limitazioni quantitative alla responsabilità risarcitoria del vettore, nel trasporto di persone, merci e bagagli. Per quanto qui di interesse, in caso di danno da ritardo nel trasporto di persone, la responsabilità del vettore è limitata alla somma di "4150 diritti speciali di prelievo" per ciascun passeggero (*Omissis*).

6. Il Regolamento CE n. 261/2004 istituisce regole comuni in materia di compensazione e assistenza ai passeggeri in caso di negato imbarco, di cancellazione del volo o di ritardo prolungato. A seconda dei casi, al passeggero è riconosciuto il diritto al rimborso del costo del biglietto o all'imbarco su un volo alternativo, alla c.d. assistenza (pasti, alloggi e ulteriori servizi minori) e ad una compensazione pecuniaria di importo crescente in proporzione alla gravità del ritardo. Con particolare riferimento a quest'ultima ipotesi, la normativa comunitaria identifica diverse ipotesi di gravità del ritardo, commisurate alla lunghezza della tratta. Quindi, dal punto vista oggettivo, il Regolamento introduce una tipizzazione legale della soglia oltre la quale l'inesatto adempimento (ritardo) del vettore diviene "grave" e genera obblighi risarcitori.

Anche il Regolamento, al pari della Convenzione di Montreal, non contiene alcuna disposizione in ordine all'onere della prova circa la durata del ritardo.

7. La Corte di Giustizia ha ripetutamente affermato che i passeggeri di voli ritardati di un tempo pari o superiore a tre ore possono essere assimilati ai passeggeri di voli cancellati e, pertanto, anch'essi possono reclamare il diritto alla compensazione pecuniaria previsto dall'articolo 7 del Regolamento (Corte di Giustizia 19 novembre 2009, C-402/07 Christopher Sturgeon, Gabriel Sturgeon e Alana Sturgeon contro Condor Flugdienst GmbH e C-432/07 Stefan Bock e Cornelia Lepuschitz contro Air France SA; Corte di Giustizia, Grande Sezione, 26 febbraio 2013, C-11/11 Air France contro Heinz-Gerke Folkerts e Luz-Teresa Folkerts, con riferimento al volo con una o più coincidenze; Corte di Giustizia 23 ottobre 2012, C581/10, Nelson/Deutsche Lufthansa AG e C-629/10 British Airways Easyiet e International Air Transport Association/Civil Aviation Authority).

In caso di cancellazione del volo, l'articolo 5, comma 3, del Regolamento prevede che il vettore non è tenuto al pagamento della compensazione pecuniaria se ha tempestivamente avvertito il passeggero della cancellazione ovvero se dimostra che la stessa è dovuta a circostanze eccezionali che non si sarebbero comunque potute evitare anche se fossero state adottate tutte le misure del caso.

Dunque, come già previsto dalla Convenzione di Montreal, la responsabilità del vettore è elisa solamente dal caso fortuito o dalla forza maggiore, cui si aggiunge però l'ipotesi del congruo preavviso che consenta al passeggero di organizzarsi diversamente, così minimizzando le conseguenze del disagio (quanto al termine entro cui deve essere dato il preavviso, perché possa sortire effetti liberatori, si veda l'articolo 5, comma 1, lettera c).

L'articolo 5, comma 4, aggiunge: "l'onere della prova, per quanto riguarda se e quando il passeggero è stato avvertito della cancellazione del volo, incombe al vettore aereo operativo".

8. Il Regolamento CE n. 261/2004 e la Convenzione di Montreal contengono due discipline compatibili e congiuntamente applicabili, senza antinomie.

La Corte di Giustizia ha, infatti, specificato che le normative non si escludono l'un l'altra (Corte di Giustizia, Grande Sezione, 10 gennaio 2006, C-344/04 International Air Transport Association, European Low Fares Airline Association/Department for Transport). La Convenzione di Montreal detta le condizioni per l'esercizio di azioni giudiziarie per il risarcimento danni promosse dinanzi ad organi giurisdizionali. Ciò tuttavia non è d'ostacolo all'adozione di una concorrente disciplina comunitaria, anche migliorativa, per assicurare la tutela degli interessi dei passeggeri, al fine di garantire agli stessi adeguata assistenza nel momento in cui si verificano gli inconvenienti previsti e in modo da consentire adeguati indennizzi che possono essere richiesti e accordati senza l'esperimento di azioni giudiziarie.

Nel complesso, entrambe le normative si basano sull'affermazione del principio di presunzione di responsabilità del vettore aereo. Dunque, una volta provato l'inadempimento – o, più esattamente, l'inesatto adempimento – l'imputabilità dello stesso al vettore aereo costituisce oggetto di una presunzione superabile, tanto che si faccia riferimento alla Convenzione di Montreal quanto che si applichi il Regolamento CE, solamente attraverso la prova liberatoria del caso fortuito o della forza maggiore.

L'affermazione della presunzione di colpa del vettore in caso di ritardo o, comunque, inesatto adempimento di un contratto di trasporto aereo di persone era presente, del resto, anche nelle precedenti convenzioni internazionali (Convenzione di Varsavia del 12 ottobre 1929, articoli 17, 18 e 19, emendata dal protocollo de L'Aja del 28 settembre 1955), di cui questa Corte ha già avuto occasione di occuparsi (Sez. 3, Sentenza n. 20787 del 27/10/2004, Rv. 577848).

Si deve quindi ribadire che rimangono a carico del vettore i danni determinati da causa ignota, mentre il caso fortuito e la forza maggiore, quali fattori estranei all'organizzazione del trasporto, costituiscono causa non imputabile ex articolo 1218 c.c. e portano ad escludere la responsabilità del vettore se egli dimostri di non essere riuscito ad impedire l'evento nonostante l'adozione di ogni misura idonea a garantire la puntuale esecuzione del trasporto.

Si sottrae alla presunzione di responsabilità solamente il caso della cancellazione (cui può essere equiparato il ritardo pari o superiore a tre ore) tempestivamente prevista e della quale sia stato dato avviso al passeggero nel rispetto dei termini di cui all'articolo 5, comma 1, lettera c, del Regolamento.

9. La presunzione di responsabilità del vettore opera, com'è ovvio, sul piano dell'imputabilità dell'inadempimento, ai sensi dell'articolo 1218 c.c., non su quello della prova oggettiva dello stesso.

È quindi possibile dire che né la Convenzione di Montreal, né il Regolamento CE n. 261/2004 contengono alcuna regola specifica in tema di onere della prova dell'inadempimento (negato imbarco o cancellazione del volo) o dell'inesatto adempimento (ritardato arrivo rispetto all'orario previsto).

10. L'assenza di una norma speciale, impone di far riferimento ai criteri ordinari di riparto dell'onere della prova, di cui all'articolo 2697 c.c., e alla giurisprudenza di questa Corte stratificatasi, con plurime pronunce, senza più incertezze dal noto arresto delle Sezioni unite del 2001.

Costituisce, infatti, oramai vero e proprio *ius receptum* il principio di diritto secondo cui, in tema di prova dell'inadempimento di un'obbligazione, il creditore che agisca per la risoluzione contrattuale, per il risarcimento del danno, ovvero per l'adempimento deve soltanto provare la fonte (negoziale o legale) del suo diritto e il relativo termine di scadenza, limitandosi alla mera allegazione della circostanza dell'inadempimento della controparte, mentre il debitore convenuto è gravato dell'onere della prova del fatto estintivo dell'altrui pretesa, costituito dall'avvenuto adempimento. Anche nel caso in cui sia dedotto non l'inadempimento dell'obbligazione, ma il suo inesatto adempimento, al creditore istante sarà sufficiente la mera allegazione dell'inesattezza dell'adempimento (per violazione di doveri accessori, come quello di informazione, ovvero per mancata osservanza dell'obbligo di diligenza, o per difformità quantitative o qualitative dei beni), gravando ancora una volta sul debitore l'onere di dimostrare l'avvenuto, esatto adempimento (Sez. U, Sentenza n. 13533 del 30/10/2001, Rv. 549956; fra le più recenti, Sez. 3, Sentenza n. 826 del 20/01/2015, Rv. 634361; Sez. 1, Sentenza n. 15659 del 15/07/2011, Rv. 618664).

11. Facendo applicazione di tali regole nel caso in esame, va affermato il seguente principio di diritto:

"il passeggero che agisca per il risarcimento del danno derivante dal negato imbarco o dalla cancellazione (inadempimento) o dal ritardato arrivo dell'aeromobile rispetto all'orario previsto (inesatto adempimento), deve fornire la prova della fonte (negoziale) del suo diritto e il relativo termine di scadenza, ossia deve produrre il titolo o il biglietto di viaggio o altra prova equipollente, potendosi poi limitare alla mera allegazione dell'inadempimento del vettore. Spetta a quest'ultimo, convenuto in giudizio, dimostrare l'avvenuto adempimento, oppure che, in caso di ritardo, questo sia stato contenuto sotto le soglie di rilevanza fissate dall'articolo 6, comma 1, del Regolamento CE n. 261/2004".

12. All'affermazione di tale principio non è d'ostacolo il principio c.d. di "prossimità della prova", poiché, nei rapporti fra passeggero e vettore aereo è vero semmai il contrario. Mentre il passeggero di regola non ha disponibilità di una prova diretta del ritardo dell'aeromobile su cui viaggiava (tranne, in ipotesi, la riproduzione fotografica dei tabelloni informativi dell'aeroporto), il vettore aereo – che opera in un regime di controllo e verifica, da parte delle autorità aeroportuali, del tracciato aereo di ogni volo – ha agevole facoltà di accesso alla prova ufficiale dell'orario esatto in cui il veicolo è atterrato.

Non risulta indicativo, infine, neppure il tenore testuale del già citato articolo 5, comma 4, del Regolamento, a mente del quale "l'onere della prova, per quanto riguarda se e quando il passeggero è stato avvertito della cancellazione del volo, incombe al vettore aereo operativo". La norma, infatti, risulta perfettamente allineata a quanto disposto dall'articolo 2697 c.c. trattandosi di fatto estintivo dell'altrui pretesa, che va dunque provato da chi lo eccepisce.

A contrario, si potrebbe osservare che, proprio perché altrimenti la norma sarebbe superflua, dovrebbe affermarsi indirettamente l'esistenza in *subiecta* materia di un principio opposto a quello generale, con conseguente collocamento dell'onere della prova dell'inadempimento in capo all'attore. Un simile ragionamento, tuttavia, sarebbe basato su un argomento non decisivo, né convincente, anche perché non terrebbe conto della circostanza che la disciplina comunitaria, volta ad assicurare l'omogeneo trattamento della posizione del passeggero in tutti gli Stati membri, è ben possibile che ponga talune regole coincidenti con quelle dell'ordinamento interno di uno Stato membro e divergenti da quelle di un altro. La sovrapponibilità del criterio contenuto nell'articolo 5, comma 4, del Regolamento ai principi generali in tema di onere della prova di cui l'articolo 2697 c.c., non è quindi indicativa della necessità di configurare una ricostruzione sistematica alternativa.

(*Omissis*)

15. La sentenza impugnata deve essere quindi cassata con rinvio al Tribunale di Roma, in funzione di giudice di appello, affinché, attenendosi al principio di diritto sopra formulato in tema di onere della prova, valuti la fondatezza nel merito della domanda del ricorrente e l'eventuale diritto risarcitorio dello stesso.

Al giudice del rinvio va demandato anche il regolamento delle spese processuali del giudizio di legittimità.

P.Q.M.

accoglie il ricorso nei termini di cui in motivazione, cassa la sentenza impugnata e rinvia al Tribunale di Roma, in persona di diverso magistrato, cui demanda di provvedere anche sulle spese del giudizio di legittimità.

TRIB. ROMA 16-1-2020

Il Tribunale ordinario di Roma, in persona del giudice unico Dott. Vittorio Carlomagno, ha emesso la seguente

SENTENZA

nella causa civile di 2° grado iscritta al N. 61594 del ruolo contenzioso generale dell'anno 2015 posta in deliberazione all'udienza del 29.05.19 (con termine per il deposito di comparse conclusionali e di memorie di replica di gg. 60 + 20)

tra

G.A., nato a R. il (...),

C.E., nata a T. il (...),

rappresentati e difesi dall'avv. F.C, elettivamente domiciliati presso lo studio in Roma (...)

(appellanti)

e

E. Srl Unipersonale, P.I. (...), rappresentata e difesa dall'avv. C.S., elettivamente domiciliata in Roma (...) presso lo studio dell'Avv. M.R.

A.I. s.p.a., già M.F. s.p.a., C.F. (...), rappresentata e difesa dall'avv. A.R. ed elettivamente domiciliata presso il suo studio in Roma (...)

(appellati)

SVOLGIMENTO DEL PROCESSO – MOTIVI DELLA DECISIONE

(*Omissis*)

Nel merito, gli odierni appellanti hanno acquistato un pacchetto di viaggio organizzato dal tour operator E. s.r.l. per un soggiorno a Santo Domingo dal 19 al 26 luglio 2014, comprensivo dei voli di andata e ritorno da Roma Fiumicino, operati da M.

Essi lamentano che il giorno del rientro l'imbarco, previsto per le ore 11.10, è stato posticipato alle ore 14.00, che l'aereo è stato costretto da una avaria ad un imprevisto scalo a M. e che infine è giunto a Roma dopo le ore 22.00, con un ritardo di oltre sette ore. Aggiungono di avere subito un grave disagio psichico, avendo il capitano comunicato ai passeggeri dopo la partenza che il ritardo era stato determinato da un problema ad uno dei motori che non si riusciva a risolvere e, successivamente, dopo un volo segnato da ripetuti scossoni e da un anomalo andamento dell'aeromobile, comunicato di prepararsi ad un atterraggio di emergenza. Richiedono pertanto Euro 600,00 ciascuno a titolo di compensazione pecuniaria secondo il Regolamento Comunitario (CE) n. 261/2004 dell'11/02/2004, Euro 400,00 ciascuno a titolo di mancata informazione ed assistenza nel corso delle attese in aeroporto, Euro 4000,00 ciascuno a titolo di risarcimento del danno da inadempimento contrattuale.

La appellata M., oggi A.I., riconosce il ritardo del volo aereo Santo Domingo-Roma del 26/07/2014 e riconosce come dovuta l'indennità prevista dal Reg. CE 261/2004, nella misura di Euro 600,00, prevista per tutte le tratte aeree superiori a 3.500 km, come quella Santo Domingo-Roma, di cui ha fatto offerta agli attori sin dalla propria costituzione nel giudizio di primo grado. Contesta che siano dovute le altre voci di danno richieste, richiamando i limiti della risarcibilità del danno non patrimoniale e contestando di dovere rispondere, nella sua qualità di semplice vettore aereo, del danno da "vacanza rovinata".

Sono pacifiche fra gli appellanti ed A.I. la verificazione del ritardo e la sussistenza del diritto dei viaggiatori all'indennità prevista dal regolamento n. 261/04, nella misura massima prevista, in ragione della lunghezza della tratta interessata, di Euro 600,00 ciascuno.

Come è noto, la Corte di Giustizia Europa (IV sezione, sentenza 19/11/2009, C.S., G.S. e A.S. contro C.F. GmbH C-402/07 e S.B. e C.L. contro A.F. SA C-432/07), ha affermato che gli artt. 5, 6 e 7 del regolamento n. 261/2004 devono essere interpretati nel senso che i passeggeri di voli ritardati possono essere assimilati ai passeggeri di voli cancellati ai fini dell'applicazione del diritto alla compensazione pecuniaria e che essi possono pertanto reclamare il diritto alla compensazione pecuniaria previsto dall'art. 7 di tale regolamento quando, a causa di un volo ritardato, subiscono una perdita di tempo pari o superiore a tre ore, ossia quando giungono alla loro destinazione finale tre ore o più dopo l'orario di arrivo originariamente previsto dal vettore aereo; l'affermazione si fonda sul principio di parità di trattamento e sull'interpretazione estensiva dell'art. 5, n. 1, lett. c), iii), da cui si desume che il diritto alla compensazione spetta ai viaggiatori il cui volo sia stato cancellato quando abbiano subito una perdita di tempo pari o superiore a tre ore rispetto alla durata che era stata originariamente prevista dal vettore. Il principio è stato riconfermato nelle successive sentenze del 23/10/2012 nelle cause riunite C-581/10 e C-629/10, E.N. e altri contro D.L. AG e TUI Travel plc e altri contro Civil Aviation Authority, e della Grande Sezione del 26.2.2013, nella causa C-11/11 tra A.F. e H.-G.F. e L.-T.F.

Trattandosi di una obbligazione ex lege che sorge in capo al vettore in virtù dell'esecuzione della prestazione di trasporto aereo, si deve ritenere che tale obbligazione rimanga estranea alla tutela contrattuale che compete al viaggiatore nei confronti dell'organizzatore del viaggio ex art. 43 del D.Lgs. 23 maggio 2011, n. 79 (Codice del Turismo). Infatti l'art. 43 al comma 6 si limita a prevedere che la tutela spettante al viaggiatore nei confronti dell'organizzatore del viaggio non pregiudica i diritti che gli possono spettare in base ai regolamenti dell'unione europea ed alle convenzioni internazionali, e ad escludere al contempo duplicazioni risarcitorie ("il risarcimento o la riduzione del prezzo attribuiti ai sensi del presente Capo e il risarcimento o la riduzione del prezzo concessi ai sensi di detti regolamenti e convenzioni internazionali sono detratti gli uni dagli altri").

Per quanto riguarda le ulteriori voci richieste, si deve rilevare che, contrariamente a quanto sostenuto da parte appellante, anche nelle ipotesi soggette al regolamento il danno ulteriore eventualmente dovuto in base alla disciplina del diritto nazionale – il risarcimento supplementare menzionato dall'art. 12 del regolamento – è esclusivamente soggetto alle regole da questo dettate.

Infatti la Corte di Giustizia (sentenza del 13 ottobre 2011 nel procedimento C-83/10) ha precisato che l'art. 12 del regolamento non costituisce per sé stesso il fondamento del risarcimento di un danno ulteriore ma semplicemente consente al giudice nazionale di condannare il vettore aereo a risarcire il danno occasionato ai passeggeri dall'inadempimento del contratto di trasporto aereo sulla base di un fondamento giuridico diverso dal regolamento n. 261/2004, vale a dire, segnatamente, alle condizioni previste dalla convenzione di Montreal o dal diritto nazionale. Ne consegue che la selezione delle voci di danno suscettibili di risarcimento deve seguire i criteri ordinari, in base al diritto nazionale.

In ogni caso si deve ricordare che la risarcibilità del danno non patrimoniale presuppone o che ricorrano le ipotesi espressamente previste dalla legge o che sia stato leso in modo grave un diritto della persona tutelato dalla Costituzione (Cass. Sez. Un., Sentenza n. 26972 del 11/11/2008, Cass. Sez. 3, Sentenza n. 4484 del 24/02/2010), e che la perdita della disponibilità di tempo da impiegare secondo le libere scelte individuali, in cui si sostanzia il pregiudizio insito nel ritardo dei mezzi di trasporto, non implica per sé stessa la lesione di un diritto fondamentale (Cass. Sez. 3, Sentenza n. 12088 del 2015; Cass. Sez. 3, Sentenza n. 21725 del 04/12/2012; Cass. Sez. 3, Sentenza n. 9422 del 27/04/2011).

Anche la Convenzione di Montreal, contrariamente a quanto affermato dagli appellanti, si limita ad onerare il vettore della prova della dipendenza del ritardo da causa a lui non imputabile, a specificare l'oggetto di tale prova ed a fissare un tetto massimo per il risarcimento; mentre il Reg. CE 261/04 prevede una compensazione automatica e forfettaria che prescinde dalla prova del danno, proprio in considerazione delle difficoltà di prova e delle limitazioni alle quali può essere soggetto nei diversi ordinamenti il diritto al risarcimento del danno.

In tal senso si è espressa anche la giurisprudenza di legittimità, con riferimento al danno conseguente alla violazione del dovere di assistenza di cui all'art. 9 del regolamento: "laddove come nella specie, il passeggero con volo cancellato o lungamente ritardato, soggetto ad una prolungata permanenza in aeroporto durante la quale la compagnia aerea non gli abbia prestato l'assistenza prescritta dall'art. 9 del Reg. CE n. 261 del 2004, la sua domanda di risarcimento del danno non patrimoniale derivante dal disagio subito a causa della mancata assistenza va incontro ai limiti interni alla risarcibilità del danno non patrimoniale, fissati da Cass. S.U. n. 26972 del 2008; di conseguenza essa deve escludersi, non essendo neppure ipotizzata né ipotizzabile una ipotesi di reato, non rientrando in una ipotesi di danno non patrimoniale risarcibile espressamente prevista dalla legge (interna o sovranazionale) e non essendo riconducibile alla lesione di diritti inviolabili della persona, come tali oggetto di tutela costituzionale" (Cass. Sez. 3, Sentenza n. 12088 del 2015).

Ciò posto si deve considerare che i viaggiatori hanno dedotto a sostegno della domanda risarcitoria in particolare lo stato di preoccupazione, legato alle condizioni di sicurezza dell'aereo, nel quale avrebbero trascorso l'intero volo di ritorno, ed il panico che si sarebbe scatenato in cabina a seguito dell'annuncio dello scalo imprevisto a M. e l'incidenza del conseguente turbamento psichico sull'esito complessivo del soggiorno di vacanza.

Tali elementi però sono basati su deduzioni alquanto generiche, che richiederebbero valutazioni di carattere tecnico e non impressioni soggettive – l'anomalo andamento del volo, la difficoltà dei motori a mantenere la quota prefissata, la improvvisa perdita di quota, il difetto di manutenzione – e comunque sono del tutto carenti di prova, ferma restando l'ammissione da parte della convenuta di un inconveniente tecnico che ha determinato lo scalo a M.

Non sfugge al giudicante che l'annuncio in volo di uno scalo "tecnico" imprevisto è sufficiente a stimolare in qualunque viaggiatore qualche congettura non propriamente tranquillizzante (che peraltro va contestualizzata nella condizione, normale per il viaggiatore aereo, di totale affidamento ad un mezzo tecnico il cui controllo ed il cui funzionamento sono totalmente al di fuori delle sue possibilità di percezione e di reazione); ma non pare affatto che in base ai criteri sopra richiamati possa essere fonte di un danno risarcibile per sé stesso o per la incidenza negativa postuma sulla fruizione del periodo di vacanza.

Ugualmente si deve escludere che la fruizione della vacanza possa essere stata pregiudicata dal ritardo aereo (del quale l'organizzatore del viaggio sarebbe responsabile *ex* art. 43 comma 3 del Codice del Turismo, non essendo il vettore un terzo estraneo alla fornitura dei servizi turistici inclusi nel contratto di pacchetto turistico e non essendo stata data la prova della imprevedibilità o inevitabilità dell'evento dannoso). Al riguardo si deve considerare che si trattava del viaggio di ritorno e che la vacanza era stata quindi interamente fruita, il che fa escludere il ritardo possa avere prodotto conseguenze negative eccedenti i disagi legati alla permanenza in aeroporto ed al ritardato rientro dei viaggiatori, per i quali comunque spetta la compensazione pecuniaria a carico del vettore aereo.

Alla luce delle considerazioni che precedono, in accoglimento parziale dell'appello ed in riforma della sentenza appellata, la compagnia aerea deve essere condannata al pagamento della compensazione pecuniaria prevista dal Reg. CE n. 261/04 nell'importo di Euro 600,00 per ciascuno degli attori. Le altre domande proposte dagli appellanti devono essere rigettate.

Le spese di lite, liquidate come in dispositivo per entrambi i gradi di giudizio, seguono la soccombenza degli appellanti nei confronti di E., mentre nei confronti di A.I. s.p.a., già M.F. s.p.a., devono essere compensate al 50%, in considerazione del parziale rigetto delle domande ed in considerazione dell'offerta formulata dalla compagnia aerea sin dalla propria costituzione in giudizio nella fase di primo grado.

P.Q.M.

Il Tribunale di Roma, in persona del giudice dott. Vittorio Carlomagno, definitivamente pronunciando sull'appello promosso avverso l'ordinanza del Giudice di Pace di Roma del 16 giugno 2015, notificata il 21 luglio 2015,

in accoglimento parziale dell'appello ed in riforma dell'ordinanza impugnata,

condanna la appellata A.I. s.p.a., già M.F. s.p.a., al pagamento in favore di ciascuno degli attori della somma di Euro 600,00, oltre interessi legali dalla data della notifica della citazione;

rigetta nel resto le domande proposte dagli appellanti contro A.I. s.p.a., già M.F. s.p.a.;

rigetta integralmente le domande proposte dagli appellanti contro E. Srl Unipersonale;

condanna gli appellanti in solido alla rifusione delle spese di lite nei confronti di E. Srl Unipersonale, che liquida per il primo grado in Euro 400,00 e per la presente fase di appello in Euro 1000,00, oltre IVA, CPA, rimborso spese generali;

compensa al 50% le spese di lite fra gli appellanti e A.I. s.p.a., già M.F. s.p.a. e condanna quest'ultima alla rifusione del residuo 50%, liquidando il dovuto in Euro 200,00 per il primo grado ed in Euro 500,00 per il secondo grado, oltre IVA, CPA, rimborso spese generali.

Così deciso in Roma, il 14 gennaio 2020.

Depositata in Cancelleria il 16 gennaio 2020.

CASS. 10-2-2023, N. 4261

Svolgimento del processo

1. Con sentenza resa in data 24/2/2021, il Tribunale di Trani ha confermato la decisione con la quale il giudice di primo grado ha rigettato la domanda proposta da A.S. e M.M.I. per la condanna della Ryanair Dac al pagamento, in proprio favore, di somme a titolo di compensazione pecuniaria (ai sensi del Regolamento CE n. 261/2004) e a titolo di rimborso del prezzo del pacchetto turistico non utilizzato a seguito della cancellazione, in data 15/12/2017, del volo aereo Bari-Parigi gestito dalla compagnia convenuta.

2. A fondamento della decisione assunta, il tribunale ha evidenziato la correttezza della decisione del primo giudice nella parte in cui aveva correttamente rinvenuto il ricorso, in relazione alla cancellazione del volo in esame, di una circostanza di carattere eccezionale suscettibile di assolvere la compagnia convenuta da ogni responsabilità, tale dovendo ritenersi lo sciopero indetto dalle organizzazioni sindacali dei controllori di volo Enav, di per sé idoneo a escludere il dovere della Ryanair di corrispondere, in favore degli attori, una compensazione pecuniaria a norma della Convenzione di Montreal e del Regolamento CE n. 261/2004.

3. Sotto altro profilo, il tribunale ha sottolineato la correttezza della decisione del primo giudice nella parte in cui aveva escluso la responsabilità della Ryanair per la mancata utilizzazione, da parte degli istanti, del pacchetto turistico degli stessi acquistato, essendosi limitata, detta compagnia, alla sola vendita del trasporto aereo, il cui corrispettivo la Ryanair aveva incontestatamente già provveduto a rimborsare alle controparti.

4. Avverso la sentenza d'appello, A.S. e M.M.I. propongono ricorso per cassazione sulla base di tre motivi d'impugnazione, illustrati da successiva memoria.

5. La Ryanair Dac resiste con controricorso.

6. Con ordinanza interlocutoria n. 20966 del 1 luglio 2021, la sesta Sezione Civile – 3 di questa Corte di cassazione ha disposto il rinvio della causa a nuovo ruolo e la rifissazione della discussione del ricorso in pubblica udienza.

7. Il Procuratore generale presso la Corte di cassazione ha concluso per iscritto, invocando il rigetto del ricorso.

MOTIVI DELLA DECISIONE

1. Con il primo motivo, i ricorrenti censurano la sentenza impugnata per violazione degli artt. 112, 115, 116 e 132 n. 4 c.p.c., in relazione agli artt. 5 e 7 del Regolamento CE n. 261/2004, per avere il giudice a quo dettato una motivazione apparente, perplessa e, in ogni caso, obiettivamente incongrua a fondamento della decisione assunta, avendo proceduto a una valutazione solo atomistica degli elementi di prova critica complessivamente acquisiti al giudizio, senza combinarne l'esame al fine di giungere a una valutazione sintetica complessiva, in tal modo pervenendo in modo erroneo all'accertamento della ricorrenza di circostanze eccezionali idonee ad assolvere la compagnia aerea convenuta dal dovere di corrispondere la compensazione pecuniaria in favore degli odierni istanti; e ciò, in presenza di uno sciopero del personale Enac preannunciato ben 17 (o almeno 14) giorni prima rispetto alla partenza del volo oggetto dell'odierno esame, così omettendo di rilevare la possibilità, usufruita dalla compagnia convenuta, di avvertire tempestivamente i viaggiatori della possibile futura cancellazione del volo, o di assumere ogni opportuna iniziativa al fine di evitare qualsivoglia pregiudizio agli stessi.

2. Il motivo è fondato nei termini di seguito indicati.

(*Omissis*)

5. Nel caso di specie, non essendo contestata tra le parti la circostanza dell'avvenuta cancellazione del volo oggetto dell'odierno esame e della mancata informazione dei passeggeri interessati nei termini utili previsti dall'art. 5 par. 1, nonché la circostanza della mancata offerta agli stessi passeggeri di partire con un volo alternativo non più di un'ora prima dell'orario di partenza previsto e di raggiungere la destinazione finale meno di due ore dopo l'orario d'arrivo previsto, la questione concernente l'accertamento del diritto dei passeggeri a conseguire o meno la compensazione pecuniaria di cui all'art. 7 del Regolamento discende dal riscontro (positivo o meno) dell'avvenuta dimostrazione, da parte del vettore, della riconducibilità della cancellazione del volo "a circostanze eccezionali che non si sarebbero comunque potute evitare anche se fossero state adottate tutte le misure del caso".

6. Al riguardo, la Ryanair Dac ha inteso identificare il ricorso di tali 'circostanze eccezionali' (che non si sarebbero comunque potuto evitare anche adottando tutte le misure del caso) nello sciopero indetto dalle organizzazioni sindacali dei controllori di volo Enav nel periodo coincidente con l'esecuzione del volo in esame.

(*Omissis*)

10. Pervenendo al concreto riscontro di 'circostanze eccezionali' di per sé idonee ad assolvere la compagnia aerea dal dovere di corrispondere la compensazione pecuniaria di cui all'art. 7 del Regolamento n. 261/2004, varrà considerare quanto affermato dalla giurisprudenza della Corte di giustizia dell'Unione Europea che, a tale specifico riguardo, ha rilevato come "ai sensi dei considerando 14 e 15 nonché dell'articolo 5, paragrafo 3, di tale regolamento, il vettore aereo, in deroga alle disposizioni del paragrafo 1 dello stesso articolo, è liberato [...] dal suo obbligo di compensazione pecuniaria dei passeggeri a norma dell'articolo 7 del regolamento n. 261/2004 se può dimostrare che la cancellazione o il ritardo del volo di durata pari o superiore a tre ore all'arrivo sono dovuti a «circostanze eccezionali» che non si sarebbero potute evitare anche se fossero state adottate tutte le misure del caso o, qualora si verifichi una siffatta circostanza, se può dimostrare di aver adottato le misure adeguate alla situazione avvalendosi di tutti i mezzi di cui disponeva, in termini di personale, di materiale e di risorse finanziarie, al fine di evitare che detta situazione comportasse la cancellazione o il ritardo prolungato del volo interessato (sentenza del 4 aprile 2019, Germanwings, C-501/17, EU:C:2019:288, punto 19 e giurisprudenza ivi citata). Secondo una giurisprudenza costante, possono essere considerati «circostanze eccezionali», ai sensi dell'articolo 5, paragrafo 3, del regolamento n. 261/2004, gli eventi che, per la loro natura o per la loro origine, non sono inerenti al normale esercizio dell'attività del vettore aereo in questione e sfuggono all'effettivo controllo di quest'ultimo, e tali due condizioni sono cumulative (sentenza del 4 aprile 2019, Germanwings, C-501/17, EU:C:2019:288, punto 20 e giurisprudenza ivi citata" (Corte di Giustizia UE 26 giugno 2019, causa C-159/18).

11. A tale specifico riguardo, la stessa Corte di giustizia UE ha sottolineato come, ai sensi del considerando 14 del Regolamento n. 261/2004, le ridette 'circostanze eccezionali' "possono in particolare ricorrere in caso di instabilità politica, condizioni meteorologiche incompatibili con l'effettuazione del volo in questione, rischi per la sicurezza, improvvise carenze del volo sotto il profilo della sicurezza e scioperi che si ripercuotono sull'attività di un vettore aereo operativo (v. sentenza del 22 dicembre 2008, Wallentin-Hermann, C-549/07, EU:C:2008:771, punto 21)" (Corte di Giustizia UE 4 maggio 2017, causa C-315/2015).

12. In particolare, "per i casi in cui si verifichino simili circostanze, la Corte ha dichiarato che il vettore aereo operativo è tenuto a dimostrare di aver adottato le misure adeguate alla situazione avvalendosi di tutti i mezzi di cui disponeva, in termini di personale, di materiale e di risorse finanziarie, al fine di evitare che detta situazione comportasse la cancellazione del volo di cui trattasi. Non si può pretendere tuttavia che esso acconsenta a sacrifici insopportabili alla luce delle capacità della sua impresa nel momento pertinente (sentenza del

23 marzo 2021, Airhelp, C-28/20, EU:C:2021:226, punto 22 e giurisprudenza ivi citata). […] Secondo una giurisprudenza costante della Corte, la nozione di «circostanze eccezionali», ai sensi dell'articolo 5, paragrafo 3, del regolamento n. 261/2004, designa eventi che, per la loro natura o per la loro origine, non sono inerenti al normale esercizio dell'attività del vettore aereo di cui trattasi e sfuggono all'effettivo controllo di quest'ultimo, condizioni che sono cumulative e la loro osservanza deve essere oggetto di una valutazione caso per caso (sentenza del 23 marzo 2021, Airhelp, C-28/20, EU:C:2021:226, punto 23 e giurisprudenza ivi citata)" (Corte di Giustizia UE 7 luglio 2022, causa C-308/21).

13. Con specifico riferimento all'indizione di scioperi di personale interessanti la regolarità dei voli, la Corte di Giustizia UE ha rilevato come "uno sciopero del personale di un vettore aereo operativo non può essere qualificato come «circostanza eccezionale», ai sensi dell'articolo 5, paragrafo 3, di tale regolamento, qualora tale sciopero sia legato a rivendicazioni attinenti ai rapporti di lavoro tra detto vettore e il suo personale le quali possano essere trattate nell'ambito del dialogo sociale interno all'impresa", benché occorra che "gli eventi di origine «interna»" rimangano "distinti da quelli di origine «esterna» al vettore aereo operativo", con la conseguenza che "rientrano in detta nozione, quali esempi di verificazione di simili eventi «esterni», la collisione tra un aeromobile e un volatile (v., in tal senso, sentenza del 4 maggio 2017, Pešková e Peška, C-315/15, EU:C:2017:342, punto 26), il danneggiamento di uno pneumatico di un aeromobile dovuto a un oggetto estraneo, quale un residuo presente sulla pista di un aeroporto (v., in tal senso, sentenza del 4 aprile 2019, Germanwings, C-501/17, EU:C:2019:288, punto 34), la presenza di carburante sulla pista di un aeroporto che abbia comportato la chiusura di tale pista (v., in tal senso, sentenza del 26 giugno 2019, Moens, C-159/18, EU:C:2019:535, punto 29), una collisione tra l'equilibratore di un aeromobile in posizione di parcheggio e l'aletta d'estremità dell'aeromobile di un'altra compagnia aerea, causata dallo spostamento di quest'ultimo (v., in tal senso, ordinanza del 14 gennaio 2021, Airhelp, C-264/20, non pubblicata, EU:C:2021:26, punto 26), ma anche un vizio occulto di fabbricazione, o ancora degli atti di sabotaggio o di terrorismo (v., in tal senso, sentenze del 22 dicembre 2008, Wallentin-Hermann, C-549/07, EU:C:2008:771, punto 26, e del 17 settembre 2015, van der Lans, C-257/14, EU:C:2015:618, punto 38).

Tutti questi eventi hanno in comune il fatto di derivare dall'attività del vettore aereo e da circostanze esterne, più o meno frequenti nella pratica, ma che il vettore aereo non conosce, in quanto hanno origine in un fatto naturale o in quello di un terzo, come un altro vettore aereo o un soggetto pubblico o privato che interferisca nell'attività aerea o aeroportuale.

Così, indicando, al considerando 14 del regolamento n. 261/2004, che possono ricorrere circostanze eccezionali, in particolare in caso di scioperi che si ripercuotano sull'attività di un vettore aereo operativo, il legislatore dell'Unione ha inteso fare riferimento agli scioperi esterni all'attività del vettore aereo interessato. Ne consegue che sono segnatamente idonei a costituire «circostanze eccezionali», ai sensi dell'articolo 5, paragrafo 3, di detto regolamento, movimenti di sciopero seguiti dai controllori di volo o dal personale di un aeroporto (v., in tal senso, sentenza del 4 ottobre 2012, Finnair, C-22/11, EU:C:2012:604). Simili movimenti di sciopero, non rientrando, del resto, nell'esercizio dell'attività di tale vettore e sfuggendo quindi all'effettivo controllo di quest'ultimo, costituiscono «circostanze eccezionali» ai sensi dell'articolo 5, paragrafo 3, del regolamento n. 261/2004.

Per contro, uno sciopero indetto e seguito dai membri del personale dell'impresa di trasporto aereo interessata costituisce un evento «interno» a tale impresa, anche nel caso di uno sciopero proclamato dai sindacati, dato che questi intervengono nell'interesse dei lavoratori di detta impresa.

Se, tuttavia, uno sciopero del genere trae origine da rivendicazioni che solo i poteri pubblici possono soddisfare e che, pertanto, sfuggono all'effettivo controllo del vettore aereo interessato, esso è idoneo a costituire una «circostanza eccezionale» ai sensi della giurisprudenza ricordata al punto 23 della presente sentenza" (Corte giustizia Unione Europea Grande Sez., 23/03/2021, causa C-28/20).

(*Omissis*)

15. Le raccomandazioni che è opportuno trarre dall'esame della giurisprudenza della Corte di giustizia dell'Unione Europea – tanto più rilevante nel caso di specie in relazione alla diretta derivazione continentale della disciplina oggetto di interpretazione, e del carattere solo allusivo o indiretto della giurisprudenza di questa Corte incidentalmente chiamata a misurarvisi (v., al riguardo, Sez. 3, Sentenza n. 12088 del 10 giugno 2015) – invitano a sottrarsi al vano tentativo di orientare la ricerca delle circostanze di carattere eccezionale rilevanti ai fini dell'art. 5 del Regolamento cit. in corrispondenza di categorie generali e astratte di eventi (politici, metereologici, scioperi, danni di ordine tecnico, etc.), per valorizzare piuttosto l'esame concreto della maggiore o minore entità residua dei poteri di controllo e di gestione delle sopravvenienze da parte della compagnia aerea a tutela delle ragioni dei viaggiatori, ammettendo il ricorso di tali eccezionali circostanze (idonee ad assolvere la compagnia dal dovere di corrispondere una compensazione economica in favore dei viaggiatori) nei soli casi in cui la compagnia interessata abbia effettivamente fornito (necessariamente in concreto) una completa e adeguata dimostrazione dell'insussistenza di alcun spazio di intervento per l'adozione di misure sufficienti a neutralizzare o comprimere al minimo i sacrifici imposti all'utenza interessata.

16. Da questo punto di vista, l'astratta riconducibilità di un determinato evento a un ambito categoriale di carattere generale, se da un lato vale ad agevolare la compagnia aerea interessata nella dimostrazione dell'indipendenza dalla propria responsabilità delle cause che hanno determinato la cancellazione di un volo, dall'altro non esonera il vettore dal dovere di allegare tutte le circostanze concrete idonee o utili a confermare l'effettiva insussistenza di residui spazi di intervento o di operatività a tutela dei viaggiatori.

17. Proprio in questa prospettiva si giustifica la distinzione, cui è solita ricorrere la giurisprudenza continentale, tra eventi 'interni' ed 'esterni' alla compagnia aerea e, nel quadro di tale ripartizione, tra scioperi indetti dal proprio personale e scioperi che risalgono all'iniziativa di lavoratori di soggetti terzi (come, nel caso di specie, a proposito del personale dei controllori di volo), apparendo del tutto intuibile come, in presenza di un evento astrattamente riconducibile a tale ultima categoria (quella dei c.d. 'eventi esterni'), l'impegno probatorio della compagnia aerea, quanto alla dimostrazione del ricorso di cause effettive di giustificazione, varrà a porsi in termini di minore severità o rigore.

18. E, tuttavia, pur nel ricorso di simili astratte evenienze, ugualmente occorrerà che la compagnia aerea associ, all'allegazione dell'evento 'esterno' (e, dunque, nel caso di specie, dello sciopero indetto da lavoratori riconducibili a terzi soggetti, come nel caso dei controllori di volo) la concreta dimostrazione dell'effettiva insussistenza di alcun residuo potere di intervento, o di alcun margine di operatività ancora utilmente spendibile a fronte della specifica identità della concreta situazione da fronteggiare, non potendo ovviamente valere, al fine di sollevare la compagnia aerea dalla responsabilità connessa alla prestazione della compensazione patrimoniale, la mera 'nuda' allegazione del ricorso di detto 'evento esterno' in sé astrattamente considerato.

19. In corrispondenza a tale preciso onere probatorio incombente a carico della compagnia aerea, spetterà al giudice del merito dar conto, là dove ritenga sussistere il ricorso di circostanze eccezionali idonee a sollevare la compagnia aerea dal dovere di corrispondere la compensazione pecuniaria rivendicata dai viaggiatori, dell'insieme delle circostanze concrete nel loro complesso suscettibili di escludere che, in presenza di un evento esterno di tal genere, siano effettivamente residuati spazi di intervento o margini di operatività concretamente sfruttabili dalla compagnia aerea al fine di minimizzare il sacrificio dei propri utenti.

20. In tal senso, non sarà dunque sufficiente il mero richiamo generale e astratto dell'avvenuta proclamazione di uno sciopero di lavoratori estranei all'azienda della compagnia aerea al fine di riscontrare il ricorso di 'circostanze eccezionali' rilevanti ai fini dell'art. 5 del Regolamento cit., essendo bensì indispensabile che a tale richiamo sia altresì associata la concreta dimostrazione

dell'effettiva impraticabilità di qualunque altra possibilità di intervento residuo da parte della compagnia interessata (ad es. una tempestiva riprogrammazione dei voli nelle c.d. fasce garantite dai lavoratori in astensione; l'offerta di una soluzione di trasporto sostituiva equivalente, et similia), sì da attestare, in modo esauriente, incontestabile ed inequivoco, l'assoluta in- dipendenza del sacrificio delle ragioni del viaggiatore da qualsiasi impegno contrattuale concretamente esigibile da parte della compagnia interessata.

21. Nel caso di specie, il Tribunale di Trani, nell'attestare il ricorso di circostanze eccezionali idonee ad assolvere Ryanair dal dovere di corrispondere la compensazione pecuniaria rivendicata degli odierni ricorrenti, si è inammissibilmente limitato a rilevare, come, benché sia "vero che la corte di giustizia dell'Unione Europea ha precisato che le circostanze previste nel considerando n. 14 del Regolamento in esame, tra cui ricorre lo sciopero, non sono necessariamente e automaticamente cause di esonero dall'obbligo di compensazione pecuniaria di cui all'art. 5, paragrafo 1, e che, di conseguenza, occorre valutare caso per caso se esse possano essere considerate 'eccezionali' [...], non è men vero che nel caso in esame [...] lo sciopero del personale ENAV non afferisce all'ordinario esercizio dell'attività del vettore, e si configura come evento non evitabile i cui effetti hanno determinato la cancellazione del volo oggetto di causa. [...] Nel caso in questione nessun contributo ha dato il vettore al verificarsi dell'astensione dal lavoro del personale ENAV, giacché detto sciopero è stato indetto da organizzazioni sindacali e non è stato creato da un'agitazione spontanea dei lavoratori [...]. La circostanza che lo sciopero sia stato indetto molto prima della data del volo, e che fosse noto al vettore con largo anticipo, non esclude l'inevitabilità dei suoi effetti perché posti al di fuori del controllo del vettore medesimo. D'altronde il tenore letterale dell'art. 5, paragrafo 3, del Regolamento CE n. 261 del 2004 è chiaro nell'escludere l'obbligo del vettore di pagare la compensazione pecuniaria in caso di 'circostanze eccezionali', a prescindere dal numero di settimane con cui i passeggeri siano stati informati della cancellazione del volo" (cfr. pag. 3 della sentenza impugnata).

22. Impostato nei termini così indicati, il discorso giustificativo elaborato dal giudice a quo deve ritenersi inammissibilmente carente sotto il profilo dell'individuazione delle concrete circostanze che, associate all'indizione dello sciopero 'esterno' dedotto in giudizio, avrebbero reso materialmente impossibile, per la compagnia aerea, l'adozione di qualunque misura alternativa suscettibile di escludere o di minimizzare i sacrifici dei viaggiatori interessati; si tratta, dunque, di una motivazione che, nella misura in cui si limita ad affermare, in via generale ed astratta, che uno sciopero dei controllori di volo valga, di per sé, a integrare gli estremi di quelle 'circostanze eccezionali' suscettibili di assolvere la compagnia aerea dal dovere di corrispondere la compensazione pecuniaria ai propri viaggiatori, si riduce a una forma argomentativa meramen-

te apodittica e, come tale, solo apparentemente riconducibile a una motivazione costituzionalmente compatibile, secondo le pretese di cui agli artt. 111 Cost. e 132 n. 4 c.p.c.

23. La censura in esame deve, pertanto, ritenersi fondata per quanto di ragione e, come tale, suscettibile di imporre la cassazione della sentenza impugnata, segnatamente in relazione alle argomentazioni sin qui complessivamente esposte.

(*Omissis*)

35. Sulla base di tali premesse, rilevata la fondatezza del primo motivo e l'inammissibilità del secondo e del terzo, dev'essere disposta la cassazione della sentenza impugnata in relazione al motivo accolto, con il conseguente rinvio al Tribunale di Trani, in persona di altro magistrato, cui è altresì rimesso di provvedere alla regolazione delle spese del presente giudizio di legittimità.

P.Q.M.

Accoglie il primo motivo per quanto di ragione; dichiara inammissibile il secondo e il terzo motivo; cassa la sentenza impugnata in relazione al motivo accolto, e rinvia al Tribunale di Trani, in persona di altro magistrato, cui è altresì rimesso di provvedere alla regolazione delle spese del presente giudizio di legittimità.

Finito di stampare nel mese di ottobre 2023
nella Rotolito S.P.A. – Via Sondrio, 3
20096 Pioltello (MI)

La didattica del diritto civile

a cura di Salvatore Mazzamuto *e* Enrico Moscati

Volumi pubblicati

Sezione Lezioni

1. Enrico Moscati, *La disciplina generale delle obbligazioni*, 2015, pp. XXII-554.
2. Salvatore Mazzamuto, *Il contratto di diritto europeo*, Quarta edizione, 2020, pp. XVI-696.
3. Stefano Pagliantini, *La tutela del consumatore nell'interpretazione delle Corti*, 2012, pp. XVIII-370.
4. Adolfo di Majo, *Obbligazioni e tutele*, 2019, pp. XIV-298.

Sezione Strumenti

1. Filippo Nappi, *I ragionamenti applicativi nella didattica del diritto privato. Per una riforma della didattica e del ruolo del giurista accademico nel sistema delle professioni legali*, 2011, pp. X-246.
2. Luca Nivarra, *Lineamenti di diritto delle obbligazioni*, 2011, pp. XIV-202.
3. Carlo Mazzù, *Il diritto civile all'alba del terzo millennio*. Volume I: *Famiglia - Successioni - Contratto - Patrimoni separati*, 2011, pp. XII-192.
4. Carlo Mazzù, *Il diritto civile all'alba del terzo millennio*. Volume II: *Diritti reali - Pubblicità immobiliare*, 2012, pp. XII-188.
5. Salvatore Mazzamuto, Armando Plaia, *I rimedi nel diritto privato europeo*, 2012, pp. X-170.
6. Enrico Moscati, *Studi di diritto successorio*, 2013, pp. XIV-370.
7. Marco Milli, *L'amministratore indipendente nel sistema di corporate governance delle s.p.a.*, 2013, pp. XVI-184.
8. Salvatore Mazzamuto, *La responsabilità contrattuale nella prospettiva europea*, 2015, pp. VI-250.
9. Rosalba Alessi, *La disciplina generale del contratto*, Quarta edizione, 2023, pp. XVIII-606.
10. Luca Nivarra, *I nuovi orizzonti della responsabilità contrattuale*, 2015, pp. VIII-160.
11. Filippo Nappi, *Didattica del diritto civile 2.0. Un prototipo di didattica fondata sull'addestramento al giudizio applicativo*, 2015, pp. XXII-242.

12. Fabrizio Piraino, Stefano Cherti (a cura di), *I contratti bancari*, 2016, pp. XXX-490.

13. Massimo Giuliano, *Contributo allo studio dei trust "interni" con finalità parassuccessorie*, 2016, pp. X-406.

14. Giuseppe Grisi, Salvatore Mazzamuto, *Diritto del turismo*, Quarta edizione, 2023, pp. VIII-440.

15. Massimo Giuliano, *L'adempimento delle obbligazioni pecuniarie nell'era digitale. Dalla moneta legale alla moneta scritturale e digitale "legalmente" imposta*, 2018, pp. XX-252.

16. Luca Nivarra, *La tutela giurisdizionale dei diritti. Prolegomeni*, 2018, pp. XIV-138.

17. Stefano Pagliantini, *Il sovraindebitamento del consumatore. Studio critico sull'esdebitazione*, 2018, pp. XII-140.

18. Filippo Nappi, *Esercizi di prudenza giuridica*, 2019, pp. X-190.

19. Stefano Cherti, *Sulle clausole "di uscita" dal contratto. Contributo allo studio della risoluzione di diritto*, 2020, pp. XIV-210.